Voraussetzungen und Rechtsbehelfe beim einheitlichen Vollstreckungstitel nach der EuVTVO

Internationalrechtliche Studien

Beiträge zum Internationalen Privatrecht, zum Einheitsrecht und zur Rechtsvergleichung

Herausgegeben von Ulrich Magnus und Peter Mankowski

Band 74

PL ACADEMIC RESEARCH

Christian Beuck

Voraussetzungen und Rechtsbehelfe beim einheitlichen Vollstreckungstitel nach der EuVTVO

PL ACADEMIC RESEARCH

Bibliografische Information der Deutschen Nationalbibliothek
Die Deutsche Nationalbibliothek verzeichnet diese Publikation in der Deutschen Nationalbibliografie; detaillierte bibliografische Daten sind im Internet über http://dnb.d-nb.de abrufbar.

Zugl.: Hamburg, Univ., Diss., 2016

D 18
ISSN 0947-0395
ISBN 978-3-631-72364-7 (Print)
E-ISBN 978-3-631-72388-3 (E-PDF)
E-ISBN 978-3-631-72389-0 (EPUB)
E-ISBN 978-3-631-72390-6 (MOBI)
DOI 10.3726/b11175

PL Academic Research ist ein Imprint der Peter Lang GmbH.

Peter Lang – Frankfurt am Main · Bern · Bruxelles · New York · Oxford · Warszawa · Wien

Diese Publikation wurde begutachtet.

www.peterlang.com

Vorwort

Die vorliegende Arbeit wurde von dem Fachbereich Rechtswissenschaften der Universität Hamburg im Juni 2016 als Dissertation angenommen. Die mündliche Prüfung fand Ende Oktober 2016 statt. Gesetzgebung, Literatur und Rechtsprechung wurden bis Mai 2016 berücksichtigt.

Meinem verehrten Doktorvater, Herrn Prof. Dr. Peter Mankowski, danke ich ganz herzlich für die gute Betreuung meiner Arbeit und die überaus schnelle Erstellung des Erstgutachtens. Er hat mich von der Themensuche bis zur Veröffentlichung der Arbeit unterstützt, mir viel Freiraum bei der selbstständigen Erarbeitung gelassen und mit überaus wertvollen Anregungen und Ratschlägen zum Gelingen der Dissertation beigetragen. Ihm verdanke ich auch die Aufnahme in die vorliegende Studienreihe. Herrn PD Dr. Sebastian Mock bin ich zudem für das zügige und freundliche Zweitgutachten zu Dank verpflichtet.

Dem Verlag und den Herausgebern danke ich für die Aufnahme in diese Schriftenreihe.

Nicht zuletzt bedanke ich mich bei meiner lieben Freundin Sandra. Sie hat mich unermüdlich angespornt und mit ihrer Führsprache zu der Fertigstellung meines Projekts Doktorarbeit beigetragen.

Schließlich gebührt großer Dank meinen Eltern, deren Unterstützung mir das unbeschwerte Studium der Rechtswissenschaften an der Universität Hamburg ermöglicht hat, und die damit den Grundstein für diese Arbeit gelegt haben. Ihnen widme ich diese Arbeit in Dankbarkeit.

Hamburg, im März 2017 Christian Beuck

Inhaltsverzeichnis

Abkürzungsverzeichnis

a.A.	andere(r) Ansicht
a.E.	am Ende
ABl. EG	Amtsblatt der Europäischen Gemeinschaft
ABl. EU	Amtsblatt der Europäischen Union
Abs.	Absatz
AEUV	Vertrag über die Arbeitsweise der Europäischen Union (ABl. EU 2008, C 115, S. 47 und ABl. EU 2010, C 83, S. 47 ff. vom 30.03.2010), zuletzt geändert durch Art. 2 ÄndBeschl. 2012/419/ EU vom 11.07.2012 (ABl. EU 2012, Nr. L 204, 131)
AG	Amtsgericht
AGB	Allgemeine Geschäftsbedingung(en)
Alt.	Alternative
ÄndG	Änderungsgesetz
Anm.	Anmerkung
AnwBl.	Anwaltsblatt (Zeitschrift)
Art./ Artt.	Artikel
AVAG	Anerkennungs- und Vollstreckungsausführungsgesetz = Gesetz zur Ausführung zwischenstaatlicher Verträge und zur Durchführung von Verordnungen und Abkommen der Europäischen Gemeinschaft auf dem Gebiet der Anerkennung und Vollstreckung in Zivil- und Handelssachen in der Fassung der Bekanntmachung vom 03.12.2009 (BGBl. 2009, I 3830), zuletzt geändert durch Art. 2 Gesetz zur Durchführung des Haager Übereinkommens vom 23.11.2007 sowie zur Änderung von Vorschriften auf dem Gebiet des internationalen Unterhaltsverfahrensrechts und des materiellen Unterhaltsrechts vom 20.02.2013 (BGBl. 2013, I 273)
BauR	Baurecht – Zeitschrift für das gesamte öffentliche und zivile Baurecht
ber.	berichtigt
BeurkG	Beurkundungsgesetz vom 28.08.1969 (BGBl. 1969, I 1513), zuletzt geändert durch Art. 5 Gesetz zum Internationalen Erbrecht und zur Änderung sonstiger Vorschriften vom 29.06.2015 (BGBl. 2015, I 1042)

BGB	Bürgerliches Gesetzbuch vom 18.08.1896 (RGBl. 1896, 195) in der Fassung der Bekanntmachung vom 02.01.2002 (BGBl. 2002, I 42 ber. S. 2909 und BGBl. 2003, I 738), zuletzt geändert durch Art. 16 Gesetz zum Internationalen Erbrecht und zur Änderung von Vorschriften zum Erbschein sowie zur Änderung sonstiger Vorschriften vom 29.06.2015 (BGBl. 2015, I 1042)
BGBl.	Bundesgesetzblatt
BGH	Bundesgerichtshof mit Sitz in Karlsruhe
BMJ	Bundesministerium der Justiz
BRAK-Mitt.	Mitteilungen der Bundesrechtsanwaltskammer (Zeitschrift)
BR-Drucks.	Drucksache des Deutschen Bundesrates
Brüssel Ia-VO	Brüssel Ia-Verordnung – siehe EuGVVO n.F.
Brüssel II-VO	Brüssel II-Verordnung – siehe EuUntVO
Brüssel I-VO	Brüssel I-Verordnung – siehe EuGVVO a.F.
BT-Drucks.	Drucksache des Deutschen Bundestages
BVerfG	Bundesverfassungsgericht mit Sitz in Karlsruhe
BVerfGG	Bundesverfassungsgerichtsgesetz = Gesetz über das Bundesverfassungsgericht in der Fassung der Bekanntmachung vom 11.08.1993 (BGBl. 1993, I 1473), zuletzt geändert durch Art. 1 Neuntes ÄndG vom 24.06.2015 (BGBl. 2015, I 973)
bzw.	beziehungsweise
CML Rev.	Common Market Law Review
ders.	derselbe
dies.	dieselbe
EG	Europäische Gemeinschaft/ EG-Vertrag
EGMR	Europäischer Gerichtshof für Menschenrechte mit Sitz in Straßburg
EG-VTDG	EG-Vollstreckungstitel-Durchführungsgesetz = Gesetz zur Durchführung der Verordnung (EG) Nr. 805/2004 über einen Europäischen Vollstreckungstitel für unbestrittene Forderungen vom 18.08.2005 (BGBl. 2005, I 2477)
EGZPO	Einführungsgesetz zur Zivilprozessordnung = Gesetz betreffend die Einführung der Zivilprozessordnung vom 30.01.1877 (RGBl. 1877, 244), zuletzt geändert durch Art. 3 Gesetz zur Erleichterung der Umsetzung der Grundbuchreform in Baden-Württemberg sowie zur Änderung des Gesetzes betreffend die Einführung der ZPO und des WohnungseigentumG vom 05.02.2014 (BGBl. 2014, I 1962)

ELF	The European Legal Forum (Zeitschrift)
EMRK	Europäische Menschenrechtskonvention = Konvention zum Schutz der Menschenrechte und Grundfreiheiten in der Fassung der Bekanntmachung vom 22.10.2010 (BGBl. 2010, II 1198), zuletzt geändert durch 15. EMRK-Protokoll vom 24.06.2013 (BGBl. 2014, II 1034)
EStG	Einkommensteuergesetz in der Fassung der Bekanntmachung vom 08.10.2009 (BGBl. 2009, I 3366, berichtigt 2009, I 3862), zuletzt geändert durch Art. 5 Bürokratieentlastungsgesetz vom 28.07.2015 (BGBl. 2015, I 1400)
EU	Europäische Union
EuEheVO II = Brüssel IIa-VO	Verordnung (EG) Nr. 2201/2003 des Rates vom 27.11.2003 über die Zuständigkeit und die Anerkennung und Vollstreckung von Entscheidungen in Ehesachen und in Verfahren betreffend die elterliche Verantwortung und zur Aufhebung der Verordnung (EG) Nr. 1347/2000 (ABl. EG 2003, Nr. L 338, 1)
EuErbVO	Europäische Erbverordnung = Verordnung (EU) Nr. 650/2012 des Europäischen Parlaments und des Rates vom 04.07.2012 über die Zuständigkeit, das anzuwendende Recht, die Anerkennung und Vollstreckung von Entscheidungen und die Annahme und Vollstreckung öffentlicher Urkunden in Erbsachen sowie zur Einführung eines Europäischen Nachlasszeugnisses (ABl. EU 2012, Nr. L 201, 107, berichtigt ABl. EU 2012, Nr. L 344, 3; ABl. EU 2013, Nr. L 41, 16; ABl. EU 2013, Nr. L 60, 140; ABl. EU 2014, Nr. L 363, 186)
EuGFVO	Europäische Verordnung für geringfügige Forderungen = Verordnung (EG) Nr. 861/2007 des Europäischen Parlaments und des Rates vom 11.07.2007 zur Einführung eines europäischen Verfahrens für geringfügige Forderungen (ABl. EU 2007, Nr. L 199, 1)
EuGH	Europäischer Gerichtshof mit Sitz in Luxemburg
EuGRC	Europäische Grundrechtscharta = Charta der Grundrechte der Europäischen Union (ABl. EU 2010, Nr. C 83/389)
EuGVÜ	Europäisches Gerichtsstands- und Vollstreckbarerklärungsübereinkommen = Übereinkommen der Europäischen Gemeinschaft über die gerichtliche Zuständigkeit und die Vollstreckung gerichtlicher Entscheidungen in Zivil- und Handelssachen vom 27.09.1968 (BGBl. 1972, II 774), zuletzt geändert durch Titel II Übereinkommen vom 29.11.1996 vom 16.07.1998 (BGBl. 1998, II 1411)

EuGVVO a.F. = Brüssel I-VO	Europäische Gerichtsstands- und Vollstreckbarerklärungsverordnung = Verordnung (EG) Nr. 44/2001 des Rates vom 22.12.2000 über die gerichtliche Zuständigkeit und die Anerkennung und Vollstreckung von Entscheidungen in Zivil- und Handelssachen (ABl. EG 2001, Nr. L 12, 1 vom 16.01.2001, berichtigt ABl. EG 2001, Nr. L 307, 28 und ABl. EU 2010, Nr. L 328, 36; zuletzt geändert durch Art. 1 ÄnderungsVO (EU) 566/2013 vom 18.06.2013, ABl. EU 2013, Nr. L 167, 29)
EuGVVO n.F = Brüssel Ia-VO	Europäische Gerichtsstands- und Vollstreckbarerklärungsverordnung (Neufassung) = Verordnung (EU) Nr. 1215/2012 des Europäischen Parlaments und des Rates vom 12.12.2012 über die gerichtliche Zuständigkeit und die Anerkennung und Vollstreckung von Entscheidungen in Zivil- und Handelssachen (ABl. EU 2012, Nr. L 351, 1 vom 20.12.2012, zuletzt geändert durch Art. 1 ÄnderungsVO (EU) 2015/281 vom 26.11.2014, ABl. EU 2015, Nr. L 54, 01)
EuInsVO	Europäische Insolvenzverordnung = Verordnung (EG) Nr. 1346/2000 des Rates vom 29.05.2000 über Insolvenzverfahren (ABl. EG 2000, Nr. L 160, 1, berichtigt ABl. EU 2014, Nr. L 350, 15), zuletzt geändert durch Art. 91 EuInsVO 2017 vom 20.05.2015 (ABl. EU 2015, Nr. L 141, 19)
EuMVVO	Europäische Mahnverfahrensverordnung = Verordnung (EG) Nr. 1896/2006 des Europäischen Parlaments und des Rates vom 12.12.2006 zur Einführung eines Europäischen Mahnverfahrens (ABl. EU 2006, Nr. L 399, 1, berichtigt ABl. EU 2008, Nr. L 46, 52; ABl. EU 2008, Nr. L 333, 17), zuletzt geändert durch Art. 1 ÄndVO (EU) 517/2013 vom 13.05.2013 (ABl. EU 2013, Nr. L 158, 1)
EuP	Europäisches Parlament
EuUntVO	Europäische Unterhaltsverordnung = Verordnung (EG) Nr. 4/2009 des Rates vom 18.12.2008 über die Zuständigkeit, das anwendbare Recht, die Anerkennung und Vollstreckung von Entscheidungen und die Zusammenarbeit in Unterhaltssachen (ABl. EU 2009, Nr. L 7, 1, berichtigt ABl. EU 2011, Nr. L 131, 26, ABl. EU 2013, Nr. L 8, 19)
EuVerfV	Europäischer Verfassungsvertrag = Vertrag vom 29.10.2004 über eine Verfassung für Europa (ABl. EU 2004, Nr. C 310, 1)

EuVTVO	Europäische Vollstreckungstitelverordnung = Verordnung (EG) Nr. 805/2004 des Europäischen Parlaments und des Rates vom 21.04.2004 zur Einführung eines europäischen Vollstreckungstitels für unbestrittene Forderungen (ABl. EU 2004, Nr. L 143, 15; Berichtigung der Anhänge durch VO Nr. 1869/2005 EG in ABl. EU 2005, Nr. L 300, 6; berichtigt ABl. EU 2008, Nr. L 50, 71), zuletzt geändert durch Anh. Nr. 4 ÄndVO (EG) 1103/2008 vom 22.10.2008 (ABl. EU 2008, Nr. L 304, 80)
EuVTVO-E von 2003	Geänderter Vorschlag für eine Verordnung des Europäischen Parlaments und des Rates zur Einführung eines europäischen Vollstreckungstitels für unbestrittene Forderungen (von der Kommission gemäß Art. 250 Abs. 2 EG-Vertrag vorgelegt), KOM (2003), 341 endg.
EuZPR	Europäisches Zivilprozessrecht
EuZVO = EuZustVO	Europäische Zustellungsverordnung = Verordnung (EG) Nr. 1393/2007 des Europäischen Parlaments und des Rates vom 13.11.2007 über die Zustellung gerichtlicher und außergerichtlicher Schriftstücke in Zivil- oder Handelssachen in den Mitgliedsstaaten („Zustellung von Schriftstücken") und zur Aufhebung der Verordnung (EG) Nr. 1348/2000 des Rates (ABl. EU 2007, Nr. L 324, 79), zuletzt geändert durch Art. 1 Abs. 1 lit. k ÄndVO (EU) 517/2013 vom 13.05.2013 (ABl. EU 2013, Nr. L 158, 1)
EuZVO a.F. = EuZustVO a.F.	Europäische Zustellungsverordnung = Verordnung (EG) Nr. 1348/2000 des Rates vom 29.05.2000 über die Zustellung gerichtlicher und außergerichtlicher Schriftstücke in Zivil- oder Handelssachen in den Mitgliedsstaaten (ABl. EG 2000, Nr. L 160, 37), zuletzt geändert durch Art. 25 ÄndVO (EG) 1393/2007 vom 13.11.2007 (ABl. EU 2007, Nr. L 324, 79
EuZVR	Europäisches Zivilverfahrenrecht
EuZW	Europäische Zeitschrift für Wirtschaftsrecht
EWiR	Entscheidungen zum Wirtschaftsrecht (Zeitschrift)
EZB	Europäische Zentralbank mit Sitz in Frankfurt am Main (Deutschland)
f.	folgende
FamFG	Familienverfahrensgesetz = Gesetz über das Verfahren in Familiensachen und in den Angelegenheiten der freiwilligen Gerichtsbarkeit (FamFG) vom 17.12.2008 (BGBl. 2008, I 2586), zuletzt geändert durch Art. 11 Gesetz zum Internationalen Erbrecht und zur Änderung von Vorschriften zum Erbschein sowie zur Änderung sonstiger Vorschriften vom 29.06.2015 (BGBl. 2015, I 1042)

FF	Forum Familien- und Erbrecht (Zeitschrift)
ff.	fortfolgende
FN.	Fußnote(n)
FPR	Familie, Partnerschaft, Recht (Zeitschrift)
FS	Festschrift
FuR	Familie und Recht (Zeitschrift)
GBO	Grundbuchordnung in der Fassung der Bekanntmachung vom 26.05.1994 (BGBl. 1994, I 1114), zuletzt geändert durch Art. 4 Gesetz zur Verbesserung des Austauschs strafregisterrechtl. Daten zwischen den Mitgliedsstaaten der EU und zur Änderung registerrechtl. Vorschriften vom 15.12.2011 (BGBl. 2011, I 2714)
GG	Grundgesetz für die Bundesrepublik Deutschland vom 23.05.1949 (BGBl. 1949, 1), zuletzt geändert durch Art. 1 Änderungsgesetz (Art. 91b) vom 23.12.2014 (BGBl. 2014, I 2438)
ggf.	gegebenenfalls
GKG	Gerichtskostengesetz in der Fassung der Bekanntmachung vom 27.02.2014 (BGBl. 2014, I 154), zuletzt geändert durch Art. 3 Gesetz zur Durchführung des Haager Übereinkommens vom 30.06.2005 über Gerichtsstandsvereinbarungen sowie zur Änderung des RechtspflegerG, des Gerichts- und NotarkostenG, des AltersteilszeitG und des SGB III vom 10.12.2014 (BGBl. 2014, I 2082)
GmbH	Gesellschaft mit beschränkter Haftung (deutsche Gesellschaftsform)
GNotKG	Gerichts- und Notarkostengesetz = Gesetz über Kosten der freiwilligen Gerichtsbarkeit für Gerichte und Notare vom 23.07.2013 (BGBl. 2013, I 2586), zuletzt geändert durch Art. 5 Gesetz zur Durchführung des Haager Übereinkommens vom 30.06.2005 über Gerichtsstandsvereinbarungen sowie zur Änderung des RechtspflegerG, des Gerichts- und NotarkostenG, des AltersteilzeitG und des SGB III vom 10.12.2014 (BGBl. 2014, I 2082)
GPR	Zeitschrift für Gemeinschaftsrechtspraxis
GVG	Gerichtsverfassungsgesetz in der Fassung der Bekanntmachung vom 09.05.1975 (BGBl. 1975, I 1077), zuletzt geändert durch Art. 2 Gesetz zur Verbesserung der internationalen Rechtshilfe bei der Vollstreckung von freiheitsentziehenden Sanktionen und bei der Überwachung von Bewährungsmaßnahmen sowie zur Änderung des Jugoslawien-StrafgerichtshofG und des Ruanda-StrafgerichtshofG vom 17.07.2015 (BGBl. 2015, I 1349)

GVGA	Geschäftsanweisung für Gerichtsvollzieher, in Kraft ab 01.08.2012
HFR	Höchstrichterliche Finanzrechtsprechung (Zeitschrift)
HGB	Handelsgesetzbuch vom 10.05.1897 (RGBl. 1897, 219),), zuletzt geändert durch Art. 1 Bürokratieentlastungsgesetz vom 28.07.2015 (BGBl. 2015, I 1400)
HinterlO	Hinterlegungsordnung vom 10.03.1937 (RGBl. 1937, I 285), zuletzt geändert durch Art. 17 Abs. 2 Nr. 1 Zweites Gesetz über die Bereinigung von Bundesrecht im Zuständigkeitsbereich des BMJ vom 23.11.2007 (BGBl. 2007, I 2614) – außer Kraft seit dem 01.12.2010 und ersetzt durch Hinterlegungsgesetze der Bundesländer
HS.	Halbsatz
HZÜ	Haager Zustellungsübereinkommen = Haager Übereinkommen über die Zustellung gerichtlicher und außergerichtlicher Schriftstücke im Ausland in Zivil- oder Handelssache vom 15.11.1965 (BGBl. 1977, II 1452)
insb.	insbesondere
InVo	Insolvenz und Vollstreckung (Zeitschrift)
IPR	Internationales Privatrecht
IPRax	Praxis des internationalen Privat- und Verfahrensrechts (Zeitschrift)
iSd.	im Sinne des/der
iSv.	im Sinne von
iVm.	in Verbindung mit
IZPR	Internationales Zivilprozessrecht
IZVR	Internationales Zivilverfahrensrecht
JAmt	DAS JUGENDAMT – Zeitschrift für Jugendhilfe und Familienrecht
JBl	Juristische Blätter (Zeitschrift aus Österreich)
Jura	Juristische Ausbildung (Zeitschrift)
JurBüro	Das Juristische Büro (Zeitschrift)
JuS	Juristische Schulung (Zeitschrift)
JZ	Juristenzeitung (Zeitschrift)
KG	Kammergericht (Berlin)
KostO	Kostenordnung = Gesetz über die Kosten in Angelegenheiten der freiwilligen Gerichtsbarkeit in der Fassung der Bekanntmachung vom 26.07.1957 (BGBl. 1957, I 960), zuletzt geändert durch Art. 5 Abs. 6 Gesetz zur Modernisierung des GeschmacksmusterG sowie zur Änderung der Regelungen über die Bekanntmachungen zum Ausstellungsschutz vom 10.10.2013 (BGBl. 2013, I 3799) – außer Kraft seit 01.08.2013 (seitdem gilt das Gerichts- und Notarkostengesetz – GNotKG)

KV GKG	Kostenverzeichnis des Gerichtskostengesetzes
LAG	Landesarbeitsgericht
LG	Landgericht
lit.	littera = Buchstabe
Ls.	Leitsatz
LuftRG	Luftfahrzeuge-Rechtegesetz = Gesetz über Rechte an Luftfahrzeugen vom 26.02.1959 (BGBl. 1959, I 57, berichtigt BGBl. 1959, I 223), zuletzt geändert durch Art. 16 Gesetz zur Förderung des elektronischen Rechtsverkehrs mit den Gerichten vom 10.10.2013 (BGBl. 2013, I 3786)
LugÜ	Lugano-Übereinkommen vom 16.09.1988 über die gerichtliche Zuständigkeit und die Vollstreckung gerichtlicher Entscheidungen in Zivil- und Handelssachen (ABl. EG 1988, Nr. L 319, 9 und BGBl. 1994, II 2658 und 3772)
MDR	Monatsschrift für Deutsches Recht (Zeitschrift)
MittBayNot	Mitteilung Bayerischer Notare (Zeitschrift)
MJ	Maastricht Journal of European and comparative Law (Zeitschrift)
MMR	Multimedia und Recht (Zeitschrift)
MüKo	Münchener Kommentar
mwN.	mit weiteren Nachweisen
NILR	Netherlands International Law Review
NJ	Neue Justiz (Zeitschrift)
NJW	Neue Juristische Wochenschrift (Zeitschrift)
NotBZ	Zeitschrift für die notarielle Beratungs- und Beurkundungspraxis
Nr.	Nummer(n)
NZA	Neue Zeitschrift für Arbeitsrecht
OGH	Oberster Gerichtshof (Österreich)
ÖJZ	Österreichische Juristen-Zeitung
OLG	Oberlandesgericht
ProzRB	Der Prozessberater/ Prozess-Rechts-Berater (Zeitschrift)
RegelbetragsV	Regelbetrags-Verordnung vom 06.04.1998 (BGBl. 1998, I 666), zuletzt geändert durch Art. 4 Gesetz zur Änderung des Unterhaltsrechts vom 21.12.2007 (BGBl. 2007, I 3189)

rev. LugÜ	revidiertes Lugano-Übereinkommen = Übereinkommen über die gerichtliche Zuständigkeit und die Anerkennung und Vollstreckung von Entscheidungen in Zivil- und Handelssachen vom 30.10.2007 (ABl. EU 2007, L 339, 3 und ABl. EU 2009, L 147, 5, ber. ABl. EU 2009, NR. L 147, 44, ABl. EU 2011, Nr. L 115, 31 und ABl. EU 2014, Nr. L 18, 70)
RGBl.	Reichsgesetzblatt
RIW	Recht der internationalen Wirtschaft (Zeitschrift)
RL	Richtlinie
Rn.	Randnummer(n)
Rom I-VO	Verordnung (EG) Nr. 593/2008 des Europäischen Parlaments und des Rates vom 17.06.2008 über das auf vertragliche Schuldverhältnisse anzuwendende Recht (ABl. EU 2008, Nr. L 122, 6, berichtigt ABl. EU 2009, Nr. L 309, 87)
Rom II-VO	Verordnung (EG) Nr. 864/2007 des Europäischen Parlaments und des Rates vom 11.07.2007 über das auf außervertragliche Schuldverhältnisse anzuwendende Recht (ABl. EU 2007, Nr. L 199, 40, berichtigt ABl. EU 2012, Nr. L 310, 52)
Rpfleger	Der Deutsche Rechtspfleger (Zeitschrift)
RPflG = RPflegerG	Rechtspflegergesetz in der Fassung vom 14.04.2013 (BGBl. 2013, I 778, berichtigt BGBl. 2014, 46), zuletzt geändert durch Art. 4 Gesetz zum Internationalen Erbrecht und zur Änderung von Vorschriften zum Erbschein sowie zur Änderung sonstiger Vorschriften vom 29.06.2015 (BGBl. 2015, I 1042)
RVG	Rechtsanwaltsvergütungsgesetz = Gesetz über die Vergütung der Rechtsanwältinnen und Rechtsanwälte vom 05.05.2004 (BGBl. 2004, I 718, 788), zuletzt geändert durch Art. 4 Gesetz zur Durchführung des Haager Übereinkommens vom 30.06.2005 über Gerichtsstandsvereinbarungen sowie zur Änderung des RechtspflegerG, des Gerichts- und NotarkostenG, des AltersteilzeitG und des SGB III vom 10.12.2014 (BGBl. 2014, I 2082)
SchlHA	Schleswig-Holstein Anzeigen
SGB VIII	Sozialgesetzbuch Achtes Buch– Kinder und Jugendhilfe in der Fassung der Bekanntmachung vom 11.09.2012 (BGBl. 2012, I 2022), zuletzt geändert durch Art. 3 Unterhaltsvorschussentbürokratisierungsgesetz vom 03.05.2013 (BGBl. 2013, I 1108)

TierSchG	Tierschutzgesetz in der Fassung der Bekanntmachung vom 18.05.2006 (BGBl. 2006, I 2205), zuletzt geändert durch Art. 20 Bundesrecht-AnpassungsG im Zuständigkeitsbereich des BMELV vom 09.12.2010 (BGBl. 2010, I 1934)
VE	Vollstreckung effektiv (Zeitschrift)
vgl.	vergleiche
VO	Verordnung (der EU)
VuR	Verbraucher und Recht (Zeitschrift)
VV RVG	Vergütungsverzeichnis zum Rechtsanwaltsvergütungsgesetz (Anlage 1 zu § 2 Abs. 2 RVG)
WiRO	Wirtschaft und Recht in Osteuropa (Zeitschrift)
WM	Wertpapier-Mitteilungen – Zeitschrift für Wirtschafts- und Bankrecht
WSA	Europäischer Wirtschafts- und Sozialausschuss
z.B.	zum Beispiel
ZAP	Zeitschrift für Anwaltspraxis
ZEuP	Zeitschrift für Europäisches Privatrecht
ZGS	Zeitschrift für das gesamte Schuldrecht
Ziff.	Ziffer(n)
ZPO	Zivilprozessordnung vom 30.01.1877 in der Fassung der Bekanntmachung vom 05.12.2005 (BGBl. 2005, I 3202, ber. BGBl. 2006, I 431 und BGBl. 2007, I 1781), zuletzt geändert durch Art. 1 Gesetz zur Durchführung der VO (EU) Nr. 1215/2012 sowie zur Änderung sonstiger Vorschriften vom 08.07.2014 (BGBl. 2014, I 890)
ZVG	Zwangsvollstreckungsgesetz= Gesetz über die Zwangsvollstreckung und Zwangsverwaltung vom 24.03.1897 (RGBl. 1897, 97) in der Fassung der Bekanntmachung vom 20.05.1898 (RGBl. 1898, 713), zuletzt geändert durch Art. 6 Gesetz zur weiteren Erleichterung der Sanierung von Unternehmen vom 07.12.2011 (BGBl. 2011, I 2582)
ZZPInt	Zeitschrift für Zivilprozess International

Literaturverzeichnis

Alio, Tarec: Die Neufassung der Brüssel I-Verordnung
In: NJW 2014, S. 2395 ff.
Zit.: *Alio*, NJW 2014, 2395 [...]

Althammer, Christoph / Löhning, Martin: Zwischen Realität und Utopie: Der Vertrauensgrundsatz in der Rechtsprechung des EuGH zum europäischen Zivilprozessrecht
In: ZZPInt 9 (2004), S. 23 ff.
Zit.: *Althammer/ Löhning*, ZZPInt 9 (2004), 23 [...]

Arnold, Egon / Meyer-Stolte, Klaus / Rellermeyer, Klaus / Hintzen, Udo / Georg, Manfred: Rechtspflegergesetz – Kommentar, 8. neu bearbeitete Auflage, Bielefeld 2015
Zit.: Arnold/ Meyer-Stolte-*Bearbeiter*, RPflG^{8}, §, Rn.

Atik, Zeycan: Aktuelle Entwicklungen im Europäischen Zivilverfahrensrecht – Bericht über eine Tagung der Europäischen Rechtsakademie Trier
In: EuZW 2004, S. 686 ff.
Zit.: *Atik*, EuZW 2004, 686 [...]

Bach, Ivo: Anmerkung zu dem EuGH Urteil vom 13.10.2011 – C-139/10 – Prism Investments BV/Jaap Anne van der Meer in seiner Eigenschaft als Insolvenzverwalter der Arilco Holland BV
In: EuZW 2011, S. 871 ff.
Zit.: *Bach*, EuZW 2011, 871 [...]

Bamberger, Heinz Georg / Roth, Herbert: Beck'scher Online-Kommentar zum BGB München, Stand: 01.02.2014, Edition: 38
Zit.: Bamberger/ Roth-*Bearbeiter*, §, Rn.

Barnert, Thomas: Klauselerinnerung und Vollstreckungsabwehrklage in der neueren Rechtsprechung des BGH
In: MDR 2004, S. 605 ff.
Zit.: *Barnert*, MDR 2004, 605 [...]

Basedow, Jürgen: The Communitarization of the Conflict of Laws under the Treaty of Amsterdam
In: CML Rev. 37 (2000), S. 687 ff.
Zit.: *Basedow*, CMLR 37 (2000), 687 [...]

Bassenge, Peter / Roth, Herbert: FamFG · RPflG – Kommentar, 12. völlig neu bearbeitete und erw. Auflage, Heidelberg 2009
Zit.: Bassenge/ Roth^{12}-*Bearbeiter*, §, Rn.

Baumbach, Adolf / Lauterbach, Wolfgang / Albers, Jan / Hartmann, Peter: Zivilprozessordnung mit Gerichtsverfassungsgesetz und anderen Nebengesetzen – Kommentar, 74., völlig neu bearbeitete Auflage, München 2016
Zit.: B/L/A/H^{74}-*Bearbeiter*, ZPO, Art./ §, Rn.

Besse, Dirk: Die justitielle Zusammenarbeit in Zivilsachen nach dem Vertrag von Amsterdam und das EuGVÜ
In: ZEuP 1999, S. 107 ff.
Zit.: *Besse*, ZEuP 1999, 107 [...]

Bittmann, David-Christoph: Das Verhältnis der EuVTVO zur EuGVVO (zu BGH, 4.2.2010 – IX ZB 57/09)
In: IPRax 2011, S. 55 ff.
Zit.: *Bittmann*, IPRax 2011, 55 [...]

Bittmann, David-Christoph: Der Europäische Vollstreckungstitel – einfach und gut?
In: AnwBl. 2011, S. 378 ff.
Zit.: *Bittmann*, AnwBl. 2011, 378 [...]

Bittmann, David-Christoph: Die Bestätigung deutscher Kostenfestsetzungsbeschlüsse als Europäische Vollstreckungstitel (zu OLG Nürnberg, 10.8.2009 – 3 W 483/09)
In: IPRax 2011, S. 361 ff.
Zit.: *Bittmann*, IPRax 2011, 361 [...]

Bittmann, David-Christoph: Die Voraussetzungen der Zwangsvollstreckung eines Europäischen Vollstreckungstitels (zu OGH, 22.2.2007 – 3 Ob 253/06)
In: IPRax 2008, S. 443 ff.
Zit.: *Bittmann*, IPRax 2008, 443 [...]

Bittmann, David-Christoph: Die Zulässigkeit materiellrechtlicher Einwendungen gegen einen Europäischen Vollstreckungstitel im Vollstreckungsstaat (zu OLG Köln, 21.11.2012 – 16 U 126/11)
In: IPRax 2015, S. 129 ff.
Zit.: *Bittmann*, IPRax 2015, 129 [...]

Bittmann, David-Christoph: Verordnung über den Europäischen Vollstreckungstitel (EuVTVO)
In: Zivilrecht unter europäischem Einfluss, 2. Auflage, Stuttgart 2010, Hrsg.: Gebauer, Martin; Wiedmann, Thomas
Zit.: *Bittmann*, in: *Gebauer/ Wiedmann* (Hrsg.)², Kap. 28, Rn.

Brand, Peter-Andreas: Aktuelle Probleme bei Zivilrechtsstreiten mit Auslandsbezug – Zuständigkeit, Zustellung, Vollstreckung
In: HFR 2007, Beitrag 22, S. 1 ff.
Zit.: *Brand*, HFR 2007, Beitrag 22, 1 [...]

Brox, Hans / Walker, Wolf-Dietrich: Zwangsvollstreckungsrecht, 10. neu bearbeitete Auflage, München 2014
Zit.: *Brox/ Walker*, Zwangsvollstreckungsrecht¹⁰, Rn.

Buchhold, Dagmar: Die Vollstreckung deutscher Titel in Großbritannien
In: NJW 2007, S. 2734 ff.
Zit.: *Buchhold*, NJW 2007, 2734 [...]

Burgstaller, Alfred / Neumayr, Matthias: Der Europäische Vollstreckungstitel für unbestrittene Forderungen
In: ÖJZ 2006, S. 179 ff.
Zit.: *Burgstaller/ Neumayr*, ÖJZ 2006, 179 [...]

Cadet, Fabien: Main features of the revised Brussels I Regulation
In: EuZW 2013, S. 218 ff.
Zit.: *Cadet*, EuZW 2013, 218 [...]

Calliess, Christian / Ruffert, Matthias: EUV/EGV – Kommentar, 3. Auflage, München 2007
Zit.: Calliess/ Ruffert[3]-*Bearbeiter*, Art., Rn.

Calliess, Christian: Nach dem „Tabakwerbung-Urteil" des EuGH: Binnenmarkt und gemeinschaftsrechtliche Kompetenzverfassung im neuen Licht
In: Jura 2001, S. 311 ff.
Zit.: *Calliess*, Jura 2001, 311 [...]

Coester-Waltjen, Dagmar: Der Europäische Vollstreckungstitel – Bestandsaufnahme und kritische Bewertung
In: Festschrift Liber Amicorum für Tugrul Ansay, Alphen aan den Rijn 2006, S. 47 ff., Hrsg.: Arkan, Sabih; Yongalik, Aynur
Zit.: *Coester-Waltjen*, FS Tugrul Ansay (2006), 47 [...]

Coester-Waltjen, Dagmar: Der neue europäische Vollstreckungstitel
In: Jura 2005, S. 394 ff.
Zit.: *Coester-Waltjen*, Jura 2005, 394 [...]

Coester-Waltjen, Dagmar: Einige Überlegungen zu einem künftigen europäischen Vollstreckungstitel
In: Festschrift für Kostas E. Beys, dem Rechtsdenker in attischer Dialektik, Athen 2003, Band 1, S. 183 ff., Hrsg.: Hideo Nakamura
Zit.: *Coester-Waltjen*, FS Kostas Beys (2003), 183 [...]

Coester-Waltjen, Dagmar: Und noch einmal: Der europäische Vollstreckungstitel
In: Studia in Honorem Pelayia Yessiou-Faltsi, S. 39 ff. Athen 2007
Zit.: *Coester-Waltjen*, FS Pelayia Yessiou-Faltsi (2007), 39 [...]

Czernich, Dietmar / Kodek, Georg E. / Mayr, Peter G.: Europäisches Gerichtsstands- und Vollstreckungsrecht – Kurzkommentar, 4. völlig neu bearbeitete Auflage, Wien 2015
Zit.: Czernich/ Kodek/ Mayr-*Bearbeiter*, EuGVR[4], Art., Rn.

Eichele, Wolfgang: Aktuelle Entwicklungen im Europäischen Zivilprozessrecht – Auf dem Weg zum Europäischen Vollstreckungstitel
In: BRAK-Mitt. 2003, S. 53 ff.
Zit.: *Eichele*, BRAK-Mitt. 2003, 53 [...]

Engel, Daniel / Singbartl, Jan: Keine Ordre-public-Prüfung eines Europäischen Vollstreckungstitels im Vollstreckungsstaat
In: EWiR 2014, S. 603 f.
Zit.: *Engel/ Singbartl*, EWiR 2014, 603 [...]

Ernst, Irene Marianne: Europäischer Vollstreckungstitel für unbestrittene Forderungen
In: JurBüro 2005, S. 568 ff.
Zit.: *Ernst*, JurBüro 2005, 568 [...]

Faetan, Natalie: Internationale Rechtsgrundlagen im Unterhaltsrecht sowie europäische und internationale Vollstreckungsübereinkommen
In: JAmt 2007, S. 181 ff.
Zit.: *Faetan*, JAmt 2007, 181 [...]

Franzmann, Till: Die Verordnung (EG) Nr. 805/2004 – notarielle Urkunden europaweit vollstreckbar
In: MittBayNot 2004, S. 404 ff.
Zit.: *Franzmann*, MittBayNot 2004, 404 [...]

Gebauer, Katharina: Der Europäische Vollstreckungstitel für unbestrittene Forderungen
In: NJ 2006, S. 103 ff.
Zit.: *Gebauer*, NJ 2006, 103 [...]

Gebauer, Katharina: Vollstreckung von Unterhaltstiteln nach der EuVTVO und der geplanten Unterhaltsverordnung
In: FPR 2006, S. 252 ff.
Zit.: *Gebauer*, FPR 2006, 252 [...]

Geimer, Reinhold: Das EuGVVO-Beschwerdeverfahren an der Schnittstelle von europäischem Gemeinschaftsrecht und nationalem Recht (zu OLG Köln, 17.5.2002 – 16 W 13/02)
In: IPRax 2003, S. 337 ff.
Zit.: *Geimer*, IPRax 2003, 337 [339]

Geimer, Reinhold / Schütze, Rolf A.: Europäisches Zivilverfahrensrecht – Kommentar, 3. Auflage, München 2010
Zit.: Geimer/ Schütze-*Bearbeiter*, EuZVR³, Art., Rn.

Geimer, Reinhold: Freizügigkeit vollstreckbarer Urkunden im Europäischen Wirtschaftsraum
In: IPRax 2000, S. 366 ff.
Zit.: *Geimer*, IPRax 2000, 366 [...]

Geimer, Reinhold / Schütze, Rolf A.: Internationaler Rechtsverkehr in Zivil- und Handelssachen, Band I: Loseblatt-Handbuch, München, Stand: Juni 2014
Zit.: Geimer/ Schütze-*Bearbeiter*, Internationaler Rechtsverkehr, Band I, Art., Rn.

Geimer, Reinhold: Internationales Zivilprozessrecht, 7. neu bearbeitete Auflage, Köln 2015
Zit.: *Geimer*, IZPR⁷, Rn.

Geimer, Reinhold: Schwedische Bank im deutschen Grundbuch: Grundschuld zur Sicherung einer ausländischem Recht unterliegenden Forderung (zu HansOLG Hamburg, 6.2.1998 – 12 U 16/96)
In: IPRax 1999, S. 152 ff.
Zit.: *Geimer*, IPRax 1999, 152 [...]

Geißler, Markus: Die Vollstreckungsklagen im Rechtsbehelfssystem der Zwangsvollstreckung
In: NJW 1985, S. 1865 ff.
Zit.: *Geißler*, NJW 1985, 1865 [...]

Gerold, Wilhelm / Schmidt, Herbert: Rechtsanwaltsvergütungsgesetz – Kommentar, 22. überarbeitete Auflage, München 2015
Zit.: Gerold/ Schmidt[22]-*Bearbeiter*, §, Rn.

Goebel, Frank-Michael: Europäischer Vollstreckungstitel – Rechtsmittel, wenn die Bestätigung verweigert wird
In: VE 2006, S. 99 ff.
Zit.: *Goebel*, VE 2006, 99 [...]

Gottwald, Uwe: Anmerkungen zu OLG Düsseldorf Beschluss vom 06.03.2002 – 3 W 276/01
In: FamRZ 2002, S. 1423
Zit.: *Gottwald*, FamRZ 2002, 1423

Gottwald, Uwe / Mock, Peter: Zwangsvollstreckung – Kommentar zu den §§ 704–898 ZPO mit Antrags- und Klagemustern für die Rechtspraxis, 7. überarb. und erg. Auflage, Freiburg im Breisgau 2015
Zit.: Gottwald/ Mock-*Bearbeiter*, Zwangsvollstreckung[7], §, Rn.

Graf von Bernstorff, Christoph: Mahnverfahren, Forderungsdurchsetzung und Kontenpfändung in der EU
In: RIW 2007, S. 88 ff.
Zit.: *von Bernstorff*, RIW 2007, 88 [...]

Gsell, Beate: Die Geltendmachung nachträglicher materieller Einwendungen im Wege der Vollstreckungsgegenklage bei Titeln aus dem Europäischen Mahn- oder Bagatellverfahren
In: EuZW 2011, S. 87 ff.
Zit.: *Gsell*, EuZW 2011, 87 [...]

Halfmeier, Axel: Die Vollstreckungsgegenklage im Recht der internationalen Zuständigkeit
In: IPRax 2007, S. 381 ff.
Zit.: *Halfmeier*, IPRax 2007, 381 [...]

Hartmann, Bernd: Prozente und Prozentpunkte beim Klageantrag auf Verzugszinsen
In: NJW 2004, S. 1358 ff.
Zit.: *Hartmann*, NJW 2004, 1358 [...]

Hau, Wolfgang: Andreas Nelle, Anspruch, Titel und Vollstreckung im internationalen Rechtsverkehr, Mohr Siebeck, Beiträge zum ausländischen und internationalen Privatrecht Nr. 71, Tübingen 2000 – Buchbesprechung
In: ZVglRWiss 2001, S. 495 ff.
Zit.: *Hau*, ZVglRWiss 2001, 495 [...]

Hau, Wolfgang: Die einseitige Erledigterklärung im Exequaturverfahren (zu OLG Düsseldorf, 10.07.1996 – 3 W 318/95)
In: IPRax 1998, S. 255 ff.
Zit.: *Hau*, IPRax 1998, 255 [...]

Hau, Wolfgang: Zum Rechtsschutz gegen die Vollstreckbarerklärung gemäß Artt. 36 bis 38 EuGVÜ (zu EuGH, 11.8.1995 – Rs. C-433/93 – SISRO/Ampersand)
In: IPRax 1996, S. 322 ff.
Zit.: *Hau*, IPRax 1996, 322 [...]

Hau, Wolfgang: Zur Entwicklung des Internationalen Zivilverfahrensrechts in der Europäischen Union im Jahre 2003
In: GPR 2003/04, S. 94 ff.
Zit.: *Hau*, GPR 2003/04, 94 [...]

Heiderhoff, Bettina: Keine Inlandszustellung an Adressaten mit ausländischem Wohnsitz mehr?
In: EuZW 2006, S. 235 ff.
Zit.: *Heiderhoff*, EuZW 2006, 235 [...]

Heiderhoff, Bettina: Keine Rangordnung der Zustellungsarten
In: IPRax 2007, S. 293 f.
Zit.: *Heiderhoff*, IPRax 2007, 293 [...]

Hess, Burkhard: Aktuelle Perspektiven der europäischen Prozessrechtsangleichung
In: JZ 2001, S. 573 ff.
Zit.: *Hess*, JZ 2001, 573 [...]

Hess, Burkhard: Die „Europäisierung“ des internationalen Zivilprozessrechts durch den Amsterdamer Vertrag – Chancen und Gefahren
In: NJW 2000, S. 23 ff.
Zit.: *Hess*, NJW 2000, 23 [...]

Hess, Burkhard / Bittmann, David-Christoph: Die Effektuierung des Exequaturverfahrens nach der Europäischen Gerichtsstands- und Vollstreckungsverordnung
In: IPRax 2007, S. 277 ff.
Zit.: *Hess/ Bittmann*, IPRax 2007, 277 [...]

Hess, Burkhard: Die Integrationsfunktion des Europäischen Zivilverfahrensrechts
In: IPRax 2001, S. 389 ff.
Zit.: *Hess*, IPRax 2001, 389 [...]

Hess, Burkhard: Die intertemporale Anwendung des europäischen Zivilprozessrechts in den EU-Beitrittsstaaten
In: IPRax 2004, S. 374 ff.
Zit.: *Hess*, IPRax 2004, 374 [...]

Hess, Burkhard: Die Konstitutionalisierung des europäischen Privat- und Prozessrechts
In: JZ 2005, S. 540 ff.
Zit.: *Hess*, JZ 2005, 540 [...]

Hess, Burkhard: Europäischer Vollstreckungstitel und nationale Vollstreckungsgegenklage
In: IPRax 2004, S. 493 f.
Zit.: *Hess*, IPRax 2004, 493 [...]

Hess, Burkhard: Neues deutsches und europäisches Zustellungsrecht
In: NJW 2002, S. 2417 ff.
Zit.: *Hess*, NJW 2002, 2417 [...]

Hess, Burkhard: Strukturfragen der europäischen Prozessrechtsangleichung, dargestellt am Beispiel des Europäischen Mahn- und Inkassoverfahrens
In: Einheit und Vielfalt des Rechts – Festschrift für Reinhold Geimer zum 65. Geburtstag, München 2002, Hrsg.: Schütze, Rolf A., S. 339 ff.
Zit.: *Hess*, FS Reinhold Geimer (2002), 339 [...]

Hohloch, Gerhard: Vollstreckung deutscher Unterhaltstitel im Ausland
In: FPR 2006, S. 244 ff.
Zit.: *Hohloch*, FPR 2006, 244 [...]

Hök, Götz-Sebastian: Der Europäische Vollstreckungstitel für unbestrittene Forderungen
In: ZAP (Fach 25) 2005, S. 159 ff.
Zit.: *Hök*, ZAP 2005, 159 [...]

Hök, Götz-Sebastian: Die grenzüberschreitende Forderungs- und Kontopfändung
In: MDR 2005, S. 306 ff.
Zit.: *Hök*, MDR 2005, 306 [...]

Hub, Thorsten: Die Neuregelung der Anerkennung und Vollstreckung in Zivil- und Handelssachen und das familienrechtliche Anerkennungs- und Vollstreckungsverfahren
In: NJW 2001, S. 3145 ff.
Zit.: *Hub*, NJW 2001, 3145 [...]

Hüßtege, Rainer: Braucht die Verordnung über den europäischen Vollstreckungstitel eine ordre-public-Klausel?
In: Festschrift für Erik Jayme, München 2004, Band 1, S. 371 ff., Hrsg.: Mansel, Heinz-Peter; Pfeiffer, Thomas; Kohler, Christian; Kronke, Herbert; Hausmann, Rainer
Zit.: *Hüßtege*, FS Erik Jayme (2004), 371 [...]

Hüßtege, Rainer: Der europäische Vollstreckungstitel
In: Perspektiven der justiziellen Zusammenarbeit in Zivilsachen in der Europäischen Union, Bielefeld 2004, S. 113 ff., Hrsg.: Gottwald, Peter
Zit.: *Hüßtege*, in: *Gottwald* (Hrsg.), Perspektiven (2004), 113 [...]

Israël, Jona: Conflicts of Law and the EC after Amsterdam. A Change for the Worse?
In: MJ 2000, S. 81 ff.
Zit.: *Israël*, MJ 2000, 81 [...]

Jayme, Erik / Kohler, Christian: Europäisches Kollisionsrecht 1997 – Vergemeinschaftung durch „Säulenwechsel"?
In: IPRax 1997, S. 385 ff.
Zit.: *Jayme/ Kohler*, IPRax 1997, 385 [...]

Jayme, Erik / Kohler, Christian: Europäisches Kollisionsrecht 2000: Interlokales Privatrecht oder universelles Gemeinschaftsrecht
In: IPRax 2000, S. 454 ff.
Zit.: *Jayme/ Kohler*, IPRax 2000, 454 [...]

Jayme, Erik / Kohler, Christian: Europäisches Kollisionsrecht 2003: Der Verfassungskonvent und das Internationale Privat- und Verfahrensrecht
In: IPRax 2003, S. 485 ff.
Zit.: *Jayme/ Kohler*, IPRax 2003, 485 [...]

Jayme, Erik / Kohler, Christian: Europäisches Kollisionsrecht 2004: Territoriale Erweiterung und methodische Rückgriffe
In: IPRax 2004, S. 481 ff.
Zit.: *Jayme/ Kohler*, IPRax 2004, 481 [...]

Jayme, Erik / Kohler, Christian: Europäisches Kollisionsrecht 2005: Hegemonialgesten auf dem Weg zu einer Gesamtvereinheitlichung
In: IPRax 2005, S. 481 ff.
Zit.: *Jayme/ Kohler*, IPRax 2005, 481 [...]

Jayme, Erik / Kohler, Christian: Europäisches Kollisionsrecht 2006: Eurozentrismus ohne Kodifikationsidee?
In: IPRax 2006, S. 537 ff.
Zit.: *Jayme/ Kohler*, IPRax 2006, 537 [...]

Jennissen, Wilhelm Heinz: Der Europäische Vollstreckungstitel – Teil 1
In: InVo 2006, S. 218 ff.
Zit.: *Jennissen*, InVo 2006, 218 [...]

Jennissen, Wilhelm Heinz: Der Europäische Vollstreckungstitel – Teil 2
In: InVo 2006, S. 263 ff.
Zit.: *Jennissen*, InVo 2006, 263 [...]

Junker, Abbo: Vom Brüsseler Übereinkommen zur Brüsseler Verordnung – Wandlungen des Internationalen Zivilprozessrechts
In: RIW 2002, S. 569 ff.
Zit.: *Junker*, RIW 2002, 569 [...]

Kieninger, Eva-Maria: Die Abschaffung des Vollstreckbarerklärungsverfahrens in der EuGVVO und die Zukunft des Verbraucherschutzes
In: VuR 2011, S. 243 ff.
Zit.: *Kieninger*, VuR 2011, 243 [...]

Kienle, Florian: Effektiver Zugang zum (doppelten) Recht? Ein Zwischenruf zum Verhältnis EuGVO und EuVTVO
In: EuZW 2010, S. 334 f.
Zit.: *Kienle*, EuZW 2010, 334 [...]

Kindl, Johann / Meller-Hannich, Caroline / Wolf, Hans-Joachim: Gesamtes Recht der Zwangsvollstreckung, 2. Auflage, Baden-Baden 2013
Zit.: *Bearbeiter*, in: *Kindl/ Meller-Hannich/ Wolf* (Hrsg.)^2, Art./ §, Rn.

Kirchhof, Ferdinand: Grundrechtsschutz durch europäische und nationale Gerichte
In: NJW 2011, S. 3681 ff.
Zit.: *Kirchhof*, NJW 2011, 3681 [...]

Klippstein, Thomas: Verordnung über den Europäischen Vollstreckungstitel (EuVTVO)
In: Zivilrecht unter europäischem Einfluss, 1. Auflage, Stuttgart 2005, Hrsg.: Gebauer, Martin; Wiedmann, Thomas
Zit.: *Klippstein*, in: *Gebauer/ Wiedmann* (Hrsg.)[1], Kap. 31, Rn.

Knittel, Bernhard: Vollstreckung dynamischer Unterhaltstitel im Ausland – Neue Aufgaben für die Urkundsperson beim Jugendamt
In: JAmt 2006, S. 477 ff.
Zit.: *Knittel*, JAmt 2006, 477 [...]

Koch, Harald: Einführung in das europäische Zivilprozessrecht
In: JuS 2003, S. 105 ff.
Zit.: *Koch*, JuS 2003, 105 [...]

Kohler, Christian: Der europäische Justizraum für Zivilsachen und das Gemeinschaftskollisionsrecht
In: IPRax 2003, S. 401 ff.
Zit.: *Kohler*, IPRax 2003, 401 [...]

Kohler, Christian: Systemwechsel im europäischen Anerkennungsrecht: Von der EuGVVO zur Abschaffung der Exequatur
In: Systemwechsel im europäischen Kollisionsrecht, München 2002, S. 147 ff., Hrsg.: Baur, Jürgen F.; Mansel, Heinz-Peter
Zit.: *Kohler*, in: *Baur/ Mansel* (Hrsg.), Systemwechsel (2002), 147 [...]

Kohler, Christian: Von der EuGVVO zum Europäischen Vollstreckungstitel – Entwicklungen und Tendenzen im Recht der Anerkennung und Vollstreckung ausländischer Entscheidungen –
In: Europäisches Kollisionsrecht, Wien 2004, S. 63 ff., Hrsg.: Reichelt, Gerte; Rechberger, Walter H.
Zit.: *Kohler*, in: *Reichelt/ Rechberger* (Hrsg.), Europäisches Kollisionsrecht (2004), 63 [...]

König, Bernhard: Der Europäische Vollstreckungstitel: Haben wir gehörig vorgesorgt?
In: Europäisches Zivilverfahrensrecht in Österreich – Bilanz nach 10 Jahren (Hrsg.: König, Bernhard; Mayr, Peter G.) Band I, Wien 2007, S. 113 ff.
Zit.: *König*, in: *König/ Mayr* (Hrsg.), EuZPR in Österreich (2007), 113 [...]

Kotuby, Charles T.: External Competence of the European Community in the Hague Conference On Private International Law: Community Harmonization and worldwide Unification
In: NILR 2001, S. 1 ff.
Zit.: *Kotuby*, NILR 2001, 1 [...]

Kramme, Malte: Keine Ordre-Public-Überprüfung von Europäischen Vollstreckungstiteln! – Anmerkung zum Urteil des BGH vom 24.4.2014 – VII ZB 28/13
In: GPR 2014, S. 296 ff.
Zit.: *Kramme*, GPR 2014, 296 [...]

Kreutz, Peter: Anmerkung zum BGH-Beschluss vom 24.04.2014 – VII ZB 28/13 Rpfleger 2014, 527 ff.
In: Rpfleger 2014, S. 530 f.
Zit.: *Kreutz*, Rpfleger 2014, 530 [...]

Kropholler, Jan / von Hein, Jan: Europäisches Zivilprozessrecht – Kommentar zu EuGVO, Lugano-Übereinkommen 2007 und EuVTVO, EuMVO und EuGFVO, 9. völlig neu bearbeitete und erweiterte Auflage, Frankfurt am Main 2011
Zit.: *Kropholler/ von Hein*, EuZPR[9], Art., Rn.

Leible, Stefan / Staudinger, Ansgar: Art. 65 EGV im System der EG-Kompetenzen
In: ELF 2000/01, S. 225 ff.
Zit.: *Leible/ Staudinger*, ELF 2000/01, 225 [...]

Leible, Stefan / Lehmann, Matthias: Die Verordnung über den Europäischen Vollstreckungstitel für unbestrittene Forderungen und ihre Auswirkungen auf die notarielle Praxis
In: NotBZ 2004, S. 453 ff.
Zit.: *Leible/ Lehmann*, NotBZ 2004, 453 [...]

Lipp, Volker: Europäische Justizreform
In: NJW 2001, S. 2657 ff.
Zit.: *Lipp*, NJW 2001, 2657 [...]

Luckey, Jan: Der Europäische Vollstreckungstitel (EG-VO Nr. 805/2004)
In: ZGS 2005, S. 420 ff.
Zit.: *Luckey*, ZGS 2005, 420 [...]

Lüke, Wolfgang: Zivilprozessrecht – Erkenntnisverfahren, Zwangsvollstreckung, Europäisches Zivilverfahrensrecht, 10. neu bearbeitete Auflage, München 2011
Zit.: *Lüke*, Zivilprozessrecht[10], Rn.

Magnus, Ulrich / Mankowski, Peter: Brussels I Regulation – Kommentar, 2. Auflage, München 2012
Zit.: Magnus/ Mankowski[2]-*Bearbeiter*, Art., Rn.

Mankowski, Peter: Anmerkung zum Beschluss des BGH vom 03.04.2014 (IX ZB 88/12, Karlsruhe) – WM 2014, 1003
In: WuB VII C. Art. 22 LugÜ 1.14
Zit.: *Mankowski*, WuB VII C. Art. 22 LugÜ 1.14

Mankowski, Peter: Anmerkungen zum Urteil des EuGH vom 29.04.1999 – Rs. C-267/97 – *Eric Coursier/ Fortis Bank SA u.a.*
In: ZZPInt 1999, S. 276 ff.
Zit.: *Mankowski*, ZZPInt 1999, 276 [...]

Mankowski, Peter: Besteht der europäische Gerichtsstand der rügelosen Einlassung auch gegen von Schutzregimes besonders geschützte Personen?
In: RIW 2010, S. 667 ff.
Zit.: *Mankowski*, RIW 2010, 667 [...]

Mankowski, Peter: Die Lehre von den doppelrelevanten Tatsachen auf dem Prüfstand der internationalen Zuständigkeit (zu LG Tübingen, 30.3.2005 – 5 O 45/03)
In: IPRax 2006, S. 454 ff.
Zit.: *Mankowski*, IPRax 2006, 454 [...]

Mankowski, Peter: Entwicklungen im Internationalen Privat- und Prozessrecht 2003/2004 (Teil 2)
In: RIW 2004, S. 587 ff.
Zit.: *Mankowski*, RIW 2004, 587 [...]

Mankowski, Peter: Gerichtsstand der rügelosen Einlassung in europäischen Verbrauchersachen?
In: IPRax 2001, S. 310 ff.
Zit.: *Mankowski*, IPRax 2001, 310 [...]

Mankowski, Peter: Prozessualer Verbraucherschutz beim Europäischen Vollstreckungstitel
In: VuR 2010, S. 16 ff.
Zit.: *Mankowski*, VuR 2010, 16 [...]

Mankowski, Peter: Wie viel Bedeutung verliert die EuGVVO durch den Europäischen Vollstreckungstitel?
In: Die richtige Ordnung – Festschrift für Jan Kropholler zum 70. Geburtstag, Tübingen 2008, S. 829 ff., Hrsg.: Baetge, Dietmar; von Hein, Jan; von Hinden, Michael.
Zit.: *Mankowski*, FS Jan Kropholler (2008), 829 [...]

Mansel, Heinz-Peter: Anerkennung als Grundprinzip des Europäischen Rechtsraums
In: RabelsZ 70 (2006), S. 651 ff.
Zit.: *Mansel*, RabelsZ 70, 651 [...]

Mansel, Heinz-Peter / Thorn, Karsten / Wagner, Rolf: Europäisches Kollisionsrecht 2009: Hoffnungen durch den Vertrag von Lissabon
In: IPRax 2010, S. 1 ff.
Zit.: *Mansel/ Thorn/ Wagner*, IPRax 2010, 1 [...]

Meller-Hannich, Caroline: Materiellrechtliche Einwendungen bei der grenzüberschreitenden Vollstreckung und die Konsequenzen von „Prism Investment" – Teil I
In: GPR 2012, S. 90 ff.
Zit.: *Meller-Hannich*, GPR 2012, 90 [...]

Meller-Hannich, Caroline: Materiellrechtliche Einwendungen bei der grenzüberschreitenden Vollstreckung und die Konsequenzen von „Prism Investment" – Teil II
In: GPR 2012, S. 153 ff.
Zit.: *Meller-Hannich*, GPR 2012,153 [...]

Micklitz, Hans-W. / Rott, Peter: Vergemeinschaftung des EuGVÜ in der Verordnung (EG) Nr. 44/2001
In: EuZW 2002, S. 15 ff.
Zit.: *Micklitz/ Rott*, EuZW 2002, 15 […]

Mock, Peter: RVG-Beratungspraxis Aktuelle Praxisfragen: RVG erneut geändert
In: RVG-Berater 2005, S. 139 f.
Zit.: *Mock*, RVG-Berater 2005, 139 […]

Münchener Kommentar, Hrsg.: Säcker, Franz Jürgen / Rixecker, Roland / Oetker, Hartmut / Limperg, Bettina: Münchener Kommentar zum BGB, Band 2: §§ 241–432: 7. Auflage München 2016
Zit.: MüKo[7]-*Bearbeiter*, §, Rn.

Münchener Kommentar, Hrsg.: Rauscher, Thomas: Münchener Kommentar zum FamFG – Kommentar, 2. Auflage, München 2013
Zit.: MüKo[2]-*Bearbeiter*, §, Rn.

Münchener Kommentar, Hrsg.: Band 2: Rauscher, Thomas / Krüger, Wolfgang, Band 3: Rauscher, Thomas / Krüger, Wolfgang: Münchener Kommentar zur Zivilprozessordnung
Band 2: §§ 355–1024 ZPO: 4. Auflage, München 2012
Band 3: §§ 1025–1109 ZPO: 4. Auflage, München 2013
Zit.: MüKo[4]-*Bearbeiter*, Art./ §, Rn.

Münzberg, Wolfgang: Berücksichtigung oder Präklusion sachlicher Einwendungen im Exequaturverfahren trotz Art. 45 Abs. 1 VO (EG) Nr. 44/2001?
In: Einheit und Vielfalt des Rechts – Festschrift für Reinhold Geimer zum 65. Geburtstag (Hrsg.: Schütze, Rolf A.) (2002), S. 745 ff.
Zit.: *Münzberg*, FS Reinhold Geimer (2002), 745 […]

Musielak, Hans-Joachim / Borth, Helmut: Familiengerichtliches Verfahren – 1. und 2. Buch FamFG, 4. Auflage, München 2013
Zit.: Musielak/ Borth[4]-*Bearbeiter*, FamFG, §, Rn.

Musielak, Hans-Joachim / Voit, Wolfgang: Zivilprozessordnung mit Gerichtsverfassungsgesetz – Kommentar, 13. neu bearbeitete Auflage, München 2016
Zit.: Musielak[13]-*Bearbeiter*, Art./ §, Rn.

Nagel, Heinrich / Gottwald, Peter: Internationales Zivilprozessrecht, 7. neu bearbeitete Auflage, Köln 2013
Zit.: *Nagel/ Gottwald*, IZPR[7], §, Rn.

Nelle, Andreas: Anspruch, Titel und Vollstreckung im Internationalen Rechtsverkehr: Einwendungen gegen einen titulierten Anspruch im deutschen und europäischen Zivilprozessrecht, Tübingen 2000
Zit.: *Nelle*, Anspruch, S.

Nielsen, Peter Arnt: Brussels I and Denmark
In: IPRax 2007, S. 506 ff.
Zit.: *Nielsen*, IPRax 2007, 506 […]

Oberhammer, Paul: Der Europäische Vollstreckungstitel: Rechtspolitische Ziele und Methoden
In: JBl. 2006, S. 477 ff.
Zit.: *Oberhammer*, JBl 2006, 477 [491]

Palandt, Otto / Bassenge, Peter: Bürgerliches Gesetzbuch mit Nebengesetzen – Kommentar, 75. Auflage, München 2016
Zit.: Palandt^{75}-*Bearbeiter*, §, Rn.

Pfeiffer, Thomas: Europa als einheitlicher Vollstreckungsraum – Die Verordnung über den europäischen Vollstreckungstitel
In: BauR 2005, S. 1541 ff.
Zit.: *Pfeiffer*, BauR 2005, 1541 [...]

Philipp, Otmar: Europäisches Verfahren für geringe Forderungen
In: EuZW 2007, S. 164
Zit.: *Philipp*, EuZW 2007, 164

Pietsch, Peter: Der Europäische Vollstreckungstitel für unbestrittene Forderungen im Jahre 2005
In: FF 2005, S. 180 ff.
Zit.: *Pietsch*, FF 2005, 180 [...]

Rausch, Hans: Vereinfachte Unterhaltsvollstreckung in der EU mit dem neuen Europäischen Vollstreckungstitel
In: FuR 2005, S. 437 ff.
Zit.: *Rausch*, FuR 2005, 437 [...]

Rauscher, Thomas: Der Europäische Vollstreckungstitel für unbestrittene Forderungen
In: GPR 2003/04, S. 286 ff.
Zit.: *Rauscher*, GPR 2003/04, 286 [...]

Rauscher, Thomas: Der Europäische Vollstreckungstitel für unbestrittene Forderungen, München 2004
Zit.: *Rauscher*, EuVT, Rn.

Rauscher, Thomas: Europäisches Zivilprozess- und Kollisionsrecht EuZPR/ EuIPR – Kommentar
Band I – Brüssel I-VO, LugÜbk 2007: 3. Auflage, München 2011
Band II – EuVTVO, EuMVVO, EuGFVO, EuKPfVO, HProrogÜbk 2005, EuZVO, EuBewVO, EuInsVO: 4. Auflage, München 2015
Zit.: Rauscher-*Bearbeiter*, Band I^{3}/II^{4}, Art., Rn.

Rauscher, Thomas: Strikter Beklagtenschutz durch Art. 27 Nr. 2 EuGVÜ (zu EuGH, 3.7.1990 – Rs. C-305/88 [Lancracy SA/Peters und Sichert KG])
In: IPRax 1991, S. 155 ff.
Zit.: *Rauscher*, IPRax 1991, 155 [...]

Rauscher, Thomas: Unzulässigkeit einer *anti-suit injunction* unter Brüssel I (zu EuGH, 27.04.2004 – Rs. C-159/02 – Gregory Paul Turner ./. Felix Fareed Ismail Grovit u.a.)
In: IPRax 2004, S. 405 ff.
Zit.: *Rauscher*, IPRax 2004, 405 [...]

Rechberger, Walter H. / Frauenberger-Pfeiler, Ulrike: Der Europäische Vollstreckungstitel – Eine Annäherung
In: Europarecht im Zeitalter der Globalisierung – Festschrift für Peter Fischer, Wien 2004, Hrsg.: Köck, Heribert Frank; Lengauer, Alina; Ress, Georg
Zit.: *Rechberger/ Frauenberger-Pfeiler*, FS Peter Fischer (2004), 399 [...]

Reichel, Michael E.: Das EG-Vollstreckungstitel-Durchführungsgesetz und die Auswirkungen auf das arbeitsgerichtliche Verfahren
In: NZA 2005, S. 1096 ff.
Zit.: *Reichel*, NZA 2005, 1096 [...]

Rellermeyer, Klaus: Der Europäische Vollstreckungstitel für unbestrittene Forderungen
In: Rpfleger 2005, S. 389 ff.
Zit.: *Rellermeyer*, Rpfleger 2005, 389 [...]

Riedel, Ernst: Europäischer Vollstreckungstitel für unbestrittene Forderungen, Köln 2005
Zit.: *Riedel*, EuVT, S.

Riedel, Ernst: Europäischer Vollstreckungstitel für unbestrittene Forderungen – VO (EG) 805/2004
In: ProzRB 2005, S. 324 ff.
Zit.: *Riedel*, ProzRB 2005, 324 [...]

Rijavec, Vesna: Der Europäische Vollstreckungstitel – am Beispiel Sloweniens
In: ZZPInt 12 (2007), S. 155 ff.
Zit.: *Rijavec*, ZZPInt 12 (2007), 155 [...]

Roth, Herbert: Der Kostenfestsetzungsbeschluss für eine einstweilige Verfügung als Anwendungsfall des Europäischen Vollstreckungstitels für unbestrittene Forderungen
In: IPRax 2008, S. 235 ff.
Zit.: *Roth*, IPRax 2008, 235 [...]

Roth, Herbert: Die negative Feststellungsklage zur Abwehr drohender Zwangsvollstreckung als Anwendungsfall von Art. 16 Nr. 5 Lugano-Übereinkommen (zu OGH, 5.1.1998 – 5 Nd 515/97)
In: IPRax 1998, S. 50 ff.
Zit.: *Roth*, IPRax 1998, 50 [...]

Roth, Herbert: Nelle, Andreas: Anspruch, Titel und Vollstreckung im internationalen Rechtsverkehr (1999) – Buchbesprechung
In: RabelsZ 68 (2004), S. 379 ff.
Zit.: *Roth*, RabelsZ 68, 379 [...]

Röthel, Anne / Sparmann, Ingo: Der europäische Vollstreckungstitel für unbestrittene Forderungen
In: WM 2006, S. 2285 ff.
Zit.: *Röthel/ Sparmann*, WM 2006, 2285 [...]

Rott, Peter: Bedrohung des Verbraucherschutzes im internationalen Verfahrens- und Privatrecht durch den Binnenmarkt
In: EuZW 2005, S. 167 ff.
Zit.: *Rott*, EuZW 2005, 167 [...]

Saenger, Ingo: Zivilprozessordnung – Handkommentar, 6. Auflage, Baden-Baden 2015
Zit.: HkZPO[6]-*Bearbeiter*, Art./ §, Rn.

Schack, Haimo: Aktuelle Entwicklungen im Europäischen Zivilverfahrensrecht
In: SchlHA 2006, S. 115 ff.
Zit.: *Schack*, SchlHA 2006, 115 [...]

Schack, Haimo: Internationales Zivilverfahrensrecht, 6. neu bearbeitete Auflage, München 2014
Zit.: *Schack*, IZVR[6], Rn.

Schlosser, Peter / Hess, Burkhard: EU-Zivilprozessrecht – Kommentar, 4. erweiterte Auflage, München 2015
Zit.: *Schlosser/ Hess*, EU-ZPR[4], Art., Rn.

Schmidt, Karsten: Vollstreckungsgegenklage – Prozessrecht und materielles Recht in der Bewährung
In: 50 Jahre Bundesgerichtshof – Festgabe aus der Wissenschaft, Band 3, München 2000, S. 491 ff., Hrsg.: Schmidt, Karsten
Zit.: *K. Schmidt*, 50 Jahre BGH (2000), 491 [...]

Schollmeyer, Eberhard: Europäisches Mahnverfahren
In: IPRax 2002, S. 478 ff.
Zit.: *Schollmeyer*, IPRax 2002, 478 [...]

Schollmeyer, Eberhard: Vollstreckungsschutz kraft ausländischen Insolvenzrechts und Inlandsklausel
In: IPRax 2003, S. 227 ff.
Zit.: *Schollmeyer*, IPRax 2003, 227 [...]

Schroeter, Ulrich G.: Europäischer Verfassungsvertrag und Europäisches Privatrecht
In: ZEuP 2006, S. 515 ff.
Zit.: *Schroeter*, ZEuP 2006, 515 [...]

Schubert-Panecka, Katarzyna: Aktuelle Entwicklungen im Europäischen Zivilverfahrensrecht – Tagung der Europäischen Rechtsakademie vom 17. bis 18. Juni 2004 in Trier
In: ZEuP 2005, S. 194 ff.
Zit.: *Schubert-Panecka*, ZEuP 2005, 194 [...]

Schwarze, Jürgen / Becker, Ulrich / Hatje, Armin / Schoo, Johann: EU-Kommentar, 2. Auflage, Baden-Baden 2008
Zit.: Schwarze-*Bearbeiter*, EU-Kommentar[2], Art., Rn.

Sedlmeier, Johannes: Internationales und europäisches Verfahrensrecht. Neuere Entwicklungen bei der gegenseitigen Urteilsanerkennung in Europa und weltweit
In: ELF 2002, S. 35 ff.
Zit.: *Sedlmeier*, ELF 2002, 35 [...]

Spindler, Gerald: Internationales Verbraucherschutzrecht im Internet. Auswirkungen der geplanten neuen Verordnung des Rates über die gerichtliche Zuständigkeit und die Anerkennung und Vollstreckung von Entscheidungen in Zivil- und Handelssachen
In: MMR 2000, S. 18 ff.
Zit.: *Spindler*, MMR 2000, 18 [...]

Stadler, Astrid: Das Europäische Zivilprozessrecht – Wie viel Beschleunigung verträgt Europa?. Kritisches zur Verordnung über den Europäischen Vollstreckungstitel und ihrer Grundidee
In: IPRax 2004, S. 2 ff.
Zit.: *Stadler*, IPRax 2004, 2 [...]

Stadler, Astrid: Die Reform des deutschen Zustellungsrechts und ihre Auswirkungen auf die internationale Zustellung
In: IPRax 2002, S. 471 ff.
Zit.: *Stadler*, IPRax 2002, 471 [...]

Stadler, Astrid: Kritische Anmerkungen zum Europäischen Vollstreckungstitel
In: RIW 2004, S. 801 ff.
Zit.: *Stadler*, RIW 2004, 801 [...]

Stadler, Astrid: Ordnungsgemäße Zustellung im Wege der remise au parquet und Heilung von Zustellungsfehlern nach der Europäischen Zustellungsverordnung
In: IPRax 2006, S. 116 ff.
Zit.: *Stadler*, IPRax 2006, 116 [...]

Stein, Andreas: Der Europäische Vollstreckungstitel für unbestrittene Forderungen – Einstieg in den Ausstieg aus dem Exequaturverfahren bei Auslandsvollstreckung
In: EuZW 2004, S. 679 ff.
Zit.: *Stein*, EuZW 2004, 679 [...]

Stein, Andreas: Der Europäische Vollstreckungstitel für unbestrittene Forderungen tritt in Kraft – Aufruf zu einer nüchternen Betrachtung
In: IPRax 2004, S. 181 ff.
Zit.: *Stein*, IPRax 2004, 181 [...]

Stein, Andreas: Neuere Entwicklungen bei der gegenseitigen Anerkennung und Vollstreckung von zivilrechtlichen Urteilen in Europa
In: WiRO 2003, S. 289 ff.
Zit.: *Stein*, WiRO 2003, 289 [...]

Stein, Friedrich / Jonas, Martin / Berger, Christian: Kommentar zur Zivilprozessordnung: ZPO
Band 2: §§ 41–127a: 22. Auflage, Tübingen 2004
Band 7: §§ 704–827: 22. Auflage, Tübingen 2002
Zit.: Stein/ Jonas[22]-*Bearbeiter*, §, Rn.

Steinbach, Johannes / Tödter, Christiane: Europäisierung des Verfahrensrechts – Tagung der Wissenschaftlichen Vereinigung für Internationales Verfahrensrecht
In: IPRax 2004, S. 372 f.
Zit.: *Steinbach/ Tödter*, IPRax 2004, 372 [...]

Strasser, Christian: Abänderung und Vollstreckung von Unterhaltstiteln aus dem EU-Ausland in Deutschland
In: FPR 2007, S. 451 ff.
Zit.: *Strasser*, FPR 2007, 451 [...]

Strasser, Christian: Der Schuldner im Ausland – keine aussichtslose Forderungseinziehung!
In: StC 2007, S. 35 ff.
Zit.: *Strasser*, StC 2007, 35 [...]

Strasser, Christian: Praxisprobleme bei der Zwangsvollstreckung aus einem Europäischen Vollstreckungstitel
In: Rpfleger 2007, S. 249 ff.
Zit.: *Strasser*, Rpfleger 2007, 249 [...]

Stürner, Michael: Keine ordre-public-Kontrolle gegenüber Europäischem Vollstreckungstitel
In: jurisPR-BGHZivil 12/2014 Anm. 1
Zit.: *Stürner*, jurisPR-BGHZivil 12/2014 Anm. 1

Stürner, Michael: Rechtsschutz gegen fehlerhafte Europäische Vollstreckungstitel
In: GPR 2010, S. 43 ff.
Zit.: *Stürner*, GPR 2010, 43 [...]

Sujecki, Bartosz: Anmerkung zum BGH-Beschluss vom 24.04.2014 – VII ZB 28/13 EuZW 2014, 557 ff.
In: EuZW 2014, S. 559 f.
Zit.: *Sujecki*, EuZW 2014, 559 [...]

Sujecki, Bartosz: Die Möglichkeiten und Grenzen der Abschaffung des *ordre public*-Vorbehalts im Europäischen Zivilprozessrecht
In: ZEuP 2008, S. 458 ff.
Zit.: *Sujecki*, ZEuP 2008, 458 [...]

Sujecki, Bartosz: Entwicklung des Europäischen Privat- und Zivilprozessrechts in den Jahren 2008 und 2009
In: EuZW 2010, S. 448 ff.
Zit.: *Sujecki*, EuZW 2010, 448 [...]

Sujecki, Bartosz: Erste Überlegungen zum europäischen elektronischen Mahnverfahren
In: MMR 2005, S. 213 ff.
Zit.: *Sujecki*, MMR 2005, 213 [...]

Sujecki, Bartosz: Europäisches Mahnverfahren – Geänderter Verordnungsvorschlag
In: EuZW 2006, S. 330 ff.
Zit.: *Sujecki*, EuZW 2006, 330 [...]

Sujecki, Bartosz: Niederländisches Gesetz zur Durchführung der Verordnung (EG) Nr. 805/2004 zum Europäischen Vollstreckungstitel
In: IPRax 2006, S. 525 ff.
Zit.: *Sujecki*, IPRax 2006, 525 [...]

Taborowski, Maciej: Der Europäische Vollstreckungstitel für unbestrittene Forderungen – ein kurzer Überblick aus polnischer Sicht
In: IPRax 2007, S. 250 ff.
Zit.: *Taborowski*, IPRax 2007, 250 [...]

Tarzia, Giuseppe: Aussichten für eine Harmonisierung des Zwangsvollstreckungsrechts in der Europäischen Union
In: ZEuP 1996, S. 231 ff.
Zit.: *Tarzia*, ZEuP 1996, 231 [...]

Thomas, Heinz / Putzo, Hans / Reichold, Klaus / Hüßtege, Rainer / Seiler, Christian: Zivilprozessordnung, FamFG, GVG, Einführungsgesetze, EU-Zivilverfahrensrecht – Kommentar, 37. Auflage, München 2016
Zit.: Thomas/ Putzo^{37}-*Bearbeiter*, Art./ §, Rn.

Thran, Martin: Die Vollstreckungsgegenklage nach § 767 ZPO
In: JuS 1995, S. 1111 ff.
Zit.: *Thran*, JuS 1995, 1111 [...]

von der Groeben, Hans / Schwarze, Jürgen: Kommentar zum Vertrag der Europäischen Union und zur Gründung der Europäischen Gemeinschaft, Band 1: Art. 1–53 EUV und Art. 1–80 EGV, 6. Auflage, Baden-Baden 2003
Zit.: von der Groeben/ Schwarze^{6}-*Bearbeiter*, Art., Rn.

Wagner, Rolf: Aktuelle Entwicklungen in der europäischen justiziellen Zusammenarbeit in Zivilsachen
In: NJW 2010, S. 1707 ff.
Zit.: *Wagner*, NJW 2010, 1707 [...]

Wagner, Rolf: Das Gesetz zur Durchführung der Verordnung (EG) Nr. 805/2004 zum Europäischen Vollstreckungstitel – unter besonderer Berücksichtigung der Vollstreckungsabwehrklage
In: IPRax 2005, S. 401 ff.
Zit.: *Wagner*, IPRax 2005, 401 [...]

Wagner, Rolf: Der Europäische Vollstreckungstitel
In: NJW 2005, S. 1157 ff.
Zit.: *Wagner*, NJW 2005, 1157 [...]

Wagner, Rolf: Die neue EG-Verordnung zum Europäischen Vollstreckungstitel
In: IPRax 2005, S. 189 ff.
Zit.: *Wagner*, IPRax 2005, 189 [...]

Wagner, Rolf: Vollstreckbarerklärungsverfahren nach der EuGVVO und Erfüllungseinwand – Dogmatik vor Pragmatismus? (zu EuGH, 13.10.2011 – Rs. C-139/10 – Prism Investments BV ./. Jaap Anne van der Meer in seiner Eigenschaft als Insolvenzverwalter der Arilco Holland BV)
In: IPRax 2012, S. 326 ff.
Zit.: *Wagner*, IPRax 2012, 326 [...]

Wagner, Rolf: Vom Brüsseler Übereinkommen über die Brüssel-I-Verordnung zum Europäischen Vollstreckungstitel
In: IPRax 2002, S. 75 ff.
Zit.: *Wagner*, IPRax 2002, 75 [...]

Wagner, Rolf: Zur Kompetenz der Europäischen Gemeinschaft in der justiziellen Zusammenarbeit in Zivilsachen
In: IPRax 2007, S. 290 ff.
Zit.: *Wagner*, IPRax 2007, 290 [...]

Wagner, Rolf: Zur Vereinheitlichung des Internationalen Privat- und Zivilverfahrensrechts fünf Jahre nach In-Kraft-Treten des Amsterdamer Vertrags
In: NJW 2004, S. 1835 ff.
Zit.: *Wagner*, NJW 2004, 1835 [...]

Wagner, Rolf: Zur Vereinheitlichung des Internationalen Privat- und Zivilverfahrensrechts sechs Jahre nach In-Kraft-Treten des Amsterdamer Vertrags
In: NJW 2005, S. 1754 ff.
Zit.: *Wagner*, NJW 2005, 1754 [...]

Wagner, Rolf: Zur Vereinheitlichung des Internationalen Privat- und Zivilverfahrensrechts sieben Jahre nach In-Kraft-Treten des Amsterdamer Vertrags
In: EuZW 2006, S. 424 ff.
Zit.: *Wagner*, EuZW 2006, 424 [...]

Wagner, Rolf: Zur Vollstreckung deutscher dynamisierter Unterhaltstitel im Ausland
In: Festschrift für Hans Jürgen Sonnenberger zum 70. Geburtstag, München 2004, S. 727 ff., Hrsg.: Coester, Michael; Martiny, Dieter; Prinz von Sachsen Gessaphe, Karl August
Zit.: *Wagner*, FS Hans Jürgen Sonnenberger (2004), 727 [...]

Wieczorek, Bernhard / Schütze, Rolf A.: Zivilprozessordnung und Nebengesetzte – Großkommentar
4. Band – §§ 704–915h, 1. Teilband – §§ 704–807: 3. völlig neu bearbeitete Auflage, Berlin 1999
6. Band – §§ 1067–1086, Rechtsquellen und Materialien zum internationalen und europäischen Zivilprozessrecht: 3. völlig neu bearbeitete Auflage, Berlin 2006
Zit.: Wieczorek/ Schütze^{3}-*Bearbeiter*, §, Rn.

Windolf, Alice / Zemmrich, Stefan: Der Europäische Vollstreckungstitel – Schon jetzt ein „Dauerbrenner" im Europäischen Zivilprozessrecht?
In: JuS 2007, S. 803 ff.
Zit.: *Windolf/ Zemmrich*, JuS 2007, 803 [...]

Wittschier, Johannes: Die Vollstreckungserinnerung gem. § 766 ZPO
In: JuS 1999, S. 585 ff.
Zit.: *Wittschier*, JuS 1999, 585 [...]

Wolfsteiner, Hans: Die vollstreckbare Urkunde – Handbuch mit Praxishinweisen und Musterformulierungen, 3. neu bearbeitete Auflage, München 2011
Zit.: *Wolfsteiner*, Die vollstreckbare Urkunde^{3}, Rn.

Yessiou-Faltsi, Pelayia: Die Folgen des Europäischen Vollstreckungstitels für das Vollstreckungsrecht in Europa
In: Perspektiven der justiziellen Zusammenarbeit in Zivilsachen in der Europäischen Union, Bielefeld 2004, S. 213 ff., Hrsg.: Gottwald, Peter
Zit.: *Yessiou-Faltsi*, in: *Gottwald* (Hrsg.), Perspektiven (2004), 213 [...]

Zimmermann, Walter: Zivilprozessordnung – Kommentar, 10. neu bearbeitete Auflage, Münster 2016
Zit.: *Zimmermann*[10], §, Rn.

Zöller, Richard: ZÖLLER · Zivilprozessordnung – Kommentar, 31. neu bearbeitete Auflage, Köln 2016
Zit.: Zöller[31]-*Bearbeiter*, Art./ §, Rn.

Diese Arbeit befasst sich mit der Verordnung (EG) Nr. 805/2004 des Europäischen Parlaments und des Rates vom 24.01.2004 zur Einführung eines europäischen Vollstreckungstitels für unbestrittene Forderungen (EuVTVO). Diese schuf einen einheitlichen Vollstreckungstitel für die Mitgliedsstaaten der Europäischen Union (mit Ausnahme Dänemarks). Mit der Verordnung (EG) Nr. 1869/2005 der Kommission vom 16.11.2005 zur Ersetzung der Anhänge der Verordnung (EG) Nr. 805/2004 des Europäischen Parlaments und des Rates zur Einführung eines Europäischen Vollstreckungstitels für unbestrittene Forderungen wurden die Anhänge daran angepasst, dass zum 01.05.2004 neue Mitgliedsstaaten der EU beigetreten sind.

Aber was verbirgt sich hinter diesem Europäischen Vollstreckungstitel, den man so schnell, unkompliziert und kostengünstig vollstrecken können soll? Die Antwort hierauf soll zunächst dargestellt werden.

Weiter: Was mache ich, wenn ich mit einem Europäischen Vollstreckungstitel konfrontiert werde, der womöglich fehlerhaft ergangen ist oder einen unrechtmäßig ergangenen Titel bestätigt oder sich bezogen auf den Titel nachfolgend Änderungen ergeben haben? Dieser Frage widmet sich Teil 4 dieser Arbeit. In diesem Teil werden die möglichen Rechtsbehelfe im Einzelnen erläutert. Dabei wird sowohl auf die Rechtsbehelfe des Gläubigers als auch des Schuldners, der zumeist ein größeres Interesse haben wird, eingegangen.

In der Arbeit wird nachfolgend in Teil 1 zunächst die Entstehungsgeschichte der EuVTVO skizziert. Es wird ferner auf die Rechtsgrundlage für den Erlass der Verordnung sowie die Ziele derselben eingegangen. Die Ziele enthalten Indizien für die Reichweite der Rechtsbehelfe.

Im Anschluss daran wird in Teil 2 der Inhalt der EuVTVO mit ihrem Anwendungsbereich und den einzelnen Voraussetzungen dargestellt, wobei auch auf deren Eigenheiten eingegangen wird. Letztere sind insbesondere der Verbraucherschutz in Art. 6 Abs. 1 lit. d EuVTVO sowie die Gegenbestätigung und Ersatzbestätigung nach Art. 6 Abs. 2 und 3 EuVTVO, eine Bestätigung von Kostenentscheidungen gemäß Art. 7 EuVTVO und die Teilbestätigung nach Art. 8 EuVTVO. Der Anwendungsbereich und die Voraussetzungen sowie Mindeststandards beeinflussen die nötigen Rechtsschutzmöglichkeiten.

Vor der Darstellung der Rechtsbehelfe wird in Teil 3 noch auf das jeweilige Vollstreckungsverfahren nach der EuGVVO in der bis zum 09.01.2015 geltenden Fassung[1] und der ab dem 10.01.2015 geltenden Neufassung der EuGVVO, dem revidierten Lugano-Übereinkommen (rev. LugÜ)[2] und der EuVTVO eingegangen.

---

1 Europäische Gerichtsstands- und Vollstreckbarerklärungsverordnung = Verordnung (EG) Nr. 44/2001 des Rates vom 22.12.2000 über die gerichtliche Zuständigkeit und die Anerkennung und Vollstreckung von Entscheidungen in Zivil- und Handelssachen (ABl. EG 2001, Nr. L 12, 1 vom 16.01.2001, berichtigt ABl. EG 2001, Nr. L 307, 28 und ABl. EU 2010, Nr. L 328, 36; zuletzt geändert durch Art. 1 ÄnderungsVO (EU) 566/2013 vom 18.06.2013, ABl. EU 2013, Nr. L 167, 29).

2 Revidiertes Lugano-Übereinkommen = Übereinkommen über die gerichtliche Zuständigkeit und die Anerkennung und Vollstreckung von Entscheidungen in

Im Hauptteil, dem 4. Teil dieser Arbeit, geht es dann um die Rechtsbehelfe, mit welchen sich insbesondere im zweitstaatlichen Verfahren gegen die Vollstreckung aus einem als Europäischer Vollstreckungstitel bestätigten Titel zur Wehr gesetzt werden kann.

Der Schwerpunkt der Arbeit beschäftigt sich mit den Rechtsbehelfen, welche besonders dem Schuldner zur Verfügung stehen, um sich dagegen zu wehren, dass ein in einem Mitgliedsstaat erlassener Titel mittels Bestätigung als Europäischer Vollstreckungstitel gegen ihn in einem anderen Mitgliedsstaat vollstreckt wird. Dabei werden die speziellen Rechtsbehelfsmöglichkeiten vorgestellt, welche die Verordnung bietet. Es bestehen Rechtsbehelfe im Ursprungsmitgliedsstaat, also in dem Staat, in dem der ursprüngliche Titel erlassen und die Bestätigung als Europäischer Vollstreckungstitel erteilt worden ist. Es gibt aber auch Möglichkeiten, sich im Vollstreckungsmitgliedsstaat zur Wehr zu setzen. Eine brisante und vieldiskutierte Problematik stellen dabei die nationalen Rechtsbehelfe im Vollstreckungsverfahren dar, da es gemäß Art. 21 Abs. 2 EuVTVO in keinem Fall zu einer Nachprüfung der Entscheidung oder der Bestätigung in der Sache selbst kommen darf (Verbot der *révision au fond*).

Es werden also die in der Verordnung enthaltenen wie auch die nationalen Rechtsbehelfe – im Ursprungsmitgliedsstaat und im Vollstreckungsmitgliedsstaat – vorgestellt, welche dem Schuldner – aber teilweise auch dem Gläubiger – zustehen.

Darüber hinaus werden noch einige Problempunkte angesprochen (Teil 4, F.). Diese können sich aus den verschiedenartigen Vollstreckungssystemen in den einzelnen Mitgliedsstaaten und der unterschiedlichen Einordnung von Rechtsbehelfen ergeben, was sich beim Thema des Vollstreckungsschutzes auswirken kann. Es kann zudem auch zu einer gewissen Erhöhung der Prüfungs- und Einlassungslast oder sogar Prozessführungsobliegenheit führen (siehe Teil 4, G.).

Den Abschluss bildet in Teil 5 eine Schlussbetrachtung mit kurzem Ausblick. In der Schlussbetrachtung werden die Ergebnisse dieser Arbeit noch einmal zusammengefasst und die Besonderheiten hervorgehoben. Darüber hinaus werden eigene Erfahrungen geschildert und soll ein Ausblick dahingehend gewagt werden, welche Auswirkungen die Einführung eines europäischen Vollstreckungstitels für unbestrittene Forderungen noch haben wird und was diese Verordnung für die Praxis bedeutet. Zudem wird auf die Neufassung der EuGVVO eingegangen, in welcher das Exequaturverfahren ebenfalls abgeschafft worden ist, sowie auf die möglichen Auswirkungen auf die Anwendung der EuVTVO.

Zivil- und Handelssachen vom 30.10.2007 (ABl. EU 2007, Nr. L 339, 3 und ABl. EU 2009, Nr. L 147, 5).

Teil 1: Struktur der EuVTVO

Der erste Teil dieser Arbeit soll einen Überblick über die Entstehungsgeschichte, die Rechtsgrundlage und die Ziele der Verordnung (EG) Nr. 805/2004 des Europäischen Parlaments und des Rates vom 24.01.2004 zur Einführung eines europäischen Vollstreckungstitels für unbestrittene Forderungen[3] (künftig: EuVTVO) geben.

Nach der EuVTVO können bestimmte zivilrechtliche und handelsrechtliche Titel aus den EU-Mitgliedsstaaten in den anderen Mitgliedsstaaten (jeweils mit Ausnahme Dänemarks[4]) ohne vorherige Vollstreckbarerklärung vollstreckt werden (vgl. Art. 5 EuVTVO).[5]

Das Grundkonzept der EuVTVO ist nicht die Schaffung eines eigenständigen europäischen Verfahrens für die von ihr erfassten unbestrittenen Forderungen, sondern es bleiben die maßgeblichen nationalen Verfahrensvorschriften anwendbar. Titel, die nach diesen nationalen Vorschriften ergehen, können unter den in der Verordnung festgelegten Voraussetzungen als Europäischer Vollstreckungstitel bestätigt werden.[6] Ziel des Verordnungsgebers war lediglich die Harmonisierung des Verfahrens zur Erteilung der Bestätigung als Europäischer Vollstreckungstitel, nicht hingegen die Angleichung der nationalen Zwangsvollstreckungsverfahren.[7] Diese bleiben vielmehr erhalten und werden angewandt auf die in einem anderen Mitgliedsstaat erlassenen Titel, die als Europäische Vollstreckungstitel bestätigt wurden. Die Tatsache, dass die Zwangsvollstreckungsverfahren der Mitgliedsstaaten nicht angetastet werden, liegt unter anderem an den noch deutlichen Unterschieden in den einzelnen Vollstreckungssystemen.

Entgegen des missverständlichen Begriffs des „Europäischen Vollstreckungstitels" handelt es sich also um die europaweite Vollstreckung nationaler Titel und nicht um ein eigenständiges Verfahren zur Schaffung eines Vollstreckungstitels. Es werden lediglich die von nationalen Stellen geschaffenen Titel über unbestrittene Forderungen vereinfacht europaweit vollstreckbar. Als Vollstreckungstitel dient dann aber der Europäische Vollstreckungstitel. Dieser enthält alle Informationen, die das jeweilige Vollstreckungsorgan des Vollstreckungsmitgliedsstaates zur Ausübung seiner Tätigkeit, also zur Vollstreckung, benötigt.

---

3 ABl. EG 2004, Nr. L 143, 15, Anhänge berichtigt durch Verordnung (EG) Nr. 1869/2005 vom 16.11.2005, ABl. EU 2005, Nr. L 300, 6.

4 Siehe Teil 2., A., II.

5 *Wagner*, IPRax 2005, 401 [401]; *Schack*, SchlHA 2006, 115 [118]; *Burgstaller/ Neumayr*, ÖJZ 2006, 179 [179]; *Buchhold*, NJW 2007, 2734 [2737].

6 *Pfeiffer*, BauR 2005, 1541 [1541].

7 *Bittmann*, IPRax 2008, 445 [445].

A. Entstehungsgeschichte der EuVTVO

Wann die Idee eines Europäischen Vollstreckungstitels erstmals entwickelt wurde, ist nicht genau nachzuvollziehen. Es fand aber bereits im Juni 1993 in Paris ein Kolloquium statt, in dem der Europäische Vollstreckungstitel als Gegenstand einer möglichen Rechtsangleichung angesprochen wurde.[8] *Tarzia* hielt es schon 1996 für erforderlich, ein einheitliches Verfahren für die Schaffung eines Vollstreckungstitels einzurichten.[9]

Der Zugang zu einer schnellen und leistungsfähigen Auslandsvollstreckung ist Teil der Freizügigkeit und damit Ziel der Europäischen Gemeinschaft. In der Mitteilung der Kommission vom 26.11.1997 heißt es, dass eine unverzügliche und wirksame Regelung der Vollstreckung von gerichtlichen Entscheidungen einen der Gesichtspunkte für den Zugang zur Justiz darstelle. Die Freizügigkeit von Urteilen und sonstigen Titeln sei danach illusorisch, wenn ein solcher Vollstreckungstitel nicht mit derselben Wirksamkeit in allen Mitgliedsstaaten durchsetzbar sei.[10]

Der Rat nahm am 03.12.1998 den Aktionsplan des Rates und der Kommission zur bestmöglichen Umsetzung der Bestimmungen des Amsterdamer Vertrages über den Aufbau eines Raums der Freiheit, der Sicherheit und des Rechts[11] (Wiener Aktionsplan) an. Dieser belegt, dass der Rat und die Kommission die Möglichkeit nutzen wollten, von der neuen Rechtsetzungskompetenz umfassend Gebrauch zu machen, die mit Art. 61 lit. c EG durch den Vertrag von Amsterdam[12] eingeführt werden sollte und dann auch eingeführt worden ist.

Auf der Tagung in Tampere vom 15. und 16.10.1999[13] machte sich der Europäische Rat den Grundsatz der gegenseitigen Anerkennung von Urteilen und anderen Entscheidungen von Justizbehörden zu Eigen, der zum Kernstück und Eckpfeiler der justiziellen Zusammenarbeit sowohl in Zivil- als auch in Strafsachen innerhalb der Europäischen Union werden sollte.[14] In dem Bereich des Zivilrechts forderte der Europäische Rat dabei einen weiteren Abbau der Zwischenmaßnahmen, die erforderlich sind, damit eine in einem Mitgliedsstaat ergangene Entscheidung in

---

8 *Tarzia*, ZEuP 1996, 231 [233]; *Wagner*, IPRax 2002, 75 [75].

9 *Tarzia*, ZEuP 1996, 231 [234].

10 Mitteilung der Kommission vom 26.11.1997, KOM (97) 609 end., 23 (unter II., 2., Nr. 42).

11 Wiener Aktionsplan vom 03.12.1998, ABl. EG 1999, Nr. C 19, 1 vom 23.01.1999.

12 Vertrag von Amsterdam vom 02.10.1997, BGBl. 1998, II 387, berichtigt BGBl. 1999, II 416, ABl. EG 1998, Nr. C 340, 1, in Kraft seit 01.05.1999, BGBl. 1999, II 296.

13 Schlussfolgerungen des Vorsitzes, Europäischer Rat in Tampere vom 15./16.10.1999, Nr. 34 in NJW 2000, 1925.

14 *Hess*, JZ 2001, 573 [573]; *Yessiou-Faltsi*, in: *Gottwald* (Hrsg.), Perspektiven (2004), 213 [216]; vgl. ferner Erwägungsgrund 3 zur EuVTVO.

einem anderen Mitgliedsstaat anerkannt wird und man sie in diesem vollstrecken lassen kann.[15]

In dem vom Europäischen Rat geforderten gemeinsamen Maßnahmeprogramm[16] von Kommission und Rat zur Umsetzung des Grundsatzes der gegenseitigen Anerkennung gerichtlicher Entscheidungen in Zivil- und Handelssachen wird die Abschaffung des Exequaturverfahrens für unbestrittene Forderungen als eine der Prioritäten der Gemeinschaft aufgeführt.[17] Die Justiz- und Innenminister der Europäischen Union haben das Maßnahmeprogramm auf ihrer Ratstagung vom 30.11.2000 beschlossen.[18] In deren Umsetzung fällt als erster Bereich (erste Phase) die Ergänzung der Brüssel I-Verordnung (EuGVVO)[19] durch Einführung eines Europäischen Vollstreckungstitels für unbestrittene Forderungen.[20]

Insgesamt wurden und werden die Zwischenmaßnahmen als zu langwierig angesehen. Es stelle einen Widerspruch in sich dar, wenn die Vollstreckung von Entscheidungen in Bezug auf unbestrittene Forderungen durch ein Exequaturverfahren verzögert werden könne.[21] Auch wenn die Brüssel I-VO (EuGVVO a.F.) Änderungen und Vereinfachungen im Bereich der Anerkennung und Vollstreckung von Entscheidungen bewirkte, beseitigte sie nicht alle Hindernisse für einen freien Verkehr gerichtlicher Entscheidungen. Deshalb wurde der Erlass von Maßnahmen angestrebt, welche die Aktivitäten der Wirtschaftsteilnehmer wie auch das tägliche Leben der Bürger erleichtern können.[22] Die EuGVVO a.F. trat am 01.03.2002 in Kraft und löste damit das EuGVÜ[23] für weite Teile der Europäischen Union ab (mit

---

15 *Kohler*, in: *Baur/ Mansel* (Hrsg.), Systemwechsel (2002), 147 [153]; *Schollmeyer*, IPRax 2002, 478 [478/ 480]; *Windolf/ Zemmrich*, JuS 2007, 803 [803].

16 ABl. EG 2001, Nr. C 12, 1 vom 15.01.2001 (im Folgenden: Maßnahmeprogramm).

17 Maßnahmeprogramm, ABl. EG 2001, Nr. C 12, 1 [4, unter I., B., 3.]; vgl. ferner *Wagner*, NJW 2004, 1835 [1837 f.]; *ders.*, NJW 2005, 1754 [1757]; *Jennissen*, InVo 2006, 218 [218]; *Schack*, IZVR[6], Rn. 120.

18 *Sedlmeier*, ELF 2002, 35 [36].

19 Europäische Gerichtsstands- und Vollstreckbarerklärungsverordnung = Verordnung Nr. 44/2001 EG des Rates vom 22.12.2000 über die gerichtliche Zuständigkeit und die Anerkennung und Vollstreckung von Entscheidungen in Zivil- und Handelssachen (ABl. EG 2001, Nr. L 12, 1 vom 16.01.2001, berichtigt ABl. EG 2001, Nr. L 307, 28 und ABl. EU 2010, Nr. L 328, 36).

20 *Kohler*, in: *Baur/ Mansel* (Hrsg.), Systemwechsel (2002), 147 [155]; *ders.*, IPRax 2003, 401 [402]; *Stadler*, IPRax 2004, 2 [3]; *Stein*, IPRax 2004, 181 [182 f.]; *Klippstein*, in: *Gebauer/ Wiedmann* (Hrsg.)[1], Kap. 31, Rn. 3; *Bittmann*, in: *Gebauer/ Wiedmann* (Hrsg.)[2], Kap. 28, Rn. 1; *Nagel/ Gottwald*, IZPR[7], 658, § 14, Rn. 2; Musielak[13]-*Lackmann*, Vorbemerkung zu §§ 1079 ff. ZPO, Rn. 1.

21 *Wagner*, IPRax 2002, 75 [76].

22 Maßnahmeprogramm, ABl. EG 2001, Nr. C 12, 1 [2].

23 Europäisches Gerichtsstands- und Vollstreckbarerklärungsübereinkommen = Übereinkommen der Europäischen Gemeinschaft über die gerichtliche Zuständigkeit und die Vollstreckung gerichtlicher Entscheidungen in Zivil- und Handelssachen vom

Ausnahme Dänemarks).[24] Jedoch hat Dänemark anschließend ein Sonderübereinkommen mit der Gemeinschaft geschlossen zur Ausdehnung der EuGVVO a.F und der EuZVO auf Dänemark.[25] Dänemark hat der Kommission mit Schreiben vom 20.12.2012 mitgeteilt, dass es die Verordnung (EU) Nr. 1215/2012 umsetzen wird, was bedeutet, dass die Bestimmungen der EuGVVO n.F. auf die Beziehungen zwischen der EU und Dänemark Anwendung finden.[26] Damit gelten innerhalb der Mitgliedsstaaten die EuGVVO und die EuZVO auch im Verhältnis zu Dänemark. Dem EuGVÜ kommt folglich keine eigenständige Bedeutung mehr zu, es sei denn es handelt sich um Altfälle. Im Verhältnis zu Norwegen gilt das – der EuGVVO a.F. angepasste – revidierte Lugano-Übereinkommen (rev. LugÜ)[27], das seit dem 01.01.2010 in Kraft ist. Seit dem 01.01.2011 ist die Schweiz und seit dem 05.01.2011 ist auch Island diesem beigetreten, so dass das rev. LugÜ auch im Verhältnis zur Schweiz und Island gilt.[28]

Die EuVTVO stellt ein „Pilotprojekt" und damit die erste Stufe bezüglich der gänzlichen Abschaffung des Exequaturverfahrens dar.[29] Die Beschränkung zunächst auf unbestrittene Forderungen im Rahmen der EuVTVO gründet sich darauf, dass das Schutzbedürfnis des Schuldners bei diesen unbestrittenen Forderungen geringer ist und damit die Notwendigkeit eines umfassenden Schuldnerschutzes entfällt. Für diese Titel besteht kein Bedürfnis, ein aufwendiges Exequaturverfahren durchzuführen. Denn der Schuldner hat die Forderung entweder aktiv anerkannt oder es durfte aus seinem passiven Verhalten geschlossen werden, dass er sie nicht bestreiten will.[30] In beiden Fällen hat der Schuldner seinen umfangreichen Schutz aufgegeben, entweder durch aktives Tun oder dadurch, dass er trotz der bestehenden Möglichkeit bewusst untätig geblieben ist. Letzteres ist nur möglich, da die Verordnung

27.09.1968 (BGBl. 1972, II 774), zuletzt geändert durch Titel II Übereinkommen vom 29.11.1996 vom 16.07.1998 (BGBl. 1998, II 1411).

24 *Windolf/ Zemmrich*, JuS 2007, 803 [803].

25 ABl. EU 2005, Nr. L 299, 62 (bezüglich der EuGVVO a.F.) bzw. ABl. EU 2005, Nr. L 300, 53 (bezüglich der EuZVO); *Wagner*, IPRax 2007, 290 [292].

26 Abkommen zwischen der Europäischen Gemeinschaft und dem Königreich Dänemark über die gerichtliche Zuständigkeit und die Anerkennung und Vollstreckung von Entscheidungen in Zivil- und Handelssachen, ABl. EU 2013, Nr. L 79, 4.

27 Übereinkommen über die gerichtliche Zuständigkeit und die Anerkennung und Vollstreckung von Entscheidungen in Zivil- und Handelssachen vom 30.10.2007 (ABl. EU 2007, L 339, S. 3 und ABl. EU 2009, L 147, S. 5).

28 Siehe zu näheren Einzelheiten zur EuGVVO a.F. und zum LugÜ unten Teil 3, A. und B. sowie zur EuGVVO n.F. unter C.

29 Vgl. das Maßnahmeprogramm, ABl. EG 2001, Nr. C 12, 1 [7]; vgl. ferner Erwägungsgrund 4 zur EuVTVO; *Kohler*, IPRax 2003, 401 [402]; *ders.*, in: *Reichelt/ Rechberger* (Hrsg.), Europäisches Kollisionsrecht (2004), 63 [65]; *Stein*, WiRO 2003, 289 [294]; *ders.*, EuZW 2004, 679 [679]; *ders.*, IPRax 2004, 181 [183]; *Stadler*, RIW 2004, 801 [801]; *Luckey*, ZGS 2005, 420 [421]; *Wagner*, NJW 2005, 1157 [1157/ 1158]; *Halfmeier*, IPRax 2007, 381 [387]; *Kropholler/ von Hein*, EuZPR[9], Einl. EuVTVO, Rn. 9; Rauscher-*Papst*, Band II[4], Einl. EuVTVO, Rn. 6.

30 Vgl. die Ausführungen unter Teil 2, C., II.

Mindeststandards für Säumnissituationen aufstellt, insbesondere zur Zustellung des verfahrenseinleitenden Schriftstücks und zur Belehrung des Schuldners.[31] Es war demnach einfacher für diesen Bereich (der unbestrittenen Forderungen) die unmittelbare Vollstreckbarkeit der Europäischen Vollstreckungstitel durchzusetzen.

Noch weitergehend definiert das Maßnahmeprogramm das Ziel der völligen Abschaffung des Exequaturverfahrens in Zivil- und Handelssachen als dritte und letzte Stufe und damit die automatische unionsweite Anerkennung und Vollstreckung von Urteilen, ohne dass es irgendwie geartete Zwischenverfahren oder Gründe für die Verweigerung der Vollstreckung geben soll.[32] Ziel dieses dreistufigen Prozesses ist die Freizügigkeit aller Vollstreckungstitel in Europa ohne jegliches Exequaturverfahren.[33] Es soll ein einheitlicher europäischer Justizraum in der Europäischen Union geschaffen werden.[34] Dieses bekräftigte die Europäische Union im Haager Programm.[35] Als zweite Phase sind weitere kleine Schritte auf dem Weg zur Vereinheitlichung und Abschaffung des Exequaturverfahrens geplant gewesen und bereits durchgeführt worden, die sich schon in der EuMVVO[36] und der EuGFVO[37] zeigen.

Die dritte Stufe ist mittlerweile auch eingeleitet worden. Mit In-Kraft-Treten der Brüssel Ia-VO[38] – der Neufassung der EuGVVO – am 10.01.2015 ist das Exequaturverfahren auch im Anwendungsbereich der EuGVVO abgeschafft worden. Gemäß Art. 39 Abs. 1 EuGVVO n.F. ist eine in einem Mitgliedsstaat ergangene Entscheidung, die in diesem Mitgliedsstaat vollstreckbar ist, in den anderen Mitgliedsstaaten vollstreckbar, ohne dass es einer Vollstreckbarerklärung bedarf.

---

31 Näheres dazu siehe unten Teil 2, C., IV.

32 *Stein*, WiRO 2003, 289 [294]; *Franzmann*, MittBayNot 2004, 404 [405].

33 *Kohler*, in: *Baur/ Mansel* (Hrsg.), Systemwechsel (2002), 147 [155]; *Stein*, IPRax 2004, 181 [182 f.]; *Franzmann*, MittBayNot 2004, 404 [405]; *Faetan*, JAmt 2007, 181 [186].

34 *Ernst*, JurBüro 2005, 568 [568]; *Hess*, JZ 2005, 540 [544]; *Strasser*, Rpfleger 2007, 249 [249].

35 Haager Programm zur Stärkung von Freiheit, Sicherheit und Recht in der Europäischen Union (ABl. EU 2005, Nr. C 53, 1 vom 03.03.2005); vgl. auch Erwägungsgrund 1 zur EuVTVO; *Strasser*, Rpfleger 2007, 249 [249].

36 Europäische Mahnverfahrensverordnung = Verordnung (EG) Nr. 1896/2006 des Europäischen Parlaments und des Rates vom 12.12.2006 zur Einführung eines Europäischen Mahnverfahrens (ABl. EU 2006, Nr. L 399, 1).

37 EuGFVO = Europäische Verordnung für geringfügige Forderungen (Bagatellverordnung) = Verordnung (EG) Nr. 861/2007 des Europäischen Parlaments und des Rates vom 11.07.2007 zur Einführung eines europäischen Verfahrens für geringfügige Forderungen (ABl. EU 2007, Nr. L 199, 1).

38 Verordnung (EU) Nr. 1215/2012 des Europäischen Parlaments und des Rates vom 12.12.2012 über die gerichtliche Zuständigkeit und die Anerkennung von Entscheidungen in Zivil- und Handelssachen (Neufassung) (ABl. EU 2012 Nr. L 351, 1).

Ein Englisch-Deutsch-Schwedisches Arbeitsdokument vom 12.01.2001 befasste sich auch schon mit den notwendigen Voraussetzungen für die Abschaffung des Exequaturverfahrens.[39]

Auf dem informellen Justiz- und Innenrat am 09.02.2001 in Stockholm einigte man sich auf den Start des Pilotprojekts eines Europäischen Vollstreckungstitels im wirtschaftlichen Bereich beschränkt auf unbestrittene Forderungen – neben der französischen Initiative zum Umgangsrecht.[40] Zu diesem Zeitpunkt dürfte damit der Weg zur Schaffung der EuVTVO endgültig begründet gewesen sein.

Am 17. und 18.01.2002 fand unter der spanischen EU-Präsidentschaft ein Seminar zum Europäischen Vollstreckungstitel statt. Es standen Hintergrundinformationen zu wichtigen Einzelfragen im Vordergrund und man erarbeitete Schlussfolgerungen aufgrund von Länderberichten zum nationalen Zustellungs- und Zwangsvollstreckungsrecht der Mitgliedsstaaten der Europäischen Gemeinschaft. Zu diesem Zeitpunkt dürfte die Vorbereitungsphase für den Europäischen Vollstreckungstitel weitestgehend abgeschlossen gewesen sein.[41] Denn am 18.04.2002 wurde ein erster Verordnungsvorschlag des Europäischen Parlaments und des Rates von der Kommission der Europäischen Gemeinschaft vorgelegt.[42] Damit war das Vorhaben auf den Weg gebracht und das Verfahren nahm seinen nachfolgend geschilderten Verlauf. Es soll sich dabei auf ein paar Eckdaten und Eckpunkte beschränkt werden.

Die Bewertung durch den Europäischen Wirtschafts- und Sozialausschuss (WSA) in seiner Stellungnahme vom 11./ 12.12.2002 war zunächst einmal weitgehend positiv.[43]

Das Europäische Parlament gab daraufhin seine Stellungnahme vom 08.04.2003 ab,[44] in welcher es den Vorschlag vorbehaltlich mehrerer Änderungen zustimmte. Diese sahen noch vor, dass das Gericht des Ursprungsmitgliedstaates die Entscheidung über den Europäischen Vollstreckungstitel dem Schuldner zustellt[45] und dass gegen die Entscheidung über die Erteilung oder die Ablehnung einer Bescheinigung über den Vollstreckungstitel die Rechtsbehelfe zulässig sind, die das nationale Recht gegen die Erteilung von Vollstreckungstiteln vorsieht.[46] Das Zustellungserfordernis

---

39 Vermerk der deutschen, britischen und schwedischen Delegation für den Ausschuss Zivilrecht vom 12.01.2001 (5229/01 JUSTCIV 5), IPRax 2001, 489 ff.

40 *Wagner*, IPRax 2002, 75 [76].

41 *Wagner*, IPRax 2002, 75 [76].

42 WSA-Stellungnahme, KOM (2002) 159 endg. = ABl. EG 2002, Nr. C 203 E, 86; *Hess*, NJW 2002, 2417 [2417]; *Wagner*, IPRax 2005, 189 [190]; *Mankowski*, RIW 2004, 587 [587]; *ders.*, FS Jan Kropholler (2008), 829 [830].

43 ABl. EG 2003, Nr. C 85, 1.

44 Stellungnahme des Europäischen Parlaments vom 08.04.2003, ABl. EG 2004, Nr. C 64 E, 79.

45 Stellungnahme des Europäischen Parlaments vom 08.04.2003, ABl. EG 2004, Nr. C 64 E, 79 [Art. 7 Abs. 4].

46 Stellungnahme des Europäischen Parlaments vom 08.04.2003, ABl. EG 2004, Nr. C 64 E, 79 [Art. 8].

ist ebenso wie ein Rechtsbehelf gegen die Erteilung der Bestätigung nach dem nationalen Recht nicht in die EuVTVO aufgenommen worden. Des Weiteren haben die Änderungen das Ziel, die Verfahren ohne mündliche Verhandlung zu klären. Letzteres sollte und dürfte insbesondere dem Ziel der Beschleunigung des Zwangsvollstreckungsverfahrens durch die EuVTVO dienen.

Am 05./ 06.06.2003 fand dann über den geänderten Vorschlag[47] im Rat „Justiz und Inneres" eine erste Orientierungsdebatte zu Kernfragen des Vorhabens statt.[48] Nur fünf Tage später legte die Kommission den geänderten Vorschlag[49] vor, welcher eine Reihe von Änderungsvorschlägen des Europäischen Parlaments berücksichtigte.

Unter der Ratspräsidentschaft Italiens wurde Ende des Jahres 2003 das Verhandlungstempo auf Drängen der Kommission stark erhöht, um die Verordnung noch vor den Wahlen zum Europäischen Parlament im Juni 2004 verabschieden zu können.[50] Denn mit Inkrafttreten des Vertrages von Nizza[51] am 01.02.2003 unterlag die Verordnung dem Mitentscheidungsverfahren unter Beteiligung des Europäischen Parlaments, worauf später noch eingegangen wird (Teil 1, B., III.).

Am 27.11.2003 fand eine zweite Orientierungsdebatte statt (also nur ein halbes Jahr nach der ersten) und am 02.12.2003 folgte eine weitere Entwurfsfassung[52], woraufhin der Rat seinen Gemeinsamen Standpunkt[53] am 06.02.2004 mit qualifizierter Mehrheit beschloss. Nur die Niederlande votierte dagegen.[54] Drei Tage später akzeptierte die Kommission den Gemeinsamen Standpunkt und am 30.03.2004 stimmte das Europäische Parlament diesem ohne Änderungen zu.[55]

Am 21.04.2004 unterzeichneten die Präsidenten des Europäischen Parlaments und des Rates die EuVTVO.[56] Damit sind seit der Vorlage des ersten Verordnungsvorschlags am 18.04.2002 bis zur Verabschiedung gerade mal zwei Jahre vergangen.

---

47 Geänderter Vorschlag für eine Verordnung des Europäischen Parlaments und des Rates zur Einführung eines europäischen Vollstreckungstitels für unbestrittene Forderungen vom 11.06.2003, KOM (2003) 341 endg.

48 *Jayme/ Kohler*, IPRax 2003, 485 [489]; *Wagner*, IPRax 2005, 189 [190].

49 Geänderter Vorschlag für eine Verordnung des Europäischen Parlaments und des Rates zur Einführung eines europäischen Vollstreckungstitels für unbestrittene Forderungen vom 11.06.2003, KOM (2003) 341 endg.; *Hau*, GPR 2003/04, 94 [96]; *Hüßtege*, FS Erik Jayme (2004), 371 [371]; *Wagner*, IPRax 2005, 189 [190].

50 *Wagner*, IPRax 2005, 189 [190].

51 ABl. EG 2001, Nr. C 80, 1.

52 *Hau*, GPR 2003/04, 94 [96]; *Mankowski*, RIW 2004, 587 [687 f.]; Ratsdok. JUSTCIV 266 CODEC 1751 vom 08.12.2003.

53 Gemeinsamer Standpunkt (EG) Nr. 19/2004, ABl. EU 2004, Nr. C 79 E, 59 vom 30.03.2004.

54 *Wagner*, IPRax 2005, 189 [190].

55 *Mankowski*, RIW 2004, 587 [588]; *Wagner*, NJW 2004, 1835 [1835]; *ders.*, IPRax 2005, 189 [190].

56 Vgl. *Stein*, EuZW 2004, 679 [679]; *Mankowski*, RIW 2004, 587 [588]; *Ernst*, JurBüro 2005, 568 [568]; *Reichel*, NZA 2005, 1096 [1097]; *Burgstaller/ Neumayr*, ÖJZ 2006, 179 [179].

Gemäß Art. 33 EuVTVO tritt die Verordnung neun Monate nach der Unterzeichnung, also am 21.01.2005, in Kraft.[57] Sie gilt in ihren wesentlichen Vorschriften jedoch erst seit dem 21.10.2005 mit Ausnahme der Artt. 30, 31 und 32 EuVTVO.[58]

B. Rechtsgrundlage der EuVTVO

Durch den Vertrag von Maastricht vom 07.02.1992 wurde zunächst die justizielle Zusammenarbeit in Zivilsachen in die dritte Säule der Europäischen Union überführt, was eine Stärkung dieses Bereichs der Union bedeutete und neue Impulse verleihen sollte.[59]

Mit der Verabschiedung des Amsterdamer Vertrages am 02.10.1997, der am 01.05.1999 in Kraft trat,[60] wurde ein neuer Titel IV (ex-Artt. 61–69 EG) in den EG-Vertrag eingefügt, der den schrittweisen Aufbau eines Raums der Freiheit, der Sicherheit und des Rechts zum Ziel hat.[61] Es wurde die justizielle Zusammenarbeit von der dritten Säule auf die erste Säule der Union zurück übertragen und in eine Gemeinschaftspolitik überführt.[62]

Damit schuf man die originäre Gesetzgebungskompetenz[63] der Europäischen Gemeinschaft für die justizielle Zusammenarbeit in Zivilsachen. Nach ex-Artt. 61, 65 EG in Verbindung mit ex-Art. 67 EG konnte der Rat Maßnahmen in diesem Bereich mit grenzüberschreitenden Bezügen treffen, soweit sie für das reibungslose Funktionieren des Binnenmarktes erforderlich waren.[64] Ex-Art. 65 EG eröffnete der Europäischen Gemeinschaft also sektorelle Handlungsbefugnisse zur vollständigen Angleichung der internationalen Privat- und Verfahrensrechte der Mitgliedsstaaten.[65] In diesen

---

57 *Rauscher*, GPR 2003/04, 286 [286]; *Burgstaller/ Neumayr*, ÖJZ 2006, 179 [180].

58 Siehe im Einzelnen zum zeitlichen Anwendungsbereich unten Teil 2, A., I.

59 *Hess*, IPRax 2001, 389 [390]; *Kotuby*, NILR 2001, 1 [6]; *Wagner*, IPRax 2002, 75 [84]; *Junker*, RIW 2002, 569 [569]; *Franzmann*, MittBayNot 2004, 404 [404].

60 BGBl. 1999, II 296; *Wagner*, IPRax 2002, 75 [84]; *Koch*, JuS 2003, 105 [106].

61 *Besse*, ZEuP 1999, 107 [108]; *Hess*, NJW 2000, 23 [23]; *Kotuby*, NILR 2001, 1 [3/ 6/ 14]; *Wagner*, IPRax 2002, 75 [84]; *Junker*, RIW 2002, 569 [569]; *Windolf/ Zemmrich*, JuS 2007, 803 [803].

62 *Besse*, ZEuP 1999, 107 [109]; *Basedow*, CMLR 37 (2000), 687 [691]; *Hess*, NJW 2000, 23 [27]; *Jayme/ Kohler*, IPRax 2000, 454 [454]; *Kotuby*, NILR 2001, 1 [6]; *Koch*, JuS 2003, 105 [106]; *Mansel/ Thorn/ Wagner*, IPRax 2010, 1 [1].; *Geimer*, IZPR^7, 112, Rn. 245 und 1039, Rn. 2756a.

63 Str., dargestellt bei *Hess*, JZ 2001, 573 [573]; *Hess*, IPRax 2001, 389 [390]; *ders.*, NJW 2000, 23 [27 ff.]; *ders.*, JZ 2005, 540 [544]; *Basedow*, CMLR 37 (2000), 687 [696 ff.]; *Schollmeyer*, IPRax 2002, 478 [478]; *Eichele*, BRAK-Mitt. 2003, 53 [53]; *Rott*, EuZW 2005, 167 [167].

64 *Hess*, NJW 2000, 23 [27]; *Schollmeyer*, IPRax 2002, 478 [478]; *Wagner*, IPRax 2002, 75 [84 f.]; *ders.*, IPRax 2007, 290 [292]; *Eichele*, BRAK-Mitt. 2003, 53 [53]; *Yessiou-Faltsi*, in: *Gottwald* (Hrsg.), Perspektiven (2004), 213 [217]; *Philipp*, EuZW 2007, 164; *Windolf/ Zemmrich*, JuS 2007, 803 [803].

65 *Hess*, NJW 2000, 23 [27].

Bereich, nämlich den des internationalen Zivilverfahrensrechts, fällt auch die behandelte Verordnung.

I. Reibungsloses Funktionieren des Binnenmarkts

Die Rechtsetzungsbefugnis des ex-Art. 65 EG (nun Art. 181 AEUV[66]) hängt allerdings inhaltlich davon ab, dass die Harmonisierung dem reibungslosen Funktionieren des Binnenmarkts und/ oder der Freizügigkeit des Personenverkehrs dienen muss.[67] Jedoch ist kaum zu bestreiten, dass sich nachhaltige Unterschiede zwischen den nationalen Prozessrechten – insbesondere in Bezug auf ihre Effektivität – auf die Chancengleichheit bei der Forderungsdurchsetzung im Binnenmarkt und demzufolge auch auf die Liquidität von Unternehmen auswirken.[68] Eine langsame Durchsetzung von Forderungen führt nicht selten zu erheblichen Schwierigkeiten von Unternehmen bis hin zur Insolvenz. Wenn durch Nichtleistung der Kunden der Unternehmer seine eigenen Gläubiger nicht mehr befriedigen kann, so folgt diesem Liquiditätsengpass oftmals die Insolvenz.[69] Besonders betroffen sind kleine und mittelständische Unternehmen, welche nicht über solch große Rücklagen oder entsprechende Kreditmöglichkeiten verfügen, um die mangelnde Zahlungsmoral ihrer Kunden wieder abzufedern oder aufzufangen.[70] Ökonomisch betrachtet stellen gerichtliche Entscheidungen zudem *property rights* dar, deren wirtschaftlicher Wert sich in einem Binnenmarkt erst aus der Möglichkeit zur Anerkennung und Vollstreckung in anderen Mitgliedsstaaten ergibt.[71] Alleine die Verfügbarkeit eines wirkungsvollen – über die Staatsgrenzen hinausgehenden – Anerkennungs- und Vollstreckungssystems könnte häufig schon ausreichen, einen gewissen psychologischen Druck auf den Schuldner auszuüben und damit die grundsätzliche Zahlungsmoral zu stärken.

Auch gehen der Rat, die Kommission und das Europäische Parlament bei der Frage der Erforderlichkeit für das Funktionieren des Binnenmarktes von einem Ermessensspielraum aus.[72] Folglich stellt sich dieses Erfordernis nicht als Hindernis

66 Konsolidierte Fassung des Vertrags über die Arbeitsweise der Europäischen Union (ABl. EU 2008, Nr. C 115, 47 vom 09.05.2008 und ABl. EU 2010, Nr. C 83, 47 vom 30.03.2010), zuletzt geändert durch Art. 2 ÄndBeschl. 2012/419/EU vom 11.07.2012 (ABl. EU 2012, Nr. L 204, 131).

67 *Basedow*, CLMR 37 (2000), 687 [697]; *Hess*, NJW 2000, 23 [27]; *Kotuby*, NILR 2001, 1 [7/ 14]; *Schollmeyer*, IPRax 2002, 478 [478]; *Wagner*, IPRax 2007, 290 [292].

68 *Besse*, ZEuP 1999, 107 [119]; *Basedow*, CLMR 37 (2000), 687 [696 ff.]; *Hess*, IPRax 2001, 389 [393 f.]; *ders.*, FS Reinhold Geimer (2002), 339 [358].

69 *Strasser*, StC 2007, 38 [38].

70 *Klippstein*, in: *Gebauer/ Wiedmann* (Hrsg.)[1], Kap. 31, Rn. 7; *Strasser*, StC 2007, 35 [38]; *Bittmann*, in: *Gebauer/ Wiedmann* (Hrsg.)[2], Kap. 28, Rn. 1.

71 *Besse*, ZEuP 1999, 107 [119 f.].

72 *Wagner*, IPRax 2007, 290 [292].

für den Erlass eines Rechtsaktes des europäischen Gesetzgebers in der justiziellen Zusammenarbeit in Zivilsachen dar.[73]

II. Verhältnis von ex-Art. 65 EG (Art. 181 AEUV) zu ex-Art. 95 EG (Art. 114 AEUV)

Ex-Art. 65 EG (entspricht nun Art. 181 AUEV) erlaubt als sachgebietsorientierte Kompetenz aktive Rechtsetzungsmaßnahmen der Gemeinschaft, das heißt sie ermöglicht nicht nur den Abbau von Hemmnissen im Binnenmarkt, sondern die Schaffung eines Prozessrechts für grenzüberschreitende Streitigkeiten im europäischen Justizraum.[74] Dabei ist die Eingriffsschwelle im Vergleich zur allgemeinen Rechtsangleichungskompetenz (Generalkompetenz[75]) des ex-Art. 95 EG (entspricht nun Art. 114 AEUV) abgesenkt.[76] Damit wurde eine Möglichkeit zur weitreichenden und detaillierten Rechtsvereinheitlichung geschaffen.

1. Ex-Art. 65 EG als bloße Komplementärnorm

Teilweise wird aufgrund der Erwähnung des Begriffs „freier Personenverkehr" in der Überschrift zu ex-Artt. 61 ff. EG und der Tatsache, dass Maßnahmen nach ex-Art. 65 EG für das reibungslose Funktionieren des Binnenmarktes erforderlich sein müssten, gefolgert, dass ex-Art. 65 EG nur Rechtsgebiete erfasse, die ex-Art. 95 Abs. 1 EG nicht umfasse.[77] Die Vertreter dieser Auffassung sehen ex-Art. 65 EG als Komplementärnorm zu ex-Art. 95 EG, wobei der Anwendungsbereich des ex-Art. 95 EG automatisch erweitert wurde und auch zur umfassenden Vereinheitlichung des internationalen Zivilverfahrensrechts ermächtige.[78]

2. Spezielle Kompetenznorm

Gegen solch eine beschränkte Auslegung des ex-Art. 65 EG als bloße Komplementärnorm spricht aber schon, dass das „Binnenmarkterfordernis" in ex-Art. 65 EG einerseits und in ex-Art. 95 EG andererseits nach dem Wortlaut gerade nicht aufeinander abgestimmt ist.[79] Denn in ex-Art. 65 EG soll der Binnenmarkt nicht nur funktionieren, sondern „reibungslos" funktionieren. Überdies geht der Begriff des

---

73 *Wagner*, IPRax 2007, 290 [292].

74 *Hess*, IPRax 2001, 389 [393 f.]; *ders.*, FS Reinhold Geimer (2002), 339 [359 f.]; zur Abgrenzung des Art. 95 EG zu speziellen Kompetenznormen vgl. *Calliess*, Jura 2001, 311 [315].

75 So *Calliess*, Jura 2001, 311 [314].

76 *Hess*, IPRax 2001, 389 [394]; *ders.*, FS Reinhold Geimer (2002), 339 [360]; *Leible/ Staudinger*, ELF 2000/01, 225 [230]; Calliess/ Ruffert[3]-*Rossi*, Art. 65 EGV, Rn. 8.

77 Vgl. *Basedow*, CLMR 37 (2000), 687 [696 ff.]; *Israël*, MJ 2000, 81 [90]; so wohl auch Schwarze-*Graßhof*, EU-Kommentar[2], Art. 65 EGV, Rn. 24.

78 *Wagner*, IPRax 2000, 75 [85].

79 *Wagner*, IPRax 2000, 75 [85].

Binnenmarktes in ex-Art. 14 Abs. 2 EG über den Bereich des Personenverkehrs hinaus.[80] Er umfasst neben dem Personenverkehr vielmehr auch Waren, Dienstleistungen und Kapital, denn es soll auch für diese Bereiche ein Raum ohne Binnengrenzen geschaffen und aufrechterhalten werden. Außerdem sind die beispielhaft in ex-Art. 65 lit. a bis c EG aufgeführten Rechtsgebiete nicht auf den Bereich des Personenverkehrs beschränkt. Weiter ist nicht zu verkennen, dass die Kommission eine umfassende Rechtsetzungskompetenz im internationalen Zivilverfahrensrecht in Anspruch nimmt, denn die EuVTVO reiht sich in die Rechtsakte EuGVVO a.F., EuEheVO I und II[81], EuZVO, EuBeweisVO[82], EuInsVO[83] und PKH-RL[84] ein.[85]

3. *Ergebnis*

Insgesamt ist es folglich überzeugender, ex-Art. 61 lit. c in Verbindung mit ex-Art. 65 EG von vornherein als umfassende und spezielle Kompetenznorm in den Bereichen internationales Privat- und Verfahrensrecht auch gegenüber ex-Art. 95 EG anzusehen.[86]

Dementsprechend stützten der Rat und das Europäische Parlament die Verordnung zu Recht insbesondere auf ex-Art. 61 lit. c in Verbindung mit ex-Art. 65 EG.[87] Dieses überzeugt, wie zuvor dargestellt.

Da sich die Verordnung mit der grenzüberschreitenden Vollstreckung von Entscheidungen und sonstigen Titeln aus einem Mitgliedsstaat in einem anderen Mitgliedsstaat befasst, ist ein grenzüberschreitender Bezug gegeben. Zudem ist die Verordnung auch erforderlich für das Funktionieren des Binnenmarktes. Denn die Chancengleichheit bei der Forderungseinziehung und Durchsetzung wird erhöht,

---

80 *Wagner*, IPRax 2000, 75 [85].

81 Europäische Eheverordnung II = Verordnung (EG) Nr. 2201/2003 des Rates über die Zuständigkeit und die Anerkennung und Vollstreckung von Entscheidungen in Ehesachen und in Verfahren betreffend die elterliche Verantwortung und zur Aufhebung der Verordnung (EG) Nr. 1347/2000 (ABl. EG 2003, Nr. L 338, 1).

82 Verordnung (EG) Nr. 1206/2001 des Rates vom 28.05.2001 über die Zusammenarbeit zwischen den Gerichten der Mitgliedsstaaten auf dem Gebiet der Beweisaufnahme in Zivil- und Handelssachen (ABl. EG 2001, Nr. L 174, 1 vom 21.06.2001).

83 Verordnung (EG) Nr. 1346/2000 des Rates vom 29.05.2000 über Insolvenzverfahren (ABl. EG 2001, Nr. L 160, 1 vom 30.06.2000).

84 Richtlinie 2002/8/EG des Rates vom 27.01.2003 zur Verbesserung des Zugangs zum Recht bei Streitsachen mit grenzüberschreitendem Bezug durch Festlegung gemeinsamer Mindestvorschriften für die Prozesskostenhilfe in derartigen Streitsachen (ABl. EG 2003, Nr. L 26, 41 vom 31.01.2003).

85 *Pfeiffer*, BauR 2005, 1541 [1541 f.].

86 *Hess*, NJW 2000, 23 [27]; *Wagner*, IPRax 2002, 75 [85].

87 Ebenso: *Klippstein*, in: *Gebauer/ Wiedmann* (Hrsg.)[1], Kap. 31, Rn. 9; *Rauscher*, EuVT, Rn. 1; *Wagner*, IPRax 2005, 189 [190]; *Philipp*, EuZW 2007, 164; *Bittmann*, in: *Gebauer/ Wiedmann* (Hrsg.)[2], Kap. 28, Rn. 7.

indem die grenzüberschreitende Vollstreckung von (unbestrittenen) Forderungen verbessert wird. Damit sind die Voraussetzungen des ex-Art. 65 EG erfüllt.

III. Mitentscheidungsverfahren, ex-Art. 251 EG (Art. 294 AEUV)

Mit dem Inkrafttreten des Vertrages von Nizza[88] am 01.02.2003 ergab sich allerdings eine wesentliche Änderung. Die in ex-Art. 65 EG (Art. 181 AUEV) genannten Maßnahmen werden von diesem Zeitpunkt an im Verfahren des ex-Art. 251 EG (nunmehr Art. 294 AEUV) erlassen.[89] Dies bedeutet, dass sie vom Rat und Parlament im so genannten Mitentscheidungsverfahren erlassen werden.[90] Dabei ist im Rat grundsätzlich eine qualifizierte Mehrheit erforderlich.

Der Vorschlag der Kommission bezog sich zum Zeitpunkt seiner Vorlage noch auf eine vom Rat zu beschließende Verordnung. Durch das Inkrafttreten des Vertrages von Nizza und durch den damals neuen ex-Art. 67 Abs. 5 EG war die Verordnung nun nach dem Mitentscheidungsverfahren gemäß ex-Art. 251 EG zu erlassen.

Die Anwendung des ex-Art. 251 EG war schon vorher in ex-Art. 67 Abs. 2 EG für die Zeit nach Ablauf des fünfjährigen Übergangszeitraums ab Inkrafttreten des Amsterdamer Vertrags zum 30.04.2004 in Aussicht gestellt worden.[91] Diese Übergangszeit wurde für den Bereich der Zivilsachen durch den Vertrag von Nizza lediglich verkürzt und ein entsprechender Beschluss des Rates vorweggenommen.[92] Eine Übergangszeit nach dem Inkrafttreten des Vertrages von Nizza war nicht vorgesehen, so dass auch Gesetzgebungsverfahren, die vorher eingeleitet worden waren, fortan der neuen Regelung unterlagen und das Mitentscheidungsverfahren Anwendung fand und findet.

Die Abkehr vom Einstimmigkeitserfordernis gilt jedoch nicht uneingeschränkt; so sind familienrechtliche Aspekte ausgenommen.[93]

Die EuVTVO ist der erste Rechtsakt im Bereich der justiziellen Zusammenarbeit in Zivilsachen, der in dem Verfahren der Mitentscheidung nach ex-Artt. 65, 67 Abs. 5, 251 EG erlassen wurde.[94]

---

88 Vertrag von Nizza, ABl. EG 2001, Nr. C 80, 1; BGBl. 2001, II 1666.

89 *Hess*, JZ 2001, 573 [573]; *Stein*, IPRax 2004, 181 [181 f.]; *Wagner*, EuZW 2006, 424 [426 Fn. 24]; *ders.*, IPRax 2007, 290 [291]; Rauscher-*Papst*, Band II^4, Einl. EuVTVO, Rn. 22.

90 *Kohler*, IPRax 2003, 401 [404]; *Wagner*, NJW 2003, 2344 [2344]; *ders.*, IPRax 2007, 290 [291]; *Schack*, SchlHA 2006, 115 [116].

91 *Basedow*, CMLR 37 (2000), 687 [692].

92 *Kohler*, IPRax 2003, 401 [404].

93 *Wagner*, IPRax 2007, 290 [291]; vgl. ex-Art. 67 Abs. 5 Spiegelstrich 2, ex-Art. 251 EG; nunmehr Art. 81 Abs. 3 und Art. 294 AEUV.

94 *Stadler*, RIW 2004, 801 [802]; *Wagner*, NJW 2004, 1835 [1835]; *Klippstein*, in: *Gebauer/ Wiedmann* (Hrsg.)^1, Kap. 31, Rn. 9; *Schack*, SchlHA 2006, 115 [116]; *Bittmann*, in: *Gebauer/ Wiedmann* (Hrsg.)^2, Kap. 28, Rn. 7; Rauscher-*Papst*, Band II^4, Einl. EuVTVO, Rn. 21.

IV. Harmonisierung im Europäischen Zivilverfahrensrecht

Der EuVTVO folgten die EuMVVO[95] und die EuGFVO[96]. Die EuMVVO ist am 01.01.2007 in Kraft getreten und gilt gemäß Art. 33 EuMVVO seit dem 12.12.2008 in allen ihren Teilen. Die EuGFVO ist am 01.08.2007 in Kraft getreten. Sie gilt gemäß Art. 29 EuGFVO seit dem 01.01.2009, mit Ausnahme des Art. 25 EuGFVO, der seit dem 01.01.2008 gilt.

Weiter wurde die neue Europäische Unterhaltsverordnung (EuUntVO[97]) auf ex-Artt. 65 lit. c und 67 Abs. 2 EG gestützt. Hier war ein Mitentscheidungsverfahren nach ex-Art. 251 EG allerdings nicht notwendig, da familienrechtliche Aspekte von diesem ausgenommen sind (ex-Art. 67 Abs. 5 2. Spiegelstrich EG). Nach einer Entscheidung der Kommission[98] vom 08.06.2009 ist die Verordnung auf Wunsch des Vereinigten Königreichs auch für dieses anwendbar.

Auch die neu gefasste EuZVO[99] wurde auf der Grundlage derselben Regelungen erlassen.

Die rasche Abfolge von Harmonisierungsvorschlägen, die auf der Grundlage von ex-Art. 65 EG erlassen werden sollten und wurden, zeige nach *Hess*[100], dass der Aufbau eines europäischen Justizraums und die damit verbundenen Angleichung der internationalen Privat- und Verfahrensrechte seit dem Jahre 2000 oberste Priorität hätten. Nach den Beschlüssen von Tampere, weitere Harmonisierungsschritte zum grenzüberschreitenden Verfahren zu erlassen, stehe das Zivilprozessrecht auf der Agenda der europäischen Rechtsharmonisierung an herausragender Stelle.[101] Dieses ist meines Erachtens zu begrüßen und dürfte für die Einheit in Europa förderlich sein.

---

95 Europäische Mahnverfahrensverordnung = Verordnung (EG) Nr. 1896/2006 des Europäischen Parlaments und des Rates vom 12.12.2006 zur Einführung eines Europäischen Mahnverfahrens (ABl. EU 2006, Nr. L 399, 1).

96 Europäische Verordnung für geringfügige Forderungen (Bagatellverordnung) = Verordnung (EG) Nr. 861/2007 des Europäischen Parlaments und des Rates vom 11.07.2007 zur Einführung eines europäischen Verfahrens für geringfügige Forderungen (ABl. EU 2007, Nr. L 199, 1).

97 Europäische Unterhaltsverordnung = Verordnung (EG) Nr. 4/2009 des Rates vom 18.12.2008 über die Zuständigkeit, das anwendbare Recht, die Anerkennung und Vollstreckung von Entscheidungen und die Zusammenarbeit in Unterhaltssachen (ABl. EU 2009, Nr. L 7, 1).

98 Entscheidung der Kommission (EG) Nr. 451/2009, ABl. EU 2009, Nr. L 149, 73.

99 Verordnung (EG) Nr. 1393/ 2007 des Europäischen Parlaments und des Rates vom 13.11.2007 über die Zustellung gerichtlicher und außergerichtlicher Schriftstücke in Zivil- und Handelssachen in den Mitgliedsstaaten („Zustellung von Schriftstücken") und zur Aufhebung der Verordnung (EG) Nr. 1348/2000 des Rates (ABl. EU 2007, Nr. L 324, 79).

100 *Hess*, NJW 2000, 23 [31].

101 *Hess*, JZ 2001, 573 [573]; *Koch*, JuS 2003, 105 [107].

C. Ziele der EuVTVO

Das primäre Ziel der Europäischen Vollstreckungstitelverordnung ist es, die grenzüberschreitende Vollstreckung von Zahlungstiteln innerhalb der Europäischen Union (mit Ausnahme Dänemarks[102]) zu beschleunigen, zu vereinfachen und dadurch kostengünstiger zu gestalten.[103] Damit sollen die Beschlüsse von Tampere[104] umgesetzt werden.[105]

I. Abschaffung des Vollstreckbarerklärungsverfahrens

Die EuVTVO folgte in Bezug auf die Abschaffung der Vollstreckbarerklärung der Verordnung (EG) Nr. 2201/2003 des Rates vom 27.11.2003 über die Zuständigkeit und die Anerkennung und Vollstreckung von Entscheidungen in Ehesachen und in Verfahren betreffend die elterliche Verantwortung und zur Aufhebung der Verordnung (EG) Nr. 1347/2000.[106] Denn diese so genannte Brüssel IIa-VO (EuEheVO II) lässt für Entscheidungen zum Umgangsrecht und spezielle Entscheidungen, mit denen die Rückgabe eines Kindes angeordnet wird, bereits das Vollstreckbarerklärungsverfahren entfallen (Artt. 41 Abs. 1, 42 Abs. 1 EuEheVO II).[107] Die Abschaffung der Exequaturverfahren in einzelnen Rechtsakten für spezielle Verfahren oder eben für unbestrittene Forderungen stellt, wie oben dargestellt[108], einen ersten Schritt zum Fernziel der vollständigen Abschaffung der Vollstreckbarerklärungsverfahren innerhalb der Europäischen Union dar. Der freie Verkehr zunächst der von der EuVTVO erfassten Entscheidungen, gerichtlichen Vergleichen und öffentlichen Urkunden innerhalb der Europäischen Union soll gewährleistet werden. In Zukunft steht als Ziel die Freizügigkeit weiterer und dann aller Titel innerhalb der EU.

Einen ersten weiteren Schritt stellten die EuMVVO, die EuGFVO (EU-Bagatellverordnung) sowie die EuUntVO dar, die bereits oben im Rahmen der Darstellung

---

102 Dänemark nimmt an Rechtsakten der EU im Bereich des internationalen Privat- und Verfahrensrechts nicht teil, siehe Teil 2, A., II. Es besteht auch kein Sonderübereinkommen mit der Gemeinschaft zur Ausdehnung der EuVTVO auf Dänemark.

103 Vgl. OLG Stuttgart 24.05.2007 IPRax 2008, 260 [261, Rn. 14]; *Stadler*, RIW 2004, 801 [802]; *Rauscher*, EuVT, 1, Rn. 1; *Rellermeyer*, Rpfleger 2005, 389 [389]; *Gebauer*, NJ 2006, 103 [103]; *dies.*, FPR 2006, 252 [252]; *Jennissen*, InVo 2006, 218 [218]; *Faetan*, JAmt 2007, 181 [186]; *Kropholler/ von Hein*, EuZPR[9], Art. 1 EuVTVO, Rn. 3.

104 Textauszüge in NJW 2000, 1925.

105 *Stadler*, RIW 2004, 801 [802]; *Klippstein*, in: *Gebauer/ Wiedmann* (Hrsg.)[1], Kap. 31, Rn. 23; *Jennissen*, InVo 2006, 218 [218]; *Bittmann*, in: *Gebauer/ Wiedmann* (Hrsg.)[2], Kap. 28, Rn. 1; siehe auch oben Teil 1, B. IV.

106 ABl. EU 2003, Nr. L 338, 1; im Folgenden: EuEheVO II.

107 *Wagner*, IPRax 2005, 401 [401]; *ders.*, NJW 2005, 1157 [1158]; *Schack*, SchlHA 2006, 115 [117].

108 Siehe Teil 1, A.

der Rechtsgrundlage für die Schaffung der EuVTVO[109] angesprochen wurden. Nach Art. 17 EuUntVO werden Entscheidungen aus Mitgliedsstaaten, die durch das Haager Protokoll von 2007 gebunden sind, in den anderen Mitgliedstaaten anerkannt, ohne dass die Anerkennung angefochten werden kann (Abs. 1). Weiter werden sie ohne Vollstreckbarerklärungsverfahren vollstreckt (Abs. 2). Das Exequaturverfahren ist damit auch hier abgeschafft.

Nach Art. 19 EuMVVO wird der im Ursprungsmitgliedsstaat vollstreckbar gewordene Europäische Zahlungsbefehl und nach Art. 20 Abs. 1 EuGFVO wird ein nach dieser Verordnung ergangenes Urteil in den anderen Mitgliedsstaaten anerkannt und vollstreckt, ohne dass es einer Vollstreckbarerklärung bedarf und ohne dass die Anerkennung angefochten werden kann. Nach beiden Verordnungen wurde also ebenfalls das Exequaturverfahren abgeschafft.

Seit Inkrafttreten der Neufassung der EuGVVO am 10.01.2015 ist auch im Anwendungsbereich dieser Verordnung eine Vollstreckbarerklärung entbehrlich (Art. 39 Abs. 1 EuGVVO n.F.; vgl. dazu auch die kurzen Ausführungen oben unter Teil 1, A. zur dritten Stufe sowie ausführlicher unten unter Teil 3, C.).

II. Gegenseitiges Vertrauen

Der Wegfall des Exequaturverfahrens wird durch das gegenseitige Vertrauen in die ordnungsgemäße Rechtspflege und die Annahme der Gleichwertigkeit der zivilrechtlichen Verfahren in allen Mitgliedsstaaten der Gemeinschaft legitimiert.[110] Es wird davon ausgegangen, dass die Justiz- und Justizverwaltungssysteme in den Mitgliedsstaaten der Europäischen Union gleichermaßen gut funktionieren und demnach gleiche Bedingungen vorliegen.[111] Das Präsidium des Deutschen Richterbundes sah es deshalb auch als positiv an, dass das aufwendigere Exequaturverfahren vermieden werde und begrüßt daher die EuVTVO.[112]

1. Förderung der Grundrechte

Nach Erwägungsgrund 11 zielt die EuVTVO darüber hinaus auf die Förderung der Grundrechte und die Berücksichtigung der Grundsätze ab, die mit der Charta der Grundrechte der Europäischen Union anerkannt wurden. Sie soll die uneingeschränkte

---

109 Siehe Teil 1, B., IV.

110 Vgl. Erwägungsgrund 18 zur EuVTVO; vgl. OGH Beschluss vom 22.02.2007 – 3 Ob 253/06m, IPRax 2008, 440 [442]; *Jayme/ Kohler*, IPRax 2000, 454 [456]; *Kohler*, in: *Baur/ Mansel* (Hrsg.), Systemwechsel (2002), 147 [156]; *Rauscher*, GPR 2003/04, 286 [286]; *Althammer/ Löhning*, ZZPInt 9 (2004), 23 [23]; *Atik*, EuZW 2004, 686 [688]; *Steinbach/ Tödter*, IPRax 2004, 372 [373]; *Wagner*, IPRax 2005, 189 [190]; *Hess*, JZ 2005, 540 [545]; *Schack*, SchlHA 2006, 115 [118]; *Stürner*, jurisPR-ZivilR 12/2014 Anm. 1; kritisch dazu *Kieninger*, VuR 2011, 243 [248 f.].

111 *Brand*, HFR 2007, Beitrag 22, 1 [2 und 10].

112 Präsidium des deutschen Richterbundes, DRiZ 2002, 397.

Wahrung des Rechts auf ein faires Verfahren gewährleisten. Dafür sind für das gerichtliche Verfahren Mindeststandards festgelegt, auf die später noch näher eingegangen wird.[113] Ob diese den Schuldner angemessen schützen können und den Wegfall des Exequaturs neben dem Gesichtspunkt der Gleichwertigkeit der Rechtsprechung in den Mitgliedsstaaten rechtfertigen können, ist aber äußerst umstritten.[114] Eine definitive Klärung kann wohl nur die tatsächliche Praxis mit dem Europäischen Vollstreckungstitel sowie die Befassung der Gerichte ergeben. Da die Befassung mit diesem Streitpunkt in der Literatur kaum noch bis gar nicht mehr stattfindet und mir auch kein Fall aus der Rechtsprechung bekannt ist, der diese Problematik aufnimmt, dürfte eine Einhaltung der Grundrechte weitgehend gewährleistet sein.

2. *Urteilsfreizügigkeit als Wirtschaftsfaktor*

Die Abschaffung des Exequaturs stellt eines der wesentlichen Ziele der EU dar, die neben der EuVTVO für unbestrittene Forderungen schon in weiteren Bereichen mit der EuMVVO, der EuGFVO und der EuUntVO Einzug gehalten hat. Sie war und ist auch in der EuEheVO II verortet und hat auch in der Neufassung der EuGVVO (seit 10.01.2015) Eingang gefunden.

Welche persönliche Einstellung man auch immer dazu (und zur Abschaffung des *ordre public*-Vorbehalts[115]) haben mag, diese Entwicklung ist nicht aufzuhalten. Auch ist die Idee, welche dahinter steckt, mit Sicherheit die richtige und dürfte meines Erachtens zu einem weiteren Zusammenwachsen der Mitgliedsstaaten der Europäischen Union beitragen. Denn die Urteilsfreizügigkeit stellt einen wichtigen Wirtschaftsfaktor dar. Es bringt den Unionsbürgern wie auch Gesellschaften und Unternehmen nichts, wenn sie in einem Mitgliedsstaat einen Titel erstreiten können, diesen aber nicht unter Einsatz verhältnismäßiger Mittel und Erfolgsaussicht in einem anderen Mitgliedsstaat, in dem der Schuldner und gegebenenfalls Vertragspartner seinen (Wohn-)Sitz hat, vollstrecken können.

Auch wenn noch immer ein Justizgefälle innerhalb der Europäischen Union bestehen mag, so sind die Ausrichtung der Europäischen Union und deren Intention doch klar vorgezeichnet. Die Gleichwertigkeit der Rechtsprechung wird

---

113 Siehe unten Teil 2, C., IV.

114 Siehe *Jayme/ Kohler*, IPRax 2000, 454 [456]; *dies.*, IPRax 2004, 481 [483]; *Rauscher*, GPR 2003/04, 286 [286]; *Steinbach/ Tödter*, IPRax 2004, 372 [373]; *Hess*, JZ 2005, 540 [545]; kritisch bzw. dagegen: *Wagner*, IPRax 2002, 75 [89 ff.]; *Kohler*, in: *Baur/ Mansel* (Hrsg.), Systemwechsel (2002), 147 [156 und 160]; *ders.*, in: *Reichelt/ Rechberger* (Hrsg.), Europäisches Kollisionsrecht (2004), 63 [75 f.]; *Stadler*, IPRax 2004, 2 [6 f.]; *dies.*, RIW 2004, 801 [803]; *Althammer/ Löhning*, ZZPInt 9 (2004), 23 [23, 35]; *Schack*, SchlHA 2006, 115 [118]; dafür: *Stein*, IPRax 2004, 181 [183 ff.].

115 Der BGH hat kürzlich mit Beschluss vom 24.04.2014 klargestellt, dass es keinen Zweifel daran geben kann, dass die EuVTVO eine *ordre public*-Kontrolle nicht zulässt, EuZW 2014, 557 [557, Rn. 13 und 559, Rn. 36] = NJW 2014, 2363.

quasi „angeordnet“[116] – „die Gleichwertigkeit und Austauschbarkeit der [in den Mitgliedsstaaten] vorgesehenen Verfahren zur Erwirkung wird als Prämisse vorgegeben“[117].

3. *Abschaffung des Exequaturverfahrens und der* ordre public-*Kontrolle*

Meines Erachtens ist der Ansatz der (stufenweisen) Abschaffung des Exequaturverfahrens[118] und der *ordre public*-Kontrolle zu begrüßen. Bisher sind mir keine (unerhörten) gröblichen Verstöße bekannt geworden, welche eine Abkehr vom *ordre pulic*-Vorbehalt im vorliegenden beschränkten Rahmen (beispielsweise der EuVTVO) nicht rechtfertigen würden. Insgesamt dürfte daher aus meiner Sicht die schrittweise Abschaffung der Exequaturverfahren, einhergehend mit der Abschaffung der *ordre public*-Kontrolle, der richtige Weg in Europa sein. Im Einzelfall auftretende Fehlentscheidungen, die sich aus der Bestätigung als Europäischer Vollstreckungstitel trotz Missachtung der Mindeststandards nach Artt. 13–17 EuVTVO ergäben, seien hinzunehmen.[119]

Außerdem findet die EuVTVO nunmehr seit mehreren Jahren Anwendung und ist die schrittweise Abschaffung des Exequaturs über die EuVTVO hinaus nicht mehr aufzuhalten. Dieses zeigt sich auch darin, dass die Abschaffung des Exequaturverfahrens auch in der Neufassung der EuGVVO Einzug gefunden hat.

Dennoch oder sogar gerade deswegen wird die Abschaffung der Exequaturverfahren und der *ordre public*-Kontrolle wohl auch weiterhin für Diskussionen in der Literatur sorgen und damit Gesprächsthema bleiben.

Im Ergebnis stellt sich eine *ordre public*-Kontrolle innerhalb der Europäischen Union – auf jeden Fall bei unbestrittenen Forderungen – meines Erachtens als nicht mehr zeitgemäß dar (siehe dazu näher Teil 4, F., V.).

Auf die Abschaffung des *ordre public*-Vorbehalts und die Kontroverse eines fairen Verfahrens wird in der Schlussbetrachtung in Teil 5[120] nach der Analyse der Rechtsbehelfe noch eingegangen.

---

116 Vgl. *Kohler*, in: *Baur/ Mansel* (Hrsg.), Systemwechsel (2002), 147 [156], der davon spricht, dass „die Gleichwertigkeit und Austauschbarkeit [...] als Prämisse vorgegeben [werde]“ und außerdem erscheine „die Vorstellung von einem einheitlichen Rechtsschutzgebiet noch als rechtspolitisches Postulat“; ähnlich *Rauscher*, IPRax 2004, 405 [409], der darin eine „reine Fiktion“ sieht.

117 *Kohler*, in: *Baur/ Mansel* (Hrsg.), Systemwechsel (2002), 147 [156], der dieses deutlich kritisiert.

118 Die Abschaffung des Exequatur in der EuGVVO n.F. begrüßt auch *Cadet*, EuZW 2013, 218 [222].

119 So BGH 24.04.2014 EuZW 2014, 557 [558, Rn. 25] mit Anm. *Sujecki*, 559 f. = NJW 2014, 2363; *Kramme*, GPR 2014, 296 [297].

120 Siehe Teil 5, A., II. sowie zuvor in Teil 4, F., V. zur Abschaffung der *ordre public*-Kontrolle und der *Krombach*-Enscheidung

III. Durchsetzung unbestrittener Forderungen

Die Durchsetzung unbestrittener Geldforderungen kann sowohl für die Justiz als auch für den Gläubiger dieser Forderungen problematisch sein, denn die Gerichte werden mit einer großen Anzahl von so genannten „Bulk"-Verfahren konfrontiert, so dass auch die Bearbeitung tatsächlich streitiger Verfahren aufgrund beschränkter Ressourcen und dem Einsatz für unstreitige Verfahren verzögert wird.[121]

Dem Gläubiger soll mit der Europäischen Vollstreckungstitelverordnung, insbesondere gegenüber einem zahlungsunwilligen Schuldner, ein „starkes Schwert" an die Hand gegeben werden, um seine Forderungen durchzusetzen. Dabei ist das Leitbild der Verordnung der redliche Gläubiger[122] und nicht derjenige, der unberechtigt in anderen Staaten Titel gegen einen angeblichen Schuldner in der Hoffnung erstreiten will, dass dieser sich nicht dagegen zur Wehr setzt.

Die Verordnung will Verzögerungen und taktisches Verhalten des Schuldners zur Verhinderung der Vollstreckung vermeiden, so dass sie sich theoretisch als effizientes Instrument für Gläubiger gegen ihre zahlungsfaulen und säumigen Schuldner erweisen kann.[123] Besonders wichtig mag dieses beispielsweise in Unterhaltsverfahren sein, die als Zivilsachen auch in den Anwendungsbereich der EuVTVO fielen[124]; ebenso gilt dieses für vom Jugendamt nach §§ 59, 60 SGB VIII als vollstreckbare Urkunde aufgenommene Unterhaltsvereinbarungen (Art. 4 Abs. 3 lit. b EuVTVO).[125] Zum Vorrang der EuUntVO gegenüber der EuVTVO für Unterhaltssachen siehe Teil 2, A., IV., 4. Die EuUntVO trat am 31.01.2009 in Kraft und bestimmt, dass sie ab dem 18.06.2011 in Gänze Anwendung findet, sofern das Haager Protokoll vom 23.11.2007 zu diesem Zeitpunkt in der Gemeinschaft anwendbar ist. Ansonsten hätte die EuUntVO ab dem Tag Anwendung gefunden, an dem dieses Protokoll in der Gemeinschaft anwendbar geworden wäre. Die EuUntVO ist gegenüber der EuVTVO die speziellere Vorschrift, so dass die soeben erwähnten Unterhaltssachen aus dem Anwendungsbereich der EuVTVO verdrängt werden. Am 08.04.2010 hat die Europäische Union dem Protokoll für ihre Mitgliedsstaaten mit Ausnahme Dänemarks und des Vereinigten Königreichs (mit Wirkung zum 18.06.2011) zugestimmt.[126]

---

121 *Sujecki*, MMR 2005, 213 [214].

122 *Pfeiffer*, BauR 2005, 1541 [1541].

123 *Stadler*, IPRax 2004, 2 [10]; *dies.*, RIW 2004, 801 [803]; *Coester-Waltjen*, Jura 2005, 394 [395]; *Ernst*, JurBüro 2005, 568 [568]; *Gebauer*, FPR 2006, 252 [252].

124 Siehe Teil 2, A., IV., 4.

125 *Coester-Waltjen*, Jura 2005, 394 [395]; *dies.*, FS Tugrul Ansay (2006), 47 [50]; *Ernst*, JurBüro 2005, 568 [569]; *Rellermeyer*, Rpfleger 2005, 389 [392]; *Wagner*, IPRax 2005, 189 [192]; *Gebauer*, NJ 2006, 103 [104]; *dies.*, FPR 2006, 252 [253]; *Jennissen*, InVo 2006, 218 [220]; *Knittel*, JAmt 2006, 477 [477]; Zöller[31]-*Geimer*, § 1079 ZPO, Rn. 1.

126 Vgl. die Internetseite der Haager Konferenz für Internationales Privatrecht (HCCH): http.://www.hcch.net/index_en.php?act=conventions.statusprint&cid=133.

Weiter soll die EuVTVO einen aktiven Beitrag zur Hebung der Zahlungsmoral von Schuldnern und besonders zum Schutz der finanziellen Leistungsfähigkeit von kleinen und mittelständischen Unternehmen mit grenzüberschreitender Geschäftstätigkeit leisten.[127] Die rasche Beitreibung von ausstehenden Forderungen stelle eine absolute Notwendigkeit für den Handel dar.[128] Denn höhere Außenstände können bis zur Zahlungsunfähigkeit und damit Insolvenz eines an sich gesunden Unternehmens führen, was sich in der Wirtschaftswirklichkeit tagtäglich zeigt.

Ein allgemeines Ziel des Europäischen Zivilprozessrechts ist es auch, die unbillige Ausnutzung eines etwaigen Justizgefälles und ein *forum shopping* des Schuldners zu verhindern.[129] Hierzu soll die EuVTVO in Bezug auf die Einzelvollstreckung beitragen. Die in einem Staat erstrittenen Titel lassen sich kostengünstig, schnell und einfach auch in anderen Mitgliedsstaaten vollstrecken. Ein Umzug des Schuldners oder das Beiseiteschaffen von Vermögen ins Ausland stellt kaum noch ein Vollstreckungshindernis dar, denn der Europäische Vollstreckungstitel kann in allen Mitgliedsstaaten vollstreckt werden. Es bedarf nicht für jeden Mitgliedsstaat einer erneuten Bestätigung.[130]

Das Verfahren nach der EuVTVO soll gegenüber dem Vollstreckbarerklärungsverfahren nach der Brüssel I-VO[131] schneller und kostengünstiger sein, indem auf die Zustimmung des Gerichts eines zweiten Mitgliedsstaates mit den daraus entstehenden Verzögerungen und Kosten verzichtet werden kann.[132] So müssen die entsprechenden Urteile und Entscheidungen aus dem Ursprungsmitgliedsstaat, wenn diese mittels Formulars als Europäische Vollstreckungstitel bestätigt worden sind, in allen anderen Mitgliedsstaaten so behandelt werden, als wären es solche eigener Gerichte.[133] Sie sind deshalb ohne weitere Prüfungsmöglichkeit zu vollstrecken. Eines vorherigen Vollstreckbarerklärungsverfahrens bedarf es nach Art. 1 und Art. 5 EuVTVO nicht. Folglich kann sich der Gläubiger direkt an die zuständigen Vollstreckungsorgane wenden.[134]

---

127 *Klippstein*, in: *Gebauer/ Wiedmann* (Hrsg.)[1], Kap. 31, Rn. 7; *Bittmann*, in: *Gebauer/ Wiedmann* (Hrsg.)[2], Kap. 28, Rn. 1.

128 Vgl. das Maßnahmeprogramm, ABl. EG 2001, C 12, 1 [4 unter I. B. 3.].

129 *Strasser*, Rpfleger 2007, 249 [250].

130 Siehe dazu Teil 2, B., II.

131 Verordnung (EG) Nr. 44/2001 des Rates vom 22.12.2000 über die gerichtliche Zuständigkeit und die Anerkennung und Vollstreckung von Entscheidungen in Zivil- und Handelssachen (kurz: EuGVVO a.F.).

132 Vgl. OGH Beschluss vom 22.02.2007 – 3 Ob 253/06m = IPRax 2008, 440 [442]; *Rellermeyer*, Rpfleger 2005, 389 [389]; *Rott*, EuZW 2005, 167 [168]; vgl. Erwägungsgrund 9 zur EuVTVO.

133 *Stadler*, RIW 2004, 801 [803]; *Rott*, EuZW 2005, 167 [168]; *Jennissen*, InVo 2006, 218 [219]; vgl. Erwägungsgrund 8 zur EuVTVO.

134 *Ernst*, JurBüro 2005, 568 [569]; *Hess*, JZ 2005, 540 [545]; *Gebauer*, FPR 2006, 252 [252]; *Mankowski*, FS Jan Kropholler (2008), 829 [832]; *Kropholler/ von Hein*,

IV. Information

Die Informationen über die Zuständigkeiten sowie die Art und Weise der Vollstreckung erhält der Gläubiger dabei von den Mitgliedsstaaten, die zusammenarbeiten, um die Öffentlichkeit und die Fachkreise sachgerecht zu informieren.[135]

Die Information erfolgt nach Art. 29 EuVTVO insbesondere über das mit der Entscheidung 2001/470/EG des Rates[136] eingerichtete Europäische Justizielle Netz in Zivil- und Handelssachen[137]. Dieses Netz soll die justitielle Zusammenarbeit zwischen den Mitgliedsstaaten in Zivilsachen erleichtern und ist darüber hinaus zuständig für die Errichtung eines Informationssystems für die Öffentlichkeit.[138]

Es handelt sich um ein virtuelles Netzwerk, das im Internet von der Europäischen Kommission eingerichtet wurde und dem Informationsaustausch dient bzw. eine Informationsplattform darstellt.

Es war im Internet ein Europäischer Gerichtsatlas[139] geschaffen worden, welchem zahlreiche Informationen, wie etwa die zuständigen Stellen in den anderen Mitgliedsstaaten

sowie die Voraussetzungen für einen Europäischen Vollstreckungstitel und Informationen zu den anderen Rechtsakten der EU, zu entnehmen waren. Der Gläubiger brauchte auf der Website mit dem Europäischen Gerichtsatlas lediglich die Anschrift des Schuldners im Vollstreckungsmitgliedsstaat in eine Suchmaske einzugeben und erhielt dann die notwendigen Auskünfte über die zuständige Stelle sowie deren Adresse. So hatte dieser die Möglichkeit, sich kurzfristig, schnell und einfach darüber zu informieren, an welche Stelle er sich wenden muss und wohin er den Europäischen Vollstreckungstitel senden muss, damit dieser im Vollstreckungsmitgliedsstaat unmittelbar vollstreckt werden kann. Nach eigener Erfahrung stellte sich diese Suchmaske als sehr benutzerfreundlich dar. Der Gläubiger brauchte nicht zunächst im Vollstreckungsmitgliedsstaat nachzufragen, an wen er sich zu wenden hat. Er musste auch keinen Berater (Rechtsanwalt oder ähnlichen) aus dem Vollstreckungsmitgliedsstaat einschalten, um die Vollstreckung voranzutreiben. Dieses war insbesondere deswegen von Vorteil und geradezu notwendig, da der Gläubiger bei

---

EuZPR[9], Art. 20 EuVTVO, Rn. 5; Zöller[31]-*Geimer*, Art. 6 EuVTVO, Rn. 16, Art. 20 EuVTVO, Rn. 2 und § 1079 ZPO, Rn. 2.

135 *Ernst*, JurBüro 2005, 568 [569]; vgl. Art. 29 EuVTVO.

136 ABl. EG 2001, Nr. L 174, 25; geändert durch Entscheidung des Europäischen Parlaments und des Rates vom 18.06.2009, Entscheidung Nr. 568/2009/EG, ABl. EU 2009, Nr. L 168, 35.

137 Website: http://e-justice.europa.eu/content_ejn_in_civil_and_commercial_matters-21-de.do und zuvor (veraltet): http://ec.europa.eu/civiljustice /index_de.htm.

138 *Mansel/ Thorn/ Wagner*, IPRax 2010, 1 [8].

139 Website neu: https://e-justice.europa.eu/content_european_judicial_atlas_in_civil_matters-321-de.do; Website vorher: http://ec.europa.eu/justice_home/judicialatlascivil/html/index_de.htm; Website ganz früher: http://europa.eu.int/comm/justice_home/judicialatlascivil/html/index_de.htm.

Schaffung/ Errichtung des dem Europäischen Vollstreckungstitel zugrunde liegenden Titels und auch bei Antragstellung auf Erlass eines Europäischen Vollstreckungstitels womöglich noch gar nicht genau weiß, in welchem anderen Mitgliedsstaat er vollstrecken will oder muss. Dementsprechend wäre eine Information durch die titelschaffende Stelle sehr aufwendig und diese müsste für jeden Einzelfall gegebenenfalls für jeden Mitgliedsstaat die zuständige Stelle ermitteln und darüber Auskunft erteilen. Durch die Suchmaske auf der Internetseite des Europäischen Gerichtsatlasses war der Gläubiger oder sein inländischer Berater/ Rechtsanwalt in der Lage, sich die Informationen selbst zu beschaffen und es wurden nicht unnötig Ressourcen gebunden und in Anspruch genommen.

Leider ist bei neuerer Recherche im Internet auf der neu von der Europäischen Kommission gelaunchten Internetseite[140], die immer noch Europäischer Gerichtsatlas für Zivilsachen heißt, die Suchmaske zur Auffindung des zuständigen Gerichts bei der EuVTVO nicht mehr vorhanden. Lediglich für andere Rechtsakte gibt es einen Gerichtsfinder. Die einfache, eben beschriebene, Suchmaske zum Auffinden der für die Vollstreckung zuständigen Stelle ist hingegen nicht mehr vorhanden.[141]

V. Anreiz an Mitgliedsstaaten zur Anpassung

Ein besonderes Gewicht fällt der Verordnung unter dem Aspekt zu, dass nach einer Stellungnahme des Europäischen Wirtschafts- und Sozialausschusses 90 % der Entscheidungen, die grenzüberschreitend vollstreckt werden sollen, unter die Verordnung (EG) Nr. 805/2004 fallen würden[142] und damit unbestrittene Forderungen im Sinne des Art. 3 EuVTVO betreffen. Darin zeigt sich der immense wirtschaftliche Vorteil, wenn die Mitgliedsstaaten ihr innerstaatliches Recht an die von der EuVTVO geforderten Mindeststandards anpassen, selbst wenn diese Quote nicht erreicht werden sollte.

Denn diese Verordnung beinhaltet zwar keine Verpflichtung der Mitgliedsstaaten, ihr innerstaatliches Recht an die prozessualen Mindestvorschriften der Verordnung anzupassen. Entscheidungen werden jedoch in den anderen Mitgliedsstaaten nur dann nach der EuVTVO effizienter und schneller vollstreckt,

140 Website (bisher noch): http://ec.europa.eu/justice_home/judicialatlascivil/html/index_de.htm. Website in Zukunft: https://e-justice.europa.eu/content_european_judicial_atlas_in_civil_matters-321-de.do

141 Stand letzter Nachschau: 01.05.2016.

142 Stellungnahme des Wirtschafts- und Sozialausschusses zu dem „Vorschlag für eine Verordnung des Rates zur Einführung eines europäischen Vollstreckungstitels für unbestrittene Forderungen", ABl. EG 2003, Nr. C 85, 1 [4, sub. 3.1]; *Stadler*, IPRax 2004, 2 [6]; *Mankowski*, RIW 2004, 587 [588]; *Rott*, EuZW 2005, 167 [168]; *Schubert-Panecka*, ZEuP 2005, 194 [195]; *Wagner*, NJW 2005, 1157 [1157]; *Luckey*, ZGS 2005, 420 [421]; *Gebauer*, NJ 2006, 103 [103]; *Jennissen*, InVo 2006, 218 [219]; *Röthel/ Sparmann*, WM 2006, 2285 [2285]; *Kropholler/ von Hein*, EuZPR⁹, Art. 1 EuVTVO, Rn. 6.

wenn die Mindestvorschriften eingehalten worden sind. Ansonsten findet diese Verordnung keine Anwendung. Dadurch entsteht ein gewisser Druck auf beziehungsweise Anreiz für die Mitgliedsstaaten, ihr Recht der Verordnung anzupassen.[143] Denn anderenfalls besteht für die Bürger des Mitgliedsstaates, der sein innerstaatliches Recht nicht angepasst hat, ein Nachteil bei der Vollstreckung seiner Titel. Dieses würde zu einem Wettbewerbsnachteil führen, was wirtschaftlich gesehen negative Folgen hätte. Gerade diese Nachteile sollen aber mit der Verordnung abgebaut werden.

Coester-Waltjen sieht von der Europäischen Vollstreckungstitelverordnung zwar nur einen kleinen Ausschnitt des Zivilverfahrensrechts betroffen, da sie nur für „unbestrittene" Geldforderungen gilt, dennoch sei entscheidend, dass ein neuer Ansatz zur Vereinheitlichung bestehe.[144]

VI. Nationale Vollstreckungssysteme bleiben

Die national sehr unterschiedlichen Zwangsvollstreckungsmethoden werden durch die Verordnung nicht angetastet. Es soll lediglich gewährleistet werden, dass die nationalen Titel in allen anderen Mitgliedsstaaten nach dem nationalen Zwangsvollstreckungsrecht vollstreckt werden – ebenso wie die innerstaatlichen Titel. Es handelt sich also bei den zu bestätigenden Entscheidungen, öffentlichen Urkunden und gerichtlich bestätigten Vergleichen um nationale Titel, die lediglich bei Einhaltung der Mindeststandards der Verordnung auf Antrag des Gläubigers als Europäische Vollstreckungstitel bestätigt werden können.

VII. Zusammenfassung der Ziele

Die Ziele der Verordnung lassen sich wie folgt zusammenfassen: Die grenzüberschreitende Vollstreckung soll innerhalb der Europäischen Union beschleunigt und vereinfacht werden. Darüber hinaus sollen die Verfahrenskosten verringert werden. Als Folge daraus wird dem Gläubiger ein schneller und kostengünstiger Weg zur Durchsetzung seiner Forderungen, welche nach dieser Verordnung unbestritten sein müssen, gegeben. Der Gläubiger, insbesondere der Unternehmer, soll im grenzüberschreitenden Geschäftsverkehr vor zahlungsunwilligen Schuldnern geschützt werden, welche das Beitreibungsverfahren bewusst verzögern. Damit soll der gemeinsame Binnenmarkt verwirklicht werden.

---

143 *Stadler*, IPRax 2002, 471 [478]; *Coester-Waltjen*, FS Kostas Beys (2003), 183 [185]; *dies.*, FS Tugrul Ansay (2006), 47 [48]; *Wagner*, IPRax 2005, 401 [402]; *Klippstein*, in: *Gebauer/ Wiedmann* (Hrsg.)[1], Kap. 31, Rn. 51; *Bittmann*, in: *Gebauer/ Wiedmann* (Hrsg.)[2], Kap. 28, Rn. 101; *Geimer*, IZPR[7], 1242, Rn 3185; Rauscher-*Papst*, Band II[4], Art. 12 EuVTVO, Rn. 5; Zöller[31]-*Geimer*, § 1079 ZPO, Rn. 3; vgl. Erwägungsgrund 19 zur EuVTVO.

144 *Coester-Waltjen*, FS Kostas Beys (2003), 183 [185].

Weiter sollte die Verordnung einen ersten Schritt in Richtung einer vollständigen Abschaffung der Exequaturverfahren innerhalb der EU weisen. Dieses hat sich darin bewahrheitet, dass das Vollstreckbarerklärungsverfahren mit der Neufassung der EuGVVO mit Wirkung seit dem 10.01.2015 abgeschafft worden ist.[145]

Die EuVTVO stelle mit der Vereinfachung des Vollstreckungsverfahrens neben der Überführung des EuGVÜ in die EuGVVO einen weiteren Schritt zur Verbesserung der justiziellen Zusammenarbeit in Europa dar.[146]

Die Vorschläge der Kommission zur Ausarbeitung eines neuen Mehrjahresprogramms[147] stellte weiterhin einen Raum der Freiheit, der Sicherheit und des Rechts in den Mittelpunkt, auch wenn die Aussagen zur justiziellen Zusammenarbeit in Zivilsachen recht vage formuliert sind.[148]

---

145 Siehe dazu Teil 3, C.

146 *Strasser*, Rpfleger 2007, 249 [249].

147 Mitteilung der Kommission vom 10.06.2009 an das Europäische Parlament und den Rat: Ein Raum der Freiheit, der Sicherheit und des Rechts im Dienste der Bürger, Dok. KOM (2009) 262 endg., insb. S. 11, 13 f., 33 f.; vgl. auch die Stellungnahme des Bundesrats, BR-Drucks. 616/09 (Beschluss) vom 18.09.2009.

148 So *Mansel/ Thorn/ Wagner*, IPRax 2010, 1 [2].

Teil 2: Inhalt der EuVTVO

Im weiteren Verlauf dieser Arbeit wird sich mit dem Inhalt der Verordnung zur Einführung eines Europäischen Vollstreckungstitels für unbestrittene Forderungen befasst. Denn nur, wenn man die Voraussetzungen für die Bestätigung als Europäischen Vollstreckungstitel und den Regelungsgehalt der Verordnung kennt, kann man die möglichen und nötigen Rechtsbehelfe richtig einschätzen und verstehen. Dabei ist insbesondere auf den Anwendungsbereich der Verordnung und die Voraussetzungen für die Bestätigung als einen Europäischen Vollstreckungstitel einzugehen. Im Rahmen der Voraussetzungen nehmen die Mindeststandards neben der Darstellung der gemäß Art. 3 EuVTVO unbestrittenen Forderungen eine herausragende Stellung ein. Weiter wird das Verhältnis zur EuGVVO[149] in einem eigenen Abschnitt erörtert.

A. Anwendungsbereich

Zunächst wird der Anwendungsbereich der Verordnung (EG) Nr. 805/2004 kurz dargestellt, um dann im nächsten Unterpunkt auf das Verhältnis zur EuGVVO a.F. und auch zur seit dem 10.01.2015 geltenden EuGVVO n.F. einzugehen.

I. Zeitlicher Anwendungsbereich

Der zeitliche Anwendungsbereich der Verordnung erfasst Entscheidungen, die ab dem 21.01.2005 ergangen sind, gerichtliche Vergleiche[150], die seit diesem Tag geschlossen worden sind, sowie öffentliche Urkunden, welche seit dem 21.01.2005 aufgenommen oder registriert worden sind.[151] Dieses ergibt sich aus Art. 26 EuVTVO in Verbindung mit Art. 33 EuVTVO.[152] Denn es kommt auf den Zeitpunkt des Inkrafttretens der

149 Es geht dabei zum einen um das Verhältnis zur zum Zeitpunkt des Inkrafttretens der EuVTVO und bis zum 09.01.2015 geltenden Fassung (EuGVVO a.F.) mit Exequatur sowie auch zur ab dem 10.01.2015 geltenden Neufassung der EuGVVO, in welcher das Exequatur ebenfalls abgeschafft wurde.

150 Der Begriff des Vergleichs nach der EuVTVO ist weiter als in Art. 58 EuGVVO a.F., denn er umfasst nicht nur den Vergleich, der vor einem Gericht im Laufe eines Verfahrens erlassen worden ist, sondern auch denjenigen, welchen das Gericht gebilligt hat (so nun auch in Art. 2 lit. c EuGVVO n.F.).

151 *Rauscher*, GPR 2003/04, 286 [287]; *Wagner*, NJW 2005, 1157 [1158]; *ders.*, IPRax 2005, 189 [191]; *Klippstein*, in: *Gebauer/ Wiedmann* (Hrsg.)[1], Kap. 31, Rn. 14; *Gebauer*, FÜR 2006, 252 [253]; *Jennissen*, InVo 2006, 218 [219]; *Röthel/ Sparmann*, WM 2006, 2285 [2285]; *Bittmann*, in: *Gebauer/ Wiedmann* (Hrsg.)[2], Kap. 28, Rn. 197; Zöller[31]-*Geimer*, Art. 1 EuVTVO, Rn. 1 und Art. 26 EuVTVO, Rn. 1.

152 Auch wenn vereinzelt fälschlich angenommen wird, dass der Titel (z.B. eine gerichtliche Entscheidung) nur nach der EuVTVO als Europäischer Vollstreckungstitel

Verordnung an und dieser ist der 21.01.2005. Für Vergleiche ist der Zeitpunkt des Abschlusses oder, falls es das nationale Recht verlangt, derjenige der gerichtlichen Billigung entscheidend. Bei öffentlichen Urkunden kommt es auf deren Aufnahme oder, soweit erforderlich, auf deren Registrierung an. Eine ausdrückliche Regelung, wann der Erlasszeitpunkt einer Entscheidung ist, besteht nicht. Insoweit wird man in Anlehnung an die EuGVVO den Zeitpunkt als Erlasszeitpunkt ansehen können, in dem diese nach der prozessualen *lex fori* des Ursprungsmitgliedsstaates nach außen wirksam wird.[153] Bei Urteilen ist dieses das Ergehen der Entscheidung und bei gerichtlichen Vergleichen kommt es auf den Billigungszeitpunkt an. Bei öffentlichen Urkunden entscheidet der Zeitpunkt ihrer öffentlichen Aufnahme oder Registrierung. Der Erlasszeitpunkt bestimmt sich also nach dem nationalen Prozessrecht des Ursprungsmitgliedsstaates. Dieses erscheint auch sinnvoll, da in dem Ursprungsmitgliedsstaat auch die Bestätigung als Europäischer Vollstreckungstitel erfolgt. Somit muss sich die dafür zuständige Stelle nicht mit ausländischem Prozessrecht auseinandersetzen, sondern kann nach dem innerstaatlichen Recht den Erlasszeitpunkt ermitteln.

Jedoch gelten die Vorschriften der EuVTVO mit Ausnahme der Artt. 30, 31 und 32 EuVTVO gemäß Art. 33 EuVTVO erst ab dem 21.10.2005, so dass diese Titel erst seit diesem Zeitpunkt als Europäischer Vollstreckungstitel bestätigt und ohne vorherige Vollstreckbarerklärung vollstreckt werden können.[154]

Die EuVTVO findet also Anwendung auf Titel, die ab dem Inkrafttreten der Verordnung am 21.01.2005 entstanden sind, jedoch ist eine Bestätigung als Europäischer Vollstreckungstitel erst seit der Geltung aller Vorschriften am 21.10.2005 (also neun Monate später) möglich.

In nach dem 21.01. bzw. 21.10.2005 der EU beigetretenen Staaten können Titel erst ab dem Zeitpunkt des Beitritts bestätigt werden. Insoweit fallen beide Zeitpunkte auf den Beitrittszeitpunkt zusammen.

II. Räumlicher Anwendungsbereich

Die EuVTVO gilt in allen Mitgliedsstaaten der Europäischen Union[155] mit Ausnahme von Dänemark (Art. 2 Abs. 3 EuVTVO).[156] Denn Dänemark nimmt nach

---

bestätigt werden kann, wenn er ab dem 21.10.2005 ergangen ist; so zu Unrecht OLG München 30.04.2007 NJW-RR 2007, 1582 [1583, Rn. 3].

153 Pfeiffer, BauR 2005, 1541 [1543]; *Hök*, ZAP 2005, 1099 [1100]; Rauscher-*Staudinger*, Band I[3], Art. 66 EuGVVO, Rn. 10; *Kropholler/ von Hein*, EuZPR[9], Art. 66 EuGVVO, Rn. 4; Rauscher-*Papst*, Band II[4], Art. 26 EuVTVO, Rn. 7.

154 Vgl. auch *Rauscher*, GPR 2003/04, 286 [286]; *ders.*, EuVT, 1, Rn. 1; *Pfeiffer*, BauR 2005, 1541 [1543]; *Jennissen*, InVo 2006, 218 [219]; Zöller[31]-*Geimer*, Art. 1 EuVTVO, Rn. 1.

155 Das Vertragsgebiet der Europäischen Union ergibt sich aus Art. 52 EU-Vertrag, das der Europäischen Gemeinschaft ergab sich aus ex-Art. 299 Abs. 1 EG.

156 Mitgliedsstaaten im Sinne der Verordnung (EG) Nr. 805/2004, geändert durch Verordnung (EG) Nr. 1869/ 2005, sind – neben Deutschland – Belgien, Bulgarien, Estland, Finnland, Frankreich, Großbritannien, Griechenland, Irland, Italien, Kroatien,

ex-Art. 69 EG (nicht übernommen in den AEUV) in Verbindung mit Art. 1 und 2 des Protokolls über die Position Dänemarks zum Vertrag von Amsterdam[157] nicht an der Annahme der Rechtsakte im Bereich der justiziellen Zusammenarbeit in Zivilsachen teil.[158] Dieses hat sich auch durch die Überführung der Europäischen Gemeinschaft in die Europäische Union nicht geändert. Ein Sonderübereinkommen zur Ausdehnung der EuVTVO auf Dänemark gibt es im Gegensatz zu dem zur Ausdehnung der Verordnungen EuGVVO a.F.[159] und EuZVO[160] nicht.[161] Demnach ist Dänemark in Bezug auf die EuVTVO wie jeder andere Drittstaat zu behandeln, der nicht Mitgliedsstaat der EU ist. Im Verhältnis zu Dänemark hat seit dem Sonderübereinkommen der Gemeinschaft die EuGVVO a.F. das EuGVÜ abgelöst.

Anders als Dänemark haben das Vereinigte Königreich und Irland eine opt in-Möglichkeit nach ex-Art. 69 EG in Verbindung mit Art. 3 des Protokolls über die Position des Vereinigten Königreichs und Irlands zum Amsterdamer Vertrag[162], von der sie auch Gebrauch gemacht haben, so dass die Verordnung auch in diesen EU-Mitgliedsstaaten gilt.[163]

Auch mit dem Verfassungsvertrag ist es nicht gelungen, die Sonderrollen Dänemarks, des Vereinigten Königreichs und Irlands zu beseitigen.[164]

Die EuVTVO gilt von Anfang an auch in den zehn Beitrittsstaaten[165], das heißt den zehn EG-Mitgliedsstaaten, die am 01.05.2004 der Europäischen Gemeinschaft

---

Lettland, Litauen, Luxemburg, Malta, Niederlande, Österreich, Polen, Portugal, Rumänien, Schweden, Slowakei, Slowenien, Spanien, Tschechien, Ungarn und Zypern.

157 ABl. EG 1997, Nr. C 340, 1 [101]; BGBl. 1998, II 387, berichtigt: BGBl. 1999, II 416.

158 *Besse*, ZEuP 1999, 107 [112]; *Israël*, MJ 2000, 81 [85 f.]; *Basedow*, CMLR 37 (2000), 687 [696]; *Hess*, NJW 2000, 23 [28]; *Jayme/ Kohler*, IPRax 2000, 454 [458]; *Coester-Waltjen*, FS Kostas Beys (2003), 183 [184, Fn. 1]; *Koch*, JuS 2003, 105 [107]; *Wagner*, NJW 2004, 1835 [1837]; *ders.*, NJW 2005, 1157 [1158]; *ders.*, EuZW 2006, 424 [426]; *Ernst*, JurBüro 2005, 568 [568]; *Pfeiffer*, BauR 2005, 1541 [1543]; *Klippstein*, in: *Gebauer/ Wiedmann* (Hrsg.)[1], Kap. 31, Rn. 10; *Jennissen*, InVo 2006, 218 [219]; *Bittmann*, in: *Gebauer/ Wiedmann* (Hrsg.)[2], Kap. 28, Rn. 12 und 17; vgl. Erwägungsgrund 25 zur EuVTVO; sogenanntes opt out..

159 ABl. EU 2005, Nr. L 299, 62.

160 ABl. EU 2005, Nr. L 300, 55.

161 *Schlosser/ Hess*, EU-ZPR[4], Art. 1 EuVTVO, Rn. 10 und Einleitung zur EuGVVO, Rn. 18a.

162 ABl. EG 1997, Nr. C 340, 99; *Hess*, NJW 2000, 23 [28].

163 *Basedow*, CMLR 37 (2000), 687 [695 f.]; *Coester-Waltjen*, FS Kostas Beys (2003), 183 [184, Fn. 1]; *Stein*, EuZW 2004, 679 [679]; *Pfeiffer*, BauR 2005, 1541 [1543]; *Wagner*, IPRax 2005, 189 [192]; *Kropholler/ von Hein*, EuZPR[9], Einl. EuVTVO, Rn. 16; vgl. Erwägungsgrund 24 zur EuVTVO.

164 *Wagner*, IPRax 2007, 290 [292]; zu einer leichten Verbesserung bezüglich Dänemarks vgl. *Schroeter*, ZEuP 2006, 515 [536].

165 Dieses sind Estland, Lettland, Litauen, Malte, Polen, die Slowakei, Slowenien, Tschechien, Ungarn und Zypern; vgl. das Beitrittsabkommen ABl. EU 2003, Nr. L 236, 17 vom 23.09.2003; BGBl. 2003, II 1408.

beigetreten sind.[166] Sie gilt darüber hinaus auch in den neuen Beitrittsstaaten Bulgarien und Rumänien, welche am 01.01.2007 der EU beigetreten sind.[167] Denn gemäß Art. 2 der Beitrittsakte[168] sind ab dem Beitrittstag die Verträge und die vor dem Beitritt erlassenen Rechtsakte der Organe und der Europäischen Zentralbank für Bulgarien und Rumänien verbindlich. Gleiches gilt für Kroatien seit dem 01.07.2013.[169]

Daraus folgt, dass nach der EuVTVO Titel, die in irgendeinem Mitgliedsstaat der Europäischen Union (mit Ausnahme Dänemarks) als Europäischer Vollstreckungstitel bestätigt worden sind, in einem anderen Mitgliedsstaat ohne vorheriges Vollstreckbarerklärungsverfahren zu vollstrecken sind.

III. Persönlicher Anwendungsbereich

Die EuVTVO enthält keine besonderen persönlichen Anwendungsvoraussetzungen. Es ist jedoch zu beachten, dass nach Art. 6 Abs. 1 lit. d EuVTVO besondere Voraussetzungen für die Bestätigung eines gegenüber einem Verbraucher ergangenen Titels als Europäischen Vollstreckungstitel bestehen.[170] Darauf wird unten bei den Eigenheiten der EuVTVO eingegangen.[171]

IV. Sachlicher Anwendungsbereich

Der sachliche Anwendungsbereich der EuVTVO nach Art. 2 EuVTVO ist identisch mit demjenigen des EuGVÜ und der EuGVVO (in beiden Fassungen).[172] Einzige Einschränkung ist, dass die EuVTVO nur für unbestrittene Geldforderungen gilt.[173] Die EuVTVO gilt gemäß Art. 2 Abs. 1 EuVTVO grundsätzlich für alle Zivil- und Handelssachen, ohne dass es auf die Art der Gerichtsbarkeit ankommt.

---

166 *Hess*, IPRax 2004, 374 [374]; *Jayme/ Kohler*, IPRax 2004, 481 [481]; *Wagner*, NJW 2004, 1835 [1837]; *ders.*, IPRax 2005, 189 [192]; *ders.*, NJW 2005, 1754 [1755]; *Klippstein*, in: *Gebauer/ Wiedmann* (Hrsg.)[1], Kap. 31, Rn. 2; *Jennissen*, InVo 2006, 218 [219]; *Kropholler/ von Hein*, EuZPR[9], Einl. EuVTVO, Rn. 16.

167 Art. 4 Abs. 2 Beitrittsakte 2005, ABl. EU 2005, Nr. L 157, 11 [18]; *Jayme/ Kohler*, IPRax 2006, 537 [541]; *Bittmann*, in: *Gebauer/ Wiedmann* (Hrsg.)[2], Kap. 28, Rn. 17; Rauscher-*Papst*, Band II[4], Art. 26 EuVTVO, Rn. 4.

168 ABl. EU 2005, Nr. L 157, 11 [18].

169 Beitrittsvertrag, ABl. EU 2012, Nr. L 112, 6.

170 *Pfeiffer*, BauR 2005, 1541 [1543].

171 Siehe Teil 2, C., V., 1.

172 *Hüßtege*, in: *Gottwald* (Hrsg.), Perspektiven (2004), 113 [120]; *Franzmann*, MittBayNot 2005, 470 [470]; *Pfeiffer*, BauR 2005, 1541 [1543]; *Rellermeyer*, Rpfleger 2005, 389 [390]; *Riedel*, EuVT, 3; *ders.*, ProzRB 2005, 324 [325]; *Wagner*, IPRax 2005, 189 [191]; *Gebauer*, NJ 2006, 103 [103]; *Jennissen*, InVo 2006, 218 [219]; *Faetan*, JAmt 2007, 181 [186]; Zöller[31]-*Geimer*, Art. 2 EuVTVO, Rn. 1.

173 Zöller[31]-*Geimer*, Art. 2 EuVTVO, Rn. 1 und Art. 6 EuVTVO, Rn. 1.

Der Anwendungsbereich der Verordnung orientiert sich ausschließlich an Art. 2 EuVTVO, selbst wenn das Ausgangsgericht seine Zuständigkeit ausschließlich auf nationale Vorschriften gestützt hat (z.B. bei einem reinen Inlandssachverhalt).

1. Art. 2 Abs. 1 S. 2 EuVTVO

Nicht dazu gehören nach Art. 2 Abs. 1 S. 2 EuVTVO Steuer- und Zollsachen sowie verwaltungsrechtliche Angelegenheiten. Die Erwähnung in Art. 2 Abs. 1 S. 2 a.E. EuVTVO, dass die Verordnung die Haftung des Staates für Handlungen oder Unterlassungen im Rahmen der Ausübung hoheitlicher Rechte (*acta jure imperii*) von ihrem Anwendungsbereich ausnimmt, dient lediglich der Klarstellung.[174] Deutschland hat bei der Ausarbeitung der Verordnung auf diese Klarstellung gedrängt.[175] Denn es sollte ausgeschlossen werden, dass Entscheidungen, in denen die Bundesrepublik wegen deutscher Kriegsverbrechen nach zivilrechtlichen Vorschriften haftbar gemacht wird, gegebenenfalls als Europäischer Vollstreckungstitel bestätigt werden können.[176] Damit wurde jedoch lediglich die ständige Rechtsprechung des Europäischen Gerichtshofs (EuGH) zum sachlichen Anwendungsbereich der EuGVÜ[177] und der EuGVVO a.F.[178] in der Verordnung wiedergegeben.[179] Der insoweit zur EuGVVO a.F. unterschiedliche Wortlaut der Regelung bedingt demnach keine Differenz im Anwendungsbereich. In der Neufassung der EuGVVO wurde der Wortlaut in Art. 1 Abs. 1 EuGVVO n.F. dem in Art. 2 Abs. 1 EuVTVO angenähert.

---

174 *Leible/ Lehmann*, NotBZ 2004, 453 [455]; *Rauscher*, EuVT, Rn. 44; *Franzmann*, MittBayNot 2005, 470 [471]; *Klippstein*, in: *Gebauer/ Wiedmann* (Hrsg.)[1], Kap. 31, Rn. 15; *Wagner*, IPRax 2005, 189 [191]; *ders.*, EuZW 2006, 424 [427 Fn. 48]; *Kropholler/ von Hein*, EuZPR[9], Art. 2 EuVTVO, Rn. 2; *Schlosser*/ Hess, EU-ZPR[4], Art. 2 EuVTVO, Rn. 1; vgl. auch Mitteilung an das EU-Parlament, KOM (2004) 90, 8 unter 3.3.2 Art. 2.

175 *Jayme/ Kohler*, IPRax 2004, 481 [486, FN. 72]; *Kropholler/ von Hein*, EuZPR[9], Art. 2 EuVTVO, Rn. 2; Rauscher-*Papst*, Band II[4], Art. 2 EuVTVO, Rn. 6; *Rat der Europäischen Union*, Vermerk des Vorsitzes, 30.06.2003, 10660/03 JUSTCIV 92, 2 (Art. 2 Abs. 2 lit. e), *Rat der Europäischen Union*, Vermerk der deutschen Delegation, 28.07.2003, 11813/03 JUSTCIV 122, 2 (Art. 2).

176 *Jayme/ Kohler*, IPRax 2004, 481 [486, FN. 72]; *Kropholler/ von Hein*, EuZPR[9], Art. 2 EuVTVO, Rn. 2.

177 Vgl. EuGH 14.10.1976 Rs. 9 u. 10/77 Slg. 1976, 1541 = NJW 1977, 489 f. – *Eurocontrol*.

178 Vgl. EuGH 15.02.2007 Rs. C-292/05 Slg. 2007, I-1519 – *Eirini Lechouritou u.a./ Domosio tis Omaspondiakis Dimokratias tis Germanias*;

179 *Hüßtege*, in: *Gottwald* (Hrsg.), Perspektiven (2004), 113 [120]; *Kropholler/ von Hein*, EuZPR[9], Art. 2 EuVTVO, Rn. 2.

2. *Auslegungshilfe durch die Rechtsprechung des EuGH*

Aufgrund des identischen sachlichen Anwendungsbereichs der EuVTVO mit dem LugÜ, dem EuGVÜ und der EuGVVO kann bei Zweifeln auf die Auslegung dieser Regelungen zurückgegriffen werden, insbesondere auf die erläuternden Berichte zu den Übereinkommen[180] und auf die Rechtsprechung des EuGH, dem die oberste Auslegungskompetenz[181] zusteht.[182]

3. *Ausnahmekatalog in Art. 2 Abs. 2 EuVTVO*

Der Ausnahmekatalog in Art. 2 Abs. 2 EuVTVO bezüglich des Personenstandes, des ehelichen Güterstandes, des Erbrechts, der Insolvenz, der sozialen Sicherheit und der Schiedsgerichtsbarkeit entspricht der Parallelregelung in Art. 1 Abs. 2 EuGVÜ/ EuGVVO[183]. Der Anwendungsbereich der EuEheVO II (Brüssel IIa-VO) ist demnach von der Verordnung nicht erfasst. Diese enthält aber in Artt. 40 ff. EuEheVO II für Umgangsrechtssachen bereits ein ähnliches Verfahren ohne Exequatur wie die EuVTVO. Darin ist eine besondere Bescheinigung über das Umgangsrecht bzw. die Rückgabe des Kindes vorgesehen, aufgrund derer die Titel in jedem Mitgliedsstaat vollstreckt werden können, ohne dass es einer Vollstreckbarerklärung bedarf und ohne dass die Anerkennung im Vollstreckungsmitgliedsstaat angefochten werden kann.

---

180 Zum EuGVÜ und zu den Beitrittsübereinkommen: Jenard-Bericht vom 27.09.1968 (ABl. EG 1979, Nr. C 59, 1; BT-Drucks. VI/1973, 52) und vom 03.06.1971 (ABl. EG 1979, Nr. C 59, 66); Schlosser-Bericht vom 09.10.1978 (ABl. EG 1979, Nr. C 59, 71; BT-Drucks. 10/61, 31); Bericht Evrigenis/ Kerameus 1982 (ABl. EG 1986 Nr. C 298, 1); Bericht Almeida Cruz/ Desantes Real/ Jenard vom 26.05.1989 (ABl. EG 1990, Nr. C 189, 35; BT-Drucks. 12/5841, 30); zum LugÜ: Bericht Jenard/ Möller (ABl. EG 1990, Nr. C 189, 57; BT-Drucks. 12/6838, 54).

181 Zur EuVTVO und zur EuGVVO: Art. 267 AEUV; zum EuGVÜ: Protokoll vom 03.06.1971 betreffend die Auslegung des Übereinkommens vom 27.09.1968 über die gerichtliche Zuständigkeit und die Vollstreckung gerichtlicher Entscheidungen in Zivil- und Handelssachen durch den Gerichtshof (Gesetz vom 07.08.1972, BGBl. 1972, II 845); zum LugÜ vgl. das diesem beigefügte Protokoll Nr. 2 über die einheitliche Auslegung des Übereinkommens sowie die Erklärung der Vertreter der Regierungen der Unterzeichnerstaaten.

182 *Rauscher*, GPR 2003/04, 286 [287]; *Hüßtege*, FS Erik Jayme (2004), 371 [372]; *Klippstein*, in: *Gebauer/ Wiedmann* (Hrsg.)[1], Kap. 31, Rn. 21; *Wagner*, IPRax 2005, 189 [191]; *Rellermeyer*, Rpfleger 2005, 389 [390 f.]; *Gebauer*, NJ 2006, 103 [103]; *Bittmann*, in: *Gebauer/ Wiedmann* (Hrsg.)[2], Kap. 28, Rn. 15.

183 In der Neufassung der EuGVVO wurden noch lit. e und lit. f hinzugefügt, da hier spezielle Verordnungen (EuUntVO und EuErbVO) gelten, welche nach Erlass der EuVTVO, aber vor der EuGVVO n.F. verabschiedet wurden. Bei der EuVTVO gilt jedoch nichts anderes, da die spezielleren Verordnungen der EuVTVO vorgehen und diese verdrängen.

4. Verhältnis zur EuUntVO

In den sachlichen Anwendungsbereich der EuVTVO fielen hingegen grundsätzlich wie bei der EuGVVO a.F. Unterhaltssachen.[184] Nach Inkrafttreten der EuVTVO ist aber eine eigene EU-Unterhaltsverordnung (EuUntVO[185]) erlassen worden. Diese ist am 31.01.2009 in Kraft getreten und findet nach Art. 76 Unterabs. 3 EuUntVO seit dem 18.06.2011 in Gänze Anwendung, da das Haager Protokoll von 2007 zu diesem Zeitpunkt in der Gemeinschaft aufgrund der Verabschiedung am 08.04.2010 seit dem 18.06.2011 anwendbar ist.

In der EuUntVO sind die Unterhaltssachen abschließend geregelt. Deshalb fallen diese seitdem aus dem Anwendungsbereich der EuVTVO heraus, da die EuUntVO spezieller ist. Nach Art. 68 Abs. 2 EuUntVO tritt diese Verordnung hinsichtlich Unterhaltssachen an die Stelle der EuVTVO. Dieses gilt nicht für Europäische Vollstreckungstitel über Unterhaltspflichten, die in einem Mitgliedsstaat ausgestellt wurden, der nicht durch das Haager Protokoll von 2007 gebunden ist.

Da für letztere Unterhaltstitel nach der EuUntVO das Exequaturverfahren nicht abgeschafft wurde (vgl. Artt. 26 ff. EuUntVO), stellt sich die Vollstreckung nach der EuVTVO als günstiger dar. Ansonsten ist die Vollstreckung nach der EuUntVO ebenso günstig, da auch dort kein Exequatur erfolgt (Art. 17 EuUntVO).

5. Gerichtliche Vergleiche/ vollstreckbare Urkunden und Art. 2 Abs. 2 lit. a EuVTVO

Ob die Einschränkungen des Art. 2 Abs. 2 lit. a EuVTVO auch für gerichtlich bestätigte Vergleiche (Art. 24 EuVTVO) und vollstreckbare Urkunden (Art. 25 EuVTVO) gelten, ist umstritten. Eine sich auf den Wortlaut der Bestimmung stützende Ansicht bejaht dies.[186]

Nach der Gegenansicht gelten die Einschränkungen nicht, wie sie auch im Anwendungsbereich der Artt. 57 und 58 EuGVVO a.F. nicht anwendbar sind.[187] Gestützt wird diese Ansicht auf den Sinn und Zweck der Ausnahmeregelung, und zwar, dass

---

184 KG Berlin Beschluss vom 16.04.2010, Az.; 3 WF 49/10, abrufbar unter juris; *Hüßtege*, in: *Gottwald* (Hrsg.), Perspektiven (2004), 113 [120]; *Knittel*, JAmt 2006, 477 [477]; *Schlosser*, EU-ZPR³, Art. 2 EuVTVO; Rauscher-*Papst*, Band II⁴, Art. 2 EuVTVO, Rn. 10.

185 Verordnung (EG) Nr. 4/2009 des Rates vom 18.12.2008 über die Zuständigkeit, das anwendbare Recht, die Anerkennung und Vollstreckung von Entscheidungen und die Zusammenarbeit in Unterhaltssachen (ABl. EU 2009, Nr. L 7, 1).

186 Rauscher-*Staudinger*, Band I³, Art. 57 EuGVVO, Rn. 1; Magnus/ Mankowski²-*Vékás*, Art. 57 Brüssel I-VO, Rn. 1; *Kropholler/ von Hein*, EuZPR⁹, Art. 57 EuGVVO, Rn. 1; MüKo⁴-*Gottwald*, Art. 57 EuGVVO, Rn. 7; Musielak¹²-*Lackmann*, Art. 58 EuGVVO a.F., Rn. 1; Czernich/ Kodek/ Mayr-*Kodek*, EuGVR⁴, Art. 58 EuGVVO, Rn. 1; Thomas/ Putzo³⁷-*Hüßtege*, Art. 57 EuGVVO, Rn. 1.

187 *Geimer*, IPRax 2000, 366 [368]; *Franzmann*, MittBayNot 2005, 470 [471]; Geimer/ Schütze-*Geimer*, EuZVR³, Art. 1 EuGVVO, Rn. 83 f. und Art. 57 EuGVVO,

im güter- und erbrechtlichen Bereich große Unterschiede der Kollisionsrechte der Mitgliedsstaaten bestünden. Bei öffentlichen Urkunden und Prozessvergleichen als konsensuale Titel treffe diese Problematik nicht zu, weshalb sie herauszunehmen seien.[188]

Für die erstgenannte Ansicht spricht, dass der Verordnungsgeber für den gerichtlich bestätigten Vergleich und die öffentliche Urkunde ein differenziertes System geschaffen, den Anwendungsbereich aber ohne entsprechende Differenzierung belassen hat.[189] Dagegen spricht für die andere Auffassung das Bedürfnis, bei schwer zu trennenden Gegenständen in einer öffentlichen Urkunde oder einem Vergleich eine eingeschränkte Auslegung des Ausnahmekatalogs vorzunehmen und Art. 2 Abs. 2 lit. a EuVTVO nicht anzuwenden.[190] Dem Ziel der Verordnung würde es zuwiderlaufen, würde im Rahmen einer Scheidungsvereinbarung ein vollstreckbarer Titel über eine unbestrittene Forderung geschaffen und dieser könnte dann nicht als Europäischer Vollstreckungstitel bestätigt werden.[191] Selbst wenn man die Unterhaltsvereinbarung im Rahmen der Scheidungsvereinbarung nicht von dem Zugewinn- und Versorgungsausgleich trennen kann, so sollte diese Vereinbarung nicht vom Anwendungsbereich der EuVTVO ausgeklammert werden.[192]

Auch wenn es schwer fällt, sich dem Wortlaut und dem Nichtausnehmen von Art. 2 Abs. 2 lit. a EuVTVO in Artt. 24 und 25 EuVTVO zu widersetzen, so erscheint es doch im Sinne des Zieles der Verordnung gewesen zu sein, die Ausnahme nicht anzuwenden. Denn es entspricht dem Zweck der Verordnung insbesondere aktiv unbestrittene Geldforderungen, wie in vollstreckbaren Urkunden und gerichtlichen Vergleichen, möglichst weitreichend zu erfassen.

Jedenfalls wenn eine Aufteilung der Summe möglich ist, so müsse der sich auf den Unterhalt beziehende Teil von der Verordnung erfasst werden.[193]

Mit Inkrafttreten der EuUntVO dürfte sich die Problematik weitgehend erledigt haben, da die EuUntVO Anwendung findet. Viele Fragen dürften auch von der EuEheVO erfasst werden.

Rn. 24 sowie Art. 58 EuGVVO, Rn. 9; Zöller[31]-*Geimer*, Art. 2 EuVTVO, Rn. 5 und Art. 24 EuVTVO, Rn. 3 sowie Art. 25 EuVTVO, Rn. 1.

188 *Franzmann*, MittBayNot 2005, 470 [471]; Geimer/ Schütze-*Geimer*, EuZVR[3], Art. 1 EuGVVO, Rn. 83 f. und Art. 57 EuGVVO, Rn. 24 sowie Art. 58 EuGVVO, Rn. 9.

189 *Franzmann*, MittBayNot 2005, 470 [471].

190 *Franzmann*, MittBayNot 2005, 470 [471]; *Schlosser*, EU-ZPR[3], Art. 57 EuGVVO a.F., Rn. 5.

191 *Franzmann*, MittBayNot 2005, 470 [471].

192 *Geimer*, IPRax 2000, 366 [368]; Geimer/ Schütze-*Geimer*, EuZVR[3], Art. 1 EuGVVO, Rn. 83 f. zur EuGVVO a.F., welcher inhaltsgleich ist.

193 Rauscher-*Papst*, Band II[4], Art. 4 EuVTVO, Rn. 28; noch zum EuGVÜ vgl. auch EuGH 27.02.1997 Rs. C-220/95 Slg. 1997, I 1147 [Rn. 27] *Van den Boogard/ Laumen* = EuZW 1997, 242 [243]; hierzu *Jayme/ Kohler*, IPRax 1997, 385 [393].

6. *Art. 2 Abs. 2 lit. b EuVTVO*

Gemäß Art. 2 Abs. 2 lit. b EuVTVO umfasst der Anwendungsbereich der Verordnung Konkursverfahren bzw. Insolvenzverfahren nicht. Jedoch findet sich in Art. 25 Abs. 1 S. 2 EuInsVO ein Verweis auf das Vollstreckungsverfahren der EuGVÜ. Danach werden die dort aufgeführten Titel nach dem EuGVÜ vollstreckt. Nachdem das EuGVÜ durch die EuGVVO ersetzt wurde, ist die Verweisung als eine solche auf das Vollstreckungsverfahren der EuGVVO zu sehen.[194] Da die Anwendungsbereiche der EuVTVO und der EuGVVO identisch sind (mit Ausnahme der Unbestrittenheit), dürfte Art. 25 Abs. 1 S. 2 EuInsVO nunmehr als bewegliche Verweisung so anzusehen sein, dass auch auf die EuVTVO verwiesen wird.[195]

V. Anwendungsbereich entspricht dem der EuGVVO

Im Ergebnis erfasst die EuVTVO die gleichen Entscheidungen wie die EuGVVO mit der Einschränkung, dass es sich um solche bezüglich einer unbestrittenen Forderung nach Art. 3 EuVTVO handeln muss.

B. EuVTVO und EuGVVO

Nachfolgend wird zum einen ergänzend zu den vorherigen Erörterungen zum sachlichen Anwendungsbereich das Verhältnis der neueren EuVTVO zur EuGVVO in der bis zum 09.01.2015 geltenden Fassung (EuGVVO a.F.) dargestellt. Zum anderen wird auf die Vorteile des neuen Rechtsakts der Gemeinschaft gegenüber der EuGVVO a.F. eingegangen, welche hauptsächlich auf der Umsetzung der Ziele der neuen Verordnung gründen. Anschließend wird noch auf die Bedeutung der Neufassung der EuGVVO und die Relativierung der Vorteile der EuVTVO gegenüber der EuGVVO n.F. eingegangen.

Zur Vollstreckung gemäß den Verordnungen und auch der Neufassung der EuGVVO seit dem 10.01.2015 wie auch nach dem Luganer Übereinkommen siehe unten Teil 3.

I. Verhältnis der EuVTVO zur EuGVVO

Wie im sachlichen Anwendungsbereich dargestellt,[196] erfassen die beiden Verordnungen EuVTVO und EuGVVO (in beiden Fassungen) dieselben Sachverhalte. Es geht um Titel in Zivil- und Handelssachen aus einem Mitgliedsstaat, die in einem anderen Mitgliedsstaat vollstreckt werden sollen. Nach der EuVTVO bedarf der

---

194 *Schollmeyer*, IPRax 2003, 227 [230]; Rauscher-*Papst*, Band II^4, Art. 2 EuVTVO, Rn. 12.

195 *Schollmeyer*, IPRax 2003, 227 [230]; Rauscher-*Papst*, Band II^4, Art. 2 EuVTVO, Rn. 12.

196 Siehe Teil 2, A., IV.

Gläubiger lediglich einer Bestätigung als Europäischen Vollstreckungstitel aus dem Ursprungsmitgliedsstaat.[197] Demgegenüber benötigt er nach der EuGVVO in der Fassung bis zum 09.01.2015 zwei Dokumente, nämlich aus dem Ursprungsmitgliedsstaat eine Bescheinigung mit den wichtigsten Daten des Titels[198] und die Vollstreckbarerklärung der Entscheidung aus dem Vollstreckungsmitgliedsstaat.[199]

Nach Art. 27 EuVTVO lässt diese Verordnung die EuGVVO unberührt.[200] Der Gläubiger hat also die Wahl[201], ob er seinen Titel im Ursprungsmitgliedsstaat als Europäischen Vollstreckungstitel bestätigen lässt und sich sodann direkt an das Vollstreckungsorgan eines anderen Mitgliedsstaates zur Vollstreckung wendet, oder aber das Vollstreckbarerklärungsverfahren (so genanntes Exequaturverfahren) nach der EuGVVO a.F. durchführt bzw. sich nach der EuGVVO n.F. ebenfalls unmittelbar an die Vollstreckungsorgane des Vollstreckungsmitgliedsstaats wendet, nachdem er die Bescheinigung nach Art. 53 EuGVVO n.F. erhalten hat. Es besteht auch die Möglichkeit, beide Wege zunächst parallel zu beschreiten und sodann denjenigen weiter zu verfolgen, in welchem zuerst eine Bestätigung/ Bescheinigung erteilt wird.[202]

---

197 *Wagner*, IPRax 2005, 189 [190]; *ders.*, NJW 2005, 1157 [1157]; *Pfeiffer*, BauR 2005, 1541 [1542].

198 Vgl. die Anhänge V und VI der EuGVVO.

199 *Kohler*, in: *Baur/ Mansel* (Hrsg.), Systemwechsel (2002), 147 [150]; *Wagner*, IPRax 2005, 189 [190]; *Pfeiffer*, BauR 2005, 1541 [1542].

200 *Franzmann*, MittBayNot 2005, 470 [470]; *Wagner*, IPRax 2005, 189 [190]; *Klippstein*, in: *Gebauer/ Wiedmann* (Hrsg.)[1], Kap. 31, Rn. 11; *Bittmann*, in: *Gebauer/ Wiedmann* (Hrsg.)[2], Kap. 28, Rn. 199.

201 BGH 04.02.2010 EuZW 2010, 319 [320, Rn. 9 und 10]; OLG Stuttgart 20.04.2009, EuZW 2010, 37 [38]; *Rauscher*, GPR 2003/04, 286 [287]; *Franzmann*, MittBay-Not 2005, 470 [470]; *Klippstein*, in: *Gebauer/ Wiedmann* (Hrsg.)[1], Kap. 31, Rn. 11; *Wagner*, IPRax 2005, 189 [190]; *Rott*, EuZW 2005, 167 [168]; *Pfeiffer*, BauR 2005, 1541 [1542]; *Jennissen*, InVo 2006, 218 [220]; *von Bernstorff*, RIW 2007, 88 [91]; *Mankowski*, FS Jan Kropholler (2008), 829 [834]; *Bittmann*, in: *Gebauer/ Wiedmann* (Hrsg.)[2], Kap. 28, Rn. 199; *Sujecki*, EuZW 2010, 448 [452]; *Nagel/ Gottwald*, IZPR[7], 659, § 14, Rn. 3; *Schack*, IZVR[6], Rn. 1055; *Geimer*, IZPR[7], Rn. 3175 und 3181; Rauscher-*Papst*, Band II[4], Art. 27 EuVTVO, Rn. 8; Zöller[31]-*Geimer*, Art. 1 EuVT-VO, Rn. 7 und Art. 2 EuVTVO, Rn. 4; vgl. Erwägungsgrund 20 zur EuVTVO; KOM (2002) 159, 9 f. (Art. 30); KOM (2004) 90, 12 (Art. 30).

202 Ebenso OLG Stuttgart 20.04.2009 EuZW 2010, 37 [38] = NJW-RR 2010, 134 [135]; *Wagner*, IPRax 2005, 189 [190]; *von Bernstorff*, RIW 2007, 88 [90]; *Sujecki*, EuZW 2010, 448 [452]; *Bittmann*, IPRax 2011, 55 [56]; MüKo[4]-*Gottwald*, Art. 38 EuGVVO a.F., Rn. 5; Rauscher-*Papst*, Band II[4], Art. 27 EuVTVO, Rn. 9; Zöller[31]-*Geimer*, Art. 1 EuVTVO, Rn. 7 und Art. 2 EuVTVO, Rn. 4.

1. *Anwendung von EuVTVO und EuGVVO nebeneinander möglich*

Nach einer Ansicht könne auch nach Erteilung der Bestätigung noch das Vollstreckbarerklärungsverfahren nach der EuGVVO a.F. bzw. das Verfahren nach der EuGVVO n.F. durchgeführt werden.[203] Dieses schließt zwar die Gefahr ein, dass zwei Vollstreckungstitel über dieselbe Forderung bestehen. Eine Vollstreckung aus beiden Titeln zu verhindern, könnte dadurch gewährleistet werden, dass nach Art. 20 Abs. 2 EuVTVO bei der Vollstreckung auch immer der Titel selbst vorzulegen ist. In Deutschland verhindert dieses zwar nicht zwingend eine Mehrfachvollstreckung, da nur eine einfache Ausfertigung vorzulegen ist.[204] Als letztes Mittel kann der Schuldner in Missbrauchsfällen eine Doppelvollstreckung mit den Mitteln des nationalen Zwangsvollstreckungsrechts verhindern.[205] Hierfür spreche, dass Art. 27 EuVTVO die parallele Anwendbarkeit beider Verordnungen uneingeschränkt einräume.[206] Die EuVTVO verdränge die EuGVVO nicht als *lex specialis*.[207]

2. *Fehlendes Rechtsschutzbedürfnis für zweite Vollstreckbarerklärung*

Nach anderer Ansicht entfalle für den Antrag nach Art. 38 EuGVVO a.F. bzw. das Vorgehen nach der EuGVVO n.F. das Rechtsschutzbedürfnis, wenn die Bestätigung als Europäischer Vollstreckungstitel erfolgt sei.[208] Auf diese Weise sei der – auch von der Gegenauffassung erkannten – Gefahr vorzubeugen, dass gegen den Antragsgegner wegen eines identischen Anspruchs aus mehreren Titeln vollstreckt werde.[209] Wenn dem Gläubiger ein Europäischer Vollstreckungstitel vorliegt, kann er den einfacheren Weg der Vollstreckung nach der EuVTVO gehen.

---

203 *Leible/ Lehmann*, NotBZ 2004, 453 [454]; Rauscher-*Papst*, Band II[4], Art. 27 EuVTVO, Rn. 10 und 12, der keine Vorrangklausel in der EuVTVO sieht, welche zunächst noch vorgesehen war (KOM (2002) 159, 10 (Art. 30 Abs. 2) = ABl. EG 2002, Nr. C 203 E, 86 [95, Art. 30 Abs. 2]); *Mansel/ Thorn/ Wagner*, IPRax 2010, 1 [19]; *Sujecki*, EuZW 2010, 448 [452].

204 Vgl. *Bittmann*, in: *Gebauer/ Wiedmann* (Hrsg.)[2], Kap. 28, Rn. 163; *Stürner*, in: *Kindl/ Meller-Hannich/ Wolf* (Hrsg.)[2], Art. 20 EuVTVO, Rn. 6; Rauscher-*Papst*, Band II[4], Art. 27 EuVTVO, Rn. 14.

205 *Leible/ Lehmann*, NotBZ 2004, 453 [454]; *Klippstein*, in: *Gebauer/ Wiedmann* (Hrsg.)[1], Kap. 31, Rn. 11; Rauscher-*Papst*, Band II[4], Art. 27 EuVTVO, Rn. 14.

206 *Mansel/ Thorn/ Wagner*, IPRax 2010, 1 [19].

207 *Mankowski*, FS Jan Kropholler (2008), 829 [834].

208 So grundsätzlich BGH 04.02.2010 EuZW 2010, 319 [320, Rn. 9 und 10]; OLG Stuttgart 20.04.2009, EuZW 2010, 37 [38] = NJW-RR 2010, 134 [135]; *Hüßtege*, in: *Gottwald* (Hrsg.), Perspektiven (2004), 113 [120]; *Kienle*, EuZW 2010, 334 [335]; *Bittmann*, in: *Gebauer/ Wiedmann* (Hrsg.)[2], Kap. 28, Rn. 199; *ders.*, IPRax 2011, 55 [56]; *ders.*, AnwBl. 2011, 378 [378]; Zöller[31]-*Geimer*, Art. 2 EuVTVO, Rn. 4.

209 BGH 04.02.2010 EuZW 2010, 319 [320, Rn. 10]; *Bittmann*, IPRax 2011, 55 [57].

3. Eigene vermittelnde Ansicht

Eine Vermischung beider Verfahren ist nicht möglich. Dieses wird deutlich aus dem geänderten Vorschlag[210], der noch detailliert das Verhältnis zwischen EuGVVO und EuVTVO regelte und eine Vorrangregelung bei Anwendung des Verfahrens nach der EuVTVO bei dieser sah. Nach der Stellungnahme der Kommission sollte der Inhalt nicht geändert, sondern lediglich die Regelung verschlankt werden.[211] Danach könnte ein wahlweises Vorgehen nach der einen oder der anderen Verordnung zu favorisieren sein. Jedoch sagte der geänderte Vorschlag nur, dass innerhalb der Anwendung der EuVTVO dieser der Vorrang zukommt und nicht auf die EuGVVO zurückgegriffen werden darf. Eine Anwendung der EuGVVO neben der EuVTVO ist danach nicht zwingend ausgeschlossen. Dieses war auch nach dem geänderten Vorschlag nicht der Fall[212] und ist in der endgültigen Fassung ebenso wenig gegeben. Lediglich im Verfahren zur Bestätigung als Europäischer Vollstreckungstitel sind die Regelungen der EuVTVO vorrangig. Ein separates Verfahren daneben nach der EuGVVO bleibt meines Erachtens unberührt. Würde die Beantragung der Bestätigung als Europäischer Vollstreckungstitel die Anwendung der EuGVVO vollständig sperren, so würde der Gläubiger bei Ablehnung der Bestätigung gänzlich ohne Vollstreckungsmöglichkeit dastehen. Dieses kann nicht gewollt sein.

Mankowski macht in diesem Zusammenhang zu Recht darauf aufmerksam, dass die EuVTVO zu einer Verbesserung der Durchsetzungsmöglichkeiten des Gläubigers führen solle, und daher das Abschneiden eines anderen Weges nicht passe.[213]

Aber auch bei Erteilung der Bestätigung als Europäischer Vollstreckungstitel ist aus dem Wortlaut des Art. 27 EuVTVO und dem Zweck der Verordnung nicht zwingend zu schließen, dass daneben nicht eine Vollstreckbarerklärung nach der EuGVVO durchführbar ist. Diese erscheint angesichts des Bestehens eines Vollstreckungstitels zwar nicht nötig, ist aber auch nicht ausgeschlossen. Denn Art. 27 EuVTVO besagt ausdrücklich, dass die EuVTVO die Möglichkeit nicht berührt, die Anerkennung und Vollstreckung eines Titels, der unter die EuVTVO fällt, nach der EuGVVO zu betreiben. Daraus könnte man schließen, dass auch nach Erteilung eines Europäischen Vollstreckungstitels der Weg über die EuGVVO gangbar ist. Aus dem Erwägungsgrund 20 zur EuVTVO wird jedoch schon ein wenig deutlicher, dass sich das parallele Vorgehen nur auf den Antrag auf Erteilung der Bestätigung und den Beginn des Vollstreckbarerklärungsverfahrens oder Bescheinigungsverfahrens bzw. des Bestätigungsverfahrens bezieht. Denn dort heißt es, dass es dem Gläubiger freistehen sollte, eine Bestätigung als Europäischen Vollstreckungstitel zu beantragen oder sich für das Verfahren nach der EuGVVO zu entscheiden. Es besteht also zunächst ein Wahlrecht. Ist jedoch ein Europäischer Vollstreckungstitel erteilt, so kann

---

210 KOM (2003) 341 endg., 25 (Art. 30).

211 Stellungnahme der Kommission, KOM (2004) 90 endg., 12 (3.3.2 zu Art. 30 und Art. 31).

212 KOM (2003) 341 endg., 25 (Art. 30 Abs. 2).

213 *Mankowski*, FS Jan Kropholler (2008), 829 [834].

man mit guten Gründen ein Rechtsschutzbedürfnis für das Exequaturverfahren verneinen.[214] Erwägungsgrund 20 zur EuVTVO zeigt, dass eine parallele Anwendbarkeit der EuVTVO und der EuGVVO nicht uneingeschränkt gewährleistet werden muss.

Solange der Schuldner also kein besonderes anerkennenswertes Interesse an der Vollstreckbarerklärung nach der EuGVVO darlegt, könnte für das Exequaturverfahren bzw. das Verfahren nach der EuGVVO n.F. das Rechtsschutzbedürfnis fehlen.

Andererseits kann man in Art. 27 EuVTVO lesen, dass darin keine Einschränkung bezüglich der Anwendbarkeit der beiden Verordnungen – auch nebeneinander – enthalten ist. So spreche das Ziel der Verbesserung der Durchsetzungsmöglichkeit und der Vollstreckungsmöglichkeiten für den Gläubiger dafür, dass der Gläubiger auch nach erfolgter Bestätigung als Europäischer Vollstreckungstitel im Erststaat diese bestätigte Entscheidung in einem Zweitstaat innerhalb der Europäischen Union für vollstreckbar erklären lassen[215] bzw. nach der EuGVVO vorgehen könne.

Damit würde auch die ungeschriebene Voraussetzung des Rechtsschutzbedürfnisses einer Anwendung der EuGVVO bei bestehendem Europäischem Vollstreckungstitel nicht entgegenstehen. Lediglich aus Erwägungsgrund 14 zur EuVTVO könnte man herauslesen, dass das Wahlrecht nur solange bestehen solle, bis aus einer der beiden Verordnungen die Vollstreckung betrieben werden könne.

Der allgemeine Grundgedanke des Rechtsschutzbedürfnisses sollte sich auch durchsetzen, wenn dieses weder in der EuGVVO noch in der EuVTVO ausdrücklich angesprochen ist, wie es im Verordnungsvorschlag noch vorgesehen war. Damit ist meines Erachtens eine weitere Vorgehensweise nach der EuGVVO für den Fall ausgeschlossen, dass dem Schuldner ein Europäischer Vollstreckungstitel vorliegt und er kein anerkennenswertes Interesse an einer Vollstreckung nach der EuGVVO darlegt. Hieran sollte meines Erachtens jedoch im Sinne des Ziels der Verordnung einer Verbesserung der Durchsetzungsmöglichkeiten für den Gläubiger keine allzu hohen Anforderungen gestellt werden.

Sollte ein anerkennenswertes Interesse im Einzelfall vorliegen, so kann der Gefahr, dass gleichzeitig nach beiden Verordnungen vollstreckt wird, mit den Schutzsystemen der Vollstreckungsmitgliedsstaaten[216] bzw. der Verordnungen begegnet werden.

Bei der EuVTVO muss zwar die Ausfertigung des Titels mit vorgelegt werden, welche gemäß Art. 20 Abs. 2 lit. a EuVTVO die für ihre Beweiskraft erforderlichen Voraussetzungen erfüllt, jedoch nicht notwendig die vollstreckbare Ausfertigung zu sein braucht. Es soll die Echtheit der Urkunde nachgewiesen und eine Mehrfachvollstreckung verhindert werden.[217] Es reicht in Deutschland gemäß § 317 Abs. 4 ZPO eine einfache Ausfertigung aus, die die Unterschrift des Urkundsbeamten und das

214 Ebenso *Kienle*, EuZW 2010, 334 [335].
215 So *Mankowski*, FS Jan Kropholler (2008), 829 [835].
216 Vgl. dazu auch *Mankowski*, FS Jan Kropholler (2008), 829 [835].
217 *Stürner*, in: *Kindl/ Meller-Hannich/ Wolf* (Hrsg.)², Art. 20 EuVTVO, Rn. 6.

Gerichtssiegel enthält.[218] In Deutschland erhält der Gläubiger hingegen eine vollstreckbare Ausfertigung grundsätzlich nur einmal. Nach § 733 Abs. 1 ZPO kann der Schuldner in Deutschland vor der Erteilung einer weiteren vollstreckbaren Ausfertigung gehört werden, sofern nicht die zuerst erteilte Ausfertigung zurückgegeben wird. Nach § 733 Abs. 2 ZPO muss der Gegner von der Erteilung in Kenntnis gesetzt werden, so dass er sich zur Wehr setzen kann. Um eine Mehrfachvollstreckung ohne Kenntnis des Schuldners zu verhindern, wird vorgeschlagen, § 733 ZPO analog auf die Ausstellung der Bestätigung anzuwenden.[219] Dieses dürfte aber gar nicht zwingend erforderlich sein. Denn sollte der Gläubiger in mehreren Staaten eine Zwangsvollstreckung versuchen, so hat der Schuldner ggf. das jeweilige nationale Zwangsvollstreckungsrecht zu bemühen, um eine Doppelvollstreckung zu verhindern. Hierbei dürfte ihm der Nachweis, dass der Gläubiger aufgrund der anderweitigen Zwangsvollstreckung bereits (teilweise) befriedigt ist, nicht allzu schwer fallen.

Im Ergebnis ist damit zunächst ein Vorgehen nach beiden Verordnungen nebeneinander gangbar. Nur für den Fall, dass im Verfahren nach der EuVTVO keine Bestätigung erteilt wird oder der Gläubiger ein sonstiges anerkennenswertes Interesse an der Vollstreckung nach den Vorschriften der EuGVVO vorweisen kann, besteht auch für dieses ein Rechtsschutzbedürfnis. Dieses gilt meiner Meinung nach sowohl für die EuGVVO a.F. als auch für das Verhältnis der EuVTVO zur Neufassung der EuGVVO, welche seit dem 10.01.2015 die EuGVVO a.F. abgelöst hat.

Im Regelfall sollte das Verfahren nach der EuVTVO im Vergleich zur EuGVVO a.F. jedoch auch günstiger insbesondere kürzer sein, so dass sich der Weg über den Europäischen Vollstreckungstitel anbot, wenn dessen Voraussetzungen erfüllt waren.[220] Dieses war auch aus anwaltlicher Sicht anzuraten. Zu den Vorteilen der EuVTVO aber mehr im nächsten Unterpunkt (II.). Hierbei sei aber schon angemerkt, dass sich die Vorteile der EuVTVO gegenüber der EuGVVO mit dessen Neufassung stark relativiert haben, was noch anschließend in Teil 2, B., III. ausgeführt wird.

Einer Entscheidung des LG Mannheim[221] kann jedoch nicht gefolgt werden. Hier wurden die Voraussetzungen für ein Rechtsschutzbedürfnis und die Vorgaben von Art. 27 EuVTVO sowie Erwägungsgrund 20 zur EuVTVO überspannt. Der Kläger beantragte eine Ergänzung des vom LG Mannheim ergangenen Versäumnisurteils um Tatbestand und Entscheidungsgründe nach § 313b Abs. 3 ZPO, da er dieses in Frankreich nach der EuGVVO a.F. vollstrecken wollte. Das Landgericht verneinte ein Rechtsschutzbedürfnis, da der Kläger nach dem einfacheren Verfahren der EuVTVO vorgehen könne. Dieses erfordere keinen Tatbestand und keine Entscheidungsgründe

---

218 *Bittmann*, in: *Gebauer/ Wiedmann* (Hrsg.)², Kap. 28, Rn. 163; *Stürner*, in: *Kindl/ Meller-Hannich/ Wolf* (Hrsg.)², Art. 20 EuVTVO, Rn. 6.

219 So *Bittmann*, in: *Gebauer/ Wiedmann* (Hrsg.)², Kap. 28, Rn. 79.

220 *Wagner*, IPRax 2005, 189 [191]; *Pfeiffer*, BauR 2005, 1541 [1542]; *von Bernstorff*, RIW 2007, 88 [90]; *Schack*, IZVR⁶, Rn. 1055.

221 LG Mannheim, Beschluss vom 05.11.2009 – Az.: 8 O 188/09 abrufbar über juris; vgl. die Zusammenfassung bei *Mansel/ Thorn/ Wagner*, IPRax 2010, 1 [19].

(Art. 20 Abs. 2 EuVTVO). Hier wird das Wahlrecht des Gläubigers aus Art. 27 EuVTVO ganz klar missachtet.

II. Vorteile der EuVTVO gegenüber der EuGVVO a.F.

Die Hauptziele der EuVTVO waren die Beschleunigung der Vollstreckung nationaler Titel und gleichlaufend das Herabsenken der Verfahrenskosten.[222] Diese stellen gleichzeitig auch die wesentlichen Vorteile der EuVTVO gegenüber der EuGVVO a.F. dar. Insbesondere durch rechtzeitige Antragstellung, sogar schon mit dem verfahrenseinleitenden Schriftstück, kann die Verfahrensdauer bis zur Ausstellung der Bestätigung als Europäischer Vollstreckungstitel verkürzt werden.[223] Dadurch, dass das Vollstreckbarerklärungsverfahren wegfällt, ist das Verfahren nach der EuVTVO deutlich kostengünstiger.[224] Dieses wird durch die streitwertunabhängige Gebühr für die Bestätigung in Höhe von 20,00 Euro gestützt.

Der hauptsächliche Unterschied zu dem bis dahin üblichen Vorgehen der Anerkennung und Vollstreckung ausländischer Titel besteht in der neuartigen Verteilung der Zuständigkeit zwischen Ursprungs- und Vollstreckungsstaat: Denn nach dem vorher und bis zur Neufassung der EuGVVO geltenden System entschieden die Gerichte des Anerkennungs- und Vollstreckungsstaates über das Vorliegen der maßgebenden Voraussetzungen – nach der EuVTVO hingegen wird das erforderliche Bestätigungsverfahren im Ursprungsmitgliedsstaat durchgeführt, wodurch der Gläubiger besser gestellt wird.[225]

Denn nach der EuVTVO muss sich der Gläubiger nur an die mit der Sache schon vertraute Stelle im Ursprungsmitgliedsstaat wenden, die bereits den Titel erlassen hat. Damit kann sich der Gläubiger an eine ihm bekannte zuständige Person halten,[226] was für ihn eine enorme Erleichterung darstellt. Dieses kann in der dem Gläubiger vertrauten Sprache geschehen, so dass insoweit keine Sprachbarrieren die Vollstreckung behindern.

Weiter sind die Möglichkeiten des Schuldners, sich gegen die Vollstreckung zu wehren oder das Verfahren zu verzögern, bei der EuVTVO deutlich geringer als bei der EuGVVO a.F., so dass es sich hierbei um ein effizienteres Verfahren handelt.[227] Auf die Rechtsbehelfsmöglichkeiten wird im Einzelnen ausführlich in Teil 4 eingegangen. Art. 3 Abs. 2 EuVTVO bietet weiteren Schutz für den Gläubiger.[228]

Zudem kann der Gläubiger mit dem Europäischen Vollstreckungstitel gleich in mehreren Mitgliedsstaaten vollstrecken und muss nicht für jeden einzelnen

---

222 Siehe Teil 1, C.; vgl. auch Erwägungsgrund 9 zur EuVTVO.
223 *Hök*, ZAP 2005, 159 [159]; *Wagner*, IPRax 2005, 189 [191].
224 *Von Bernstorff*, RIW 2007, 88 [91].
225 Vgl. *Pfeiffer*, BauR 2005, 1541 [1541].
226 *Wagner*, IPRax 2005, 189 [191].
227 *Wagner*, IPRax 2005, 189 [191]; *Pfeiffer*, BauR 2005, 1541 [1542]; *von Bernstorff*, RIW 2007, 88 [90].
228 Siehe dazu unten Teil 2, C., II., 3.

Mitgliedsstaat das Exequaturverfahren durchlaufen. Ein Europäischer Vollstreckungstitel kann zur Vollstreckung in mehreren Mitgliedsstaaten verwandt werden. Damit ist der Zugriff auf alle Vermögenswerte in der EU (mit Ausnahme Dänemarks) möglich.[229] Eine Kosteneinsparung ist hierbei offensichtlich, da es nur eines Verfahrens bedarf. Schneller ist dieser Weg, da der Gläubiger den Europäischen Vollstreckungstitel erhält und dann in verschiedenen Mitgliedsstaaten vollstrecken kann. Er muss sich nicht vorher überlegen, wo er vollstrecken will oder kann. Auch ist kein vorheriges Verfahren in verschiedenen Mitgliedsstaaten erforderlich. Der Vollstreckungsschuldner kann sich damit nicht durch Vermögensverschiebungen in einen anderen Mitgliedsstaat der Vollstreckung entziehen, da der Gläubiger ihm „direkt folgen" kann; er benötigt keinen neuen Titel und muss kein neues Vollstreckbarerklärungsverfahren nach der EuGVVO a.F. anstrengen.

Darüber hinaus bringt der Europäische Vollstreckungstitel auch eine Arbeitserleichterung und damit eine Vereinfachung für die Gerichte des Vollstreckungsmitgliedsstaates, denn das Vollstreckbarerklärungsverfahren fällt weg. Es bedarf lediglich der Bestätigung als Europäischer Vollstreckungstitel im Ursprungsmitgliedsstaat, was deutlich einfacher und schneller geht als das Exequaturverfahren durch ein mit der Sache nicht vertrautes Gericht.[230] Es besteht also nicht nur eine Verlagerung der Aufgabe, sondern eine wirkliche Arbeitserleichterung.

Insgesamt sollte das Verfahren nach der EuVTVO gegenüber dem der EuGVVO a.F. regelmäßig effizienter, zugleich einfacher und damit typischerweise schneller und kostengünstiger sein.[231] Deshalb war es jedenfalls bis zur Wirksamkeit der Neufassung der EuGVVO am 10.01.2015 ratsam bei Vorliegen der Voraussetzungen der EuVTVO nach dieser vorzugehen und dieses sollte auch durch die Rechtsanwälte vermittelt worden sein.[232]

Liegen die Voraussetzungen der EuVTVO hingegen nicht vor, so konnte immer noch ein Vollstreckbarerklärungsverfahren nach der EuGVVO a.F. (bzw. des EuGVÜ oder nach dem revidierten LugÜ[233]) eingeleitet werden oder seit dem 10.01.2015 eine Vollstreckung nach der EuGVVO n.F. ebenfalls ohne Exequatur vorgenommen werden. Falls es dem Gläubiger primär um einen Überraschungseffekt im Ursprungsmitgliedsstaat ging und deswegen bestimmte Mindeststandards der EuVTVO nicht

229 *Hök*, ZAP 2005, 159 [159]; *Wagner*, IPRax 2005, 189 [1901]; *Pfeiffer*, BauR 2005, 1541 [1542]; *von Bernstorff*, RIW 2007, 88 [90].

230 *Coester-Waltjen*, FS Kostas Beys (2003), 183 [186].

231 *Hök*, ZAP 2005, 159 [159]; *Franzmann*, MittBayNot 2005, 470 [470]; *Wagner*, IPRax 2005, 189 [191]; *Pfeiffer*, BauR 2005, 1541 [1542]; *von Bernstorff*, RIW 2007, 88 [91].

232 *Franzmann*, MittBayNot 2005, 470 [470].

233 Im Verhältnis zu Norwegen gilt seit dem 01.01.2010 das revidierte LugÜ, im Verhältnis zur Schweiz gilt es seit dem 01.01.2011 und zu Island seit dem 01.05.2011, vgl. Teil 3, B.

gewahrt wurden, konnte das Exequaturverfahren nach der EuGVVO a.F. die bessere[234], wenn nicht sogar einzige Möglichkeit der Vollstreckung sein.

III. Relativierung der Vorteile der EuVTVO seit Geltung der EuGVVO n.F.

Mit Geltung sämtlicher Bestimmungen der Neufassung der EuGVVO seit dem 10.01.2015 (vgl. Artt. 66, 81 EuGVVO n.F.) relativieren sich die vorgenannten Vorteile der EuVTVO gegenüber der allgemeiner geltenden EuGVVO sehr stark, wie auch schon im Rahmen der Darstellung des Verhältnisses der beiden Verordnungen zueinander angedeutet wurde (zuvor Teil 2, B., I.).

In der EuGVVO n.F. ist das Vollstreckbarerklärungsverfahren ebenfalls abgeschafft worden (vgl. Art. 39 EuGVVO n.F.), so dass ein Gläubiger, der in einem Mitgliedsstaat einen (vorläufig) vollstreckbaren Titel erwirkt hat, sich unmittelbar an die Vollstreckungsbehörden der übrigen Mitgliedsstaaten wenden kann. Es ist lediglich – ähnlich der Bestätigung als Europäischer Vollstreckungstitel – die Ausstellung einer Bescheinigung nach Art. 53 EuGVVO n.F. iVm. Anhang I zur Verordnung im Ursprungsmitgliedsstaat erforderlich.[235] In beiden Verordnungen erfolgt die Ausstellung auf einem durchnummerierten Formblatt, welches in jeder Amtssprache identisch ist. Damit ist es regelmäßig in jeder Sprache – auch ohne Übersetzung – verständlich, da man lediglich die Fassung in der eigenen Sprache neben die ausländische ausgefüllte legen muss, um die Inhalte zu verstehen. Dieses gilt zumindest so lange, wie keine individuellen Angaben über ein Ankreuzen, Einfügen von Namen und Anschriften und Zahlen hinaus erfolgen.

Damit fallen die Vorteile der EuVTVO, und zwar Schnelligkeit und, wie unten in Teil 3, E., II. gezeigt wird, auch Kosteneinsparung, gegenüber der EuGVVO n.F. zumindest in den Fällen, in denen keine langwierige Übersetzung erforderlich ist, weg.

Da bei der EuVTVO, insbesondere in Säumnissituationen relativ komplizierte (Rechts-)fragen bei der Bestätigung als Europäischer Vollstreckungstitel zu klären sind, dürfte die Bescheinigung nach Art. 53 EuGVVO n.F. einfacher ausfallen und ggf. schneller zu erhalten sein. Damit könnte es vorteilhaft sein, eher nach der EuGVVO n.F. vorzugehen.

In den Fällen, in denen eine Übersetzung der Entscheidung und/ oder der Bescheinigung nach der EuGVVO n.F. erforderlich ist, dürfte die EuVTVO jedoch weiterhin einen Vorteil bieten.

Nach Art. 42 Abs. 3 EuGVVO n.F. kann die zuständige Vollstreckungsbehörde gegebenenfalls von dem Antragsteller (Titelgläubiger) eine Übersetzung oder Transliteration des Inhalts der Bescheinigung verlangen. Zudem kann der Schuldner, der seinen Wohnsitz in einem anderen Mitgliedsstaat als dem Ursprungsmitgliedsstaat

---

234 Rauscher-*Papst*, Band II^3, Art. 27 EuVTVO, Rn. 3 zur damals geltenden EuGVVO a.F.

235 Vgl. zu den Einzelheiten der Vollstreckung nach der EuGVVO n.F. siehe unten Teil 3, C.

hat, gemäß Art. 43 Abs. 2 EuGVVO n.F. eine Übersetzung der Entscheidung verlangen, um ihre Vollstreckung anfechten zu können, sofern die Entscheidung nicht in einer Sprache verfasst ist, die der Schuldner versteht, oder sie nicht in einer Amtssprache an seinem Wohnsitzort verfasst ist. Bis zu diesem Erhalt sind die Vollstreckungsmaßnahmen auf Sicherungsmaßnahmen beschränkt.

Eine Übersetzung der Bescheinigung sollte ebenso wie bei dem EuVTVO (siehe dazu Teil 3, D., II., 2.) nur gefordert werden dürfen, wenn spezielle Angaben gemacht wurden, die sich nicht aus dem standardisierten Formular (Anhang I zur EuGVVO n.F.) ohne Übersetzung erschließen lassen. Damit dürften dadurch keine Übersetzungskosten bei der EuGVVO n.F. entstehen, die über die Kosten bei der EuVTVO hinausgehen. Jedoch bedeutet die Möglichkeit des Schuldners, nach Art. 43 Abs. 2 EuGVVO n.F. eine Übersetzung der Entscheidung verlangen zu können, dass ggf. Kosten für diese Übersetzung anfallen, die bei der Vollstreckung nach der EuVTVO nicht entstehen. Denn eine Übersetzung des Titels kann danach nicht gefordert werden.[236]

Auch für den Fall, dass der Gläubiger mit einem Antrag auf Versagung der Vollstreckung nach Artt. 46 ff. EuGVVO n.F. iVm. Art. 45 EuGVVO n.F. rechnen muss, kann die EuVTVO einen einfacheren und schnelleren Weg der Vollstreckung bieten.

Denn eine *ordre public*-Prüfung ist nur nach Artt. 46, 45 Abs. 1 lit. a EuGVVO n.F. im Rahmen des Antrags auf Versagung der Vollstreckung nach der EuGVVO zulässig. Bei der EuVTVO ist eine *ordre public*-Kontrolle ausgeschlossen. Dieser Umstand könnte also noch einen Vorteil der Vorgehensweise nach der EuVTVO darstellen. Aber auch dieser Vorteil dürfte dadurch relativiert werden, dass die EuVTVO einen Antrag auf Widerruf der Bestätigung nach Art. 10 Abs. 1 lit. b EuVTVO zulässt. Sollte ein verfahrensrechtlicher *ordre public*-Verstoß, wie etwa mangelndes rechtliches Gehör, vorliegen, könnte die Chance bestehen, dass dieser Verstoß zu einem Widerruf führt.

Ein gewisser Vorteil dürfte in diesen Fällen aber bei der Vorgehensweise nach der EuVTVO verbleiben, da nicht jeder potentielle *ordre public*-Verstoß zu einem Widerruf im Sinne des Art. 10 EuVTVO führt, er aber im Rahmen der EuGVVO (in beiden Fassungen) beachtlich ist.

Nach knapp zehn Jahren Geltung der EuVTVO findet die EuGVVO n.F. Anwendung, nachdem der europäische Gesetzgeber aufgrund der Annahme der Gleichwertigkeit der europäischen Ziviljustizsysteme und des gegenseitigen Vertrauens die vollständige Abschaffung des Exequaturs für gerechtfertigt hält.

Im Ergebnis erscheint die EuVTVO damit als ein Versuchsdurchlauf für die Abschaffung des Exequaturs allgemein. Die Probe zunächst nur für bestimmte Arten von Forderungen erfolgte mittels der EuVTVO als erste Phase[237], weil bei deren

236 Siehe Teil 3, D., II., 3.

237 Vgl. die Ausführungen im Rahmen der Darstellung der Entstehungsgeschichte der EuVTVO in Teil 1, A.

unbestrittenen Forderungen ein geringeres Risiko von Fehlentscheidungen besteht. Der Schuldner hat durch Passivität oder aktives Verhalten zu erkennen gegeben, dass er sich gegen die Forderung nicht zur Wehr setzt.

Insgesamt bedeutet meiner Einschätzung nach die Abschaffung des Exequaturs allgemein auch in dem System der Brüssel Ia-VO, dass die Bedeutung der EuVT-VO noch weiter zurückgehen und die Vollstreckung im Ausland, wenn überhaupt, weiterhin und vermehrt nach der EuGVVO n.F. vorgenommen werden wird.

C. Voraussetzungen der Bestätigung als Europäischer Vollstreckungstitel

Im folgenden Abschnitt werden die Voraussetzungen für die Bestätigung eines nationalen Titels als Europäischen Vollstreckungstitel vorgestellt.

Es können nur ausgewählte Entscheidungen als Europäischer Vollstreckungstitel bestätigt werden, welche die Voraussetzungen der Verordnung erfüllen und welche in einem Verfahren zustande gekommen sind, in dem gegebenenfalls (bei Säumnisentscheidungen) die speziellen Mindestanforderungen der EuVTVO (Artt. 12 ff.) eingehalten worden sind. Darüber hinaus gibt es noch einige Eigenheiten für bestimmte Gegebenheiten (z.B. beim Verbraucher, Gegen- und Ersatzbestätigungen, Teilbestätigungen und die Anrufung des EuGH).

Liegen die Voraussetzungen nicht vor, so ist eine einfachere Vollstreckung mittels der EuVTVO ausgeschlossen und muss auf die weitergehenden Regelungen der EuGVVO, des EuGVÜ, des LugÜ oder sonstiger multinationaler Abkommen oder nationaler Vorschriften zurückgegriffen werden.

I. Ausgewählte Entscheidungen/ Vollstreckbarkeit

Nach Art. 3 Abs. 1 EuVTVO können als Europäischer Vollstreckungstitel Entscheidungen, gerichtliche Vergleiche und öffentliche Urkunden über unbestrittene Forderungen bestätigt werden. Die jeweiligen Merkmale werden in der Verordnung weitgehend autonom legaldefinitiert.[238]

Nach dem mit Art. 2 lit. a S. 1 EuGVVO n.F. (Art. 32 EuGVVO a.F.) inhaltsgleichen Art. 4 Nr. 1 EuVTVO fallen unter Entscheidungen alle von einem Gericht erlassenen Entscheidungen ohne Rücksicht auf deren Bezeichnung einschließlich des Kostenfestsetzungsbeschlusses[239] eines Gerichtsbediensteten. Entscheidungen von Verwaltungsbehörden werden nicht erfasst.[240]

---

238 Jennissen, InVo 2006, 218 [220].

239 Vgl. OLG Stuttgart 24.05.2007 IPRax 2008, 260 [261, Rn. 14] = NJW-RR 2007, 1583 [1584].

240 *Pfeiffer*, BauR 2005, 1541 [1544].

1. *Maßnahmen des einstweiligen Rechtsschutzes*

Uneinheitlich beurteilt wird, ob einstweilige Maßnahmen, also Maßnahmen des einstweiligen Rechtsschutzes, darunter fallen.[241]

Nach dem EuGH sind sie von dem inhaltsgleichen Art. 32 EuGVVO a.F. (Art. 2 lit. a S. 1 EuGVVO n.F.) im Interesse des Schuldners ausgenommen, sofern sie auf einseitigen Antrag des Gläubigers ergehen.[242] Demzufolge solle dieses auch für die Bestätigung als Europäischer Vollstreckungstitel gelten. Für eine Einbeziehung hätte es gesonderter Mindestvorschriften bedurft, die nicht gegeben sind,[243] zumal das Vollstreckungssystem der EuVTVO dem Schuldner deutlich weniger Rechtsschutzmöglichkeiten einräumt als das der EuGVVO.

Nach einem neueren Urteil des EuGH[244] zum EuGVÜ umfasse der Begriff Entscheidung hingegen jede von einem Gericht eines Mitgliedsstaates erlassene Entscheidung ohne Rücksicht auf ihre Bezeichnung, wobei auch einstweilige Anordnungen der Gerichte einschließlich Sicherungsmaßnahmen erfasst seien. Dass die betreffende Entscheidung nach einem nicht kontradiktorischen Verfahren getroffen werde, sei insoweit ohne Bedeutung, da die Entscheidung auch dann, wenn sie am Ende eines nicht kontradiktorischen ersten Abschnitts des Verfahrens ergehe, durchaus Gegenstand einer kontradiktorischen Erörterung sein könne, bevor sich die Frage ihrer Anerkennung oder Vollstreckung gemäß dem Übereinkommen stelle.[245]

Selbst wenn im einstweiligen Rechtsschutz ausnahmsweise eine Verurteilung zu einer Geldleistung erfolgen sollte, so dürften jedoch regelmäßig die Voraussetzungen von Art. 3 Abs. 1 EuVTVO bzw. die Mindestvorschriften von Artt. 12 ff. EuVTVO (insbesondere die Hinweispflichten) nicht eingehalten worden sein. Außerdem

---

241 Zöller[31]-*Geimer*, Art. 4 EuVTVO, Rn. 1; dagegen: *Wagner*, IPRax 2002, 75 [89]; *Schlosser*/ Hess, EU-ZPR[4], Art. 3 EuVTVO, Rn. 4; dafür: BGH 21.12.2006 NJW-RR 2007, 1573 [1573] zur EuGVVO a.F.; *Bittmann*, in: *Gebauer/ Wiedmann* (Hrsg.)[2], Kap. 28, Rn. 31; *Kropholler/ von Hein*, EuZPR[9], Art. 4 EuVTVO, Rn. 2; ebenso *Rellermeyer*, Rpfleger 2005, 389 [392] und Rauscher-*Papst*, Band II[4], Art. 4 EuVTVO, Rn. 6, nach denen aber häufig/ regelmäßig die anderen Voraussetzungen für eine Bestätigung fehlen dürften; unentschieden: BGH 25.03.2010 NJW 2010, 1883 [1885, Rn. 21] = BGHZ 185, 124 [131].

242 Vgl. EuGH 21.05.1980 Rs. 125/79 Slg. 1980, 1554 [1571, Rn. 18] = BeckRS 2004, 71433 [Rn. 18] – *Denilauler/ Couchet Frères* = IPRax 1981, 95; ebenso: BGH 21.12.2006 – IX ZB 150/05 NJW-RR 2007, 1573 [1574]; BGH 21.12.2006 NJW 2007, 775 [777 Rn. 15]; *Gebauer*, FPR 2006, 252 [253]; *dies.*, NJ 2006, 103 [104]; *Kropholler/ von Hein*, EuZPR[9], Art. 4 EuVTVO, Rn. 2 und Art. 32 EuGVVO, Rn. 22; *Nagel/ Gottwald*, IZPR[7], 693, § 15, Rn. 34 zur EuGVVO a.F.

243 *Wagner*, IPRax 2002, 75 [89].

244 EuGH 14.10.2004 Rs. C-39/02 Slg. 2004, I 9657 [9701, Rn. 44, 46] – *Maersk Olie & Gas A/S/ Firma M. de Haan en W. de Boer.*

245 EuGH 14.10.2004 Rs. C-39/02 Slg. 2004, I 9657 [9702, Rn. 50, 52] – *Maersk Olie & Gas A/S/ Firma M. de Haan en W. de Boer.*

passen diese nicht auf die einseitig auf Antrag des Gläubigers ergehenden Entscheidungen.

Der Umstand, dass der EuGH auch einstweilige Anordnungen des Gerichts einschließlich Sicherungsmaßnahmen unter den Begriff der Entscheidung in Art. 25 EuGVÜ fallen lässt, sollte nichts daran ändern, dass Maßnahmen des einstweiligen Rechtsschutzes weiterhin ausgenommen sein sollten, sofern sie auf einseitigen Antrag des Gläubigers ergehen. Dieses gilt besonders für die EuVTVO. Dafür spricht auch, dass in Art. 2 lit. a S. 2 und S. 3 EuGVVO n.F. aufgenommen wurde, dass Eilmaßnahmen für Verfahren der Anerkennung und Vollstreckung nur erfasst seien, wenn der Beklagte geladen worden ist, also ein kontradiktorisches Verfahren vorliegt. Demzufolge sind einstweilige Verfügungen erfasst, wenn sie in einem kontradiktorischen Verfahren ergangen sind.[246]

2. Gerichtlicher Vergleich, Art. 24 EuVTVO

Unter den Begriff des gerichtlichen Vergleichs nach Art. 24 Abs. 1 EuVTVO fällt nicht nur der Prozessvergleich, sondern auch ein außergerichtlicher Vergleich, wenn dieser von einem Gericht gebilligt wurde.[247] Damit ist der Anwendungsbereich hier weiter als der des Art. 58 EuGVVO a.F.,[248] jedoch identisch mit demjenigen gemäß Art. 59 iVm. Art. 2 lit. b EuGVVO n.F. Billigung meint nicht die inhaltliche Akzeptanz durch das Gericht, sondern es geht beispielsweise um von Anwälten geschlossene und beim Amtsgericht nach § 796a ZPO niedergelegte Vergleiche.[249] Hierbei ist aber erforderlich, dass der Anwaltsvergleich nach § 796b ZPO durch das Prozessgericht für vollstreckbar erklärt wurde. Ein Anwaltsvergleich ohne diesen gerichtlichen Beschluss fällt nicht unter den gerichtlich gebilligten Vergleich nach Art. 24 EuVTVO. Die Mitwirkung des Gerichts ist zwingend, was jedoch nicht notwendigerweise die Einschaltung eines Richters voraussetzt. Auch ein vor einem Rechtspfleger im Rahmen seiner Zuständigkeit geschlossener Vergleich ist erfasst.[250]

Der vor einem Notar geschlossene und beurkundete Vergleich hingegen fällt nicht unter Art. 24 EuVTVO, sondern ist eine öffentliche Urkunde im Sinne des Art. 4 Nr. 3 EuVTVO – näheres dazu sogleich. Gleiches gilt für den durch einen Notar gemäß § 796c ZPO für vollstreckbar erklärten Anwaltsvergleich.

---

246 Ebenso *Nagel/ Gottwald*, IZPR[7], 692, § 15, Rn. 31 zur EuGVVO a.F.

247 *Klippstein*, in: *Gebauer/ Wiedmann* (Hrsg.)[1], Kap. 31, Rn. 29; *Gebauer*, NJ 2006, 103 [104]; *Bittmann*, in: *Gebauer/ Wiedmann* (Hrsg.)[2], Kap. 28, Rn. 21.

248 Vgl. auch Zöller[30]-*Geimer*, Art. 24 EuVTVO, Rn. 1; *Schlosser*/ Hess, EU-ZPR[4], Art. 3 EuVTVO, Rn. 2; Rauscher-*Papst*, Band II[4], Art. 3 EuVTVO, Rn. 10 f.

249 *Wagner*, IPRax 2005, 189 [192]; *Rellermeyer*, Rpfleger 2005, 389 [392]; *Pfeiffer*, BauR 2005, 1541 [1544]; *Gebauer*, NJ 2006, 103 [104]; *Jennissen*, InVO 2006, 218 [220].

250 *Rellermeyer*, Rpfleger 2005, 389 [392]; Rauscher-*Papst*, Band II[4], Art. 3 EuVTVO, Rn. 11.

3. *Öffentliche Urkunde, Art. 25 EuVTVO*

Unter öffentliche Urkunde im Sinne des Art. 25 EuVTVO werden gemäß Art. 4 Nr. 3 EuVTVO Schriftstücke subsumiert, die als öffentliche Urkunde aufgenommen oder registriert worden sind, wobei sich die Beurkundung auf die Unterschrift und den Inhalt der Urkunde bezieht. Dabei muss die Aufnahme bzw. Registrierung von einer Behörde oder einer anderen von dem Ursprungsmitgliedsstaat dazu ermächtigten Stelle vorgenommen worden sein.[251] Damit wurden die vom EuGH[252] aufgestellten Kriterien zur öffentlichen Urkunde im Sinne des EuGVÜ umgesetzt.[253] Der Begriff öffentliche Urkunde in der EuVTVO ist identisch mit dem in Art. 2 lit. c EuGVVO n. F.[254] (Art. 57 EuGVVO) in der Ausprägung, die er durch den EuGH[255] erhalten hat.[256] Auch die von einer Verwaltungsbehörde geschlossene oder beurkundete Unterhaltsvereinbarung oder Unterhaltsverpflichtung fällt grundsätzlich darunter gemäß Art. 4 Nr. 3 lit. b EuVTVO. Das gleiche gilt für vom Jugendamt nach §§ 59 Abs. 1 S. 1 Nr. 3 und 4, 60 SGB VIII als vollstreckbare Urkunde aufgenommene Unterhaltsvereinbarungen.[257] Ebenso fallen unter den Begriff der öffentlichen Urkunde die durch einen deutschen Notar beurkundeten Unterhaltsverpflichtungen und Unterhaltsvereinbarungen, soweit sich der Schuldner in der Urkunde der sofortigen Zwangsvollstreckung unterworfen hat (§ 794 Abs. 1 Nr. 5 ZPO).[258] Der Notar stellt eine „ermächtigte Stelle" im Sinne des Art. 4 Nr. 3 lit. b EuVTVO dar.

Zu dem Vorrang der nach der EuVTVO in Kraft getretenen EuUntVO vergleiche Teil 2, A., IV., 4.

---

251 *Rellermeyer*, Rpfleger 2005, 389 [392]; *Gebauer*, NJ 2006, 103 [104].

252 EuGH 02.06.1994 Rs. C-414/92 Slg. 1994, I-2237 [2255 Rn. 17 ff.] – *Solo Kleinmotoren GmbH ./. Emilio Boch* = NJW 1995, 38 [39]; EuGH 17.06.1999 Rs. 260/97 Slg. 1999, I-3715 [3731, Rn. 17] – *Unibank*; dazu *Geimer*, IPRax 2000, 366–369; vgl. Bericht Jenard/ Möller vom 27.09.1968, ABl. EG 1979, Nr. C 59, 1 [72]; *Yessiou-Faltsi*, in: *Gottwald* (Hrsg.), Perspektiven (2004), 213 [230 f.].

253 *Yessiou-Faltsi*, in: *Gottwald* (Hrsg.), Perspektiven (2004), 213 [231]; *Rellermeyer*, Rpfleger 2005, 389 [382]; *Wagner*, IPRax 2005, 189 [192]; Rauscher-*Papst*, Band II[4], Art. 4 EuVTVO, Rn. 26.

254 In Art. 2 lit. b EuGVVO sind jedoch die Unterhaltsvereinbarungen nicht aufgenommen. Hier gilt die spezielle EuUntVO.

255 EuGH 17.06.1999 Rs. 260/97 Slg. 1999, I-3715 – *Unibank*.

256 Zöller[31]-*Geimer*, Art. 4 EuVTVO, Rn. 3 und Art. 25 EuVTVO, Rn. 1.

257 *Wagner*, IPRax 2005, 189 [192]; *Coester-Waltjen*, Jura 2005, 394 [395]; *Rellermeyer*, Rpfleger 2005, 389 [392]; *Ernst*, JurBüro 2005, 568 [569]; *Riedel*, ProzRB 2005, 324 [325]; *Gebauer*, NJ 2006, 103 [104]; *dies.*, FPR 2006, 252 [253]; *Jennissen*, InVo 2006, 218 [220]; *Knittel*, JAmt 2006, 477 [477]; *Nagel/ Gottwald*, IZPR[7], 661, § 14, Rn. 12; Rauscher-*Papst*, Band II[4], Art. 4 EuVTVO, Rn. 36; Zöller[31]-*Geimer*, § 1079 ZPO, Rn. 1.

258 *Gebauer*, FPR 2006, 252 [253].

4. Vorläufig vollstreckbarer auf Geldforderung gerichteter Titel

Bei der Forderung, auf die sich der Titel bezieht, muss es sich gemäß Art. 3 Abs. 1 iVm. Art. 4 Nr. 2 EuVTVO um eine Geldforderung handeln. Diese Geldforderung muss fällig sein oder es muss deren Fälligkeitsdatum im Vollstreckungstitel angegeben werden.[259] Demzufolge wird eine Zug um Zug zu erfüllende Geldforderung nicht erfasst. Eine Bestätigung von regelmäßig wiederkehrenden Leistungen ist jedoch möglich, wenn die Fälligkeit der ersten Rate, der regelmäßig zu zahlende Betrag, der Zahlungsintervall und die Laufzeit angegeben sind. Dieses sehen die Formblätter in Anhang I-III zur EuVTVO jeweils unter Punkt 5.1.2 vor.

Für den Fall, dass die Zahlung von dem Eintritt eines Kalendertages abhängt und dieser noch nicht abgelaufen ist (wie in § 751 Abs. 1 ZPO), kann die Bestätigung dennoch erteilt werden, da sich die Fälligkeit aus dem in dem Europäischen Vollstreckungstitel angegebenen Datum ergibt.[260]

Die Verordnung erfasst nur auf eine bestimmte Geldsumme gerichtete Forderungen, wodurch dynamisierte Unterhaltstitel, wie sie das deutsche Recht kennt (§ 1612a BGB[261]), nicht ohne weiteres als Europäischer Vollstreckungstitel bestätigt werden können. Jedoch sieht das deutsche Recht eine Möglichkeit zur Umschreibung vor, so dass eine Bestätigung erfolgen kann. Auf die Einzelheiten soll nachfolgend[262] noch in dem Unterpunkt „Dynamisierte Unterhaltstitel gemäß § 1612a BGB (im deutschen Recht)" eingegangen werden.

Im Gegensatz zum ursprünglichen Entwurf, der noch Vollstreckbarkeit und Rechtskraft der Entscheidung verlangte,[263] wird nun lediglich die Vollstreckbarkeit

---

259 *Rauscher*, GPR 2003/04, 286 [287]; *Klippstein*, in: *Gebauer/ Wiedmann* (Hrsg.)[1], Kap. 31, Rn. 27; *Rausch*, FuR 2005, 437 [439]; *Rellermeyer*, Rpfleger 2005, 389 [392]; *Wagner*, IPRax 2005, 189 [192]; *ders.*, NJW 2005, 1157 [1158]; *Ernst*, JurBüro 2005, 568 [569]; *Franzmann*, MittBayNot 2005, 470 [472]; *Gebauer*, NJ 2006, 103 [104]; *dies.*, FPR 2006, 252 [253]; *Jennissen*, InVo 2006, 218 [220]; *Knittel*, JAmt 2006, 477 [477]; *Bittmann*, in: *Gebauer/ Wiedmann* (Hrsg.)[2], Kap. 28, Rn. 33.

260 *Rellermeyer*, Rpfleger 2005, 389 [400].

261 Bürgerliches Gesetzbuch vom 18.08.1896 (RGBl. 1896, 195) in der Fassung der Bekanntmachung vom 02.01.2002 (BGBl. 2002, I 42 ber. S. 2909 und BGBl. 2003, I 738), zuletzt geändert durch Art. 16 Gesetz zum Internationalen Erbrecht und zur Änderung von Vorschriften zum Erbschein sowie zur Änderung sonstiger Vorschriften vom 29.06.2015 (BGBl. 2015, I 1042).

262 Siehe Teil 2, C., I., 5.

263 *Kohler*, in: *Reichelt/ Rechberger* (Hrsg.), Europäisches Kollisionsrecht (2004), 63 [71]; *Wagner*, IPRax 2005, 189 [193]; *Coester-Waltjen*, Jura 2005, 394 [394]; *dies.*, FS Tugrul Ansay (2006), 47 [51]; *Jennissen*, InVo 2006, 218 [223]; vgl. Kommissionsvorschlag = Vorschlag für eine Verordnung des Rates zur Einführung eines Europäischen Vollstreckungstitels für unbestrittene Forderungen, KOM (2002) 159 endg.: Art. 5 lit. a verlangte noch Rechtskraft; zur Änderung vgl. Gemeinsamer Standpunkt, KOM (2004) 90, 5 (Nr. 3.2.2 Abänderung 4) und 9 (Nr. 3.3.2 Artikel 3).

gefordert.[264] Das Erfordernis der Vollstreckbarkeit ergibt sich für Entscheidungen aus Art. 6 Abs. 1 lit. a EuVTVO, für gerichtliche Vergleiche aus Art. 24 Abs. 1 EuVTVO und für öffentliche Urkunden aus Art. 25 Abs. 1 EuVTVO.

Dabei ist vorläufige Vollstreckbarkeit ausreichend,[265] soweit sich nicht aus dem Recht des Ursprungsmitgliedsstaates etwas anderes ergibt.[266] Ob ein nationaler Titel (vorläufig) vollstreckbar ist, hängt von dem Recht des Ursprungsmitgliedsstaates (*lex fori*) ab (Art. 6 Abs. 1 lit. a EuVTVO).[267] Denn das nationale Recht des Staates, in welchem der Titel geschaffen wird, entscheidet, wann aus dem jeweiligen Titel vollstreckt werden kann. Demzufolge spielt das nationale Recht der einzelnen Mitgliedsstaaten durchaus eine wichtige Rolle. Denn der nationale Gesetzgeber könnte die Effizienz der Verordnung erheblich schmälern, wenn er die sofortige (vorläufige) Vollstreckung beispielsweise von nicht rechtskräftigen Titeln weitgehend zurücknimmt. Dazu besteht aber normalerweise kein Anlass, da die Durchsetzbarkeit der im eigenen Staat ergangenen Entscheidungen im Interesse des Staates ist und eine Einschränkung nur für die eigenen und die europäischen Titel einheitlich vorgesehen werden kann.[268]

Nach Art. 6 Abs. 1 EuVTVO bestätigt die Ausstellung des Europäischen Vollstreckungstitels die Vollstreckbarkeit des Titels im Ursprungsmitgliedsstaat auch für die Vollstreckungsorgane in den anderen Mitgliedsstaaten, was dazu führt, dass die Vollstreckbarkeit von diesen nicht mehr in Zweifel gezogen werden kann.[269]

Jedoch bestimmt Art. 11 EuVTVO, dass die Bestätigung als Europäischer Vollstreckungstitel nur im Rahmen der Vollstreckbarkeit der Entscheidung Wirkung entfaltet. Danach kann eine Vollstreckung eines Europäischen Vollstreckungstitels auch nur in dem Umfang geschehen, wie auch die Entscheidung aus dem Ursprungsmitgliedsstaat vollstreckbar ist. Bestehen Hindernisse an der Vollstreckbarkeit bzw.

---

264 *Rauscher*, GPR 2003/04, 286 [288]; *ders.*, EuVT, Rn. 69; *Stein*, EuZW 2004, 679 [679 f.]; *Wagner*, IPRax 2005, 189 [193]; *ders.*, NJW 2005, 1157 [1158]; *Rellermeyer*, Rpfleger 2005, 389 [393 f.]; *Ernst*, JurBüro 2005, 568 [570]; *Luckey*, ZGS 2005, 420 [421]; *Pfeiffer*, BauR 2005, 1541 [1545]; *Gebauer*, NJ 2006, 103 [104]; Musielak[13]-*Lackmann*, § 1080 ZPO, Rn. 4; vgl. Gemeinsamer Standpunkt, KOM (2004) 90, 3 (Nr. 3.1).

265 *Rauscher*, GPR 2003/04, 286 [288]; *ders.*, EuVT, Rn. 69; *Stein*, EuZW 2004, 679 [679 f.]; *Wagner*, IPRax 2005, 189 [193]; *ders.*, NJW 2005, 1157 [1158]; *Rellermeyer*, Rpfleger 2005, 389 [393 f.]; *Ernst*, JurBüro 2005, 568 [570]; *Luckey*, ZGS 2005, 420 [421]; *Pfeiffer*, BauR 2005, 1541 [1545]; *Gebauer*, NJ 2006, 103 [104]; Rauscher-*Papst*, Band II[4], Art. 6 EuVTVO, Rn. 10; Musielak[13]-*Lackmann*, § 1080 ZPO, Rn. 4; vgl. Gemeinsamer Standpunkt, KOM (2004) 90, 3 (Nr. 3.1).

266 *Ernst*, JurBüro 2005, 568 [570].

267 *Hüßtege*, in: *Gottwald* (Hrsg.), Perspektiven (2004), 113 [125]; *Coester-Waltjen*, Jura 2005, 394 [395]; *Franzmann*, MittBayNot 2005, 470 [472]; *Klippstein*, in: *Gebauer/ Wiedmann* (Hrsg.)[1], Kap. 31, Rn. 38; *Wagner*, IPRax 2005, 189 [193]; *Bittmann*, in: *Gebauer/ Wiedmann* (Hrsg.)[2], Kap. 28, Rn. 48.

268 *Coester-Waltjen*, Jura 2005, 394 [395].

269 *Rellermeyer*, Rpfleger 2005, 389 [394]; Zöller[31]-*Geimer*, Art. 2 EuVTVO, Rn. 2.

eine Beschränkung des Umfangs, ist dieses gemäß Art. 6 Abs. 2 EuVTVO im Ursprungsmitgliedsstaat zu bestätigen und dann auch im Vollstreckungsmitgliedsstaat zu beachten.[270]

Es ist eben aber immer die Gegenbestätigung notwendig. Der Vollstreckungsmitgliedsstaat beachtet nicht von sich aus eventuelle Einwendungen. Denn zur Prüfung dieser ist er im Vollstreckungsverfahren zunächst gar nicht berechtigt. Dieses würde einer Überprüfung des Titels oder der Bestätigung in der Sache selbst gleichkommen, welche im Vollstreckungsmitgliedsstaat nach Art. 21 Abs. 2 EuVTVO verboten ist. Weiterhin sind aber – wie unten in Teil 4, C. gezeigt werden wird – die nationalen Rechtsbehelfe des Vollstreckungsverfahrens anzuwenden. Hier können ggf. nachträgliche Einwendungen oder Vollstreckungshindernisse geltend gemacht werden.

Im Vollstreckungsmitgliedsstaat werden im Zwangsvollstreckungsverfahren nur Vollstreckungshindernisse des nationalen Rechts beachtet.[271] Art. 11 EuVT-VO bewirkt nicht, dass den Gerichten bzw. sonstigen Vollstreckungsorganen im Vollstreckungsmitgliedsstaat eine Prüfungsbefugnis eingeräumt wird. Zudem könne dieser Vorschrift eine Einschränkung dahingehend entnommen werden, dass die Bestätigung nur Wirkung im Rahmen der Vollstreckbarkeit entfaltet und weitere Wirkungen (wie materielle Rechtskraft, Gestaltungswirkung) sich nach Art. 36 EuGVVO n.F. (Art. 33 EuGVVO a.F.) richten.[272]

Damit bleibt es bei der Bestätigung der Vollstreckbarkeit im Ursprungsmitgliedsstaat, woran der Vollstreckungsmitgliedsstaat weitgehend gebunden ist.

5. Dynamisierte Unterhaltstitel gemäß § 1612a BGB (im deutschen Recht)

Dynamisierte Unterhaltstitel nach § 1612a BGB sind dadurch gekennzeichnet, dass der Unterhalt im Tenor nicht als bezifferter Betrag, sondern als Prozentsatz des Mindestunterhalts aufgenommen wird.[273] Dieser bestimmt sich gemäß § 1612a Abs. 1 S. 2 BGB n.F. nach dem doppelten Freibetrag für das sächliche Existenzminimum eines Kindes (Kinderfreibetrag) gemäß § 32 Abs. 6 S. 1 EStG[274]. Vorher bestimmte er sich nach der RegelbetragsV[275]. Die Übergangsbestimmungen finden sich in der

---

270 Vgl. Rauscher-*Papst*, Band II^4, Art. 6 EuVTVO, Rn. 46; siehe zu den Rechtsbehelfen Teil 4, A., V.

271 *Mankowski*, ZZPInt 1999, 276 [282].

272 So *Schlosser*/ Hess, EU-ZPR^4, Art. 11 EuVTVO, Rn. 1.

273 *Rausch*, FuR 2005, 437 [440]; *Wagner*, IPRax 2005, 401 [409]; *Gebauer*, FPR 2006, 252 [253].

274 Einkommensteuergesetz in der Fassung der Bekanntmachung vom 08.10.2009 (BGBl. 2009, I 3366, berichtigt 2009, I 3862), zuletzt geändert durch Art. 5 Bürokratieentlastungsgesetz vom 28.07.2015 (BGBl. 2015, I 1400).

275 Regelbetrags-Verordnung vom 06.04.1998 (BGBl. 1998, I 666), zuletzt geändert durch Art. 4 Gesetz zur Änderung des Unterhaltsrechts vom 21.12.2007 (BGBl. 2007, I 3189).

Überleitungsvorschrift in § 36 EGZPO[276]. Danach sind gemäß § 36 Nr. 4 EGZPO seit dem 01.01.2008 feste Beträge je nach Altersstufe maßgeblich. Dieses gilt solange, bis die Beträge nach § 1612a Abs. 1 S. 2 BGB n.F. die Beträge aus § 36 Nr. 4 EGZPO übersteigen. Dann gelten die Beträge aus § 1612a BGB.

Da die EuVTVO gemäß Art. 3 Abs. 1 iVm. Art. 4 Nr. 2 EuVTVO nur für Forderungen auf eine bestimmte Geldsumme und nicht für solche über eine bestimmbare Geldsumme gilt, ist es abzulehnen, dass diese dynamisierten Unterhaltstitel unter die Verordnung fallen.[277] Denn die ausländische Vollstreckungsstelle soll unmittelbar aus dem Europäischen Vollstreckungstitel den zu vollstreckenden Betrag ablesen können. Die Heranziehung einer in Bezug genommenen nationalen Regelung/ Vorschrift kann von der Vollstreckungsstelle nicht gefordert und geleistet werden. Ansonsten würde das Ziel der schnellen und kostengünstigen Vollstreckung verhindert.

Auch eine Vollstreckung im Ausland außerhalb des Anwendungsbereichs der Verordnung ist mit Unsicherheiten verbunden,[278] da die Bezifferung dieser dynamisierten Titel die ausländischen Stellen, denen das deutsche System fremd ist, vor große Herausforderungen stellt.[279]

a) Bezifferung des Unterhaltstitels gemäß § 245 FamFG

Um diesen Problemen zu entgehen und dem Gläubiger auch in diesen Fällen die Vollstreckung zu erleichtern, beziehungsweise sicherzustellen, dass auch deutsche dynamisierte Unterhaltstitel mit Sicherheit als Europäischer Vollstreckungstitel bestätigt werden können, ermöglichte der zunächst neu eingefügte und zum 01.09.2009 wieder aufgehobene § 790 ZPO und erlaubt seitdem § 245 FamFG die kostenfreie Bezifferung des dynamisierten Titels.[280] Dabei wird der dynamisierte Unterhaltstitel

---

276 Gesetz betreffend die Einführung der Zivilprozessordnung vom 30.01.1877 (RGBl. 1877, 244), zuletzt geändert durch Art. 3 Gesetz zur Erleichterung der Umsetzung der Grundbuchreform in Baden-Württemberg sowie zur Änderung des Gesetzes betreffend die Einführung der ZPO und des WohnungseigentumG vom 05.02.2014 (BGBl. 2014, I 1962).

277 Vgl. *Riedel*, ProzRB 2005, 324 [326]; *Wagner*, IPRax 2005, 401 [409]; *Hohloch*, FPR 2006, 244 [249]; *Knittel*, JAmt 2006, 477 [479 f.]; *Geimer*, IZPR[7], 1243, Rn. 3187; Rauscher-*Papst*, Band II[4], Art. 4 EuVTVO, Rn. 17; Zöller[31]-*Geimer*, § 1079 ZPO, Rn. 7; nicht sicher ist sich Luckey, ZGS 2005, 420 [423].

278 *Wagner*, FS Hans Jürgen Sonnenberger (2004), 727 [728 ff.]; *ders.*, IPRax 2005, 401 [409].

279 *Wagner*, IPRax 2005, 401 [409]; *Knittel*, JAmt 2006, 477 479]; *Schack*, IZVR[6], Rn. 1031, der hier den umgekehrten Fall erwähnt.

280 *Rausch*, FuR 2005, 437 [440]; *Rellermeyer*, Rpfleger 2005, 389 [403]; *Riedel*, ProzRB 2005, 324 [326]; *Wagner*, IPRax 2005, 401 [409]; *Hohloch*, FPR 2006, 244 [249]; *Gebauer*, FPR 2006, 252 [253]; *Knittel*, JAmt 2006, 477 [479 f.]; *Kropholler/ von Hein*, EuZPR[9], Art. 4 EuVTVO, Rn. 6; Zöller[31]-*Geimer*, § 1079 ZPO, Rn. 7; ausführlich dazu Rauscher-*Papst*, Band II[4], Art. 4 EuVTVO, Rn. 16 ff.

in einen bezifferten Titel für den Zeitraum bis zur nächsten Anpassung des Kinderfreibetrages umgeschrieben.[281] Diese Möglichkeit besteht auch, soweit eine Anrechnung des Kindergeldes in dynamisierter Form zulässig ist (§ 1612b BGB).[282]

Der bezifferte Betrag ist auf dem Titel zu vermerken, so dass klargestellt ist, dass die Bezifferung keinen zweiten Titel schafft.[283] Die Bezifferung erfolgt nur zum Zwecke der Vollstreckung im Ausland und verändert den Charakter des Titels als „dynamisch" nicht; er nimmt weiterhin an den nachfolgenden Anpassungen des Mindestunterhalts teil.[284]

Gemäß § 245 Abs. 2 FamFG sind für die Bezifferung diejenigen Gerichte, Behörden oder Notare zuständig, denen die Erteilung einer vollstreckbaren Ausfertigung des Titels obliegt. Für Urkunden der Jugendämter ist diese Zuständigkeit in § 60 S. 3 Nr. 1 S. 2 SGB VIII ausdrücklich geregelt. Bei den Gerichten ist funktional der Rechtspfleger zuständig nach § 25 Nr. 2 lit. b RPflG. Der Gläubiger kann also die Bestätigung als Europäischer Vollstreckungstitel und die Bezifferung (gemäß § 245 FamFG) bei ein und derselben Stelle beantragen.[285] Durch die Bezifferung des Unterhalts bedingte Verzögerungen sind damit nahezu ausgeschlossen.

Durch diese Bezifferung ist für deutsche dynamisierte Unterhaltstitel die Möglichkeit der Vollstreckung nach der EuVTVO sichergestellt. Eine Bezifferung erfolgt immer jeweils für den Zeitraum bis zur nächsten Anpassung des Mindestunterhalts bzw. der nächsten Altersstufe.

b) Rechtsbehelf gegen eine Entscheidung über die Bezifferung

Der Rechtsbehelf gegen die Entscheidung über die Bezifferung richtet sich nach den Vorschriften über die Anfechtung der Entscheidung über die Erteilung einer Vollstreckungsklausel. Diese Vorschriften (§ 11 RPflG und § 54 BeurkG) sind demgemäß entsprechend anzuwenden (§ 245 Abs. 3 FamFG).

Dem Schuldner bleibt gegen die Bezifferung die Einlegung der Erinnerung gemäß § 732 ZPO analog, wobei bei Urkunden des Notars oder des Jugendamtes entsprechend § 797 Abs. 3 ZPO bzw. nach § 60 S. 3 Nr. 2 SGB VIII der Richter am Amtsgericht am Sitz des Notars bzw. der Behörde entscheidet.[286]

---

281 *Gebauer*, FPR 2006, 252 [253].

282 Begr. RegE, BT-Drucks. 15/5222, 12 (Zu Art. 1 Nr. 6) = BR-Drucks. 88/05, 21; *Riedel*, ProzRB 2005, 324 [326]; *Wagner*, IPRax 2005, 401 [409]; *Kropholler/ von Hein*, EuZPR[9], Art. 4 EuVTVO, Rn. 6.

283 Begr. RegE, BT-Drucks. 15/5222, 12 (Zu Art. 1 Nr. 6) = BR-Drucks. 88/05, 21; *Rellermeyer*, Rpfleger 2005, 389 [403]; *Wagner*, IPRax 2005, 401 [409]; *Knittel*, JAmt 2006, 477 [479]; Rauscher-*Papst*, Band II[4], Art. 4 EuVTVO, Rn. 19.

284 *Knittel*, JAmt 2006, 477 [479]; näheres zum Inhalt der Bezifferung siehe *Knittel*, JAmt 2006, 477 [480].

285 Begr. RegE, BT-Drucks. 15/5222, 12 (Zu Art. 1 Nr. 6) = BR-Drucks. 88/05, 21; *Knittel*, JAmt 2006, 477 [479].

286 Stein/ Jonas[22]-*Münzberg*, § 797 ZPO, Rn. 18; *Rellermeyer*, Rpfleger 2005, 389 [403 f.]; *Knittel*, JAmt 2006, 477 [479]; MüKo[4]-*Wolfsteiner*, § 797 ZPO, Rn. 43 und § 732 ZPO,

Wird die Bezifferung verweigert oder zu niedrig bemessen, hat der Gläubiger den Rechtsbehelf der Klage auf Bezifferung entsprechend § 731 ZPO, einzulegen bei dem für die Bezifferung zuständigen Gericht.[287] Die Klage ist gemäß § 797 ZPO auch statthaft, wenn der Notar für die Bezifferung zuständig war.

Der Gläubiger kann gegen die Ablehnung der Bezifferung durch den Rechtspfleger des Amts- oder Landgerichts im ersten Rechtszug die sofortige Beschwerde nach §§ 567 ff. ZPO, § 11 Abs. 1 RPflG, ansonsten (etwa, wenn der Beschwerdewert von 600,01 Euro nicht erreicht wird[288]) die befristete Erinnerung nach § 11 Abs. 2 RPflG einlegen.[289] Bei Entscheidungen des Notars ist die Beschwerde an das Landgericht entsprechend § 54 BeurkG gegeben, was nach § 1 Abs. 2 BeurkG auch für Urkunden des Jugendamts gilt.[290] Das Amtsgericht ist bei Urkunden des Jugendamtes nach § 80 S. 3 Nr. 2 SGB VIII nur zuständig, wenn es um die Fälle der §§ 732, 733 ZPO geht.[291] Der Gegenansicht, dass bei Urkunden des Jugendamtes (wegen einer öffentlich-rechtlichen Streitsache nichtverfassungsrechtlicher Art) der Verwaltungsrechtsweg eröffnet sei, kann nicht gefolgt werden, da gemäß § 1 Abs. 2 iVm. § 54 Abs. 2 S. 2 BeurkG mit „eine Zivilkammer des Landgerichts" ausdrücklich auf den Zivilrechtsweg verwiesen wird.[292] Diese Zuweisung genügt dafür, dass nicht gemäß § 40 Abs. 1 VwGO der Verwaltungsrechtsweg eröffnet ist. Der Gesetzgeber hat klar zum Ausdruck gebracht, dass die Zivilkammern der Landgerichte zuständig sein sollen und damit der Rechtsweg zu den ordentlichen Gerichten eröffnet ist.

Nach § 54 Abs. 2 S. 1 BeurkG gelten für das Beschwerdeverfahren die Vorschriften des FamFG (§§ 58 ff. FamFG).

II. Prüfung der Unbestrittenheit

Die Forderung muss unbestritten sein gemäß Art. 6 Abs. 1 EuVTVO. Aus Art. 6 Abs. 1 und Art. 3 Abs. 1 EuVTVO ergibt sich, dass das Gericht, welches die Bestätigung als Europäischer Vollstreckungstitel erteilt, die „Unbestrittenheit" nach Art. 3 Abs. 1 EuVTVO prüfen muss.[293] Art. 6 Abs. 1 EuVTVO besagt, dass „eine in einem Mitgliedstaat über eine unbestrittene Forderung ergangene Entscheidung [...] auf jederzeitigen Antrag an das Ursprungsgericht als Europäischer Vollstreckungstitel

---

Rn. 9; Musielak[11]-*Lackmann*, § 797 ZPO, Rn. 9; Thomas/ Putzo[37]-*Seiler*, § 797 ZPO, Rn. 10; Zöller[31]-*Stöber*, § 797 ZPO, Rn. 20 und 22.

287 MüKo[2]-*Pasche*, FamFG, § 245, Rn. 12; Musielak/ Borth[4]-*Borth/ Grandel*, FamFG, § 245, Rn. 3.

288 Arnold/ Meyer-Stolte-*Hintzen*, RPflG[8], § 11, Rn. 53.

289 *Rellermeyer*, Rpfleger 2005, 389 [404].

290 Vgl. KG Berlin 20.11.1973 NJW 1974, 910 [910 f.]; *Rellermeyer*, Rpfleger 2005, 389 [404]; MüKo[4]-*Wolfsteiner*, § 797 ZPO, Rn. 46.

291 MüKo[4]-*Wolfsteiner*, § 797 ZPO, Rn. 46.

292 Vgl. KG Berlin 20.11.1973 NJW 1974, 910 [911]; MüKo[4]-*Wolfsteiner*, § 797 ZPO, Rn. 46 mit weiteren Nachweisen auch zu Vertretern der Gegenansicht.

293 *Rauscher*, GPR 2003/04, 286 [288].

bestätigt [wird]". Dieses zeigt, dass es sich um eine Entscheidung über eine unbestrittene Forderung handeln muss und dass diese Voraussetzung vor der Bestätigung nachgeprüft werden muss, auch wenn das Ursprungsgericht bereits vom Vorliegen der Voraussetzungen ausgegangen ist.

1. *Unbestrittene Forderung*

Es gibt zwei Kategorien von unbestrittenen Forderungen, nämlich die aktiv und passiv unbestrittenen, wobei das Schutzbedürfnis des Schuldners unterschiedlich ist.[294] Insgesamt ist das Schutzbedürfnis des Schuldners vor einer Vollstreckung bei diesen unbestrittenen Forderungen geringer, als wenn es sich um eine streitige Forderung handeln würde. Denn der Schuldner hat durch sein aktives Verhalten oder Passivbleiben zur Entstehung des Titels beigetragen und sich nicht aktiv gewehrt. Dieser Umstand dient auch als Rechtfertigung für die Abschaffung des Exequaturverfahrens.

a) Aktiv unbestrittene Forderungen (Art. 3 Abs. 1 S. 2 lit. a und d EuVTVO)

Die erste Kategorie erfasst Forderungen, die durch Anerkenntnis vor Gericht, durch gerichtlichen Vergleich oder in einer öffentlichen Urkunde ausdrücklich anerkannt wurden (Art. 3 Abs. 1 S. 2 lit. a und d EuVTVO). Hier hat der Schuldner aktiv an der Schaffung des Titels mitgewirkt.[295] In diesen Fällen ist der Schuldner nicht schutzbedürftig und die noch zu erörternden Mindeststandards der Artt. 12 ff. EuVTVO[296] gelten nicht für die Bestätigung als Europäischer Vollstreckungstitel.[297] Denn es ist nicht davon auszugehen, dass sich der Schuldner bei aktivem Verhalten nicht ordnungsgemäß hat verteidigen können oder ihm rechtliches Gehör nicht gewährt worden ist. Ansonsten hätte er bei der Schaffung des Titels nicht mitgewirkt bzw. mitwirken müssen.

b) Passiv unbestrittene Forderungen (Art. 3 Abs. 1 S. 2 lit. b und c EuVTVO)

Die zweite Gruppe betrifft gerichtliche Entscheidungen, bei welchen aus dem Verhalten des Schuldners im gerichtlichen Verfahren geschlossen wird, dass er die Forderung nicht (mehr) bestreitet, mithin Säumnissituationen (Art. 3 Abs. 1 S. 2 lit. b und c EuVTVO).[298]

---

294 *Rauscher*, GPR 2003/04, 286 [287]; *Rellermeyer*, Rpfleger 2005, 389 [393]; *Ernst*, JurBüro 2005, 568 [570]; *Gebauer*, NJ 2006, 103 [104]; *dies.*, FPR 2006, 252 [253]; *Jennissen*, InVo 2006, 218 [221]; *Geimer*, IZPR^{7}, 1236 f., Rn. 3180b.

295 *Ernst*, JurBüro 2005, 568 [570]; *Rellermeyer*, Rpfleger 2005, 389 [393]; *Wagner*, IPRax 2005, 189 [192]; *ders.*, NJW 2005, 1157 [1158]; *Jennissen*, InVo 2006, 218 [219 und 221]; *Geimer*, IZPR^{7}, 1236 f., Rn. 3180b.

296 Siehe Teil 2, C., IV.

297 *Jennissen*, InVo 2006, 218 [222].

298 *Stein*, EuZW 2004, 679 [679]; *Wagner*, IPRax 2005, 189 [192 f.]; *ders.*, NJW 2005, 1157 [1158]; *Gebauer*, NJ 2006, 103 [104]; *dies.*, FPR 2006, 252 [253]; *Jennissen*, InVo 2006, 218 [222]; *Geimer*, IZPR^{7}, 1237, Rn. 3180c.

aa) Art. 3 Abs. 1 S. 2 lit. b EuVTVO

Dieses ist einmal der Fall, wenn der Schuldner der Forderung im gerichtlichen Verfahren nach den maßgeblichen Verfahrensvorschriften des Rechts des Ursprungsmitgliedsstaates (*lex fori*) zu keiner Zeit widersprochen hat (Art. 3 Abs. 1 S. 2 lit. b EuVTVO; vgl. auch Erwägungsgrund 6 zur EuVTVO). Ein Bestreiten der Forderung durch den Schuldner vor dem gerichtlichen Verfahren ist unbeachtlich, was der Wortlaut „im gerichtlichen Verfahren" klar zum Ausdruck bringt und sich aus Erwägungsgrund 6 zur EuVTVO herauslesen lässt. Typische Fälle im deutschen Recht sind, dass der Schuldner im Mahnverfahren keinen Widerspruch einlegt, so dass gemäß § 699 ZPO ein Vollstreckungsbescheid ergeht, oder dass gegen den Beklagten aufgrund mündlicher Verhandlung oder im schriftlichen Vorverfahren gemäß § 331 Abs. 1 bzw. Abs. 3 iVm. § 276 Abs. 1 S. 1 ZPO ein Versäumnisurteil ergeht.[299]

Fraglich ist, ob ein Widerspruch auch darin zu sehen ist, wenn der Schuldner lediglich vorträgt, dass er seiner Zahlungsverpflichtung allein aus finanziellen Schwierigkeiten nicht nachkommen könne. Dieses ist beispielsweise der Fall, wenn der Schuldner angibt, (derzeit) kein Geld zu haben und daher um eine Stundung oder Ratenzahlung bittet. Im Kommissionsvorschlag war diese Fallgestaltung noch ausdrücklich erwähnt.[300] Diese Erklärung des Schuldners stelle nämlich nicht die Begründetheit der Forderung in Frage, sondern nur dessen Vollstreckungsmöglichkeit.[301] Da diese Begründung weiterhin Gültigkeit beanspruche, habe die Streichung dieses Teils des Unterabsatzes auf die inhaltliche Regelung nach einer Ansicht keinen Einfluss.[302] Daher sei darin kein wirksames Bestreiten zu sehen.[303]

Nach anderer Ansicht reiche jede nach der nationalen Prozessordnung formal wirksame Einlassung aus, um die Bestrittenheit zu bewirken, auch wenn es sich um eine materiell-rechtlich offensichtlich unbegründete Verteidigung handele.[304]

Da in Deutschland bei völlig unsubstantiiertem Parteivortrag des Schuldners/ Beklagten gegen diesen kein Versäumnisurteil ergeht, auch wenn das unsubstantiierte Vorbringen nicht beachtlich ist, spricht einiges dafür, auch eine sachrechtlich offensichtlich unbegründete Verteidigung als Bestreiten genügen zu lassen, solange

---

299 *Hüßtege*, in: *Gottwald* (Hrsg.), Perspektiven (2004), 113 [121]; *Gebauer*, NJ 2006, 103 [104].

300 KOM (2002) 159 endg., Art. 3 Nr. 4 lit. b 2. HS EuVTVO-E (ABl. EG 2002, Nr. C 203, 86 [88]).

301 *Kropholler/ von Hein*, EuZPR^9, Art. 3 EuVTVO, Rn. 5.

302 *Kropholler/ von Hein*, EuZPR^9, Art. 3 EuVTVO, Rn. 5; a.A: *Rauscher*, EuVT, 25, Rn. 57, der in einem prozessual wirksamen Vortrag der Zahlungsunfähigkeit immer einen wirksamen Widerspruch sieht; ob dieses von der Leistungspflicht befreie, entscheide die *lex causae*.

303 *Kropholler/ von Hein*, EuZPR^9, Art. 3 EuVTVO, Rn. 5; *Stürner*, in: *Kindl/ Meller-Hannich/ Wolf* (Hrsg.)^2, Art. 3 EuVTVO, Rn. 10; Musielak^{13}-*Lackmann*, Art. 3 EuVTVO, Rn. 4.

304 *Rauscher*, EuVT, 25, Rn. 57; *Jennissen*, InVo 2006, 218 [222]; ebenso *Bittmann*, in: *Gebauer/ Wiedmann* (Hrsg.)^2, Kap. 28, Rn. 23 f.

diese nur nach dem Verfahrensrecht des Ursprungsmitgliedsstaates wirksam eingebracht worden ist. Insoweit ist die endgültige Fassung in diese Richtung frei.

Alleine aus der Streichung dieser Fallgestaltung aus dem Verordnungstext lässt sich allerdings wohl noch kein Rückschluss auf den Willen des Verordnungsgebers schließen. Eine ausdrückliche Stellungnahme dazu liegt nicht vor. Die Begründung dafür, dass den Anspruch nicht in Frage stellende Verteidigungshandlungen nicht zu einem Bestreiten führen soll, ist weiterhin gültig. Demnach ist richtigerweise in dem Vortrag der fehlenden wirtschaftlichen Leistungsfähigkeit kein Widerspruch gegen die Berechtigung der Forderung zu sehen. Folglich bliebe es bei der Unbestrittenheit der Forderung.

bb) Art. 3 Abs. 1 S. 2 lit. c EuVTVO

Weiter liegt ein Nichtbestreiten gemäß Art. 3 Abs. 1 S. 2 lit. c EuVTVO auch dann vor, wenn der Schuldner der Forderung zwar zunächst widersprochen hat, er dann aber nach dem Recht des Ursprungsmitgliedsstaates (*lex fori*) doch noch säumig geworden ist.[305] Dieses ist dann gegeben, wenn der Schuldner nach anfänglichem Widerspruch bei einer Gerichtsverhandlung nicht erschienen ist oder nicht vertreten wurde, sofern dieses Verhalten nach dem nationalen Recht als stillschweigendes/konkludentes Zugeständnis der Forderung oder des vom Gläubiger behaupteten Sachverhalts anzusehen ist (Art. 3 Abs. 1 S. 2 lit. c EuVTVO). Einen solchen Fall stellt es beispielsweise dar, wenn der Schuldner im deutschen Mahnverfahren zwar widerspricht, sich im Klageverfahren dann aber nicht einlässt, so dass ein Versäumnisurteil ergeht, oder wenn der Beklagte nach anfänglichem Bestreiten in einem gerichtlichen (Folge-)Termin nicht erscheint.[306] Führt die Säumnis hingegen nach dem Recht des Ursprungsmitgliedsstaates (*lex fori*) lediglich zu einer Verwerfung des Rechtsmittels, so ist die Forderung nicht unbestritten im Sinne von Art. 3 Abs. 1 S. 2 lit. c EuVTVO.[307]

Aus deutscher Sicht können – neben Anerkenntnisurteilen, gerichtlichen Vergleichen, öffentlichen Urkunden und Vollstreckungsbescheiden – die meisten Versäumnisurteile als Europäischer Vollstreckungstitel bestätigt werden.[308] Im Einzelnen ist jedoch zu differenzieren: Ergeht nach Einspruch des Schuldners wegen des Nichterscheinens ein zweites Versäumnisurteil (vgl. § 345 ZPO), so gilt die Forderung trotz des Einspruchs als unbestritten, so dass ein Europäischer Vollstreckungstitel ausgestellt

305 Vgl. *Rauscher*, GPR 2003/04, 286 [288]; *Stein*, EuZW 2004, 679 [679]; *Wagner*, IPRax 2005, 189 [193]; *Jennissen*, InVo 2006, 218 [222]; Zöller[31]-*Geimer*, Art. 3 EuVTVO, Rn. 4, 7.

306 *Stein*, IPRax 2004, 181 [187 f.]; *Wagner*, IPRax 2005, 189 [193]; *Rellermeyer*, Rpfleger 2005, 389 [393]; *Gebauer*, NJ 2006, 103 [104]; *Jennissen*, InVo 2006, 218 [222].

307 Rauscher-*Papst*, Band II[4], Art. 3 EuVTVO, Rn. 34.

308 *Wagner*, IPRax 2005, 189 [193].

werden kann.[309] Die Forderung bleibt hingegen auch dann bestritten, wenn nach kontradiktorischem Urteil in erster Instanz in der Berufungsinstanz gegen den Schuldner als Berufungskläger ein Versäumnisurteil nach § 539 Abs. 1 ZPO ergeht. Denn hier führt die Säumnis nur zur Verwerfung des Rechtsmittels und gilt nicht als stillschweigendes Zugeständnis. Dieses gilt ebenso bei der Zurücknahme einer Berufung.[310] Eine Bestätigung nach lit. c ist auch dann nicht möglich, wenn die Entscheidung nach einem Einspruch gegen ein Versäumnisurteil nach streitiger Verhandlung gemäß § 343 ZPO gefällt wird. Die Voraussetzungen von Art. 3 Abs. 1 S. 2 lit. c EuVTVO sind dann schon deswegen nicht gegeben, da das Nichterscheinen vor dem Widerspruch lag und im Zeitpunkt letzter mündlicher Tatsachenverhandlung streitig verhandelt worden ist.[311] Es bleibt dann aber noch die Möglichkeit der Bestätigung nach Art. 3 Abs. 2 EuVTVO iVm. Art. 6 Abs. 3 EuVTVO.[312]

Ob die Säumnis des Schuldners schuldhaft erfolgt, ist nach der Verordnung irrelevant. Der Schutz für den Fall einer unverschuldeten Säumnis erfolgt über Art. 19 Abs. 1 EuVTVO.[313] Entscheidend ist nur, dass nach dem Recht des Ursprungsmitgliedsstaates das Verhalten als stillschweigendes Zugeständnis der Forderung oder des vom Gläubiger behaupteten Sachverhalts (wie etwa in § 331 Abs. 1 S. 1 ZPO) anzusehen ist.

2. Wirkung einer Anfechtung des Titels im Ursprungsstaat auf die Bestätigung

Wie soeben in Teil 2, C., I., 4. gezeigt, ist die Rechtskraft einer Entscheidung für die Bestätigung als Europäischer Vollstreckungstitel nicht erforderlich. Demzufolge können auch nach dem Recht des Ursprungsmitgliedsstaats nur vorläufig vollstreckbare Entscheidungen ihre Bestätigung erfahren. Bei diesen Entscheidungen sind also im Ursprungsmitgliedsstaat für den Schuldner noch die nationalen Rechtsbehelfsmöglichkeiten gegeben. Unanfechtbarkeit ist nicht Voraussetzung für die Bestätigung. Der Schuldner kann gegen die Entscheidung mithin noch vorgehen und im Rechtsbehelfsverfahren den Titel aus der Welt schaffen.

Es stellt sich nun die Frage, wie sich diese Anfechtung auf eine bereits erteilte Bestätigung und auf die Bestätigungsfähigkeit bei (lediglich) bereits erfolgtem Antrag auf Bestätigung sowie vor einer Beantragung auswirkt.

---

309 *Kropholler/ von Hein*, EuZPR[9], Art. 3 EuVTVO, Rn. 9; *Nagel/ Gottwald*, IZPR[7], 662, § 14, Rn. 13; Zöller[31]-*Geimer*, Art. 3 EuVTVO, Rn. 8.

310 Zöller[31]-*Geimer*, Art. 3 EuVTVO, Rn. 8.

311 *Kropholler/ von Hein*, EuZPR[9], Art. 3 EuVTVO, Rn. 9; Zöller[31]-*Geimer*, Art. 3 EuVTVO, Rn. 8.

312 Zu dem diesbezüglichen Streitstand siehe sogleich Teil 2, C., II., 3.

313 *Rauscher*, EuVT, 27, Rn. 60; *Kropholler/ von Hein*, EuZPR[9], Art. 3 EuVTVO, Rn. 10; Zöller[31]-*Geimer*, Art. 3 EuVTVO, Rn. 6.

a) Anfechtung nach Bestätigung als Europäischer Vollstreckungstitel

Erfolgt die Anfechtung, nachdem die zugrunde liegende Entscheidung bereits als Europäischer Vollstreckungstitel bestätigt worden ist, so verliert die Bestätigung nach einhelliger richtiger Ansicht[314] ihre Wirksamkeit nicht automatisch. Die Bescheinigung bleibt zunächst wirksam und der Gläubiger kann mittels des Europäischen Vollstreckungstitels die Zwangsvollstreckung gegenüber dem Schuldner betreiben. Der Schuldner ist darauf angewiesen, im Vollstreckungsmitgliedsstaat einen Antrag nach Art. 23 EuVTVO auf Aussetzung oder Beschränkung der Vollstreckung zu stellen.

Der Schuldner darf durch die Einlegung eines voreilig oder bewusst unbegründeten Rechtsbehelfs die Wirkung eines Europäischen Vollstreckungstitels nicht beseitigen können.[315] Vielmehr soll der Gläubiger weiterhin von den Vorteilen der EuVTVO profitieren können. Dem gleichen Rechtsgedanken folgt auch die Regelung in Art. 3 Abs. 2 EuVTVO, auf die sogleich in Teil 2, C., II., 3. eingegangen wird.

b) Anfechtung vor Bestätigung als Europäischer Vollstreckungstitel

Nach einer Auffassung[316] führe die bloße Einlegung eines Rechtsbehelfs noch nicht dazu, dass die Forderung zu einer bestrittenen werde, selbst wenn diese vor der Bestätigung als Europäischer Vollstreckungstitel erfolgt sei. Die Bestätigung der Entscheidung als Europäischer Vollstreckungstitel bleibe weiterhin möglich.[317] Denn es sei willkürlich, danach zu differenzieren, ob der Rechtsbehelf vor oder nach Erlass einer Bestätigung eingelegt worden sei. Ebenso könne nicht auf den Zeitpunkt der Antragstellung für die Bestätigung abgestellt werden.[318] Danach sei die bloße Einlegung eines Rechtsbehelfs nicht dazu geeignet, die Forderung zu einer bestrittenen zu machen. Erst, wenn der Schuldner im Rechtsbehelfsverfahren gegen die Aufrechterhaltung der angefochtenen Entscheidung kämpft, sei die bisherige Bestätigung obsolet[319] und wohl auch keine Bestätigung mehr zu erteilen.

---

314 *Stein*, EuZW 2004, 679 [680]; *Klippstein*, in: *Gebauer/ Wiedmann* (Hrsg.)[1], Kap. 31, Rn. 31; *Wagner*, IPRax 2005, 189 [193]; *Rellermeyer*, Rpfleger 2005, 389 [393]; *Gebauer*, NJ 2006, 103 [104]; *Burgstaller/ Neumayr*, ÖJZ 2006, 179 [182]; *Bittmann*, in: *Gebauer/ Wiedmann* (Hrsg.)[2], Kap. 28, Rn. 28; *Kropholler/ von Hein*, EuZPR[9], Art. 3 EuVTVO, Rn. 12 und 14; Musielak[13]-*Lackmann*, Art. 3 EuVTVO, Rn. 6; Thomas/ Putzo[37]-*Hüßtege*, Art. 3 EuVTVO, Rn. 5; Zöller[31]-*Geimer*, Art. 3 EuVTVO, Rn. 10.

315 Vgl. *Klippstein*, in: *Gebauer/ Wiedmann* (Hrsg.)[1], Kap. 31, Rn. 31; *Bittmann*, in: *Gebauer/ Wiedmann* (Hrsg.)[2], Kap. 28, Rn. 28.

316 *Coester-Waltjen*, FS Tugrul Ansay (2006), 47 [52]; *Schlosser*/ Hess, EU-ZPR[4], Art. 3 EuVTVO, Rn. 7.

317 *Coester-Waltjen*, FS Tugrul Ansay (2006), 47 [52]; *Schlosser*/ Hess, EU-ZPR[4], Art. 3 EuVTVO, Rn. 8.

318 *Schlosser*/ Hess, EU-ZPR[4], Art. 3 EuVTVO, Rn. 8.

319 *Schlosser*/ Hess, EU-ZPR[4], Art. 3 EuVTVO, Rn. 7.

Dem kann nicht gefolgt werden. Diese Ansicht findet keinerlei Stütze in der Verordnung. Sie ist auch nicht von dem Ziel der Regelung in Art. 3 Abs. 2 EuVTVO gedeckt. Vielmehr indiziert der Zweck der vorgenannten Vorschrift lediglich, dass bei einer einmal erteilten Bestätigung als Europäischer Vollstreckungstitel nicht ohne weiteres die Einlegung eines Rechtsbehelfs gegen die Entscheidung im Ursprungsmitgliedsstaat die Wirkung des Europäischen Vollstreckungstitels beseitigen können soll.

Gegen diese sehr weite Ansicht spricht auch, dass der Schuldner im Fall des Art. 3 Abs. 1 S. 2 lit. b EuVTVO, also bei Bestätigung in einer Säumnissituation, der Forderung zu „keiner Zeit" widersprochen haben darf.

Das Abstellen auf die bereits erteilte Bestätigung als Europäischer Vollstreckungstitel ist auch nicht willkürlich. Denn erst ab diesem Zeitpunkt besteht für den Gläubiger ein schutzwürdiges Vertrauen darauf, dass er mittels Europäischen Vollstreckungstitels gegen den Schuldner vorgehen kann. Vorher kann der Gläubiger nicht auf die Vollstreckungsmöglichkeit nach der EuVTVO vertrauen. Auch der bloße Antrag, der – wie unten gezeigt werden wird[320] – bereits mit Klageeinreichung gestellt werden kann[321] und damit rein spekulativ auf die Möglichkeit der aktiven oder passiven Unbestrittenheit setzt, ändert nichts an dieser Betrachtung. Er führt nicht zu einem Vertrauenstatbestand. Denn ansonsten könnte der Gläubiger mit einer frühzeitigen Antragstellung bei Klageeinreichung bewirken, dass eine vorläufig vollstreckbare Entscheidung über eine zunächst unbestrittene Forderung immer bis zur Entscheidung bzw. zum streitigen Verhandeln in dem Rechtsbehelfsverfahren nach der EuVTVO vollstreckbar ist.

Dieses will die Verordnung jedoch nicht bewirken. Die Möglichkeit der Vollstreckung nach der EuVTVO soll dem Gläubiger nur dann nicht genommen werden, wenn diesem die Bestätigung bereits erteilt worden ist. Der Schuldner soll es nach Erteilung der Bescheinigung nicht in der Hand haben, die Entscheidung, den gerichtlichen Vergleich oder die öffentliche Urkunde aus dem Anwendungsbereich der EuVTVO „herauszuschießen", indem er ein (aussichtsloses) Rechtsbehelfsverfahren anstrengt. Ist der Gläubiger im Besitz eines Europäischen Vollstreckungstitels, soll er so nicht gezwungen werden können, die Vollstreckung von neuem beginnen und ein Vollstreckungsverfahren nach der EuGVVO anstrengen zu müssen, nur weil der Schuldner den zugrunde liegenden Titel angefochten hat. Genau dieses indiziert Art. 3 Abs. 2 EuVTVO.

---

320 Siehe Teil 2, C., III., 1.

321 Wird der Bestätigungsantrag sofort mit Klageerhebung gestellt, ist es relativ unwahrscheinlich, dass eine Anfechtung des zugrunde liegenden Titels vor Entscheidung über die Bestätigung erfolgt, da diese unmittelbar nach der Entscheidung über den Titel erfolgen wird.

Damit erklärt sich auch die Aussage, die bloße Anfechtung führe nicht dazu, dass die Forderung nicht mehr unbestritten ist.[322] Diese bezieht sich nämlich nur auf die Anwendung von Art. 3 Abs. 2 EuVTVO.

c) Ergebnis: Zeitliche Reihenfolge entscheidet

Damit entscheidet bei Anfechtung des zugrunde liegenden Titels durch den Schuldner die Reihenfolge von Anfechtung und Bestätigung als Europäischer Vollstreckungstitel.[323] Die Antragstellung ist unbeachtlich.

Wird der Titel zunächst als Europäischer Vollstreckungstitel bestätigt und erst dann angefochten, so bleibt der Europäische Vollstreckungstitel bestehen. Dem Schuldner bleiben im Vollstreckungsmitgliedsstaat die Anträge auf Aussetzung oder Beschränkung gemäß Art. 23 EuVTVO.[324] Ist über den Rechtsbehelf im Sinne des Schuldners entschieden worden, die Vollstreckung also ausgesetzt oder beschränkt bzw. der Titel nicht mehr vollstreckbar, kann er eine Gegenbestätigung[325] nach Art. 6 Abs. 2 EuVTVO beantragen, die er dem Gläubiger im Fall, dass dieser weiter die Zwangsvollstreckung betreibt, entgegenhalten kann.

3. Art. 3 Abs. 2 EuVTVO

Gerade wurde also geklärt, welche Auswirkungen die Anfechtung des zugrunde liegenden Titels auf diesen und die Bestätigungsmöglichkeit sowie auf den bereits erteilten Europäischen Vollstreckungstitel hat.

Anschließend stellt sich nun die Frage, welche Auswirkungen eine Anfechtung auf die Möglichkeit der Anwendbarkeit der EuVTVO im Rahmen des Rechtsbehelfsverfahrens hat. Die Antwort liefert Art. 3 Abs. 2 EuVTVO. Dabei ist aber auch Art. 6 Abs. 3 EuVTVO, der die Ersatzbestätigung regelt, in den Blick zu nehmen.

Art. 3 Abs. 2 EuVTVO besagt nach seinem Wortlaut, dass diese Verordnung auch für Entscheidungen gilt, die nach Anfechtung von als Europäischer Vollstreckungstitel bestätigten Entscheidungen, gerichtlichen Vergleichen oder öffentlichen Urkunden ergangen sind.

Art. 6 Abs. 3 EuVTVO lautet wörtlich: „Ist nach Anfechtung einer Entscheidung, die als Europäischer Vollstreckungstitel gemäß Abs. 1 bestätigt worden ist, eine Entscheidung ergangen, so wird auf jederzeitigen Antrag unter Verwendung des Formblatts in Anhang V eine Ersatzbestätigung ausgestellt, wenn diese Entscheidung im Ursprungsmitgliedstaat vollstreckbar ist; Art. 12 Abs. 2 bleibt davon unberührt."

---

322 *Rauscher*, EuVT, 32, Rn. 75; Rauscher-*Papst*, Band II[4], Art. 3 EuVTVO, Rn. 49.

323 Ebenso ausdrücklich *Wagner*, IPRax 2005, 189 [193]; *ders.*, NJW 2005, 1157 [1158]; *Burgstaller/ Neumayr*, ÖJZ 2006, 179 [181]; *Kropholler/ von Hein*, EuZPR[9], Art. 3 EuVTVO, Rn. 14; Rn. 6; Zöller[31]-*Geimer*, Art. 3 EuVTVO, Rn. 9; ebenso wohl auch MüKo[4]-*Adolphsen*, Art. 3 EuVTVO, Rn. 15.

324 Siehe zu diesem Rechtsbehelf Teil 4, B., II.

325 Siehe zu diesem Rechtsbehelf Teil 4, A., V.

Was die vorgenannten Regelungen für die Möglichkeit der Bestätigung von Entscheidungen, gerichtlichen Vergleichen oder öffentlichen Urkunden als Europäischer Vollstreckungstitel genau bedeuten, ist nicht ganz eindeutig. Es herrscht in der Literatur weder über die Voraussetzungen noch über die Wirkungen Einigkeit.

Wie schon im vorherigen Unterpunkt 2. angedeutet, besteht die Möglichkeit der Bestätigung der Entscheidung als Europäischer Vollstreckungstitel im Rechtsbehelfsverfahren nach Art. 3 Abs. 2 EuVTVO fort, auch wenn sich die Entscheidung, der gerichtliche Vergleich oder die öffentliche Urkunde aufgrund der Anfechtung eigentlich nicht mehr auf eine unbestrittene Forderung bezieht. Nach anderer Terminologie kann man auch sagen, dass die Forderung ihre Unbestrittenheit eben durch die Anfechtung für das Rechtsbehelfsverfahren nach dieser Vorschrift grundsätzlich nicht verliert.

Art. 3 Abs. 2 EuVTVO besagt also, dass die Verordnung auch für Entscheidungen gilt, die nach Anfechtung von als Europäischer Vollstreckungstitel bestätigten Entscheidungen, gerichtlichen Vergleichen oder öffentlichen Urkunden ergangen sind.[326]

Dabei muss natürlich – wie auch nach hier vertretener Ansicht im zuvor behandelten Unterpunkt 2. – die Bestätigung vor der Anfechtung bereits erteilt worden sein. Vorstehendes gilt also nicht für noch nicht als Europäischer Vollstreckungstitel bestätigte Entscheidungen. Weder der Wortlaut noch der Zweck von Art. 3 Abs. 2 EuVTVO sind hier einschlägig.[327] Denn dem Gläubiger fehlt es an einem schutzwürdigen Vertrauen in den Bestand einer bereits erteilten Bestätigung seines Titels als Europäischer Vollstreckungstitel.

Nach Anfechtung einer bereits als Europäischer Vollstreckungstitels bestätigten Entscheidung, eines gerichtlichen Vergleichs oder einer öffentlichen Urkunde sind verschiedene Konstellationen denkbar, je nachdem, wie sich der Schuldner im weiteren Rechtsbehelfsverfahren verhält.

Da die Forderung für das Rechtsbehelfsverfahren nach Art. 3 Abs. 2 EuVTVO seine Eigenschaft als unbestritten zunächst durch die Anfechtung nicht verliert bzw. die EuVTVO weiterhin anwendbar ist, auch wenn die Forderung nunmehr nicht mehr unbestritten ist,[328] kann die Entscheidung im Rechtsbehelfsverfahren ohne

326 *Stein*, EuZW 2004, 679 [680]; *Klippstein*, in: *Gebauer/ Wiedmann* (Hrsg.)[1], Kap. 31, Rn. 31; *Rellermeyer*, Rpfleger 2005, 389 [393]; *Wagner*, NJW 2005, 1157 [1158]; *Jennissen*, InVo 2006, 218 [222]; *Bittmann*, in: *Gebauer/ Wiedmann* (Hrsg.)[2], Kap. 28, Rn. 28; Zöller[31]-*Geimer*, Art. 3 EuVTVO, Rn. 11; vgl. ferner Erwägungsgrund 7 zur EuVTVO.

327 *Kropholler/ von Hein*, EuZPR[9], Art. 3 EuVTVO, Rn. 14; Rauscher-*Papst*, Band II[4], Art. 3 EuVTVO, Rn. 46 f.

328 Über die Terminologie lässt sich streiten: ob man nun die Forderung weiterhin als unbestritten ansieht oder die Anwendbarkeit der EuVTVO hier auch auf nunmehr nicht mehr unbestrittene Forderungen ausdehnt, ist im Ergebnis unerheblich. Um klarzustellen, dass nach Anfechtung des Ausgangstitels eine Bestätigung mangels Unbestrittenheit nicht mehr in Frage kommt, ist es konsequent davon zu sprechen,

weiteres als Europäischer Vollstreckungstitel bestätigt werden, wenn der Schuldner sich nicht weiter am Rechtsbehelfsverfahren beteiligt, obwohl dieses darin vorgesehen ist (wie beispielsweise nach § 345 ZPO). Es sind dann zwei Szenarien zu unterscheiden:

Zum einen kann die Entscheidung, die im Rechtsbehelfsverfahren ergeht, unter den Voraussetzungen von Art. 3 Abs. 1 S. 2 lit. b oder c EuVTVO als Europäischer Vollstreckungstitel bestätigt werden.

Wurde die angefochtene Entscheidung (bzw. der gerichtliche Vergleich oder die öffentliche Urkunde) nicht aufgehoben, so bleibt die bereits erteilte Bestätigung dieses Titels bestehen.

Die Rechtsbehelfsentscheidung kann dann nur insoweit als Europäischer Vollstreckungstitel bestätigt werden, als sie selbst ein neues Urteil auf Zahlung eines Geldbetrages beinhaltet.[329] Da es sich dann erneut um eine Säumnisentscheidung im Rechtsbehelfsverfahren handelt, müssen, um die Ersatzbestätigung gemäß Art. 6 Abs. 3 EuVTVO erteilen zu können, die Voraussetzungen nach Art. 12 Abs. 2 EuVT-VO, also die Mindeststandards, eingehalten worden sein.[330] Eine gegenteilige Auffassung wäre aufgrund des klaren Wortlauts der Regelung nicht haltbar.

Wurde in dem Rechtsbehelfsverfahren streitig verhandelt, sind die Mindestvorschriften der Artt. 13 ff. EuVTVO hingegen nicht anzuwenden, da mit Art. 3 Abs. 2 EuVTVO die Möglichkeit der Bestätigung geschaffen worden ist, wenn die Forderung im Rechtsbehelfsverfahren bestritten wird.[331] Zu dem Streitthema der Bestätigungsmöglichkeit der Rechtsbehelfsverfahren, in denen streitig verhandelt wurde, siehe sogleich unter a) bis c).

Nach anderer – hier nicht vertretener Ansicht – sollen die Mindestanforderungen für alle Rechtsbehelfsentscheidungen gelten, wenn es sich bei diesen um passiv unbestrittene handelt.[332]

Fraglich ist nun, was geschieht, wenn andererseits ein streitiges Verfahren durchgeführt wird.

a) Bestätigung nur unter den Voraussetzungen von Art. 3 Abs. 1 S. 2 lit. a EuVTVO

Nach einer Ansicht könne die neue Entscheidung nur nach Art. 3 Abs. 1 S. 2 lit. a EuVTVO als Europäischer Vollstreckungstitel bestätigt werden, wenn sich der Schuldner an dem Rechtsbehelfsverfahren wie vorgesehen beteilige. Die Bestätigung

---

dass Art. 3 Abs. 2 EuVTVO die Anwendbarkeit auf dann nicht mehr unbestrittene Forderungen erweitert.

329 *Schlosser*/ Hess, EU-ZPR^4, Art. 3 EuVTVO, Rn. 9.

330 Stellungnahme der Kommission zum gemeinsamen Standpunkt an das Europäische Parlament vom 09.02.2004, KOM (2004) 90 endg., S. 3 unter 3.1 bzw. S. 10 unter 3.3.2 zu Art. 10.

331 Vgl. *Stürner*, in: *Kindl/ Meller-Hannich/ Wolf* (Hrsg.)^2, Art. 12 EuVTVO, Rn. 11.

332 Rauscher-*Papst*, Band II^4, Art. 6 EuVTVO, Rn. 57.

der angefochtenen Entscheidung bleibe insoweit bestehen, als sie nach Anhang IV eingeschränkt sei.[333] Darin wird die Gegenbestätigung der Nichtvollstreckbarkeit bzw. der eingeschränkten Vollstreckbarkeit gemäß Art. 6 Abs. 2 EuVTVO erteilt.

Auch für die Bestätigung einer Rechtsbehelfsentscheidung sei nämlich zu fordern, dass die Forderung im letzten Verfahrensstand unbestritten im Sinne der EuVTVO sei.[334]

Art. 3 Abs. 2 EuVTVO müsse dahingehend verstanden werden, dass lediglich durch die Einlegung eines Rechtsmittels die Forderung nicht zu einer bestrittenen wird. Legt der Schuldner nur einen Rechtsbehelf ein, bleibt dann aber erneut untätig, dann werde das Einlegen des Rechtsbehelfs nicht als Bestreiten gewertet; liegen zudem die sonstigen Voraussetzungen der EuVTVO gegebenenfalls inklusive der Mindestvorschriften vor, so könne die nach einem Rechtbehelf ergangene Entscheidung ebenfalls als Europäischer Vollstreckungstitel bestätigt werden.[335]

Wird das Rechtsbehelfsverfahren hingegen streitig durchgeführt und der als Europäischer Vollstreckungstitel bestätigte Titel beseitigt, sei entgegen dem Wortlaut des Art. 6 Abs. 3 EuVTVO der Anwendungsbereich der Verordnung nicht mehr gegeben, da die Forderung nicht mehr unbestritten sei.[336]

b) Bestätigung der Rechtsbehelfsentscheidung auch bei streitigem Verfahren

Nach anderer Ansicht könne, wenn eine als Europäischer Vollstreckungstitel bestätigte Entscheidung angefochten wird, nach Art. 3 Abs. 2 EuVTVO die Entscheidung, die auf diesen Rechtsbehelf hin ergeht, selbst dann noch als Europäischer Vollstreckungstitel bestätigt werden, wenn die Parteien im Rechtsbehelfsverfahren über den Verfahrensgegenstand streitig verhandelt haben.[337]

Die Eigenschaft als unbestritten verliere die Forderung durch das kontradiktorische Rechtsbehelfsverfahren nicht.[338]

Die sonstigen Voraussetzungen für die Bestätigung als Europäischer Vollstreckungstitel müssen hingegen auch hier noch vorliegen (Art. 6 Abs. 3 EuVTVO) – es muss sich also um eine fällige Geldforderung handeln und gegebenenfalls müssen die

---

333 *Schlosser*/ Hess, EU-ZPR[4], Art. 3 EuVTVO, Rn. 10.

334 *Rauscher*, EuVT, 33, Rn. 76; *Rellermeyer*, Rpfleger 2005, 389 [393]; *Bittmann*, in: *Gebauer/ Wiedmann* (Hrsg.)[2], Kap. 28, Rn. 28; Rauscher-*Papst*, Band II[4], Art. 3 EuVTVO, Rn. 49 und Art. 6 EuVTVO, Rn. 5

335 *Rauscher*, EuVT, 33, Rn. 76.

336 *Burgstaller/ Neumayr*, ÖJZ 2006, 179 [182].

337 *Stein*, IPRax 2004, 181 [187, Fn. 46]; *ders.*, EuZW 2004, 679 [680]; *Klippstein*, in: *Gebauer/ Wiedmann* (Hrsg.)[1], Kap. 31, Rn. 32; *Wagner*, NJW 2005, 1157 [1158]; *ders.*, IPRax 2005, 189 [193]; *Coester-Waltjen*, Jura 2005, 394 [394]; *dies.*, FS Tugrul Ansay (2006), 47 [52]; *Gebauer*, NJ 2006, 103 [104]; *Rijavec*, ZZPInt 12 (2007), 155 [169 f.]; *Kropholler/ von Hein*, EuZPR[9], Art. 3 EuVTVO, Rn. 12 und Art. 6 EuVTVO, Rn. 18; Musielak[13]-*Lackmann*, Art. 3 EuVTVO, Rn. 7; Thomas/ Putzo[37]-*Hüßtege*, Art. 3 EuVTVO, Rn. 5; Zöller[31]-*Geimer*, Art. 3 EuVTVO, Rn. 11.

338 Zöller[31]-*Geimer*, Art. 3 EuVTVO, Rn. 11.

Mindestvorschriften der Artt. 12 ff. EuVTVO eingehalten worden sein. Der Gläubiger soll aber durch die Anstrengung eines Rechtsbehelfsverfahrens durch den Schuldner nicht um seine Bemühungen zur Schaffung eines Vollstreckungstitels bei einer unbestrittenen Forderung gebracht werden. Denn es wäre unzumutbar, den Europäischen Vollstreckungstitel für ungültig zu erklären und den Gläubiger zu zwingen, ein neues Verfahren anzustrengen, was bis zum Inkrafttreten der EuGVVO n.F. ein Exequaturverfahren gewesen wäre.[339] Es liefe dem grundlegenden Sinn und Zweck und Kerngegenstand der Verordnung einer vereinfachten und beschleunigten Vollstreckung zuwider, könnte der Schuldner durch Einlegung eines – auch offenkundig unbegründeten – Rechtsbehelfs diese Möglichkeit zunichte machen.[340] Für diese Auslegung spreche zum einen der Wortlaut von Art. 3 Abs. 2 und Art. 6 Abs. 3 EuVTVO. Zum anderen hätte es der Feststellung der Bestätigungsmöglichkeit nicht bedurft, wenn nur solche Entscheidungen nach dem Rechtsbehelfsverfahren hätten bestätigt werden dürfen, in denen der Schuldner erneut säumig oder bei denen der Rechtsbehelf unzulässig ist.[341]

c) Stellungnahme und Ergebnis

Wie schon eingangs erwähnt,[342] ist die Auslegung des Wortlauts der Regelungen des Art. 3 Abs. 2 und des Art. 6 Abs. 3 EuVTVO nicht einheitlich und beziehen sich beide Ansichten zum Teil auf den Wortlaut der vorgenannten Vorschriften. Dennoch spricht meines Erachtens der Wortlaut der Norm für den weiten Anwendungsbereich des Art. 3 Abs. 2 EuVTVO auch auf streitige Rechtsbehelfsverfahren, da dieser keinen Hinweis auf eine Einschränkung dahingehend enthält, dass der auf die Anfechtung des Titels ergehenden Entscheidung eine unbestrittene Forderung zugrunde liegen muss.[343]

Die Ansicht, dass eine Bestätigung einer Rechtsbehelfsentscheidung, die in einem kontradiktorischen (streitigen) Verfahren ergangen ist, nicht nach Art. 3 Abs. 2 EuVTVO iVm. Art. 6 Abs. 3 EuVTVO als Europäischer Vollstreckungstitel bestätigt werden könne, stützt sich darauf, dass Art. 3 Abs. 2 EuVTVO nicht als Spezialvorschrift gegenüber Art. 3 Abs. 1 EuVTVO angesehen werden dürfe. Art. 3 Abs. 2 EuVTVO verdränge den Absatz 1 nicht, sondern stelle nur klar, dass nicht allein die Einlegung eines Rechtsbehelfs die Forderung zu einer bestrittenen mache, hingegen folge aus

339 Stellungnahme der Kommission zum gemeinsamen Standpunkt an das Europäische Parlament vom 09.02.2004, KOM (2004) 90 endg, 3 unter 3.1.

340 Stellungnahme der Kommission zum gemeinsamen Standpunkt an das Europäische Parlament vom 09.02.2004, KOM (2004) 90 endg, 3 unter 3.1; *Kropholler/von Hein*, EuZPR[9], Art. 3 EuVTVO, Rn. 12; vgl. auch Erwägungsgrund 7 zur EuVTVO.

341 *Jennissen*, InVo 2006, 218 [223].

342 Siehe Teil 2, C., II., 3.

343 Ebenso *Jennissen*, InVo 2006, 218 [223].

dieser Vorschrift nicht, dass bereits jede Rechtsbehelfentscheidung bestätigt werden müsse, nur weil dies für die erstinstanzliche Entscheidung möglich gewesen sei.[344]

Es seien beide Absätze gemeinsam anzuwenden. Voraussetzung für die Vollstreckung einer Rechtsbehelfsentscheidung auf die Anfechtung einer bereits als Europäischer Vollstreckungstitel bestätigten Entscheidung nach der EuVTVO sei, dass ihr im gerichtlichen Verfahren „zu keiner Zeit" widersprochen worden (Art. 3 Abs. 1 S. 2 lit. b EuVTVO) oder der Schuldner nach Widerspruch „zu einer Gerichtsverhandlung nicht erschienen" (Art. 3 Abs. 1 S. 2 lit. c EuVTVO) sei.[345]

Wenn das nationale Verfahrensrecht einen Rechtsbehelf gegen eine Säumnisentscheidung einräumt, so beseitige sie damit grundsätzlich die in Art. 3 Abs. 1 S. 2 lit. c 2. HS EuVTVO vorausgesetzte Zugeständnisfiktion, so dass bei einem streitigen Verhandeln nicht mehr von einer nach Art. 3 Abs. 1 EuVTVO unbestrittenen Forderung gesprochen werden könne.[346]

aa) Zweck/ teleologische Auslegung

Andererseits steht der Zweck der Regelung des Art. 3 Abs. 2 EuVTVO und die Möglichkeit der Ersatzbestätigung nach Art. 6 Abs. 3 EuVTVO der vorgenannten Ansicht gerade entgegen. Denn, wenn durch die Einlegung eines Rechtsbehelfs durch den Schuldner und danach durchgeführter streitiger Verhandlung der Titel automatisch aus dem Anwendungsbereich der EuVTVO herausfiele, würde der Gläubiger, der schon einen Europäischen Vollstreckungstitel erlangt und auf die vereinfachte Vollstreckung desselben vertraut hat, gezwungen, ein neues Verfahren durchzuführen – und zwar bis zum Inkrafttreten der EuGVVO am 10.01.2015 ein Exequaturverfahren. Gerade dieses will die Vorschrift des Art. 3 Abs. 2 EuVTVO aber verhindern, da ein solches Vorgehen zu Recht als dem Gläubiger nicht zumutbar angesehen wird.

„Andernfalls könnte ein Schuldner, gegen den eine Entscheidung erwirkt worden ist, die als Vollstreckungstitel bestätigt worden ist, die Vollstreckung durch Einlegung eines Rechtsbehelfs – auch eines offenkundig unbegründeten – im Ursprungsmitgliedstaat verzögern und damit die Vorzüge eines Europäischen Vollstreckungstitels zunichte machen. Dies liefe dem ureigensten Ziel der Verordnung, die Vollstreckung in anderen Mitgliedstaaten zu vereinfachen und zu beschleunigen, entgegen, ja würde das genaue Gegenteil bewirken."[347]

Die Regelung soll das Prinzip durchsetzen, dass eine Forderung, über die einmal ein Titel auf der Grundlage fehlenden Bestreitens ergangen und die auch als Europäischer Vollstreckungstitel bestätigt worden ist, in jedem Fall im Anwendungsbereich der

344 Rauscher-*Papst*, Band II[4], Art. 3 EuVTVO, Rn. 49.
345 *Rauscher*, EuVT, 33, Rn. 76.
346 *Rauscher*, EuVT, 33, Rn. 76.
347 Stellungnahme der Kommission zum gemeinsamen Standpunkt an das Europäische Parlament vom 09.02.2004, KOM (2004) 90 endg, 3 unter 3.1.

EuVTVO verbleibt und von der vereinfachten und kostengünstigeren Vollstreckungsmöglichkeit in den anderen Mitgliedsstaaten profitiert.[348]

Diese Argumentation nimmt den – bereits angesprochenen – Gedanken des schutzwürdigen Vertrauens des Gläubigers auf.

Jedoch verfängt das Argument, dass dem Schuldner ein Anreiz gegeben werden soll, mit einem Bestreiten nicht zum Zwecke des Zeitgewinns bis zum letztmöglichen Zeitpunkt zuzuwarten,[349] nicht uneingeschränkt. Denn es kann dem Schuldner nicht verwehrt werden, die Fristen zur Einlegung von Rechtsbehelfen auch auszunutzen. Auf der anderen Seite soll aber sicherlich ein Anreiz geschaffen werden, dass der Schuldner es nicht absichtlich oder fahrlässig unterlässt, sich gegen einen unbegründeten Anspruch zu wehren. Er soll nicht darauf vertrauen dürfen, dass er im Vollstreckungsverfahren oder mittels Rechtsbehelf einen Titel oder dessen Vollstreckbarkeit noch aus der Welt schaffen kann. *Coester-Waltjen* sieht darin meines Erachtens richtigerweise einen gewollten „erzieherischen Effekt".[350]

Für die enge Auslegung des Anwendungsbereichs von Art. 3 Abs. 2 EuVTVO und damit der Voraussetzung, dass ein Fall von Art. 3 Abs. 1 EuVTVO auch im Rechtsbehelfsverfahren zum Zeitpunkt letzter mündlicher Tatsachenverhandlung vorliegen müsse, spreche die *ratio* der Verordnung.[351] Da die Verordnung dem Schuldner auf der einen Seite die Ausschöpfung des Rechtswegs im Ursprungsmitgliedsstaat aufbürde, müsse dieser mit dem Rechtsbehelf auch erreichen können, dass ein ursprünglich unstreitiges Verfahren in ein streitiges überführt und damit die Wirkung seiner Säumnis beseitigt werde.[352]

Dagegen kann man aber zum einen einwenden, dass es das Ziel der Verordnung ist, einen einmal als Europäischen Vollstreckungstitel bestätigten Titel nicht wieder aus dem Anwendungsbereich der EuVTVO herausfallen zu lassen. Dieses soll schon gar nicht auf einen – womöglich offensichtlich unbegründeten – und damit mutwilligen Rechtsbehelf des Schuldners erfolgen können.

Weiter soll der Schuldner das Rechtsbehelfsverfahren eigentlich nur anstrengen, wenn er sich damit erhofft, den (aus seiner Sicht) unbegründete Anspruch aus der Welt zu schaffen. Wenn jedoch der Anspruch des Gläubigers nicht besteht, so kann der Schuldner in dem Rechtsbehelfsverfahren sowohl den Titel als auch den darauf ergangenen Europäischen Vollstreckungstitel aus der Welt schaffen. Denn dann wird sein Rechtsbehelf Erfolg haben und der Anspruch im Ganzen untergehen. Mithin besteht auch keine Möglichkeit der Vollstreckung aus dem Europäischen Vollstreckungstitel. Lediglich die Kosten des Säumnisverfahrens, die ggf. der Schuldner aufgrund der verschuldeten Säumnis zu tragen hat, kann der Gläubiger noch als Europäischen Vollstreckungstitel bestätigen lassen. Dagegen spricht aber auch

---

348 *Stein*, EuZW 2005, 679 [680].
349 So *Stein*, EuZW 2005, 679 [680].
350 *Coester-Waltjen*, FS Tugrul Ansay (2006), 47 [52].
351 *Rauscher*, EuVT, 33, Rn. 77.
352 *Rauscher*, EuVT, 33, Rn. 77.

nichts, da diese Forderungen (Kosten der Säumnis) nicht bestritten sind und von dem Schuldner sogar verschuldet.

Wenn der Anspruch sich aber auch im Rechtsbehelfsverfahren als begründet herausstellt und die zunächst unbestrittene Forderung in der Entscheidung bestätigt wird, besteht für den Schuldner kein schutzwürdiges Interesse, dass diese Entscheidung nicht als Europäischer Vollstreckungstitel bestätigt wird. Vielmehr dringt das berechtigte Interesse des Gläubigers durch, dass der Titel über die unbestrittene Forderung, der schon als Europäischer Vollstreckungstitel bestätigt worden war, weiterhin im Anwendungsbereich der EuVTVO verbleibt. Der Gläubiger muss von dem vereinfachten Vollstreckungsverfahren weiterhin profitieren dürfen.

Ebenso geht der Wille des Verordnungsgebers dahin.[353]

bb) Systematik

Hinzu kommt, dass der systematische Zusammenhang auf die weite Auslegung deutet. Denn einer gesonderten Regelung der Bestätigung für die Rechtsmittel- bzw. Rechtsbehelfsentscheidung hätte es ansonsten nicht bedurft.[354] Eine Entscheidung, die etwa einen verspäteten oder nicht formgerechten Einspruch gegen ein Versäumnisurteil verwirft, ließe sich ohne Weiteres in die Kategorie der von Anfang an unbestrittenen Forderung einordnen, und genauso fällt eine zweite Säumnisentscheidung auf einen zulässigen Einspruch problemlos direkt unter Art. 3 Abs. 1 S. 2 lit. c EuVTVO.[355]

Auch das Formular für die Ersatzbestätigung in Anhang V zur EuVTVO, die für die Fälle des Art. 3 Abs. 2 EuVTVO iVm. Art. 6 Abs. 3 EuVTVO vorgesehen ist, zeugt davon, dass auch streitige Rechtsbehelfsverfahren erfasst sind. Denn ansonsten müsste das Formular eine Ziffer enthalten, unter der angekreuzt werden kann, dass es sich um eine unbestrittene Forderung nach Art. 3 Abs. 1 S. 2 lit. a-d EuVTVO handelt. Es wird aber nur in Nr. 8 abgefragt, ob lit. b oder c zum Zeitpunkt der Rechtsbehelfsentscheidung einschlägig sind, da in diesen Fällen die Mindeststandards nach Art. 12 Abs. 2 EuVTVO eingehalten worden sein müssen.

Dieses zeigt darüber hinaus noch, dass Art. 12 Abs. 2 EuVTVO nicht nur klarstellenden Charakter bezüglich der Ersatzbestätigung hat, wie es die Gegenansicht[356] meint. Diese besagt nämlich, dass Art. 3 Abs. 1 EuVTVO ohnehin anzuwenden sei, was durch Art. 12 Abs. 2 EuVTVO nur klargestellt werde. Die Vorschrift wäre im Fall der engen Auslegung aber überflüssig.

---

353 Vgl. Erwägungsgrund 7 zur EuVTVO; Stellungnahme der Kommission zum gemeinsamen Standpunkt an das Europäische Parlament vom 09.02.2004, KOM (2004) 90 endg, 3 unter 3.1 und 10 unter 3.3.2 zu Art. 10; *Jennissen*, InVo 2006, 218 [223].

354 *Jennissen*, InVo 2006, 218 [223].

355 *Jennissen*, InVo 2006, 218 [223].

356 *Rauscher*, EuVT, 33, Rn. 78.

Sie ist hingegen nach der weiten Auslegung notwendig, um im Fall der Säumnisentscheidungen eine Überprüfung der Mindeststandards anzuordnen, weil Art. 3 Abs. 1 EuVTVO eben nicht zu prüfen ist. Da Art. 3 Abs. 2 EuVTVO alle Fälle erfasst, muss explizit ausgesprochen werden, dass in den lit. b oder c gleich gelagerten Fällen eine Überprüfung der Vorschriften in Kapitel III der Verordnung erfolgt.

cc) Ergebnis

Damit sprechen die besseren Argumente für eine weite, dem Wortlaut, der Systematik und dem Zweck von Art. 3 Abs. 2 EuVTVO folgende Auslegung der Regelung.

Folglich können auch Rechtsbehelfsentscheidungen, die in einem streitigen Verfahren ergangen sind, als Europäischer Vollstreckungstitel bestätigt werden, sofern der angefochtene Titel bereits als Europäischer Vollstreckungstitel bestätigt worden war.

Die Einbeziehung von Titeln über nicht mehr unbestrittene Forderungen findet nach fast einhelliger und richtiger Ansicht[357] nur statt, wenn im Zeitpunkt der Anfechtung der Entscheidung bereits eine Bestätigung als Europäischer Vollstreckungstitel erfolgt ist.[358]

Ein vom Verordnungsgeber sicherlich nicht gewollter Nebeneffekt ist, dass auch eine streitige Entscheidung, die zugunsten des einen Einspruch einlegenden säumigen vermeintlichen Schuldners im streitigen Rechtsbehelfsverfahren ergeht, vom Wortlaut des Art. 3 Abs. 2 EuVTVO erfasst ist.[359] Als Beispiel kann demnach ein Kostenfestsetzungsbeschluss, der nach einer die Klage abweisenden Entscheidung ergeht, als Europäischer Vollstreckungstitel in allen Mitgliedsstaaten vollstreckt werden, auch wenn hier von einer unbestrittenen Forderung nicht gesprochen werden kann.[360]

Allein aus diesem Umstand heraus, entgegen den Auslegungsgrundsätzen Art. 3 Abs. 1 EuVTVO anzuwenden, ist jedoch – wie beschrieben – nicht gerechtfertigt.

4. Mögliche deutsche Vollstreckungstitel

Für eine Vollstreckung im Ausland können im deutschen Prozessrecht als Europäischer Vollstreckungstitel bestätigt werden: Vollstreckungsbescheide (§ 699 ZPO), Anerkenntnisurteile (§ 307 ZPO), Versäumnisurteile (§ 331 ZPO), ein zweites Versäumnisurteil nach § 345 ZPO, Festsetzungsbeschlüsse nach § 253 FamFG – einschließlich hierauf beruhender Kostenfestsetzungsbeschlüsse[361] – Prozessvergleiche

---

357 Anderer Auffassung ist *Schlosser*/ Hess, EU-ZPR[4], Art. 3 EuVTVO, Rn. 7 f., der das Abstellen auf den Zeitpunkt der Bestätigung für willkürlich hält.

358 *Stein*, EuZW 2004, 679 [680]; Zöller[31]-*Geimer*, Art. 3 EuVTVO, Rn. 9 f.

359 *Coester-Waltjen*, FS Tugrul Ansay (2006), 47 [53].

360 *Coester-Waltjen*, FS Tugrul Ansay (2006), 47 [53].

361 *Jennissen*, InVo 2005, 437 [439].

(§ 794 Abs. 1 Nr. 1 ZPO), notarielle Urkunden (§ 794 Abs. 1 Nr. 5 ZPO) und vollstreckbare Urkunden des Jugendamts (§§ 58, 60 SGB VIII).

Problematisch ist die Möglichkeit der Bestätigung als Europäischer Vollstreckungstitel bzw. deren Einordnung bei Anwaltsvergleichen nach §§ 796a, b ZPO und nach § 796c ZPO.

Der von einem Gericht gemäß §§ 796a und 796b ZPO für vollstreckbar erklärte Anwaltsvergleich kann als gerichtlicher Vergleich gemäß Art. 24 EuVTVO als Europäischer Vollstreckungstitel bestätigt werden.[362] Die Gegenansicht, dass es sich bei einem Anwaltsvergleich, der nach § 796a ZPO bestätigt wurde, nicht um einen Vergleich im Sinne der EuVTVO handele,[363] mag nicht zu überzeugen. Denn nach der nunmehr verabschiedeten Fassung der Verordnung werden auch gerichtlich gebilligte Vergleiche von Art. 24 EuVTVO erfasst. Diese müssen nicht materiell von dem Gericht akzeptiert werden, es reicht aus, wenn der Vergleich formal gebilligt wurde. Darunter lässt sich ohne Probleme auch der von einem Gericht für vollstreckbar erklärte Anwaltsvergleich nach § 796a ZPO subsumieren. Insoweit besteht ein Unterschied zur Norm des Art. 58 EuGVVO a.F., auf welche sich die Gegenansicht bezieht.[364] Vollstreckungstitel ist hier der Gerichtsbeschluss, der den Anwaltsvergleich für Vollstreckbar erklärt (§ 794 Abs. 1 Nr. 4b ZPO).[365]

Hingegen kann der durch einen Notar gemäß § 796c ZPO für vollstreckbar erklärte und in Verwahrung genommene Anwaltsvergleich als Europäischer Vollstreckungstitel nach Art. 25 EuVTVO (öffentliche Urkunde) bestätigt werden.[366]

Die Vollstreckbarkeit der Anwaltsvergleiche nach § 796b ZPO und § 796c ZPO ergibt sich aus § 794 Abs. 1 Nr. 4b ZPO.

5. Eingeschränkte Zuständigkeitsprüfung

Nach Art. 6 Abs. 1 lit. b EuVTVO wird im Bestätigungsverfahren die Zuständigkeit des Gerichts, das den Titel erlassen hat, nur eingeschränkt nachgeprüft. Diese Prüfung beschränkt sich auf bestimmte in der EuGVVO vorgesehene gesetzliche Zuständigkeiten (Kapitel II, Abschnitte 3 und 6 der EuGVVO).[367] Dieses sind die halb

---

362 *Leible/ Lehmann*, NotBZ 2004, 453 [456]; *Wagner*, IPRax 2005, 189 [192]; *Jennissen*, InVo 2006, 218 [220]; *Kropholler/ von Hein*, EuZPR[9], Art. 24 EuVTVO, Rn. 2; *Schlosser*/ Hess, EU-ZPR[4], Art. 24 EuVTVO, Rn. 3; Musielak[13]-*Voit*, § 796b ZPO, Rn. 4; Zöller[31]-*Geimer*, Art. 24 EuVTVO, Rn. 1.

363 *Rellermeyer*, Rpfleger 2005, 389 [392].

364 *Jennissen*, InVo 2006, 218 [220].

365 Vgl. *Leible/ Lehmann*, NotBZ 2004, 453 [456].

366 *Leible/ Lehmann*, NotBZ 2004, 453 [456]; *Kropholler/ von Hein*, EuZPR[9], Art. 24 EuVTVO, Rn. 2; Zöller[31]-*Geimer*, Art. 24 EuVTVO, Rn. 1; a.A.: *Wolfsteiner*, Die vollstreckbare Urkunde[3], Rn. 54.31.

367 *Wagner*, IPRax 2005, 189 [193]; *Ernst*, JurBüro 2005, 568 [570]; *Rellermeyer*, Rpfleger 2005, 389 [394]; *Pfeiffer*, BauR 2005, 1541 [1545]; *Gebauer*, NJ 2006, 103 [104]; *Jennissen*, InVo 2006, 218 [223]; Zöller[31]-*Geimer*, Art. 6 EuVTVO, Rn. 2.

zwingenden Zuständigkeiten für Versicherungssachen in Artt. 10–16 EuGVVO n.F. (Artt. 8–14 EuGVVO a.F) und die ausschließlichen Gerichtsstände der Belegenheit oder der Registrierung nach Art. 24 EuGVVO n.F. (Art. 22 EuGVVO a.F.).[368] Voraussetzung ist aber, dass die EuGVVO grundsätzlich anwendbar wäre.[369] Bei einer Verletzung der vorgenannten Vorschriften würde auch nach Art. 45 Abs. 1 lit. e EuGVVO n.F. (Art. 35 Abs. 1 EuGVVO a.F.) die Anerkennung versagt werden und damit die Vollstreckung nach der EuVTVO scheitern.[370]

Sonstige Verletzungen von Zuständigkeitsvorschriften werden im Bestätigungsverfahren nicht geprüft.[371] Dieses erscheint folgerichtig, da ein Verstoß gegen andere zwingende Schutzregeln der EuGVVO auch eine Vollstreckbarerklärung nach der EuGVVO a.F. nicht verhindern würde.[372]

Nicht nachgeprüft wird also die Einhaltung der Vorschriften in Arbeits- und Verbrauchersachen[373] und die Verletzung ausschließlicher Gerichtsstandsvereinbarungen.[374]

a) Arbeitsrechtssachen

Die Nichtberücksichtigung von Zuständigkeitsverstößen in Arbeitsrechtssachen ist auf die bereits bei Erlass der EuGVVO a.F. angenommene These zurückzuführen, dass Schuldner vollstreckbarer Titel hier der Arbeitgeber sei,[375] der nicht besonders schutzbedürftig ist. Jedoch ist es durchaus denkbar, dass auch der Arbeitnehmer Schuldner einer arbeitsvertraglichen Geldforderung sein kann, die unter die Verordnung fällt. So könne ein Arbeitgeber Schadensersatzansprüche gegenüber seinem bei ihm angestellten Fernfahrer im (womöglich weit entfernten) Deliktsgerichtsstand gemäß Art. 7 Nr. 2 EuGVVO n.F. (Art. 5 Nr. 3 EuGVVO a.F.) geltend machen.[376] Dieser

---

368 *Wagner*, IPRax 2005, 189 [193]; *Rellermeyer*, Rpfleger 2005, 389 [394]; *Coester-Waltjen*, Jura 2005, 394 [395]; *dies.*, FS Tugrul Ansay (2006), 47 [54]; *Gebauer*, NJ 2006, 103 [104]; *Jennissen*, InVo 2006, 218 [223]; *Mankowski*, FS Jan Kropholler (2008), 829 [841]; Zöller[31]-*Geimer*, Art. 6 EuVTVO, Rn. 2.

369 Ebenso *Coester-Waltjen*, FS Tugrul Ansay (2006), 47 [54].

370 *Rauscher*, GPR 2003/04, 286 [288].

371 *Rauscher*, GPR 2003/04, 286 [288]; *Rellermeyer*, Rpfleger 2005, 389 [394]; *Coester-Waltjen*, Jura 2005, 394 [395]; *Gebauer*, NJ 2006, 103 [104]; Zöller[31]-*Geimer*, Art. 6 EuVTVO, Rn. 2.

372 *Nagel/ Gottwald*, IZPR[7], 663, § 14, Rn. 20.

373 Zu den Besonderheiten bei Verbrauchersachen und der eigenständigen Regelung in Art. 6 Abs. 1 lit. d EuVTVO siehe unten Teil 1, D., 5., a). Aufgrund vorgenannter Regelung ist eine Einbettung in Art. 6 Abs. 1 lit. b EuVTVO überflüssig.

374 *Wagner*, IPRax 2005, 189 [194]; *Rellermeyer*, Rpfleger 2005, 389 [394]; *Pfeiffer*, BauR 2005, 1541 [1545].

375 *Mankowski*, FS Jan Kropholler (2008), 829 [844]; Rauscher-*Papst*, Band II[4], Art. 6 EuVTVO, Rn. 23.

376 Magnus/ Mankowski[2]-*Mankowski*, Art. 35 Brüssel I-VO, Rn. 42; Rauscher-*Papst*, Band II[4], Art. 6 EuVTVO, Rn. 23.

Gerichtsstand ist zwar nach Art. 20 Abs. 1 EuGVVO n.F. (Art. 18 Abs. 1 EuGVVO a.F) ausgeschlossen, weil der Arbeitnehmer gemäß Art. 22 Abs. 1 EuGVVO n.F. (Art. 20 Abs. 1 EuGVVO a.F.) nur in seinem Wohnsitzstaat verklagt werden kann. Dennoch hindert diese falsche Zuständigkeitsbegründung nicht die Bestätigung der Entscheidung als Europäischer Vollstreckungstitel. Ebenso wäre die Anerkennung nach der EuGVVO a.F. nicht versagt worden.[377] Anders ist dieses jedoch nach Art. 45 Abs. 1 lit. e EuGVVO n.F., wonach die Anerkennung bei Verstoß gegen die Zuständigkeitsbestimmungen in Arbeitsrechtssachen versagt wird, wenn der Beklagte der Arbeitnehmer ist.

Da die Zuständigkeit in Arbeitsrechtssachen nicht im Bestätigungsverfahren überprüft zu werden braucht, ist auch ein Widerruf der Bestätigung gemäß Art. 10 EuVTVO nicht möglich. Diese missliche Lage zeigt, dass der Schuldner in höherem Maße die Nichtzuständigkeit der Gerichte rügen muss und es angezeigt ist, dass die Gerichte verstärkt ihre Zuständigkeit überprüfen. Ein ähnlicher Schutz des Arbeitnehmers wie des Verbrauchers wäre daher wünschenswert gewesen,[378] ist aber nach derzeitigem Stand in der EuVTVO nicht gegeben.

Sofern nicht gegen zwingende Zuständigkeitsregeln verstoßen wurde, so kann auch ein Titel, der einen reinen Inlandssachverhalt betrifft, als Europäischer Vollstreckungstitel bestätigt werden.[379]

Wenn der Schuldner seinen (Wohn-)Sitz in einem Drittstaat hat, so dass die EuGVVO nicht anwendbar ist, so können auch solche Titel als Europäische Vollstreckungstitel bestätigt werden, die in einem so genannten exorbitanten Gerichtsstand des nationalen Rechts erlassen wurden (gemäß Artt. 5 Abs. 2, 76 Abs. 1 lit. a EuGVVO von den Mitgliedsstaaten der Kommission zu melden; aufgeführt in Anhang I der EuGVVO a.F.).[380]

b) Prüfungsmaßstab

Die Verordnung regelt nicht, wie das Verfahren zur Prüfung der Voraussetzungen für die Bestätigung als Europäischer Vollstreckungstitel gemäß Art. 6 EuVTVO zu erfolgen hat. Insbesondere wird die Prüfungsdichte nicht geregelt.[381] Um zu gewährleisten, dass nicht Entscheidungen als Europäische Vollstreckungstitel bestätigt werden, bei denen die in Art. 6 EuVTVO aufgezählten Voraussetzungen nicht eingehalten worden sind, ist es erforderlich, dass die für die Bestätigung zuständige Stelle/ Person die Einhaltung eigenständig und unabhängig prüft. Dafür ist es notwendig, dass sie nicht an die Feststellungen und die rechtliche Würdigung der

---

377 Magnus/ Mankowski²-*Mankowski*, Art. 35 Brüssel I-VO, Rn. 41 f.; Rauscher-*Papst*, Band II⁴, Art. 6 EuVTVO, Rn. 23.

378 Ebenso Rauscher-*Papst*, Band II⁴, Art. 6 EuVTVO, Rn. 24.

379 *Jayme/ Kohler*, IPRax 2003, 485 [494]; Burgstaller/ *Neumayr*, ÖJZ 2006, 179 [181]; *Nagel/ Gottwald*, IZPR⁷, 663, § 14, Rn. 20.

380 *Pfeiffer*, BauR 2005, 1541 [1545]; *Mankowski*, FS Jan Kropholler (2008), 829 [844].

381 Rauscher-*Papst*, Band II⁴, Art. 6 EuVTVO, Rn. 45.

zugrunde liegenden Entscheidung gebunden ist. Sie muss vielmehr – regelmäßig unter Beiziehung der Verfahrensakten – prüfen, ob beispielsweise tatsächlich eine ordnungsgemäße Ladung erfolgt ist, auch wenn dieses bereits in den Entscheidungsgründen behauptet wird.[382] Es sollte eine Selbstverständlichkeit darstellen, diesen Prüfungsmaßstab anzulegen, da gerade die Bestätigung im Ursprungsmitgliedsstaat ein Exequaturverfahren im Vollstreckungsmitgliedsstaat entbehrlich machen soll. Dieses ist aber nur gerechtfertigt, wenn im Rahmen des Bestätigungsverfahrens eine eigenständige erneute Prüfung der Einhaltung der Mindestvorschriften erfolgt. Schließlich ist das Ausgangsgericht im Erkenntnisverfahren zunächst nur an sein Prozessrecht gebunden (*lex fori*). Es muss nicht zwingend von einer europaweiten Vollstreckung nach der EuVTVO ausgehen, es sei denn der Gläubiger macht dieses kenntlich. Außerdem besteht immer die Möglichkeit, dass Fehler im Erkenntnisverfahren aufgetreten sind. Dann muss aber eine objektive Überprüfung im Bestätigungsverfahren erfolgen, um die Abschaffung des Exequaturverfahrens zu rechtfertigen. Dieses entspricht dem Grundgedanken der Verordnung.

c) Kritik

An diesem Punkt setzt auch vielfach Kritik an,[383] nämlich, dass für die Bestätigung oftmals das gleiche Gericht bzw. die gleiche Stelle zuständig ist. Damit kommt es zu einer gewissen Selbstkontrolle. Selbst wenn nicht dieselbe Person/ derselbe Richter oder Rechtspfleger zuständig ist, erhöht dieses doch das Risiko des „blinden Vertrauens in die Richtigkeit der in der Entscheidung getroffenen Feststellungen".[384] Zwar hält die EuVTVO die Möglichkeit offen, ein höheres Instanzgericht für das Bestätigungsverfahren für zuständig zu erklären. Jedoch hat der deutsche Gesetzgeber davon in § 1079 ZPO nicht Gebrauch gemacht. Zu den Einzelheiten bezüglich der Zuständigkeit im Bestätigungsverfahren werden unten in Teil 2, C., III., 3. noch nähere Ausführungen gemacht.

d) Nicht anwendbar auf Vergleiche und öffentliche Urkunden

Gemäß Art. 24 Abs. 3 und Art. 25 Abs. 3 EuVTVO steht bei Vergleichen und öffentlichen Urkunden die Verletzung auch von diesen vorgenannten Zuständigkeitsregeln einer Bestätigung als Europäischer Vollstreckungstitel naturgemäß nicht entgegen.[385] Dieses wird dort ausdrücklich damit festgestellt, dass Art. 6 Abs. 1 EuVTVO auf diese Titel keine Anwendung findet. Zudem sind die Zuständigkeitsregeln der EuGVVO nur auf gerichtliche Entscheidungen anzuwenden. Auch wenn es sich um einen Prozessvergleich handelt, so ist die Einhaltung der Zuständigkeitsbestimmungen nicht

---

382 Rauscher-*Papst*, Band II^4, Art. 6 EuVTVO, Rn. 45.

383 *Rauscher*, GPR 2003/04, 286 [288]; *ders.*, EuVT, 35, Rn. 85; *Stadler*, IPRax 2004, 1 [7]; *dies.*, RIW 2004, 801 [805]; *Stein*, IPRax 2004, 181 [189]; *ders.*, EuZW 2004, 679 [680]; *Wagner*, IPRax 2005, 401 [402]; *Mankowski*, VuR 2010, 16 [19].

384 *Rauscher*, EuVT, 35, Rn. 85.

385 *Rauscher*, GPR 2003/04, 286 [293]; *Jennissen*, InVo 2006, 218 [224].

zu prüfen, da in diesem Fall eine beiderseitige Einigung durch den Vergleich zwischen Gläubiger und Schuldner erfolgt ist.

III. Bestätigungsverfahren/ Antrag, Art. 5 ff. EuVTVO

Zur Bestätigung eines Titels über eine unbestrittene Geldforderung als Europäischer Vollstreckungstitel bedarf es eines Antrags. Daraufhin erlässt die zuständige Stelle im Ursprungsmitgliedsstaat den Europäischen Vollstreckungstitel in derselben Sprache wie den Titel mittels der Formblätter, die in den Anhängen der Verordnung enthalten sind (Art. 9 EuVTVO).

1. Antrag

Der Antrag zur Bestätigung als Europäischer Vollstreckungstitel ist nach Art. 6 Abs. 1 EuVTVO an das Ursprungsgericht zu richten und kann jederzeit, das heißt auch schon mit der Klagschrift, aber auch jederzeit nach dem Verfahren, gestellt werden.[386] Es kann zweckmäßig sein, den Antrag auf Bestätigung als Europäischer Vollstreckungstitel gleichzeitig mit dem Titulierungsantrag zu stellen, wenn zu diesem Zeitpunkt nicht auszuschließen ist, dass später in einem anderen Mitgliedsstaat vollstreckt werden muss oder soll.[387] Denn so wird dem Gericht bereits im Erkenntnisverfahren bewusst gemacht, dass es die für eine Bestätigung als Europäischer Vollstreckungstitel erforderlichen Voraussetzungen – wie die Mindestvorschriften aus Artt. 12 ff. EuVTVO – beachten muss. Die Bestätigung kann dann unmittelbar im Anschluss an das Ergehen der Entscheidung erfolgen und liegt dem Gläubiger so frühestmöglich vor.

Wer im Ursprungsmitgliedsstaat über den Antrag entscheidet, wird durch das autonome nationale Recht der Mitgliedsstaaten geregelt.[388] In Deutschland ist dieses in § 1079 ZPO geschehen. Danach sind die Gerichte, Behörden oder Notare zuständig, denen die Erteilung einer vollstreckbaren Ausfertigung obliegt. Ausführungen über nähere Einzelheiten und Probleme bei der Zuständigkeitsregelung für das Bestätigungsverfahren finden sich sogleich unter Teil 2, C., III., 3. b).

---

386 *Rauscher*, GPR 2003/04, 286 [288]; *Stein*, EuZW 2004, 679 [680]; *Klippstein*, in: *Gebauer/ Wiedmann* (Hrsg.)[1], Kap. 31, Rn. 34 f.; *Luckey*, ZGS 2005, 420 [422]; *Rellermeyer*, Rpfleger 2005, 389 [397]; *Coester-Waltjen*, Jura 2005, 394 [394]; *Wagner*, NJW 2005, 1157 [1159]; *Gebauer*, NJ 2006, 103 [105]; *dies.*, FPR 2006, 252 [253]; *Jennissen*, InVo 2006, 263 [267]; *Knittel*, JAmt 2006, 477 [478]; *Sujecki*, IPRax 2006, 525 [527]; *Faetan*, JAmt 2007, 181 [186]; *Bittmann*, in: *Gebauer/ Wiedmann* (Hrsg.)[2], Kap. 28, Rn. 46; *Kropholler/ von Hein*, EuZPR[9], Art. 6 EuVTVO, Rn. 2; *Schack*, IZVR[6], Rn. 1056; *Geimer*, IZPR[7], 1235, Rn. 3177; *Schlosser*/ Hess, EU-ZPR[4], Art. 6 EuVTVO, Rn. 1a; Zöller[31]-*Geimer*, § 1079 ZPO, Rn. 2.

387 *Knittel*, JAmt 2006, 477 [478]; *Faetan*, JAmt 2007, 181 [186]; Rauscher-*Papst*, Band II[4], Art. 6 EuVTVO, Rn. 3.

388 *Stein*, IPRax 2004, 181 [189]; *ders.*, EuZW 2004, 679 [680]; *Wagner*, IPRax 2005, 189 [196]; *ders.*, NJW 2005, 1157 [1159]; *Rellermeyer*, Rpfleger 2005, 389 [397].

2. (K)eine Schuldnerbeteiligung

Eine Anhörung des Schuldners im Bestätigungsverfahren schreibt die Verordnung nicht vor.[389] Sie wird auch in Deutschland nach § 1080 Abs. 1 S. 1 ZPO nicht durchgeführt. Eine Anhörung würde dem Ziel der Beschleunigung des Verfahrens auch gerade zuwiderlaufen.[390] Jedoch wird nach deutschem Recht der Schuldner über die Bestätigung als Europäischer Vollstreckungstitel informiert (§ 1080 Abs. 1 S. 2 ZPO).[391] Ihm wird eine Ausfertigung der Bestätigung von Amts wegen zugestellt. Dieses ist aber durch die Verordnung nicht ausdrücklich vorgeschrieben.[392] Vielmehr wurde die Bestimmung des Kommissionsvorschlags von 2003 in Art. 6a EuVTVO-E, die eine Zustellung der Bestätigung durch das Ursprungsgericht an den Schuldner vorsah, gestrichen.[393] Begründet wurde dieses damit, dass es angesichts der Rechtsbehelfsmöglichkeiten des Widerrufs und der Berichtigung nach Art. 10 Abs. 1 EuVTVO einer Zustellung nicht bedürfe.[394]

In anderen Mitgliedsstaaten wie beispielsweise Österreich ist eine Zustellung der Bestätigung an den Schuldner nicht angeordnet. So besteht die Möglichkeit, dass der Schuldner erst im Zuge der Vollstreckung über die Existenz einer Bestätigung als europäischer Vollstreckungstitel informiert wird.[395]

Rechtliches Gehör wird dem Schuldner diesbezüglich erst in einem eventuellen Berichtigungs- oder Widerrufsverfahren nach Art. 10 EuVTVO beziehungsweise in Deutschland gemäß § 1081 ZPO gewährt.[396]

Umstritten ist, ob dem Schuldner eine Ausfertigung zugestellt werden muss/ darf bzw. ob die Nichterwähnung der Zustellung in der Verordnung eine solche verbietet. *Strasser* verdeutlicht das Problem, dass manche deutschen Gerichte die Einleitung der Zwangsvollstreckung verweigerten, wenn nicht auch der Nachweis geführt werde, dass die Bestätigung als Europäischer Vollstreckungstitel dem Schuldner

---

389 *Wagner*, NJW 2005, 1157 [1159]; *ders.*, IPRax 2005, 189 [196]; *Ernst*, JurBüro 2005, 568 [572]; *Franzmann*, MittBayNot 2005, 470 [472]; *Jennissen*, InVo 2006, 263 [265]; *Knittel*, JAmt 2006, 477 [478]; *Mankowski*, FS Jan Kropholler (2008), 829 [846].

390 Ebenso Zöller[31]-*Geimer*, § 1080 ZPO, Rn. 1; Musielak[13]-*Lackmann*, § 1080 ZPO, Rn. 1.

391 *Franzmann*, MittBayNot 2004, 404 [406]; *ders.*, MittBayNot 2005, 470 [473]; *Ernst*, JurBüro 2005, 568 [572]; *Reichel*, NZA 2005, 1096 [1099]; *Riedel*, EuVT, 23; *Wagner*, IPRax 2005, 401 [403]; *Finger*, FuR 2006, 56 [65]; *Knittel*, JAmt 2006, 477 [478]; *Rausch*, FuR 2006, 437 [440]; *Strasser*, Rpfleger 2007, 249 [250]; *Bittmann*, IPRax 2008, 445 [446]; *Geimer*, IZPR[7], 1244, Rn. 3190; Rauscher-*Papst*, Band II[4], Art. 9 EuVTVO, Rn. 17; Zöller[31]-*Geimer*, § 1080 ZPO, Rn. 3.

392 Vgl. OGH 22.02.2007 – 3 Ob 253/06m = IPRax 2008, 440 [442]; *Strasser*, Rpfleger 2007, 249 [250]; *Bittmann*, IPRax 2008, 445 [446].

393 KOM (2003) 341 endg., 5 (Art. 6a); *Bittmann*, IPRax 2008, 445 [446].

394 KOM (2004) 90 endg., 5 (Nr. 3.2.2, Abänderung 7); *Bittmann*, IPRax 2008, 445 [446].

395 Vgl. OGH 22.02.2007 – 3 Ob 253/06m = IPRax 2008, 440 [442]; *Rechberger/ Frauenberger-Pfeiler*, FS Peter Fischer (2004), 399 [408]; *Bittmann*, IPRax 2008, 445 [446].

396 *Reichel*, NZA 2005, 1096 [1099]; siehe dazu unten Teil 4, A., IV.

zugestellt worden sei.[397] Da nicht alle an der Verordnung beteiligten Mitgliedsstaaten eine Zustellung der Bestätigung an den Schuldner kennen, ergebe sich ein Justizgefälle, das befürchten ließe, dass die gewünschten Ziele der Verordnung nicht gewahrt werden könnten.

a) Zustellung erforderlich

Nach einer Ansicht[398] ist dem Schuldner eine Ausfertigung von Amts wegen zuzustellen. Dieses müsse in Deutschland gegebenenfalls nach § 183 ZPO geschehen, um Art. 6 Abs. 1 EMRK bzw. dem gescheiterten Art. II-107 Abs. 2 EuVerfV[399] Genüge zu tun. Wann dieses genau geschehen soll, ist in § 1080 ZPO nicht geregelt. Man könnte meinen, dieses solle umgehend geschehen, da der Gesetzeswortlaut nicht von einer späteren Zustellung spricht. Außerdem habe der Referentenentwurf noch eine Zustellung spätestens bei Beginn der Zwangsvollstreckung vorgesehen.[400]

Andererseits könne es ausreichen, wenn die Zustellung der Bestätigung (nach dem deutschen § 1080 Abs. 1 S. 2 ZPO) zeitgleich mit der Vollstreckung erfolge.[401] Anderenfalls wäre der Schuldner sogar besser gestellt, als wenn aus einem deutschen Titel vollstreckt werden würde (vgl. § 750 ZPO). Denn er erfahre bereits vor der Vollstreckung von derselben, wohingegen gemäß § 750 Abs. 2 ZPO eine gesonderte Zustellung der Vollstreckungsklausel nicht erforderlich ist und es nach deutschem Recht ausreicht, dass der Titel spätestens mit Beginn der Vollstreckung zugestellt wird. Dieses würde dem unredlichen Schuldner erneut Möglichkeiten eröffnen, die Zwangsvollstreckung zu verhindern oder zumindest zu erschweren bzw. zu verzögern.[402]

b) Zustellung nicht erforderlich

Die Gegenansicht beruft sich auf den Willen des europäischen Gesetzgebers. Dieser habe mit der Streichung des Art. 6a EuVTVO-E von 2003[403] deutlich gemacht, dass

---

397 *Strasser*, Rpfleger 2007, 249 [250].

398 Wieczorek/ Schütze[3]-*Schütze*, § 1080 ZPO, Rn. 2; Zöller[31]-*Geimer*, § 1080 ZPO, Rn. 3.

399 In der EU gescheiterter Verfassungsvertrag = Vertrag vom 29.10.2004 über eine Verfassung für Europa, ABl. EU 2004, C 310, 1 [52] Artikel II-107 Abs. 2 lautet: „Jede Person hat ein Recht darauf, dass ihre Sache von einem unabhängigen, unparteiischen und zuvor durch Gesetz errichteten Gericht in einem fairen Verfahren, öffentlich und innerhalb angemessener Frist verhandelt wird. Jede Person kann sich beraten, verteidigen und vertreten lassen."

400 Vgl. Gutachten des *DNotI*, DNotI-Report 2007, 121 [123].

401 Vgl. LG München II 19.01.2010, Az.: 6 T 6032/09, BeckRS 2011, 12370, Rn. 14; *Burgstaller/ Neumayr*, ÖJZ 2006, 179 [187]; *Strasser*, Rpfleger 2007, 249 [251]; Thomas/ Putzo[37]-*Hüßtege*, § 1080 ZPO, Rn. 2.

402 Ebenso *Strasser*, Rpfleger 2007, 249 [251].

403 Geänderter Vorschlag für eine Verordnung des Europäischen Parlaments und des Rates zur Einführung eines europäischen Vollstreckungstitels für unbestrittene Forderungen (von der Kommission gemäß Artikel 250 Abs. 2 EG vorgelegt), KOM (2003), 341 endg., 14 (Art. 6a).

eine Zustellung der Bestätigung nicht erforderlich sei.[404] Gegebenenfalls erhält der Schuldner erst im Rahmen der Zwangsvollstreckung Kenntnis von der Bestätigung. Ein Verstoß gegen die Grundsätze von Art. 6 EMRK und Art. 47 EU-Grundrechtscharta könne darin jedoch nicht gesehen werden, denn dem Schuldner würden immer noch die Rechtsbehelfe im Ursprungsmitgliedsstaat bleiben und er könne Antrag auf Beschränkung oder Aussetzung der Vollstreckung gemäß Art. 23 EuVT-VO stellen.[405]

c) Stellungnahme – keine Zustellungspflicht

Der Ansicht, eine Zustellung sei nötig, ist zuzugeben, dass gerade der Schuldner ein großes Interesse an der frühzeitigen Kenntnis der Bestätigung eines Titels gegen ihn als Europäischen Vollstreckungstitel hat. So kann er (berechtigte) Einwände möglichst rasch geltend machen und seine ohnehin sehr eingeschränkte Verteidigung vorbereiten. Es mag sogar Situationen geben, in denen auch der Gläubiger an einer frühen Klärung von Einwänden interessiert ist. Im Regelfall ist aber dem Gläubiger an einer raschen Forderungsdurchsetzung und folglich einer schnell eingeleiteten Zwangsvollstreckung gelegen.

Dieses Interesse zu bedienen, liegt auch als Zielsetzung der Verordnung zugrunde. Dementsprechend wurde das Erfordernis einer Zustellung der Bestätigung an den Schuldner, die Art. 6a EuVTVO-E von 2003 vorsah, auch gestrichen. Folglich ist es verordnungskonform, wenn eine Zustellung der Bestätigung im nationalen Recht der Mitgliedsstaaten nicht vorgesehen ist. Der Verordnungsgeber hat es als ausreichend angesehen, wenn dem Schuldner die Rechtsbehelfe der Berichtigung und des Widerrufs nach Art. 10 EuVTVO zustehen. Rechtliches Gehör wird ihm im Rahmen des Bestätigungsverfahrens nicht gewährt.

Darüber hinaus kann er die Möglichkeit der Schaffung eines Europäischen Vollstreckungstitels nach der EuVTVO dadurch verhindern, dass er die Forderung bestreitet.

Auch aus Art. 12 Abs. 2 EuVTVO lässt sich das Erfordernis einer Zustellung der Bestätigung an den Schuldner nicht herleiten.[406] Denn Art. 12 EuVTVO besagt lediglich, dass das Ursprungsgericht bzw. die für die Bestätigung zuständige Stelle zu kontrollieren hat, ob die bestätigte Entscheidung unter anderem auch wirksam zugestellt worden ist.[407] Eine Zustellung der Bestätigung selbst wird an

---

404 So *Bittmann*, IPRax 2008, 445 [446]; *König*, in: *König/ Mayr* (Hrsg.), EuZPR in Österreich (2007), 113 [120]; im Ergebnis ebenso: OGH Beschluss vom 22.02.2007 – 3 Ob 253/06m = IPRax 2008, 440 [442].

405 *Burgstaller/ Neumayr*, ÖJZ 2006, 179 [187]; *Bittmann*, IPRax 2008, 445 [446].

406 *Coester-Waltjen*, Jura 2005, 394 [396, Fn. 18]; *Strasser*, Rpfleger 2007, 249 [251]; a.A. *Burgstaller/ Neumayr*, ÖJZ 2006, 179 [187].

407 *Strasser*, Rpfleger 2007, 249 [251].

keiner Stelle erwähnt[408] und ist in den Beurteilungsregelungen über die Zustellung in Artt. 13–15 EuVTVO auch nicht vorgesehen. Außerdem steht dem Wortlaut, dass die Mindeststandards auch für die Ausstellung der Bestätigung gälten, die Intention der Verordnung entgegen, durch den Verzicht auf die Zustellung die Effizienz des Verfahrens zu erhöhen.[409] Dieses Ziel wäre beeinträchtigt, wenn eine Zustellungspflicht bestünde und der Schuldner darüber hinaus die Möglichkeit hätte, Rechtsbehelfe nach Art. 10 Abs. 1 EuVTVO einzulegen.[410]

Die Vertreter der Ansicht, eine Zustellung sei erforderlich, begründen dieses weiter mit dem Umstand, dass ansonsten die Rechte des Schuldners aus Art. 6 Abs. 1 EMRK bzw. (des gescheiterten) Art. 107 EuVerfV und Art. 47 EU-Grundrechtscharta nicht gewahrt würden.

Dem kann aber entgegen gehalten werden, dass die EuVTVO genügend Rechtsbehelfe für den Schuldner vorsieht, damit dieser nicht schutzlos der Vollstreckung ausgeliefert ist. Zum einen bestehen die erwähnten Rechtsbehelfe gemäß Art. 10 EuVTVO. Zum anderen kann er in dem Vollstreckungsmitgliedsstaat nach Art. 23 EuVTVO die Beschränkung oder Aussetzung der Zwangsvollstreckung beantragen.

Die Verordnung will gerade durch ein strafferes Vollstreckungsverfahren die Kosten der Zwangsvollstreckung verringern und das Zwangsvollstreckungsverfahren effizienter und schneller gestalten. Dieses soll auch dadurch erreicht werden, dass dem Schuldner weniger Möglichkeiten eröffnet werden, sich gegen die Vollstreckung zu wehren und aus reiner Hinhaltetaktik (im Endeffekt unbegründete) Einwendungen geltend zu machen.

Diese Zwecksetzung der EuVTVO und deren Umsetzung verletzen nicht die Verfahrensgrundrechte des Schuldners und dessen Recht auf ein faires Verfahren.

Bei den von der Verordnung erfassten Titeln über aktiv oder passiv unbestrittene Forderungen ist eine Bestätigung ohne Anhörung des Schuldners und ohne Zustellung der Bestätigung an den Schuldner gerechtfertigt. Bei ordnungsgemäßer Anwendung der Verfahrensvorschriften und Einhaltung der in der EuVTVO niedergelegten Mindeststandards ist ein faires Verfahren für den Schuldner gewährleistet. Die entsprechend der Verordnung durchgeführte Überprüfung der Zustellvorschriften im Rahmen des Erkenntnisverfahrens im Ursprungsstaat schützt den Schuldner ausreichend. Eine Zustellung der Bestätigung an den Schuldner ist nicht notwendig.

---

408 *Strasser*, Rpfleger 2007, 249 [251]; vgl. zum missverstandenen Art. 12 Abs. 2 EuVTVO den Gemeinsamen Standpunkt, KOM (2004), 90 endg., 10 (Artikel 12).

409 *Bittmann*, IPRax 2008, 445 [446].

410 OGH 22.02.2007 BeckRS 2009, 07979 [unter 4.] = IPRax 2008, 440; *Coester-Waltjen*, Jura 2005, 394 [396, Fn. 18]; *Bittmann*, IPRax 2008, 445 [446]; vgl. auch Gemeinsamer Standpunkt, KOM (2004), 90 endg., 5 f. (3.2.2., Abänderung 6).

d) Deutsches Zustellungserfordernis nicht verordnungswidrig

Den Umkehrschluss, dass eine solche Zustellung im nationalen Recht (wie sie in § 1080 Abs. 1 S. 2 ZPO vorgesehen ist) einen Verstoß gegen die EuVTVO darstelle, darf man meines Erachtens aus der Streichung des Zustellungserfordernisses nicht ziehen.[411] Die Begründung für die Streichung, dass der Schuldner mit Widerruf und Berichtigung hinreichend geschützt sei, lässt nicht den Schluss zu, dass eine Zustellung an den Schuldner ausgeschlossen ist.[412]

Darüber hinaus kann bei rechtzeitiger Unterrichtung des Schuldners dieser frühzeitig Einwendungen geltend machen. Der Gläubiger wird mit diesen nicht erst konfrontiert, wenn er mit der Zwangsvollstreckung beginnt. Gerade dieser Vorteil, der dem unredlichen Schuldner nur weiteren Spielraum[413] ermöglicht, soll durch die Verordnung aber beseitigt werden. Andererseits wird, wie oben unter Teil 2, C., III., 2., a) bereits dargestellt, auch bei der Annahme, dass eine Zustellung erfolgen müsse, zutreffend die Ansicht vertreten, dass diese zeitgleich mit der Vollstreckung erfolgen könne. Damit besteht selbst bei Zustellung kein Vorteil für den Schuldner.

Es besteht die Ansicht, dass es für den Schuldnerschutz aufgrund des nunmehr schon im Ursprungsmitgliedsstaat durchgeführten Bestätigungsverfahrens notwendig sei, dass dieser rechtzeitig von der Bestätigung als Europäischer Vollstreckungstitel erfahre, damit er in diesem Mitgliedsstaat eine hinreichende Möglichkeit habe, rechtliches Gehör zu erlangen.[414] Einige halten diese Benachrichtigung spätestens mit Beginn der Zwangsvollstreckung für unabdingbar[415], andere halten eine Zustellungspflicht aus rechtsstaatlicher Sicht für wünschenswert[416] und damit nicht für zwingend.

Der Gläubiger wird bei Zustellung mit Beginn der Zwangsvollstreckung nicht benachteiligt. Die Zielsetzung der EuVTVO ist nicht gefährdet. Damit ist das deutsche Zustellungserfordernis nicht verordnungswidrig. Eine in Deutschland erteilte Bestätigung als Europäischer Vollstreckungstitel wird demnach dem Schuldner von Amts wegen zugestellt.

Fraglich ist allerdings, wie gewährleistet werden kann, dass der Schuldner keinen von der Verordnung nicht vorgesehenen Vorteil durch frühzeitige Zustellung erhält und der Gläubiger dadurch benachteiligt wird. Jedoch stehen dem Schuldner durch die Zustellung der Bestätigung keine anderen oder weitergehenden Rechtsbehelfe zu, als wenn ihm die Bestätigung nicht zugestellt worden wäre. Durch

---

411 Ebenso Gutachten des *DNotI*, DNotI-Report 2007, 121 [123]; *Bittmann*, IPRax 2008, 445 [446]; *ders.*, in: *Gebauer/ Wiedmann* (Hrsg.)^2, Kap. 28, Rn. 77.

412 *Bittmann*, IPRax 2008, 445 [446].

413 *Strasser*, Rpfleger 2007, 249 [251].

414 *Leible/ Lehmann*, NotBZ 2004, 453 [460]; *Bittmann*, IPRax 2008, 445 [447]; im Ergebnis ebenso *Oberhammer*, JBl 2006, 477 [491].

415 *Leible/ Lehmann*, NotBZ 2004, 453 [460].

416 *Oberhammer*, JBl 2006, 477 [491]; *Bittmann*, IPRax 2008, 445 [447]; *ders.*, in: *Gebauer/ Wiedmann* (Hrsg.)^2, Kap. 28, Rn. 77 und 161.

die Voraussetzung der Zustellung eines Versäumnisurteils für die Bestätigung als Europäischer Vollstreckungstitel weiß der Schuldner auch bei Säumnis spätestens zu diesem Zeitpunkt von der Möglichkeit, dass der Gläubiger gegen ihn mit Hilfe des Europäischen Vollstreckungstitels die Zwangsvollstreckung betreiben wird.

Als Ergebnis lässt sich festhalten, dass eine Zustellung der Bestätigung an den Schuldner nicht zwingend ist. Die deutsche Regelung, die eine Zustellung von Amts wegen vorsieht, ist andererseits auch nicht verordnungswidrig. Man sollte aber, um dem Schuldner keinen Vorteil gegenüber einer nach den allgemeinen deutschen Regeln stattfindenden Zwangsvollstreckung zu gewähren, eine Zustellung gleichzeitig mit dem Beginn der Zwangsvollstreckung genügen lassen.[417]

e) Konsequenz für Deutschland

Festzustellen ist, welche Konsequenz zu ziehen ist, sollte man von dem zulässigen nationalen Erfordernis der Zustellung der Bestätigung an den Schuldner ausgehen und diese in einem anderen Ursprungsmitgliedsstaat (als Deutschland) nicht erfolgt sein. Es stellt sich die Frage, ob die Durchführung der Zwangsvollstreckung abgelehnt werden kann, sollte im Ursprungsmitgliedsstaat keine Zustellung stattgefunden haben. Im Ergebnis ist dieses meines Erachtens klar zu verneinen.

Die Verordnung regelt selbstständig und abschließend in Art. 6 Abs. 1 EuVTVO, welche Voraussetzungen vorliegen müssen, damit eine Entscheidung als Europäischer Vollstreckungstitel bestätigt und damit die Zwangsvollstreckung im Ausland durchgeführt werden kann. Zu diesen Voraussetzungen gehört nicht die Zustellung der Bestätigung an den Schuldner. Eine Abweichung davon durch den nationalen Gesetzgeber ist nicht zulässig.[418] Auch sieht das deutsche Prozessrecht ebenso wie die EuVTVO die Zustellung nicht als Vollstreckungsvoraussetzung vor. Darüber hinaus besteht für die nationalen Vollstreckungsorgane keine Prüfungskompetenz über die Prüfung des Vorliegens von Titel und Bestätigung hinaus.[419]

Weiter würde es aufgrund der unterschiedlichen Behandlung des Zustellerfordernisses in den einzelnen Mitgliedsstaaten zu einer Ungleichbehandlung kommen, die von der Verordnung gerade nicht gewollt ist.[420] Die Forderung eines Nachweises der Zustellung der Bestätigung an den Schuldner würde praktisch den anderen Mitgliedsstaaten die Beachtung des deutschen Verfahrensrechts bei Schaffung des Titels aufzwingen. Dieses ist nicht zulässig. Die Verordnung fordert dieses selbstverständlich auch nicht.

---

417 Ebenso *Strasser*, Rpfleger 2007, 249 [251]; *Coester-Waltjen*, FS Pelayia Yessiou-Faltsi (2007), 39 [48].

418 *Hök*, ZAP 2005, 159 [170]; *Strasser*, Rpfleger 2007, 249 [251]; *Bittmann*, IPRax 2008, 445 [447].

419 *Strasser*, Rpfleger 2007, 249 [251].

420 *Hök*, ZAP 2005, 159 [169]; *Strasser*, Rpfleger 2007, 249 [251]; *Bittmann*, IPRax 2008, 445 [447].

Die Systematik der Verordnung spricht ebenfalls gegen das Erfordernis einer Zustellung. Denn die mit der EuVTVO bezweckte Verfahrensbeschleunigung und die Kostenersparnis wird insbesondere dadurch erreicht, dass der Schuldnerschutz in der Bestätigungsphase erfolgt und das Vollstreckungsverfahren möglichst zügig ohne Einwendungen seitens des Schuldners erfolgen soll.[421] Dieses ergibt sich aus dem Ausnahmecharakter der Verweigerung bzw. Aussetzung der Vollstreckung im Vollstreckungsmitgliedsstaat gemäß Artt. 21 Abs. 1 und 23 EuVTVO, sowie aus den im Ursprungsmitgliedsstaat zu prüfenden Erfordernissen der Mindeststandards nach Artt. 12 ff. EuVTVO.[422]

Den Nachweis auch der Zustellung der Bestätigung an den Schuldner sehen weder das deutsche Prozessrecht noch die EuVTVO als Vollstreckungsvoraussetzung an.[423]

Demzufolge darf das zweitstaatliche Gericht die Vollstreckung eines als Europäischen Vollstreckungstitel bestätigten Titels nicht deswegen verweigern, weil im Ursprungsmitgliedsstaat die Zustellung der Bestätigung an den Schuldner unterblieben ist. Dieses gilt unabhängig davon, ob das nationale Recht des Vollstreckungsmitgliedsstaates eine solche Zustellung vorsieht.

3. Zuständigkeit für die Bestätigung als Europäischer Vollstreckungstitel

Gemäß Art. 6 Abs. 1 EuVTVO ist der Antrag auf Bestätigung als Europäischer Vollstreckungstitel bei einer Entscheidung beziehungsweise einem gerichtlichen Vergleich[424] an das Ursprungsgericht im Sinne des Art. 4 Nr. 6 EuVTVO zu richten, welches gegebenenfalls auch das Rechtsmittelgericht sein kann (Art. 4 Nr. 6 iVm. Art. 3 Abs. 1 S. 2 lit. a-c EuVTVO).[425]

Bei einer öffentlichen Urkunde bestimmt gemäß Art. 25 Abs. 1 EuVTVO das autonome nationale Recht der Mitgliedsstaaten, bei wem der Antrag zu stellen ist. Die Mitgliedsstaaten sind nach Art. 30 Abs. 1 lit. c EuVTVO verpflichtet, der Kommission die Listen der in Art. 25 EuVTVO genannten Stellen mitzuteilen, welche diese Informationen dann gemäß Art. 30 Abs. 2 EuVTVO im Amtsblatt der Europäischen Union und durch andere geeignete Mittel öffentlich zugänglich macht. Letzterem dient das Europäische Justizielle Netz für Zivil- und Handelssachen, wobei ein so

---

421 Vgl. OGH 22.02.2007 BeckRS 2009, 07979 = IPRax 2008, 440; *Coester-Waltjen*, FS Kostas Beys (2003), 183 [186 f.] insbesondere zur Systematik; *Bittmann*, IPRax 2008, 445 [447].

422 *Bittmann*, IPRax 2008, 445 [447].

423 *Strasser*, Rpfleger 2007, 249 [251]; Zöller[31]-*Geimer*, § 1082 ZPO, Rn. 2.

424 Hier ergibt sich die Zuständigkeit aus Art. 24 Abs. 1 EuVTVO.

425 Vgl. auch *Wagner*, IPRax 2005, 401 [402]; *Klippstein*, in: *Gebauer/ Wiedmann* (Hrsg.)[1], Kap. 31, Rn. 35 f.; *Gebauer*, FPR 2006, 252 [253]; *Jennissen*, InVo 2006, 263 [267]; *Bittmann*, in: *Gebauer/ Wiedmann* (Hrsg.)[2], Kap. 28, Rn. 74.

genannter Europäischer Gerichtsatlas[426] im Netz besteht, auf dem die Informationen eingesehen werden können.

Außerdem konnte man dort direkt die Adresse des Schuldners eingeben und erfuhr dann, welche Stelle am Sitz des Schuldners für die Vollstreckung zuständig war. Man musste sich also nicht näher mit dem Vollstreckungswesen des ausländischen Rechts auskennen, um die zuständige Stelle zu ermitteln. An diese konnte man dann den Europäischen Vollstreckungstitel und den Titel übersenden und die Zwangsvollstreckung konnte beginnen. Leider ist diese Suchmaske derzeit nicht mehr abrufbar – die Listen hingegen schon.

Auf das Europäische Justizielle Netz für Zivil- und Handelssachen sowie den Europäischen Gerichtsatlas wurde bereits oben unter Teil 1, C. IV. eingegangen, worauf hier verwiesen werden soll.

a) Europäische Regelung

Wichtig ist, dass von der Frage, wo der Antrag einzureichen ist, die Frage zu unterscheiden ist, wer über den Antrag auf Ausstellung der Bestätigung als Europäischer Vollstreckungstitel entscheidet. Während der ursprüngliche Kommissionsvorschlag noch vorsah, dass dasjenige Gericht beziehungsweise diejenige Stelle, das/ die den Titel geschaffen hat, die Bestätigung selbst ausstellt, lässt die Endfassung der Verordnung offen, wer die Bestätigung erteilt.[427]

Diese Änderung ist darauf zurückzuführen, dass die Personalunion kritische Stimmen in der Literatur aufkommen ließ.[428] Es wäre zwingend auf eine Selbstkontrolle hinausgelaufen, bei welcher der Prüfer weniger geneigt sein könnte, eigene Fehler im Erkenntnisverfahren festzustellen, was zu einer zu Unrecht erteilten Bestätigung führen könnte.[429] Damit die Mitgliedsstaaten diese Personalunion nach ihrem Wunsch vermeiden können, lässt die Verordnung nun offen, wer die Bestätigung erteilt.[430]

Dabei sollten die Mitgliedsstaaten nicht die Stelle für zuständig erklären, welche den ursprünglichen Titel geschaffen hat, weil diese möglicherweise nicht unvoreingenommen ihre eigene Entscheidung überprüfen könnte.[431] Jedoch kann auch eine Zuständigkeit einer anderen Stelle bzw. Person innerhalb eines Gerichts nicht

---

426 Website: https://e-justice.europa.eu/content_european_judicial_atlas_in_civil_matters-321-de.do.

427 *Stein*, IPRax 2004, 181 [189]; *Stadler*, RIW 2004, 801 [805]; *Rellermeyer*, Rpfleger 2005, 389 [397]; *Wagner*, IPRax 2005, 401 [402]; *Burgstaller/ Neumayr*, ÖJZ 2006, 179 [186]; *Kropholler/ von Hein*, EuZPR[9], Art. 6 EuVTVO, Rn. 3.

428 *Rauscher*, GPR 2003/04, 286 [288]; *ders.*, EuVT, 35, Rn. 85; *Stadler*, IPRax 2004, 1 [7]; *dies.*, RIW 2004, 801 [805]; *Stein*, IPRax 2004, 181 [189]; *ders.*, EuZW 2004, 679 [680]; *Wagner*, IPRax 2005, 401 [402]; *Mankowski*, VuR 2010, 16 [19].

429 *Stein*, IPRax 2004, 181 [189]; *Stadler*, RIW 2004, 801 [805]; *Wagner*, IPRax 2005, 401 [402].

430 *Wagner*, IPRax 2005, 401 [402].

431 Ebenso *Kropholler/ von Hein*, EuZPR[9], Art. 6 EuVTVO, Rn. 3.

das Problem einer „innergerichtlichen Loyalität“[432] verhindern. Im nächsten Unterpunkt (Teil 2, C., III., 3. b)) soll noch etwas näher auf diese Problematik eingegangen werden.

b) Zuständigkeit in Deutschland

In Deutschland sind gemäß § 1079 ZPO zur Bestätigung als Europäischer Vollstreckungstitel die Stellen zuständig, denen die Erteilung einer vollstreckbaren Ausfertigung obliegt (§§ 724, 797 ZPO). Bei gerichtlich bestätigten Vergleichen ist somit gemäß §§ 1079, 724 Abs. 2 ZPO das Gericht erster Instanz bzw., solange das Verfahren in höherer Instanz anhängig ist, dieses Gericht zuständig.[433]

aa) Funktionale Zuständigkeit

Bei Gericht ist funktional der Rechtspfleger anstelle des Urkundsbeamten der Geschäftsstelle nach der vom Gesetzgeber neu geschaffenen Spezialzuständigkeit in § 20 Nr. 11 RPflG[434] zuständig.[435] Dieses gilt nach der hier vertretenen Auffassung auch für die für vollstreckbar erklärten Anwaltsvergleiche (§§ 796a, b und 794 Abs. 1 Nr. 4b ZPO), die bei Gericht verwahrt werden.[436] Dabei ist jedoch nicht ausgeschlossen, dass in Einzelfällen doch der Richter die Bestätigung erteilt, da die Neuregelung die Möglichkeit der Vorlage an den Richter gemäß § 5 Abs. 1 Nr. 2 RPflG und die Bearbeitung durch den Richter nach § 6 RPflG unberührt lässt.[437] Gemäß § 13 RPflG besteht im Bestätigungsverfahren kein Anwaltszwang.

Hess/ Bittmann geben (meines Erachtens zu Recht) zu bedenken, dass die zum Vollstreckbarerklärungsverfahren nach der EuGVVO a.F. unterschiedliche

---

432 *Rauscher*, GPR 2003/04, 286 [288].

433 Rauscher-*Papst*, Band II[4], Art. 24 EuVTVO, Rn. 19.

434 Rechtspflegergesetz (RPflG) in der Fassung vom 14.04.2013 (BGBl. 2013, I 778, berichtigt BGBl. 2014, 46), zuletzt geändert durch Art. 4 Gesetz zum Internationalen Erbrecht und zur Änderung von Vorschriften zum Erbschein sowie zur Änderung sonstiger Vorschriften vom 29.06.2015 (BGBl. 2015, I 1042).

435 *Wagner*, IPRax 2005, 401 [403]; *Jayme/ Kohler*, IPRax 2005, 481 [486]; *Rausch*, FuR 2005, 437 [440]; *Rellermeyer*, Rpfleger 2005, 389 [390/ 397]; *Gebauer*, FPR 2006, 252 [253]; *Goebel*, VE 2006, 99 [99]; *Jennissen*, InVo 2006, 263 [267]; *Knittel*, JAmt 2006, 477 [478]; *Hess/ Bittmann*, IPRax 2007, 277 [279]; *Schlosser*/ Hess, EU-ZPR[4], Art. 6 EuVTVO, Rn. 1a; Rauscher-*Papst*, Band II[4], Art. 9 EuVTVO, Rn. 12; Thomas/ Putzo[37]-*Hüßtege*, § 1079 ZPO, Rn. 1; Zöller[31]-*Geimer*, § 1079 ZPO, Rn. 9.

436 Ebenso Zöller[31]-*Geimer*, § 1079 ZPO, Rn. 9; Rauscher-*Papst*, Band II[4], Art. 24 EuVTVO, Rn. 19; nach a.A. werden diese nicht von der EuVTVO erfasst *Rellermeyer*, Rpfleger 2005, 389 [392]; vgl. dazu die Ausführungen oben unter Teil 2, C., I., 2. und Teil 2, C., II., 4.

437 Begr. RegE, BT-Drucks. 15/5222, 16 (Zu Art. 2 Abs. 1) = BR-Drucks. 88/05, 30; *Wagner*, IPRax 2005, 401 [403]; Rauscher-*Papst*, Band II[4], Art. 9 EuVTVO, Rn. 12; Zöller[31]-*Geimer*, § 1079 ZPO, Rn. 9.

Zuständigkeitsverteilung nicht einleuchte.[438] Die inhaltlich anspruchsvolle Kontrolle nach der EuVTVO werde dem Rechtspfleger überlassen, wohingegen die beschleunigte und standardisierte Kontrolle nach der EuGVVO a.F. dem Vorsitzenden Richter am Landgericht oblag. Da das Bestätigungsverfahren nach der EuVTVO qualitativ nicht mit dem Exequaturverfahren, sondern vielmehr mit dem den Oberlandesgerichten zugewiesenen Beschwerdeverfahren nach Art. 43 EuGVVO a.F. vergleichbar sei, und es damit ein qualifiziertes Klauselerteilungsverfahren sei, erscheine die Kompetenzverteilung durch den deutschen Gesetzgeber wenig konsequent.[439]

Dieser Ansatz erscheint einleuchtend, ändert aber nichts an dem vom Gesetzgeber geschaffenen Zustand. Außerdem besteht glücklicherweise die Möglichkeit der Richtervorlage gemäß § 5 Abs. 1 Nr. 2 RPflG, so dass in schwierigen Fällen eine Entscheidung durch den Richter möglich ist. Allerdings ist für die Bescheinigung nach Art. 53 EuGVVO n.F., also das für die unmittelbare Vollstreckung erforderliche Dokument, nach § 1110 ZPO nunmehr auch das Ausgangsgericht zuständig und funktional gemäß § 20 Abs. 1 Nr. 11 RPflG der Rechtspfleger.

Im Rahmen der Art. 21 EuVTVO und Art. 23 EuVTVO hat der Gesetzgeber hingegen eine Zuständigkeit des Richters ausdrücklich angeordnet. Dieses hätte hier auch geschehen können, aber man hat sich dafür entschieden, dass der Rechtspfleger als gegenüber dem Urkundsbeamten qualifiziertere Stelle die richtige Person für die Bestätigung ist. Dieses lässt sich aufgrund der Schwierigkeiten, welche die Bestätigung aufwirft, nur damit rechtfertigen, dass eine Richtervorlagemöglichkeit besteht. Außerdem sollte meines Erachtens eine ausreichende Schulung und Information der zuständigen Stellen erfolgen.

Weiter ist zu bemerken, dass in vielen der unter die Verordnung fallenden Fällen, nämlich den Vollstreckungsbescheiden, der Rechtspfleger bereits für die zugrunde liegende Entscheidung zuständig gewesen ist.[440] Hier bleibt es also bei der nicht unproblematischen Personalunion.

Bei notariellen Urkunden, welche von dem Notar selbst verwahrt oder für vollstreckbar erklärt und verwahrt werden, hat der Notar gemäß § 797 Abs. 2 S. 1 ZPO die Bestätigung zu erteilen.[441] Dieses gilt auch für von einem Notar für vollstreckbar erklärte Anwaltsvergleiche nach § 796c ZPO.

---

438 *Hess/ Bittmann*, IPRax 2007, 277 [279]; *Bittmann*, in: *Gebauer/ Wiedmann* (Hrsg.)^2, Kap. 28, Rn. 74.

439 *Hüßtege*, in: *Gottwald* (Hrsg,), Perspektiven (2004), 113 [135]; *Hess/ Bittmann*, IPRax 2007, 277 [279].

440 *Wagner*, IPRax 2005, 401 [403].

441 *Ernst*, JurBüro 2005, 568 [572]; *Jayme/ Kohler*, IPRax 2005, 481 [186]; *Rellermeyer*, Rpfleger 2005, 389 [397]; *Jennissen*, InVo 2006, 263 [267].

Für Urkunden des Jugendamtes sind nach dem neu gefassten § 60 S. 3 Nr. 1 SGB VIII die Beamten oder Angestellten des Jugendamts zuständig, denen die Beurkundung der Verpflichtungserklärung übertragen ist, also die Urkundsperson.[442]

bb) Kritik (an Personalunion)

Der deutsche Gesetzgeber hat sich die Kritik aus der Literatur nicht gänzlich zu Eigen gemacht, da es weiterhin zur funktionalen Zuständigkeit der Stelle bzw. Person kommt oder kommen kann, welche den ursprünglichen Titel geschaffen hat. Die Person der zuständigen Stelle, welche den zu bestätigenden Titel erlassen hat, wird nur wenig Interesse oder Motivation daran haben, ihren eigenen Fehler einzugestehen. Selbst wenn dieses nicht so sein sollte, so ist bei einer Selbstkontrolle die Fehleranfälligkeit zwangsläufig größer, da man eigene Fehler schwerer erkennt und zumeist von seiner Entscheidung überzeugt sein dürfte. Eine Entscheidung des Amtsgericht Tempelhof-Kreuzberg[443] zeigt aber, dass ein Antrag auf Bestätigung einer Versäumnisentscheidung gegen einen Verbraucher auch richtigerweise[444] wegen Nichtvorliegens der Voraussetzungen aus Art. 6 Abs. 1 lit. d EuVTVO zurückgewiesen wird.

Auch eine Entscheidung des OLG Stuttgart[445] beweist, dass durchaus eine Bereitschaft besteht, die Entscheidung anderer Richter und Kollegen, zu korrigieren. Hier ging es darum, dass ein Widerruf einer Bestätigung als Europäischer Vollstreckungstitel durch den Rechtspfleger ergangen ist. Daraufhin wurde sofortige Beschwerde erhoben, die vor dem OLG Stuttgart Erfolg hatte und zur Aufhebung des Widerrufs führte.

Auch wenn der deutsche Gesetzgeber den Spielraum, den die Verordnung ihm eingeräumt hat, nicht gänzlich im Sinne einer Verhinderung der Personalunion bzw. Selbstkontrolle ausgeschöpft hat, so ist doch zu bescheinigen, dass eine Personalunion unwahrscheinlich ist. Der Geschäftsverteilungsplan der Gerichte könnte sein übriges dazu beitragen, dass es nicht dazu kommt, dass ein Richter oder Rechtspfleger einen von ihm geschaffenen Titel als Europäischen Vollstreckungstitel bestätigen oder die Bestätigung ablehnen „muss".

cc) Ergebnis/ Forderung: bessere Information der zuständigen Stellen

Außerdem sind mir keine schwerwiegenden Verstöße bekannt, in denen eine Bestätigung leichtfertig erteilt worden ist. Andererseits zeigt eine Entscheidung des OLG München[446], dass damals auch zwei Jahren nach Erlass der Verordnung noch

---

442 *Rellermeyer*, Rpfleger 2005, 389 [397]; *Wagner*, IPRax 2005, 401 [403]; *Jennissen*, InVo 2006, 263 [267]; *Knittel*, JAmt 2006, 477 [478]; HkZPO[6]-*Saenger*, § 1079 ZPO, Rn. 5; Zöller[31]-*Geimer*, Art. 25 EuVTVO, Rn. 2.

443 AG Tempelhof-Kreuzberg 09.12.2009 Az.: 143 F 9706/08, abrufbar unter juris.

444 Der Beschluss wurde im Beschwerdeverfahren bestätigt und die Beschwerde zurückgewiesen durch das KG Berlin 16.04.2010, Az.: 3 WF 49/10, abrufbar unter juris.

445 OLG Stuttgart 24.05.2007 NJW-RR 2007, 1583 [1583 f.] = IPRax 2008, 260.

446 OLG München 30.04.2007 NJW-RR 2007, 1582 [1583, Rn. 3].

Unklarheit bezüglich der Anwendbarkeit der EuVTVO auf solche Titel bestand, die zwischen dem 21.01.2005 und dem 21.10.2005 geschaffen worden sind. Denn in diesem Urteil wurde fälschlicherweise bestätigt, dass Entscheidungen, die vor dem 21.10.2005 erlassen worden sind, nicht nach der EuVTVO als Europäischer Vollstreckungstitel bestätigt werden können. Richtigerweise können diese Entscheidungen jedoch ab dem 21.10.2005 bestätigt werden.

Daran mag man aber erkennen, dass eine bessere Information der Richter wünschenswert wäre. Eine grundsätzliche Kritik und eine schwerwiegende Gefahr vermag ich in der Zuständigkeitsregelung nicht zu erblicken.

4. *Formblatt, Art. 9 EuVTVO*

Die Bestätigung erfolgt mittels eines Formblatts und wird nach Art. 9 Abs. 2 EuVTVO in der Sprache ausgestellt, in der auch die Entscheidung abgefasst ist.[447] Für Entscheidungen ist das Formular in Anhang I zur EuVTVO[448], für gerichtliche Vergleiche das in Anhang II[449] und für öffentliche Urkunden das in Anhang III[450] zu benutzen.[451] Anhand dieser Formulare ist durch die zuständige Stelle im Ursprungsmitgliedsstaat zu prüfen und durch einfaches Ankreuzen zu erklären, ob die Voraussetzungen für die Bestätigung als Europäischer Vollstreckungstitel vorliegen. Weiterhin wird die Tenorierung erläutert. Dadurch ersetzen sie die demselben Zweck dienenden Bescheinigungen, die nach der EuGVVO (in der Fassung bis zum 09.01.2015) zusammen mit dem Antrag auf Vollstreckbarerklärung vorzulegen waren.[452]

Am unfangreichsten ist das Formular in Anhang I, da anders als für gerichtliche Vergleiche und öffentliche Urkunden bei Entscheidungen – außer beim Anerkenntnisurteil[453] – zu prüfen ist, ob die Mindeststandards der EuVTVO eingehalten worden sind.[454]

---

447 *Wagner*, IPRax 2005, 401 [403]; *ders.*, NJW 2005, 1157 [1159]; *Ernst*, JurBüro 2005, 568 [572]; *Rausch*, FuR 2005, 437 [439]; *Reichel*, NZA 2005, 1096 [1099]; *Klippstein*, in: *Gebauer/ Wiedmann* (Hrsg.)[1], Kap. 31, Rn. 43 f.; *Jennissen*, InVo 2006, 263 [267]; *Knittel*, JAmt 2006, 477 [478]; *Bittmann*, in: *Gebauer/ Wiedmann* (Hrsg.)[2], Kap. 28, Rn. 75; für Vergleiche und öffentliche Urkunden gilt das gleiche nach Art. 24 und Art. 25 Abs. 3 EuVTVO sowie §§ 1, 5 BeurkG.

448 Vgl. Art. 9 Abs. 1 EuVTVO; Text von Anhang I: ABl. EU 2005, Nr. L 300, 7 ff.

449 Vgl. Art. 24 Abs. 1 EuVTVO; Text von Anhang II: ABl. EU 2005, Nr. L 300, 10 f.

450 Vgl. Art. 25 Abs. 3 EuVTVO; Text von Anhang III: ABl. EU 2005, Nr. L 300, 12 f.

451 Die Verordnung schreibt europaeinheitliche Formulare vor. Siehe unter http://ec.europa.eu/justice_home/judicialatlascivil/html/rc_fomseeo_3_de.jsp?countrySession=1&txtPageBack=rc_fillingeeo_de_de.htm.

452 *Wagner*, IPRax 2005, 189 [196].

453 Die Mindeststandards müssen nur bei Entscheidungen nach Art. 3 Abs. 1 lit. b und lit. c EuVTVO erfüllt sein. Anerkenntnisurteile werden von Art. 3 Abs. 1 lit. a EuVTVO erfasst.

454 *Wagner*, IPRax 2005, 401 [403].

Um von vornherein mit dem deutschen zwangsvollstreckungsrechtlichen Bestimmtheitsgebot bei unpräzisen Angaben in Entscheidungen etwa zur Höhe zu erstattender Zinsen keine Probleme zu bekommen, enthalten die Formulare auch Rubriken, in welchen die zu vollstreckenden Beträge genau zu beziffern sind.[455]

Die Praxis der Verwendung von Formularen in europäischen Rechtsakten findet sich auch in der EuMVVO[456], in der EuGFVO[457] und der EuUntVO[458]. Ebenso in der EuEheVO II[459] und der EuZVO[460]. Auch schon in der EuGVVO gab und gibt es Formulare; so wird der Nachweis über die Vollstreckbarkeit (Artt. 53 f. EuGVVO a.F) mittels Standardformular in Anhang V zur EuGVVO a.F. erbracht, welches das erststaatliche Gericht durch simples Ankreuzen ausfüllt.[461] In der Neufassung erfolgt die Bescheinigung gemäß Art. 53 EuGVVO n.F. unter Verwendung des Formblatts in Anhang I.

Das gesamte Bestätigungsverfahren findet im Ursprungsmitgliedsstaat in der dortigen Sprache statt, was zu erheblichen Erleichterungen für den Gläubiger führt.

5. *Prüfung der Vollstreckbarkeit (Art. 6 Abs. 1 lit. a EuVTVO) bei Bedingungen*

Da die Vollstreckung im Rahmen der Verordnung ausschließlich aus dem Europäischen Vollstreckungstitel erfolgt, übernimmt die Bestätigung die Funktion einer Vollstreckungsklausel und damit die Dokumentation von Bestand und Vollstreckbarkeit (vgl. Art. 6 Abs. 1 lit. a EuVTVO).[462] Ist die Zwangsvollstreckung nach dem Inhalt des Titels von dem Eintritt einer von dem Gläubiger zu beweisenden Tatsache abhängig, so wird nach dem nationalen deutschen Recht gemäß § 726 ZPO die Vollstreckungsklausel grundsätzlich nur bei entsprechendem Nachweis erteilt. Ein solcher Nachweis ist damit auch bei der Bestätigung als Europäischer Vollstreckungstitel notwendig, denn anderenfalls verhindert die mangelnde formelle Vollstreckbarkeit im Sinne des Art. 6 Abs. 1 lit. a EuVTVO bzw. je nach Art der Tatsache gegebenenfalls auch die mangelnde Fälligkeit gemäß Art. 4 Nr. 2 EuVTVO deren Erteilung, was entsprechend auch für eine Bestätigung für oder gegen einen Rechtsnachfolger gilt.[463]

---

455 *Wagner*, IPRax 2002, 75 [88]; *ders.*, IPRax 2005, 189 [196].

456 Anhang I-VII zur EuMVVO; vgl. dazu *Sujecki*, EuZW 2006, 330 [331].

457 Formblätter A-D in Anhang I-IV zur EuGFVO; vgl. zur Verordnung kurz *Philipp*, EuZW 2007, 164.

458 Anhang I-IX zur EuUntVO.

459 Anhang I-IV zur EuEheVO II.

460 Anhang I-II zur EuZVO.

461 *Hess/ Bittmann*, IPRax 2007, 277 [277 f.].

462 *Franzmann*, MittBayNot 2004, 404 [405]; *Rellermeyer*, Rpfleger 2005, 389 [399]; *Geimer*, IZPR[7], 1244, Rn. 3188; Zöller[31]-*Geimer*, § 1079 ZPO, Rn. 8 und § 1082 ZPO, Rn. 2.

463 *Rellermeyer*, Rpfleger 2005, 389 [399]; Zöller[31]-*Geimer*, § 1080 ZPO, Rn. 5.

Ein Problem ergibt sich hierbei aus der Tatsache, dass nach deutschem Vollstreckungsrecht bestimmte Voraussetzungen nicht bei der Erteilung der Vollstreckungsklausel, sondern aus Praktikabilitätsgründen erst bei Beginn der Zwangsvollstreckung von dem Vollstreckungsorgan geprüft werden (so der Nachweis einer dem Gläubiger obliegenden Sicherheitsleistung, § 751 Abs. 2 ZPO; Nachweis der Schuldnerbefriedigung oder des Annahmeverzuges bei einer Zug um Zug-Leistung des Gläubigers an den Schuldner, §§ 756, 765 ZPO).[464] Denn nach nationalem Verständnis werden bei Erteilung der Vollstreckungsklausel, respektive Erteilung der Bestätigung als Europäischer Vollstreckungstitel, nicht alle Voraussetzungen für eine Vollstreckbarkeit des Titels nachgeprüft. Die Prüfung einzelner Voraussetzungen obliegt den Vollstreckungsorganen. Bei einer Vollstreckung im Rahmen der EuVTVO erfolgt die Vollstreckung aber gerade im ausländischen Vollstreckungsmitgliedsstaat nach dessen Recht (Art. 20 Abs. 1 EuVTVO) und deren Vollstreckungsorgane dürfen die Bestätigung nicht überprüfen (Art. 21 Abs. 2 EuVTVO). In einigen Fällen dürften diese ein entsprechendes Vorgehen wie im Ursprungsmitgliedsstaat auch gar nicht kennen, geschweige denn, dass sie das nationale Recht desselben Staates kennen.

Daraus ergibt sich das Erfordernis, dass im Ursprungsmitgliedsstaat bereits bei Erteilung der Bestätigung als Europäischer Vollstreckungstitel alle nationalen Voraussetzungen geprüft werden müssen, die Voraussetzung der nationalen Vollstreckbarkeit sind. Zu prüfen sind also auch diejenigen Voraussetzungen, von denen sonst die Erteilung einer qualifizierten Vollstreckungsklausel abhängen.[465] Entsprechendes gilt bei einer Zug um Zug-Verurteilung. Hier muss der Gläubiger den Nachweis der Schuldnerbefriedigung oder des Annahmeverzuges des Schuldners bereits im Rahmen des Bestätigungsverfahrens darlegen und gegebenenfalls beweisen, da diese Prüfung nicht dem ausländischen Vollstreckungsorgan überlassen werden kann, denn dieses kennt diese nationale Voraussetzung des Ursprungsmitgliedsstaates (womöglich/ wahrscheinlich) nicht.[466]

Vom Schuldner zu beweisende Tatsachen hindern hingegen die Erteilung der Bestätigung nicht und sind gegebenenfalls im Wege der Vollstreckungsgegenklage geltend zu machen.[467]

Im Ergebnis ist es also aufgrund der Bestimmungen in Art. 20 Abs. 1 und Art. 21 Abs. 2 EuVTVO erforderlich, dass die nationalen Gerichte bzw. die zuständigen Stellen im Bestätigungsverfahren (insbesondere bei titulierten bedingten Ansprüchen) alle Voraussetzungen für die Vollstreckbarkeit im Sinne des Art. 6 Abs. 1 lit. a EuVTVO prüfen, unabhängig davon, wann sie nach dem nationalen Vollstreckungsrecht

---

464 *Rellermeyer*, Rpfleger 2005, 389 [399].

465 *Rellermeyer*, Rpfleger 2005, 389 [399]; a.A. *Bittmann*, in: *Gebauer/ Wiedmann* (Hrsg.)², Kap. 28, Rn. 49.

466 Ebenso *Rellermeyer*, Rpfleger 2005, 389 [399].

467 *Rellermeyer*, Rpfleger 2005, 389 [399 f.]; zur Anwendbarkeit der Vollstreckungsgegenklage gemäß § 767 ZPO siehe unten Teil 4, C., V.

geprüft worden wären und wer diese Prüfung vornehmen würde. Nur so lässt sich gewährleisten, dass tatsächlich nur solche Titel im ausländischen Vollstreckungsmitgliedsstaat vollstreckt werden, die auch nach nationalem Recht vollstreckbar sind. Diese Thematik wird unten in Teil 4 unter F., I. nochmals angesprochen, worauf hier verwiesen werden soll.

6. Kosten in Deutschland

Das Verfahren über den Antrag auf Ausstellung der Bestätigung als Europäischer Vollstreckungstitel kostet 20,00 Euro nach Nr. 1513 KV GKG. Dieses ist unabhängig von der im zugrunde liegenden Titel ausgesprochen Summe.

Da die Ausstellung der Bestätigung nach §§ 1079 f. ZPO gemäß § 19 Abs. 1 S. 2 Nr. 9a RVG zum Rechtszug des Titels gehört, um dessen Bestätigung es geht,[468] fallen keine gesonderten Rechtsanwaltsgebühren an – zumindest soweit derselbe Rechtsanwalt mit dem Antrag auf Bestätigung befasst ist. Andernfalls – im Fall eines Einzelauftrags (§ 15 Abs. 6 RVG) – richten sich die Gebühren für den Rechtsanwalt nach den allgemeinen Bestimmungen, mithin eine 0,3-Verfahrensgebühr nach Nr. 3309 VV RVG und eine etwaige 0,3-Terminsgebühr nach Nr. 3310 VV RVG.

IV. Mindeststandards (für Säumnisentscheidungen)

Die Mindeststandards spielen im Rahmen der EuVTVO eine zentrale Rolle[469] und werden im Folgenden näher erörtert. Die Vorschriften sind im Kapitel III der Verordnung, also in den Artt. 12 ff. EuVTVO, verortet.

Sie sind nach Artt. 6 Abs. 1 lit. c, 12 Abs. 1 EuVTVO in den Fällen von Art. 3 Abs. 1 S. 2 lit. b und c EuVTVO zu beachten, namentlich dann, wenn der Schuldner der Forderung im gerichtlichen Verfahren zu keiner Zeit widersprochen hat oder nach Widerspruch zu einer Gerichtsverhandlung nicht erschienen ist (Säumnissituationen).[470] Ebenso sind die Mindeststandards anzuwenden bei Entscheidungen aufgrund eines Rechtsbehelfs gemäß Art. 12 Abs. 2 EuVTVO, sofern es sich zu diesem Zeitpunkt um eine Säumnissituation handelt nach Art. 3 Abs. 1 S. 2 lit. b oder c EuVTVO. Sie gelten nicht bei gerichtlichen Vergleichen und öffentlichen Urkunden, da Art. 24 Abs. 3 und Art. 25 Abs. 3 EuVTVO nicht die entsprechende Anwendbarkeit von Kapitel III der Verordnung bestimmen.

Die Mindeststandards stellen als Maßnahmen des Schuldnerschutzes das Gegenstück zur leichteren und effektiveren Zwangsvollstreckung des Gläubigers dar.[471]

---

468 Gerold/ Schmidt[22]-*Müller-Rabe*, § 19 RVG, Rn. 110.

469 *Rauscher*, GPR 2003/04, 286 [286].

470 *Coester-Waltjen*, FS Kostas Beys (2003), 183 [188]; *Rauscher*, GPR 2003/04, 286 [286, 288]; *Stein*, EuZW 2004, 679 [680]; *Wagner*, IPRax 2005, 189 [194]; *Rellermeyer*, Rpfleger 2005, 389 [394]; *Pfeiffer*, BauR 2005, 1541 [1545]; Zöller[31]-*Geimer*, Art. 12 EuVTVO, Rn. 1.

471 *Hess*, JZ 2005, 540 [545].

Bei den Säumnisentscheidungen sind die Anforderungen für die Bestätigung also umfangreicher. Denn hier wird die Unbestrittenheit der Forderung aus der Passivität des Schuldners abgeleitet, so dass sichergestellt sein muss, dass dieser durch eine zuverlässige Zustellung des verfahrenseinleitenden Schriftstücks oder, wenn nötig, einer Ladung in die Lage versetzt worden ist, der geltend gemachten Forderung entgegenzutreten.[472] Damit eine Säumnisentscheidung als Europäischer Vollstreckungstitel bestätigt werden kann, muss dem Schuldner im Erkenntnisverfahren also rechtliches Gehör nach Maßgabe der EuVTVO gewährt worden sein.[473] Die Mindeststandards zielen gerade darauf ab, dass dem Schuldner tatsächlich rechtliches Gehör gewährt wird, er also so rechtszeitig und in einer Weise über das gegen ihn eingeleitete Gerichtsverfahren inklusive der Möglichkeiten der aktiven Teilnahme sowie der Folgen der Nichtteilnahme (Art. 17 EuVTVO) informiert worden ist, dass er die nötigen Maßnahmen für seine Verteidigung ergreifen konnte.[474] Ob die Mindeststandards eingehalten worden sind, wird in einer *ex post*-Betrachtung ermittelt. Es kommt also nicht auf die Kenntnis im Erkenntnisverfahren an, sondern entscheidend ist, ob die Mindeststandards tatsächlich eingehalten worden sind.

Bei Nichteinhaltung dieser Mindestvorschriften und fehlender Heilung ist eine Bestätigung als Europäischer Vollstreckungstitel nicht möglich. Eine Vollstreckung dieses Titels ist aber trotzdem nicht ausgeschlossen, denn es kommt noch eine Vollstreckung insbesondere nach der EuGVVO in Betracht. Mängel in der Zustellung können dann nach Art. 46 EuGVVO n.F. (Art. 45 EuGVVO a.F.) nur durch den Rechtsbehelf gemäß Art. 47 EuGVVO n.F. (Art. 43 EuGVVO a.F.) und nur in den Grenzen des Art. 45 Abs. 1 lit. b EuGVVO n.F. (Art. 34 Nr. 2 EuGVVO a.F.) geltend gemacht werden.[475] Werden die Mindeststandards der Artt. 12 ff. EuVTVO nicht eingehalten, ist damit mithin nicht zwangsläufig ein Versagungsgrund im Sinne des Art. 45 Abs. 1 lit. b EuGVVO n.F. (Art. 34 Nr. 2 EuGVVO a.F.) verbunden.

Es ist nochmals darauf hinzuweisen, dass die Mindeststandards nicht unmittelbar verbindlich sind. Der Europäischen Union fehlt die Rechtsetzungskompetenz für bindende Vorschriften im Erkenntnisverfahren, da Art. 181 AEUV (= ex-Art. 65 EG) sich auf Streitigkeiten mit grenzüberschreitendem Bezug beschränkt. Im Erkenntnisverfahren ist dieser aber nicht zwingend. Es kann sich um reine Inlandsstreitigkeiten handeln. Erst durch die Vollstreckung im Ausland wird dann ein grenzüberschreitender Bezug begründet. Es bleibt den Mitgliedsstaaten daher unbenommen, im Erkenntnisverfahren die Mindeststandards nicht einzuhalten. Eine Verpflichtung besteht nicht. Jedoch ist dann eine Bestätigung als Europäischer

---

472 *Stein*, EuZW 2004, 679 [680]; *Wagner*, IPRax 2005, 189 [194].

473 *Coester-Waltjen*, FS Kostas Beys (2003), 183 [188]; *Wagner*, IPRax 2005, 189 [194]; *Klippstein*, in: *Gebauer/ Wiedmann* (Hrsg.)[1], Kap. 31, Rn. 52; *Faetan*, JAmt 2007, 181 [186]; *Bittmann*, in: *Gebauer/ Wiedmann* (Hrsg.)[2], Kap. 28, Rn. 100; Rauscher-*Papst*, Band II[4], Art. 12 EuVTVO, Rn. 1.

474 *Wagner*, IPRax 2005, 189 [194]; *Faetan*, JAmt 2007, 181 [186]; Zöller[31]-*Geimer*, Art. 12 EuVTVO, Rn. 1; vgl. Erwägungsgrund 12 zur EuVTVO.

475 Zöller[31]-*Geimer*, Art. 12 EuVTVO, Rn. 8.

Vollstreckungstitel unmöglich. Die nachfolgend beschriebenen Standards stellen damit keine Entscheidungs- sondern Beurteilungsnormen dar.[476]

1. Zustellungsformen (Artt. 13–15 EuVTVO)

Die Vorschriften über die ordnungsgemäße Zustellung des verfahrenseinleitenden Schriftstücks[477] in Artt. 13–15 EuVTVO stellen die wichtigsten Mindestvorschriften dar.[478] Sie greifen bei einer grenzüberschreitenden wie auch bei einer innerstaatlichen Zustellung.[479] Dabei ist das Zustellungssystem der EuVTVO autonom und von den nationalen Rechtsordnungen losgelöst, um mögliche Fehlerquellen zu minimieren.[480] Es wird also nicht auf das nationale Recht verwiesen, sondern es werden eigenständige Regelungen statuiert. Die Zustellung erfolgt im Erkenntnisverfahren nicht nach Artt. 13 ff. EuVTVO, sondern je nachdem, welcher Anwendungsbereich eröffnet ist, nach der EuZVO, dem HZÜ oder nationalem Recht.[481] Erst im Bestätigungsverfahren wird nach den Artt. 13 ff. EuVTVO geprüft, ob die Mindeststandards eingehalten wurden, um einen Titel als Europäischen Vollstreckungstitel bestätigen zu können. Dabei ist die Aufzählung in Artt. 13 f. EuVTVO abschließend, so dass andere Zustellungsarten den Anforderungen der Mindeststandards nicht genügen. In Art. 13 EuVTVO sind Mindeststandards für Zustellungen mit Nachweis des Empfangs durch den Schuldner geregelt, in Art. 14 EuVTVO sind solche für Zustellungen ohne einen Nachweis des Empfangs geregelt.

a) Art. 13 EuVTVO, Zustellung mit Empfangsnachweis durch den Schuldner

Die Zustellung wird den Anforderungen der EuVTVO unter anderem dann gerecht, wenn sie an den Schuldner erfolgt oder dieser beim persönlichen Zustellungsversuch die Annahme unberechtigt verweigert hat. Nach Art. 13 EuVTVO gibt es hierfür verschiedene Möglichkeiten, bei denen jeweils der Nachweis des Empfangs oder der unberechtigten Verweigerung geführt werden muss.[482] Eine postalische

---

476 Vgl. *Kohler*, in: *Reichelt/ Rechberger* (Hrsg.), Europäisches Kollisionsrecht (2004), 63 [72]; *Kropholler/ von Hein*, EuZPR⁹, Art. 12 EuVTVO, Rn. 7 f.; Rauscher-*Papst*, Band II⁴, Art. 12 EuVTVO, Rn. 4.

477 Der Begriff des verfahrenseinleitenden Schriftstücks bezeichnet dieselben Urkunden wie in Art. 34 Nr. 2 EuGVVO a.F. bzw. Art. 45 Abs. 1 lit. b EuGVVO n.F., vgl. *Stein*, EuZW 2004, 679 [680]; *Kropholler/ von Hein*, EuZPR⁹, Art. 34 EuGVVO, Rn. 29 ff. – erfasst wird gemäß Art. 13 Abs. 2 EuVTVO auch eine Ladung.

478 *Rellermeyer*, Rpfleger 2005, 389 [394]; *Gebauer*, NJ 2006, 103 [105].

479 *Coester-Waltjen*, FS Kostas Beys (2003), 183 [188]; *Gebauer*, NJ 2006, 103 [105]; *Kropholler/ von Hein*, EuZPR⁹, Art. 12 EuVTVO, Rn. 4; *Nagel/ Gottwald*, IZPR⁷, 664, § 14, Rn. 23.

480 *Rauscher*, GPR 2003/04, 286 [289]; *Jennissen*, InVo 2006, 263 [264].

481 Rauscher-*Papst*, Band II⁴, Art. 13 EuVTVO, Rn. 1.

482 *Ernst*, JurBüro 2005, 568 [570]; *Rellermeyer*, Rpfleger 2005, 389 [395]; *Gebauer*, NJ 2006, 103 [105].

oder elektronische Zustellung ist möglich gemäß Art. 13 Abs. 1 lit. c und d EuVTVO. In den Fällen des Art. 13 lit. a, c und d EuVTVO wird unmittelbar nachgewiesen, dass der Schuldner (oder sein Vertreter, Art. 15 EuVTVO) das zuzustellende Schriftstück erhalten hat, denn es bedarf einer vom Schuldner unterzeichneten Empfangsbestätigung mit Datumsangabe; im Fall des Art. 13 Abs. 1 lit. b EuVTVO erfolgt diese durch die Zustellungsperson.[483] Wer dazu befugt ist, entscheidet das Recht des Zustellungsmitgliedsstaates. Bei Art. 13 Abs. 1 lit. a EuVTVO unterzeichnet der Schuldner selbst die Empfangsbestätigung und gibt sie der Übermittlungsperson unmittelbar zurück. Erfasst sind nur Zustellungen durch eine zuständige Amtsperson – Zustellungen unter Hinzuziehung eines Postdienstes unterfallen lit. c.[484]

Bei der persönlichen Zustellung an den Schuldner durch den Postbediensteten gemäß Art. 13 Abs. 1 lit. b EuVTVO bestätigt die zuständige Person die Annahme des Schriftstücks oder dessen unberechtigte Verweigerung mit Datum.

Gemäß Art. 13 Abs. 1 lit. d EuVTVO besteht auch die Möglichkeit der Zustellung mittels elektronischer Kommunikationsmittel, also per Telefax oder E-Mail. Aber auch hier muss der Schuldner eine Empfangsbestätigung unter Angabe des Empfangsdatums unterzeichnet zurücksenden. Die Art der Übermittlung regelt die EuVTVO nicht. Die Empfangsbestätigung ist unproblematisch per Post oder Fax möglich. Eine solche per E-Mail wird man auch zulassen müssen, da man die Übermittlung in elektronischer Form zulässt. Dabei ist eine digitale Signatur zu verlangen, damit sichergestellt ist, dass diese auch tatsächlich von dem Schuldner stammt; die digitale Signatur ersetzt dann die Unterschrift.[485]

Fraglich ist, ob eine eingescannte Unterschrift oder die Übermittlung eines eingescannten Dokuments inklusive Unterschrift auch genügt. Meines Erachtens macht es keinen Unterschied, ob das Original mit Unterschrift per Fax oder eingescannt zurückgesandt wird. Demgemäß ist zumindest die Übermittlung eines eingescannten Dokuments inklusive Unterschrift ausreichend, da dann das Originaldokument mit Unterschrift beim Schuldner vorliegt. Dieser hat es lediglich eingescannt und dann per E-Mail übermittelt. Hier ist ebenso sicher wie bei der Übermittlung per Fax, dass die Empfangsbestätigung vom Schuldner stammt. Folglich genügt meiner Ansicht nach die Übermittlung eines eingescannten unterschriebenen Dokuments als Empfangsbestätigung im Sinne des Art. 13 Abs. 1 lit. d EuVTVO. Bei einer eingescannten Unterschrift fehlt hingegen das Original. Es besteht nur ein digitales Dokument, auf dem eine eingescannte Unterschrift enthalten ist. Hier ist es aus meiner Sicht zweifelhaft, ob eine solche Bestätigung als Empfangsbestätigung im Sinne der genannten Vorschrift genügt. Klärung dürfte hier wohl erst die Praxis, insbesondere Entscheidungen der Gerichte – zuletzt die Auslegung durch den EuGH – bringen.

---

483 *Rauscher*, GPR 2003/04, 286 [289]; *Wagner*, IPRax 2005, 189 [195]; *Rellermeyer*, Rpfleger 2005, 389 [395].

484 Rauscher-*Papst*, Band II^4, Art. 13 EuVTVO, Rn. 7.

485 *Bittmann*, in: *Gebauer/ Wiedmann* (Hrsg.)^2, Kap. 28, Rn. 111; Rauscher-*Papst*, Band II^4, Art. 13 EuVTVO, Rn. 19.

Die Empfangsbestätigungen dienen dabei nicht bloß als Beweis, sondern sind Teil des jeweiligen Zustellungstatbestandes, ohne welche keine Zustellung im Sinne des Art. 13 EuVTVO vorliegt und diese Voraussetzung für die Bestätigung als Europäischer Vollstreckungstitel fehlt.[486]

Nach Art. 13 Abs. 2 EuVTVO gelten die Regelungen gemäß Absatz 1 auch für eine Ladung zu einer Gerichtsverhandlung. Die Ladung zu einer Gerichtsverhandlung kann dem Schuldner aber auch mündlich in einer vorausgegangenen Verhandlung über dieselbe Forderung bekannt gemacht werden, sofern dies im Protokoll festgehalten wird. Erforderlich ist selbstverständlich, dass der Schuldner (oder sein Vertreter, Art. 15 EuVTVO) an der Verhandlung teilgenommen hat.

Im deutschen Recht genügen § 174 Abs. 1 ZPO den Anforderungen von Art. 13 Abs. 1 lit. a EuVTVO, §§ 176 ff. ZPO denen von lit. b 1. Alt., § 179 ZPO iVm. § 182 ZPO denen von lit. b 2. Alt. und das Einschreiben mit Rückschein nach § 175 ZPO denen von lit. c.[487] Eine Art. 13 Abs. 1 lit. d EuVTVO entsprechende Zustellung ist im deutschen Recht nicht vorgesehen.[488]

b) Art. 14 EuVTVO, Zustellung ohne Empfangsnachweis durch den Schuldner

Gemäß Art. 14 EuVTVO ist darüber hinaus auch die Zustellung ohne Nachweis des Empfangs durch den Schuldner zulässig, sofern die Anschrift des Schuldners mit Sicherheit ermittelt ist (Art. 14 Abs. 2 EuVTVO). Ist die Anschrift des Schuldners nicht sicher bekannt, kommen die Zustellungsformen des Art. 14 EuVTVO hingegen gemäß dessen Absatz 2 nicht in Betracht. Unter Anschrift dürfte die Adresse zu verstehen sein, an welcher der Schuldner im Rahmen seines Lebens- (Abs. 1 lit. a) oder Geschäftsmittelpunktes (Abs. 1 lit. b) regelmäßig erreichbar ist; bei juristischen Personen entspricht der Satzungssitz der Anschrift.[489] In Bezug auf die elektronische Zustellung in Art. 14 Abs. 1 lit. f EuVTVO ist mit Anschrift nicht die postalische Adresse, sondern die E-Mail-Adresse bzw. die Fax-Nummer gemeint.

Bei der Ersatzzustellung nach Art. 14 EuVTVO ist der Zugang beim Schuldner zwar nicht sicher, es bestehe aber ein hohes Maß an Wahrscheinlichkeit für den Zugang.[490] Denn das Schriftstück gelangt zumindest so in den Machtbereich des Schuldners, dass es seine Aufgabe ist, dafür Sorge zu tragen, dass es ihn auch erreicht.[491] Auch hier ist in einer *ex post*-Betrachtung im Bestätigungsverfahren zu

---

486 Vgl. *Rauscher*, EuVT, 47, Rn. 117; *Kropholler/ von Hein*, EuZPR[9], Art. 13 EuVTVO, Rn. 1; Zöller[31]-*Geimer*, Art. 13 EuVTVO, Rn. 3.

487 Rauscher-*Papst*, Band II[4], Art. 13 EuVTVO, Rn. 8, 14 und 17.

488 *Rauscher*, EuVT, 47, Rn. 114; *Bittmann*, in: *Gebauer/ Wiedmann* (Hrsg.)[2], Kap. 28, Rn. 111.

489 Rauscher-*Papst*, Band II[4], Art. 14 EuVTVO, Rn. 5.

490 Vgl. Erwägungsgrund 14 zur EuVTVO.

491 Vgl. Vorschlag für eine Verordnung des Rates zur Einführung eines europäischen Vollstreckungstitels für unbestrittene Forderungen (von der Kommission vorgelegt) vom 18.04.2002, KOM (2002) 159 endg., 11 (Art. 11, 12, 13 und 14).

ermitteln, ob die Voraussetzungen des Art. 14 EuVTVO vorlagen, also auch, ob die Anschrift des Schuldners mit Sicherheit ermittelt worden war, ob es sich also tatsächlich um die Anschrift des Schuldners gehandelt hat. Auf die Überzeugung des Ursprungsgerichts kommt es dabei nicht an.[492]

Die Zustellung ist gemäß Art. 14 Abs. 3 EuVTVO in den Fällen der Art. 14 Abs. 1 lit. a bis d EuVTVO von der zustellenden Person zu dokumentieren oder in den Fällen von Abs. 1 lit. a und b durch die empfangende Person, welche nicht der Schuldner ist, zu bestätigen.[493] Ohne diese Dokumentation durch Zustellungsbescheinigung ist eine Bestätigung nicht möglich, denn die Zustellung kann nur durch diese nachgewiesen werden.[494] Eine andere Nachweismethode ist damit ausgeschlossen. Insoweit wird hinreichend sichergestellt, dass das Schriftstück in den Herrschaftsbereich des Empfängers gelangt ist.[495] Die Zustellungsurkunde nach § 182 Abs. 2 ZPO in Deutschland genügt den Anforderungen in Art. 14 Abs. 3 lit. a EuVTVO.

aa) Art. 14 Abs. 1 lit. a EuVTVO

Gemäß Art. 14 Abs. 1 lit. a EuVTVO kann die Zustellung durch persönliche Übergabe des Schriftstücks an eine in derselben Wohnung lebende oder beschäftigte Person erfolgen. In Erwägungsgrund 15 wird klargestellt, dass die in Art. 14 Abs. 1 lit. a EuVTVO erwähnte Person annahmebereit sein muss, die Zustellung also bei einer Annahmeverweigerung im Unterschied zu Art. 13 Abs. 1 lit. b EuVTVO fehlschlägt.[496] Ebenso muss die Person eine entsprechende Reife und Einsichtsfähigkeit besitzen, damit durch die Ersatzzustellung das Ziel eines hohen Maßes an Wahrscheinlichkeit des Zugangs erreicht wird. Die Zustellung erfolgt an der Privatanschrift des Schuldners, wobei dieser Begriff – wie regelmäßig im Rahmen der Akte des Europäischen Gesetzgebers – autonom auszulegen ist.

bb) Art. 14 Abs. 1 lit. b EuVTVO

Ist der Schuldner Selbständiger oder eine juristische Person, so kann die Zustellung gemäß Art. 14 Abs. 1 lit. b EuVTVO auch durch Übergabe in den Geschäftsräumen an eine von dem Schuldner beschäftigte Person erfolgen. Der Begriff der juristischen Person entspricht dem in Art. 63 Abs. 1 EuGVVO n.F. (Art. 60 Abs. 1 EuGVVO a.F.), der des Selbständigen umfasst Unternehmer sowie

---

492 Rauscher-*Papst*, Band II[4], Art. 14 EuVTVO, Rn. 7.

493 *Gebauer*, NJ 2006, 103 [105]; *Jennissen*, InVo 2006, 263 [265].

494 *Kropholler/ von Hein*, EuZPR[9], Art. 14 EuVTVO, Rn. 27; Rauscher-*Papst*, Band II[4], Art. 14 EuVTVO, Rn. 29; Zöller[31]-*Geimer*, Art. 14 EuVTVO, Rn. 2.

495 *Rellermeyer*, Rpfleger 2005, 389 [395]; Zöller[31]-*Geimer*, Art. 14 EuVTVO, Rn. 1.

496 *Kropholler/ von Hein*, EuZPR[9], Art. 14 EuVTVO, Rn. 7; Zöller[31]-*Geimer*, Art. 14 EuVTVO, Rn. 3; Gemeinsamer Standpunkt, KOM (2004) 90 endg., 8 (zum Erwägungsgrund 11b).

Gewerbetreibende und Freiberufler.[497] Die Geschäftsräume sind von den Privaträumen normativ abzugrenzen, müssen aber nicht räumlich von diesen getrennt sein. Unter Geschäftsräume fallen die Räume, in denen die Geschäfte regelmäßig ausgeübt werden.[498] In Deutschland erfüllt § 178 Abs. 1 Nr. 2 ZPO die Anforderungen dieses Mindeststandards.[499]

cc) Art. 14 Abs. 1 lit. c EuVTVO

Nach Art. 14 Abs. 1 lit. c EuVTVO reicht auch eine Hinterlegung des Schriftstücks im Briefkasten des Schuldners. Die Zustellung nach § 180 ZPO in Deutschland genügt dieser Zustellungsvariante.

dd) Art. 14 Abs. 1 lit. d EuVTVO

Als vierte Variante nennt lit. d die Hinterlegung beim Postamt oder bei einer Behörde, wobei eine schriftliche Nachricht im Briefkasten des Schuldners hinterlassen wird. Diese muss eindeutig darauf hinweisen, dass es sich um ein gerichtliches Schriftstück handelt oder, dass die Zustellung durch die Benachrichtigung als erfolgt gilt und damit Fristen zu laufen beginnen.

Fraglich ist, ob nicht beide Hinweise kumulativ gegeben werden sollten, wie es im ursprünglichen Entwurfstext[500] noch vorgesehen war. Dafür spricht, dass die Kommission ausdrücklich keine inhaltlichen Änderungen vermerkt[501] und nur so ein ausreichender Warneffekt eintrete. Dagegen spricht, dass die anderen Sprachfassungen auch ein „oder" vorsehen und einer der beiden Hinweise ausreichend Information über die Bedeutung des Schriftstücks liefert.[502] Vom Inhalt her spricht zwar manches für ein Redaktionsversehen[503], welches sich dann jedoch in alle Übersetzungen fortgesetzt hätte. Jedoch besagt die Stellungnahme zum gemeinsamen Standpunkt[504], dass Art. 12 des Vorschlags ohne größere inhaltliche Änderungen eine einfachere und klarere Beschreibung der Zustellungsarten enthält. Demnach wird durchaus angeführt, dass es kleinere Änderungen gegeben hat. Eine solche dürfte insbesondere in dem Austausch des „und" durch ein „oder" zu sehen sein.

Insgesamt dürfte der Hinweis, dass die Zustellung bewirkt ist und damit Fristen zu laufen beginnen, ebenso wie der Hinweis, dass es sich um ein gerichtliches Schriftstück handelt, den Schuldner, wie dargelegt, ausreichend alarmieren und

---

497 *Bittmann*, in: *Gebauer/ Wiedmann* (Hrsg.)², Kap. 28, Rn. 114; *Kropholler/ von Hein*, EuZPR⁹, Art. 14 EuVTVO, Rn. 10; Rauscher-*Papst*, Band II⁴, Art. 14 EuVTVO, Rn. 15.

498 Rauscher-*Papst*, Band II⁴, Art. 14 EuVTVO, Rn. 16.

499 Rauscher-*Papst*, Band II⁴, Art. 14 EuVTVO, Rn. 18.

500 KOM (2002) 159 endg., 5 (Art. 12 Abs. 1 lit. d) = ABl. EG 2002, Nr. C 203, E 86 [90].

501 KOM (2004) 90 endg., 10 (Art. 12).

502 *Kropholler/ von Hein*, EuZPR⁹, Art. 14 EuVTVO, Rn. 20.

503 *Rauscher*, EuVT, 50, Rn. 126; Rauscher-*Papst*, Band II⁴, Art. 14 EuVTVO, Rn. 22.

504 KOM (2004) 90 endg., 10 (Art. 12).

somit genügen. Daher ist die Auffassung abzulehnen, dass es sich um ein Redaktionsversehen handele. Es reicht also wenn entweder der eine oder der andere Hinweis gegeben wird.[505]

Bei der Ersatzzustellung durch Niederlegung nach § 181 Abs. 1 ZPO im deutschen Recht erfolgt die schriftliche Mitteilung aufgrund des 2002 eingeführten Vordrucks in Anlage 4 zu § 1 Nr. 4 ZustVV. Dieser enthält nicht den eindeutigen Hinweis, dass es sich um ein gerichtliches Schriftstück handelt, jedoch ist ein Hinweis enthalten, dass die Zustellung des Schriftstücks mit Abgabe der schriftlichen Mitteilung als erfolgt gilt und daran Rechtsfolgen wie z.B. Fristen geknüpft sind. Damit genügt § 181 Abs. 1 ZPO nach hier vertretener Auffassung den Kriterien des Art. 14 Abs. 1 lit. d EuVTVO.[506]

ee) Art. 14 Abs. 1 lit. e EuVTVO

Weiter ist eine postalische Zustellung ohne einen Nachweis möglich, wenn der Schuldner seine Anschrift[507] im Ursprungsmitgliedsstaat hat (Art. 14 Abs. 1 lit. e EuVTVO). Hier bedarf es keiner Zustellung im Ausland, da alle erforderlichen Zustellungshandlungen im Ursprungsmitgliedsstaat erfolgen.

ff) Art. 14 Abs. 1 lit. f EuVTVO

Als letzte Zustellungsmöglichkeit ist eine elektronische Zustellung mit automatisch erstellter Sendebestätigung, nicht unbedingt Empfangsbestätigung[508], gemäß Art. 14 Abs. 1 lit. f EuVTVO zulässig, falls sich der Schuldner vorab ausdrücklich mit dieser Art der Zustellung einverstanden erklärt hat. Das Einverständnis kann auch in Allgemeinen Geschäftsbedingungen (AGB) gegeben werden.[509] Bei einem einseitigen Einverständnis der anderen Partei in den AGB des Verwenders wird man wohl eine ungerechtfertigte Benachteiligung nach § 307 BGB und damit ein nicht wirksames Einverständnis annehmen dürfen.[510] Auch diese elektronische Zustellungsvariante ist ebenso wie diejenige in Art. 13 Abs. 1 lit. d EuVTVO im deutschen Recht nicht vorgesehen.[511]

---

505 Ebenso OLG Stuttgart 31.03.2010 NJOZ 2010, 2518 [2520].

506 Ebenso: *Bittmann*, in: *Gebauer/ Wiedmann* (Hrsg.)[2], Kap. 28, Rn. 116; a.A.: *Rauscher*, EuVT, 50, Rn. 126; Rauscher-*Papst*, Band II[4], Art. 14 EuVTVO, Rn. 23.

507 Egal, ob Privatanschrift iSv. lit. a oder Geschäftsanschrift.

508 Vgl. *Rauscher*, EuVT, 50, Rn. 128; *Kropholler/ von Hein*, EuZPR[9], Art. 14 EuVTVO, Rn. 24; Zöller[31]-*Geimer*, Art. 14 EuVTVO, Rn. 13.

509 *Pfeiffer*, BauR 2005, 1541 [1546 f.]

510 Rauscher-*Papst*, Band II[4], Art. 14 EuVTVO, Rn. 28.

511 *Bittmann*, in: *Gebauer/ Wiedmann* (Hrsg.)[2], Kap. 28, Rn. 118.

c) Verhältnis von Art. 13 zu Art. 14 EuVTVO

Die zustellende Stelle hat die freie Wahl zwischen den Zustellungsvarianten der Artt. 13 und 14 EuVTVO. Sie braucht nicht zuerst die persönliche Zustellung zu versuchen, sondern kann auch direkt eine so genannte Ersatzzustellung gemäß Art. 14 EuVTVO vornehmen, wenn deren Voraussetzungen gegeben sind.[512] Die verschiedenen Zustellungsformen- und Modalitäten nach Artt. 13 f. EuVTVO sind gleichwertig und stehen nicht in einer bestimmten Rangfolge.[513]

Ebenso verhält es sich mit den Zustellungsarten der EuZVO. Auch hier besteht kein Rangordnungsverhältnis zwischen den einzelnen Zustellungsarten in Artt. 4 bis 11 und Art. 14 EuZVO.[514] Es besteht keine Subsidiarität der Postzustellung (Art. 14 EuZVO) gegenüber den anderen Zustellungsformen.[515]

d) Verhältnis der Zustellungsstandards zur EuZVO

Die EuVTVO lässt die EU-Zustellungsverordnung gemäß Art. 28 EuVTVO unberührt.[516] Dieses folgt bereits daraus, dass die Artt. 13 f. EuVTVO nur Beurteilungsnormen sind, deren Voraussetzungen eingehalten werden müssen, damit eine Bestätigung erfolgen darf.[517] Nach den Zustellungsvorschriften der EuVTVO wird im Nachhinein beurteilt, ob eine Zustellung ordnungsgemäß im Sinne der EuVTVO erfolgt ist und damit eine Bestätigung möglich ist. Bei der Zustellung selbst geht die zuständige Stelle nach der EuZVO, einem internationalen Abkommen (wie dem HZÜ) oder den nationalen Zustellungsbestimmungen vor.

Ebenso wie die Artt. 13 und 14 EuVTVO autonom zu den nationalen Vorschriften die Zustellungsbedingungen regeln,[518] sollen diese – auch gegenüber der EuZVO – autonomen Zustellungsmodalitäten sicherstellen, dass das verfahrenseinleitende Schriftstück den Schuldner selbst sicher erreicht oder doch eine hohe Gewähr dafür bietet, dass es dem Schuldner zugeht. Insoweit ist erforderlich, dass das innerstaatliche Recht dementsprechend angepasst wird, dass die Zustellung den Mindestanforderungen der EuVTVO entspricht. Aus dieser Tatsache und daraus,

---

512 *Rauscher*, GPR 2003/04, 286 [289]; *Leible/ Lehmann*, NotBZ 2004, 453 [456 FN 45]; *Stadler*, RIW 2004, 801 [806]; *Stein*, EuZW 2004, 679 [680]; *Rellermeyer*, Rpfleger 2005, 389 [395]; Zöller[31]-*Geimer*, Art. 12 EuVTVO, Rn. 9.

513 Vgl. *Kropholler/ von Hein*, EuZPR[9], Art. 14 EuVTVO; Rn. 3; Zöller[31]-*Geimer*, Art. 12 EuVTVO, Rn. 5, 9.

514 Vgl. EuGH 09.02.2006 Rs. C-473/04 NJW 2006, 975 [975] – *Plumex/ Young Sports NV.*

515 Vgl. EuGH 09.02.2006 Rs. C-473/04 NJW 2006, 975 [975] – *Plumex/ Young Sports NV*; *Jayme/ Kohler*, IPRax 2006, 537 [549]; *Heiderhoff*, IPRax 2007, 293 [293]; Rauscher-*Papst*, Band II[4], Art. 14 EuVTVO, Rn. 4; a.A.: *Hess*, NJW 2002, 2417 [2422].

516 Vgl. auch *Rauscher*, GPR 2003/04, 286 [289]; *Wagner*, IPRax 2005, 189 [195]; *Klippstein*, in: *Gebauer/ Wiedmann* (Hrsg.)[1], Kap. 31, Rn. 54; *Bittmann*, in: *Gebauer/ Wiedmann* (Hrsg.)[2], Kap. 28, Rn. 201; siehe auch Erwägungsgrund 21 zur EuVTVO.

517 *Wagner*, IPRax 2005, 189 [195]; Rauscher-*Papst*, Band II[4], Art. 13 EuVTVO, Rn. 1.

518 Siehe oben Teil 2, C., IV., 1.

dass die Zustellung der als Europäischer Vollstreckungstitel zu bestätigenden Entscheidungen innerhalb Europas nach der EuZVO vorgenommen werden, erklärt sich der Gleichlauf der EuVTVO und der EuZVO in dieser Beziehung.

Für eine weitgehende Anwendbarkeit der EuVTVO ist dieser Gleichlauf mit der EuZVO erforderlich, um nicht bei einem strengeren Maßstab als in der EuZVO die Anwendbarkeit auf im Mitgliedsstaat erlassene Titel zu verkürzen.

aa) Diskrepanzen zwischen EuZVO und Artt. 13 f. EuVTVO

Dennoch ist nicht unbedingt sichergestellt, dass eine nach der EuZVO ordnungsgemäße Zustellung den Mindeststandards der EuVTVO genügt.[519] So genügt die Zustellung durch die Post gemäß Art. 14 EuZVO den Anforderungen der EuVTVO nicht, wenn das Schriftstück nicht übersetzt ist und der Empfangsmitgliedsstaat[520] die Zulässigkeit einer Zustellung durch die Post davon abhängig macht, dass das Schriftstück übersetzt wurde und die Übersetzung beigefügt ist.[521] Außerdem ist die Zustellung in einen anderen Mitgliedsstaat als den Ursprungsmitgliedsstaat durch die Post gemäß Artt. 13 und 14 EuVTVO nur wirksam, wenn sie in Form des Einschreibens mit Rückschein geschieht und der Schuldner das Schriftstück persönlich in Empfang nimmt und den Rückschein unterschreibt.[522] Weiter besteht nach Art. 19 Abs. 2 EuZVO die Möglichkeit, dass das Verfahren ordnungsgemäß fortgesetzt wird und die Gerichte ein Versäumnisurteil erlassen, obwohl der nach der EuVTVO erforderliche Nachweis für die Zustellung beim Schuldner nicht erbracht wurde.[523]

bb) Rat

Dementsprechend ist dem Gläubiger anzuraten, insbesondere wenn er schon weiß, dass er in einem anderen Mitgliedsstaat als dem Ursprungsmitgliedsstaat vollstrecken muss oder will, dass er in dem Verfahren vor dem Ursprungsgericht auf die Einhaltung der Zustellungserfordernisse aus Artt. 13 und 14 EuVTVO hinwirkt bzw. achtet. Es dürfte angebracht sein, das Gericht auf die mögliche Vollstreckung nach der EuVTVO hinzuweisen, damit dieses die Zustellerfordernisse beachtet.

cc) Mindeststandards weiter als EuZVO

Ebenso ist nicht auszuschließen, dass nach einem gemäß der EuZVO mangelhaft zugestellten verfahrenseinleitenden Schriftstück ein Titel erlassen wird, der als

---

519 *Rauscher*, GPR 2003/04, 286 [289]; Rauscher-*Papst*, Band II^4, Art. 28 EuVTVO, Rn. 5.
520 Wie z.B. Deutschland nach § 1068 Abs. 2 ZPO.
521 *Riedel*, EuVT, 15.
522 *Riedel*, EuVT, 17.
523 Rauscher-*Papst*, Band II^4, Art. 28 EuVTVO, Rn. 5.

Europäischer Vollstreckungstitel bestätigt wird, solange nur die Mindeststandards der EuVTVO eingehalten worden sind.[524]

Daher bestehe das Risiko, dass der Gläubiger die EuZVO bewusst zu missachten versucht, da er trotzdem den erlassenen Titel nach der EuVTVO als Europäischen Vollstreckungstitel bestätigen lassen könne, solange deren Mindeststandards erfüllt seien.[525] Diese Zustellung muss zwar grundsätzlich auch den Erfordernissen des maßgeblichen Prozessrechts des Ursprungsmitgliedsstaates (*lex fori*) entsprechen. Die Wahrung der Mindeststandards müsse aber nicht in einem Akt mit der nach dem *lex fori* wirksamen Zustellung erfolgen, so dass Mischformen aus öffentlicher Zustellung und außergerichtlicher Übermittlung durch Einschreiben mit Rückschein möglich seien.[526] Denn die zuletzt genannte „Zustellung" genügt den Mindeststandards der EuVTVO (Art. 13 Abs. 1 lit. c EuVTVO), jedoch nicht Art. 14 EuZVO.[527] Bei der postalischen Zustellung kann auch der Gläubiger (oder dessen Bevollmächtigter) Absender sein.[528]

Jedoch muss der Gläubiger jeweils das Gericht zu der entsprechenden Zustellungsform (im Beispiel der öffentlichen Zustellung) bewegen. Außerdem ist bei der Zustellung nach Art. 13 Abs. 1 lit. c EuVTVO eine vom Schuldner unterzeichnete Empfangsbestätigung mit Angabe des Empfangsdatums erforderlich, die vom Schuldner zurückgeschickt worden sein muss. Dementsprechend ist auch bei einer postalischen Zustellung durch den Gläubiger als Absender sichergestellt, dass der Schuldner Kenntnis von dem verfahrenseinleitenden Schriftstück erlangt. Der Umstand, dass dieses nicht vom Gericht, sondern vom Gläubiger stammt, ist daher für die Zustellung unschädlich und unproblematisch. Der Schuldner ist hinreichend dadurch geschützt, dass ohne seine Empfangsbestätigung eine Zustellung gemäß Art. 13 Abs. 1 lit. c EuVTVO nicht vorliegt.

Ob bei einer für die Anwendbarkeit der EuVTVO wirksamen Zustellung durch den Gläubiger selbst eine ordnungsgemäße Unterrichtung des Schuldners gemäß Artt. 16 f. EuVTVO oder eine Heilung gemäß Art. 18 EuVTVO erfolgt, stellt sich darüber hinaus aber als fraglich dar. Dementsprechend dürfte eine Missbrauchsgefahr durch den Gläubiger wie die praktische Relevanz dieser theoretischen Möglichkeit meines Erachtens als gering anzusehen sein.

dd) Taktik der Gläubiger/ Schuldner

Der Schuldner bzw. dessen Rechtsanwalt sieht sich dann bei Erlass eines Versäumnisurteils gegen den Schuldner der Aufgabe gegenüber, prüfen zu müssen, ob nach der EuGVVO oder nach der EuVTVO eine Vollstreckung durch den Gläubiger/ die

---

524 *Rauscher*, EuVT, 43, Rn. 106; *Rellermeyer*, Rpfleger 2005, 389 [395]; Rauscher-*Papst*, Band II^4, Art. 28 EuVTVO, Rn. 2.

525 *Rauscher*, EuVT, 43, Rn. 106; Rauscher-*Papst*, Band II^4, Art. 28 EuVTVO, Rn. 4.

526 *Rauscher*, EuVT, 43, Rn. 106; Rauscher-*Papst*, Band II^4, Art. 28 EuVTVO, Rn. 4.

527 *Rauscher*, EuVT, 43, Rn. 106; *Schlosser*/ Hess, EU-ZPR^4, Art. 13 EuVTVO, Rn. 4 und Art. 28 EuVTVO, Rn. 1; Rauscher-*Papst*, Band II^4, Art. 28 EuVTVO, Rn. 4.

528 *Schlosser*/ Hess, EU-ZPR^4, Art. 13 EuVTVO, Rn. 4 und Art. 28 EuVTVO, Rn. 1.

Gegenpartei möglich ist. Dabei können unterschiedliche Zustellungserfordernisse nach der EuZVO bzw. der EuVTVO notwendig sein. Trotz Missachtung der einen Standards kann eine Vollstreckung durch den Gläubiger nach den anderen erfolgreich sein, so dass der Schuldner oder dessen Rechtsanwalt seine Verteidigungstaktik darauf einrichten muss.

Man mag es als misslich ansehen, dass im Detail unterschiedliche Anforderungen an die Zustellung durch die EuZVO und die Mindeststandards der EuVTVO gestellt werden. Solange die Einhaltung der Voraussetzungen jedoch mit hinreichender Sicherheit zur wirksamen und ordnungsgemäßen Zustellung an den Schuldner führen und dieser ordnungsgemäß belehrt und unterrichtet wird, stellt sich dieser Umstand im Ergebnis als unschädlich dar. Ein faires Verfahren sollte sichergestellt sein.

Es mag in diesem Zusammenhang auch ein Umdenken auf europäischer Ebene gegeben haben und eventuell wird die EuZVO im Verlauf der Zeit auch noch an eine geänderte Auffassung und die Ausrichtung neuerer Rechtsakte wie die EuVTVO angepasst.

Für die rechtlichen Berater auf Gläubiger- und Schuldnerseite ergibt sich der Bedarf an eigener Informationsbeschaffung/ Weiterbildung wie auch der Aufklärung der Mandanten.

e) Art. 15 EuVTVO, Zustellung an den Vertreter des Schuldners

Gemäß Art. 15 EuVTVO und Erwägungsgrund 16 zur EuVTVO kann die Zustellung nach Artt. 13 und 14 EuVTVO auch an den gesetzlichen oder gewillkürten Vertreter erfolgen, so dass die Zustellungsvarianten auch auf eine Zustellung an diese anwendbar sind. Dabei ist natürlich erforderlich, dass eine der Zustellungsvarianten der Artt. 13 f. EuVTVO eingehalten worden ist.

Nach Erwägungsgrund 14 zur EuVTVO ist das zuzustellende Schriftstück dem Empfänger bei Einhaltung der Mindeststandards der Verordnung entweder mit absoluter Gewissheit (Art. 13 EuVTVO) oder mit hoher Wahrscheinlichkeit (Art. 14 EuVTVO) zugegangen. Dieses stellt demgemäß auch die Rechtfertigung für die vereinfachte Vollstreckung gegen den Schuldner dar, denn es rechtfertigt die Annahme, dass der Schuldner sich nicht gegen die Forderung verteidigen wollte, es aber gekonnt hätte.[529]

Eine Zustellungsform, die auf einer Fiktion beruht, reicht nicht aus.[530] Insofern scheidet in Deutschland eine öffentliche Zustellung nach § 185 ZPO aus.[531] Ebenso

---

529 *Rellermeyer*, Rpfleger 2005, 389 [394 f.]; *Jennissen*, InVo 2006, 263 [265].

530 *Wagner*, IPRax 2005, 189 [195]; *Klippstein*, in: *Gebauer/ Wiedmann* (Hrsg.)[1], Kap. 31, Rn. 53; *Rellermeyer*, Rpfleger 2005, 389 [390]; *Pfeiffer*, BauR 2005, 1541 [1545 f.]; *Coester-Waltjen*, FS Tugrul Ansay (2006), 47 [54]; *Jennissen*, InVo 2006, 263 [265]; *Stadler*, IPRax 2006, 116 [121]; *Faetan*, JAmt 2007, 181 [186]; *Sujecki*, EuZW 2010, 448 [451]; *Kropholler/ von Hein*, EuZPR[9], Art. 14 EuVTVO, Rn. 26; *Schack*, IZVR[6], Rn. 1056; Zöller[31]-*Geimer*, Art. 12 EuVTVO, Rn. 4; vgl. Erwägungsgrund 13 zur EuVTVO.

531 *Stein*, EuZW 2004, 679 [681]; *Wagner*, IPRax 2005, 189 [195]; *Rellermeyer*, Rpfleger 2005, 389 [395]; *Ernst*, JurBüro 2005, 568 [571]; *Jennissen*, InVo 2006, 263 [265].

enthält die französische *remise au parquet* eine solche Fiktion und ist damit nicht anzuerkennen.[532]

f) Rechtzeitigkeit

An die Rechtzeitigkeit der Zustellung werden von der EuVTVO keine Anforderungen gestellt. Mangels anderweitiger Regelung ist demnach die *lex fori* maßgeblich,[533] also das im Ursprungsmitgliedsstaat anzuwendende Verfahrensrecht.

2. Inhaltliche Erfordernisse/ ordnungsgemäße Unterrichtung (Artt. 16, 17 EuVTVO)

Die Artt. 16 und 17 EuVTVO enthalten Vorgaben über die ordnungsgemäße Unterrichtung (Information und Belehrung) des Schuldners. Art. 16 EuVTVO enthält Bestimmungen über die inhaltlichen Erfordernisse des verfahrenseinleitenden oder gleichwertigen Schriftstücks in Bezug auf die Forderung. In Art. 17 EuVTVO ist die ordnungsgemäße Unterrichtung des Schuldners über die Verfahrensschritte zum Bestreiten der Forderung sowie über die Folgen des Nichtbestreitens geregelt.

a) Art. 16 EuVTVO

Zunächst ist der Schuldner gemäß Art. 16 EuVTVO durch das verfahrenseinleitende oder ein gleichwertiges Schriftstück über die Forderung zu unterrichten, damit dieser davon in Kenntnis gesetzt wird, wogegen er sich zu verteidigen hat, sofern er dieses möchte.[534] Dieses Schriftstück muss den Namen und die Anschrift der Parteien beinhalten, die Höhe der Forderung nennen und genaue Angaben über den Zinssatz und den Zinszeitraum enthalten, wenn Zinsen gefordert werden, es sei denn das Recht des Ursprungsmitgliedsstaates sieht vor, dass auf die Hauptforderung automatisch ein gesetzlicher Zinssatz angerechnet wird.[535] Diese Ausnahme greift nur, wenn das die Hauptforderung beherrschende Recht zugleich die *lex fori* ist. Denn die Zinsansprüche richten sich nach dem Recht, das auf die Hauptforderung anwendbar ist.[536] Darüber hinaus muss der Forderungsgrund bezeichnet werden,

---

532 Ebenso *Wagner*, IPRax 2005, 189 [195]; *Klippstein*, in: *Gebauer/ Wiedmann* (Hrsg.)[1], Kap. 31, Rn. 53; *Coester-Waltjen*, FS Tugrul Ansay (2006), 47 [54]; *Stadler*, IPRax 2006, 116 [121]; *Jennissen*, InVo 2006, 263 [265]; *Bittmann*, in: *Gebauer/ Wiedmann* (Hrsg.)[2], Kap. 28, Rn. 119; *Nagel/ Gottwald*, IZPR[7], 665, § 14, Rn. 27; zur *remise au parquet* nach französischem Recht vgl. *Heiderhoff*, EuZW 2006, 235 [237].

533 *Rauscher*, GPR 2003/04, 286 [290]; Rauscher-*Papst*, Band II[4], Art. 13 EuVTVO, Rn. 5.

534 *Rauscher*, GPR 2003/04, 286 [290]; *Gebauer*, FPR 2006, 252 [254]; *Jennissen*, InVo 2006, 263 [265].

535 *Ernst*, JurBüro 2005, 568 [571]; *Rellermeyer*, Rpfleger 2005, 389 [395]; *Wagner*, IPRax 2005, 189 [195]; *Pfeffer*, BauR 2005, 1541 [1547]; *Gebauer*, NJ 2006, 103 [105].

536 *Gebauer*, NJ 2006, 103 [105].

wobei eine kurze Beschreibung der Forderung ausreicht.[537] Die Forderungshöhe muss mit einem bestimmten Betrag angegeben sein. Jedoch dürfte es ausreichen, wenn beispielsweise bei einer unbezifferten Schmerzensgeldforderung der Höchstbetrag für die Forderung angegeben ist, da der Schuldner dann über die Maximalhöhe hinreichend informiert ist.[538]

Bei Nichtbeachtung der Formalien in Art. 16 EuVTVO darf eine Bestätigung als Europäischer Vollstreckungstitel nicht erteilt werden. Eine Anerkennung gemäß Art. 45 Abs. 1 lit. b EuGVVO n.F. (Art. 34 Nr. 2 EuGVVO a.F.) ist damit aber nicht automatisch ausgeschlossen.[539]

Der deutsche § 690 Abs. 1 Nr. 3 ZPO genügt den Bedingungen aus Art. 16 EuVTVO.[540] Es reicht aus, wenn der Anspruch individualisiert ist, er muss anders als bei der deutschen Klagschrift nicht substantiiert sein.[541]

b) Art. 17 EuVTVO

Gemäß Art. 17 lit. a EuVTVO muss der Schuldner über die Verfahrensschritte zum Bestreiten der Forderung belehrt werden. In demselben Schriftstück oder einer Ladung zur Gerichtsverhandlung oder in einer zusammen mit diesen zugestellten Belehrung muss der Schuldner also über die verfahrensrechtlichen Erfordernisse für das Bestreiten der Forderung sowie die dafür vorgesehene Frist belehrt werden. Ebenso ist gegebenenfalls der Termin der Gerichtsverhandlung sowie die Stelle, an welche die Antwort zu richten oder bei der zu erscheinen ist, zu nennen. Auch ist darüber zu informieren, ob die Vertretung durch einen Rechtsanwalt vorgeschrieben ist (Art. 17 lit. a EuVTVO). Da die Verordnung grundsätzlich in die innerstaatlichen Verfahren nicht eingreift und auch die verfahrensrechtlichen Erfordernisse, auf die hingewiesen werden muss, sich jeweils nach dem nationalen Recht richten, sind die Kriterien in Art. 17 EuVTVO nicht abschließend aufgezählt.[542] Es ist über die nationalen formellen, inhaltlichen und zeitlichen Erfordernisse zu belehren, die für die in Art. 17 EuVTVO aufgeführten Handlungen erforderlich und für die rechtlichen Folgen bedeutsam sind.

Weiter ist nach Art. 17 lit. b EuVTVO auf die Konsequenzen des Nichtbestreitens oder des Nichterscheinens hinzuweisen. Insbesondere über die etwaige Möglichkeit einer Entscheidung oder ihrer Vollstreckung gegen den Schuldner sowie über die Verpflichtung zum Kostenersatz ist zu belehren.[543] Dabei ist nach der Verordnung

---

537 *Rellermeyer*, Rpfleger 2005, 389 [395].

538 Rauscher-*Papst*, Band II^{4}, Art. 16 EuVTVO, Rn. 7.

539 Zöller^{31}-*Geimer*, Art. 16 EuVTVO, Rn. 2.

540 *Kropholler/ von Hein*, EuZPR^{9}, Art. 16 EuVTVO, Rn. 4; Rauscher-*Papst*, Band II^{4}, Art. 16 EuVTVO, Rn. 12; Zöller^{31}-*Geimer*, Art. 16 EuVTVO, Rn. 4.

541 Thomas/ Putzo^{37}-*Hüßtege*, Art. 16 EuVTVO, Rn. 1; Zöller^{31}-*Geimer*, Art. 16 EuVTVO, Rn. 4.

542 Rauscher-*Papst*, Band II^{4}, Art. 17 EuVTVO, Rn. 7.

543 *Bittmann*, in: *Gebauer/ Wiedmann* (Hrsg.)^{2}, Kap. 28, Rn. 135.

nicht erforderlich, dass auf die Möglichkeit der Vollstreckung nach der EuVTVO in allen Mitgliedsstaaten der Europäischen Union mit Ausnahme Dänemarks hingewiesen wird. Dieses bleibt den Mitgliedsstaaten zwar unbenommen, ist aber beispielsweise im deutschen Durchführungsgesetz nicht vorgesehen.[544] Im Sinne des Schuldnerschutzes wäre eine solche Belehrung jedoch wünschenswert gewesen.[545] Denn die Vollstreckung eines als Europäischer Vollstreckungstitel bestätigten Titels ist weitreichend möglich. Dieses mag dem einzelnen Schuldner sicher nicht immer bewusst sein. Ein Hinweis könnte bei zahlungsunwilligen Schuldnern möglicherweise die freiwillige Begleichung der Forderung oder eine außergerichtliche bzw. gütliche Einigung fördern. Andererseits ergibt sich die erweiterte Vollstreckungsmöglichkeit nach der EuVTVO nicht aus der *lex fori*, sondern erfolgt nur bei Einhaltung der Erfordernisse der EuVTVO wie insbesondere der Mindeststandards und nur auf Antrag. Das mag begründen, dass über diese Möglichkeit der Vollstreckung mittels Europäischen Vollstreckungstitels nicht unterrichtet werden muss.[546]

Um den Unterrichtungszweck vollständig zu sichern, erscheint eine Information auch darüber erforderlich oder zumindest sinnvoll, ob die Entscheidung allein aufgrund des Klägervortrags oder aber auch aufgrund einer (auf Schlüssigkeit oder in sonstiger Weise beschränkten) Prüfung von Amts wegen ergehen wird.[547]

3. *Heilungsmöglichkeiten (Art. 18 EuVTVO)*

Die Mindeststandards dienen in den Säumnisfällen des Art. 3 Abs. 1 S. 2 lit. b und c EuVTVO dem Schutz des Schuldners. Er soll rechtzeitig und so informiert werden, dass er sich auf das Verfahren einstellen und Vorkehrungen zu seiner Verteidigung treffen kann.

Demgemäß ist es nach Art. 18 EuVTVO möglich, dass die Bestätigung als Europäischer Vollstreckungstitel trotz Nichteinhaltung der Bestimmungen in den Mindestvorschriften erfolgt, wenn dieser Zweck erreicht worden ist.[548] Derselbe Rechtsgedanke liegt der Vorschrift des Art. 34 Nr. 2 EuGVVO a.F. (entspricht Art. 45 Abs. 1 lit. b EuGVVO n.F.) zugrunde, auf welche die Regelung in der EuVTVO

544 *Coester-Waltjen*, Jura 2005, 394 [396]; *Gebauer*, NJ 2006, 103 [105].

545 Ebenso *Coester-Waltjen*, Jura 2005, 394 [396]; *dies.*, FS Tugrul Ansay (2006), 47 [54]; *Gebauer*, NJ 2006, 103 [105].

546 Siehe *Rauscher*, EuVT, 56 f., Rn. 143 f.; *Kropholler/ von Hein*, EuZPR^9, Art. 17 EuVTVO, Rn. 6; Rauscher-*Papst*, Band II^4, Art. 17 EuVTVO, Rn. 10.

547 *Rauscher*, EuVT, 56, Rn. 143; *Kropholler/ von Hein*, EuZPR^9, Art. 17 EuVTVO, Rn. 5; Rauscher-*Papst*, Band II^4, Art. 17 EuVTVO, Rn. 9; in dem Kommissionsvorschlag war dieses noch vorgesehen, KOM (2002) 159, 27 f. (Art. 17 lit. c) = ABl. EG 2002, Nr. C 203 E, 86 [91]; a.A.: *Bittmann*, in: *Gebauer/ Wiedmann* (Hrsg.)^2, Kap. 28, Rn. 137.

548 *Kropholler/ von Hein*, EuZPR^9, Art. 18 EuVTVO, Rn. 1; Zöller^{31}-*Geimer*, Art. 18 EuVTVO, Rn. 1.

zurückgeht.[549] Ist eine Heilung nach Art. 18 Abs. 1 oder Abs. 2 EuVTVO eingetreten, kann der Titel ohne weiteres bestätigt werden und ihm kommen dieselben Wirkungen zu, wie wenn nicht gegen die Mindeststandards verstoßen worden wäre. In dem Bestätigungsformular muss das Vorliegen der einzelnen Heilungsvoraussetzungen angegeben werden[550] (vgl. Nr. 11.1 und 13 in Anhang I für die Bestätigung sowie Nr. 8.1.1, 8.2.1 und 8.3 in Anhang V für die Ersatzbestätigung).

a) Art. 18 Abs. 1 EuVTVO

Wenn im Erkenntnisverfahren die soeben dargestellten Mindeststandards der Artt. 13 bis 17 EuVTVO nicht eingehalten worden sind, kann dieser Mangel unter den Voraussetzungen des Art. 18 Abs. 1 EuVTVO geheilt und dennoch die Bestätigung erteilt werden. Damit sollen die berechtigten Interessen des Gläubigers gewahrt werden, wenn dieser bei einer Zustellung durch die Gerichte für eventuelle Fehler nicht verantwortlich ist.[551]

Dafür ist zunächst erforderlich, dass die Entscheidung dem Schuldner unter Einhaltung der Vorschriften aus Artt. 13, 14 EuVTVO zugestellt worden ist (Art. 18 Abs. 1 lit. a EuVTVO). Dabei genügt auch eine Zustellung an den Vertreter des Schuldners nach Art. 15 EuVTVO, solange eine der Zustellungsformen der Artt. 13 f. EuVTVO eingehalten worden ist. Durch die Zustellung der Entscheidung wird sichergestellt, dass der Schuldner von dieser zumindest mit demselben Maß Kenntnis erlangt, das auch schon für das verfahrenseinleitende Schriftstück galt.[552]

Weiter muss dem Schuldner im Ursprungsmitgliedsstaat gegen die Entscheidung ein Rechtsbehelf zur uneingeschränkten Überprüfung zur Verfügung gestanden haben (z.B. der Einspruch nach § 338 ZPO), von dem dieser nach ordnungsgemäßer Belehrung nicht wirksam Gebrauch gemacht hat (Art. 18 Abs. 1 lit. b und c EuVTVO).

Innerhalb der Rechtsbehelfsfrist kann noch nicht von einem Nichtgebrauchtmachen bzw. einer Versäumung des Rechtsbehelfs ausgegangen werden. Erst nach Ablauf der Frist kann eine Bestätigung als Europäischer Vollstreckungstitel erfolgen, was auch nicht durch die potentielle Möglichkeit einer Wiedereinsetzung verhindert wird.[553]

In Deutschland besteht mit dem Einspruch gegen ein Versäumnisurteil und der analogen Anwendung bei Vollstreckungsbescheiden ein Art. 18 EuVTVO entsprechender Rechtsbehelf. In § 338 S. 2 ZPO ist eine Belehrungspflicht eingefügt worden, die allen Anforderungen des Abs. 1 lit. b genügt. Eine ebensolche Belehrung geschieht auch bei Erlass eines Vollstreckungsbescheids, so dass bei diesem

549 Vgl. KOM (2002) 159 endg., 13 (3. zu Artikel 19) = ABl. EG 2002, Nr. C 203 E, 86 [91 f.].

550 *Nagel/ Gottwald*, IZPR[7], 666, § 14, Rn. 33.

551 *Jennissen*, InVo 2006, 263 [264].

552 Rauscher-*Papst*, Band II[4], Art. 18 EuVTVO, Rn. 4.

553 *Rauscher*, EuVT, 59, Rn. 150; *Kropholler/ von Hein*, EuZPR[9], Art. 18 EuVTVO, Rn. 8; Rauscher-*Papst*, Band II[4], Art. 18 EuVTVO, Rn. 8.

Titel nach Art. 3 Abs. 1 lit. b EuVTVO eine Heilung gemäß Art. 18 Abs. 1 EuVTVO möglich ist.

Auch wenn eine Belehrung nicht erfolge bzw. für Titel nach Art. 3 Abs. 1 lit. b EuVTVO in Deutschland nicht vorgesehen sei,[554] bedürften diese Entscheidungen keiner Heilung, da Art. 18 Abs. 1 lit. b EuVTVO ersichtlich nur auf Säumnissituationen des Schuldners abziele und daher teleologisch zu reduzieren sei.[555] Eine solche teleologische Reduktion hat jedoch das OLG Stuttgart bei fehlender Rechtsmittelbelehrung des Schuldners gemäß Art. 17 EuVTVO im Rahmen der Bestätigung eines Kostenfestsetzungsbeschlusses als Europäischer Vollstreckungstitel nicht vorgenommen und auch nicht erwähnt.[556] In diesem Beschluss wurde die Ablehnung der Bestätigung eines Kostenfestsetzungsbeschlusses als Europäischer Vollstreckungstitel bestätigt und die sofortige Beschwerde als unbegründet zurückgewiesen. Um Art. 4 Nr. 1 EuVTVO nicht gänzlich leer laufen zu lassen,[557] erscheint eine teleologische Reduktion vorzugswürdig oder zumindest bedenkenswert, um dem Zweck der Verordnung möglichst weitreichend zu entsprechen.[558] Es ist aber anzumerken, dass eine solche Einschränkung mit dem Wortlaut von Art. 18 Abs. 1 lit. b EuVTVO nur schwer zu vereinbaren sei.[559]

Hingegen fehlt für andere Urteile eine solche Belehrungspflicht, so dass eine Heilung gemäß Art. 18 EuVTVO nicht möglich wäre. Dieses sei jedoch auch nicht notwendig, da es sich eben nicht um eine Säumnissituation handele, wie sie Kapitel III der EuVTVO voraussetze. Demnach seien solche Entscheidungen im Bestätigungsverfahren auch nicht an den Mindeststandards zu messen und eine Heilung nicht erforderlich.[560]

Dieser Auffassung hat der Bundesgerichtshof mit Urteil vom 25.03.2010 jedoch eine Absage erteilt und dieses zum einen mit dem klaren Wortlaut des Art. 18 Abs. 1 lit. b EuVTVO und zum anderen damit begründet, dass die Anwendbarkeit einzelner Bestimmungen der Verordnung nicht davon abhängen könne, wie die sich deutlich unterscheidenden nationalen Säumnisverfahren ausgestaltet seien; vielmehr müssten sie autonom ausgelegt werden.[561]

---

554 Vgl. *Roth*, IPRax 2008, 235 [236]; Thomas/ Putzo[37]-*Hüßtege*, Art. 18 EuVTVO, Rn. 2.

555 *Wagner*, IPRax 2005, 401 [409]; *Roth*, IPRax 2008, 235 [236].

556 Vgl. OLG Stuttgart 03.06.2008 NJW-RR 2009, 934 [935].

557 *Roth*, IPRax 2008, 235 [236].

558 Vgl. dazu auch die Ausführungen unten unter Teil 2, C., V., 4., d).

559 Vgl. BGH 25.03.2010 NJW 2010, 1883 [1886]; *Bittmann*, in: *Gebauer/ Wiedmann* (Hrsg.)[2], Kap. 28, Rn. 70.

560 *Roth*, IPRax 2008, 235 [237]; kritisierend: *Leible/ Lehmann*, NotBZ 2004, 453 [459]; *Bittmann*, in: *Gebauer/ Wiedmann* (Hrsg.)[2], Kap. 28, Rn. 70; Thomas/ Putzo[37]-*Hüßtege*, Art. 18 EuVTVO, Rn. 2.

561 Vgl. BGH 25.03.2010 NJW 2010, 1883 [1886]; bestätigt von BGH 21.07.2011 NJW 2012, 858 [859].

Demnach bleibt wohl einzige Möglichkeit, dass der (deutsche) Gesetzgeber eine Belehrungspflicht aufnimmt, um auch bei solchen Kostenfestsetzungsbeschlüssen eine Heilung und eine Bestätigung nach der EuVTVO zu ermöglichen.

b) Art. 18 Abs. 2 EuVTVO

Werden lediglich die Mindestvorschriften über die Zustellung des verfahrenseinleitenden oder gleichwertigen Schriftstücks beziehungsweise der Ladung (Artt. 13–14 EuVTVO) nicht eingehalten, kann unter den Voraussetzungen des Art. 18 Abs. 2 EuVTVO die Bestätigung nach einer weiteren Heilungsmöglichkeit gleichwohl erteilt werden, wenn durch das Verhalten des Schuldners im Verfahren nachgewiesen wird, dass dieser das Schriftstück so rechtzeitig persönlich bekommen hat, dass er Vorkehrungen für seine Verteidigung treffen konnte.[562] Für die Auslegung kann die Rechtsprechung und Literatur zu Art. 34 Nr. 2 EuGVVO a.F. Anhaltspunkte bieten.[563]

Der tatsächliche rechtzeitige Zugang beim Schuldner kann nach dieser Variante ausschließlich durch das Verhalten des Schuldners im gerichtlichen Verfahren nachgewiesen werden. Es ist also ein aktives Tätigwerden des Schuldners im Prozess nötig, damit diese Heilungsmöglichkeit eintritt. Folglich liegt es im ausschließlichen Einflussbereich des Schuldners, eine Heilung gemäß Art. 18 Abs. 2 EuVTVO dadurch zu verhindern, dass er im gerichtlichen Verfahren seine Kenntnis nicht (in irgendeiner Weise) zu erkennen gibt.[564] Sogar bei bewusstem Fernbleiben vom Prozess besteht nicht die Gefahr der Heilung.[565] Diese ist dann lediglich nach Abs. 1 möglich, so dass der Schuldner gezwungen ist gegebenenfalls einen Rechtsbehelf einzulegen. Eine Prozessführungsobliegenheit wird nicht bereits mit jedem Zugang bewirkt, rügt der Schuldner aber eine mangelhafte Zustellung, so besteht die Gefahr der Heilung nach Art. 18 Abs. 2 EuVTVO, selbst wenn er sich nicht zur Sache einlässt.[566] Hier könnte es sich dann anbieten, sich gar nicht einzulassen. Es sind jedoch die Risiken gegeneinander abzuwägen.

Fehler in Bezug auf die Mindeststandards der Unterrichtung nach Artt. 16 und 17 EuVTVO können nach dieser Variante nicht geheilt werden.

c) Kritik/ Einschränkung der Mindeststandards

Es gibt Meinungen, dass durch die umfassenden Heilungsmöglichkeiten die Bedeutung der Mindeststandards stark relativiert wird.[567] Dennoch ist in diesen Fällen

---

562 *Wagner*, IPRax 2005, 189 [195]; *Rellermeyer*, Rpfleger 2005, 389 [396]; *Ernst*, JurBüro 2005, 568 [571]; *Pfeiffer*, BauR 2005, 1541 [1547]; *Jennissen*, InVo 2006, 263 [266]; Zöller[31]-*Geimer*, Art. 18 EuVTVO, Rn. 4.

563 *Ernst*, JurBüro 2005, 568 [571 Fn. 49]; *Wagner*, IPRax 2005, 189 [195 Fn. 115].

564 *Rauscher*, EuVT, 60, Rn. 153; Rauscher-*Papst*, Band II[4], Art. 18 EuVTVO, Rn. 16 f.

565 *Rauscher*, EuVT, 60, Rn. 153; *Kropholler/ von Hein*, EuZPR[9], Art. 18 EuVTVO, Rn. 10.

566 *Rauscher*, EuVT, 60, Rn. 153; Rauscher-*Papst*, Band II[4], Art. 18 EuVTVO, Rn. 16.

567 *Wagner*, IPRax 2005, 189 [195]; *Klippstein*, in: *Gebauer/ Wiedmann* (Hrsg.)[1], Kap. 31, Rn. 57.

eigentlich die nötige Unterrichtung des Schuldners sichergestellt, da nur dann die Heilung eintreten kann. Der Zweck der Verordnung bedingt, dass unter den strengen Voraussetzungen von Art. 18 EuVTVO eine Heilungsmöglichkeit bei Verfahrensmängeln besteht. Denn die Verordnung soll einen möglichst breiten Anwendungsbereich bieten und dem Gläubiger sollen die Vorteile verbleiben, wenn ohne sein Verschulden Fehler bei der Anwendung der Vorschriften zur Umsetzung der Mindeststandards gemacht werden. Voraussetzung ist natürlich, dass das Verfahren dem *fair trial*-Grundsatz genügt und dem Schuldner rechtliches Gehör gewährt wurde. Dieses soll durch die Voraussetzungen der Absätze 1 und 2 des Art. 18 EuVT-VO sichergestellt werden.

4. Überprüfung in Ausnahmefällen (Art. 19 EuVTVO)

Wenn die Zustellung nach den Artt. 13–14 EuVTVO erfolgt, besteht die Gewissheit oder zumindest ein hohes Maß an Wahrscheinlichkeit dafür, dass das maßgebliche Schriftstück dem Empfänger oder nach Art. 15 EuVTVO seinem Vertreter (wie etwa seinem Anwalt[568] oder Verfahrensbevollmächtigten) tatsächlich zugegangen ist.

a) Regelung des Art. 19 EuVTVO

Dennoch können diese Mindeststandards das rechtliche Gehör nicht in jedem Fall sicherstellen. Es sind Fälle denkbar, in denen der Schuldner bei einer Zustellung egal, ob gemäß Art. 13 oder Art. 14 EuVTVO, aufgrund höherer Gewalt oder aufgrund außergewöhnlicher Umstände ohne Verschulden daran gehindert ist, der Forderung zu widersprechen (Art. 19 Abs. 1 lit. b EuVTVO).[569] Eine Konkretisierung dieser Fälle dürfte durch die Rechtsprechung nach autonomer Auslegung erfolgen.[570]

Auch kann das verfahrenseinleitende Schriftstück im Wege der Ersatzzustellung gemäß Art. 14 EuVTVO so zugestellt worden sein, dass der Schuldner keine Vorkehrungen zu seiner Verteidigung treffen konnte (Art. 19 Abs. 1 lit. a EuVTVO).[571] Die Zustellung erfolgte also nach Art. 14 EuVTVO (Art. 19 Abs. 1 lit. a sublit. i EuVTVO) und nach dem Wortlaut ohne Verschulden des Schuldners nicht so rechtzeitig, dass er Vorkehrungen für seine Verteidigung treffen konnte (Art. 19 Abs. 1 lit. a sublit. ii EuVTVO). Da aber die Zustellung dem Einflussbereich des Schuldners bei der Ersatzzustellung gänzlich entzogen ist, muss es darauf ankommen, dass den Schuldner kein Verschulden an der nicht rechtzeitigen Kenntniserlangung trifft.[572]

---

568 Vgl. Erwägungsgrund 16 zur EuVTVO.

569 *Wagner*, IPRax 2005, 189 [195]; *Rellermeyer*, Rpfleger 2005, 389 [396]; *Pfeiffer*, BauR 2005, 1541 [1547]; *Gebauer*, NJ 2006, 103 [105].

570 *Gebauer*, NJ 2006, 103 [105].

571 *Wagner*, IPRax 2005, 189 [195]; *Rellermeyer*, Rpfleger 2005, 389 [396]; *Pfeiffer*, BauR 2005, 1541 [1547]; *Gebauer*, NJ 2006, 103 [105].

572 *Rauscher*, EuVT, 62, Rn. 158; *Kropholler/ von Hein*, EuZPR[9], Art. 19 EuVTVO, Rn. 7; Rauscher-*Papst*, Band II[4], Art. 19 EuVTVO, Rn. 9;.

Dementsprechend muss gemäß Art. 19 Abs. 1 EuVTVO gewährleistet sein, dass dem Schuldner in solchen Fällen ein nationaler Rechtsbehelf im Ursprungsmitgliedsstaat zusteht, der eine Überprüfung der Entscheidung vorsieht[573] – wie etwa ein Verfahren auf Wiedereinsetzung in den vorherigen Stand. Dabei wird gemäß Art. 19 Abs. 1 EuVTVO vorausgesetzt, dass der Schuldner unverzüglich tätig wird. Diese Voraussetzung ist als Mindesterfordernis und nicht als autonome Fristbestimmung so zu verstehen, dass es der Eignung eines nationalen Rechtsbehelfs nicht entgegensteht, wenn die *lex fori* vorsieht, dass der Schuldner unverzüglich tätig werden muss.[574] Eine weitergehende nationale Regelung, die keine Unverzüglichkeit voraussetzt, genügt der Bestimmung daher umso mehr.

Gemäß Art. 19 Abs. 2 EuVTVO bleibt es den Mitgliedsstaaten unbenommen, Überprüfungsmöglichkeiten unter großzügigeren Bedingungen zuzulassen, etwa mit längeren Fristen.[575] Das Gemeinschaftsrecht stellt insoweit nur einen Mindestrahmen auf.[576] Die Einzelheiten dazu regelt das nationale Recht der Mitgliedsstaaten.

Die Überprüfungsmöglichkeit muss unabhängig davon bestehen, ob eine in Art. 19 Abs. 1 EuVTVO benannte Situation eingetreten ist. Es muss abstrakt ein solcher Rechtsbehelf zur Verfügung stehen, damit eine Bestätigung in den Fällen des Art. 12 Abs. 1 EuVTVO vorgenommen werden kann. Auch wenn sich das Risiko nicht verwirklicht, aber keine solche Rechtsbehelfsmöglichkeit in dem Ursprungsmitgliedsstaat besteht, ist eine Bestätigung ausgeschlossen.

Gemäß Art. 30 Abs. 1 lit. a EuVTVO müssen die Mitgliedsstaaten der Kommission die Überprüfungsverfahren, welche den Anforderungen von Art. 19 Abs. 1 EuVTVO entsprechen sollen, sowie alle nachfolgenden Änderungen mitteilen.

b) Lediglich nicht rechtzeitige Zustellung nach Art. 13 EuVTVO (analoge Anwendung)

Der Wortlaut von Art. 19 Abs. 1 lit. a EuVTVO – der ersten Alternative für die Pflicht einer Überprüfungsmöglichkeit – sieht diese nur vor, wenn nach Art. 14 EuVTVO nicht rechtzeitig (ersatz)zugestellt worden ist. Art. 19 Abs. 1 lit. b EuVTVO erfasst alle Zustellungen, sieht eine Überprüfung aber nur bei höherer Gewalt oder außergewöhnlichen Umständen vor.

Problematisch ist nun der Fall, dass eine Zustellung gemäß Art. 13 EuVTVO persönlich an den Schuldner erfolgt ist, diesem aber dennoch nicht genügend Zeit für

---

573 *Stadler*, RIW 2004, 801 [808]; *Coester-Waltjen*, Jura 2005, 394 [396]; *Wagner*, IPRax 2005, 189 [195]; *Rellermeyer*, Rpfleger 2005, 389 [396]; Zöller[31]-*Geimer*, Art. 19 EuVTVO, Rn. 1.

574 *Rauscher*, EuVT, 63, Rn. 162; *Wagner*, IPRax 2005, 189 [195]; *Kropholler/ von Hein*, EuZPR[9], Art. 19 EuVTVO, Rn. 9; Rauscher-*Papst*, Band II[4], Art. 19 EuVTVO, Rn. 14.

575 *Rauscher*, GPR 2003/04, 286 [291]; *Wagner*, IPRax 2005, 189 [195 f.]; *Gebauer*, NJ 2006, 103 [105]; *Bittmann*, in: *Gebauer/ Wiedmann* (Hrsg.)[2], Kap. 28, Rn. 155 hält eine Höchstfrist von einem Monat für zulässig.

576 Zöller[31]-*Geimer*, Art. 19 EuVTVO, Rn. 2.

eine Verteidigung verbleibt. Die Rechtzeitigkeit der Zustellung nach Art. 13 EuVT-VO ist in den Mindeststandards nicht aufgenommen und wird im Bestätigungsverfahren nicht geprüft.[577] Auch wenn die Annahme, dass alle Verfahrensordnungen grundsätzlich ausreichend lange Fristen für die Vorbereitung der Verteidigung vorsehen, richtig ist, so schließt dieses es nicht aus, dass insbesondere bei internationalen Rechtsstreitigkeiten im Einzelfall die Zustellung nicht genügend Vorbereitungszeit gewährt.[578] Fraglich ist, wie diese Lücke zu schließen ist.

Es kommt zum einen in Betracht, in diesem Fall Art. 19 Abs. 1 lit. a EuVTVO analog anzuwenden.[579] Zum anderen könnte man diese Situation als Anwendungsfall von lit. b als außergewöhnlichen Umstand einordnen.[580]

Da der Wortlaut von lit. b nicht gegen eine Anwendung in diesem Einzelfall spricht, ist es überzeugender diese Situation über lit. b zu lösen. Einer analogen Anwendung von lit. a bedarf es dann nicht. Man kann eine Zustellung nach Art. 13 EuVTVO, die dennoch nicht rechtzeitig erfolgt, durchaus unter den Begriff des „außergewöhnlichen Umstandes“ gemäß Art. 19 Abs. 1 lit. b EuVTVO subsumieren.

In jedem Fall ist dem Schuldner ein Rechtsbehelf für die benannte Situation zu gewähren.[581]

c) *Deutsche Umsetzung*

In Deutschland steht der Partei, gegen die ein Versäumnisurteil bzw. ein Vollstreckungsbescheid erlassen worden ist, verschuldensunabhängig der Einspruch gemäß §§ 338, 700 ZPO zu. Die Einspruchsfrist, welche eine Notfrist darstellt, beträgt gemäß § 339 Abs. 1 ZPO zwei Wochen ab Zustellung des Versäumnisurteils bzw. des Vollstreckungsbescheids. Hat die Zustellung im Ausland zu erfolgen, so muss das Gericht die Einspruchsfrist bestimmen nach § 339 Abs. 2 ZPO.

Bei unverschuldeter Versäumung der Einspruchsfrist besteht die Möglichkeit der Wiedereinsetzung in den vorigen Stand gemäß § 233 ZPO.

Die nationalen deutschen Vorschriften gehen also über die Erfordernisse des Art. 19 EuVTVO hinaus und sind damit schuldnerfreundlicher als verlangt.[582]

Rauscher[583] hingegen sieht bei Terminsversäumung nach vorherigem Bestreiten (Art. 3 Abs. 1 S. 2 lit. c EuVTVO) die Anforderungen des Art. 19 EuVTVO im deutschen Recht nicht gewahrt, da die Wiedereinsetzungsmöglichkeit nach § 233 ZPO

---

577 Vgl. dazu Teil 2, C., IV., 1., d) und f).

578 Rauscher-*Papst*, Band II[4], Art. 19 EuVTVO, Rn. 10.

579 So Rauscher-*Papst*, Band II[4], Art. 19 EuVTVO, Rn. 10.

580 So *Kropholler/ von Hein*, EuZPR[9], Art. 19 EuVTVO, Rn. 6.

581 *Rauscher*, EuVT, 62, Rn. 159.

582 Vgl. Begründung I. 5. zum EG-VTDG, BT-Drucks. 15/5222, 10; *Rellermeyer*, Rpfleger 2005, 389 [396]; *Kropholler/ von Hein*, EuZPR[9], Art. 19 EuVTVO, Rn. 11; *Geimer*, IZPR[7], 1243, Rn. 3186c; Rauscher-*Papst*, Band II[4], Art. 19 EuVTVO, Rn. 17; Zöller[31]-*Geimer*, § 1079 ZPO, Rn. 5.

583 *Rauscher*, EuVT, 63, Rn. 160.

diesen Fall nicht erfasse. Dabei übersieht er jedoch, dass in dieser Konstellation der Rechtsbehelf des Einspruchs gegen das Versäumnisurteil gemäß § 338 ZPO gegeben ist, so dass ein den Anforderungen des Art. 19 EuVTVO entsprechender Rechtsbehelf zur Verfügung steht.

Bei einem zweiten Versäumnisurteil (§ 345 ZPO) beschränkt sich hingegen auch im deutschen Recht, wie in Art. 19 EuVTVO als Mindestmaß gefordert, die Möglichkeit eines Rechtsbehelfs auf die Geltendmachung der unverschuldeten Fristversäumnis im Rahmen der Berufung.[584] Hier gilt gemäß § 514 Abs. 2 S. 2 ZPO der § 511 Abs. 2 ZPO nicht. Damit ist auch kein Mindestbeschwerdewert von 600,01 Euro und keine grundsätzliche Bedeutung der Sache oder ein Erfordernis der Fortbildung des Rechts oder der Sicherung einer einheitlichen Rechtsprechung erforderlich.

5. Sprachproblem

Insbesondere die besonderen Belehrungspflichten des Art. 17 EuVTVO begründen die Frage, in welcher Sprache diese zu erfolgen haben, damit den Mindestkriterien entsprochen wird. Die Verordnung enthält selbst keine Regelung, in welcher Sprache die Belehrung erfolgen muss. Die EuVTVO besagt lediglich in Art. 17, dass in der Belehrung, welche auch in einem separaten Schriftstück enthalten sein kann, deutlich auf die unter Art. 17 lit. a und b EuVTVO aufgeführten Informationen hingewiesen werden muss. Diese Information kann meines Erachtens grundsätzlich nur deutlich sein, wenn davon auszugehen ist oder ausgegangen werden darf, dass der Schuldner die Sprache, in welcher der Hinweis verfasst ist, versteht.

Zurückzugreifen ist daher auf die die Zustellung regelnden Bestimmungen. Regeln diese, wie etwa die EuZVO oder Staatsverträge bzw. das nationale Zustellungsrecht, die Sprache, in welcher die Zustellung erfolgen muss, so gilt diese auch für die Belehrung gemäß Art. 17 EuVTVO.[585]

Bei einer inländischen Zustellung kann die Belehrung selbstverständlich in der inländischen Sprache erfolgen. Denn in diesem Fall ist davon auszugehen oder darf zumindest davon ausgegangen werden, dass der Empfänger die Sprache versteht. Ist dieses nicht der Fall, so ist es ihm zuzumuten, sich die Informationen ebenso wie das Schriftstück übersetzen zu lassen. Bei Übermittlung der Belehrung im Inland in der Landes-/ Amtssprache ist der Belehrungspflicht genüge getan.

Bei einer Zustellung ins Ausland gilt für die Belehrung nach Art. 17 EuVTVO ebenso wie für die Zustellung des verfahrenseinleitenden Schriftstücks Art. 8 EuZVO, sofern der Anwendungsbereich der EuZVO eröffnet ist. Erfreulich ist, dass Art. 8 EuZVO gemäß dessen Abs. 4[586] auch für die Zustellungsarten

584 *Ernst*, JurBüro 2005, 568 [572]; *Riedel*, EuVT, 22.

585 *Rauscher*, GPR 2003/04, 286 [290]; *ders.*, EuVT, 54, Rn. 137; Rauscher-*Papst*, Band II^4, Art. 17 EuVTVO, Rn. 5.

586 In der VO (EG) Nr. 1393/2007 vom 13.11.2007; anders noch in der VO (EG) Nr. 1348/2000; siehe dazu *Pfeiffer*, BauR 2005, 1541 [1547 f.].

gemäß Abschnitt 2 der EuZVO gilt und nicht nur für die Zustellung im Wege der Rechtshilfe nach Artt. 4 ff. EuZVO. Gemäß Art. 8 EuZVO wird der Empfänger von der Empfangsstelle davon in Kenntnis gesetzt, dass er die Annahme des zuzustellenden Schriftstücks bei der Zustellung verweigern oder das Schriftstück der Empfangsstelle[587] binnen einer Woche zurücksenden darf, wenn das Schriftstück nicht in einer Sprache abgefasst ist, die der Empfänger entweder versteht oder die einer der Amtssprachen des Empfangsmitgliedsstaat entspricht (Art. 8 Abs. 1 EuZVO). Dieses gilt ebenso, wenn keine Übersetzung in einer der vorgenannten Sprachen beigefügt ist. Sofern der Empfänger die Belehrung über die Annahmeverweigerung versteht, stellt diese Regelung kein Problem dar und man wird dem Empfänger eine Verweigerung gegenüber der Empfangsstelle oder innerhalb von einer Woche gemäß Art. 8 EuZVO zumuten können.

Dem Zustellungsempfänger steht, wie sich aus Artt. 5 und 8 EuZVO ergibt, ein Annahmeverweigerungsrecht zu, wenn das Schriftstück nicht in der Amtssprache seines Empfangsmitgliedsstaates abgefasst ist oder in einer Sprache des Ausgangsstaates, wenn der Empfänger diese Sprache versteht, worüber der Empfänger von der Übermittlungsstelle gemäß Art. 5 EuZVO zu belehren ist.[588]

Problemtisch erscheint es hingegen, wenn schon die Belehrung nicht in einer Sprache gemäß Art. 8 EuZVO geschieht und der Empfänger diese damit nicht versteht. Das Gebrauchtmachen von dem Recht der Verweigerung innerhalb von einer Woche wird dann regelmäßig nicht möglich sein oder zumindest häufig scheitern. Der Zusteller erfährt also möglicherweise gar nicht von der aufgrund fehlerhafter Belehrung unwirksamen Zustellung.

Es wäre also gegebenenfalls erforderlich, dass bereits der Absender die Belehrung in der richtigen Sprache mitsendet, oder von der zur Belehrung nach der EuZVO berufenen Empfangsstelle eine Mitteilung über die ordnungsgemäße Belehrung erhält. In Art. 4 EuZVO ist dieses vorgesehen. Anderenfalls ist eine Überprüfung der ordnungsgemäßen Unterrichtung des Schuldners gemäß Art. 17 EuVTVO schwerlich möglich. Ob diese Voraussetzungen bei Anwendbarkeit eines Staatsvertrags oder des nationalen Rechts noch gewahrt werden, ist fraglich. Somit wären eine Benachrichtigung selbst bei entsprechenden Sprachregelungen und damit eine Überprüfbarkeit nicht gewahrt.

Soweit die EuZVO für die Zustellung keine Anwendung finden sollte, ist nicht sichergestellt, dass nach den dann anwendbaren staatsvertraglichen oder nationalen Bestimmungen entsprechende Spracherfordernisse gewahrt werden müssen.

---

587 Bei einer Übermittlung nach Artt. 13 oder 14 EuZVO müssen gemäß Art. 8 Abs. 5 EuZVO diese belehren und geht die Verweigerung an die diplomatische oder konsularische Person (Art. 13 EuZVO) oder eine Behörde oder Person (Art. 14 EuZVO).

588 *Bernd*, HFR 2007, Beitrag 22, 1 [7].

Meines Erachtens ist demnach zuzustimmen, dass es vorzugswürdig gewesen wäre, ein dahingehendes Mindesterfordernis für die Belehrung entsprechend Art. 8 EuZVO direkt in die EuVTVO zu integrieren.[589]

Hält sich das Ursprungsgericht bzw. die titelschaffende Stelle sowohl bei Schaffung des zu bestätigenden Titels als auch bei der Bestätigung als Europäischer Vollstreckungstitel an die Mindeststandards der EuVTVO wie auch die sprachlichen Voraussetzungen der Belehrung und Zustellung nach der EuZVO, besteht meines Erachtens ein hohes Maß an Wahrscheinlichkeit, dass der Schuldner von seinem Annahmeverweigerungsrecht Gebrauch machen kann und ein faires Verfahren sichergestellt ist. Dennoch ist zuzugeben, dass auch bei einer Belehrung in einer Sprache gemäß Art. 8 Abs. 1 EuZVO der Schuldner diese womöglich nicht versteht und auf dieses von ihm nicht verstandene Schreiben[590] nicht entsprechend reagiert, so dass beispielsweise ein Versäumnisurteil gegen ihn ergehen kann, welches als Europäischer Vollstreckungstitel bestätigt wird.

Nicht ganz zu Unrecht macht *Stadler*[591] hier auf einen mangelnden Schuldnerschutz aufmerksam. Dennoch sind dieses Extremfälle. Dem Schuldner sollte meines Erachtens zugemutet werden können, dass er ein gerichtliches Schriftstück in der Amtssprache des Landes, in dem er seinen (Wohn-)Sitz hat, auch erkennt. In diesem Fall muss er dann entsprechenden (Rechts-)Rat einholen. Notfalls muss er alle ihm zustehenden Rechtsbehelfe ausnutzen. Hier sei insbesondere auf den Widerruf der Bestätigung gemäß Art. 10 Abs. 1 lit. b EuVTVO und ggf. die außerordentlichen Rechtsbehelfe, dargestellt unter Teil 4, D., verwiesen.

Meines Erachtens sollte darüber auch der Fall lösbar sein, dass der das Versäumnisurteil erlassende Richter und die die Bestätigung erteilende Stelle im Ursprungsmitgliedsstaat auf die Sprachkenntnis des Schuldners aufgrund der Angaben des Gläubigers vertraut haben. Ein ähnliches Problem stellt sich bei der Verbrauchereigenschaft des Schuldners gemäß Art. 6 Abs. 1 lit. d EuVTVO.[592] Denn eine Entscheidung gegenüber einem Verbraucher darf nach dieser Vorschrift nicht bestätigt werden, wenn sie nicht in dem Mitgliedsstaat ergangen ist, in dem der Verbraucher seinen Wohnsitz hat. Auch hier kann es dazu kommen, dass der Richter auf Angaben des Gläubigers vertraut.

In beiden Fällen kann sich eine erhöhte Einlassungslast ergeben. Auf jeden Fall ist derjenige, der ein verfahrenseinleitendes Schriftstück erhält, zur umgehenden Überprüfung angehalten, ob er die Annahme verweigern kann und ob er sich einlassen sollte. Es entsteht mithin eine erhöhte Prüfungslast.

---

589 So Rauscher-*Papst*, Band II[4], Art. 17 EuVTVO, Rn. 9 und Art. 12 EuVTVO, Rn. 2.

590 Vgl. Rauscher-*Papst*, Band II[4], Art. 12 EuVTVO, Rn. 2; ein ausführliches Beispiel schildert *Stadler*, RIW 2004, 801 [807 f.].

591 *Stadler*, RIW 2004, 801 [806].

592 Vgl. dazu unten Teil 2, C., V., 1., c).

V. Besonderheiten der Verordnung

Zuletzt ist noch auf einige Besonderheiten der EuVTVO, insbesondere in den Artt. 6 ff. EuVTVO, sowie auf die Möglichkeit der Anrufung des Europäischen Gerichtshofs (EuGH) gemäß Art. 267 Abs. 2 und 3 AEUV einzugehen.

1. Verbraucherschutz, Art. 6 Abs. 1 lit. d EuVTVO

Der Verbraucherschutz bei Verbraucherverträgen wurde nicht in den Bereich der Mindeststandards eingegliedert und ist auch etwas anders geregelt als in Artt. 17–19 EuGVVO n.F. (Artt. 15–17 EuGVVO a.F.). Die Mindeststandards schützen zwar insbesondere auch den Verbraucher, aber ein besonderer Schutzmechanismus speziell für Verbraucher wurde in Art. 6 Abs. 1 lit. d EuVTVO eingebracht.

Für die Bestätigung einer Säumnisentscheidung gegenüber einem Verbraucher als Schuldner, die einen Vertrag betrifft, den eine Person (Verbraucher) zu einem Zweck geschlossen hat, der nicht der beruflichen oder gewerblichen Tätigkeit dieser Person zugerechnet werden kann, ist gemäß Art. 6 Abs. 1 lit. d EuVTVO erforderlich, dass die Entscheidung in einem Mitgliedsstaat ergangen ist, in dem der Schuldner seinen Wohnsitz im Sinne des Art. 62 EuGVVO n.F. hat.

a) Hintergrund und Gegenstand der Regelung

Der politische Wille hinter der Verordnung besagt, dass Verbrauchersachen nicht, wie teils in der Literatur und zunächst von einigen Mitgliedsstaaten gefordert wurde, gänzlich vom Anwendungsbereich ausgeschlossen sind,[593] sondern ein angemessener Verbraucherschutz durch eine Kombination von verschiedenen anderen Maßnahmen gewährleistet wird.[594] Dies soll durch die Mindeststandards und eben durch die soeben skizzierte Vorschrift geschehen. Das Schutzkonzept dieser Regelung solle aber insgeheim dazu führen, dass der Europäische Vollstreckungstitel in Verbrauchersachen praktisch kaum eine Bedeutung haben wird.[595]

Durch Art. 6 Abs. 1 lit. d EuVTVO wird dafür gesorgt, dass eine Entscheidung aus einer Säumnissituation gegen einen Verbraucher, unabhängig von den Einschränkungen in Art. 17 EuGVVO n.F. (Art. 15 EuGVVO a.F.), nur als Europäischer Vollstreckungstitel bestätigt werden kann, wenn sie in seinem Wohnsitzstaat ergangen ist.[596] Dieses gilt nach der gebotenen unionsrechtlichen autonomen Auslegung und nach dem Sinn und Zweck der Vorschrift aber nur, wenn der Vertragspartner bzw. die Gegenseite eine (juristische oder natürliche) Person ist, die in Ausübung

---

593 *Wagner*, IPRax 2005, 189 [194].

594 Stein, IPRax 2004, 181 [189]; *Stadler*, RIW 2004, 801 [804].

595 Ähnlich *Stein*, IPRax 2004, 181 [189]; so *Mankowski*, FS Jan Kropholler (2008), 829 [843]; *ders.*, VuR 2010, 16 [19].

596 *Stein*, IPRax 2004, 181 [189]; *Wagner*, IPRax 2005, 189 [194]; *Ernst*, JurBüro 2005, 568 [570]; *Pfeiffer*, BauR 2005, 1541 [1548].

ihrer beruflichen oder gewerblichen Tätigkeit gehandelt hat.[597] Der Begriff des Verbrauchers dürfe in der EuVTVO nicht weiter gefasst sein als in der EuGVVO, da es ansonsten zu Unstimmigkeiten käme.[598] Es komme zudem entscheidend auf den Schutz der schwächeren Partei und damit ein Ungleichgewicht an.[599] Diese Aspekte sind nicht gegeben, wenn beide Vertragsparteien Verbraucher sind.

Die Voraussetzungen in Art. 6 Abs. 1 lit. d EuVTVO müssen kumulativ vorliegen.[600] Folglich kann die erleichterte Vollstreckung nach der Verordnung gegen einen Verbraucher nur dann erfolgen, wenn die Vollstreckung außerhalb seines Wohnsitzstaates – zum Zeitpunkt der Entscheidung im Ursprungsmitgliedsstaat – durchgeführt werden soll.[601] Dieses ist etwa der Fall, wenn im Ausland Vermögenswerte (etwa ein Ferienhaus oder bekannte Bankkonten) bestehen oder der Schuldner nach Erlass der Entscheidung ins Ausland verzogen ist.[602]

Das alleinige Abstellen auf den Verbraucher ohne die Einschränkung durch einen situativen Anwendungsbereich (wie er etwa in Art. 17 EuGVVO n.F./ Art. 15 EuGVVO a.F. gegeben ist) dürfte die Gefahr von Rechtsanwendungsfehlern auf ein Minimum reduzieren und ist daher zu begrüßen.[603]

b) *Unterschied zum Verbraucherschutz nach Artt. 17 ff. EuGVVO n.F. (Artt. 15 ff. EuGVVO a.F.)*

Die Vorschrift ist weiter als Art. 17 Abs. 1 EuGVVO n.F. (Art. 15 Abs. 1 EuGVVO a.F.), da sie weder auf bestimmte Verträge beschränkt ist, noch eine Verbindung zum Wohnsitzstaat des Verbrauchers fordert.[604]

Darüber hinaus erlaubt aber Art. 19 EuGVVO n.F. (Art. 17 EuGVVO a.F.) unter bestimmten Umständen auch Gerichtsstandsvereinbarungen, die gegen

---

597 Vgl. EuGH 05.12.2013 NJW 2014, 841 [842, Rn. 38] = EuZW 2014, 147 [149, Rn. 38] – *Walter Vapenik/ Josef Thurner* mit Anm. *Sujecki*, EuZW 2014, 149.

598 Vgl. EuGH 05.12.2013 NJW 2014, 841 [842, Rn. 37] = EuZW 2014, 147 [149, Rn. 37] – *Walter Vapenik/ Josef Thurner* mit Anm. *Sujecki*, EuZW 2014, 149.

599 Vgl. EuGH 05.12.2013 NJW 2014, 841 [842, Rn. 31] = EuZW 2014, 147 [148, Rn. 31] – *Walter Vapenik/ Josef Thurner* mit Anm. *Sujecki*, EuZW 2014, 149.

600 KG Berlin Beschluss vom 16.04.2010, Az.: 3 WF 49/10, abrufbar unter juris.

601 *Stein*, IPRax 2004, 181 [189]; *ders.*, EuZW 2004, 679 [680]; *Stadler*, RIW 2004, 801 [804]; *Wagner*, IPRax 2005, 189 [194]; *Riedel*, ProzRB 2005, 324 [328]; *Pfeiffer*, BauR 2005, 1541 [1548]; *Gebauer*, NJ 2006, 103 [105]; *Jennissen*, InVo 2006, 263 [264]; Zöller[31]-*Geimer*, Art. 6 EuVTVO, Rn. 3.

602 *Riedel*, ProzRB 2005, 324 [328]; *Mankowski*, FS Jan Kropholler (2008), 829 [843]; *ders.*, VuR 2010, 16 [19].

603 Ebenso *Stein*, IPRax 2004, 181 [189]; *Wagner*, IPRax 2005, 189 [194]; *Jennissen*, InVo 2006, 263 [264].

604 *Rauscher*, GPR 2003/04, 286 [289]; *Wagner*, IPRax 2005, 189 [194]; *ders.*, NJW 2005, 1157 [1159]; *Pfeiffer*, BauR 2005, 1541 [1548]; *Jennissen*, InVo 2006, 263 [264]; *Mankowski*, FS Jan Kropholler (2008), 829 [842]; *ders.*, VuR 2010, 16 [19]; Zöller[31]-*Geimer*, Art. 6 EuVTVO, Rn. 3.

den Verbraucher wirken und ihm so den Schutz des Art. 18 EuGVVO n.F. (Art. 16 EuGVVO a.F.) nehmen.[605] Gemäß Art. 19 Nr. 1 EuGVVO n.F. (Art. 17 Nr. 1 EuGVVO a.F.) ist eine Gerichtsstandsvereinbarung auch gegenüber einem Verbraucher wirksam, wenn die Vereinbarung nach Entstehung der Streitigkeit geschlossen wird. Nach der EuVTVO können die daraufhin ergehenden Entscheidungen hingegen nicht als Europäischer Vollstreckungstitel bestätigt werden.

Weiter gibt es in der EuVTVO keine Regelung zur Widerklage gegen den Verbraucher, wie sie in Art. 18 Abs. 3 EuGVVO n.F. (Art. 16 Abs. 3 EuGVVO a.F.) zu finden ist. Auch besteht bei der Anwendung der EuVTVO nicht die Gefahr der rügelosen Einlassung durch den Verbraucher. Allerdings dürften die letzten beiden Unterschiede eher theoretischer Natur sein, da es kaum denkbar erscheint, dass gegen den selbst klagenden Verbraucher eine Säumnisentscheidung im Wege der Widerklage ergeht.[606] Auch erfolgt bei den Säumnisentscheidungen, in denen ein ganz besonderes Schutzbedürfnis der Verbraucher besteht, gerade keine Einlassung durch diesen.[607]

c) Erhöhung der Prozessführungs- und Einlassungs- sowie Prüfungslast

Dennoch bleibt es für das Prozessgericht schwierig herauszufinden, ob es sich bei dem Schuldner um einen Verbraucher handelt oder nicht.[608] Dieses Problem besteht umso mehr, da sich der Verbraucher regelmäßig noch nicht geäußert hat und sich aus den Unterlagen, Schriftsätzen, Urkunden und Angaben des Gläubigers nicht zwangsläufig ergibt, dass ein Verbrauchergeschäft gemäß Art. 6 Abs. 1 lit. d EuVTVO vorliegt. Dem Gericht bleibt meist nur die Möglichkeit, sich auf die Angaben des Gläubigers zu stützen.

aa) Zielsetzung der Vorschrift

Durch diese Vorschrift soll aber vermieden werden, dass sich der besonders schutzwürdige Verbraucher in jedem Fall bei Klagen gegen ihn in einem anderen Mitgliedsstaat verteidigen muss. Wenn das Gericht unter Verkennung der Zuständigkeitsvorschriften der Artt. 17–19 EuGVVO n.F. (Artt. 15–17 EuGVVO a.F.) ein Säumnisurteil erlässt, ist eine Bestätigung als Europäischer Vollstreckungstitel ausgeschlossen. Dem Verbraucher verbleibt das Privileg, Gerichtsverfahren in anderen Mitgliedsstaaten zu ignorieren und sich dann im Vollstreckungsverfahren gegen die Vollstreckung zu wehren, sofern die den Verbraucher schützenden Zuständigkeitsregeln nicht beachtet worden sind.[609] Die Prozessführungslast des Verbrauchers soll

---

605 *Mankowski*, FS Jan Kropholler (2008), 829 [842], *ders.*, VuR 2010, 16 [19].
606 *Mankowski*, VuR 2010, 16 [20].
607 *Mankowski*, VuR 2010, 16 [20].
608 *Stadler*, RIW 2004, 801 [804].
609 *Stein*, IPRax 2004, 181 [188 f.]; *Wagner*, IPRax 2005, 189 [194]; *Pfeiffer*, BauR 2005, 1541 [1548]; Zöller[31]-*Geimer*, Art. 6 EuVTVO, Rn. 7.

durch diese Vorschrift weiterhin vermindert bleiben.[610] Jedoch greift die Vorschrift nicht, wenn der Vertragspartner des Verbrauchers und nunmehr der Gläubiger und Kläger nicht im Rahmen seiner beruflichen oder gewerblichen Tätigkeit handelte.[611] Dadurch entsteht für den Verbraucher die Notwendigkeit, zu prüfen, ob der ihn im Ausland verklagende potentielle Gläubiger im Rahmen seiner beruflichen oder gewerblichen Tätigkeit handelte oder selbst auch Verbraucher ist.[612] Sollte er ebenfalls Verbraucher sein, so greift Art. 6 Abs. 1 lit. d EuVTVO nicht und der beklagte Verbraucher muss sich einlassen und ggf. doch im Ausland einen Prozess führen, sofern dort (ausnahmsweise) ein Gerichtsstand gegeben ist. Im Ergebnis kann der Verbraucher nunmehr Verfahren gegen sich im Ausland nicht gänzlich ignorieren, sondern muss zumindest überprüfen, ob sein Gegenüber nicht auch Verbraucher ist. Man kann daher diese Einschränkung des EuGH missbilligen,[613] jedoch dürfte eher selten ein ausländischer Gerichtsstand gegeben sein.

bb) Problem: Keine Kontrolle im Vollstreckungsstaat

Problematisch ist zudem, wenn auch im Stadium des Bestätigungsverfahrens der Fehler unbemerkt bleibt.[614] Denn im Bestätigungsverfahren ist es ebenso schwierig, die Verbrauchereigenschaft und den Wohnsitz des Verbrauchers zu erkennen. Der Schutz durch diese Regelung scheitert daher, wenn im Ursprungsmitgliedsstaat entgegen Art. 6 Abs. 1 lit. d EuVTVO die Entscheidung als Europäischer Vollstreckungstitel bestätigt worden ist.[615] Denn im Vollstreckungsmitgliedsstaat ist eine Kontrolle der Zuständigkeit nach der Grundkonzeption der EuVTVO verboten. Hier bleibt einzig die Möglichkeit des Verbrauchers (Schuldners), nach Art. 10 Abs. 1 EuVTVO im Wege des Widerrufs oder gemäß eines nationalen Rechtsbehelfs nach Art. 19 EuVTVO vorzugehen, sowie im Vollstreckungsmitgliedsstaat gemäß Art. 23 EuVTVO die Aussetzung der Vollstreckung zu beantragen. In diesem Fall muss der Verbraucher dann doch im Ursprungsmitgliedsstaat tätig werden.

cc) Konsequenz

Man kann daraus also die Konsequenz ziehen, dass der Verbraucher, der mit einer Klage vor einem ausländischen Gericht eines Mitgliedsstaats konfrontiert ist, zumindest überprüfen muss, ob es sich auf der Gegenseite nicht auch um einen

---

610 *Mankowski*, VuR 2010, 16 [18]; Zöller[31]-*Geimer*, Art. 6 EuVTVO, Rn. 7.

611 Vgl. EuGH 05.12.2013 NJW 2014, 841 [842, Rn. 38] = EuZW 2014, 147 [149, Rn. 38] – *Walter Vapenik/ Josef Thurner* mit Anm. *Sujecki*, EuZW 2014, 149.

612 Vgl. *Sujecki*, EuZW 2014, 149 [149].

613 So *Sujecki*, EuZW 2014, 149 [149].

614 *Stadler*, RIW 2004, 801 [804]; Kritik an der Abschaffung der Doppelkontrolle der ausschließlichen Zuständigkeit in Verbrauchersachen übt auch *Kieninger*, VuR 2011, 243 [243 und 244].

615 Vgl. *Coester-Waltjen*, FS Pelayia Yessiou-Faltsi (2007), 39 [43]; *Mankowski*, VuR 2010, 16 [19]; Zöller[31]-*Geimer*, Art. 6 EuVTVO, Rn. 7.

Verbraucher handelt. Zudem kann es sein, dass sich der Verbraucher zukünftig sicherheitshalber doch zur Sache einlassen und die Forderung bestreiten muss, wenn er im Ausland verklagt wird, um nicht zu riskieren, dass das ausländische Gericht zu Unrecht seine internationale Zuständigkeit annimmt, was dann im Vollstreckungsstaat nicht mehr überprüft werden darf.[616]

Voraussetzung für diese Konstellation ist jedoch, dass sowohl bei Erlass des Titels als auch bei der Bestätigung als Europäischer Vollstreckungstitel die Zuständigkeitsvorschriften bzw. Verbraucherschutzbestimmungen der Artt. 17 ff. EuGVVO n.F. (Artt. 15 ff. EuGVVO a.F.) und Art. 6 Abs. 1 lit. d EuVTVO missachtet wurden. Sicher sein kann sich der Verbraucher aber leider nicht, dass nicht ausgerechnet in seinem Verfahren genau dieses geschieht. Dementsprechend steigt die Prozessführungslast des Verbrauchers unweigerlich. Zumindest nimmt das Risiko zu, dass im Ausland ein Titel gegen ihn erstritten werden kann, der im Inland gegen ihn – als Europäischer Vollstreckungstitel bestätigt – vollstreckt wird. Dann bleibt nur noch der Weg, doch im Ausland die Rechtsbehelfe der EuVTVO auszuschöpfen.

dd) Fehlerszenarien

Folgende Konstellationen[617] sind denkbar, die zur Ausstellung eines unrichtigen und unberechtigten Europäischen Vollstreckungstitels führen können:

Als erstes fallen einem als schlimmstes Szenario korrupte Gerichte und sonst zuständige Stellen ein. Weiter sind Fehler insbesondere bei überlasteten und daher nicht genau prüfenden Gerichten denkbar. Ein Risiko, dass schon mehrfach angesprochen[618] und lebhaft diskutiert[619] wird, liegt in der Selbstkontrolle durch dieselbe Person oder zumindest dasselbe Gericht bzw. dieselbe Stelle. Eigene Fehler erkennt man im Allgemeinen schwerer und es besteht auch die Gefahr, dass man eigene Fehler nicht sehen will oder man auf die Richtigkeit vertraut. Bei der Selbstkontrolle durch dasselbe Gericht besteht ebenfalls die Gefahr, dass man darauf vertraut, die Kollegin oder der Kollege habe alles richtig gemacht. Außerdem wird man die Kollegen grundsätzlich weniger gerne eines Fehlers überführen. Als letztes ist, wie oben bereits dargestellt, zu erwähnen, dass geschickte Behauptungen des Gläubigers über den angeblichen Wohnsitz des Verbraucherschuldners im Gerichtsstaat nach Art. 62 Abs. 1 EuGVVO n.F. iVm. dem nationalen Recht in einem Säumnisverfahren als zugestanden gelten oder nicht näher hinterfragt werden könnten.[620]

---

616 *Mankowski*, RIW 2004, 587 [588]; *Rott*, EuZW 2005, 167 [168].
617 Vgl. dazu *Mankowski*, VuR 2010, 16 [19].
618 Siehe nur Teil 2, C., III., 3. und unten Teil 4, A., IV., 4.
619 Vgl. *Rauscher*, EuVT, 35, Rn. 85; *Mankowski*, VuR 2010, 16 [19].
620 *Mankowski*, VuR 2010, 16 [19].

d) Anwendbar nur in Säumnissituationen

Noch einmal klarzustellen ist, dass Art. 6 Abs. 1 lit. d EuVTVO nur Säumnissituationen erfasst, da der Verbraucher im Fall, dass er den Anspruch aktiv anerkennt, nicht besonders schutzbedürftig ist.[621]

Nach anderer Ansicht[622] handele es sich um ein Redaktionsversehen, dass die Prüfung der Verbraucherzuständigkeiten aus dem ehemaligen Art. 6 Abs. 1 lit. b EuVTVO gestrichen wurde. Denn damit würde für Anerkenntnisurteile der Verbraucherschutz gesenkt und es könne eine Entscheidung als Europäischer Vollstreckungstitel bestätigt werden, die nach Artt. 36 ff., 45 EuGVVO n.F. nicht anerkennungsfähig wäre.[623] Daher sei Art. 6 Abs. 1 lit. b EuVTVO auf Anerkenntnisurteile gegen einen Verbraucher analog anzuwenden und die Bestätigung nur zu erteilen, wenn die Bestimmungen des Kapitels II Abschnitt 4 der EuGVVO eingehalten worden seien.[624]

Von einem Redaktionsversehen kann meines Erachtens hingegen nicht ausgegangen werden, da Art. 6 Abs. 1 lit. d EuVTVO nur auf Art. 3 Abs. 1 lit. b und c EuVTVO verweist und nicht auf lit. a. Der Wortlaut ist insoweit klar.

Wenn sich der Verbraucher als Schuldner und Beklagter auf ein Verfahren vor dem Gericht eines Mitgliedsstaates einlässt, in dessen Hoheitsgebiet er nicht seinen Wohnsitz hat, und darüber hinaus den Anspruch auch anerkennt, ist er nicht besonders schutzbedürftig. Er benötigt den Schutz aus Art. 6 Abs. 1 lit. d EuVTVO nicht. Deshalb ist es auch nur konsequent, wenn diese Vorschrift im Fall des Anerkenntnisurteils, also bei aktiv unbestrittenen Forderungen, nicht anwendbar ist.

Vielmehr ist es gerade das Anliegen bzw. Ziel der EuVTVO, dass der Gläubiger diese Entscheidungen möglichst schnell und effizient in allen Mitgliedsstaaten der Europäischen Union durchsetzen und vollstrecken kann. Dem würde es zuwiderlaufen, wenn der Schuldner die Forderung zunächst ohne weiteres anerkennen könnte, und der Gläubiger dann die Entscheidung dennoch nicht vollstrecken könnte. Dieses alles, obwohl die Forderung aktiv unbestritten ist. Dementsprechend liegt hier auch kein Missverhältnis zu Art. 45 Abs. 1 lit. e EuGVVO n.F. (Art. 35 Abs. 1 EuGVVO a.F.) vor.[625] Der gegenüber der EuGVVO weniger starke Schutz ist gerade dem Ziel der EuVTVO geschuldet, unbestrittene und erst recht aktiv anerkannte Titel aus den Mitgliedsstaaten leichter innerhalb der Europäischen Union vollstrecken zu können. Bei den Anerkenntnisurteilen, bei denen der Schuldner durch aktives Verhalten den Anspruch anerkennt, besteht auch nicht die Gefahr, dass die Unbestrittenheit „aus

621 *Wagner*, IPRax 2005, 189 [194]; *Pfeiffer*, BauR 2005, 1541 [1548]; *Kropholler/von Hein*, EuZPR[9], Art. 6 EuVTVO, Rn. 15; Zöller[31]-*Geimer*, Art. 6 EuVTVO, Rn. 5.

622 *Rauscher*, GPR 2003/04, 286 [289]; *ders.*, EuVT, 39, Rn. 96; Rauscher-*Papst*, Band II[4], Art. 6 EuVTVO, Rn. 37.

623 *Rauscher*, GPR 2003/04, 286 [289].

624 *Rauscher*, GPR 2003/04, 286 [289]; *ders.*, EuVT, 39, Rn. 96; Rauscher-*Papst*, Band II[4], Art. 6 EuVTVO, Rn. 37.

625 So aber *Rauscher*, GPR 2003/04, 286 [289]; *ders.*, EuVT, 39, Rn. 96.

Versehen" oder fälschlich angenommen wird. Darüber hinaus ist die Bestätigungsfähigkeit auch deshalb gerechtfertigt, da das ausländische Gericht durch die rügelose Einlassung des Verbrauchers gemäß Art. 26 EuGVVO n.F. (Art. 24 EuGVVO a.F.) zuständig geworden ist.[626]

e) Formblatt fehlerhaft

Im Zusammenhang mit der Anwendbarkeit der Verbraucherschutzbestimmung des Art. 6 Abs. 1 lit. d EuVTVO nur auf passiv unbestrittene Titel gemäß Art. 3 Abs. 1 lit. b und c EuVTVO ist das Formblatt in Anhang I fehlerhaft. Denn das Formblatt unterscheidet in Nr. 8 und Nr. 10 nicht zu der davon verschiedenen Kategorie der aktiv unbestrittenen Forderungen nach Art. 3 Abs. 1 lit. a EuVTVO. Es wird nämlich nicht verhindert, dass die nur Art. 6 Abs. 1 lit. d EuVTVO betreffenden Fragen auch bei Titeln über aktiv unbestrittenen Forderungen gegen einen Verbraucher, der nicht aus dessen Wohnsitzstaat stammt, beantwortet werden müssen. Diese Vorschriften sind aber in diesem Fall gar nicht anwendbar.[627] Wenn bei Nr. 10.1 ordnungsgemäß die Verbrauchereigenschaft des Schuldners bejaht wird, müsste in Nr. 10.2 angekreuzt werden, dass der Schuldner seinen Wohnsitz (im Sinne des Art. 62 EuGVVO n.F.) im Ursprungsmitgliedsstaat hat. Nur so liegt eigentlich eine ordnungsgemäß ausgefüllte Bestätigung vor. Jedoch muss der Verbraucherschuldner im Fall der Bestätigung eines Titels über eine aktiv unbestrittene Forderung gemäß Art. 3 Abs. 1 lit. a EuVTVO seinen Wohnsitz nicht im Ursprungsmitgliedsstaat haben, da Art. 6 Abs. 1 lit. d EuVTVO hier nicht einschlägig ist. Fehlt dieses Kreuz, erscheint die Bestätigung aber fehlerhaft zu sein.

Die Frage in Nr. 10.2 hat aber nur den Zweck, dem Aussteller und Adressaten der Bescheinigung zu vergegenwärtigen, dass eine Bestätigung eines Versäumnisurteils gegen einen Verbraucher lediglich erteilt werden darf, wenn der Titel aus dem Wohnsitzstaat desselben stammt.[628]

---

626 Nach wohl h.M. war schon zum alten Recht eine rügelose Einlassung auch durch einen Verbraucher möglich; vgl. EuGH 20.05.2010 Rs. C-111/09 EuZW 2010, 678 [679] – *CPP und Vienna Insurance Group/ Michal Bilas*; OLG Koblenz 08.03.2000, IPRax 2001, 334 [334]; Geimer/ Schütze-*Geimer*, EuZVR[3], Art. 24 EuGVVO, Rn. 36; *Kropholler/ von Hein*, EuZPR[9], Art. 6 EuVTVO, Rn. 15; MüKo[4]-*Gottwald*, Art. 24 EuGVVO a.F., Rn. 3; Musielak[12]-*Stadler*, Art. 24 EuGVVO a.F., Rn. 4; Zöller[31]-Geimer, Art. 6 EuVTVO, Rn. 6; a.A.: *Mankowski*, IPRax 2001, 310 [314]; *ders.*, RIW 2010, 667 [670 und 672]; *Rauscher*, GPR 2003/04, 286 [289]; *ders.*, EuVT, 39, Rn. 96; Rauscher-*Papst*, Band II[4], Art. 6 EuVTVO, Rn. 36; mit der Neufassung der EuGVVO ist die Möglichkeit der rügelosen Einlassung auch durch Verbraucher nunmehr geklärt, was sich aus Art. 26 Abs. 2 EuGVVO n.F. ergibt; so auch Musielak[13]-*Stadler*, Art. 26 EuGVVO n.F., Rn. 4.

627 *Rauscher*, EuVT, Rn. 97; Rauscher-*Papst*, Band II[4], Art. 6 EuVTVO, Rn. 38; vgl. auch *Rellermeyer*, Rpfleger 2005, 389 [398].

628 Rauscher-*Papst*, Band II[4], Art. 6 EuVTVO, Rn. 38.

Das Formblatt sollte dementsprechend geändert werden, indem nach Ziffer 10 eine Frage wie folgt eingefügt wird[629]:

„10.0.: Der Verbraucher hat die Forderung nicht bestritten gemäß Art. 3 Abs. 1 lit. a □, gemäß Art. 3 Abs. 1 lit. b □, gemäß Art. 3 Abs. 1 lit. c □ “.

Gegebenenfalls sollte zu Frage 10.1. ein erläutender Hinweis dahin gegeben werden, dass sie nur zu beantworten sei, wenn zu Frage 10.0. Art. 3 Abs. 1 lit. b oder c anzukreuzen war.

2. Gegenbestätigung gemäß Art. 6 Abs. 2 EuVTVO

Wenn eine bereits als Europäischer Vollstreckungstitel bestätigte Entscheidung nicht mehr oder nur unter bestimmten Voraussetzungen vollstreckbar ist, so wird durch Art. 6 Abs. 2 EuVTVO gewährleistet, dass der Gläubiger nicht in anderen Mitgliedsstaaten weiterhin mittels Europäischem Vollstreckungstitel uneingeschränkt vollstrecken kann. Denn die Änderung der Vollstreckbarkeit (z.B. eine Aussetzung, Anordnung einer Sicherheitsleistung oder gar die Nichtvollstreckbarkeit) lässt sich aus der Bestätigung nicht erkennen. Ansonsten könnte der Gläubiger trotz des Umstandes, dass keine weitergehende Vollstreckungsmöglichkeit als im Ursprungsmitgliedsstaat bestehen soll, weiterhin aus dem Europäischen Vollstreckungstitel in einem Vollstreckungsmitgliedsstaat vorgehen.

a) Europäische Regelung

Gemäß Art. 6 Abs. 2 EuVTVO wird auf Antrag an das Ursprungsgericht unter Verwendung des Formblattes in Anhang IV eine Bestätigung der Nichtvollstreckbarkeit oder der Beschränkung der Vollstreckbarkeit erteilt. Diese Gegenbestätigung kann der Schuldner dem vom Gläubiger vorgelegten Europäischen Vollstreckungstitel entgegenhalten und damit eine Vollstreckung verhindern.[630] Die Vorschrift dient dazu, dass Änderungen in der Vollstreckbarkeit des Titels aus dem Ursprungsmitgliedsstaat möglichst schnell und effizient in den Vollstreckungsmitgliedsstaaten ihre Wirkung entfalten.[631] Um dieses sicherzustellen, muss der Schuldner ein Recht darauf haben, dass sein auf eine Änderung der Vollstreckbarkeit der Entscheidung gerichteter Rechtsbehelf besonders zügig behandelt wird, wenn ein Europäischer Vollstreckungstitel bereits ausgestellt worden ist.[632] Denn aufgrund der Vollstreckungsmöglichkeit im Ausland sind die Folgen einer sich im Nachhinein als ungerechtfertigt herausstellenden Vollstreckung ungleich schwieriger zu beheben als bei einer rein nationalen Vollstreckung.

---

629 Vgl. *Rauscher*, EuVT, 39, Rn. 97 Fn. 121.

630 *Klippstein*, in: *Gebauer/ Wiedmann* (Hrsg.)[1], Kap. 31, Rn. 50; *Kropholler/ von Hein*, EuZPR[9], Art. 6 EuVTVO, Rn. 16.

631 *Schlosser*/ Hess, EU-ZPR[4], Art. 6 EuVTVO, Rn. 7.

632 *Schlosser*/ Hess, EU-ZPR[4], Art. 6 EuVTVO, Rn. 7.

Die Verordnung regelt die Folgen der Vorlage einer Bestätigung der Nichtvollstreckbarkeit gemäß Art. 6 Abs. 2 EuVTVO während des Zwangsvollstreckungsverfahrens nicht ausdrücklich. Damit steht es den Mitgliedsstaaten frei, diese nach nationalem Recht auszugestalten.[633] Im Rahmen der Darstellung der Rechtsbehelfe nach der EuVTVO in Teil 4, A., V. wird noch näher auf das Verfahren beim Antrag auf Gegenbestätigung gemäß Art. 6 Abs. 2 EuVTVO eingegangen. Insoweit sei auf die dortigen Ausführungen verwiesen.

b) Deutsche Regelung

Der nötige Antrag kann durch den antragsberechtigten Schuldner jederzeit an das Ursprungsgericht gerichtet werden. Die Umsetzung der Verfahrensfragen ist in Deutschland in den §§ 1079, 1085 ZPO und § 20 Nr. 11 RPflG erfolgt.

Gemäß § 1079 ZPO ist für die Ausstellung der Bestätigung der Nichtvollstreckbarkeit nach Art. 6 Abs. 2 EuVTVO – wie für die anderen in der EuVTVO vorgesehenen Bestätigungen – die Stelle zuständig, der auch die Erteilung der vollstreckbaren Ausfertigung des Titels obliegt. Zu den Einzelheiten finden sich nähere Ausführungen unten in Teil 4, A., IV. und V.

Bei Gericht ist gemäß § 20 Nr. 11 RPflG der Rechtspfleger funktional zuständig.

Wird der Antrag zurückgewiesen, so sind die Rechtsbehelfe nach § 1080 Abs. 2 ZPO anzuwenden.

Erfolgt die Zwangsvollstreckung aus einem Europäischen Vollstreckungstitel in Deutschland, so ist bei Vorlage der Bescheinigung nach Art. 6 Abs. 2 EuVTVO die Zwangsvollstreckung gemäß § 1085 ZPO entsprechend § 775 ZPO einzustellen oder zu beschränken. Nach § 776 ZPO müssen die Vollstreckungsmaßregeln aufgehoben werden. Dieses ist näher in der Darstellung der Rechtsbehelfe in Teil 4, A., V. (inklusive des Rechtsbehelfs und der Kosten) und in allen Einzelheiten in Teil 4, C., VII. und VIII. erläutert.

3. Ersatzbestätigung gemäß Art. 6 Abs. 3 EuVTVO

Wird eine als Europäischer Vollstreckungstitel bestätigte Entscheidung angefochten und ergeht hierauf eine Rechtsbehelfsentscheidung, welche im Ursprungsmitgliedsstaat vollstreckbar ist, so wird hierfür auf jederzeitigen Antrag gemäß Art. 6 Abs. 3 EuVTVO unter Verwendung des Formblatts in Anhang V eine Ersatzbestätigung ausgestellt, welche die Stelle der ursprünglichen Bestätigung einnimmt.[634] Diese ursprüngliche Bescheinigung verliert also ihre Wirkung. Die Ersatzbestätigung nach Art. 6 Abs. 3 EuVTVO ermöglicht es somit dem Gläubiger, in dem Fall, dass sein bereits als Europäischer Vollstreckungstitel bestätigter Titel vom Schuldner

---

633 *Taborowski*, IPRax 2007, 250 [254].

634 Vgl. *Rauscher*, GPR 2003/04, 286 [288]; *ders.*, EuVT, Rn. 60, 75 ff., 82; *Rellermeyer*, Rpfleger 2005, 389 [396]; *Kropholler/ von Hein*, EuZPR^{9}, Art. 6 EuVTVO, Rn. 18 und Art. 3 EuVTVO, Rn. 12; Rauscher-*Papst*, Band II^{4}, Art. 6 EuVTVO, Rn. 52.

angefochten wird, weiterhin von dem vereinfachten Vollstreckungssystem der EuVTVO zu profitieren.

a) Voraussetzungen der Ersatzbestätigung

Voraussetzung ist zunächst, dass der Ausgangstitel bereits bestätigt wurde und erst danach die Anfechtung erfolgt ist. Gemäß Art. 3 Abs. 2 EuVTVO gilt die Verordnung nämlich auch für Entscheidungen, die nach der Anfechtung von als Europäischer Vollstreckungstitel bestätigten Entscheidungen ergangen sind, auch wenn die Forderung dann nicht mehr unbestritten ist.[635] Die Voraussetzung des „Unbestrittenseins" im Sinne des Art. 3 Abs. 1 S. 2 EuVTVO muss für die Rechtsbehelfsentscheidung gerade nicht vorliegen.[636]

Ist diese Entscheidung in einer Säumnissituation ergangen, müssen aber die verfahrensrechtlichen Mindeststandards der Artt. 12 ff. EuVTVO eingehalten worden sein.[637] Es kann sich logischerweise nicht auf die Prüfung der Voraussetzungen aus Kapitel III der Verordnung im Rahmen der Bestätigung der angefochtenen Entscheidung verlassen werden. Denn die Einhaltung der Mindeststandards im Rechtsbehelfsverfahren kann in jenem Verfahren noch gar nicht überprüft worden sein.[638]

Erfolgte jedoch im Rahmen eines kontradiktorischen Verfahrens eine streitige Entscheidung, so ist der Schuldner nicht schutzbedürftig, so dass die Voraussetzungen des Kapitels III der EuVTVO nicht eingehalten werden müssen.[639] Eine Bestätigung nach Art. 6 Abs. 3 EuVTVO ist dann ohne weiteres möglich.

Die Entscheidung muss aber natürlich im Ursprungsmitgliedsstaat vollstreckbar sein, was Art. 6 Abs. 3 EuVTVO ausdrücklich anordnet. Die (vorläufige) Vollstreckbarkeit ist eine Grundvoraussetzung der EuVTVO, wie sie auch in Art. 6 Abs. 1 lit. a EuVTVO als erste Voraussetzung für die Bestätigung genannt ist.

Aus Teil B des Formblatts in Anhang V zur EuVTVO ergibt sich, dass die Voraussetzungen von Art. 6 Abs. 1 EuVTVO insgesamt alle geprüft werden müssen (Nr. 4 entspricht lit. a; Nr. 6 bezieht sich direkt auf lit. b; Nr. 7 entspricht lit. d; Nr. 8 enthält die analoge Regelung wie lit. c). Natürlich müssen die Mindestvoraussetzungen nur bei Säumnisentscheidungen nachgeprüft werden und auch Nr. 7.1 und 7.2 sind nur nachzuvollziehen, wenn Nr. 7, also die Verbrauchereigenschaft des Schuldners, bejaht wurde.

---

635 *Kropholler/ von Hein*, EuZPR⁹, Art. 6 EuVTVO, Rn. 18; siehe dazu ferner oben Teil 2, C, II., 2.; a.A.: *Rellermeyer*, Rpfleger 2005, 389 [396 f.].

636 Siehe dazu die ausführliche Auseinandersetzung oben unter Teil 2, C, II., 2. mit dem Ergebnis unter c).

637 *Rellermeyer*, Rpfleger 2005, 389 [396]; *Wagner*, NJW 2005, 1157 [1158, Fn. 13]; *Kropholler/ von Hein*, EuZPR^{9}, Art. 6 EuVTVO, Rn. 18; Rauscher-*Papst*, Band II^{4}, Art. 6 EuVTVO, Rn. 57.

638 Ebenso Rauscher-*Papst*, Band II^{4}, Art. 6 EuVTVO, Rn. 57.

639 Stellungnahme der Kommission zum gemeinsamen Standpunkt an das Europäische Parlament vom 09.02.2004, KOM (2004) 90 endg, 10 unter 3.3.2 zu Art. 10.

b) *Zuständigkeit und Verfahren nach EuVTVO und deutsche Umsetzung*

Die Ersatzbestätigung wird gemäß Art. 6 Abs. 3 EuVTVO auf jederzeitigen Antrag auf dem Formblatt in Anhang V zur EuVTVO erteilt.

Nicht in der EuVTVO geregelt ist, wohin der Antrag zu richten ist.

Nach einer Ansicht[640] dürfe es nicht den Mitgliedsstaaten überlassen bleiben, zu regeln, wo der Antrag zu stellen sei, denn in allen anderen Fällen bezeichne die Verordnung die Stelle genau. Es sei von einer unbewussten Regelungslücke auszugehen, die entsprechend den Regelungen in Art. 6 Abs. 1 und 2 EuVTVO zu schließen sei. Danach sei Antragsstelle auch insoweit das Gericht, das zuletzt in der Sache entschieden habe, also das Gericht, von dem die (Rechtsbehelfs-)Entscheidung stamme.[641]

Nach anderer Ansicht[642] überlasse die Verordnung aufgrund des Schweigens in Art. 6 Abs. 3 EuVTVO dem nationalen Recht die Entscheidung über die Antragsstelle.

Meines Erachtens spricht mehr dafür, dass es den nationalen Gesetzgebern überlassen ist, die zuständige Stelle zu bestimmen. Denn eine ausdrückliche Regelung ist in Art. 6 Abs. 3 EuVTVO nicht enthalten. Damit ist das nationale Recht berufen, eine solche zu schaffen. Auch die Tatsache, dass die Verordnung die Stelle ansonsten genau definiert, spricht nicht zwingend für eine unbewusste Regelungslücke. Vielmehr kann dieses bewusst dem nationalen Gesetzgeber überlassen sein, zumal der Antrag im Ursprungsmitgliedsstaat eingehen muss. Sicherlich ist es sinnvoll, dass die zuletzt mit der Sache befasste Stelle für zuständig erklärt wird. Dieses kann aber der nationale Gesetzgeber entscheiden.

Beide Ansichten sind sich jedoch einig, dass im deutschen Recht gemäß § 1079 ZPO die Stelle zuständig ist, der die Erteilung einer vollstreckbaren Ausfertigung des Titels obliegt.[643] Dieses ist, solange der Rechtsstreit bei einem höheren Gericht anhängig ist, das höhere Gericht gemäß § 724 Abs. 2 ZPO. Funktional zuständig ist nicht der Urkundsbeamte der Geschäftsstelle, sondern der Rechtspfleger nach § 20 Nr. 11 RPflG.

c) *Rechtsbehelf*

Als Rechtsbehelf bei Zurückweisung des Antrags auf Erteilung der Ersatzbestätigung gemäß Art. 6 Abs. 3 EuVTVO steht in Deutschland die sofortige Beschwerde nach § 567 Abs. 1 Nr. 2 ZPO zur Verfügung.[644]

---

640 Rauscher-*Papst*, Band II^{4}, Art. 6 EuVTVO, Rn. 58.

641 *Rauscher*, GPR 2003/04, 286 [288]; *ders.*, EuVT, 32, Rn. 74; Rauscher-*Papst*, Band II^{4}, Art. 6 EuVTVO, Rn. 58.

642 *Kropholler/ von Hein*, EuZPR^{9}, Art. 6 EuVTVO, Rn. 19.

643 Vgl. *Kropholler/ von Hein*, EuZPR^{9}, Art. 6 EuVTVO, Rn. 19; Rauscher-*Papst*, Band II^{4}, Art. 6 EuVTVO, Rn. 60.

644 *Riedel*, EuVT, 27.

d) Kosten in Deutschland

Für das Verfahren auf Erteilung der Ersatzbestätigung nach Art. 6 Abs. 3, 1079 Nr. 2 ZPO fallen gemäß Nr. 1513 KV GKG Gerichtskosten in Höhe von 20,00 Euro an. Das Rechtsmittelverfahren kostet 60,00 Euro gemäß Nr. 1523 Ziff. 3 KV GKG, wenn das Rechtsmittel verworfen oder zurückgewiesen wird.

Die Ersatzbestätigung nach § 1079 ZPO gehört gemäß § 19 Abs. 1 S. 2 Nr. 9a RVG zum Rechtszug des Titels, um dessen Bestätigung es geht. Damit fallen keine gesonderten Rechtsanwaltsgebühren an – zumindest soweit derselbe Rechtsanwalt mit dem Antrag auf Ersatzbestätigung befasst ist, der auch bei der Titelschaffung tätig war.

4. Art. 7 EuVTVO – Kostenentscheidungen

Sofern eine Entscheidung auch bezüglich der mit dem gerichtlichen Verfahren verbundenen Kosten vollstreckbar ist, so wird sie nach Art. 7 EuVTVO auch hinsichtlich dieser Kosten als Europäischer Vollstreckungstitel bestätigt, wenn der Schuldner der Verpflichtung zum Kostenersatz nach den Rechtsvorschriften des Ursprungsmitgliedsstaates nicht ausdrücklich widersprochen hat. Die Vorschrift gilt gemäß Art. 24 Abs. 3 und Art. 25 Abs. 3 EuVTVO entsprechend für die Bestätigung von gerichtlichen Vergleichen und öffentlichen Urkunden.

Aus Art. 7 EuVTVO könne sich eine limitierte Akzessorietät in dem Sinne ergeben, dass die enthaltene Kostenentscheidung regelmäßig nur als Europäischer Vollstreckungstitel bestätigt werden könne, wenn dieses auch hinsichtlich der Entscheidung in der Hauptsache gelte.[645] Bei einer Klagabweisung fehle es hingegen an einer Hauptsacheentscheidung, die als Europäischer Vollstreckungstitel bestätigt werden könnte.[646] Insofern sei eine ausdehnende Auslegung erwägenswert, deren Anerkennung aber sehr unsicher sei.[647] Im Einzelnen besteht darüber indessen Streit. Gleichfalls umstritten ist, ob eine Bestätigung der Kostenentscheidung als Europäischer Vollstreckungstitel erfolgen kann, wenn die Hauptsache keine Geldforderung betrifft.[648]

a) Keine isolierte Bestätigung als Europäischer Vollstreckungstitel

Nach einer Ansicht sind vom Anwendungsbereich des Art. 7 EuVTVO – wie gerade angedeutet – nur solche bezifferten Kostenentscheidungen erfasst, die als Nebenentscheidungen in einem Titel über eine unbestrittene Forderung enthalten sind.[649]

---

645 *Wagner*, IPRax 2005, 189 [196]; *Pfeiffer*, BauR 2005, 1541 [1544].

646 *Kropholler/ von Hein*, EuZPR⁹, Art. 7 EuVTVO, Rn. 1.

647 *Pfeiffer*, BauR 2005, 1541 [1544]; ablehnend: *Wagner*, IPRax 2005, 189 [196]; befürwortend: *Rauscher*, EuVT, 22, Rn. 46.

648 Ablehnend: *Wagner*, IPRax 2005, 189 [196]; *Kropholler/ von Hein*, EuZPR⁹, Art. 7 EuVTVO, Rn. 1; zustimmend: *Rauscher*, EuVT, Rn. 46, 70; *Rellermeyer*, Rpfleger 2005, 389 [396]; Rauscher-*Papst*, Band II⁴, Art. 7 EuVTVO, Rn. 6; offen gelassen: OLG München 30.04.2007 NJW-RR 2007, 1582 [1583].

649 *Wagner*, IPRax 2005, 189 [196]; *Kropholler/ von Hein*, EuZPR⁹, Art. 7 EuVTVO, Rn. 1.

Es bestehe eine Art limitierte Akzessorietät zwischen der Entscheidung in der Hauptsache und der darin enthaltenen Kostenentscheidung.[650] Daher könne eine Kostenentscheidung immer nur dann als Europäischer Vollstreckungstitel bestätigt werden, wenn die Entscheidung in der Hauptsache als solche bestätigt worden ist. Davon gebe es die Ausnahme, dass der Schuldner die Hauptforderung unter Verwahrung gegen die Kosten anerkennt[651]. Hier werde nur die Hauptsacheentscheidung bestätigt, soweit das innerstaatliche Recht diese Verwahrung als ausdrückliches Widersprechen anerkennt. Dann sei die Hauptsacheentscheidung zwar als Europäischer Vollstreckungstitel zu bestätigen, die Kostenentscheidung hingegen nicht.

Die Vorschrift sei auf das deutsche Recht nicht zugeschnitten, da inländische Entscheidungen über die Kosten nur dem Grunde nach entscheiden.[652] Dennoch könnten isolierte Kostenfestsetzungsbeschlüsse, wie sie in Deutschland gemäß § 104 ZPO ergehen, als eigenständige Entscheidungen nach Art. 4 Nr. 1 EuVTVO als Europäischer Vollstreckungstitel bestätigt werden. Voraussetzung sei allerdings, dass die Hauptsacheentscheidung als Europäischer Vollstreckungstitel zu bestätigen sei und der Schuldner der Verpflichtung zum Kostenersatz im Erkenntnis- oder Kostenfestsetzungsverfahren nicht ausdrücklich widersprochen habe.[653]

b) Bestätigung als Europäischer Vollstreckungstitel auch isoliert möglich

Die Gegenansicht vertritt die Meinung, dass es nicht erforderlich sei, dass die Hauptsacheentscheidung eine unbestrittene Geldforderung betreffe.[654]

Da Art. 8 EuVTVO[655] auch eine Teilbestätigung vorsehe, wenn die Entscheidung nur hinsichtlich eines Teils die Voraussetzungen der Verordnung erfülle, könne die Bestätigung für die Kostenentscheidung auch dann erteilt werden, wenn die Hauptsache nicht eine Geldforderung betreffe.[656]

Art. 7 EuVTVO bestätige darüber hinaus mittelbar, dass auch Kostenentscheidungen, welche als Teil einer Sachentscheidung ergehen, als Europäischer Vollstreckungstitel bestätigt werden könnten.[657] Dieses gelte auch für Kostenentscheidungen, welche in klagabweisenden Urteilen enthalten sind.[658] Nach dieser

---

650 *Wagner*, IPRax 2005, 189 [196]; vgl. auch *Pfeiffer*, BauR 2005, 1541 [1544].

651 *Wagner*, IPRax 2005, 189 [196].

652 *Wagner*, IPRax 2005, 189 [196].

653 *Wagner*, IPRax 2005, 189 [196]; *Kropholler/ von Hein*, EuZPR[9], Art. 7 EuVTVO, Rn. 3.

654 *Rauscher*, EuVT, 22 und 31, Rn. 46 und 70; *Rellermeyer*, Rpfleger 2005, 389 [396]; *Bittmann*, in: *Gebauer/ Wiedmann* (Hrsg.)[2], Kap. 28, Rn. 32 und 67; Rauscher-*Papst*, Band II[4], Art. 7 EuVTVO, Rn. 6; Zöller[31]-*Geimer*, Art. 7 EuVTVO, Rn. 1.

655 Siehe unten Teil 2, C., V., 5.

656 Vgl. OLG Stuttgart 24.05.2007 IPRax 2008, 260 [261, Rn. 12] = NJW-RR 2007, 1583 [1584]; *Rauscher*, EuVT, 31, Rn. 70; *Rellermeyer*, Rpfleger 2005, 389 [396]; Rauscher-*Papst*, Band II[4], Art. 7 EuVTVO, Rn. 8; Zöller[31]-*Geimer*, Art. 7 EuVTVO, Rn. 1.

657 *Rauscher*, EuVT, 22, Rn. 46.

658 *Rauscher*, EuVT, 22, Rn. 46; Zöller[30]-*Geimer*, Art. 7 EuVTVO, Rn. 1.

Ansicht können sowohl Kostenentscheidungen, bei denen die Hauptsache keine unbestrittene Forderung betrifft, als auch solche zu klagabweisenden Urteilen als Europäischer Vollstreckungstitel bestätigt werden.

c) Stellungnahme

Für die Auslegung, dass eine Bestätigung nur erfolgen kann, wenn auch die Hauptsacheentscheidung eine unbestrittene Forderung im Sinne der Verordnung umfasst, spreche das Wort „auch" („également", „also") im Text des Art. 7 EuVTVO.[659] Danach würde die Verurteilung zur Kostenerstattung in Gestaltungs- und Feststellungsurteilen wie auch in klagabweisenden Urteilen nicht als europäischer Vollstreckungstitel bestätigt werden können.

Dem muss jedoch entgegengehalten werden, dass gerade die (deutschen) Kostenfestsetzungsbeschlüsse in Art. 4 Nr. 1 EuVTVO ohne jeden Vorbehalt erwähnt werden.[660] Der Wortlaut lässt außerdem nicht zwingend auf eine limitierte Akzessorietät schließen, da mit dem Wort „auch" („également", „also") ebenso gut gemeint sein kann, dass eine Kostenentscheidung gleichfalls als Europäischer Vollstreckungstitel bestätigt werden kann. Ein Bezug auf die Hauptsacheentscheidung ist nicht zwingend. Das Wort kann im Sinne von „ebenso" gedeutet werden.

Auch die uneingeschränkte Möglichkeit, nur Teile eines Urteils als Europäischen Vollstreckungstitel zu bestätigen (Art. 8 EuVTVO), spricht gegen eine (eingeschränkte) Akzessorietät. Denn gerade in dem Fall, dass es sich in der Hauptsache nicht um eine unbestrittene Geldforderung, sondern um einen Feststellungsantrag oder eine Gestaltung handelt, soll die unbestrittene Kostenentscheidung als europäischer Vollstreckungstitel bestätigt werden können. Die Verordnung hat das Ziel, dass unbestrittene Geldforderungen innerhalb der Mitgliedsstaaten (mit Ausnahme Dänemarks) möglichst effizient, kostengünstig und schnell vollstreckt werden können. Davon sind, wie Art. 4 Nr. 1 EuVTVO zeigt, aber auch Kostenfestsetzungsbeschlüsse erfasst, welche auch in Verfahren ergehen, welche nicht auf Leistung von Geld gerichtet sind.

Hat der Schuldner im gerichtlichen Verfahren nach den Rechtsvorschriften des Ursprungsmitgliedsstaates der Verpflichtung zum Kostenersatz oder der Höhe der Kostenerstattung[661] nicht widersprochen, so ist die Kostenentscheidung – unabhängig von der Möglichkeit der Bestätigung der Hauptsache – als Europäischer Vollstreckungstitel zu bestätigen. Es entspricht dem Zielvorhaben der EuVTVO, dass möglichst viele Titel über unbestrittene Forderungen von ihr erfasst werden, damit der Zweck der Beschleunigung der Vollstreckung von einer möglichst hohen Zahl von Titeln erreicht wird.

Es müssen natürlich bezüglich der Kostenentscheidung die sonstigen Voraussetzungen der EuVTVO erfüllt sein.

---

659 *Wagner*, IPRax 2005, 189 [196]; *Kropholler/ von Hein*, EuZPR[9], Art. 7 EuVTVO, Rn. 1.
660 Vgl. Zöller[31]-*Geimer*, Art. 7 EuVTVO, Rn. 1.
661 *Rauscher*, EuVT, 27, Rn. 62; Zöller[31]-*Geimer*, Art. 7 EuVTVO, Rn. 2.

Immer erforderlich ist des Weiteren, dass das der Kostenentscheidung zugrunde liegende Verfahren in den sachlichen Anwendungsbereich der Verordnung gemäß Art. 2 EuVTVO fällt. Kostenentscheidungen, die in den Verfahren aus dem Bereich des Ausnahmekatalogs in Art. 2 Abs. 2 EuVTVO ergehen, können auch nicht über Art. 7 EuVTVO bestätigt werden.

d) Isolierte Kostenentscheidung (z.B. deutscher Kostenfestsetzungsbeschluss)

Für isolierte Kostenentscheidungen – wie die deutschen Kostenfestsetzungsbeschlüsse – kommt es auf den oben beschriebenen Streit nicht an. Diese fallen nicht unter Art. 7 EuVTVO, sondern sind für sich genommen bereits Entscheidungen im Sinne des Art. 4 Nr. 1 EuVTVO iVm. Art. 3 Abs. 1 lit. b EuVTVO.[662] Eine isolierte Betrachtung ist schon aus dem Grunde angezeigt, da Art. 4 Nr. 1 EuVTVO den Kostenfestsetzungsbeschluss ausdrücklich als möglichen Titel für die Bestätigung nach der Verordnung nennt, ohne eine Verknüpfung zu der ihr zugrunde liegenden Entscheidung zu nennen oder gar zu fordern.

Kostenfestsetzungsbeschlüsse sind als eigenständige Titel nach den Artt. 5 ff. EuVTVO zu bestätigen. Auf die Bestätigungsfähigkeit der ihnen zugrunde liegenden Entscheidung kommt es nicht an.

Der Ansicht, dass nach dem Rechtsgedanken des Art. 7 EuVTVO auch bei Kostenfestsetzungsbeschlüssen die Hauptsacheentscheidung als Europäischer Vollstreckungstitel bestätigt worden ist bzw. bestätigt wird,[663] kann unter der Prämisse der hier vertretenen Auffassung nicht gefolgt werden. Eine limitierte Akzessorietät ist bereits bei direkter Anwendung des Art. 7 EuVTVO abzulehnen. Daher kann ein solcher Rechtsgedanke erst Recht nicht auf die Kostenfestsetzungsbeschlüsse ausgedehnt werden.

Problematisch ist hier alleine, dass die ordnungsgemäße Unterrichtung des Schuldners über die Verfahrensschritte zum Bestreiten der Forderung gemäß Art. 17 lit. b EuVTVO in Deutschland nicht erfolgt, da das deutsche Kostenfestsetzungsverfahren eine solche Belehrung nicht vorsieht. Eine Heilung nach Art. 18 EuVTVO scheitert an der dort nach Abs. 1 lit. b erforderlichen Rechtsbehelfsbelehrung, die in Deutschland nicht vorgesehenen ist, und eine Heilung gemäß Abs. 2 wäre nicht möglich, da diese sich nicht auf Unterrichtungsmängel nach Art. 17 EuVTVO bezieht.[664]

Jedoch würde bei dieser formalistischen Auslegung eine Bestätigung von Kostenfestsetzungsbeschlüssen regelmäßig ausscheiden, was mit dem Ziel eines weiten Anwendungsbereichs der Verordnung schwer vereinbar wäre. Als mögliche Lösung

---

662 Vgl. OLG Stuttgart 24.05.2007 IPRax 2008, 260 [Rn. 9 und 15] = NJW-RR 2007, 1583 [1584]; *Bittmann*, in: *Gebauer/ Wiedmann* (Hrsg.)², Kap. 28, Rn. 70; *ders.*, AnwBl. 2011, 378 [378].

663 *Wagner*, IPRax 2005, 189 [196].

664 Vgl. OLG Stuttgart 03.06.2008 BeckRS 2008, 10983 [Rn. 10–12] = NJW-RR 2009, 934 [935]; *Roth*, IPRax 2008, 235 [236 f.]; *Bittmann*, AnwBl. 2011, 378 [379].

erscheint es einleuchtend und erwägenswert, Art. 18 Abs. 1 lit. b EuVTVO teleologisch dahin zu reduzieren, dass er eine Säumnissituation auf Seiten des Schuldners voraussetzt.[665] Bei Entscheidungen in Beschlussform – wie dem Kostenfestsetzungsbeschluss – könne es darum aber gar nicht gehen, da die Säumnisvorschriften der §§ 331 ff. ZPO hier auch bei freigestellter mündlicher Verhandlung nicht anwendbar seien.[666] Dementsprechend sei bei solchen Beschlüssen trotz fehlender Rechtsbehelfsbelehrung eine Bestätigung möglich, da keine Belehrung nötig sei.[667]

Außerdem verliert der Kostenfestsetzungsbeschluss nach § 104 ZPO automatisch seine Wirkung, wenn der ihm zugrunde liegende Titel aufgehoben wird, selbst dann, wenn der Kostenfestsetzungsbeschluss formell und materiell rechtskräftig geworden ist.[668]

Der Bundesgerichtshof folgert hingegen aus dem klaren Wortlaut des Art. 18 Abs. 1 lit. b EuVTVO und dem Erfordernis der autonomen Auslegung der Bestimmungen der EuVTVO, dass eine Belehrungspflicht besteht und damit eine Heilung auch ausscheidet.[669] Demzufolge bleibt wohl als einziger praktischer Ausweg, dass der deutsche Gesetzgeber eine Belehrungspflicht bezogen auf Art. 17 EuVTVO oder zumindest Art. 18 Abs. 1 lit. b EuVTVO aufnimmt, um auch bei deutschen Kostenfestsetzungsbeschlüssen eine direkte Bestätigung nach der EuVTVO oder zumindest eine Heilung und daran anschließende Bestätigung zu ermöglichen.

e) *Widerspruch gegen die Kosten*

Eine Bestätigung der Kostenentscheidung ist unabhängig davon, ob die Hauptforderung unbestritten geblieben ist, nicht mehr möglich, wenn der Schuldner der Kostentragungspflicht und der Kostenhöhe widersprochen hat, wie es etwa der Fall ist, wenn der Schuldner die Hauptforderung unter Verwahrung gegen die Kosten anerkennt.[670]

Für den Fall, dass sich die Kostentragungspflicht aus dem Gesetz ergibt, also gemäß der *lex fori* nicht bestreitbar ist, reicht ein ordnungsgemäßes Bestreiten der Kostenhöhe aus, um eine Bestätigung auszuschließen.[671]

---

665 *Roth*, IPRax 2008, 235 [237]; das OLG Stuttgart hat in seinem Beschluss vom 03.06.2008 diese Möglichkeit nicht angesprochen und damit auch nicht angewandt.
666 *Roth*, IPRax 2008, 235 [237]; Thomas/ Putzo[37]-*Reichold*, § 128 ZPO, Rn. 17.
667 *Roth*, IPRax 2008, 235 [237]; a.A.: *Bittmann*, in: *Gebauer/ Wiedmann* (Hrsg.)[2], Kap. 28, Rn. 70; *ders.*, AnwBl. 2011, 378 [379].
668 Stein/ Jonas[22]-*Bork*, § 104 ZPO, Rn. 66; vgl. auch BGH 16.01.2003 NJW 2003, 1462 [1462] zur Rechtskraft unter 1.
669 Vgl. BGH 25.03.2010 NJW 2010, 1883 [1886]; bestätigt von BGH 21.07.2011 NJW 2012, 858 [859]; siehe bereits oben unter Teil 2, IV., 3. a).
670 *Wagner*, IPRax 2005, 189 [196]; *Kropholler/ von Hein*, EuZPR[9], Art. 7 EuVTVO, Rn. 2; Rauscher-*Papst*, Band II[4], Art. 7 EuVTVO, Rn. 8; Thomas/ Putzo[37]-*Hüßtege*, Art. 7 EuVTVO, Rn. 2.
671 *Rauscher*, EuVT, 27, Rn. 62; Rauscher-*Papst*, Band II[4], Art. 7 EuVTVO, Rn. 9.

Bei isolierten Kostenentscheidungen – wie dem Kostenfestsetzungsbeschluss in Deutschland – ist Art. 3 EuVTVO unmittelbar anwendbar, so dass es allein auf diese Voraussetzungen in diesem Verfahren ankommt.

5. Teilbestätigung gemäß Art. 8 EuVTVO

Gemäß Art. 8 EuVTVO wird – ähnlich der Parallelvorschrift des Art. 48 EuGVVO a.F. – nur ein Teil einer Entscheidung als Europäischer Vollstreckungstitel bestätigt, wenn die Entscheidung die Voraussetzungen der Verordnung nur in Teilen erfüllt.[672] Gemäß den Absätzen 3 von Artt. 24 und 25 EuVTVO gilt diese Vorschrift entsprechend für gerichtliche Vergleiche und öffentliche Urkunden. Der Antrag auf Bestätigung als Europäischer Vollstreckungstitel kann also auch nur für einen Teil der Entscheidung bzw. des Titels beantragt werden.

Erfasst werden sollen Fälle, in denen in einer Entscheidung entweder über mehrere Ansprüche erkannt wurde, welche nicht alle eine fällige bezifferte Geldforderung betreffen oder in denen über eine fällige bezifferte Geldforderung erkannt wurde, die nicht in allen Teilen unbestritten ist oder nicht in allen Teilen die Voraussetzungen zur Bestätigung als Europäischer Vollstreckungstitel erfüllt.[673] Die vorgenannten Fälle waren im ersten Vorschlag der Kommission in Art. 6 Abs. 1 EuVTVO-E[674] noch ausdrücklich aufgeführt. Die verkürzte Fassung in Art. 8 EuVTVO sollte den Inhalt der Regelung jedoch nicht ändern. Es erfolgte lediglich eine Vereinfachung und Kürzung des Textes ohne inhaltliche Änderungen.[675]

6. Anrufung des EuGH gemäß Art. 267 Abs. 2 und 3 AEUV (ex-Art. 234 iVm. ex-Art. 68 EG)

Für die Auslegung von EU-Verordnungen und Richtlinien ist der EuGH genuin zuständig, da es sich um sekundäres Gemeinschaftsrecht handelt.[676]

Gemäß ex-Art. 68 EG iVm. ex-Art. 234 EG gab es bei den Rechtsakten der justitiellen Zusammenarbeit nach ex-Art. 61 lit. c EG iVm. ex-Art. 65 EG, zu denen auch die EuVTVO gehört, zwei Möglichkeiten, den EuGH anzurufen.[677]

Als erstes waren nach ex-Art. 68 Abs. 1 EG die letztinstanzlichen Gerichte zur Vorlage von Fragen zur Auslegung der EuVTVO im Wege des Vorabentscheidungsverfahrens

---

672 *Rellermeyer*, Rpfleger 2005, 389 [396]; *Ernst*, JurBüro 2005, 568 [572]; *Gebauer*, NJ 2006, 103 [106]; *Kropholler/ von Hein*, EuZPR[9], Art. 8 EuVTVO, Rn. 1; Zöller[31]-*Geimer*, Art. 8 EuVTVO, Rn. 1.

673 *Kropholler/ von Hein*, EuZPR[9], Art. 8 EuVTVO, Rn. 1.

674 KOM (2002) 159 endg. = ABL. EG 2002, Nr. C 203 E 86 [89].

675 Vgl. die Stellungnahme der Kommission zum gemeinsamen Standpunkt, KOM (2004) 90 endg., 9, Nr. 3.3.2 zu Artikel 6.

676 *Geimer*, IZPR[7], 117, Rn. 245d.

677 *Lipp*, NJW 2001, 2657 [2658]; *Kohler*, IPRax 2003, 401 [404]; *Wagner*, IPRax 2005, 189 [199].

gemäß ex-Art. 234 EG an den EuGH verpflichtet, soweit diese entscheidungserheblich sind.[678] Dieses konnten sowohl die Gerichte des Ursprungsmitgliedsstaates als auch des Vollstreckungsmitgliedsstaates sein. Danach waren nur die letztinstanzlichen Gerichte vorlageberechtigt,[679] aber auch verpflichtet.[680] Die Frage, ob das Gericht ein letztinstanzliches war, entschied sich durch eine konkrete Betrachtung des jeweiligen Verfahrens. Dabei war das Verfahrensrecht des Gerichtsstandorts maßgeblich. Für die anderen Gerichte, deren Entscheidung noch mit einem Rechtsbehelf angegriffen werden konnten, bestand keine Vorlagemöglichkeit.[681] Durch ex-Art. 68 Abs. 1 EG wurde also die Vorlagebefugnis des ex-Art. 234 EG stark eingeschränkt.[682]

Jedoch wurde durch ex-Art. 68 EG nur die Vorlageberechtigung der Gerichte für Fragen bezüglich der Auslegung von Rechtsakten der justitiellen Zusammenarbeit, also auch der EuVTVO, eingeschränkt. Fragen der Vereinbarkeit der EuVTVO mit dem Europäischen Primärrecht konnte auch danach jeder nationale Richter dem EuGH vorlegen.[683]

Diese Einschränkung im Bereich der Zusammenarbeit in Zivilsachen konnte man mit Fug und Recht als „Mehr als ein[en] Schönheitsfehler" bezeichnen.[684] Denn es ist mitunter zweifelhaft, ob ein Gericht als letztinstanzliches anzusehen ist, oder nicht. Dieses war und ist etwa der Fall, wenn nicht ganz klar ist, ob ein Rechtsbehelf statthaft ist oder vom Rechtsmittelgericht zugelassen wird. Dann wäre es sinnvoll und nützlich gewesen, wenn auch das Ausgangsgericht in einer vielleicht weiter reichenden Frage, als zunächst gedacht, den EuGH mit einer Vorlage um Beistand bei der Auslegung hätte anrufen dürfen. Dieses würde eine einheitliche Anwendung der Rechtsakte der Europäischen Union deutlich erleichtern.

Mit Inkrafttreten des Vertrags von Lissabon[685] am 01.12.2009 ist dieser „Schönheitsfehler" beseitigt worden. Denn durch diesen ist die Vorlagebefugnis nicht mehr auf diejenigen Gerichte beschränkt, deren Entscheidungen nicht mehr mit Rechtsmitteln

---

678 *Lipp*, NJW 2001, 2657 [2658]; *Wagner*, NJW 2004, 1835 [1837]; *ders.*, IPRax 2005, 189 [199]; *Pfeiffer*, BauR 2005, 1541 [1549]; *Klippstein*, in: *Gebauer/ Wiedmann* (Hrsg.)[1], Kap. 31, Rn. 20.

679 *Besse*, ZEuP 1999, 107 [112]; *Lipp*, NJW 2001, 2657 [2658]; *Kohler*, IPRax 2003, 401 [404]; *Wagner*, NJW 2004, 1835 [1837]; *ders.*, IPRax 2005, 189 [199]; *Pfeiffer*, BauR 2005, 1541 [1549]; *Kropholler/ von Hein*, EuZPR[9], Einl. EuVTVO, Rn. 17.

680 So Calliess/ Ruffert[3]-*Rossi*, Art. 68 EGV, Rn. 5; Schwarze[2]-*Graßhof*, Art. 68 EGV, Rn. 5; nach anderer Auffassung bestehe nur eine Vorlageberechtigung der letztinstanzlichen Gerichte und keine Pflicht, so von der Groeben/ Schwarze[6]-*Schmahl*, Art. 68 EG, Rn. 3.

681 *Wagner*, NJW 2004, 1835 [1837]; kritisch dazu *Hess*, NJW 2000, 23 [28 f.]; ebenso *Jayme/ Kohler*, IPRax 2000, 454 [458].

682 *Lipp*, NJW 2001, 2657 [2658]; *Kohler*, IPRax 2003, 401 [404]; Rauscher-*Papst*, Band II[4], Einl. EuVTVO, Rn. 38.

683 *Schlosser*/ Hess, EU-ZPR[4], Art. 20 EuVTVO, Rn. 6.

684 So *Jayme/ Kohler*, IPRax 2006, 537 [550].

685 Vertrag von Lissabon vom 13.12.2007 zur Änderung des Vertrags über die Europäische Union und des Vertrags zur Gründung der Europäischen Gemeinschaft,

angegriffen werden können.[686] Die soeben vorgestellte Sonderregelung des ex-Art. 68 Abs. 1 EG wurde nämlich nicht übernommen. Für Vorabentscheidungsverfahren in Verfahren, die Rechtsakte zur justitiellen Zusammenarbeit in Zivilsachen betreffen, gelten daher seit dem Inkrafttreten des Vertrages von Lissabon die allgemeinen Regelungen. Damit können gemäß Art. 267 Abs. 2 AEUV[687] (ex-Art. 234 Abs. 2 EG) auch die Ausgangsgerichte und Instanzgerichte dem EuGH entscheidungserhebliche Fragen vorlegen. Letztinstanzliche Gerichte sind nach Art. 267 Abs. 3 AEUV (ex-Art. 234 Abs. 3 EG) bei solchen Fragen zur Vorlage verpflichtet.

Zum anderen hatten der Rat, die Europäische Kommission und die Mitgliedsstaaten die Möglichkeit, dem EuGH nach ex-Art. 68 Abs. 3 EG Fragen zur Auslegung der Verordnung vorzulegen.[688] Dabei hatte die Beantwortung der Fragen keine Wirkung auf bereits rechtskräftige Entscheidungen von Gerichten der Mitgliedsstaaten, sondern erfolgte die Auslegung lediglich im öffentlichen Interesse.[689] Ein Bezug zu einem bestimmten Fall war nicht erforderlich. Eine ex-Art. 68 Abs. 3 EG entsprechende Regelung ist in dem AEUV nicht enthalten. Damit ist diese Möglichkeit der Anrufung weggefallen, da die allgemeine Regelung des Art. 267 Abs. 1 AEUV nur für Gerichte gilt.

Die Prüfungsmöglichkeit des EuGH beschränkt sich auf die Frage, ob die Regelungen der EuVTVO, also des sekundären Gemeinschaftsrechts, mit dem primären Gemeinschaftsrecht (dem EU-Vertrag und dem AEUV) oder an einzelne Bürger gerichtete hoheitliche Akte der EU-Organe vereinbar sind.[690] Eine Überprüfung einer Verletzung des *ordre public*-Vorbehalts im Einzelfall ist daher nicht möglich, sie widerspräche auch der Abschaffung der *ordre public*-Kontrolle in der Verordnung. Lediglich die Frage, ob die Abschaffung des *ordre public*-Vorbehalts dem europäischen Grundrechtsschutz widerspricht, könnte der EuGH beantworten.[691] Diesbezüglich bedauern *Engel/ Singbartl*[692] auch, dass der BGH in dem seinem Beschluss vom 24.04.2014[693] zugrundeliegenden Fall von der Möglichkeit keinen Gebrauch gemacht hat, dem EuGH die Frage der Vereinbarkeit des Regelungsregimes der EuVTVO mit Art. 47 der EU-Grundrechtscharta gemäß Art. 267 Abs. 1 lit. b Alt. 1 AEUV vorzulegen.

ABl. EU 2007, Nr. C 306, 1; konsolidierte Fassung des Vertrags über die Europäische Union, ABl. EU 2010, Nr. C 83, 13.

686 *Wagner*, NJW 2010, 1707 [1712]; *Mansel/ Thorn/ Wagner*, IPRax 2010, 1 [25 f.]; *Sujecki*, EuZW 2010, 448 [448, Fn. 5].

687 Konsolidierte Fassung des Vertrags über die Arbeitsweise der Europäischen Union (ABl. EU 2010, Nr. C 83, 47).

688 *Besse*, ZEuP 1999, 107 [112]; *Lipp*, NJW 2001, 2657 [2658]; *Wagner*, NJW 2004, 1835 [1837]; *ders.*, IPRax 2005, 189 [199].

689 *Besse*, ZEuP 1999, 107 [112].

690 Vgl. Rauscher-*Papst*, Band II^4, Einl. EuVTVO, Rn. 40.

691 Rauscher-*Papst*, Band II^4, Einl. EuVTVO, Rn. 40.

692 *Engel/ Singbartl*, EWiR 2014, 603 [604].

693 BGH 24.04.2014 BGHZ 201, 22 ff. = NJW 2014, 2363 ff. = EuZW 2014, 557 ff. mit Anm. *Sujecki*, 559.

7. *Praxisproblem: Unterschied zwischen den Zinsen der EZB und dem Basiszinssatz*

Ein in der Praxis – aus eigener Erfahrung – bereits aufgetretenes Problem stellt es dar, dass in den Formblättern in Anhang I-III jeweils unter Punkt 5.2.1.2 der Prozentsatz „über dem Basiszinssatz der EZB"[694] angegeben ist. Dieser ist verschieden von dem Basiszinssatz in § 247 BGB, auf den in deutschen Urteilen zumeist Bezug genommen wird. Dementsprechend kommt es vor, dass fälschlicherweise bei der Bestätigung deutscher Titel als Europäischer Vollstreckungstitel der Prozentsatz einfach übernommen wird und sich dann nicht mehr auf den Basiszinssatz nach § 247 BGB, sondern auf den der EZB bezieht.

Zwar richtet sich der Basiszinssatz gemäß § 247 BGB nach dem von der Europäischen Zentralbank auf ihre Hauptrefinanzierungsoperationen angewendeten Zinssatz.[695] Dennoch ist dieser nur Bezugsgröße und es besteht eine Differenz von 0,88 Prozentpunkten.[696] Der Basiszinssatz nach § 247 BGB wird halbjährlich zum 01. Januar und 01. Juli festgesetzt und ist stets 0,88 Prozentpunkte niedriger als seine Bezugsgröße, der Basiszinssatz der EZB. Der in den Formblättern in Bezug genommene Basiszinssatz der EZB wird in demselben Modus bestimmt.[697] Dementsprechend müssen die Stellen, die einen deutschen Titel als Europäischen Vollstreckungstitel bestätigen, in dem eigentlich auf den Basiszinssatz des § 247 BGB Bezug genommen wird, diesen umrechnen und 0,88 Prozentpunkte abziehen. Statt „5 Prozentpunkte über dem Basiszinssatz nach § 247 BGB" muss es dann heißen „4,12 Prozentpunkte über dem Basiszinssatz der EZB".[698] Sollte sich der Anpassungsmodus des in den Formularen in Bezug genommenen Zinssatzes im Vergleich zu dem Basiszinssatz nach § 247 BGB ändern, so müsste die Zinsforderung genau angegeben werden und im Rahmen des Bestätigungsverfahrens konkretisiert werden. Dieses kann nicht dem ausländischen Vollstreckungsorgan überlassen bleiben.[699] Bei falscher Eintragung müsste der Betroffene (in diesem Fall der Schuldner wegen des zu hohen Zinssatzes) beantragen, die erteilte Bestätigung gemäß Art. 10 Abs. 1 lit. a EuVTVO zu berichtigen.

Darauf, dass es in den Formularen ebenfalls Prozentpunkte heißen müsste und bei penibler Anwendung von Prozenten über dem Basiszinssatz der EZB nicht das

---

694 Europäische Zentralbank.

695 Vgl. auch die Begriffsbestimmung „von der Europäischen Zentralbank auf ihre Hauptrefinanzierungsoptionen angewendeter Zinssatz" in Art. 2 Nr. 4 der Richtlinie 2000/35/EG des Europäischen Parlaments und des Rates vom 29.06.2000 zur Bekämpfung von Zahlungsverzug im Geschäftsverkehr (ABl. EG 2000, Nr. L 200, 35).

696 Näher dazu MüKo[7]-*Grundmann*, § 247 BGB, Rn. 8; Bamberger/ Roth-*Grothe*, § 247 BGB, Rn. 4 f.

697 *Rellermeyer*, Rpfleger 2005, 389 [399].

698 Ebenso *Rellermeyer*, Rpfleger 2005, 389 [399]; Rauscher-*Papst*, Band II[4], Vorbem. Anhänge EuVTVO, Rn. 3.

699 *Rellermeyer*, Rpfleger 2005, 389 [399].

gewünschte und gemeinte, sondern ein viel niedrigeres Ergebnis herauskäme, soll hier nicht weiter eingegangen werden. Ich denke, dass jeder weiß, was gemeint ist. Bei einer Anpassung der Formblätter sollte dieses Redaktionsversehen ggf. behoben werden. Aber auch hierzulande liest man häufiger „% über dem Basiszinssatz" anstatt „Prozentpunkte über dem Basiszinssatz", so dass über diese kleine Nachlässigkeit wohl hinweggesehen werden kann. Dennoch wirkt diese „Ungenauigkeit", selbst wenn man sie nicht mathematisch übergenau auslegen sollte, bezüglich der Sachkompetenz des Verordnungsgebers wenig überzeugend.[700]

D. Wirkung der Bestätigung als Europäischer Vollstreckungstitel

Wie schon mehrfach erwähnt, kann eine Entscheidung bzw. ein sonstiger Titel eines Mitgliedsstaats (mit Ausnahme Dänemarks), welche als Europäischer Vollstreckungstitel bestätigt worden ist, ohne Vollstreckbarerklärungsverfahren unmittelbar in den anderen Mitgliedsstaaten der Europäischen Union (außer in Dänemark) vollstreckt werden. Man kann sich direkt an die Vollstreckungsorgane des jeweiligen Vollstreckungsmitgliedsstaats wenden, die den Europäischen Vollstreckungstitel ebenso zu behandeln haben wie einen nationalen Titel.

Der mitgliedsstaatliche, nationale Titel erhält durch die Bestätigung als Europäischer Vollstreckungstitel „die zusätzliche Qualität als Vollstreckungstitel in jedem Mitgliedsstaat"[701] der Verordnung. Bei einem Vergleich mit der EuGVVO a.F. (also in der bis zum 09.01.2015 geltenden Fassung) entspricht das Bestätigungsverfahren der EuVTVO mithin der Vollstreckbarerklärung in zweiter Instanz.[702]

Der Umfang der Vollstreckbarkeit richtet sich in dem Bestätigungsverfahren der EuVTVO nach dem Recht des Ursprungsmitgliedsstaats. Die Bestätigung bewirkt keine vom nationalen Recht des Ursprungsmitgliedsstaats unabhängige Vollstreckbarkeit.[703] Auch ist ein als Europäischer Vollstreckungstitel bestätigter Titel nicht leichter zu vollstrecken als ein nationaler. Gemäß Art. 11 EuVTVO entfaltet die Bestätigung nur insoweit Wirkung, wie die Vollstreckbarkeit im Ursprungsmitgliedsstaat besteht.[704]

Änderungen bezüglich der Vollstreckbarkeit des Titels im Ursprungsmitgliedsstaat – wie Wegfall oder Beschränkung derselben – bewirken dennoch nicht ganz unmittelbar auch die Änderung der Vollstreckbarkeit des Europäischen Vollstreckungstitels in

700 Rauscher-*Papst*, Band II[4], Vorbem. Anhänge EuVTVO, Rn. 2; vgl. zu der Unterscheidung von Prozent und Prozentpunkten auch *Hartmann*, NJW 2004, 1358 ff., der auch auf die Folgen eines falschen Klageantrags eingeht und eine Korrektur durch das Gericht bei anwaltlich vertretener Partei ausschließt, sofern sich nicht aus der Klagebegründung ergibt, dass der Antrag auslegungsbedürftig ist.

701 *Mankowski*, FS Jan Kropholler (2008), 829 [846].

702 *Mankowski*, FS Jan Kropholler (2008), 829 [846].

703 Zöller[31]-*Geimer*, Art. 11 EuVTVO, Rn. 1.

704 *Nagel/ Gottwald*, IZPR[7], 663, § 14, Rn. 19.

jedem anderen Vollstreckungsstaat. Die Vollstreckbarkeit fällt nicht automatisch weg oder wird beschränkt. Jedoch kann sich der Schuldner dieses, wie oben in Teil 2, C., V., 2. dargestellt, gemäß Art. 6 Abs. 2 EuVTVO im Ursprungsmitgliedsstaat bestätigen lassen und dem Gläubiger im Vollstreckungsmitgliedsstaat entgegenhalten.[705] Diesen Weg muss er aber auch gehen, wenn nicht ein nationaler Rechtsbehelf des Vollstreckungsmitgliedsstaates eingreift. Denn grundsätzlich bleibt die Vollstreckung in den anderen Mitgliedsstaaten von Rechtsbehelfen im Ursprungsmitgliedsstaat unberührt.[706]

Darüber hinaus bewirkt die Bestätigung als Europäischer Vollstreckungstitel, dass es den anderen Mitgliedsstaaten verwehrt ist, die Anerkennung der anerkennungsfähigen Wirkungen des Vollstreckungstitels (Rechtskraft, Gestaltungswirkung usw.) zu überprüfen.[707] Damit gebührt der EuVTVO Vorrang vor den Anerkennungsversagungsgründen des Art. 45 EuGVVO n.F. (der Artt. 34 und 35 EuGVVO a.F) unter dem Vorbehalt des Art. 21 EuVTVO.[708] Selbst, wenn die Bestätigung eindeutig zu Unrecht ergangen ist, gilt vorstehendes, solange die Entscheidung nicht nach Art. 10 Abs. 2 lit. b EuVTVO im Ursprungsmitgliedsstaat widerrufen worden ist.[709] Dem Schuldner stehen aber gegen die Anerkennung die gleichen Einwendungen zu, die ihm auch gegen die Vollstreckung zustehen.[710]

Eine (Verpflichtung zur) Anerkennung von einem Titel ohne deren Vollstreckbarkeit sei in der Verordnung nicht vorgesehen, weshalb nach Art. 5 EuVTVO ein „Junktim" zwischen Anerkennung und Vollstreckbarkeit bestehe.[711]

Als Konsequenz könnte man sehen, dass die Wirkung einer Entscheidung in der Hauptsache nicht anerkannt werden müsse, wenn ein Anerkennungsversagungsgrund gemäß Art. 45 EuGVVO n.F. (Artt. 34–35 EuGVVO a.F.) vorliege, jedoch hinsichtlich der Kostenentscheidung aber eine unbeschränkte Anerkennungspflicht nach Art. 5 EuVTVO bestünde, wenn die Entscheidung hinsichtlich der Kosten als Europäischer Vollstreckungstitel bestätigt wurde.[712]

Art. 11 EuVTVO bezieht sich auf die Vollstreckung, wohingegen Art. 5 EuVTVO auch von der Anerkennung spricht. Die EuVTVO regelt die Anerkennungsvoraussetzungen für sonstige Entscheidungswirkungen wie zum Beispiel Rechtskraftwirkung oder Gestaltungs- und Tatbestandswirkung nicht.[713]

---

705 Vgl. zu diesem Antrag auch unten Teil 4, A., V.
706 *Coester-Waltjen*, FS Tugrul Ansay (2006), 47 [52]; *Stürner*, GPR 2010, 43 [45].
707 Vgl. MüKo[4]-*Adpolphsen*, Art. 5 EuVTVO, Rn. 1; Zöller[31]-*Geimer*, Art. 11 EuVTVO, Rn. 3 und Art. 5 EuVTVO, Rn. 1.
708 Zöller[31]-*Geimer*, Art. 5 EuVTVO, Rn. 1.
709 Vgl. Zöller[31]-*Geimer*, Art. 5 EuVTVO, Rn. 1.
710 *Wagner*, IPRax 2005, 189 [199]; Zöller[31]-*Geimer*, Art. 5 EuVTVO, Rn. 1; vgl. auch Art. 33 EuGVVO a.F bzw. Art. 46 EuGVVO n.F.
711 Rauscher-*Papst*, Band II[4], Art. 5 EuVTVO, Rn. 7 f.; Zöller[31]-*Geimer*, Art. 5 EuVTVO, Rn. 2.
712 So Zöller[31]-*Geimer*, Art. 5 EuVTVO, Rn. 3.
713 Vgl. *Mankowski*, FS Jan Kropholler (2008), 829 [836].

Man könnte meinen, die Aussage bezüglich der Anerkennung in Art. 5 EuVT-VO sei ausschließlich auf die Vollstreckbarkeit und darauf zu beziehen, dass keine Vollstreckbarerklärung mit einer Überprüfung von Anerkennungsversagungsgründen erfolgt und sich die Anerkennung (außerhalb der Vollstreckung im Rahmen der EuVTVO) nach den Regelungen der Artt. 36 ff. EuGVVO n.F. (Artt. 33 ff. EuGVVO a.F.) richte.[714] Die materielle Rechtskraft der Entscheidung werde nicht auf Basis der EuVTVO anerkannt, was sich aus dem Art. 5 EuVTVO vorgehenden Art. 11 EuVTVO sowie dem Nebeneinander von EuVTVO und EuGVVO ergebe.[715] Denn es war gemäß Art. 33 EuGVVO in der Fassung bis zum 09.01.2015 möglich, die Nichtanerkennung in einem Verfahren auszusprechen, was den Widerspruch begründen würde, wenn eine Bestätigung als Europäischer Vollstreckungstitel die materielle Rechtskraft der Entscheidung begründen würde, jedoch nach der EuGVVO deren Nichtanerkennung ausgesprochen würde.[716]

Andererseits überzeuge es nicht, beispielsweise die Rechtskraftwirkung einer Entscheidung nicht anzuerkennen, die Vollstreckung nach der EuVTVO aber zuzulassen.[717] Die Bestätigung als Europäischer Vollstreckungstitel impliziere auch eine Verpflichtung zur Anerkennung der Entscheidung in allen Mitgliedsstaaten, da die Entscheidung im Fall der Bestätigung nach Art. 5 EuVTVO „in den anderen Mitgliedsstaaten anerkannt und vollstreckt" wird, „ohne dass die Anerkennung angefochten werden kann".[718]

Meines Erachtens ist es so, dass die Anerkennung nur im Rahmen der Vollstreckung gemäß Art. 11 EuVTVO Wirkung entfaltet. Jedoch begründet Art. 5 EuVT-VO, dass diese nicht im Vollstreckungsstaat überprüft werden darf. Eine Prüfung etwaiger Anerkennungsversagungsgründe darf nicht erfolgen und kann nicht zur Rückzahlung von Zahlungen im Rahmen der Vollstreckung nach der EuVTVO führen. Demgemäß sollte die EuVTVO ein eigenständiges und unabhängiges System der Anerkennung und Vollstreckung neben dem der EuGVVO begründen[719], was auch durch das Nebeneinander der beiden Verordnungen gemäß Art. 27 EuVTVO und das Wahlrecht des Gläubigers verdeutlicht wird.

Die Bestätigung als Europäischer Vollstreckungstitel ersetzt in jedem Fall in ihrer Wirkung die deutsche Vollstreckungsklausel.[720] Es ist damit klar, dass Vollstreckungstitel nicht der dem Europäischen Vollstreckungstitel zugrunde liegende Titel, sondern

---

714 *Burgstaller/ Neumayr*, ÖJZ 2006, 179 [188]; *Nagel/ Gottwald*, IZPR[7], 659, § 14, Rn. 2; a.A. *Bittmann*, in: *Gebauer/ Wiedmann* (Hrsg.)[2], Kap. 28, Rn. 39.

715 *Schlosser*/ Hess, EU-ZPR[4], Art. 5 EuVTVO, Rn. 2.

716 *Schlosser*/ Hess, EU-ZPR[4], Art. 5 EuVTVO, Rn. 2; nach Art. 36 Abs. 2 EuGVVO n.F. kann die Nichtanerkennung ausgesprochen werden.

717 So *Mankowski*, FS Jan Kropholler (2008), 829 [837].

718 *Rauscher*, EuVT, 29, Rn. 66; *Bittmann*, in: *Gebauer/ Wiedmann* (Hrsg.)[2], Kap. 28, Rn. 39; Rauscher-*Papst*, Band II[4], Art. 5 EuVTVO, Rn. 7.

719 *Bittmann*, in: *Gebauer/ Wiedmann* (Hrsg.)[2], Kap. 28, Rn. 39.

720 *Hüßtege*, in: *Gottwald* (Hrsg.), Perspektiven (2004), 113 [136]; *Strasser*, Rpfleger 2007, 249 [250].

der Europäische Vollstreckungstitel selbst ist. Dieses ist so in allen Mitgliedsstaaten und die Bestätigung gilt als Vollstreckungstitel in allen Vollstreckungsmitgliedsstaaten. Unzweifelhaft kann man sich direkt an das jeweilige Vollstreckungsorgan wenden und eine Überprüfung der Anerkennungs- und Vollstreckungsfähigkeit darf in dem Vollstreckungsstaat gemäß Art. 5 EuVTVO nicht erfolgen. Die Anerkennung erfolgt dann gleichermaßen nach der EuVTVO und nicht nach der EuGVVO.[721]

E. Deutsche Durchführungsbestimmungen insbesondere in der ZPO

Anschließend an die Darstellung des Inhalts der Verordnung mit ihren Voraussetzungen und den Mindeststandards soll jetzt noch ein kleiner Einblick in die deutschen Durchführungsvorschriften zur EuVTVO folgen. An den entsprechenden Stellen wurde bereits auf einzelne der nationalen Bestimmungen eingegangen, wie beispielsweise auf die Zuständigkeiten und die verfahrensrechtliche Umsetzung. Auch im Rahmen der Rechtsbehelfe in Teil 4 wird noch auf die deutschen Regelungen eingegangen. Im Folgenden soll jedoch ein kurzer Einblick in die Konzeption des deutschen Durchführungsgesetzes gegeben werden.

I. Vollstreckungstitel-Durchführungsgesetz (EG-VTDG)

Die Verordnung (EG) Nr. 805/2004 ist zwar unmittelbar anwendbar, es sind jedoch ergänzend nationale Verfahrensvorschriften erforderlich.[722] Denn sowohl die Durchführung der Bestätigung als auch das Verfahren der Vollstreckung ausländischer Europäischer Vollstreckungstitel bedurfte der nationalen Regelung bzw. Ergänzung, soweit die EuVTVO dieses nicht abschließend regelt (wie beispielsweise die Zuständigkeiten). Außerdem müssen die nationalen Gesetzgeber ihr Verfahrensrecht ggf. an die Mindeststandards der Verordnung anpassen, damit diese Anwendung finden kann.

Diese Vorschriften sind in Deutschland durch das Gesetz zur Durchführung der Verordnung über den Europäischen Vollstreckungstitel (Vollstreckungstitel-Durchführungsgesetz)[723] vom 18.08.2005 geschaffen worden, welches zeitgleich mit der vollständigen Anwendbarkeit der EuVTVO am 21.10.2005 in Kraft getreten ist.[724]

---

721 Vgl. OLG Stuttgart 20.04.2009 EuZW 2010, 37 [39] = NJW-RR 2010, 134 [135]; Rauscher-*Papst*, Band II^4, Art. 5 EuVTVO, Rn. 7 f.

722 *Mock*, RVG-Berater 2005, 139 [139].

723 Siehe Gesetz zur Durchführung der Verordnung (EG) Nr. 805/2004 über einen Europäischen Vollstreckungstitel für unbestrittene Forderungen (EG-Vollstreckungstitel-Durchführungsgesetz vom 18.08.2005 (BGBl. 2005, I 2477).

724 Vgl. *Ernst*, JurBüro 2005, 568 [569]; *Jayme/ Kohler*, IPRax 2005, 481 [486]; *Luckey*, ZGS 2005, 420 [423]; *Rausch*, FuR 2005, 437 [440]; *Rellermeyer*, Rpfleger 2005, 389 [390]; *Riedel*, ProzRB 2005, 324 [325]; *Knittel*, JAmt 2006, 477 [477]; Rauscher-*Papst*, Band II^4, Art. 12 EuVTVO, Rn. 9.

Von einer Einstellung in das Anerkennungs- und Vollstreckungsausführungsgesetz (AVAG)[725] wurde abgesehen, da dieses Gesetz das Vollstreckbarerklärungsverfahren regelt, welches durch die EuVTVO gerade entbehrlich wird.[726] Aus demselben Grund sind die Durchführungsbestimmungen zur EuGVVO n.F. auch in den §§ 1110 ff. ZPO und nicht in dem AVAG geregelt.

II. §§ 1079 ff. ZPO

Die meisten ergänzenden nationalen Vorschriften zur EuVTVO sind als §§ 1079 ff. ZPO in das 11. Buch der ZPO in Abschnitt 4 zur justiziellen Zusammenarbeit in der Europäischen Union eingestellt. Die Bestätigung inländischer Titel als Europäische Vollstreckungstitel ist in den §§ 1079–1081 ZPO geregelt. Die §§ 1082–1086 ZPO enthalten Bestimmungen für die Vollstreckung in Deutschland für Titel, welche in anderen Mitgliedsstaaten als Europäische Vollstreckungstitel bestätigt worden sind.

Es handelt sich dabei nur um acht Vorschriften, was dadurch möglich wurde, dass das neue Gesetz keine eigenständigen Rechtsmittelzüge einrichtet, sondern auf bereits bestehende Instanzenzüge verweist, wenn zum Beispiel gegen die Zurückweisung eines Antrags auf Ausstellung einer Bestätigung als Europäischer Vollstreckungstitel vorgegangen wird.[727]

Auch werden die Anträge auf Berichtigung oder Widerruf einer Bestätigung weitgehend gleich behandelt.[728]

III. Einzelne Vorschriften/ Anpassungen

Die deutsche ZPO entsprach schon vor Verabschiedung des Vollstreckungstitel-Durchführungsgesetzes weitgehend den verfahrensrechtlichen Mindeststandards der EuVTVO, so dass der Gesetzgeber hinsichtlich der Zustellungsvorschriften, des Mahnverfahrens, des vereinfachten Verfahrens über den Unterhalt Minderjähriger sowie hinsichtlich der Fristen und der Wiedereinsetzung in den vorherigen Stand keinen Anpassungsbedarf gesehen hat.[729]

Es wurde jedoch eine Anpassung der ZPO (sowie flankierend des GKG, der KostO[730] sowie des RVG) an die Mindeststandards der EuVTVO durchgeführt, um

---

725 Gesetz zur Ausführung zwischenstaatlicher Verträge und zur Durchführung von Verordnungen der Europäischen Gemeinschaft auf dem Gebiet der Anerkennung und Vollstreckung in Zivil- und Handelssachen (BGBl. 2001, I 288, Berichtigung in BGBl. 2001, I 436).

726 *Mock*, RVG-Berater 2005, 139 [139]; *Wagner*, IPRax 2005, 401 [402].

727 *Wagner*, IPRax 2005, 401 [402].

728 Siehe dazu im Einzelnen unter Teil 4, A., IV., 3.

729 Begr. RegE, BT-Drucks. 15/5222, 10 = BR-Drucks. 88/05, 15 f.; *Wagner*, IPRax 2005, 401 [409]; vgl. auch Rauscher-*Papst*, Band II^4, Art. 12 EuVTVO, Rn. 9.

730 Kostenordnung vom 26.07.1957 (BGBl. 1957, I 960), galt bis 31.07.2013 und wurde zum 01.08.2013 durch das Gerichts- und Notarkostengesetz (GNotKG) vom 23.07.2013 (BGBl. 2013, I 2586) abgelöst.

den Kreis der inländischen Titel zu erweitern, die als Europäischer Vollstreckungstitel bestätigt werden können.[731] Dazu wurden im zweiten und dritten Buch der ZPO neue Belehrungspflichten gegenüber den Schuldnern aufgenommen. So wurden in den §§ 215 Abs. 1, 276 Abs. 2 S. 2, 338 S. 2 und 499 ZPO Regelungen eingeführt, welche die nach Art. 17 EuVTVO geforderten Belehrungspflichten gegenüber dem Schuldner gewährleisten.[732]

Weiter wurde durch den neu eingefügten § 790 ZPO, der mittlerweile durch § 245 FamFG ersetzt worden ist, die Möglichkeit geschaffen, dass dynamisierte Unterhaltstitel, welche Unterhalt als Prozentsatz des Mindestunterhalts festsetzen, zum Zwecke der Vollstreckung gemäß der Verordnung im Ausland auf Antrag beziffert werden können.[733]

Zur Rechtsbereinigung wurde die Vorschrift des § 791 ZPO zur Zwangsvollstreckung im Ausland gestrichen, da sie in der Praxis keine Bedeutung mehr hat.[734]

Für Verfahren vor den Arbeitsgerichten regelt § 46 Abs. 2 S. 1 ArbGG, dass die Vorschriften vor den Amtsgerichten entsprechend anzuwenden sind.

IV. Zusammenfassung

Insgesamt bedurfte es im deutschen Recht nur geringer Anpassungen, sowie der Einführung des Verfahrens der Erteilung eines Europäischen Vollstreckungstitels in den §§ 1079 ff. ZPO und der Vollstreckung aus demselben in den §§ 1082 ff. ZPO. Auf die Änderungen im Detail soll hier nicht eingegangen werden.[735]

Nach den Änderungen des deutschen Verfahrensrechts wird die Bestätigung deutscher Titel als Europäischer Vollstreckungstitel nicht an den Mindeststandards scheitern, sofern die Regelungen des deutschen Prozessrechts eingehalten werden.[736]

---

731 *Ernst*, JurBüro 2005, 568 [569]; *Wagner*, IPRax 2005, 401 [402].

732 *Luckey*, ZGS 2005, 420 [423]; *Rausch*, FuR 2005, 437 [440]; *Rellermeyer*, Rpfleger 2005, 389 [390]; Rauscher-*Papst*, Band II^4, Art. 17 EuVTVO, Rn. 12; zu den Einzelheiten siehe *Wagner*, IPRax 2005, 401 [409] sowie *Reichel*, NZA 2005, 1096 ff.; *Gebauer*, NJ 2006, 103 [105]; Zöller^{31}-*Geimer*, Art. 17 EuVTVO, Rn. 1.

733 Siehe oben Teil 2, C., I., 5.

734 *Rellermeyer*, Rpfleger 2005, 389 [390]; *Wagner*, IPRax 2005, 189 [199 f.]; *ders.*, IPRax 2005, 401 [402].

735 Dazu *Luckey*, ZGS 2005, 420 [423 f.]; *Wagner*, IPRax 2005, 401 [409]; *Reichel*, NZA 2005, 1096 ff.

736 Rauscher-*Papst*, Band II^4, Art. 12 EuVTVO, Rn. 9.

Teil 3: Voraussetzungen der Zwangsvollstreckung

Bevor auf die Rechtsbehelfe im Einzelnen eingegangen wird, sollen die Voraussetzungen der Zwangsvollstreckung näher dargestellt und die unterschiedlichen Vollstreckungssysteme verglichen werden.

Es wird hier historisch zunächst die Vollstreckung nach der EuGVVO in der alten bis zum 09.01.2015 geltenden Fassung (EuGVVO a.F.; nachfolgend unter A.) und sodann die des revidierten Luganer Übereinkommens (rev. LugÜ)[737] (B.) dargestellt. Anschließend folgt die Darstellung der Vollstreckung nach der Neufassung der EuGVVO nach Abschaffung des Exequaturs (C.) und danach die Vollstreckung nach der EuVTVO (D.). Daran schließt sich ein Vergleich der beiden Vollstreckungssysteme an (E.) – zum einen auf der einen Seite das System nach der EuGVVO in der Fassung bis zum 09.01.2015 und rev. LugÜ und auf der anderen Seite das der EuVTVO sowie zum anderen der Vergleich der EuGVVO n.F. zur EuVTVO.

A. Vollstreckung nach der EuGVVO in der bis zum 09.01.2015 geltenden Fassung

Bei der Vollstreckung von Titeln aus anderen Mitgliedsstaaten der Europäischen Union nach der EuGVVO in der bis zum 09.01.2015 geltenden Fassung musste diesen im Inland, also im Vollstreckungsstaat, die Vollstreckbarkeit erst verliehen werden. Dieses erfolgte durch das Vollstreckbarerklärungsverfahren, das so genannte Exequatur. Formeller Vollstreckungstitel war dann die zweitstaatliche Vollstreckbarerklärung.[738]

Die Regelungen zur Vollstreckbarerklärung sind in Artt. 38 ff. und Art. 45 iVm. Artt. 34, 35 EuGVVO a.F. verortet. Das Exequaturverfahren stellt danach einen vorbereitenden Schritt zur Vollstreckung dar, ist aber nicht als Rechtsbehelf gegen sie anzusehen.[739]

---

737 Revidiertes Luganer Übereinkommen = Übereinkommen über die gerichtliche Zuständigkeit und die Anerkennung und Vollstreckung von Entscheidungen in Zivil- und Handelssachen vom 30.10.2007, ABl. EU 2007, Nr. L 339, 3 und ABl. EU 2009, Nr. L 147, 5.

738 Geimer/ Schütze-*Geimer*, EuZVR^{3}, Art. 38 EuGVVO, Rn. 6; Rauscher-*Mankowski*, Band I^{3}, Art. 38 EuGVVO, Rn. 3; *Kropholler/ von Hein*, EuZPR^{9}, Art. 38 EuGVVO, Rn. 14; *Meller-Hannich*, GPR 2012, 90 [90]; *Nagel/ Gottwald*, IZPR^{7}, 687, § 15, Rn. 8.

739 *Yessiou-Faltsi*, in: *Gottwald* (Hrsg.), Perspektiven (2004), 213 [240].

I. Voraussetzungen für die Vollstreckbarerklärung nach der EuGVVO a.F.

Die Voraussetzungen für die Vollstreckbarerklärung nach der EuGVVO in der bis zum 09.01.2015 geltenden Fassung sind, dass diese anwendbar ist, die notwendigen Unterlagen übermittelt wurden und ein Antrag bei der zuständigen Stelle eingereicht wurde. Für öffentliche Urkunden und Prozessvergleiche gelten gemäß Art. 57 Abs. 1 S. 1 EuGVVO a.F. und Art. 58 S. 1 EuGVVO a.F. ebenso die Regelungen der Artt. 38 ff. EuGVVO a.F. wie für Entscheidungen. Abweichungen, die sich aus Artt. 57, 58 EuGVVO a.F. ergeben, sind an der entsprechenden Stelle dargestellt. Da die EuGVVO n.F. gemäß dessen Art. 66 Abs. 1 nur auf Verfahren, öffentliche Urkunden oder gerichtliche Vergleiche anzuwenden ist, die am 10.01.2015 oder danach eingeleitet, förmlich errichtet oder eingetragen bzw. gebilligt oder geschlossen worden sind, kann die EuGVVO a.F. noch für Altfälle gelten.

1. Anwendbarkeit der EuGVVO

Wie oben in Teil 2, A., IV. ausgeführt, ist der sachliche Anwendungsbereich der EuVTVO identisch mit demjenigen der EuGVVO (in beiden Fassungen) – natürlich ohne die Einschränkung auf unbestrittene Geldforderungen. Somit kann diesbezüglich nach oben verwiesen werden. Der räumliche Anwendungsbereich erfasst alle Titel aus den Mitgliedsstaaten, die in einem anderen Mitgliedsstaat vollstreckt werden sollen. Dieses gilt seit dem 01.07.2007 auch im Verhältnis zu Dänemark, da ab diesem Zeitpunkt das Abkommen[740] zwischen Dänemark und der Europäischen Union über die Anwendbarkeit der EuGVVO a.F. auch im Verhältnis zu Dänemark gilt.[741] Der zeitliche Anwendungsbereich bestimmt sich nach Art. 66 EuGVVO (in beiden Fassungen).

Soweit der Anwendungsbereich der EuVTVO wie auch der EuGVVO eröffnet sind, hat der Gläubiger ein Wahlrecht, nach welcher Verordnung er vorgehen will. Die Eröffnung des Anwendungsbereichs der Europäischen Verordnungen wie auch sonstiger Übereinkommen (wie des EuGVÜ und des LugÜ) hindert hingegen die Anwendung des autonomen nationalen Vollstreckungsrechts (wie beispielsweise § 722 ZPO in Deutschland). Seit dem 10.01.2015 haben alle Vorschriften der verabschiedeten Neufassung der EuGVVO Geltung erlangt und sind Entscheidungen bzw. Titel aus einem Mitgliedsstaat in einem anderen Mitgliedsstaat ohne Exequaturverfahren vollstreckbar.[742]

---

740 Abkommen vom 19.10.2005 zwischen der Europäischen Gemeinschaft und dem Königreich Dänemark über die gerichtliche Zuständigkeit und die Anerkennung und Vollstreckung von Entscheidungen in Zivil- und Handelssachen (ABl. EU 2005, Nr. L 299, 62), in Kraft seit dem 01.07.2007 (ABl. EU 2007, Nr. L 94, 70).

741 *Wagner*, EuZW 2006, 424 [426]; *Nielsen*, IPRax 2007, 506 [507]; Thomas/ Putzo[36]-*Hüßtege*, Vorb. vor Art. 1 EuGVVO, Rn. 2.

742 Vgl. dazu unten Teil 3, C. und zur Anwendbarkeit Teil 3, C. I., 1.

2. *Antrag*

Gemäß Art. 38 Abs. 1 EuGVVO a.F. bedurfte es für die Vollstreckbarerklärung eines Antrags des Berechtigten, also des im Titel bezeichneten Gläubigers. Nach Art. 40 Abs. 1 EuGVVO a.F. war für die Stellung des Antrags das Recht des Vollstreckungsmitgliedsstaates maßgeblich.

Der Antrag konnte in Deutschland schriftlich oder zu Protokoll der Geschäftsstelle des zuständigen Landgerichts gestellt werden (§ 4 Abs. 2 AVAG). Ein Anwaltszwang bestand in erster Instanz nicht (§ 6 Abs. 3 AVAG). War der Antrag entgegen § 184 GVG nicht in deutscher Sprache abgefasst, so konnte das Gericht dem Antragsteller gemäß § 4 Abs. 3 AVAG aufgeben, eine Übersetzung beizubringen, deren Richtigkeit von einer in einem Mitgliedsstaat befugten Stelle bestätigt worden war.

Gemäß Art. 40 Abs. 2 S. 1 EuGVVO a.F. musste der Antragsteller im Bezirk des angerufenen Gerichts ein Wahldomizil begründen. War dieses in dem Recht des Vollstreckungsmitgliedsstaates, wie in Deutschland, nicht vorgesehen, musste er einen Zustellungsbevollmächtigten benennen. Dieses war in Deutschland in § 5 Abs. 1 AVAG geregelt. Hat der Antragsteller einen Verfahrensbevollmächtigten, musste er gemäß § 5 Abs. 2 AVAG nicht zusätzlich noch einen Zustellungsbevollmächtigten benennen.

Auf Antrag konnte der Titel in mehreren Mitgliedsstaaten nach der EuGVVO a.F. gleichzeitig für vollstreckbar erklärt werden.[743]

3. *Zu übermittelnde Unterlagen*

Mit dem Antrag waren gemäß Artt. 40 Abs. 3, 53 EuGVVO a.F. die nachfolgend dargestellten Unterlagen zu übermitteln. Zunächst war eine Ausfertigung der für vollstreckbar zu erklärenden Entscheidung nach Art. 53 Abs. 1 EuGVVO a.F. zuzüglich zweier Abschriften gemäß § 4 Abs. 4 AVAG beizufügen.

Hinzu kam gemäß Art. 53 Abs. 2 EuGVVO a.F. die Bescheinigung nach Art. 54 EuGVVO a.F., die unter Verwendung des Formblatts in Anhang V zur EuGVVO a.F. vom Gericht oder der sonst befugten Stelle des Ursprungsmitgliedsstaates ausgestellt wurde. Darin bestätigte die zuständige Stelle das Datum der Zustellung des verfahrenseinleitenden Schriftstücks, falls sich der Beklagte nicht eingelassen hatte, den Wortlaut der Entscheidung oder des Prozessvergleichs, welcher Partei Prozesskostenhilfe gewährt wurde und die Vollstreckbarkeit im Ursprungsmitgliedsstaat.[744] Im Fall einer öffentlichen Urkunde im Sinne des Art. 57 EuGVVO a.F. wurde für die Bescheinigung das Formblatt in Anhang VI zur EuGVVO a.F. verwandt.

In Deutschland bestimmte § 56 AVAG, welche Stelle die Bescheinigung erteilte.

---

743 *Nagel/ Gottwald*, IZPR[7], 689, § 15, Rn. 14; MüKo[4]-*Gottwald*, Art. 38 EuGVVO a.F., Rn. 6.

744 *Kohler*, in: *Reichelt/ Rechberger* (Hrsg.), Europäisches Kollisionsrecht (2004), 63 [67]; *Nagel/ Gottwald*, IZPR[7], 689, § 15, Rn. 15.

Gemäß Art. 55 Abs. 1 EuGVVO a.F. konnte das Gericht oder die sonst befugte Stelle bei Nichtvorlage der Bescheinigung nach Art. 54 EuGVVO a.F. eine Frist zur Vorlage bestimmen oder sich mit gleichwertigen Urkunden begnügen oder von der Vorlage der Bescheinigung befreien, wenn es sie für die weitere Klärung nicht für erforderlich hielt.

Auf Verlangen des Gerichts oder der sonst befugten Stelle musste der Antragsteller gemäß Art. 55 Abs. 2 EuGVVO a.F. eine beglaubigte Übersetzung der Urkunden vorlegen.

4. Zuständigkeitsregelung der EuGVVO a.F. für Deutschland

Gemäß Art. 39 Abs. 1 EuGVVO a.F. war der Antrag an das Gericht oder die sonst befugte Stelle zu richten, die in Anhang II zur EuGVVO a.F. aufgeführt sind. Die örtliche Zuständigkeit wurde durch den Wohnsitz des Schuldners oder durch den Ort bestimmt, an dem die Zwangsvollstreckung durchgeführt werden sollte (Art. 39 Abs. 2 EuGVVO a.F.).

In Deutschland war nach Art. 39 EuGVVO a.F. iVm. dessen Anhang II sachlich ausschließlich das Landgericht zuständig. Örtlich zuständig war das Gericht, in dessen Bezirk der Verpflichtete seinen (Wohn-)Sitz hatte, oder es war das Gericht in dem Bezirk zuständig, in dem die Zwangsvollstreckung durchgeführt werden sollte (Art. 39 Abs. 2 EuGVVO a.F.).

Funktionell zuständig war der Vorsitzende einer Zivilkammer (Anhang II zur EuGVVO a.F.), nie die Kammer.[745] Für notarielle Urkunden war nach Anhang II der EuGVVO a.F. iVm. § 55 Abs. 3 AVAG auch der Notar zuständig.

5. Keine Prüfung der Anerkennungsvoraussetzungen (in 1. Instanz)

Eine Prüfung der Anerkennungshindernisse im Sinne der Artt. 34 und 35 EuGVVO a.F. erfolgte in der ersten Instanz des Vollstreckbarerklärungsverfahrens der EuGVVO a.F. gemäß Art. 41 S. 1 EuGVVO a.F. nicht.

Es wurde nur formell geprüft, ob es sich um eine zu vollstreckende Entscheidung im Anwendungsbereich der Verordnung handelt und gemäß der Bescheinigung die weiteren Voraussetzungen der Vollstreckbarerklärung vorlagen.[746]

Der Schuldner erhielt in diesem Stadium des Vollstreckbarerklärungsverfahrens keine Gelegenheit, Erklärungen abzugeben (Art. 41 S. 2 EuGVVO a.F.).

---

745 Thomas/ Putzo[35]-*Hüßtege*, Art. 39 EuGVVO a.F., Rn. 1.

746 *Nagel/ Gottwald*, IZPR[7], 689, § 15, Rn. 17; *Meller-Hannich*, GPR 2012, 90 [92]; differenzierend für die reine Anerkennung Magnus/ Mankowski[2]-*Mankowski*, Art. 35 Brüssel I-VO, Rn. 16.

6. *Einwendungen erst im Rechtsbehelfsverfahren*

Anerkennungsversagungsgründe wurden erst auf Beschwerde hin (in 2. Instanz) geprüft. Dieses war in Deutschland grundsätzlich die Beschwerde nach §§ 11, 13, 55 Abs. 2 AVAG. Einwendungen gegen die titulierte Forderung habe der Schuldner nach einer Ansicht ebenfalls durch einen Rechtsbehelf gegen die erteilte Klausel gemäß Art. 43 EuGVVO a.F. geltend machen können.[747] Näheres zu der Frage, ob und wann Einwendungen haben geltend gemacht werden können, und zu der Prüfung von Anerkennungsversagungsgründen findet sich unten unter Teil 3, A., II.

Der Urteilsschuldner wurde im Vollstreckbarerklärungsverfahren regelmäßig nicht gehört, was das Verfahren gegenüber den vorher geltenden Regelungen beschleunigte und der Gefahr entgegenwirkte, dass Schuldnervermögen beiseite geschafft wurde. Der Schuldner war ausreichend dadurch geschützt, dass die Zwangsvollstreckung gemäß Art. 47 Abs. 3 EuGVVO a.F. auf Sicherungsmaßnahmen beschränkt war, solange[748] er noch Beschwerde gegen die Erteilung der Vollstreckungsklausel einlegen konnte (Art. 43 EuGVVO a.F.) und über diese noch nicht entschieden worden war.

7. *Entscheidung*

Wenn alle Voraussetzungen für die Erteilung der Vollstreckungsklausel vorlagen, entschied der Vorsitzende der Zivilkammer (oder im Fall einer öffentlichen Urkunde auch der Notar, § 55 Abs. 3 AVAG) gemäß Art. 41 S. 1 EuGVVO a.F. unverzüglich.

Die Entscheidung über den Antrag auf Vollstreckbarerklärung wurde dem Antragsteller unverzüglich in der Form mitgeteilt, die das Recht des Vollstreckungsstaates vorsah (Art. 42 Abs. 1 EuGVVO a.F.). Dieses geschah in Deutschland gemäß §§ 5, 10 Abs. 3 S. 1 AVAG an den Zustellungsbevollmächtigten oder Bevollmächtigten des Gläubigers bzw. an ihn persönlich durch formlose Übersendung einer beglaubigten Abschrift des Beschlusses nach § 8 Abs. 1 AVAG und der mit der Vollstreckungsklausel versehenen Ausfertigung des Schuldtitels sowie einer Bescheinigung über die bewirkte Zustellung an den Schuldner gemäß § 10 Abs. 3 S. 1 AVAG.

Die Vollstreckbarerklärung und, soweit dieses noch nicht geschehen war, die Entscheidung wurden dem Schuldner zugestellt (Art. 42 Abs. 2 EuGVVO a.F.). Erst danach konnte dieser gegen die Vollstreckbarerklärung vorgehen und ggf. eine *ordre public*-Widrigkeit geltend machen.

---

747 Vgl. BGH 18.09.2001 NJW 2002, 960 [960] – nachträgliche Restschuldbefreiung im Ursprungsstaat; *Wagner*, IPRax 2002, 75 [83]; *Kohler*, in: *Reichelt/ Rechberger* (Hrsg.), Europäisches Kollisionsrecht (2004), 63 [67]; *Nagel/ Gottwald*, IZPR[7], 690, § 15, Rn. 26 f.

748 Monatsfrist; zwei Monate bei Wohnsitz des Schuldners im Hoheitsgebiet eines anderen Mitgliedsstaates, Art. 43 Abs. 5 EuGVVO a.F.

Der Urkundsbeamte der Geschäftsstelle erteilte die Vollstreckungsklausel aufgrund des Beschlusses in der Form, die § 9 AVAG vorgab. In dieser Vorschrift ist ein Muster für den Beschluss vorgegeben.

8. Kosten des Verfahrens

Die Vollstreckungsmitgliedsstaaten durften im Vollstreckbarerklärungsverfahren gemäß Art. 52 EuGVVO a.F. keine nach dem Streitwert abgestuften Stempelabgaben oder Gebühren erheben.

Die Gerichtsgebühren für das Vollstreckbarerklärungsverfahren betrugen in erster Instanz 240,00 Euro gemäß Nr. 1510 KV GKG. Das Rechtsmittelverfahren kostete 360,00 Euro nach Nr. 1520 KV GKG. Die Ausstellung der Bescheinigung im Sinne von Art. 54 EuGVVO a.F. von der Stelle nach § 56 AVAG kostete 15,00 Euro gemäß Nr. 1512 KV GKG.

Im Vergleich zu den Kosten für die Bestätigung als Europäischer Vollstreckungskosten sind die Gebühren für das Vollstreckbarerklärungsverfahren nach der EuGVVO in der bis zum 09.01.2015 geltenden Fassung deutlich teurer.

Stellte der Rechtsanwalt den Antrag, so verdiente er eine 1,3-Gebühr nach dem Gegenstandswert gemäß §§ 2 Abs. 2, 13 Abs. 1 RVG iVm. Nr. 3100 VV RVG.[749] Die notwendigen Kosten eines ausländischen Verkehrsanwalts waren ebenfalls zu erstatten.[750]

II. Prüfung von Anerkennungshindernissen im Rechtsbehelfsverfahren

Gegen die Entscheidung über den Antrag auf Vollstreckbarerklärung konnte jede Partei einen Rechtsbehelf einlegen (Art. 43 Abs. 1 EuGVVO a.F.), der bei dem im Anhang III zur EuGVVO a.F. aufgeführten Gericht eingelegt wurde. Durch Erhebung dieses Rechtsbehelfs konnte der Schuldner das zunächst einseitige Verfahren nach der EuGVVO in der bis zum 09.01.2015 geltenden Fassung in ein kontradiktorisches überleiten.

1. Beschwerdefrist

Die Rechtsbehelfsfrist betrug gemäß Art. 43 Abs. 5 EuGVVO a.F. einen Monat ab der Zustellung. Hatte der Schuldner seinen Wohnsitz in einem anderen Mitgliedsstaat als dem Vollstreckungsmitgliedsstaat, so betrug die Frist zwei Monate ab dem Tag, an dem die Vollstreckbarerklärung dem Schuldner in Person oder in seiner Wohnung zugestellt worden war (Art. 43 Abs. 5 S. 2 EuGVVO a.F.).

---

749 *Nagel/ Gottwald*, IZPR^{7}, 692, § 15, Rn. 30.

750 Vgl. OLG Düsseldorf 09.11.1989 RIW 1990, 500 [501]; *Nagel/ Gottwald*, IZPR^{7}, 692, § 15, Rn. 30.

2. *Zuständigkeit*

Zuständig für den Rechtsbehelf der Beschwerde war in Deutschland gemäß Art. 43 Abs. 2 EuGVVO a.F. iVm. Anhang III zur EuGVVO a.F. das Oberlandesgericht (OLG), wobei der Senat in voller Besetzung entschied.[751] Eine Zuständigkeit des Einzelrichters bestand nicht, da der in erster Instanz entscheidende Vorsitzende der Zivilkammer nicht als Einzelrichter im Sinne des § 568 ZPO, sondern kraft besonderer Zuständigkeitszuweisung entschied.[752]

3. *Beschwerde schriftlich oder zu Protokoll*

Die Beschwerde konnte durch Einreichung einer Beschwerdeschrift beim Beschwerdegericht oder aber auch zu Protokoll der Geschäftsstelle eingelegt werden (§ 11 Abs. 1 S. 1 AVAG). Daher bestand insoweit kein Anwaltszwang (§ 78 Abs. 3 ZPO). Die Zulässigkeit der Beschwerde wurde darüber hinaus nicht dadurch berührt, dass sie beim Gericht des ersten Rechtszuges eingereicht wurde (§ 11 Abs. 2 AVAG). Dieses Gericht leitete dann die Beschwerde unverzüglich von Amts wegen weiter. Dieses war sinnvoll, da der womöglich ausländische Beschwerdeführer nicht damit belastet wurde, das Beschwerdegericht und dessen Sitz zu ermitteln.[753]

4. *Prüfungsumfang*

Erst in dem Rechtsbehelfsverfahren konnte der Schuldner die Anerkennungshindernisse aus Artt. 34 und 35 EuGVVO a.F. geltend machen. Die *ordre public*-Kontrolle wurde also in das Rechtsbehelfsverfahren ausgelagert, so dass auch *ordre public*-widrige Titel zunächst für vollstreckbar erklärt werden konnten. Die Kontrolle erfolgte erst auf Betreiben des Schuldners.

Dadurch wurde das Verfahren gegenüber dem EuGVÜ und dem alten LugÜ von 1988 verkürzt und effizienter, weil nicht automatisch eine Kontrolle erfolgte. Der Schuldner konnte nicht bereits im ersten Rechtszug bei der Vollstreckbarerklärung *pro forma* den Einwand der *ordre public*-Widrigkeit geltend machen, sondern musste sich überlegen, ob er dafür tatsächlich ein Rechtsbehelfsverfahren anstrengen wollte.

Der Prüfungsumfang ergab sich aus Art. 45 EuGVVO a.F., dessen Absatz 2 ausdrücklich eine Nachprüfung in der Sache selbst verbot (Verbot der *révision au fond*) und aus dessen Absatz 1, der nur auf die Versagungsgründe im Sinne von Artt. 34 und 35 EuGVVO a.F. verwies.

---

751 OLG Köln 17.05.2002 IPRax 2003, 354 [354] = BeckRS 2002, 07509; OLG Zweibrücken 10.05.2005 RIW 2005, 779 [780] = BeckRS 2005, 06239; *Nagel/ Gottwald*, IZPR[7], 698, § 15, Rn. 58.

752 Vgl. OLG Stuttgart 31.03.2010 NJOZ 2010, 2518 [2519].

753 Auch wenn dieses in der Rechtsbehelfsbelehrung angegeben sein sollte.

Deshalb bestand Streit[754] inwieweit Einwendungen im Rechtsbehelfsverfahren überhaupt geltend gemacht werden dürfen.[755] Meines Erachtens stellt sich diese Frage ebenso bei der EuGVVO n.F. bei dem Verfahren nach Antrag der Versagung der Vollstreckung gemäß Artt. 46 ff. iVm. Art. 45 EuGVVO n.F.

a) Keine sonstigen Einwendungen

Der Wortlaut der Regelung in der Verordnung spreche nach einer Ansicht dafür, dass sonstige Einwendungen, auch solche, die nach Erlass der Entscheidung entstanden sind, nicht im Rechtsbehelfsverfahren nach Art. 43 EuGVVO a.F. geprüft werden dürfen.[756] Insoweit stünde nur die Vollstreckungsgegenklage zur Verfügung.

b) Nachträglich entstandene materiell-rechtliche Einwendungen zulässig

Nach anderer Ansicht verhalte sich die EuGVVO nicht zu den nachträglich entstandenen materiell-rechtlichen Einwendungen, so dass es den einzelnen Mitgliedstaaten überlassen bleibe, wie sie mit dieser Regelungslücke umgingen und welche Rechtsbehelfe sie dem Schuldner zur Verfügung stellten.[757] Damit schließe Art. 45 EuGVVO a.F. nicht aus, die ausländische Entscheidung wegen solcher Umstände nicht zur Zwangsvollstreckung im Inland zuzulassen, die erst nachträglich entstanden seien und daher bei der Entscheidungsfindung im Erststaat nicht haben berücksichtigt werden können.[758] Die Behandlung von nachträglichen rechtsvernichtenden oder rechtshemmenden Einwendungen, die dem Gericht im Ursprungsstaat vor Erlass der Entscheidung nicht zur Überprüfung gestellt werden konnten und deren Berücksichtigung im Exequaturverfahren demzufolge auch keinen Verstoß gegen das Verbot der *révision au fond* darstellen würde, fielen nicht in den Regelungsbereich der EuGVVO.[759] Einige wollten § 12 Abs. 1 AVAG gemeinschaftskonform in dem Sinne reduzieren, dass zumindest liquide (unstreitige oder

---

754 Auf diesen soll hier nur kurz eingegangen werden, da ansonsten der Umfang der Arbeit und des Themas überschritten würde.

755 Vgl. BGH 14.03.2007 BGHZ 171, 310 = NJW 2007, 3432 [3435] = EuZW 2007, 445 [447]; Thomas/ Putzo[35]-*Hüßtege*, Art. 45 EuGVVO a.F., Rn. 3a; Thomas/ Putzo[37]-*Hüßtege*, Art. 46 EuGVVO, Rn. 5.

756 Vgl. *OLG Oldenburg* 29.03.2006 NJW-RR 2007, 418 [419]; *Micklitz/ Rott*, EuZW 2002, 15 [22]; *Gottwald*, FamRZ 2002, 1423 [1423]; Magnus/ Mankowski-*Kerameus*, Art. 45 Brüssel I-VO, Rn. 2; HK-ZPO[6]-*Dörner*, Art. 45 EuGVVO, Rn 1; Thomas/ Putzo[35]-*Hüßtege*, Art. 45 EuGVVO a.F., Rn. 3; noch weiter: *Hub*, NJW 2001, 3145 [3147], wonach Art. 45 Abs. 1 EuGVVO a.F. nach seinem Sinn und Zweck auch der Erhebung einer Vollstreckungsgegenklage im Exequaturstaat entgegenstünde.

757 *Wagner*, IPrax 2002, 75 [83]; *Roth*, RabelsZ 2004, 379 [384]; *Kropholler/ von Hein*, EuZPR[9], Art. 43 EuGVVO, Rn. 27 f. und Art. 45 EuGVVO, Rn. 6.

758 Vgl. BGH 14.03.2007 BGHZ 171, 310 = NJW 2007, 3432 [3435].

759 Vgl. BGH 14.03.2007 BGHZ 171, 310 = NJW 2007, 3432 [3435].

rechtskräftig festgestellte) Einwendungen zugelassen werden würden.[760] Der BGH hatte sich der zweiten Meinung angeschlossen, wobei er offen gelassen hatte, ob die Einwendung liquide sein müsse, da sie es in dem zu entscheidenden Fall war.[761]

c) *Europäischer Gerichtshof*

Der EuGH hat sich mit seinem Urteil vom 13.10.2011[762] der ersten Meinung angeschlossen und der Prüfung jeglicher materiell-rechtlicher Einwendungen über Art. 43 iVm. Artt. 34, 35 EuGVVO a.F. bzw. Art. 45 EuGVVO n.F. eine Absage erteilt. Die Aufzählung der in diesen Normen angeführten Anfechtungsgründe, die nach ständiger Rechtsprechung eng auszulegen seien, sei abschließend.[763]

Die EuGVVO a.F. enthalte keine Regelung, die es erlaube, die Vollstreckbarkeit einer Entscheidung deswegen zu versagen oder aufzuheben, weil ihr bereits nachgekommen worden sei.[764] Gleiches müsste für die EuGVVO n.F. gelten. Die fehlende Vollstreckbarkeit der Entscheidung im Ursprungsmitgliedsstaat hingegen stehe der Vollstreckung im Vollstreckungsmitgliedsstaat entgegen, da diese Voraussetzung für die Vollstreckung im Vollstreckungsmitgliedsstaat sei.[765]

Durch die Befolgung einer gerichtlichen Entscheidung werde dieser weder der vollstreckbare Charakter genommen, noch kämen dieser bei der Vollstreckbarerklärung im Ausland Rechtswirkungen zu, die sie im Urteilsstaat nicht habe.[766]

---

760 Vgl. BGH 14.03.2007 BGHZ 171, 310 = NJW 2007, 3432 [3435] = EuZW 2007, 445 [447] (offen gelassen); *OLG Düsseldorf* 01.03.2005 NJW-RR 2005, 933 [934 f.]; *OLG Köln* 04.06.2004 NJOZ 2004, 3448 [3449]; *Münzberg*, FS Reinhold Geimer (2002), 745 [748 ff./751 f.]; *Geimer*, IPRax 2003, 337 [339]; *Geimer/ Schütze-Geimer*, EuZVR³, Art. 45 EuGVVO, Rn. 11; wohl auch *Rauscher-Mankowski*, Band I³, Art. 45 EuGVVO, Rn. 6. und 6a, 7a; *Schlosser*, EU-ZPR³, Art. 43 EuGVVO a.F., Rn. 14; so noch MüKo³-*Gottwald*, Art. 43 EuGVVO a.F., Rn. 7 und Art. 45 EuGVVO a.F., Rn. 4; *Musielak*¹¹-*Lackmann*, § 12 AVAG, Rn. 2; zur ehemaligen Auffassung: *Nagel/ Gottwald*, IZPR⁷, 691 f., § 15, Rn. 28; *Zöller*³⁰-*Geimer*, Art. 45 EuGVVO, Rn. 1 (mit Nachweisen zur bisher h.M.); *Musielak*¹²-*Lackmann*, Art. 45 EuGVVO a.F., Rn. 2.

761 Vgl. BGH 14.03.2007 BGHZ 171, 310 = NJW 2007, 3432 [3435] = EuZW 2007, 445 [447] sowie nachfolgend BGH 25.02.2009 NJW-RR 2009, 1000 [1001].

762 EuGH 13.10.2011 Rs. C-139/10 Slg. 2011, I 9527 = NJW 2011, 3506 = EuZW 2011, 869 mit Anm. *Bach*, 871 – *Prism Investments BV/ Jaap Anne van der Meer.*

763 EuGH 13.10.2011 Rs. C-139/10 Slg. 2011, I 9527 [Rn. 33] = NJW 2011, 3506 [3507, Rn. 33] = EuZW 2011, 869 mit Anm. *Bach*, 871 – *Prism Investments BV/ Jaap Anne van der Meer.*

764 Vgl. EuGH 13.10.2011 Rs. C-139/10 Slg. 2011, I 9527 [Rn. 37] = NJW 2011, 3506 [3507, Rn. 37] = EuZW 2011, 869 mit Anm. *Bach*, 871 – *Prism Investments BV/ Jaap Anne van der Meer.*

765 EuGH 13.10.2011 Rs. C-139/10 Slg. 2011, I 9527 [Rn. 38] = NJW 2011, 3506 [3507, Rn. 38] = EuZW 2011, 869 mit Anm. *Bach*, 871 – *Prism Investments BV/ Jaap Anne van der Meer.*

766 Vgl. EuGH 13.10.2011 Rs. C-139/10 Slg. 2011, I 9527 [Rn. 39] = NJW 2011, 3506 [3507, Rn. 39] = EuZW 2011, 869 mit Anm. *Bach*, 871 – *Prism Investments BV/ Jaap*

Solche materiell-rechtlichen Einwendungen wie die Befolgung der gerichtlichen Entscheidung können hingegen nach Auffassung des EuGH von dem Vollstreckungsgericht des Vollstreckungsmitgliedsstaates geprüft werden, da nach Integration in die Rechtsordnung des Vollstreckungsmitgliedsstaates die Rechtsvorschriften des Mitgliedsstaates über die Zwangsvollstreckung gelten.[767]

d) Stellungnahme

Man kann zwar sagen, dass das Verbot der *révision au fond* nicht dagegen spricht, dass im Exequaturverfahren materiell-rechtliche (liquide) Einwendungen, die nach Erlass des Titels im Ursprungsmitgliedsstaats entstanden sind, geprüft werden können. Denn der Entscheidung des ausländischen Gerichts wird der gebotene Respekt nicht abgesprochen, da es sich mit den Einwendungen noch nicht befasst haben konnte. Dennoch verdient die Entscheidung des EuGH in Sachen *Prism Investments* Zustimmung.

Für diese Ansicht streitet bereits der Wortlaut[768] des Art. 45 Abs. 1 EuGVVO a.F., der besagt, dass „die Vollstreckbarerklärung [...] nur aus einem der in den Artikeln 34 oder 35 aufgeführten Gründe versagt oder aufgehoben werden [darf]." Ebenso ist die Aufzählung in Art. 45 EuGVVO n.F. abschließend.[769] Im Ergebnis komme es auf diese Frage jedoch deswegen nicht an, da der EuGH den Erfüllungseinwand implizit dem Zwangsvollstreckungsverfahren zugeordnet und damit aus dem Vollstreckbarerklärungsverfahren ausgenommen habe.[770]

Zudem verfängt das Hauptargument der Gegenansicht für die Zulassung dieser Prüfung, und zwar die Prozessökonomie, nicht. Es vermögen schon Zweifel aufkommen, wie eine Beschleunigung in einem späteren Verfahrensstadium eine Verzögerung in einem früheren Verfahrensstadium rechtfertigen können soll.[771]

Es gibt Gesichtspunkte des Gläubiger- wie auch des Schuldnerschutzes, die gegen eine Berücksichtigung auch nachträglich entstandener materiell-rechtlicher Einwendungen bereits im Vollstreckbarerklärungsverfahren sprechen. Zum einen wäre der Schuldner bei einer Berücksichtigung gemäß § 14 Abs. 1 Nr. 1 AVAG mit solchen Einwendungen präkludiert gewesen, die er im Exequaturverfahren hätte geltend

---

Anne van der Meer; Schlussanträge der Generalanwältin *Kokott* vom 16.06.2011 – C-139/10 BeckRS 2011, 81000 [Rn. 18] – *Prism Investments BV/ Jaap Anne van der Meer.*

767 Vgl. EuGH 13.10.2011 Rs. C-139/10 Slg. 2011, I 9527 [Rn. 40] = NJW 2011, 3506 [3507, Rn. 40] = EuZW 2011, 869 mit zustimmender Anm. *Bach*, 871 [872] – *Prism Investments BV/ Jaap Anne van der Meer.*

768 Ebenso *Bach*, EuZW 2011, 871 [871]; kritisch hierzu *Wagner*, IPRax 2012, 326 [330], der anführt, dass die Vollstreckbarerklärung auch aus anderen Gründen, wie aus Art. 61 und 72 EuGVVO a.F., versagt werden könne.

769 Thomas/ Putzo[37]-*Hüßtege*, Art. 45 EuGVVO, Rn. 1.

770 *Wagner*, IPRax 2012, 326 [330].

771 So *Bach*, EuZW 2011, 871 [871].

machen können, wodurch man einem nicht oder schlecht beratenen Schuldner einen „Bärendienst" erweisen würde.[772]

Weiter würde man den Parteien eine (Tatsachen-)Instanz nehmen, da die Prüfung der Versagungsgründe erst in der Beschwerdeinstanz stattfinde und hier nur noch die Rechtsbeschwerde zum BGH bliebe.[773]

Es besteht nach der Entscheidung des EuGH ein klares Zuständigkeitssystem, nach welchem das Beschwerdegericht im Exequaturverfahren für die Prüfung von Anerkennungsversagungsgründen zuständig ist und das Gericht, dass über die Vollstreckungsabwehrklage entscheidet, für die nicht präkludierten materiell-rechtlichen Einwendungen.[774]

Im Anschluss an die Entscheidung des EuGH in Sachen *Prism Investments* hat der BGH erneut entschieden, dass der Schuldner jedenfalls mit solchen nachträglichen materiell-rechtlichen Einwendungen gegen den titulierten Anspruch im Beschwerdeverfahren nicht gehört wird, die weder unstreitig noch rechtskräftig festgestellt sind.[775] Die Frage, ob aus der EuGH-Entscheidung zu entnehmen sei, dass § 12 AVAG im Anwendungsbereich der EuGVVO a.F. generell unanwendbar sei und damit materiell-rechtliche Einwendungen grundsätzlich – auch wenn sie liquide sind – ausscheiden, musste der BGH nicht entscheiden.

Aus den Worten „jedenfalls" lässt sich vermuten, dass der BGH in diese Richtung tendieren könnte und – falls entscheidungserheblich – entschieden hätte, dass auch liquide Einwendungen nicht im Beschwerdeverfahren geprüft werden dürfen.

Meines Erachtens dürfte die EuGH-Entscheidung *Prism Investments*, auch wenn dieses nicht ganz ausdrücklich ausgesprochen wurde, so zu verstehen sein, dass auch rechtskräftig festgestellte oder unstreitige – so genannte liquide – Einwendungen, nicht im Beschwerdeverfahren geprüft werden dürfen.[776] Denn der EuGH hat ausdrücklich erklärt, dass die Gründe in Art. 45 iVm. Artt. 34 und 35 EuGVVO a.F. (Art. 45 EuGVVO n.F.) abschließend seien.[777] Der EuGH nimmt eine klare Trennung der Zuständigkeiten vor und will das Vollstreckbarerklärungsverfahren als formales zügiges Verfahren ausgestaltet wissen. In diesem soll sich nicht die Frage gestellt werden, ob die Einwendungen liquide seien. Schließlich dürfte die praktische Relevanz der tatsächlich unstreitigen oder rechtskräftig festgestellten materiell-rechtlichen Einwendungen als gering einzuschätzen sein, da in diesen Fällen die Beantragung der Vollstreckbarerklärung durch den Gläubiger doch unwahrscheinlich

772 *Bach*, EuZW 2011, 871 [872].
773 Ebenso *Bach*, EuZW 2011, 871 [872]; *Meller-Hannich*, GPR 2012, 153 [158].
774 *Meller-Hannich*, GPR 2012, 153 [158].
775 BGH 12.07.2012 NJW 2012, 2663 [2665].
776 Ebenso *Wagner*, IPRax 2012, 326 [331].
777 Vgl. EuGH 13.10.2011 Rs.C-139/10 Slg. 2011, I 9527 [Rn. 33] = NJW 2011, 3506 [3507, Rn. 33] = EuZW 2011, 869 mit zustimmender Anm. *Bach*, 871 [872] – *Prism Investments BV/ Jaap Anne van der Meer.*

erscheint. Die streitigen Fälle sind hingegen mit Sicherheit von der Entscheidung des EuGH erfasst, was auch der BGH feststellte.[778]

Der EuGH nimmt ebenso wie die Generalanwältin an, dass allein die Erfüllung des titulierten Anspruchs dem Urteil seinen vollstreckbaren Charakter nicht nehme.[779] Dieses sollte für alle materiell-rechtliche Einwendungen gelten, so dass § 12 AVAG gemeinschaftsrechtwidrig ist und unangewendet bleiben muss.[780] Der Wegfall der Vollstreckbarkeit im Ursprungsstaat bedingt zwar auch die fehlende Vollstreckbarkeit im Vollstreckungsstaat; jedoch entfällt diese beim Vorliegen materiell-rechtlicher Einwendungen nicht automatisch.[781]

Folglich ist es überzeugender, dass mit der Prism-Entscheidung des EuGH sämtliche materiell-rechtlichen Einwendungen erst nach Abschluss des Vollstreckbarerklärungsverfahrens im Vollstreckungsverfahren (in Deutschland mittels Vollstreckungsgegenklage) geprüft werden dürfen. Im Rahmen der Prüfung von Anerkennungshindernissen, also auch im Rahmen der Prüfung nach Art. 45 EuGVVO n.F. (iVm. Artt. 46 ff. EuGVVO n.F.) dürfen materiell-rechtliche Einwendungen nicht geprüft werden. Dieses gilt auch für unstreitige und rechtskräftig festgestellte Einwendungen. Dieses musste der EuGH nicht ausdrücklich aussprechen, da er den Erfüllungseinwand ohnehin der eigentlichen Zwangsvollstreckung zugeordnet hat, und es inkonsequent gewesen wäre, diesen dann doch im Vollstreckbarerklärungsverfahren zuzulassen.[782] Gegebenenfalls wird unmittelbar nach Vollstreckbarerklärung bzw. Abschluss der Prüfung von Anerkennungsversagungsgründen die Vollstreckungsgegenklage erhoben.[783]

Der deutsche Gesetzgeber hat sich dem angeschlossen und mit Wirkung seit dem 26.02.2013 in § 55 Abs. 1 AVAG bestimmt, dass die §§ 12, 14 AVAG bei den Verfahren der Vollstreckbarkeit von Titeln nach der EuGVVO a.F. und dem rev. LugÜ nicht anwendbar sind. Es kann damit auch nicht zur Präklusion nach § 14 AVAG kommen. Auf die EuGVVO n.F. findet das AVAG ohnehin keine Anwendung. Hier finden sich die Durchführungsbestimmungen in §§ 1110 ff. ZPO.

---

778 BGH 12.07.2012 NJW 2012, 2663 [2664].

779 Vgl. EuGH 13.10.2011 Rs. C-139/10 Slg. 2011, I 9527 [Rn. 39] = NJW 2011, 3506 [3507, Rn. 39] = EuZW 2011, 869 mit zustimmender Anm. *Bach*, 871 [872] – *Prism Investments BV/ Jaap Anne van der Meer*; Schlussanträge der Generalanwältin *Kokott* vom 16.06.2011 Rs. C-139/10 BeckRS 2011, 81000 [Rn. 18] – *Prism Investments BV/ Jaap Anne van der Meer.*

780 Ebenso *Bach*, EuZW 2011, 871 [871]; *Meller-Hannich*, GPR 2012, 90 [93]; *Wagner*, IPRax 2012, 326 [330]; Magnus/ Mankowski-*Kerameus*, Art. 45 Brüssel I-VO, Rn. 11; Musielak[12]-*Lackmann*, Art. 45 EuGVVO a.F., Rn. 2.

781 *Meller-Hannich*, GPR 2012, 90 [93].

782 *Wagner*, IPRax 2012, 326 [331].

783 *Wagner*, IPRax 2012, 326 [333] spricht davon, dass dieses „im Extremfall eine logische Sekunde später“ erfolgen könne und hält dieses für wenig verfahrensökonomisch.

5. *Vollstreckungsgegenklage und Vollstreckbarerklärung*

Nach der Vollstreckbarerklärung der ausländischen Entscheidung besteht ein inländischer Vollstreckungstitel, gegen den gegebenenfalls mit der Vollstreckungsgegenklage gemäß 767 ZPO vorgegangen werden muss. Hier können dann auch materiell-rechtliche Einwendungen erhoben werden.

Dieses ist auch konsequent, da nach der eindeutigen Rechtsprechung des EuGH in Sachen *Prism Investments* materiell-rechtliche Einwendungen keinesfalls im Vollstreckbarerklärungsverfahren geprüft werden dürfen.

Nach § 55 AVAG finden die §§ 12, 14 AVAG auf die EuGVVO a.F. keine Anwendung. Damit lässt sich aus § 14 AVAG auch nichts zur Zuständigkeit entnehmen. Da es sich um Titel handelt, die in einem Prozess vor einem ausländischen Gericht zustande gekommen sind, gibt es in dem Sinne kein Prozessgericht des ersten Rechtszugs in Deutschland, das gemäß § 767 Abs. 1 ZPO zuständig wäre. Es dürfte daher auf das erstinstanzliche Gericht abzustellen sein, das die Vollstreckbarerklärung ausgesprochen hat, da dieses das titelschaffende Gericht ist.[784] Bei der EuVTVO und der EuGVVO n.F., bei denen kein Exequaturgericht besteht, ist gemäß § 1086 Abs. 1 ZPO bzw. §§ 1117 Abs. 1, 1086 Abs. 1 ZPO das Gericht ausschließlich örtlich zuständig, in dessen Bezirk der Schuldner seinen Wohnsitz hat oder, wenn ein solcher inländischer nicht besteht, die Zwangsvollstreckung stattfinden soll oder stattgefunden hat.

Folglich hat der Schuldner wieder drei Instanzen zur Verfügung, wovon ihm eine genommen wäre, müsste er die Einwendungen im Rechtsbehelfsverfahren des Exequaturs geltend machen.[785] Zudem bestünde ein Abgrenzungsproblem, da der Schuldner gemäß § 14 Abs. 1 AVAG mit solchen Einwendungen präkludiert wäre, die er zuvor im Exequaturverfahren geltend gemacht haben könnte. Diese schwierige Frage, was liquide Einwendungen sind, bleibt dem Schuldner und seinem Berater richtigerweise nach der Entscheidung des EuGH und der Umsetzung durch den deutschen Gesetzgeber erspart.

Den Grund für eine Vollstreckungsgegenklage könnte der Gläubiger gegebenenfalls selbst verursacht haben, sie kann natürlich auch einen relativ hohen Lästigkeitsfaktor durch den Schuldner ausmachen. Damit stünden dem Schuldner – unter dem Risiko und auf Kosten der Prozesskosten – bis zu drei weitere Instanzen zur Verfügung, um die Vollstreckung zu verzögern. Meines Erachtens ist dieses aber hinzunehmen, um den Schuldnerschutz nicht auszuhöhlen. Zudem dürften die Anreize, eine unbegründete und zudem kostspielige Vollstreckungsgegenklage zu erheben, nicht allzu hoch sein.

---

784 So *Meller-Hannich*, GPR 2012, 153 [158] zum Rechtsstand zum Zeitpunkt der Anwendbarkeit des § 14 AVAG auf Verfahren nach der EuGVVO a.F.; der deutsche Gesetzgeber hat die Unanwendbarkeit in § 55 AVAG mit Wirkung seit dem 26.02.2013 begründet.

785 Vgl. *Meller-Hannich*, GPR 2012, 153 [158].

Dem Schuldner im Beschwerdeverfahren (des Vollstreckbarerklärungsverfahrens) die Möglichkeit zu geben materiell-rechtliche Einwendungen zu erheben, dürfte schließlich einen höheren Anreiz bieten, dieses Mittel als Lästigkeitsfaktor (unredlich) auszunutzen.

Gerade dieses sollte insgesamt durch den Abbau der Hemmnisse bei der Vollstreckung in Europa verringert und verhindert werden.

Die Frage, warum die Mitgliedsstaaten im Rahmen der Vollstreckungsgegenklage berechtigt sein sollen, aufgrund von denselben materiell-rechtliche Einwendungen, die der EuGH bei der Prüfung von Anerkennungsversagungsgründen nicht zulässt, die Vollstreckbarkeit wieder zu beseitigen,[786] lässt sich meines Erachtens leicht erklären. Grund ist, dass sich der Schuldner auch gegen die Vollstreckung aus nationalen Titeln mit der Vollstreckungsgegenklage zur Wehr setzen kann. Hierbei erfolgt lediglich eine Gleichbehandlung. Das Exequaturverfahren sorgt bzw. sorgte nur für die formale Vollstreckbarerklärung. Materiell-rechtliche Einwendungen gehören in das Zwangsvollstreckungsverfahren und sind damit gegebenenfalls im Wege der Vollstreckungsabwehrklage geltend zu machen.

6. Rechtsbehelf

Gegen die Entscheidung des Oberlandesgerichts in dem soeben beschriebenen Beschwerdeverfahren war gemäß Art. 44 EuGVVO a.F. iVm. Anhang IV die Rechtsbeschwerde zum Bundesgerichtshof gegeben. Das Verfahren richtete sich nach den §§ 574 ff. ZPO. Es bestand gemäß § 575 Abs. 1 S. 1 ZPO eine Notfrist von einem Monat ab Zustellung des Beschlusses. Die Rechtsbeschwerde war schriftlich einzureichen. Sollte sie keine Begründung enthalten haben, musste diese innerhalb derselben Frist begründet werden (§ 575 Abs. 2 ZPO).

III. Aussetzung des Verfahrens, Art. 46 Abs. 1 EuGVVO a.F. oder Beschränkung der Zwangsvollstreckung, Art. 46 Abs. 3 EuGVVO a.F.

Hatte der Schuldner Beschwerde gegen die Erteilung der Vollstreckungsklausel gemäß Art. 43 EuGVVO a.F. oder Rechtsbeschwerde nach Art. 44 EuGVVO a.F. eingelegt, konnte er gemäß Art. 46 EuGVVO a.F. auch ordentliche Rechtsmittelmöglichkeiten gegen die für vollstreckbar zu erklärende Entscheidung im Ursprungsmitgliedsstaat geltend machen.

Dieses konnte dann auf Antrag des Schuldners durch das Gericht zur Aussetzung der Vollstreckbarerklärung oder zur Auferlegung einer Sicherheitsleistung führen (Art. 46 Abs. 1 oder 3 EuGVVO a.F.). Im Rahmen der Ermessensentscheidung konnte

786 *Bach*, EuZW 2011, 871 [872]; *Meller-Hannich*, GPR 2012, 153 [154 und 156], die dieses jedoch aufgrund der nach der Prism-Entscheidung des EuGH klaren Zuständigkeitsverteilung als konsequent betrachtet.

das Gericht die Erfolgsaussichten des ausländischen ordentlichen Rechtsbehelfs berücksichtigen,[787] obwohl der EuGH die Nachprüfung des ausländischen Urteils in der Sache auf Grundlage dieser Regelung für unzulässig erklärt hat.[788] Es konnte die Aussetzung auch wieder aufheben.

Bei Aufhebung oder Abänderung der zu vollstreckenden Entscheidung im Ausland wurde der Antrag auf (unveränderte) Vollstreckbarerklärung unzulässig und führt zur Aufhebung oder Abänderung der Entscheidung über die Vollstreckbarkeit.[789]

Was als ordentlicher Rechtsbehelf im Sinne des Art. 46 EuGVVO a.F. anzusehen war, war – wie üblich bei europäischen Rechtsakten – verordnungsautonom zu bestimmen und hier weit auszulegen.[790]

Wenn das Gericht eine Aussetzung ablehnte oder eine bereits zuvor angeordnete Aussetzung aufhob, so gab es dagegen keine Rechtsbeschwerde. Selbst wenn gegen die Vollstreckbarerklärung die Rechtsbeschwerde eingelegt wurde, durfte das Beschwerdegericht nicht eine Aussetzung des Verfahrens erstmals oder erneut anordnen.[791]

B. Vollstreckung nach dem LugÜ

Am 01.01.2010 ist das revidierte Lugano-Übereinkommen (rev. LugÜ)[792] mit Wirkung für alle Mitliedsstaaten der Europäischen Union und für Norwegen in Kraft getreten.[793] Für die Schweiz ist es seit dem 01.01.2011 und für Island seit dem 01.05.2011 in Kraft.

---

787 Rauscher-*Mankowski*, Band I³, Art. 46 EuGVVO, Rn. 12; *Nagel/ Gottwald*, IZPR⁷, 699, § 15, Rn. 63.

788 Vgl. EuGH 04.10.1991 Rs. C-183/90, Slg. 1998, I-4743 [4775, Rn. 31 f.] – *Van Dalfsen/ Van Loon*; EuGH 11.08.1995 Rs. C-432/93, Slg. 1995, I-2269 [2294 f., Rn. 18] – *SISRO/ Ampersand Software BV* = EuZW 1995, 800 = IPRax 1996, 336 [337]; dazu *Hau*, IPRax 1996, 322; *Yessiou-Faltsi*, in: *Gottwald* (Hrsg.), Perspektiven (2004), 213 [244].

789 Vgl. OLG Düsseldorf 10.07.1996 BeckRS 1996, 05428 [Rn. 5] = IPRax 1998, 279 [279]; dazu *Hau*, IPRax 1998, 255 [insb. 256]; *Nagel/ Gottwald*, IZPR⁷, 699, § 15, Rn. 64; vgl. auch zur Berücksichtigung der Änderung BGH 30.04.1980 NJW 1980, 2022 [2022].

790 *Nagel/ Gottwald*, IZPR⁷, 699, § 15, Rn. 65.

791 Vgl. EuGH 11.08.1995 Rs. C-432/93 Slg. 1995, I-2269 [2301 Rn. 42] – *SISRO/ Ampersand Software BV* = RIW 1995, 940 = EuZW 1995, 800 = IPRax 1996, 336 [338]; dazu *Hau*, IPRax 1996, 322; *Nagel/ Gottwald*, IZPR⁷, 700, § 15, Rn. 68.

792 Revidiertes Luganer Übereinkommen = Übereinkommen über die gerichtliche Zuständigkeit und die Anerkennung und Vollstreckung von Entscheidungen in Zivil- und Handelssachen vom 30.10.2007, ABl. EU 2007, Nr. L 339, 3 und ABl. EU 2009, Nr. L 147, 5.

793 *Wagner*, NJW 2010, 1707 [1710]; näher zum rev. LugÜ *Mansel/ Thorn/ Wagner*, IPRax 2010, 1 [12].

Dieses stellt die Parallelität zur EuGVVO in der damaligen Fassung her, da das (alte) Lugano-Übereinkommen (LugÜ) vom 16.09.1988 noch einige Unterschiede zur EuGVVO a.F. aufwies. Das (alte) LugÜ war vielmehr der EuGVÜ nachgebildet. Das EuGVÜ (Brüsseler Übereinkommen) ist ein völkerrechtlicher Vertrag vom 27.09.1968, welcher zuletzt im Jahre 1998 geändert wurde.[794] Dieses wurde von der EuGVVO a.F. mit Wirkung ab dem 01.03.2002 für die Mitgliedstaaten der Europäischen Gemeinschaft mit Ausnahme Dänemarks abgelöst.

Innerhalb der Europäischen Union hat die EuGVVO als unmittelbar anwendbarer Rechtsakt Vorrang vor dem LugÜ, so dass das revidierte Lugano-Übereinkommen zurzeit im Verhältnis zu Norwegen, der Schweiz und Island Anwendung findet.

Das revidierte Lugano-Übereinkommen, welches innerhalb der Europäischen Union seit dem Jahre 2010 in Kraft ist, ist identisch mit der innerhalb der Europäischen Union anzuwendenden EuGVVO in der bis zum 09.01.2015 geltenden Fassung. Damit erfolgt die Vollstreckbarerklärung nach dem rev. LugÜ ebenso wie nach den Artt. 38–52 EuGVVO a.F. iVm. Artt. 34 f. EuGVVO a.F. Insoweit sei auf die dazu gemachten Ausführungen verwiesen (vgl. oben Teil 3, A.).

Die deutschen Durchführungsbestimmungen zum Luganer Übereinkommen sind ebenso wie bei der EuGVVO a.F. im AVAG niedergelegt.

C. Vollstreckung nach der EuGVVO in der seit dem 09.01.2015 geltenden Fassung

Seit dem 10.01.2015 gilt die Neufassung der EuGVVO im Ganzen (Art. 81 S. 2 EuGVVO n.F.). Mit der Neufassung wurde auch in der EuGVVO das Vollstreckbarerklärungsverfahren abgeschafft und die EuGVVO a.F. ersetzt.[795]

I. Voraussetzungen für die Vollstreckung nach der EuGVVO n.F.

Die Regelungen zur Vollstreckung sind in den Artt. 39 ff. EuGVVO n.F. verortet. Die Versagung der Vollstreckung ist in den Artt. 46 ff. EuGVVO n.F. geregelt, wobei auf die abschließenden Anerkennungsversagungsgründe in Art. 45 EuGVVO n.F. verwiesen wird (dazu unten Teil 3, C., II.).

Die deutschen Durchführungsbestimmungen zur EuGVVO n.F. finden sich nicht im AVAG, sondern in §§ 1110 bis 1117 ZPO, also dem neuen 7. Abschnitt des 11. Buchs der ZPO über die justizielle Zusammenarbeit. Dabei regeln

---

794 Übereinkommen über die gerichtliche Zuständigkeit und die Vollstreckung gerichtlicher Entscheidungen in Zivil- und Handelssachen vom 27.09.1968 (BGBl. 1972, II 774), zuletzt geändert durch Titel II Übereinkommen vom 29.11.1996 vom 16.07.1998 (BGBl. 1998, II 1411).

795 Vgl. zur Neufassung der EuGVVO *Alio*, NJW 2014, 2395–2400; *Cadet*, EuZW 2013, 218–223.

die §§ 1110 f. ZPO die Bescheinigung über inländische Titel und die §§ 1112 bis 1117 ZPO die Anerkennung und Vollstreckung ausländischer Titel in Deutschland. Die Vorschriften gelten nur für die EuGVVO n.F., für Altfälle bzw. die Anerkennung und Vollstreckung nach der EuGVVO a.F. gilt weiter das AVAG.

In der nachfolgenden Darstellung der Vollstreckung nach der EuGVVO n.F. wird auch bereits auf die deutschen Regelungen eingegangen.

1. *Anwendbarkeit der EuGVVO n.F.*

Die Anwendbarkeit der EuGVVO n.F. muss gegeben sein. Diesbezüglich kann auf die Ausführungen zur EuGVVO a.F. (oben Teil 3, A., I., 1.) verwiesen werden. Der zeitliche Anwendungsbereich ist in der Übergangsvorschrift in Art. 66 EuGVVO n.F. geregelt. Danach ist die Verordnung nur auf Verfahren, öffentliche Urkunden oder gerichtliche Vergleiche anzuwenden, die am 10.01.2015 oder danach eingeleitet, förmlich errichtet oder eingetragen bzw. gebilligt oder geschlossen worden sind (Art. 66 Abs. 1 EuGVVO n.F.). Für den Zeitraum davor gilt weiterhin die EuGVVO a.F. (Art. 66 Abs. 2 EuGVVO n.F.).

2. *Unmittelbare Vollstreckbarkeit gemäß Art. 39 EuGVVO n.F.*

Die EuGVVO in der seit dem 10.01.2015 geltenden Fassung sieht eine unmittelbare Vollstreckung vor. Denn gemäß Art. 39 EuGVVO n.F. ist eine in einem Mitgliedsstaat ergangene Entscheidung, die in diesem Mitgliedsstaat vollstreckbar ist, in den anderen Mitgliedsstaaten vollstreckbar, ohne dass es einer Vollstreckbarerklärung bedarf. Das Exequatur ist mithin auch hier abgeschafft, so dass der Gläubiger aus einem Mitgliedsstaat unmittelbar die Vollstreckungsorgane der übrigen Mitgliedsstaaten der EuGVVO n.F. mit der Zwangsvollstreckung beauftragen kann. Dieses gilt nicht nur für Entscheidungen (im Sinne des Art. 2 lit. a EuGVVO n.F.), sondern auch für öffentliche Urkunden gemäß Art. 58 EuGVVO und gerichtliche Vergleiche gemäß Art. 59 EuGVVO. In Deutschland stellt § 1112 ZPO noch einmal klar, dass eine Vollstreckungsklausel nicht erforderlich ist.

Unter den in Art. 2 lit. a EuGVVO n.F. legal definierten Begriff der Entscheidung fallen auch einstweilige Maßnahmen (vgl. Art. 2 lit. a Abs. 2 EuGVVO n.F.). Die Entscheidung muss nicht rechtskräftig sein, vorläufige Vollstreckbarkeit genügt.[796]

Eine Überprüfung in der Sache selbst darf im ersuchten Mitgliedsstaat[797] gemäß Art. 52 EuGVVO n.F. keinesfalls vorgenommen werden. Das Verbot der *révision au fond* gilt also auch bei dieser Verordnung.

---

796 So auch *Alio*, NJW 2014, 2395 [2396].

797 Dieser entspricht (hier) dem Vollstreckungsmitgliedsstaat, vgl. Art. 2 lit. e EuGVVO n.F., ebenso wird aber auch der Mitgliedsstaat, in dem die Anerkennung geltend gemacht wird, bezeichnet.

3. *Zu übermittelnde Unterlagen; Übersetzung*

Zur Vollstreckung einer Entscheidung aus einem anderen Mitgliedsstaat in einem Mitgliedsstaat der Verordnung muss der Antragsteller der zuständigen Vollstreckungsbehörde gemäß Art. 42 Abs. 1 EuGVVO n.F. eine Ausfertigung der Entscheidung, welche die für ihre Beweiskraft erforderlichen Voraussetzungen erfüllt (lit. a), und die nach Art. 53 EuGVVO n.F. ausgestellte Bescheinigung vorlegen. Für die Bescheinigung muss das Ursprungsgericht das Formblatt in Anhang I verwenden.

Für die Vollstreckung einer Entscheidung, mit der eine einstweilige Maßnahme einschließlich einer Sicherungsmaßnahme angeordnet wird, muss der Antragsteller gemäß Art. 42 Abs. 2 lit. c EuGVVO n.F. zusätzlich den Nachweis der Zustellung der Entscheidung vorlegen, wenn die Maßnahme ohne Vorladung des Beklagten angeordnet wurde.

Die Bescheinigung erhält der Titelgläubiger auf Antrag gemäß Art. 53 EuGVVO n.F. vom Ursprungsgericht, also im Ursprungsmitgliedsstaat. In Deutschland ist das Verfahren in § 1111 ZPO geregelt und sind gemäß § 1110 ZPO für die Ausstellung der Bescheinigung die Gerichte und Notare zuständig, denen auch die Erteilung einer vollstreckbaren Ausfertigung des Titels obliegt.

Gemäß § 1111 Abs. 2 ZPO gelten für die Anfechtbarkeit der Entscheidung über die Ausstellung der Bescheinigung nach Art. 53 EuGVVO n.F. die Vorschriften über die Anfechtbarkeit der Entscheidung über die Erteilung der Vollstreckungsklausel entsprechend. Dem Schuldner stehen demgemäß gegen die Erteilung der Bescheinigung die Rechtsbehelfe gemäß § 732 ZPO (Klauselerinnerung) und § 768 ZPO (Klauselgegenklage) zu.[798] Der Gläubiger kann, je nachdem wer funktionell Zuständig war, gegen die Nichtausstellung der Bescheinigung vorgehen – bei dem Urkundsbeamten der Geschäftsstelle mit der Erinnerung gemäß § 573 ZPO, bei dem Rechtspfleger mit der sofortigen Beschwerde gemäß § 567 ZPO und bei Zuständigkeit des Notars mit der Beschwerde gemäß § 54 BeurkG.

Eine Übersetzung oder Transliteration des Inhalts der Bescheinigung gemäß Art. 57 EuGVVO n.F. darf die zuständige Vollstreckungsbehörde nach Art. 42 Abs. 3 EuGVVO n.F. vom Antragsteller verlangen. Der Umfang der inhaltlichen Übersetzung bestimmt sich danach, inwieweit das Vollstreckungsorgan die Bescheinigung versteht, was dazu führt, dass regelmäßig nur dann eine Übersetzung erforderlich ist, wenn Textteile vorhanden sind, deren Inhalt sich ohne Übersetzung nicht sofort erschließen lässt.[799] Da die Formulare durchnummeriert sind und jede Ziffer in jeder Sprache die gleichen Angaben enthält, dürfte eine Übersetzung in den meisten Fällen nicht erforderlich sein.

Eine Übersetzung auch der Entscheidung darf die zuständige Vollstreckungsbehörde gemäß Art. 42 Abs. 4 EuGVVO n.F. nur verlangen, wenn sie das Verfahren ohne eine solche Übersetzung nicht fortsetzen kann.

---

798 Vgl. Musielak[13]-*Lackmann*, § 1111 ZPO, Rn. 3; Thomas/ Putzo[37]-*Hüßtege*, § 1111 ZPO, Rn. 4.

799 Thomas/ Putzo[37]-*Hüßtege*, Art. 42 EuGVVO, Rn. 3.

In Deutschland bestimmt § 1113 ZPO, dass die nach Art. 57 EuGVVO n.F. vorzulegende Übersetzung oder Transliteration von einer in einem Mitgliedsstaat der EU hierzu befugten Person zu erstellen und in deutscher Sprache abzufassen ist (vgl. auch Art. 57 Abs. 1 und Abs. 3 EuGVVO n.F.).

Die Regelungen des Kapitels III Abschnitt 2 (Artt. 39–44 EuGVVO n.F.) gelten gemäß Artt. 58 Abs. 1 S. 3, 59 EuGVVO n.F. auch für öffentliche Urkunden und gerichtliche Vergleiche.

4. *Vollstreckungsverfahren und Zuständigkeit*

Das Vollstreckungsverfahren nach der Neufassung der EuGVVO richtet sich gemäß Art. 41 Abs. 1 S. 1 EuGVVO n.F. – vorbehaltlich der Bestimmungen des Abschnitts 2 des III. Kapitels der Verordnung – nach dem Recht des ersuchten Mitgliedsstaates, also des Vollstreckungsmitgliedsstaates. Gemäß Art. 41 Abs. 1 S. 2 EuGVVO n.F. wird eine in einem Mitgliedsstaat ergangene Entscheidung, die in dem ersuchten Mitgliedsstaat vollstreckbar ist, dort unter den gleichen Bedingungen vollstreckt wie eine in dem ersuchten Mitgliedsstaat ergangene Entscheidung. Die Vollstreckbarkeit ist grundsätzlich gegeben nach Art. 39 EuGVVO n.F. (siehe oben unter Teil 3, C., I., 2.).

Für die Verweigerung oder Aussetzung der Vollstreckung gelten gemäß Art. 41 Abs. 2 EuGVVO n.F. die im Recht des Vollstreckungsmitgliedsstaats vorgesehenen Gründe, soweit sie nicht mit denen in Art. 45 EuGVVO n.F., also den Anerkennungsversagungsgründen, unvereinbar sind. Dieses bedeutet, dass eine Aussetzung oder Verweigerung der Vollstreckung im Vollstreckungsmitgliedsstaat nicht auf Gründe gestützt werden darf, die primär nach Art. 45 EuGVVO n.F. zu prüfen sind.[800] Es gelten mithin lediglich die gleichen Zwangsvollstreckungseinschränkungen, wie sie auch für nationale Titel gelten.

Die Partei, welche die Vollstreckung in dem ersuchten Mitgliedsstaat beantragt, muss keine inländische Postanschrift in diesem Mitgliedsstaat haben gemäß Art. 41 Abs. 3 S. 1 EuGVVO n.F. und dieses kann von dieser auch nicht nach inländischem Recht verlangt werden. Ebenso kann von ihr nicht verlangt werden, dass sie im ersuchten Mitgliedsstaat über einen bevollmächtigten Vertreter verfügt, es sei denn ein solcher Vertreter ist ungeachtet ihrer Staatsangehörigkeit oder ihres Wohnsitzes vorgeschrieben.

Ein Diskriminierungsverbot statuiert Art. 56 EuGVVO n.F. Danach darf der Partei, die in einem Mitgliedsstaat eine in einem anderen Mitgliedsstaat ergangene Entscheidung[801] vollstrecken will, wegen ihrer Eigenschaft als Ausländer oder wegen des Fehlens eines Wohnsitzes oder Aufenthalts in dem ersuchten Mitgliedsstaat

---

800 Thomas/ Putzo[37]-*Hüßtege*, Art. 41 EuGVVO, Rn. 2.

801 Gleiches gilt für öffentliche Urkunden gemäß Art. 58 Abs. 1 S. 3 EuGVVO n.F. und gerichtliche Vergleiche gemäß Art. 59 EuGVVO n.F., der auf die vorgenannte Vorschrift verweist.

eine Sicherheitsleistung oder Hinterlegung, unter welcher Bezeichnung es auch sei, nicht auferlegt werden.

Jedoch können gemäß Art. 40 EuGVVO n.F. all jene Sicherungsmaßnahmen veranlasst werden, die im Recht des ersuchten Mitgliedsstaats vorgesehen sind. Dieses sind die Sicherungsmaßnahmen zugunsten des Gläubigers aber auch des Schuldners, die auch bei einer reinen Inlandsvollstreckung Anwendung finden. Hier zeigt sich die Gleichbehandlung mit der Zwangsvollstreckung aus rein inländischen Titeln.

5. *Vorherige Zustellung der Bescheinigung; Übersetzung der Entscheidung*

Bei der Vollstreckung einer in einem anderen Mitgliedsstaat ergangenen Entscheidung muss die Bescheinigung nach Art. 53 EuGVVO n.F. dem Schuldner gemäß Art. 43 Abs. 1 S. 1 EuGVVO n.F. vor der ersten Vollstreckungsmaßnahme zugestellt werden. Nach Satz 2 wird die Entscheidung der Bescheinigung beigefügt, sofern sie dem Schuldner nicht bereits zugestellt worden ist.

Der Schuldner kann gemäß Art. 43 Abs. 2 EuGVVO n.F. eine Übersetzung der Entscheidung verlangen, wenn er seinen Wohnsitz nicht in dem Ursprungsmitgliedsstaat hat, um die Vollstreckung anfechten zu können. Weitere Voraussetzung ist, dass die Entscheidung nicht in einer Sprache verfasst ist, die der Schuldner versteht oder nicht in der Amtssprache des Mitgliedsstaates verfasst ist, in dem der Schuldner seinen Wohnsitz hat, oder bei mehreren Amtssprachen nicht in einer der Amtssprachen des Ortes seines Wohnsitzes und keine Übersetzung in einer dieser Sprachen beigefügt ist. Sofern die Übersetzung gefordert wird, darf die Zwangsvollstreckung nicht über Sicherungsmaßnahmen hinausgehen, solange der Schuldner die Übersetzung nicht erhalten hat (Art. 43 Abs. 2 S. 2 EuGVVO n.F.). Vorstehendes gilt gemäß Art. 43 Abs. 2 S. 3 EuGVVO n.F. nicht, wenn dem Schuldner die Entscheidung bereits in einer der genannten Sprachen oder zusammen mit einer Übersetzung in einer jener Sprachen zugestellt worden ist.

Für die Vollstreckung einer in einer Entscheidung enthaltenen Sicherungsmaßnahme oder solche nach Art. 40 EuGVVO n.F. gelten diese Regelungen gemäß Art. 43 Abs. 3 EuGVVO n.F. nicht. Denn in diesem Fall ist der Schutz des Schuldners nicht in dem Maße erforderlich, da dieser nur Sicherungsmaßnahmen ausgesetzt ist, die wieder rückgängig gemacht werden können.[802]

Die vorherige Zustellung in einer Sprache, die der Schuldner versteht oder als Amtssprache an dem Ort seines Wohnsitzes verstehen müsste, dient dazu, dass der Schuldner die Möglichkeit hat, sich zur Wehr zu setzen, bevor die Vollstreckung beginnt.

802 Vgl. auch Thomas/ Putzo[37]-*Hüßtege*, Art. 43 EuGVVO, Rn. 8.

II. Versagung der Vollstreckung nur auf Antrag gemäß Artt. 46 ff. EuGVVO n.F.

Die Versagung der Vollstreckung ist in den Artt. 46–51 EuGVVO n.F. geregelt. Sie erfolgt gemäß Art. 46 EuGVVO n.F. nur auf Antrag des Schuldners, wenn festgestellt wird, dass einer der in Art. 45 EuGVVO n.F. genannten Gründe (Anerkennungshindernisse) gegeben ist.

1. *Antrag und zu übermittelnde Unterlagen*

Die Versagung erfolgt nur auf Antrag. Dazu legt der Schuldner dem Gericht gemäß Art. 47 Abs. 3 S. 1 EuGVVO n.F. eine Ausfertigung der Entscheidung und ggf. eine Übersetzung oder Transliteration der Entscheidung vor. Das Gericht kann jedoch nach Satz 2 auf die Vorlage durch den Schuldner verzichten, wenn ihm die Schriftstücke bereits vorliegen oder das Gericht es für unzumutbar hält, die Vorlage von dem Antragsteller zu verlangen. Im letztgenannten Fall kann das Gericht die Vorlage von der anderen Partei verlangen (Satz 3).

Die Bescheinigung nach Art. 53 EuGVVO n.F. muss der Schuldner nicht vorlegen, da diese der Gläubiger bereits nach Art. 37 Abs. 1 lit. b EuGVVO n.F. vorlegen musste.[803]

Ebenso wie bei der Vollstreckung kann von der Partei, welche die Versagung der Vollstreckung einer in einem anderen Mitgliedsstaat ergangenen Entscheidung beantragt, nicht verlangt werden, dass sie eine inländische Postanschrift in dem ersuchten Mitgliedsstaat hat (Art. 47 Abs. 4 S. 1 EuGVVO n.F.). Gleichfalls kann von ihr nicht verlangt werden, dass sie im ersuchten Mitgliedsstaat über einen bevollmächtigten Vertreter verfügt, es sei denn ein solcher Vertreter ist ungeachtet ihrer Staatsangehörigkeit oder ihres Wohnsitzes vorgeschrieben (Art. 47 Abs. 4 S. 2 EuGVVO n.F.).

2. *Zuständigkeit*

Der Antrag auf Versagung der Vollstreckung ist gemäß Art. 46 Abs. 1 EuGVVO n.F. an das Gericht zu richten, welches der betreffende Mitgliedsstaat der Kommission gemäß Art. 75 lit. a EuGVVO n.F. mitgeteilt hat. Er kann in Deutschland gemäß § 1115 Abs. 3 ZPO bei dem zuständigen Landgericht schriftlich eingereicht oder zu Protokoll der Geschäftsstelle erklärt werden. Hierfür besteht kein Anwaltszwang gemäß § 78 Abs. 3 ZPO.

In Deutschland ist gemäß § 1115 Abs. 1 ZPO das Landgericht ausschließlich sachlich zuständig. Örtlich ausschließlich zuständig ist gemäß § 1115 Abs. 2 S. 1 ZPO das Landgericht, in dessen Bezirk der Schuldner seinen (Wohn-)Sitz hat. Hat der Schuldner im Inland keinen (Wohn-)Sitz, ist das Landgericht ausschließlich zuständig, in dessen Bezirk die Zwangsvollstreckung durchgeführt werden soll (Abs. 2

803 Thomas/ Putzo[37]-*Hüßtege*, Art. 47 EuGVVO, Rn. 4.

S. 2). Funktionell ist gemäß § 1115 Abs. 3 S. 1 ZPO der Vorsitzende einer Zivilkammer zuständig.

3. *Versagungsgründe*

Als Versagungsgründe kommen nur die Anerkennungshindernisse gemäß Art. 45 Abs. 1 EuGVVO n.F. in Betracht. Diese sind abschließend.[804] Andere Einwendungen sind separat mit der Vollstreckungsgegenklage geltend zu machen, wobei § 1117 ZPO auf die Durchführungsbestimmung zur EuVTVO in § 1086 ZPO verweist.[805]

Ein Versagungsgrund liegt demnach vor, wenn die Vollstreckung einen Verstoß gegen den *ordre public* darstellen würde (lit. a), wenn dem sich nicht eingelassenen Beklagten das verfahrenseinleitende oder ein gleichwertiges Schriftstück nicht rechtszeitig und in einer Weise zugestellt worden ist, dass er sich verteidigen konnte (lit. b), bei Unvereinbarkeit mit einer anderen zwischen denselben Parteien oder früheren zu demselben Anspruch (Streitgegenstand) ergangenen Entscheidung (lit. c und lit. d) und bei Unvereinbarkeit mit bestimmten besonderen Zuständigkeiten und der ausschließlichen Zuständigkeit nach Art. 24 EuGVVO n.F. (lit. e). Die Versagungsgründe gemäß Art. 45 EuGVVO n.F. entsprechen denen nach Artt. 34 f. EuGVVO a.F., wobei in Art. 45 Abs. 1 lit. e EuGVVO n.F. eine Erweiterung auch auf die Zuständigkeiten für individuelle Arbeitsverträge erfolgt ist. Erwägungsgrund 18 zur EuGVVO n.F. erklärt auch in Arbeitsverträgen die schwächere Partei für schutzwürdig durch besondere Zuständigkeitsvorschriften, die günstiger als die allgemeinen Regelungen sind. Daher sind Verstöße gegen diese Zuständigkeitsvorschriften auch als Anerkennungs- und Vollstreckungsversagungsgründe aufgenommen worden.

Bei öffentlichen Urkunden und gerichtlichen Vergleichen gilt als Versagungsgrund nur ein Verstoß gegen die öffentliche Ordnung (Artt. 58 Abs. 1 S. 2, 59 EuGVVO n.F.).

Sofern eine Entscheidung eine Maßnahme oder Anordnung enthält, die in dem Recht des ersuchten Staates nicht bekannt ist, so ist diese Maßnahme nach Art. 54 Abs. 1 EuGVVO n.F. soweit möglich an eine im Recht dieses Mitgliedsstaats bekannte Maßnahme oder Anordnung anzupassen, mit der vergleichbare Wirkungen verbunden sind und die ähnliche Ziele und Interessen verfolgt. Damit kann eine Vollstreckung nicht aus dem Grund abgelehnt werden, die im Titel angeordnete oder ausgesprochene Maßnahme oder Anordnung sei in dem Vollstreckungsmitgliedsstaat unbekannt.[806]

---

804 Vgl. oben Teil 3, A., II., 4. c) und d).
805 Vgl. dazu oben Teil 3, A., II., 4.
806 Vgl. dazu *Cadet*, EuZW 2013, 218 [222].

4. *Verfahren, Entscheidung und Rechtsbehelfe*

Das Verfahren zur Versagung der Vollstreckung richtet sich gemäß Art. 47 Abs. 2 EuGVVO n.F. nach dem Recht des Vollstreckungsmitgliedsstaates, soweit es nicht in der Verordnung geregelt ist.

Der Beschluss, mit welchem der Vorsitzende der Zivilkammer über den Antrag entscheidet, ist zu begründen und kann ohne mündliche Verhandlung ergehen (§ 1115 Abs. 4 S. 2 ZPO). Der Antragsgegner ist aufgrund des Grundsatzes des rechtlichen Gehörs vor der Entscheidung zu hören (§ 1115 Abs. 4 S. 3 ZPO), auch wenn ohne die fakultativ mögliche mündliche Verhandlung entschieden wird.

Das Gericht entscheidet gemäß Art. 48 EuGVVO n.F. unverzüglich über den Antrag. Der Vorsitzende hat das Verfahren ggf. durch Fristsetzungen gemäß § 142 ZPO zu beschleunigen.[807]

Hat der Schuldner mit seinem Antrag Erfolg, so beseitigt die ergehende Gestaltungsentscheidung die Vollstreckbarkeit *ex tunc* nur in dem konkreten Vollstreckungsmitgliedstaat.[808] Die Erstreckung auf andere Staaten scheitert an der Staatensouveränität.

In Art. 49 Abs. 1 EuGVVO n.F. ist festgelegt, dass jede Partei einen Rechtsbehelf einlegen können muss. Dieser ist bei dem Gericht einzulegen, das der betreffende Mitgliedsstaat der Kommission mitgeteilt hat (Art. 49 Abs. 2 EuGVVO n.F.).

In Deutschland ist gemäß § 1115 Abs. 5 S. 1 ZPO als Rechtsbehelf die sofortige Beschwerde statthaft. Die dafür in § 569 Abs. 1 S. 1 ZPO vorgesehene Notfrist beträgt abweichend ein Monat gemäß § 1115 Abs. 5 S. 2 ZPO und beginnt mit der Zustellung der Entscheidung. Das Erstgericht kann nach § 572 Abs. 1 S. 1 ZPO abhelfen, da ohne Einschränkung auf die Regelungen zur sofortigen Beschwerde in §§ 567 ff. ZPO verwiesen wird.[809] Es entscheidet nicht der Einzelrichter, da im Verfahren auf Versagung der Vollstreckung der Vorsitzende am Landgericht nicht als originärer Einzelrichter entschieden hat, so dass § 568 ZPO nicht anzuwenden ist. Das Beschwerdegericht entscheidet gemäß § 572 ZPO durch Beschluss.

Gegen den Beschluss des Beschwerdegerichts findet die Rechtsbeschwerde zum BGH statt (§ 1115 Abs. 5 S. 3 ZPO), so dass eine Zulassung durch das Beschwerdegericht nach § 574 Abs. 1 S. 1 Nr. 1 ZPO nicht erforderlich ist.

III. Aussetzung oder Beschränkung gemäß Art. 44 EuGVVO n.F.

Die Beschränkung oder Aussetzung der Vollstreckung ist in Art. 44 EuGVVO n.F. ganz ähnlich wie in Art. 23 EuVTVO geregelt. Die Bestimmung gilt sowohl für Entscheidungen im Sinne von Art. 2 lit. a EuGVVO n.F. als auch für öffentliche Urkunden und gerichtliche Vergleiche gemäß Artt. 58 Abs. 3 S. 3, 59 EuGVVO n.F.

---

807 Thomas/ Putzo[37]-*Hüßtege*, Art. 48 EuGVVO, Rn. 1.
808 Thomas/ Putzo[37]-*Hüßtege*, Art. 47 EuGVVO, Rn. 7.
809 Ebenso Thomas/ Putzo[37]-*Hüßtege*, § 1115 ZPO, Rn. 4.

Wurde die Versagung der Vollstreckung (wie zuvor unter II. dargestellt) beantragt, so kann das Gericht des Vollstreckungsmitgliedsstaates gemäß Art. 44 Abs. 1 EuGVVO n.F. auf Antrag des Schuldners das Vollstreckungsverfahren auf Sicherungsmaßnahmen beschränken (lit. a), die Vollstreckung von einer Sicherheitsleistung abhängig machen (lit. b) oder das Vollstreckungsverfahren insgesamt oder teilweise auszusetzen. Die Entscheidung ist eine Ermessensentscheidung („*kann*").

Die Entscheidung erfolgt im Wege einer einstweiligen Anordnung, die unanfechtbar ist.[810]

Die zuständige Vollstreckungsbehörde muss das Vollstreckungsverfahren auf Antrag des Schuldners nach Art. 44 Abs. 2 EuGVVO n.F. aussetzen, wenn die Vollstreckbarkeit des Titels im Ursprungsmitgliedsstaat ausgesetzt ist.

IV. Kosten

Die Gerichtsgebühren für das Verfahren über die Ausstellung der Bescheinigung gemäß Art. 53 EuGVVO n.F. bzw. § 1111 ZPO belaufen sich streitwertunabhängig auf 20,00 Euro gemäß Nr. 1513 KV GKG. Die Gerichtskosten des Verfahrens über ein Rechtsmittel in dem vorgenannten Verfahren belaufen sich gemäß Nr. 1523 KV GKG streitwertunabhängig auf 60,00 Euro, wenn das Rechtsmittel verworfen oder zurückgewiesen wird. Ansonsten ist es gerichtsgebührenfrei.

Da die Ausstellung der Bescheinigung nach § 1111 ZPO gemäß § 19 Abs. 1 S. 2 Nr. 9a RVG zum Rechtszug des Titels gehört, um dessen Vollstreckung es geht, fallen keine gesonderten Rechtsanwaltsgebühren an – zumindest soweit derselbe Rechtsanwalt mit dem Antrag auf Bescheinigung befasst ist. Andernfalls – im Fall eines Einzelauftrags (§ 15 Abs. 6 RVG) – richten sich die Gebühren für den Rechtsanwalt nach den allgemeinen Bestimmungen, mithin fallen eine 0,3-Verfahrensgebühr nach Nr. 3309 VV RVG und eine etwaige 0,3-Terminsgebühr nach Nr. 3310 VV RVG an.

Für das Verfahren über Anträge auf Versagung der Anerkennung oder der Vollstreckung[811] gemäß § 1115 ZPO fallen gemäß Nr. 1510 Ziffer 5 KV GKG streitwertunabhängig Gerichtsgebühren in Höhe von 240,00 Euro an. Die Rechtsanwaltsgebühren bestimmen sich nach §§ 25, 33 RVG iVm. Nr. 3100 ff. VV-RVG. Es fallen mithin eine 1,3-Verfahrensgebühr und ggf. eine 1,2-Terminsgebühr an.

Das Rechtsmittel in dem Verfahren über den Antrag auf Versagung der Anerkennung oder der Vollstreckung, nämlich die sofortige Beschwerde, verursacht streitwertunabhängig grundsätzlich Gerichtskosten in Höhe von 360,00 Euro gemäß Nr. 1520 KV GKG. Bei bestimmten Arten der Beendigung dieses Verfahrens gibt es in Nr. 1521 und Nr. 1522 KV GKG eine Ermäßigung auf 90,00 Euro bzw. 180,00 Euro. Die Rechtsanwaltsgebühren bestimmen sich hier nach Nr. 3200 ff. VV-RVG.

---

810 Thomas/ Putzo[37]-*Hüßtege*, § 1115 ZPO, Rn. 7.

811 Vgl. zuvor Teil 3, C., II. zur Versagung der Vollstreckung.

D. Vollstreckung nach der EuVTVO (Art. 20 EuVTVO)

Die Vollstreckung nach der EuVTVO ist an ihren Zielen – Vereinfachung, Beschleunigung und kostengünstigen Ausgestaltung – ausgerichtet. Gemäß Art. 20 Abs. 1 EuVTVO ist eine als Europäischer Vollstreckungstitel bestätigte Entscheidung in allen anderen Mitgliedsstaaten der Europäischen Union (mit Ausnahme Dänemarks) wie ein inländischer Titel zu behandeln. Die inländischen Vollstreckungsorgane (in Deutschland: Gerichtsvollzieher nach § 753 ZPO, Rechtspfleger und Vollstreckungsrichter beim Vollstreckungsgericht nach § 764 ZPO und Grundbuchamt nach § 867 ZPO sowie das Schiffsregistergericht nach § 870a ZPO oder das Gericht, das das Register für Pfandrechte an Luftfahrzeugen führt nach § 99 LuftRG[812]) müssen ihn also vollstrecken, als wäre es ein Titel aus dem eigenen Land.

Tatsächlicher Vollstreckungstitel ist dann die Bestätigung und nicht die als Europäischer Vollstreckungstitel bestätigte Entscheidung. Letztere muss auch nicht übersetzt werden, sondern es ist nur eine Ausfertigung der Entscheidung beizufügen.

I. Unmittelbare Vollstreckbarkeit in allen Mitgliedsstaaten

Das langwierigere Exequaturverfahren, wie es die EuGVVO in der bis zum 09.01.2015 geltenden Fassung vorsah, wurde in der EuVTVO abgeschafft, so dass eine unmittelbare Vollstreckung der erfassten Titel in den anderen Mitgliedsstaaten erfolgen kann; es bedarf keiner Vollstreckbarerklärung.[813]

Grundsätzlich ist zu bemerken, dass die Vollstreckung einer als Europäischer Vollstreckungstitel bestätigten Entscheidung gemäß Art. 20 Abs. 1 S. 2 EuVTVO unter den gleichen Bedingungen stattfindet wie die Vollstreckung einer im Vollstreckungsmitgliedsstaat ergangenen Entscheidung, so dass insoweit ein Verbot der Diskriminierung ausländischer Titel gegenüber inländischen besteht.[814] Es wird in der EuVTVO folglich auf die individuellen Vollstreckungsrechte der Mitgliedsstaaten Rücksicht genommen.[815]

Die Vollstreckungsorgane sind verpflichtet, im Rahmen des nationalen Vollstreckungsrechts tätig zu werden, worauf der Gläubiger kraft Gemeinschaftsrechts

---

812 Gesetz über Rechte an Luftfahrzeugen vom 26.02.1959 (BGBl. 1959, I 57; BGBl. III 403–9).

813 Vgl. *Rauscher*, GPR 2003/04, 286 [292]; *Wagner*, IPRax 2005, 189 [198]; *Franzmann*, MittBayNot 2005, 470 [473]; *Rausch*, FuR 2005, 437 [440]; *Rellermeyer*, Rpfleger 2005, 389 [401]; *Pfeiffer*, BauR 2005, 1541 [1549]; *Burgstaller/ Neumayr*, ÖJZ 2006, 179 [189]; *Gebauer*, FPR 2006, 252 [254]; *Jennissen*, InVo 2006, 263 [269]; *Knittel*, JAmt 2006, 477 [477]; *von Bernstorff*, RIW 2007, 88 [90]; *Faetan*, JAmt 2007, 181 [186]; *Kropholler/ von Hein*, EuZPR[9], Art. 20 EuVTVO, Rn. 2; Zöller[31]-*Geimer*, § 1079 ZPO, Rn. 2; § 1082 ZPO, Rn. 4 und Art. 20 EuVTVO, Rn. 1, 2.

814 Gleiches gilt nach Art. 24 Abs. 3 EuVTVO für gerichtlich gebilligte Vergleiche und nach Art. 25 Abs. 3 EuVTVO für öffentliche Urkunden.

815 *Strasser*, Rpfleger 2007, 249 [250].

einen Anspruch hat.[816] Der Gläubiger kann auf der Grundlage der Bestätigung als Europäischer Vollstreckungstitel im Ursprungsmitgliedsstaat in allen anderen Mitgliedsstaaten (mit Ausnahme Dänemarks) die Zwangsvollstreckung betreiben und sich dazu direkt an die Vollstreckungsorgane wenden.[817]

II. Zu übermittelnde Urkunden

Um die Vollstreckung durchzuführen, muss der Titelgläubiger mit dem Antrag auf Vollstreckung nur eine Ausfertigung des Titels, eine Ausfertigung der Bestätigung als Europäischer Vollstreckungstitel und gegebenenfalls eine von einer befugten Person beglaubigte Übersetzung beziehungsweise eine Transkription (vom Bulgarischen, Griechischen oder Kyrillischen in eine andere Sprache oder umgekehrt) der Bestätigung vorlegen gemäß Art. 20 Abs. 2 EuVTVO.

1. Titelvorlage

Der Titel und die Bestätigung sind in einer Ausfertigung vorzulegen, welche die für ihre Beweiskraft erforderlichen Voraussetzungen erfüllt. Dieses hat den Sinn und Zweck, zu verhindern, dass aus demselben Titel mehrfach gegen den Schuldner vollstreckt werden kann.[818] Die Authentizität der vorgelegten Urteile ist nach dem Recht des Ursprungsstaates zu beurteilen.[819] Dabei muss das zuständige Gericht von der Echtheit der Ausfertigung überzeugt sein; die Beweiskraft der Ausfertigung ist nicht entscheidend.[820] Es reicht in Deutschland gemäß § 317 Abs. 4 ZPO eine einfache Ausfertigung aus, die die Unterschrift des Urkundsbeamten und das Gerichtssiegel enthält.[821] Eine bloße Abschrift oder Fotokopie genügt hingegen nicht.[822]

2. Ggf. Übersetzung der Bestätigung

Eine Übersetzung kann nur für die Teile der Bestätigung gefordert werden, welche nicht durch Ankreuzen oder Aufnahme von Bezeichnungen ausgefüllt werden

---

816 Zöller[31]-*Geimer*, § 1082 ZPO, Rn. 4 und Art. 20 EuVTVO, Rn. 2.

817 *Kropholler/ von Hein*, EuZPR[9], Art. 20 EuVTVO, Rn. 5; Zöller[31]-*Geimer*, Art. 20 EuVTVO, Rn. 2.

818 *Rauscher*, EuVT, 67 f., Rn. 176; *Rellermeyer*, Rpfleger 2005, 389 [401]; *Franzmann*, MittBayNot 2005, 470 [474]; Rauscher-*Papst*, Band II[4], Art. 20 EuVTVO, Rn. 8.

819 *Schlosser*/ Hess, EU-ZPR[4], Art. 20 EuVTVO, Rn. 4; Rauscher-*Papst*, Band II[4], Art. 20 EuVTVO, Rn. 18

820 Rauscher-*Papst*, Band II[4], Art. 20 EuVTVO, Rn. 8.

821 *Bittmann*, in: *Gebauer/ Wiedmann* (Hrsg.)[2], Kap. 28, Rn. 163; *Stürner*, in: *Kindl/ Meller-Hannich/ Wolf* (Hrsg.)[2], Art. 20 EuVTVO, Rn. 6.

822 *Stürner*, in: *Kindl/ Meller-Hannich/ Wolf* (Hrsg.)[2], Art. 20 EuVTVO, Rn. 6; Thomas/ Putzo[37]-*Hüßtege*, Art. 42 EuGVVO, Rn. 2.

können.[823] Dieses ist nach der Ausgestaltung der Formblätter in den Anhängen I bis III nur bei erläuternden Ausführungen in Ergänzungen zu den vorgesehenen Einträgen denkbar, also bei individuellen Angaben (beispielsweise bei einem speziellen Zinssatz oder hinsichtlich der Fälligkeit der Forderung)[824]. In der Regel dürfte eine Übersetzung daher nicht benötigt werden.

Selbst wenn in den Formblättern in den Anhängen I bis III keine Rubriken für individuelle Angaben vorhanden wären,[825] schließt dieses nicht aus, dass die Stelle, welche die Bestätigung ausstellt, gegebenenfalls ergänzende Angaben macht oder machen muss, damit die Bestätigung dem Titel entspricht. Man kann aus dem Nichtvorhandensein einer Rubrik für ergänzende Angaben nicht darauf schließen, dass diese nicht erfolgen dürfen und damit eine Übersetzung immer dann gefordert ist, wenn die Sprache der Bestätigung nicht mit der des Vollstreckungsstaates übereinstimmt.[826] Dieses würde dem Ziel einer einfachen, kostengünstigen und schnellen Vollstreckung der unter die EuVTVO fallenden Titel erheblich entgegenstehen. Denn gerade die Übersetzung durch eine autorisierte Übersetzungsstelle ist kostspielig und langwierig. Auch würde dann die Bestätigung mittels einheitlicher Formblätter, die zudem durchnummeriert sind, keinen Sinn machen. Gerade der Umstand, dass die entsprechenden Einträge jeweils unter der gleichen Gliederungsnummer gemacht werden, ermöglicht es den Vollstreckungsorganen die Europäischen Vollstreckungstitel in jeder Sprache zu verstehen, es sei denn es ist eine Transkription nötig oder es wurden individuelle Angaben gemacht, die entweder keiner Gliederungsziffer zugeordnet werden können oder in einer Ziffer über das bloße Ankreuzen oder in jeder Sprache verständliche Angaben hinausgehen.

Außerdem besteht unter Punkt 5.2.1.3 die Möglichkeit, einen anderen Wert für die Zinsen anzugeben als in Prozent (wie unter Punkt 5.2.1.1) und Prozentpunkte über dem Basiszinssatz der EZB (wie unter Punkt 5.2.1.2). Dieser kann sich auch

823 Vgl. LG München II 19.01.2010, Az.: 6 T 6032/09, Rn. 13 abrufbar unter juris; ebenso die Vorinstanz: AG Fürstenfeldbruck 14.10.2009, Az.: 2 M 10010/09, JurBüro 2010, 53 [53, Rn. 3]; OGH 22.02.2007 – 3 Ob 253/06m = IPRax 2008, 440 [443]; *Wagner*, IPRax 2005, 189 [199]; *ders.*, IPRax 2005, 401 [408]; *Rellermeyer*, Rpfleger 2005, 389 [401]; *Klippstein*, in: *Gebauer/ Wiedmann* (Hrsg.)[1], Kap. 31, Rn. 61; *Bittmann*, IPRax 2008, 445 [448]; *ders.*, in: *Gebauer/ Wiedmann* (Hrsg.)[2], Kap. 28, Rn. 164; *Schlosser*/ Hess, EU-ZPR[4], Art. 1 EuVTVO, Rn. 4.

824 *Leible/ Lehmann*, NotBZ 2004, 453 [458]; *Wagner*, IPRax 2005, 401 [408]; *Ernst*, JurBüro 2005, 568 [573]; *Franzmann*, MittBayNot 2005, 470 [474]; *Klippstein*, in: *Gebauer/ Wiedmann* (Hrsg.)[1], Kap. 31, Rn. 61; *Gebauer*, NJ 2006, 103 [106] *Jennissen*, InVo 2006, 263 [269]; *Bittmann*, IPRax 2008, 445 [448]; *Kropholler/ von Hein*, EuZPR[9], Art. 20 EuVTVO, Rn. 7; Thomas/ Putzo[37]-*Hüßtege*, § 1083 ZPO, Rn. 1.

825 Was *Papst* in Rauscher, Band II[4], Art. 9 EuVTVO, Rn. 5 und Art. 20 EuVTVO, Rn. 14 annimmt und daraus schließt, dass solche ausgeschlossen seien und damit bei Abweichen der Sprache immer eine Übersetzung erfolgen müsse.

826 So aber *Rauscher*, EuVT, 68, Rn. 177; Rauscher-*Papst*, Band II[4], Art. 9 EuVTVO, Rn. 5 und Art. 20 EuVTVO, Rn. 14.

auf eine bestimmte Vorschrift oder ein bestimmtes Gesetz aus dem Ursprungsmitgliedsstaat oder einem anderen Staat beziehen. Daher ist hier eine individuelle Angabe möglich und damit auch vorgesehen. Das Argument der Gegenauffassung, die eine Übersetzung stets fordert, sobald die Sprache, in der der Europäische Vollstreckungstitel abgefasst ist, von einer zugelassenen Amtssprache des Vollstreckungsmitgliedsstaats abweicht, verfängt also nicht.

3. Keine Übersetzung des Titels

Eine Übersetzung auch des Titels selbst kann nicht verlangt werden, da die mittels Formblatts gemäß den Anhängen I, II oder III der EuVTVO ausgestellte Bestätigung alle Daten zum vollstreckbaren Inhalt enthält.[827] Das Vollstreckungsorgan kann dem Europäischen Vollstreckungstitel alle Angaben entnehmen, die es für die Zwangsvollstreckung benötigt. Ein Zurückgreifen auf den diesem zugrunde liegenden Titel aus dem Ursprungsmitgliedsstaat bedarf es nicht. Zum einen darf eine Überprüfung in der Sache selbst ohnehin nicht erfolgen (Verbot der *révision au fond*). Zum anderen soll gerade das Vertrauen in die justitielle Arbeit der anderen Mitgliedsstaaten es ermöglichen, dass man nur den Inhalt der Bestätigung als Grundlage der Vollstreckung nutzt.

4. Zulassung weiterer Sprachen

Gemäß Art. 20 Abs. 2 lit. c S. 2 EuVTVO kann jeder Mitgliedsstaat (vgl. Art. 30 Abs. 1 lit. b EuVTVO) angeben, welche weiteren Sprachen er neben der eigenen Amtssprache für die Ausstellung der Bestätigung zulässt. Eine solche Zulassung ist fakultativ[828] und wurde in Deutschland nicht durchgeführt. Es wurde vielmehr in § 1083 ZPO vorgeschrieben, dass die Übersetzung in deutscher Sprache erfolgen muss.

5. Beglaubigung der Übersetzung

Art. 20 Abs. 2 lit. c S. 3 EuVTVO fordert eine Beglaubigung der Übersetzung von einer hierzu in einem der Mitgliedsstaaten befugten Person, was in § 1083 ZPO übernommen wurde und wortgleich mit Art. 55 Abs. 2 S. 2 EuGVVO a.F. übereinstimmt. Es bleibt dem Gläubiger in beiden Fällen überlassen, in welchem der Mitgliedsstaaten er sich eine beglaubigte Übersetzung beschafft und er kann sie bei gleicher Amtssprache in mehreren Mitgliedsstaaten verwenden (beispielsweise in Frankreich und Belgien).[829]

---

827 Vgl. LG München II 19.01.2010 BeckRS 2011, 12370; *Rauscher*, GPR 2003/04, 286 [292]; *Rausch*, FuR 2005, 437 [440]; *Franzmann*, MittBayNot 2005, 470 [474]; *Jennissen*, InVo 2006, 263 [269]; Rauscher-*Papst*, Band II[4], Art. 9 EuVTVO, Rn. 5.

828 Vgl. Mitteilung der Kommission an das EUP, KOM (2004) 90 endg., 11 unter 3.3.2. zu Art. 21.

829 *Kropholler/ von Hein*, EuZPR[9], Art. 20 EuVTVO, Rn. 9.

6. *Ergebnis*

Im Regelfall sollte die Übersendung einer Ausfertigung des Titels und der Bestätigung als Europäischer Vollstreckungstitel, welche die für ihre Beweiskraft erforderlichen Voraussetzungen erfüllt, genügen. Die Einheitlichkeit der Formulare bedingt ja gerade, dass es nicht notwendig ist, eine kosten- und zeitintensive Übersetzung beibringen zu müssen. Es ist aber zu bemerken, dass zumindest kurze Zeit nach Inkrafttreten der EuVTVO die richtige Anwendung des Übersetzungserfordernisses noch nicht bei allen Stellen praktiziert wurde. So ist mir ein Fall bekannt, in dem trotz der Einheitlichkeit der Formulare und der Tatsache, dass der Ursprungstitel nicht übersetzt zu werden braucht, eine ausländische Vollstreckungsbehörde (Portugal) eine Übersetzung beider Dokumente forderte. Insbesondere aufgrund des länger dauernden grenzüberschreitenden Schriftverkehrs und der Kosten und des Zeitaufwands für die Übersetzung ist dieses ein zeitraubendes, unnötig kostenintensives und ärgerliches Phänomen.

III. Diskriminierungsverbot, Art. 20 Abs. 3 EuVTVO

Art. 20 Abs. 3 EuVTVO statuiert in bewusster Anlehnung an Art. 51 EuGVVO a.F.[830] das Verbot, dem Vollstreckungsgläubiger in Bezug auf seine Eigenschaft als Ausländer oder wegen des Fehlens eines inländischen Wohnsitzes eine Sicherheitsleistung aufzuerlegen.[831] In der Regelung zeigt sich das allgemeine europäische Diskriminierungsverbot aus Art. 18 AEUV[832] (ex-Art. 12 EG).

Es kann jedoch die Angabe einer Zustellanschrift oder eines Bevollmächtigten verlangt werden.[833] Auch eine Registrierung muss vor Vollstreckung des Titels erfolgen, soweit das nationale Recht diese als Voraussetzung für die Zwangsvollstreckung innerstaatlicher Titel vorschreibt.[834] Hierin liegt dann auch keine Diskriminierung, da der Europäische Vollstreckungstitel lediglich genauso behandelt wird wie die innerstaatlichen Vollstreckungstitel, also eine Gleichbehandlung vorliegt.

---

830 So auch in Art. 56 EuGVVO n.F.

831 *Rauscher*, GPR 2003/04, 286 [292]; *Wagner*, IPRax 2005, 189 [198]; *Burgstaller/ Neumayr*, ÖJZ 2006, 179 [189]; *Kropholler/ von Hein*, EuZPR[9], Art. 20 EuVTVO, Rn. 10; Rauscher-*Papst*, Band II[4], Art. 20 EuVTVO, Rn. 23.

832 Konsolidierte Fassung des Vertrags über die Arbeitsweise der Europäischen Union (ABl. EU 2010, C 83, 47).

833 *Rauscher*, GPR 2003/04, 286 [292]; *Burgstaller/ Neumayr*, ÖJZ 2006, 179 [189]; Rauscher-*Papst*, Band II[4], Art. 20 EuVTVO, Rn. 27; die dem entgegenstehende Bestimmung in Art. 21 Abs. 4 des Kommissionsvorschlags KOM (2002) 159 wurde auf Wunsch der Mehrheit der Mitgliedsstaaten gestrichen, Mitteilung der Kommission an das EUP KOM (2004) 90 endg., 11 unter Nr. 3.3.2. zu Artikel 21.

834 So müssen ausländische Entscheidungen ebenso wie inländische Entscheidungen aus einem anderen Teil im Vereinigten Königreich vor der Vollstreckung registriert werden; vgl. auch Erwägungsgrund 8 zur EuVTVO.

IV. Verfahren und Zuständigkeit

Gemäß Art. 20 Abs. 1 EuVTVO richtet sich das Vollstreckungsverfahren unbeschadet der Bestimmungen des Kapitels IV der EuVTVO nach dem innerstaatlichen Recht des Vollstreckungsmitgliedsstaats. Dieses gilt auch für die Zuständigkeit der Vollstreckungsorgane und die Art der Vollstreckung. Soweit die Verordnung also keine dem innerstaatlichen Recht vorgehenden Regelungen enthält, bestimmt das Recht des Vollstreckungsmitgliedsstaats das Vollstreckungsverfahren in allen Abschnitten.[835]

Der Gläubiger muss die nötigen Unterlagen nur an die nach dem Recht des Vollstreckungsmitgliedsstaates zuständige Stelle übermitteln, um die Vollstreckung einzuleiten.[836]

1. Prüfungsumfang

Die Vollstreckungsorgane und Gerichte im Vollstreckungsmitgliedsstaat haben zwar ihr Vollstreckungsrecht einzuhalten, haben aber weder von Amts wegen noch auf Initiative des Schuldners eine Möglichkeit, die Vollstreckbarkeit des als europäischer Vollstreckungstitel bestätigten Urteils bzw. Titels zu hinterfragen.[837] Von diesem Grundsatz wird nur nach Art. 21 EuVTVO eine Ausnahme bei Kollision mit einer früheren im Vollstreckungsstaat erlassenen oder dort anerkannten Entscheidung zwischen denselben Parteien wegen desselben Streitgegenstandes gemacht,[838] falls diese Nicht-Vereinbarkeit nicht schon beim Ursprungsgericht hätte geltend gemacht werden können und nicht geltend gemacht wurde. Eine genauere Darstellung dieser Regelung erfolgt später unter Teil 4, B., I.

Vor Beginn der Zwangsvollstreckung bleibt dem Vollstreckungsorgan in dem jeweils anderen Mitgliedsstaat lediglich das Vorliegen der in Art. 20 Abs. 2 EuVTVO genannten Urkunden zu prüfen.[839] Eine Prüfung, ob die Mindeststandards eingehalten worden sind, darf durch den vollstreckenden Staat nicht erfolgen (Art. 21 Abs. 2 EuVTVO).[840]

---

835 *Rauscher*, GPR 2003/04, 286 [292]; *Wagner*, IPRax 2005, 189 [198]; *Ernst*, JurBüro 2005, 568 [572 f.]; *Franzmann*, MittBayNot 2005, 470 [473]; *Kropholler/ von Hein*, EuZPR[9], Art. 20 EuVTVO, Rn. 4.

836 *Rauscher*, GPR 2003/04, 286 [292]; *Stein*, EuZW 2004, 679 [681]; *Wagner*, IPRax 2005, 189 [198 f.]; *Rellermeyer*, Rpfleger 2005, 389 [401]; *Gebauer*, FPR 2006, 252 [254]; Zöller[31]-*Geimer*, Art. 6 EuVTVO, Rn. 16.

837 *Stein*, EuZW 2004, 679 [681]; *Wagner*, IPRax 2005, 189 [199]; *Franzmann*, MittBayNot 2005, 470 [474].

838 *Stein*, EuZW 2004, 679 [681 f.]; *Coester-Waltjen*, Jura 2005, 394 [397]; *Franzmann*, MittBayNot 2005, 470 [474].

839 Zöller[31]-*Geimer*, Art. 20 EuVTVO, Rn. 5.

840 Vgl. BGH 24.04.2014 EuZW 2014, 557 [557] = NJW 2014, 2363 [2363]; *Windolf/ Zemmrich*, JuS 2007, 803 [805].

Die Vollstreckung ist jedoch abzulehnen, wenn die Bestätigung als Europäischer Vollstreckungstitel, also die Bescheinigung nicht ordnungsgemäß ist. Dieses sei etwa der Fall, wenn die Bescheinigung bereits nach ihrem äußeren Anschein nicht von der zuständigen Stelle erteilt worden sei oder eine Lücke aufweise und dadurch erkennbar sei, dass die erforderliche Prüfung im Ursprungsmitgliedsstaat nicht (gründlich) durchgeführt worden sei.[841] Hierin dürfte meines Erachtens keine Überprüfung des Europäischen Vollstreckungstitels in der Sache selbst zu sehen sein, sondern es liegt offensichtlich kein Europäischer Vollstreckungstitel vor, aus welchem vollstreckt werden könnte und müsste.

2. *Information der Betroffenen und Fachkreise*

Informationen über die Vollstreckungsverfahren und -methoden und über die zuständigen Vollstreckungsorgane in den einzelnen Mitgliedsstaaten erhalten die Öffentlichkeit und die Fachkreise insbesondere über das Europäische Justizielle Netz für Zivil- und Handelssachen.[842] Dieses wurde bereits in der Einführung in Teil 1, C., IV. dargestellt, wo auch auf den so genannten Europäischen Gerichtsatlas eingegangen wurde.[843]

3. *Durchführungsbestimmungen in Deutschland*

In Deutschland finden sich die Durchführungsbestimmungen für die Vollstreckung von Europäischen Vollstreckungstiteln aus den anderen Mitgliedsstaaten im Inland in den §§ 1082–1086 ZPO. Diese enthalten ergänzende Vorschriften zu den Regelungen der EuVTVO.

Da sich das Vollstreckungsverfahren gemäß Art. 20 Abs. 1 S. 1 EuVTVO nach dem innerstaatlichen Recht richtet, sind ansonsten die nationalen Vorschriften über die Zwangsvollstreckung in Buch 8 der ZPO anzuwenden. Danach richten sich auch die Zuständigkeit für die Zwangsvollstreckung und das Verfahren in Deutschland. Es kommen die allgemeinen Vorschriften der §§ 704 ff. ZPO zur Anwendung. Die Zwangsvollstreckung aus einem Europäischen Vollstreckungstitel bedarf gemäß Art. 20 Abs. 1 S. 2 und Art. 5 EuVTVO iVm. § 1082 ZPO keiner Vollstreckungsklausel, so dass die Regelungen der ZPO darüber – insbesondere die §§ 724 ff. ZPO – ausgenommen sind.[844] In Deutschland müssten aber die Voraussetzungen der §§ 750 Abs. 1, Abs. 3, 751 ZPO vorliegen.[845]

---

841 Rauscher-*Papst*, Band II[4], Art. 20 EuVTVO, Rn. 18.

842 *Ernst*, JurBüro 2005, 568 [573]; *Rellermeyer*, Rpfleger 2005, 389 [390]; Internet-URL: http://e-justice.europa.eu/content_ejn_in_civil_and_commercial_matters-21-de.do.

843 Vergleiche zur Zuständigkeit im Bestätigungsverfahren und zur Information über die zuständige Stelle auch bereits oben unter Teil 2, C., III.

844 *Kropholler/ von Hein*, EuZPR[9], Art. 20 EuVTVO, Rn. 11.

845 *Schlosser*/ Hess, EU-ZPR[4], Art. 20 EuVTVO, Rn. 3.

Bei der Auslegung etwa einer unklaren Bezeichnung des Schuldners im Europäischen Vollstreckungstitel hat das deutsche Vollstreckungsorgan die allgemeinen Grundsätze anzuwenden, wobei Umstände außerhalb des Titels grundsätzlich nicht berücksichtigt werden dürfen.[846]

Bezüglich der einzelnen genauen Zuständigkeit im Zwangsvollstreckungsverfahren gibt es keine Unterschiede zu der Vollstreckung aus einem rein nationalen Titel. In den §§ 1084–1086 ZPO sind nur einzelne Bestimmungen zur Zuständigkeit für die Rechtsbehelfe der EuVTVO im Vollstreckungsmitgliedsstaat sowie für die Vollstreckungsabwehrklage nach § 767 ZPO geregelt. Auf die Einzelheiten wird bei der Darstellung der entsprechenden Rechtsbehelfe eingegangen. Hier sei daher darauf verwiesen.

Auf die Darstellung der konkreten Zuständigkeit für die einzelnen Vollstreckungsmaßnahmen nach §§ 803 ff. ZPO – wie sie das nationale Recht bestimmt – wird hier nicht eingegangen. Dieses würde den Rahmen der Arbeit sprengen. Die Zuständigkeitsverteilung richtet sich streng nach dem nationalen deutschen Recht. Maßgeblich ist, woraus und in was vollstreckt wird.

E. Vergleich der beiden Vollstreckungssysteme (EuVTVO und EuGVVO)

Die EuVTVO wurde zur Zeit der Anwendbarkeit der EuGVVO in der Fassung bis zum 09.01.2015 (EuGVVO a.F.) geschaffen. Sie sollte eine einfachere, schnellere und kostengünstigere Alternative für bestimmte Forderungen zu der EuGVVO a.F. bieten. Daher findet sich anschließend zunächst ein Vergleich zur EuGVVO a.F. (I.). Danach folgt ein kurzer Vergleich der EuVTVO mit der Neufassung der EuGVVO, in welcher das Exequaturverfahren ebenfalls abgeschafft worden ist (II.).

Der Anwendungsbereich der beiden Verordnungen (EuVTVO und EuGVVO in beiden Fassungen) deckt sich insoweit, dass sich für die EuVTVO nur eine gewisse Einschränkung (unbestrittene Geldforderung) ergibt. Daher findet auf die Titel, welche von der EuVTVO erfasst werden, zumeist auch die EuGVVO Anwendung. Demzufolge hat der Gläubiger, wie bereits oben[847] ausgeführt, gemäß Art. 27 EuVTVO die Wahl, ob er die Vollstreckung einer unbestrittenen Forderung im Wege der Bestätigung als Europäischer Vollstreckungstitel oder aber nach der EuGVVO betreibt.[848]

---

846 Vgl. BGH 26.11.2009 NJW 2010, 2137 [2137 f., Rn. 11].

847 Siehe Teil 2, B., I.

848 *Rausch*, FuR 2005, 437 [440]; Zöller[31]-*Geimer*, Art. 1 EuVTVO, Rn. 7 sowie Art. 2 EuVTVO, Rn. 4.

I. Vergleich zur EuGVVO a.F.

Bei dem Vergleich der beiden Vollstreckungssysteme sind einige der Ziele der EuVTVO zu wiederholen. Die Ziele der Verordnung zeigen die wesentlichen Änderungen gegenüber dem bis zu ihrem Inkrafttreten anzuwendenden Vollstreckungssystem der EuGVVO a.F. auf.

Der markanteste und am weitesten reichende Unterschied ist sicherlich die Abschaffung des Exequaturverfahrens. Während in der EuGVÜ und dem LugÜ in der alten Fassung vom 16.09.1988[849] noch ein einschichtiges Exequaturverfahren durchgeführt wurde, in dem das Zweitgericht die Vollstreckbarerklärung erst nach Prüfung der Formalien und der Anerkennungsversagungsgründe erteilte, bestand schon im Verfahren nach der EuGVVO a.F. (also in der bis zum 09.01.2015 geltenden Fassung) und dem revidierten LugÜ ab dem Jahre 2010 ein zweigeteiltes Vollstreckbarerklärungsverfahren. Zunächst wird danach in erster Instanz nach Prüfung der formalen Voraussetzungen die Vollstreckungsklausel erteilt. Erst in einem Rechtsbehelfsverfahren auf Betreiben des Schuldners werden die Anerkennungsversagungsgründe (u.a. ein Verstoß gegen den *ordre public*) geprüft. Eine Prüfung von Amts wegen fällt damit praktisch weg.

Die EuVTVO geht dann noch einen Schritt weiter, indem eine Vollstreckbarerklärung nicht mehr nötig ist. Im Ursprungsmitgliedsstaat wird vielmehr ein Vollstreckungstitel geschaffen, der in allen Mitgliedsstaaten der Europäischen Union (mit Ausnahme Dänemarks) vollstreckbar ist. Die Titelschaffung inklusive der Vollstreckbarerklärung wird also komplett in den Ursprungsmitgliedsstaat verlagert. Nur noch das eigentliche Vollstreckungsverfahren findet in dem Vollstreckungsmitgliedsstaat statt, wobei sich dieses auch nach dem Recht desselben richtet.

Ein Verstoß gegen den *ordre public* kann darüber hinaus nach der EuVTVO gar nicht mehr geprüft werden. Die *ordre public*-Klausel wurde in der EuVTVO gestrichen, ist aber in der EuGVVO in beiden Fassungen und dem LugÜ noch enthalten.

Einigkeit besteht darin, dass eine Nachprüfung in der Sache selbst nicht erfolgen darf (Art. 21 Abs. 2 EuVTVO, Art. 45 Abs. 2 EuGVVO a.F./ rev. LugÜ, Art. 52 EuGVVO n.F.).

Aufgrund des Umstands, dass der Gläubiger nach der EuVTVO kein aufwändiges und kostenintensives Vollstreckbarerklärungsverfahren im Vollstreckungsmitgliedsstaat durchführen muss, ist die Vollstreckung nach der EuVTVO gegenüber demjenigen nach der EuGVVO a.F. kostengünstiger, einfacher und schneller. Denn der Gläubiger kann sich mit dem im Ursprungsmitgliedsstaat erlassenen Titel und der Bestätigung als Europäischer Vollstreckungstitel, welche 20,00 Euro kostet, direkt an die Vollstreckungsorgane des Vollstreckungsmitgliedsstaates wenden. Zudem fallen die erheblichen Kosten für eine Übersetzung weg.

849 Übereinkommen über die gerichtliche Zuständigkeit und die Vollstreckung gerichtlicher Entscheidungen in Zivil- und Handelssachen geschlossen in Lugano am 18.09.1988, BGBl. 1994, II 2658; Berichtigung in BGBl. 1994, II 3772.

II. Vergleich zur EuGVVO n.F.

Das Exequaturverfahren ist mit der Neufassung der EuGVVO mit Wirkung ab dem 10.01.2015 auch in dieser Verordnung abgeschafft worden (vgl. Teil 3, C.).

Damit relativiert sich der Vorteil der EuVTVO gegenüber der EuGVVO sehr stark. Sowohl bei der EuVTVO (gemäß Art. 5) als auch nach der EuGVVO n.F. (gemäß Art. 39) kann aus einem in einem Mitgliedstaat (vorläufig) vollstreckbaren Titel in einem anderen Mitgliedstaat vollstreckt werden, ohne dass es einer Vollstreckbarerklärung bedarf. Nach der EuVTVO muss sich der Gläubiger im Ursprungsmitgliedsstaat einen Europäischen Vollstreckungstitel (mittels Formblatts) ausstellen lassen. Nach der EuGVVO n.F. benötigt der Gläubiger eine (mittels Formblatt zu erstellende) Bescheinigung nach Art. 53 EuGVVO, die ebenfalls im Ursprungsmitgliedstaat ausgestellt wird. Der Gläubiger kann sich im Grundsatz mit diesen Urkunden und dem Titel selbst nach beiden Verordnungen unmittelbar an das jeweilige Vollstreckungsorgan des Vollstreckungsmitgliedsstaats wenden und die Zwangsvollstreckung nach dem nationalen Recht dieses Vollstreckungsmitgliedstaates betreiben.

Das eigentliche Zwangsvollstreckungsverfahren richtet sich nach beiden Verordnungen nach dem nationalen Recht des ersuchten Mitgliedsstaates (Vollstreckungsmitgliedsstaates).

Damit sind die Unterschiede nahezu aufgehoben.

Ein wesentlicher Unterschied besteht noch darin, dass es bei der EuGVVO n.F. auf (substantiiert begründeten) Antrag des Schuldners nach Art. 46 iVm. Art. 45 Abs. 1 lit. a EuGVVO n.F. zu einer *ordre public*-Kontrolle im Vollstreckungsmitgliedsstaat kommen kann. Dieses ist bei der EuVTVO ausgeschlossen, was – wie bereits in Teil 1, C., II., 3. und noch in Teil 4., F., V. dargestellt – auch auf Kritik in der Literatur gestoßen ist.

Sollte der Gläubiger also, weil es sich um einen Titel bzgl. einer unbestrittenen Forderung handelt, ein Wahlrecht haben, so sollte er weiterhin nach der EuVTVO vorgehen, wenn er mit einem (begründeten) Antrag auf Überprüfung eines Verstoßes gegen den *ordre public* rechnen muss. Dabei ist natürlich immer zu bedenken, dass ein solcher Verstoß ggf. auch zu einem Widerruf des Europäischen Vollstreckungstitels nach Art. 10 EuVTVO führen könnte.

Ansonsten ist zu befürchten, dass die EuGVVO n.F. den praktischen Anwendungsbereich der EuVTVO in Zukunft nahezu gänzlich zurückdrängt.

Denn die Kosten der EuGVVO n.F. decken sich mit denen der EuVTVO. So kostet die Ausstellung der Bescheinigung nach Art. 53 EuGVVO n.F. ebenso wie die Bestätigung als Europäischer Vollstreckungstitel pauschal 20,00 Euro. Das Rechtsmittelverfahren kostet jeweils 60,00 Euro. Lediglich die Gerichts-Gebühren für die Versagung der Vollstreckung nach der EuGVVO n.F. sind höher (240,00 Euro bzw. 360,00 Euro beim Rechtsbehelfsverfahren) als beim Antrag auf Berichtigung oder Widerruf nach der EuVTVO (60,00 Euro). Auch die Übersetzungskosten fallen bei der EuGVVO n.F. zumindest in einfach gelagerten Fällen regelmäßig weg,[850] so dass weder die Zeitersparnis, noch die Kostenersparnis Argumente für die EuVTVO sind.

Die Prüfung im Bestätigungsverfahren bei der EuVTVO kann jedoch schwieriger sein als die Prüfung des Antrags auf Erteilung der Bescheinigung nach Art. 53 EuGVVO n.F., so dass die EuGVVO n.F. auch Anwendung finden wird, obwohl die EuVTVO ebenfalls einschlägig ist. Lediglich, wenn mit einem Antrag auf Versagung der Vollstreckung durch die Gegenseite zu rechnen ist, hat die EuVTVO noch deutliche Vorzüge.

F. Übereinkommen mit Drittstaaten, Art. 22 EuVTVO

Nach Art. 22 EuVTVO lässt die Verordnung Übereinkommen von Mitgliedsstaaten mit Drittstaaten zur Nichtanerkennung von Entscheidungen nach Maßgabe des Art. 59 EuGVÜ unberührt, so dass die Mitgliedsstaaten ihren völkerrechtlichen Verpflichtungen aus diesen Verträgen weiterhin nachkommen können.[851] Mit wenigen redaktionellen Änderungen folgt diese Vorschrift der des Art. 72 EuGVVO a.F. (entspricht Art. 72 EuGVVO n.F.).[852] Die Umsetzung bleibt dabei den Mitgliedsstaaten überlassen. Art. 22 EuVTVO ist in erster Linie aufgrund eines britisch-kanadischen Abkommens aufgenommen worden.[853]

Deutschland hat keinen solchen Staatsvertrag abgeschlossen, so dass diese Vorschrift nur zur Anwendung kommt, wenn deutsche Entscheidungen in anderen Mitgliedsstaaten und dabei insbesondere im Vereinigten Königreich vollstreckt werden sollen.[854] Es besteht beispielsweise die Möglichkeit, dass eine deutsche Entscheidung in dem Vereinigten Königreich aufgrund dessen Abkommens mit Kanada nicht vollstreckt werden kann.[855]

Für gerichtliche Vergleiche und öffentliche Urkunden gilt diese Vorschrift ebenso wie Art. 21 EuVTVO nicht (Art. 24 Abs. 3 und Art. 25 Abs. 3 EuVTVO).

---

850 Vgl. dazu *Alio*, NJW 2014, 2395 [2397].

851 *Wagner*, IPRax 2005, 189 [198]; *ders.*, NJW 2005, 1157 [1159]; *Kropholler/ von Hein*, EuZPR[9], Art. 22 EuVTVO, Rn. 1; Stellungnahme der Kommission, KOM (2004) 90 endg., 11 unter 3.3.2 zu Art. 22a.

852 *Kropholler/ von Hein*, EuZPR[9], Art. 22 EuVTVO, Rn. 1; Zöller[31]-*Geimer*, Art. 22 EuVTVO, Rn. 1; Stellungnahme der Kommission, KOM (2004) 90 endg., 11 unter 3.3.2 zu Art. 22a.

853 *Wagner*, IPRax 2005, 189 [198]; vgl. auch *Kropholler/ von Hein*, EuZPR[9], Art. 72 EuGVVO, Rn. 1.

854 *Wagner*, IPRax 2005, 189 [198]; *ders.*, NJW 2005, 1157 [1159]; *Kropholler/ von Hein*, EuZPR[9], Art. 22 EuVTVO, Rn. 1; *Schlosser*/ Hess, EU-ZPR[4], Art. 22 EuVTVO, Rn. 1; Zöller[31]-*Geimer*, Art. 22 EuVTVO, Rn. 2.

855 *Wagner*, IPRax 2005, 189 [198]; *Kropholler/ von Hein*, EuZPR[9], Art. 22 EuVTVO, Rn. 1; Zöller[31]-*Geimer*, Art. 22 EuVTVO, Rn. 2.

Teil 4: Rechtsbehelfe

Im folgenden Teil soll sich nun mit den Rechtsbehelfen bei der Vollstreckung von Titeln nach der Europäischen Vollstreckungstitelverordnung (EuVTVO) auseinander gesetzt werden.

Es werden in diesem Teil 4 zunächst die Rechtsbehelfe im Urteilsstaat dargestellt (A.). Danach geht es um die Rechtsbehelfe nach der Verordnung im Vollstreckungsmitgliedsstaat (B.), welche sehr begrenzt sind. Daran schließt sich dann die Frage der Rechtsbehelfe nach nationalem Recht im Vollstreckungsmitgliedsstaat an (C.). Dabei kommen auch Rechtsbehelfe von Dritten, die durch die Zwangsvollstreckung betroffen sind, zur Sprache. Anschließend werden noch sonstige Rechtsbehelfsmöglichkeiten (zum Bundesverfassungsgericht oder Europäischen Gerichtshof für Menschenrechte) diskutiert (D.). Die Ergebnisse zu den Rechtsbehelfen sind unter E. zusammengefasst.

Es wird sich zeigen, dass die Ziele der Verordnung es mit sich brachten, dass Kompromisse zu Lasten des Schuldnerschutzes eingegangen werden mussten. So wurden die Rechtsbehelfe des Schuldners stark eingeschränkt[856] und es bestehen Bedenken, ob die nationalen Rechtsbehelfe gegen die Vollstreckung in vollem Umfang zur Anwendung kommen dürfen. Ein Kernpunkt dabei stellt der Umstand dar, dass es zu einer Nachprüfung in der Sache selbst (so genannte *révision au fond*) in keinem Fall kommen darf. Dieses ist in Art. 21 Abs. 3 EuVTVO ausdrücklich geregelt.

In dem Englisch-Deutsch-Schwedischen Arbeitsdokument vom 12.01.2001 empfahlen die Verfasser, dass erforderlichenfalls auch mögliche Rechtsmittel auf der Stufe der Vollstreckung mit aufgenommen werden sollten.[857] Dieses geschah nur begrenzt. Lediglich die Unvereinbarkeit mit einer anderen Entscheidung wurde in Art. 21 EuVTVO aufgenommen, und Art. 23 EuVTVO enthält die Möglichkeit der Beschränkung oder Aussetzung der Vollstreckung.

Ein Grundprinzip der Verordnung ist es, dass der Schuldner möglichst zunächst im Ursprungsmitgliedsstaat gegen den Titel vorgehen soll. Dennoch wird in Teil 4, B. und C. gezeigt werden, dass auch Rechtsbehelfe im Vollstreckungsmitgliedsstaat gegeben sind. Vielfach setzen diese (insbesondere diejenigen nach der EuVTVO, wie Art. 23 EuVTVO) aber ein paralleles Vorgehen im Ursprungsmitgliedsstaat voraus.

Danach wird noch auf die Problematik der Unterschiede der Verfahrensordnungen und Vollstreckungssysteme der Mitgliedsstaaten eingegangen (F.). Unter Teil 4., F., V. ist die viel und lebhaft diskutierte Abschaffung des *ordre public*-Vorbehalts[858] thematisiert,

856 *Faetan*, JAmt 2007, 181 [186]; siehe unten Teil 4, B.

857 Vermerk der deutschen, britischen und schwedischen Delegation für den Ausschuss Zivilrecht vom 12.01.2001 (5229/01 JUSTCIV 5), IPRax 2001, 489 [491].

858 Vgl. insbesondere *Wagner*, IPRax 2002, 75 [89 f.]; *Stadler*, IPRax 2004, 2 [6 ff.]; *Stein*, IPRax 2004, 181 [182 f.]; *Bittmann*, in: *Gebauer/ Wiedmann* (Hrsg.)^2, Kap. 28, Rn. 5, 43; *Kramme*, GPR 2014, 296 [297 f.].

die vielfach auf Ablehnung stieß.[859] Hierbei wird auch auf die *Krombach*-Entscheidung des EuGH eingegangen.

Schließlich folgt auch als Konsequenz das Thema der erhöhten Prozessführungsobliegenheit bzw. Einlassungslast sowie Prüfungslast (G.).

A. Rechtsbehelfe im Ursprungsstaat

Die Rechtsbehelfmöglichkeiten des Schuldners gegen die als Europäischer Vollstreckungstitel bestätigte Entscheidung im Ursprungsmitgliedsstaat sind unverändert geblieben.[860] Der Schuldner kann sich also mit den ganz normalen nationalen Rechtsbehelfen gegen die Entscheidung in dem Staat, in dem sie ergangen ist, zur Wehr setzen (I.).[861] Sie sind als erstes in Betracht zu ziehen.[862]

Außerdem wird sich noch damit auseinandergesetzt, ob und wenn ja, welche Rechtsbehelfmöglichkeiten dem Gläubiger im Antragsverfahren auf Bestätigung als Europäischer Vollstreckungstitel zur Verfügung stehen, wenn der Antrag zurückgewiesen wird (II.). Danach wird die Frage geklärt, ob ein Rechtsbehelf gegen die Erteilung der Bestätigung besteht (III.).

Darüber hinaus sieht die Verordnung in sehr beschränktem Maße Rechtsbehelfe gegen die Bestätigung als Europäischer Vollstreckungstitel vor. Diese sind in der Verordnung abschließend normiert,[863] und zwar in Art. 10 EuVTVO (IV.). Darüber hinaus besteht noch die Möglichkeit der Gegenbestätigung gemäß Art. 6 Abs. 2 EuVTVO (V.).

I. Rechtsbehelf gegen Urteil

Natürlich bleibt es den Parteien und dabei insbesondere dem Schuldner unbenommen, einen Rechtsbehelf gegen das Urteil, also gegen die Entscheidung, welche als Europäischer Vollstreckungstitel bestätigt wurde oder bestätigt werden soll, einzulegen.

1. Wirkung der Einlegung des Rechtsbehelfs und Entscheidung über denselben

Jedoch wirkt ein Rechtsmittel gegen die Entscheidung nicht direkt gegen die praktische Vollstreckung aus dem Europäischen Vollstreckungstitel. Der Gläubiger

---

859 *Rauscher*, EuVT, 9, Rn. 17; *Bernd*, HFR 2007, Beitrag 22, 1 [10]; *Sujecki*, ZEuP 2008, 458 [477].

860 Vgl. *Coester-Waltjen*, FS Pelayia Yessiou-Faltsi (2007), 39 [44]; *Faetan*, JAmt 2007, 181 [187 f.]; *Kreutz*, Rpfleger 2014, 530 [531].

861 *Knittel*, JAmt 2006, 477 [478]; *Faetan*, JAmt 2007, 181 [187 f.]; *Mankowski*, FS Jan Kropholler (2008), 829 [846].

862 *Röthel/ Sparmann*, WM 2006, 2285 [2290].

863 Zöller[31]-*Geimer*, Art. 10 EuVTVO, Rn. 1.

hat weiterhin die Möglichkeit, aus seinem beantragten und bescheinigten Europäischen Vollstreckungstitel zu vollstrecken. Mit dem Rechtsbehelf wird der dem Europäischen Vollstreckungstitel zugrunde liegende Titel angegriffen und bei Erfolg eingeschränkt oder sogar beseitigt. Dieses hat dann zwar grundsätzlich zur Folge, dass der Europäische Vollstreckungstitel auch nur in diesem Umfang Grundlage einer Vollstreckung sein kann. Denn nach Art. 11 EuVTVO[864] – gegebenenfalls iVm. Art. 24 Abs. 3 oder Art. 25 Abs. 3 EuVTVO – entfaltet die Bestätigung als Europäischer Vollstreckungstitel nur in dem Rahmen Wirkung, wie die Entscheidung bzw. der gerichtliche Vergleich oder die öffentliche Urkunde vollstreckbar ist. Der Schuldner muss sich aber eine Gegenbestätigung nach Art. 6 Abs. 2 EuVTVO ausstellen lassen. Denn man sieht es dem Europäischen Vollstreckungstitel nicht an, wenn der ihm zugrunde liegende Titel mittels Rechtsbehelfs angegriffen wird. Vom Zeitpunkt der Einlegung des Rechtsbehelfs bis zum Erhalt der Gegenbestätigung sollte der Schuldner einen Antrag nach Art. 23 EuVTVO auf Aussetzung oder Beschränkung der Vollstreckung stellen, damit der Gläubiger nicht in der Zwischenzeit doch aus dem bereits erteilten Europäischen Vollstreckungstitel vorgeht.

Wenn nämlich dieser Titel vor der Einlegung eines Rechtsbehelfs gegen die Entscheidung erteilt worden ist, bleibt die Vollstreckung aus ihm möglich.[865] Weiter können auch Entscheidungen als Europäischer Vollstreckungstitel bestätigt werden, die nach Anfechtung von bereits als Europäischer Vollstreckungstitel bestätigten Titeln erlassen werden (vgl. Art. 3 Abs. 2 und Art. 6 EuVTVO; siehe oben Teil 2, C., II., 2., c)). Zwar sollen gemäß Art. 11 EuVTVO die Europäischen Vollstreckungstitel keine weitergehende Vollstreckungsmöglichkeit bieten, als sie im Ursprungsmitgliedsstaat besteht.[866] Dennoch wird eine Änderung der Vollstreckungsmöglichkeit nach Erlass des Titels bzw. der Bestätigung als Europäischer Vollstreckungstitel im Ursprungsmitgliedsstaat nicht durch das Vollstreckungsorgan im Vollstreckungsmitgliedsstaat geprüft.

Durch die Einlegung eines Rechtsbehelfs ist der Gläubiger also nicht gehindert, die Vollstreckung zu betreiben. Es bleibt dem Schuldner aber die Möglichkeit, nach Art. 23 EuVTVO die Aussetzung oder Beschränkung der Zwangsvollstreckung anzustrengen, was im nächsten Teil noch näher besprochen wird.[867]

Ist der Rechtsbehelf erfolgreich, so kann der Schuldner einen Antrag auf Bestätigung der Nichtvollstreckbarkeit gemäß Art. 6 Abs. 2 EuVTVO stellen und diese Bestätigung, wie unten dargestellt,[868] dem Europäischen Vollstreckungstitel entgegenhalten.

---

864 Vgl. zu den Einzelheiten der Wirkung der Bestätigung Teil 2, D.

865 Siehe Teil 2, C., II., 3., c).

866 Vgl. Stellungnahme der Kommission zum gemeinsamen Standpunkt an das Europäische Parlament vom 09.02.2004, KOM (2004) 90 endg., 9 unter 3.2.2 zu Art. 8 y.

867 Siehe Teil 4, B., II.

868 Siehe Teil 4, A., V.

Die Einlegung eines Rechtsbehelfs gegen die als Europäischer Vollstreckungstitel bestätigte Entscheidung stellt also keinen Rechtsbehelf gegen den Vollstreckungstitel dar, ist aber eine Möglichkeit, in Verbindung mit Art. 6 Abs. 2 EuVTVO die Vollstreckung aus demselben zu verhindern.

2. *Vollstreckbarkeit nach dem Rechtsbehelfsverfahren*

Bleibt der Rechtsbehelf erfolglos, so kann der Gläubiger weiterhin aus dem Europäischen Vollstreckungstitel vollstrecken, auch wenn in dem Rechtsbehelfsverfahren streitig verhandelt worden ist. Dieser äußerst umstrittene Komplex wurde bereits oben unter Teil 2, C., I., 4. und II. 2. und 3. ausführlich besprochen.

Ist in dem Rechtsbehelfsverfahren erneut eine Entscheidung zugunsten des Gläubigers ergangen, so kann für diese mittels Formblatts in Anhang V eine Ersatzbestätigung nach Art. 6 Abs. 3 EuVTVO ausgestellt werden. Es ist aber nicht erneut erforderlich, dass diese Forderung unbestritten ist. Denn nach Nr. 8 des Formblatts in Anhang V kann die Forderung entweder unbestritten sein gemäß Art. 3 Abs. 1 lit. b oder lit. c EuVTVO oder eben nicht. Wenn ein Fall von Art. 3 Abs. 1 lit. b oder lit. c EuVTVO vorliegt, müssen „nur" die Mindestvorschriften der Artt. 12 ff. EuVTVO auch bezüglich des Rechtsbehelfsverfahrens eingehalten worden sein. Ist die Forderung nicht (mehr) unbestritten, so kann aber dennoch eine Ersatzbestätigung erfolgen.

3. *Rechtsbehelfe nach deutschem Recht*

Ist der Titel, der als Europäischer Vollstreckungstitel bestätigt wurde oder werden soll, in Deutschland ergangen, stehen die gängigen Rechtsbehelfe des deutschen Rechts insbesondere nach der ZPO zur Verfügung.

Gegen Entscheidungen finden die Rechtsmittel der Berufung (§ 511 ZPO) und der Revision (§ 542 ZPO) statt. Handelt es sich um ein Versäumnisurteil, welches eine der häufigsten und in ihrer Anwendbarkeit umstrittensten Entscheidung über eine unbestrittene Forderung nach der EuVTVO in Deutschland darstellen dürfte, so steht dem erstmals säumigen Schuldner der Einspruch gemäß § 338 ZPO zur Verfügung. Der zulässige Einspruch bewirkt nach § 342 ZPO, dass der Prozess in die Lage zurückversetzt wird, in der er sich vor Eintritt der Säumnis befunden hat.

II. Rechtsbehelf gegen die Versagung der Bestätigung

In der EuVTVO ist zwar kein Rechtsbehelf für den Gläubiger vorgesehen, wenn sein Antrag auf Bestätigung als Europäischer Vollstreckungstitel zurückgewiesen wird. Da aber nach Art. 10 Abs. 4 EuVTVO lediglich ein Rechtsbehelf „gegen" die Ausstellung der Bestätigung als Europäischer Vollstreckungstitel verboten ist, bleibt es den Mitgliedsstaaten überlassen, einen solchen Rechtsbehelf gegen die Zurückweisung einzuführen oder auch nicht.[869]

Außerdem könnte der Gläubiger jederzeit einen neuen Antrag stellen.[870] Es bleibt den nationalen Gesetzgebern der Mitgliedsstaaten aber unbenommen, das Recht auf wiederholte Anträge einzuschränken, da die EuVTVO eine Präklusionsregelung im nationalen Recht nicht ausschließt.[871] So kann verhindert werden, dass ein Gläubiger wegen desselben Titels immer wieder an die zuständige Stelle herantritt, um sich diesen als Europäischen Vollstreckungstitel bestätigen zu lassen, ohne dass die Voraussetzungen gegeben sind oder die Stelle die Voraussetzungen aus denselben Gründen jeweils verneint.

1. Deutschland hat einen Rechtsbehelf statuiert (§ 1082 Abs. 2 ZPO)

Deutschland sieht einen Rechtsbehelf gegen die Zurückweisung eines Antrags auf Ausstellung der Bestätigung als Europäischen Vollstreckungstitel vor. Es sind die Vorschriften über die Anfechtung der Entscheidung über die Erteilung einer Vollstreckungsklausel (§ 724 ZPO) gemäß § 1080 Abs. 2 ZPO entsprechend anzuwenden.[872] Danach kann der Gläubiger bei Versagung der Bestätigung durch den Rechtspfleger die sofortige Beschwerde nach § 567 Abs. 1 Nr. 2 ZPO iVm. § 11 Abs. 1 RPflG einlegen.[873] Gleichfalls ist bei Ablehnung der Bestätigung durch den Richter die sofortige Beschwerde statthaft (§§ 1080 Abs. 2, 567 ZPO).

Bei Verweigerung der Bestätigung durch den Notar ist die Beschwerde zur Zivilkammer des Landgerichts gemäß § 1080 Abs. 2 ZPO iVm. § 54 Abs. 1, 2 BeurkG

---

869 *Rauscher*, GPR 2003/04, 286 [292]; *Stein*, IPRax 2004, 181 [190 mit Fn. 62]; *Wagner*, IPRax 2005, 189 [197]; *Rellermeyer*, Rpfleger 2005, 389 [400]; *Gebauer*, NJ 2006, 103 [106]; *dies.*, FPR 2006, 252 [254]; *Jennissen*, InVo 2006, 263 [269]; *Bittmann*, in: *Gebauer/ Wiedmann* (Hrsg.)², Kap. 28, Rn. 96; *Kropholler/ von Hein*, EuZPR⁹, Art. 9 EuVTVO, Rn. 7; Rauscher-*Papst*, Band II⁴, Art. 9 EuVTVO, Rn. 10; Zöller³¹-*Geimer*, Art. 6 EuVTVO, Rn. 13; KOM (2004) 90, 6 (Abänderung 16).

870 *Stein*, IPRax 2004, 181 [190 mit Fn. 62]; *Wagner*, IPRax 2005, 189 [197]; *Rellermeyer*, Rpfleger 2005, 389 [397]; *Ernst*, JurBüro 2005, 568 [572]; *Gebauer*, NJ 2006, 103 [106]; *Kropholler/ von Hein*, EuZPR⁹, Art. 9 EuVTVO, Rn. 7; Rauscher-*Papst*, Band II⁴, Art. 9 EuVTVO, Rn. 11.

871 *Rellermeyer*, Rpfleger 2005, 389 [397]; Rauscher-*Papst*, Band II⁴, Art. 9 EuVTVO, Rn. 11; Zöller³¹-*Geimer*, § 1079 ZPO, Rn. 12.

872 *Ernst*, JurBüro 2005, 568 [572]; *Franzmann*, MittBayNot 2005, 470 [473]; *Wagner*, IPRax 2005, 401 [403]; *Gebauer*, NJ 2006, 103 [106]; *Goebel*, VE 2006, 99 [99]; *Knittel*, JAmt 2006, 477 [478]; *Kropholler/ von Hein*, EuZPR⁹, Art. 9 EuVTVO, Rn. 7; Zöller³¹-*Geimer*, § 1079 ZPO, Rn. 11 und § 1080 ZPO, Rn. 4.

873 Vgl. OLG Stuttgart 23.10.2007 Rpfleger 2008, 319 [319]; *Ernst*, JurBüro 2005, 568 [572]; *Goebel*, VE 2006, 99 [99]; *Riedel*, EuVT, 27; *Kropholler/ von Hein*, EuZPR⁹, Art. 9 EuVTVO, Rn. 7; *Nagel/ Gottwald*, IZPR⁷, 667, § 14, Rn. 39; Rauscher-*Papst*, Band II⁴, Art. 9 EuVTVO, Rn. 22; B/L/A/H⁷⁴-*Hartmann*, ZPO, § 724 ZPO, Rn. 16; Zöller³¹-*Stöber*, § 724 ZPO, Rn. 13; Zöller³¹-*Geimer*, § 1079 ZPO, Rn. 11.

eröffnet.[874] Bei der Ablehnung durch das Jugendamt gilt dieses ebenso nach § 1 Abs. 2 BeurkG.[875]

Die Beschwerde ist innerhalb einer Notfrist von zwei Wochen durch Einreichung einer Beschwerdeschrift oder, wenn es sich nicht um einen Anwaltsprozess handelt, auch gemäß § 569 ZPO zu Protokoll der Geschäftsstelle beim Amtsgericht einzulegen.

Es wird vertreten, dass der Gläubiger entsprechend der Klage auf Erteilung der Vollstreckungsklausel nach § 731 ZPO vorgehen könne, wenn die Vollstreckung einer Entscheidung von dem Eintritt einer Bedingung abhänge.[876] Weitere meinen, es komme auch die Klauselerinnerung gemäß § 732 ZPO in Betracht.[877]

Richtigerweise ist die sofortige Beschwerde der einzig statthafte Rechtsbehelf.[878] Die Klauselerteilungsklage komme als Feststellungsklage nicht in Betracht und die § 732 ZPO betreffe ausschließlich Einwendungen des Schuldners.[879]

2. Kosten

Nach Nr. 1523 Ziff. 1 KV GKG kostet das Verfahren über das Rechtsmittel der sofortigen Beschwerde bei Zurückweisung des Antrags auf Ausstellung der Bestätigung 60,00 Euro, wenn das Rechtsmittel verworfen oder zurückgewiesen wird. Ansonsten, also bei Erfolg, ist die Beschwerde gerichtsgebührenfrei. Die Gerichtsgebühr kann bei Teilerfolg auf die Hälfte ermäßigt oder gar nicht erhoben werden, was durch das Beschwerdegericht anzuordnen ist.[880]

Handelt für den Antragsteller der Rechtsanwalt, der auch das Verfahren zur Titelschaffung begleitet und den Antrag auf Bestätigung als Europäischer Vollstreckungstitel gestellt hat, so handelt es sich nicht um eine neue Angelegenheit wie auch bei der erstmaligen Erteilung der Vollstreckungsklausel (§ 19 Abs. 1 Nr. 9a RVG).

Ansonsten erhält der Rechtsanwalt eine 0,5-Verfahrensgebühr nach Nr. 3500 VV RVG und gegebenenfalls eine 0,5-Terminsgebühr nach Nr. 3513 VV RVG.

---

874 *Goebel*, VE 2006, 99 [99]; *Nagel/ Gottwald*, IZPR[7], 667, § 14, Rn. 39; Zöller[31]-*Geimer*, § 1079 ZPO, Rn. 11.

875 *Knittel*, JAmt 2006, 477 [478]; Zöller[31]-*Geimer*, § 1079 ZPO, Rn. 11.

876 Rauscher-*Papst*, Band II[4], Art. 9 EuVTVO, Rn. 23.

877 Thomas/ Putzo[37]-*Hüßtege*, § 1080 ZPO, Rn. 3 mit Verweis auf den Wortlaut; dieses ebenso für möglich haltend *Leible/ Lehmann*, NotBZ 2004, 453 [459], die aber eine Klarstellung durch den Gesetzgeber für wünschenswert halten.

878 Vgl. OLG Düsseldorf 17.03.2010 NJOZ 2010, 58 [58]; Musielak[13]-*Lackmann*, § 1080 ZPO, Rn. 3.

879 *Bittmann*, in: *Gebauer/ Wiedmann* (Hrsg.)[2], Kap. 28, Rn. 97; MüKo[4]-*Adophsen*, § 1080 ZPO, Rn. 10.

880 Musielak[13]-*Ball*, § 567 ZPO, Rn. 30.

III. Kein Rechtsbehelf gegen die Erteilung der Bestätigung

Ist die Bestätigung als Europäischer Vollstreckungstitel erst einmal erteilt worden, so stellt sich die Frage, wie sich der Schuldner nun dagegen wehren kann. Weiter ist zu untersuchen, was der Gläubiger bei Fehlern bei der Bestätigung unternehmen kann.

Gegen die Erteilung der Bestätigung als Europäischer Vollstreckungstitel hat der Schuldner keinen Rechtsbehelf gemäß Art. 10 Abs. 4 EuVTVO, denn dieses würde dem Beschleunigungszweck der Verordnung gerade entgegenwirken.[881]

Jedoch sagt Art. 10 Abs. 4 EuVTVO nur, dass gegen die Erteilung der Bestätigung kein Rechtsbehelf möglich ist, ein Rechtsbehelf gegen die Versagung ist damit nicht ausgeschlossen. Deren Einführung und Ausgestaltung bleibt den Mitgliedsstaaten unbenommen.[882]

Darüber hinaus ist die Aussage von Absatz 4 in ihrer Absolutheit nicht ganz korrekt, da die sogleich[883] zu erörternden Rechtsbehelfe der Berichtigung und des Widerrufs bestehen.[884] Daher ist auch die Aussage, die Bestätigung selbst sei unanfechtbar,[885] nicht ganz richtig.

Diese Vorschrift ist folglich so auszulegen, dass außer den Rechtsbehelfen der Berichtigung und des Widerrufs gemäß Art. 10 Abs. 1–3 EuVTVO kein weiterer Rechtsschutz, etwa nach autonomen Recht, zulässig ist.[886]

1. *Faires Verfahren sichergestellt bei ordnungsgemäßer Anwendung der EuVTVO*

Aufgrund dieser starken Einschränkung wurde die Frage aufgeworfen, ob damit ein faires Verfahren gewährleistet sei.[887] Meines Erachtens ist dieses zu bejahen. Bis zur Erteilung eines Europäischen Vollstreckungstitels bedarf es zunächst einer nationalen Titelschaffung und dann der Bestätigung im gleichen Mitgliedsstaat. Dabei stehen bei der Titelschaffung die innerstaatlichen Rechtsbehelfe bis zur letzten Instanz zur Verfügung. Das Versäumnisurteil, als passiv unbestrittener Titel, stellt zwar einen der problematischsten Fälle dar. Dennoch müssen

881 *Franzmann*, MittBayNot 2005, 470 [473]; *Ernst*, JurBüro 2005, 568 [572]; *Pietsch*, FF 2005, 180 [182]; *Reichel*, NZA 2005, 1096 [1099]; *Jennissen*, InVo 2006, 263 [267]; *Kropholler/ von Hein*, EuZPR[9], Art. 10 EuVTVO, Rn. 10.

882 Siehe zuvor Teil 4, A., II.

883 Siehe Teil 4, A., IV.

884 *Kropholler/ von Hein*, EuZPR[9], Art. 10 EuVTVO, Rn. 10.

885 So B/L/A/H[74]-*Hartmann*, ZPO, § 1080 ZPO, Rn. 6.

886 *Stein*, EuZW 2004, 679 [681]; *Wagner*, IPRax 2005, 189 [197]; *ders.*, NJW 2005, 1157 [1159]; *Burgstaller/ Neumayr*, ÖJZ 2006, 179 [187]; *Gebauer*, NJ 2006, 103 [106]; *dies.*, FPR 2006, 252 [254]; *Kropholler/ von Hein*, EuZPR[9], Art. 10 EuVTVO, Rn. 10; HkZPO[6]-*Saenger*, § 1079 ZPO, Rn. 4.

887 *Rauscher*, GPR 2003/04, 286 [291]; *ders.*, EuVT, Rn. 36 f. und 163.

sowohl bei der Titelschaffung – ggf. inklusive möglicher Instanzentscheidungen – und bei der Bestätigung als Europäischer Vollstreckungstitel die Verfahrensrechte gröblich missachtet worden sein, damit kein faires Verfahren vorliegt. Bei ordnungsgemäßer Anwendung der Bestimmungen der EuVTVO ist selbst bei rechtsstaatswidriger Titelschaffung gewährleistet, dass keine Bestätigung als Europäischer Vollstreckungstitel erteilt wird. Demzufolge ist die Gewähr für ein faires Verfahren gegeben.

Das Ziel der Verordnung ist die schnelle, effiziente und kostengünstige Vollstreckung der von ihr erfassten Titel innerhalb der Europäischen Union. Die in Art. 10 EuVTVO vorgesehene begrenzte Möglichkeit der Anfechtung der Bestätigung ist dabei meines Erachtens unumgänglich. Denn ansonsten würde dieses Ziel konterkariert. Der Schuldner könnte wiederum mit einer Hinhaltetaktik die Zwangsvollstreckung verzögern. Außerdem stellt die Verordnung mit dem Widerruf einen Rechtsbehelf zur Verfügung, der den Europäischen Vollstreckungstitel aus der Welt schafft. Weiterer (eigenständiger) nationaler Rechtsbehelfe bedarf es daher nicht. Bei eklatanten Grundrechts- und Menschenrechtsverletzungen mag darüber hinaus der Weg zum Europäischen Gerichtshof für Menschenrechte (EGMR) noch gangbar sein.[888]

Würde eklatant gegen die Verfahrensvorschriften verstoßen, so wäre die Partei in einem rein innerstaatlichen Verfahren (fast) ebenso wenig geschützt. Die Möglichkeit, die Bestätigung anzugreifen (wie es im innerstaatlichen Recht bezüglich der Klauselerteilung möglich ist), nützte dem Schuldner in Extremfällen auch nichts.

Meines Erachtens bietet die Verordnung mit dem Rechtsbehelf des Widerrufs die von den Kritikern geforderte Möglichkeit der Überprüfung, ob die Bestätigung zu Recht erfolgt ist oder nicht. In diesem Verfahren[889] im Ursprungsmitgliedsstaat kann überprüft werden, ob die Voraussetzungen zur Erteilung der Bestätigung als Europäischer Vollstreckungstitel tatsächlich vorgelegen haben.

2. Befristete Erinnerung in Deutschland gemäß § 11 Abs. 2 RPflG

Da in Deutschland in der Regel der Rechtspfleger zur Erteilung der Bestätigung des Europäischen Vollstreckungstitels zuständig ist,[890] wird vertreten, dass § 11 Abs. 2 RPflG die befristete Erinnerung gegen die Entscheidung des Rechtspflegers erlaube.[891]

---

888 So *Rauscher*, EuVT, 18, Rn. 40; näher dazu unten Teil 4, D., I.

889 Die nähere Ausgestaltung des Verfahrens und die Voraussetzungen sind in den nächsten Unterpunkten dargestellt. Dabei wird sich zeigen, dass jeder Verstoß gegen die in der EuVTVO festgelegten Voraussetzungen einen Widerruf gemäß Art. 10 Abs. 1 lit. b EuVTVO begründet. Das Merkmal „eindeutig" dürfte nur eine Zweifelsregelung darstellen.

890 Siehe oben Teil 2, C., III., 3., b).

891 *Rellermeyer*, Rpfleger 2005, 389 [400]; *Coester-Waltjen*, FS Pelayia Yessiou-Faltsi (2007), 39 [47]; Bassenge/ Roth[12]-*Roth*, § 20 RPflG, Rn. 24; Arnold/ Meyer-Stolte-*Rellermeyer*,

Daraufhin entscheide der Richter derselben Instanz.[892] Es ist fraglich, ob dieses mit Art. 10 Abs. 4 EuVTVO vereinbar ist.[893]

Die Aussage des Art. 10 Abs. 4 EuVTVO, auch wenn sie in ihrer Absolutheit nicht aufrechterhalten werden kann, ist meiner Ansicht nach eindeutig. Sie besagt, dass neben den in Art. 10 EuVTVO bestimmten Rechtsbehelfen gegen die Ausstellung keine weiteren Rechtsbehelfe bestehen dürfen. Damit setzt sich die deutsche Regelung in § 11 Abs. 2 RPflG in Widerspruch. Eine Anwendung der befristeten Erinnerung als Rechtsbehelf des Schuldners gegen die Bestätigung wäre verordnungswidrig. Insoweit muss § 11 Abs. 2 S. 1 RPflG europarechtskonform so ausgelegt werden, dass die befristete Erinnerung nur gegeben wäre, wenn nur das innerstaatliche Recht keinen Rechtsbehelf bestimmt. Besagt das vorrangige europäische Recht ausdrücklich, dass ein Rechtsbehelf nicht gegeben ist, die Entscheidung also unanfechtbar ist, so darf man auch nicht über § 11 Abs. 2 RPflG zur Anwendung der befristeten Rechtspflegererinnerung gelangen.

Vermutlich hat der deutsche Gesetzgeber bei der Schaffung der Spezialzuständigkeit in § 20 Nr. 11 RPflG den Rechtsbehelf der befristeten Erinnerung nach § 11 Abs. 2 RPflG in Bezug auf die Bestätigung als Europäischer Vollstreckungstitel übersehen und deshalb keine abweichende verordnungs- bzw. europarechtskonforme Regelung geschaffen.

3. Ergebnis

Meines Erachtens ist eine Anwendung des Rechtsbehelfs aus § 11 Abs. 2 RPflG mit der Verordnung nicht vereinbar und damit die befristete Erinnerung gegen die Ausstellung der Bestätigung auszuschließen. Insoweit ist die ansonsten etwas undeutliche Regelung des Art. 10 Abs. 4 EuVTVO eindeutig. Ordentliche nationale Rechtsbehelfe gegen die Bestätigung als Europäischer Vollstreckungstitel sind nicht zulässig. Es verbleibt bei den Anträgen auf Berichtigung und auf Widerruf gemäß Art. 10 EuVTVO.

IV. Berichtigung und Widerruf gemäß Art. 10 Abs. 1, 2, 3 EuVTVO

Wie zuvor dargestellt, sieht die EuVTVO grundsätzlich keinen Rechtsbehelf gegen die Erteilung der Bestätigung als Europäischer Vollstreckungstitel vor. „Aufgeweicht“[894] wird diese strikte Regelung durch die Möglichkeit der Berichtigung und des Widerrufs

RPflG[8], § 20, Rn. 30; Zöller[31]-*Geimer*, § 1079 ZPO, Rn. 10; *Riedel*, EuVT, 27 sieht diesen Rechtsbehelf nur bei Ablehnung der Bestätigung.

892 *Rellermeyer*, Rpfleger 2005, 389 [400].

893 Zöller[31]-*Geimer*, § 1079 ZPO, Rn. 10; keine Bedenken hat hier *Rellermeyer*, Rpfleger 2005, 389 [400].

894 *Geimer*, IZPR[7], 1235, Rn. 3177.

gemäß Art. 10 Abs. 1–3 EuVTVO. Diese „unechten Rechtsbehelfe“[895] stehen beiden Parteien zur Verfügung, wobei die Berichtigung eher durch den Schuldner beantragt werden wird und der Widerruf in der Praxis sicher nur durch den Schuldner.[896] Der Gläubiger hat die Bestätigung als Europäischen Vollstreckungstitel schließlich selbst beantragt. Dennoch sind Situationen denkbar, in denen der Gläubiger die Berichtigung anstrengt, um einen Fehler bei der Bescheinigung als Europäischen Vollstreckungstitel zu korrigieren (beispielsweise bei der Eintragung einer falschen Forderungssumme oder des falschen Schuldners).

Die Vorschrift des Art. 10 EuVTVO findet unmittelbar nur Anwendung auf eine als Europäischer Vollstreckungstitel bestätigte Entscheidung (Art. 10 Abs. 1 lit. a EuVTVO). Sie ist aber gemäß Art. 24 Abs. 3 EuVTVO entsprechend auf bestätigte gerichtliche Vergleiche und gemäß Art. 25 Abs. 3 EuVTVO auf öffentliche Urkunden anzuwenden.

Diese beiden Rechtsbehelfe der Berichtigung und des Widerrufs waren in die Verordnung einzuführen, da dem Schuldner bei der Bestätigung als Europäischer Vollstreckungstitel kein rechtliches Gehör gewährt wird, es aber mit rechtsstaatlichen Grundsätzen unvereinbar wäre, diesem bei einer gerichtlichen Entscheidung, in der das rechtliche Gehör nur nachträglich sichergestellt wird, keinen Rechtsbehelf zu gewähren.[897]

Diese Überlegung wird dadurch verstärkt, dass die Bestätigung als Europäischer Vollstreckungstitel den Gläubiger in eine sehr günstige Lage versetzt, weil dieser in allen Mitgliedsstaaten der Verordnung die Vollstreckung gegen den Schuldner anstrengen und jener sich nur eingeschränkt zur Wehr setzen kann. Weiter ist die Bestätigung relativ kompliziert und fehleranfällig, so dass ein Rechtsbehelf dagegen zumindest in dem eingeschränkten Maße des Art. 10 EuVTVO unerlässlich ist.[898] Die Berichtigungs- und Widerrufsmöglichkeit stellt einen Kompromiss dar nach kontroversen Diskussionen über die Einführung eines Rechtsbehelfs gegen die Bestätigung.[899]

1. Berichtigung gemäß Art. 10 Abs. 1 lit. a, 2, 3 EuVTVO

Gemäß Art. 10 Abs. 1 lit. a EuVTVO besteht die Möglichkeit, die Berichtigung der Bescheinigung als Europäischen Vollstreckungstitels zu beantragen, wenn die als Europäischer Vollstreckungstitel bestätigte Entscheidung und die Bescheinigung aufgrund eines materiellen Fehlers voneinander abweichen.[900] Dabei ist mit

895 *Mankowski*, FS Jan Kropholler (2008), 829 [849].
896 *Wagner*, IPRax 2005, 401 [403]; *Sujecki*, IPRax 2006, 525 [528].
897 *Stadler*, RIW 2004, 801 [805]; *Pfeiffer*, BauR 2005, 1541 [1548].
898 *Wagner*, IPRax 2005, 189 [197].
899 *Wagner*, IPRax 2005, 189 [197]; für diese Rechtsbehelfe setzten sich insbesondere Deutschland, Österreich und das Europäische Parlament ein.
900 Vgl. *Stein*, IPRax 2004, 181 [190]; *Wagner*, IPRax 2005, 189 [197]; *Ernst*, JurBüro 2005, 568 [572]; *Klippstein*, in: *Gebauer/ Wiedmann* (Hrsg.)[1], Kap. 31, Rn. 45;

materiellem Fehler die falsche Wiedergabe des Entscheidungsinhalts in der Bescheinigung gemeint. Es handelt sich also um einen Fehler bei der Übertragung des Urteilsinhalts in die Bescheinigung, welcher im deutschen Zivilverfahrensrecht nach § 319 ZPO berichtigt werden würde.[901]

Aufgrund der Tatsache, dass die Rechtsschutzmöglichkeiten des Schuldners sehr gering sind, ist Art. 10 EuVTVO eher weit auszulegen, so dass unter einem materiellen Fehler jede falsche Übertragung der Entscheidung in die Bestätigung zu verstehen ist. Als Beispiel sei ein falscher Betrag der zugesprochenen Geldforderung genannt, so im Fall, dass etwa eine Null zu wenig und damit nur „1.000,00 Euro" statt „10.000,00 Euro" eingetragen wird. Ebenso ist die falsche Schreibweise des Namens[902] erfasst oder auch ein falscher Fälligkeitszeitpunkt sowie Falschangaben bezüglich der Zinsen.

Im Ergebnis sind alle Angaben in den Ziffern 2 bis 6 im Formblatt in Anhang I erfasst.[903] Diese entsprechen den gleichen Ziffern nämlich ebenso den Ziffern 2 bis 6 in Anhang II und III. Der Unterschied besteht nur darin, dass in Ziffer 6 in Anhang II der gerichtliche Vergleich und in Anhang III die öffentliche Urkunde in Bezug genommen werden.

Die Angaben ab Ziffer 7 im Formblatt in Anhang I hingegen werden nicht aus der Entscheidung übernommen und fallen daher nicht unter den Rechtsbehelf der Berichtigung gemäß Art. 10 Abs. 1 lit. a EuVTVO.[904] Treten hier Fehler auf, führen diese gegebenenfalls zum Widerruf nach Art. 10 Abs. 1 lit. b EuVTVO.

Antragsberechtigt ist sowohl der Gläubiger als auch der Schuldner.[905] Beide können auch ein Interesse haben, die falsche Widergabe im Wege der Berichtigung korrigieren zu lassen. Das Interesse des Schuldners besteht insbesondere dann, wenn ein zu hoher Betrag oder zu hohe Zinsen eingetragen sind. Das Interesse des Gläubigers besteht im Gegenzug bei zu geringen Beträgen und beispielsweise auch bei einer falschen Schreibweise des Schuldners oder des Gläubigers selbst, da er dann befürchten muss, bei der Vollstreckung nicht durchzudringen.

Gebauer, NJ 2006, 103 [106]; *dies.*, FPR 2006, 252 [254]; *Jennissen*, InVo 2006, 263 [268]; Knittel, JAmt 2006, 477 [478]; *Bittmann*, in: *Gebauer/ Wiedmann* (Hrsg.)², Kap. 28, Rn. 83.

901 *Rauscher*, GPR 2003/04, 286 [291]; *Stein*, IPRax 2004, 181 [190]; *Rellermeyer*, Rpfleger 2005, 389 [397]; *Gebauer*, NJ 2006, 103 [106]; *dies.*, FPR 2006, 252 [254]; *Knittel*, JAmt 2006, 477 [478]; *Kropholler/ von Hein*, EuZPR⁹, Art. 10 EuVTVO, Rn. 4.

902 *Coester-Waltjen*, Jura 2005, 394 [396]; *Ernst*, JurBüro 2005, 568 [572]; *Jennissen*, InVo 2006, 263 [268]; *Kropholler/ von Hein*, EuZPR⁹, Art. 10 EuVTVO, Rn. 5.

903 Rauscher-*Papst*, Band II⁴, Art. 10 EuVTVO, Rn. 13.

904 Rauscher-*Papst*, Band II⁴, Art. 10 EuVTVO, Rn. 14.

905 *Jennissen*, InVo 2006, 263 [268].

2. *Widerruf gemäß Art. 10 Abs. 1 lit. b, 2, 3 EuVTVO*

Einen weitaus umfassenderen Rechtsbehelf bietet Art. 10 Abs. 1 lit. b EuVTVO mit der Möglichkeit des Widerrufs der Bestätigung als Europäischer Vollstreckungstitel. Durch ihn wird der Europäische Vollstreckungstitel nicht nur berichtigt, sondern er wird aus der Welt geschaffen, so dass eine Vollstreckung nicht mehr erfolgen kann. Eine Entscheidung des OLG Stuttgart[906] zeigt, dass die Möglichkeit des Antrags auf Widerruf ein ernst zu nehmender Rechtsbehelf im Rahmen der Verordnung darstellt[907], auch wenn der Widerruf in diesem Fall zu Unrecht erfolgte.

a) Voraussetzungen

Der Antrag ist in allen Fällen begründet, in denen die Bestätigung bzgl. der in der EuVTVO festgeschriebenen Voraussetzungen eindeutig zu Unrecht erteilt wurde gemäß Art. 10 Abs. 1 lit. b EuVTVO. In Betracht kommen etwa die Bestätigung einer Entscheidung außerhalb des Anwendungsbereichs des Art. 2 EuVTVO oder die Bestätigung eines Urteils über eine nicht gemäß Art. 3 EuVTVO unbestrittene Forderung sowie die Verletzung der Zuständigkeitsvorschriften in Art. 6 Abs. 1 lit. b EuVTVO oder bei Säumnisentscheidungen die Missachtung der Mindestvorschriften des Kapitels III zur Zustellung an den Schuldner und zur Belehrung des Schuldners.[908]

b) Der Begriff „Eindeutigkeit"

Nicht ganz klar ist, was mit dem Erfordernis der Eindeutigkeit zum Ausdruck gebracht werden soll.[909] Die Möglichkeit des Widerrufs in Art. 10 Abs. 1 lit. b EuVTVO stellt den einzigen Rechtsbehelf des Schuldners dar, wenn die Bestätigung einer Entscheidung, einer öffentlichen Urkunde oder eines Vergleichs als Europäischer Vollstreckungstitel unter Missachtung einer der in der EuVTVO statuierten Voraussetzungen erteilt wurde. Demgemäß sollten aus diesem Erfordernis keine zusätzlichen hohen Hürden für den Widerruf entnommen werden.[910] Es ist auch hier von

---

906 OLG Stuttgart 24.05.2007 IPRax 2008, 260 [260] = NJW-RR 2007, 1583 [1583].

907 So auch *Roth*, IPRax 2008, 235 [235].

908 Vgl. OGH 22.02.2007 – 3 Ob 253/06m = IPRax 2008, 440 [442]; *Stein*, IPRax 2004, 181 [190]; *Wagner*, IPRax 2005, 189 [197]; *ders.*, NJW 2005, 1157 [1159]; *Rellermeyer*, Rpfleger 2005, 389 [397]; *Gebauer*, NJ 2006, 103 [106]; *dies.*, FPR 2006, 252 [254]; *Jennissen*, InVO 2006, 263 [268]; *Knittel*, JAmt 2006, 477 [478]; *Kropholler/ von Hein*, EuZPR[9], Art. 10 EuVTVO, Rn. 6; *Stürner*, jurisPR-BGHZivil 12/2014 Anm. 1; Zöller[31]-*Geimer*, Art. 10 EuVTVO, Rn. 6.

909 Vgl. *Stadler*, RIW 2004, 801 [805]; *Wagner*, IPRax 2005, 189 [197]; *Pfeiffer*, BauR 2005, 1541 [1548]; *Jennissen*, InVo 2006, 263 [268]; *Kropholler/ von Hein*, EuZPR[9], Art. 10 EuVTVO, Rn. 7; Musielak[13]-*Lackmann*, Art. 10 EuVTVO, Rn. 3; Zöller[31]-*Geimer*, Art. 10 EuVTVO, Rn. 6.

910 *Pfeiffer*, BauR 2005, 1541 [1548]; *Kropholler/ von Hein*, EuZPR[9], Art. 10 EuVTVO, Rn. 7; Rauscher-*Papst*, Band II[4], Art. 10 EuVTVO, Rn. 15; Musielak[13]-*Lackmann*, Art. 10 EuVTVO, Rn. 3.

einer weiten Auslegung auszugehen. Es darf insbesondere nicht gefordert werden, dass sich das Fehlen der Voraussetzung ohne weiteres aus der Bestätigung ergeben muss. Denn der beispielsweise im Anhang VI unter Ziffer 6.1 angegebene Widerrufsgrund, dass die Bestätigung unter Verletzung der Vorschrift des Art. 6 Abs. 1 lit. d EuVTVO ergangen ist, lässt sich kaum aus der Bestätigung ersehen. Es ist nicht ohne weiteres erkennbar, wenn die bestätigte Entscheidung einen Verbrauchervertrag betrifft, bei welchem die Entscheidung in einem Mitgliedsstaat ergangen ist, in dem der Verbraucher keinen Wohnsitz hat.[911] Da es sich bei den als Europäischer Vollstreckungstitel zu bestätigenden Entscheidungen um solche bezüglich einer unbestrittenen Forderung handelt, kann sich die zuständige Stelle zumeist nur auf die Behauptungen des Gläubigers stützen. Aus dessen Aussagen und Schriftsätzen wird sich im Fall eines Verbrauchergeschäfts die Eigenschaft des Schuldners als Verbraucher aber im Zweifel nicht ergeben.

Sollten die im vorherigen Absatz angegebenen und zuvor beispielhaft aufgeführten Voraussetzungen der Verordnung nicht eingehalten worden sein, so erscheint es nicht denkbar, dass die Ablehnung des Widerrufs damit begründet wird, die Bestätigung sei nicht eindeutig zu Unrecht ausgestellt worden.[912] Das Merkmal der Eindeutigkeit sollte demgemäß den Widerruf nur verhindern, wenn nicht zweifelsfrei festgestellt ist, dass die Voraussetzungen der EuVTVO nicht eingehalten wurden.[913]

c) Zweifelsregelung

Da nur mit dem Widerrufsverfahren die Rechtswahrheit bei einem fälschlicherweise erteilten Europäischen Vollstreckungstitel erreicht werden kann, sollte das Merkmal „eindeutig" als Zweifelsregelung gesehen werden. Nur für den Fall, dass nicht klar ist, ob der Europäische Vollstreckungstitel zu Unrecht ergangen ist, also die Voraussetzungen der Verordnung möglicherweise nicht gewahrt wurden, stellt diese Zweifelsregelung klar, dass ein Widerruf nicht erfolgen soll. Der Schuldner trägt also die Darlegungs- und Beweislast für einen Mangel.[914] Dadurch wird meines Erachtens die Bedeutung des Europäischen Vollstreckungstitels gestärkt. Andererseits wird bei weiter Auslegung des Merkmals „eindeutig" ein funktionstüchtiges Instrument des Widerrufs geschaffen, mit dem der Schuldnerschutz und damit ein faires Verfahren gewährleistet werden kann. Dieses ist auch deshalb erforderlich, da im Zeitpunkt der Zustellung der Bestätigung Rechtsbehelfsfristen bezüglich des

---

911 *Jennissen*, InVo 2006, 263 [268]; *Kropholler/ von Hein*, EuZPR[9], Art. 10 EuVTVO, Rn. 7; siehe auch oben unter Teil 2, C., V., 1. zur Problematik der (fehlenden) Erkennbarkeit der Verbrauchereigenschaft des vermeintlichen Schuldners.

912 *Stein*, IPRax 2004, 181 [190 in Fn. 65]; *Bittmann*, in: *Gebauer/ Wiedmann* (Hrsg.)[2], Kap. 28, Rn. 85; Musielak[13]-*Lackmann*, Art. 10 EuVTVO, Rn. 3.

913 *Jennissen*, InVo 2006, 263 [268]; *Kropholler/ von Hein*, EuZPR[9], Art. 10 EuVTVO, Rn. 7.

914 Vgl. auch *Nagel/ Gottwald*, IZPR[7], 611, § 14, Rn. 41; Rauscher-*Papst*, Band II[4], Art. 10 EuVTVO, Rn. 16.

dieser Bescheinigung zugrunde liegenden Titels schon abgelaufen sein können. Erfährt der Schuldner aber verordnungswidrig – weil gegen die Mindeststandards aus welchem Grunde auch immer verstoßen wurde – erst durch diese Zustellung von dem Verfahren, so muss ihm der Antrag auf Widerruf als einziger Rechtsbehelf noch zustehen.

Tendenziell dürfte daher alles, was unrichtig ist, eindeutig unrichtig sein.[915] Gewissheit wird aber wohl nur der EuGH schaffen können.[916]

3. *Zuständigkeit und gemeinsame Bestimmungen in Art. 10 Abs. 2, 3 EuVTVO*

Der Antrag auf Berichtigung und der auf Widerruf sind gemäß Art. 10 Abs. 1 EuVTVO an das Ursprungsgericht, also das den Europäischen Vollstreckungstitel erlassende Gericht, zu richten.

a) Entscheidungszuständigkeit nach mitgliedsstaatlicher Regelung

Es bleibt den Mitgliedsstaaten überlassen, die genaue Zuständigkeit zu regeln.[917] Die gegenteilige Auffassung von *Leible* und *Lehmann*[918], wonach Art. 10 Abs. 1 EuVTVO nicht nur eine Antrags- sondern auch eine Entscheidungszuständigkeit enthalte, mag nicht zu überzeugen. Denn Art. 10 Abs. 2 EuVTVO regelt ausdrücklich, dass für die Berichtigung und den Widerruf das Recht des Ursprungsmitgliedsstaates maßgeblich ist. Damit wird auch die Regelung der Entscheidungszuständigkeit auf die Mitgliedsstaaten übertragen. Ein Hineindeuten dieser Zuständigkeitsbegründung in Absatz 1 würde der Regelung in Absatz 2 zuwiderlaufen und dem Wortlaut widersprechen. Außerdem ist es der Verordnung gerade zu Eigen, dass sie möglichst wenig in die nationalen Verfahrensordnungen eingreifen will, sondern nur Mindestvoraussetzungen vorschreibt. Auch die Ausgestaltung der Rechtsbehelfsverfahren inklusive der Entscheidungszuständigkeit gehört meines Erachtens dazu. Die Bestimmung, dass das Ursprungsgericht antragsberechtigt ist, dürfte damit begründet sein, dass dem im Ausland sitzenden Schuldner nur dieses bekannt ist. Damit macht die Festlegung nur einer Antragszuständigkeit auch einen Sinn – entgegen *Leible* und *Lehmann*[919]. Es soll dem Schuldner die Schwierigkeit der Ermittlung eines womöglich anderen zuständigen Rechtbehelfsgerichts abgenommen werden. Er kann den Rechtsbehelf bei dem Ursprungsgericht einreichen, auch wenn im (ausländischen) nationalen Recht ein anderes Gericht für die Entscheidung über

---

915 *Wagner*, IPRax 2005, 189 [197]; Rauscher-*Papst*, Band II[4], Art. 10 EuVTVO, Rn. 17.
916 *Wagner*, IPRax 2005, 189 [197]; Zöller[31]-*Geimer*, Art. 10 EuVTVO, Rn. 6.
917 *Kropholler/ von Hein*, EuZPR[9], Art. 10 EuVTVO, Rn. 3; Rauscher-*Papst*, Band II[4], Art. 10 EuVTVO, Rn. 18.
918 *Leible/ Lehmann*, NotBZ 2004, 453 [460].
919 *Leible/ Lehmann*, NotBZ 2004, 453 [460].

den Rechtsbehelf zuständig ist. Dieses ist meines Erachtens unabhängig von einer Belehrungspflicht sehr „anwenderfreundlich".

Gemäß Art. 24 Abs. 3 EuVTVO und Art. 25 Abs. 3 EuVTVO gilt Art. 10 EuVTVO für gerichtliche Vergleiche und öffentliche Urkunden entsprechend. Dazu gehört auch die Regelung über die Antragszuständigkeit in Art. 10 Abs. 1 EuVTVO. Folglich sind die Behörden und Notare, welche die öffentliche Urkunde erlassen haben, auch für die Entgegennahme der Anträge auf Berichtigung oder Widerruf zuständig. Ebenso wird der Antrag bei dem Ursprungsgericht eingereicht, vor dem der gerichtliche Vergleich geschlossen wurde oder welches den Vergleich bestätigt hat.

b) Verfahren

Die Absätze 2 und 3 des Art. 10 EuVTVO enthalten weitere Bestimmungen, die für die Berichtigung und den Widerruf der Bestätigung als Europäischer Vollstreckungstitel gemeinsam gelten.

In Art. 10 Abs. 2 EuVTVO ist geregelt, dass für das Verfahren der Berichtigung oder des Widerrufs das innerstaatliche Recht des Ursprungsmitgliedsstaats maßgeblich ist.[920] Die Mitgliedsstaaten haben dann gemäß Art. 30 Abs. 1 lit. a EuVTVO der Kommission die einschlägigen Regelungen mitzuteilen, welche diese gemäß Art. 30 Abs. 2 EuVTVO öffentlich zugänglich macht. Die Zugänglichmachung erfolgt im Amtsblatt der Europäischen Union (Art. 30 Abs. 2 EuVTVO) sowie über den bereits erwähnten Europäischen Gerichtsatlas[921].

In Deutschland ist das Verfahren in § 1081 ZPO geregelt. Einzelheiten dazu finden sich im nächsten Unterpunkt.[922]

c) Rechtsbehelfe

Auch etwaige Rechtsmittel gegen die Entscheidung über einen Antrag auf Widerruf und Berichtigung kann der Mitgliedsstaat selbstständig regeln.[923] Denn die Verordnung verweist auf die *lex fori* und trifft keine eigenständigen Regelungen. Auch Art. 10 Abs. 4 EuVTVO steht dem nicht entgegen, da dieser sich nur auf Rechtsbehelfe außerhalb des Berichtigungs- und Widerrufsverfahrens bezieht.

---

920 Vgl. auch *Coester-Waltjen*, Jura 2005, 394 [396]; *Wagner*, IPRax 2005, 189 [197]; *ders.*, NJW 2005, 1157 [1159]; *Rellermeyer*, Rpfleger 2005, 389 [400]; *Klippstein*, in: *Gebauer/ Wiedmann* (Hrsg.)[1], Kap. 31, Rn. 47; *Gebauer*, NJ 2006, 103 [106]; *dies.*, FPR 2006, 252 [254]; *Jennissen*, InVo 2006, 263 [268]; *Bittmann*, in: *Gebauer/ Wiedmann* (Hrsg.)[2], Kap. 28, Rn. 88.

921 Siehe schon Teil 1, C., IV.; der Europäische Gerichtsatlas ist im Internet zu finden unter: https://e-justice.europa.eu/content_european_judicial_atlas_in_civil_matters-321-de.do.

922 Siehe Teil 4, A., IV., 4.

923 *Wagner*, IPRax 2005, 189 [197]; Rauscher-*Papst*, Band II[4], Art. 10 EuVTVO, Rn. 19.

d) (Fakultatives) Formblatt

Gemäß Art. 10 Abs. 3 EuVTVO kann (fakultativ) für den Antrag das Formblatt in Anhang VI verwandt werden, zwingend ist dieses aber nicht.

4. Deutsche Durchführungsbestimmungen, § 1081 ZPO

Die Zuständigkeit ist in Deutschland in § 1081 Abs. 1 ZPO für die Berichtigung und den Widerruf einheitlich geregelt, so dass sich die diesbezüglichen nachfolgenden Ausführungen gleichermaßen auf die Berichtigung und den Widerruf beziehen.

a) Zuständigkeit

Der Antrag auf Berichtigung oder Widerruf ist in Deutschland gemäß § 1081 Abs. 1 S. 1 ZPO an das Gericht zu richten, welches die Bestätigung ausgestellt hat. Es ist nach Satz 2 dieser Vorschrift auch zuständig für die Entscheidung über den Antrag.[924] Antrags- und Entscheidungszuständigkeit decken sich also.

Bei notariellen oder behördlichen Bestätigungen ist der Antrag gemäß § 1081 Abs. 1 S. 3 ZPO an die Stelle zu richten, welche die Bestätigung nach § 1079 ZPO ausgestellt hat. Die Entscheidung über den Antrag fällt gemäß § 1081 Abs. 1 S. 4 ZPO dem Amtsgericht zu, in dessen Bezirk die Notare oder Behörden ihren Sitz haben.[925] Dieses ist für Urkunden des Jugendamtes durch Ergänzung des § 60 S. 3 Nr. 2 SGB VIII ausdrücklich klargestellt worden.[926]

Die Notare und Behörden müssen den Antrag unverzüglich im Sinne des § 121 Abs. 1 S. 1 BGB, also ohne schuldhaftes Zögern, an das zuständige Amtsgericht weiterleiten.[927]

Funktionell zuständig ist der Rechtspfleger nach der mit dem EU-Vollstreckungstitel-Durchführungsgesetz neu geschaffenen Spezialzuständigkeit in § 20 Nr. 11 RPflG und nicht der Urkundsbeamte der Geschäftsstelle.[928] Dasselbe gilt für

---

924 *Wagner*, IPRax 2005, 401 [404]; *Jayme/ Kohler*, IPRax 2005, 481 [486]; *Rellermeyer*, Rpfleger 2005, 389 [400]; *Knittel*, JAmt 2006, 477 [478]; *Kropholler/ von Hein*, EuZPR⁹, Art. 10 EuVTVO, Rn. 13.

925 Vgl. *Wagner*, IPRax 2005, 401 [404]; *Jayme/ Kohler*, IPRax 2005, 481 [486]; *Rellermeyer*, Rpfleger 2005, 389 [400]; *Knittel*, JAmt 2006, 477 [478]; *Kropholler/ von Hein*, EuZPR[9], Art. 10 EuVTVO, Rn. 14; *Geimer*, IZPR[7], 1245, Rn. 3194; B/L/A/H[74]-*Hartmann*, ZPO, § 1081 ZPO, Rn. 4.

926 Vgl. *Knittel*, JAmt 2006, 477 [478].

927 *Wagner*, IPRax 2005, 401 [404]; *Rellermeyer*, Rpfleger 2005, 389 [400]; *Knittel*, JAmt 2006, 477 [478]; B/L/A/H[74]-*Hartmann*, ZPO, § 1081 ZPO, Rn. 4.

928 Vgl. OLG Zweibrücken 16.12.2008, Rpfleger 2009, 222 [222, Rn. 2]; *Wagner*, IPRax 2005, 401 [404]; *Jayme/ Kohler*, IPRax 2005, 481 [486]; *Reichel*, NZA 2005, 1096 [1099]; *Goebel*, VE 2006, 99 [99]; *Bittmann*, IPRax 2011, 361 [361]; *Kropholler/ von Hein*, EuZPR[9], Art. 10 EuVTVO, Rn. 15; HkZPO[6]-*Saenger*, § 1079 ZPO, Rn. 4; B/L/A/H[74]-*Hartmann*, ZPO, § 1081 ZPO, Rn. 4.

notarielle oder behördliche Bestätigungen gemäß §§ 1081 Abs. 1 S. 4 ZPO, 60 S. 3 Nr. 2 SGB VIII. Eine Vorlage an den Richter nach § 5 Abs. 2 RPflG bleibt möglich.[929]

Problematisch ist hier allerdings erneut[930], dass der Rechtspfleger nach der neu geschaffenen Spezialzuständigkeit in § 20 Nr. 11 RPflG auch für die Bestätigung als Europäischer Vollstreckungstitel zuständig ist. Dementsprechend erfolgt hier eine Selbstkontrolle sowohl bei der Berichtigung als auch beim Widerruf gemäß Art. 10 EuVTVO. Selbst bei Vorlage an den Richter ist nicht ausgeschlossen, dass dieser sich selbst kontrolliert, denn auch im Bestätigungsverfahren ist die Vorlage an den Richter möglich. Hier bleibt nur zu hoffen, dass bei Gericht die notwendige Einsicht herrscht, auf (ggf. detailliert begründeten) Antrag die eigene Entscheidung oder die der Kollegen ordentlich und genau zu überprüfen. Hier dürfte es meines Erachtens die Aufgabe der Verfahrensbevollmächtigten/ Rechtsanwälte sein, die Gerichte oder die sonst zuständigen Stellen zu „überzeugen“. Bei Begründetheit ist der (ggf. von einem selbst bestätigte) Europäische Vollstreckungstitel zu berichtigen oder zu widerrufen.

Bei notariellen und behördlichen Bestätigungen (öffentliche Urkunden) stellt sich dieses Problem nicht, da das Amtsgericht für das Berichtigungs- und Widerrufsverfahren zuständig ist. Hier ist dann eine Trennung der Zuständigkeit für die Bestätigung und der Zuständigkeit für Berichtigung oder Widerruf gegeben.

Eine weitere Entscheidung des OLG Stuttgart[931] zeigt aber, dass ein Rechtspfleger durchaus einem Widerrufsantrag entspricht. Der von dem Rechtspfleger richtigerweise vorgenommene Widerruf wurde vom OLG Stuttgart bestätigt.

b) Spezielle Regelungen für den Antrag auf Widerruf

Bezüglich des Antrags auf Widerruf ist noch zu ergänzen, dass dieser gemäß § 1081 Abs. 1 ZPO stets zu begründen ist und nur innerhalb einer Notfrist von einem Monat bzw. bei Zustellung der Bestätigung im Ausland von zwei Monaten zulässig ist.[932] Der Antrag auf Berichtigung ist hingegen an keine Frist gebunden.

aa) Frist

Die Frist für den Antrag auf Widerruf schafft Rechtssicherheit für den Gläubiger, der sich nach dieser Frist auf den Bestand der Bestätigung – abgesehen von der Berichtigungsmöglichkeit – verlassen kann.[933] Die Frist beginnt nach § 1081 Abs. 1

---

929 Siehe Teil 2, C., III., 3., b) aa).

930 Wie schon oben bei Teil 2, C., III., 3., b) bb) sowie unten Teil 4, A., IV., 4., a) ausgeführt.

931 OLG Stuttgart 03.06.2008 NJW-RR 2009, 934 [935].

932 *Wagner*, IPRax 2005, 401 [404]; *Ernst*, JurBüro 2005, 568 [572]; *Jennissen*, InVo 2006, 263 [268]; *Knittel*, JAmt 2006, 477 [479]; *Kropholler/ von Hein*, EuZPR[9], Art. 10 EuVTVO, Rn. 16; *Geimer*, IZPR[7], 1245, Rn. 3195.

933 Vgl. Begr. RegE, BT-Drucks. 15/5222, 14 (Zu § 1081 ZPO-E) = BR-Drucks. 88/05, 25; *Wagner*, IPRax 2005, 401 [404]; *Jennissen*, InVo 2006, 263 [268]; *Kropholler/*

S. 2 ZPO grundsätzlich mit der Zustellung der Bestätigung zu laufen und ist gemäß § 1081 Abs. 2 S. 3 ZPO eine Notfrist, so dass bei unverschuldeter Versäumung eine Wiedereinsetzung (§ 233 ZPO) stattfinden kann.[934] Die Notfrist beginnt jedoch nach § 1081 Abs. 2 S. 3 ZPO nicht zu laufen, bevor dem Schuldner nicht auch der der Bestätigung zugrundeliegende Titel zugestellt worden ist. Dadurch wird gewährleistet, dass dem Schuldner sowohl der Titel als auch dessen Bestätigung vorliegen und er anhand beider Dokumente innerhalb des gesamten Fristlaufs Widersprüche zwischen dem Titel und dessen Bestätigung aufdecken und das Vorliegen von Widerrufsgründen prüfen kann.

Zu bedenken ist, dass die EuVTVO in Art. 10 keine Frist vorsieht, so dass diese Bestimmung verordnungs- und damit europarechtswidrig sein könnte.[935]

Für die Unwirksamkeit der Norm spreche, dass die Einführung einer Frist über eine Verfahrensregelung hinausgehe und eine Frist in der Verordnung nicht vorgesehen sei, so dass das Recht teilweise eingeschränkt werde.[936]

Dem ist jedoch nicht zuzustimmen. Die Verordnung schreibt nur die Existenz eines Verfahrens zur Berichtigung und zum Widerruf vor, die verfahrensrechtliche Ausgestaltung bleibt aber gemäß Art. 10 Abs. 2 EuVTVO den Mitgliedsstaaten vorbehalten.[937] Zu dieser verfahrensrechtlichen Ausgestaltung gehört auch die Bestimmung einer Frist. Daher bleibt es den nationalen Gesetzgebern unbenommen, eine Frist für den Antrag auf Widerruf vorzusehen, die als solche der Rechtssicherheit dient und von der Dauer her die Schuldnerbelange angemessen berücksichtigt und damit wahrt, zumal sie sich an der Rechtsmittelfrist in Art. 43 Abs. 5 EuGVVO a.F. orientiert.[938] Da die Verordnung sämtliche Regelungen über das Verfahren der Berichtigung und des Widerrufs den mitgliedsstaatlichen Gesetzgebern überlässt, ist die Einführung einer solchen angemessenen Frist nicht verordnungswidrig. Der Gläubiger muss in einer angemessenen Zeit die Gewissheit haben, dass die Bestätigung als Europäischer Vollstreckungstitel Bestand haben wird. Demnach durfte der deutsche Gesetzgeber in § 1081 Abs. 2 ZPO eine Notfrist von einem Monat bzw. zwei Monaten vorsehen. Die Ausgestaltung als Notfrist gewährleistet, dass die Wiedereinsetzung bei unverschuldeter Fristsäumnis möglich ist.

---

von Hein, EuZPR⁹, Art. 10 EuVTVO, Rn. 16; *Geimer*, IZPR⁷, 1245, Rn. 3195; Zöller³¹-*Geimer*, § 1081 ZPO, Rn. 5.

934 *Knittel*, JAmt 2006, 477 [479]; *Kropholler/ von Hein*, EuZPR⁹, Art. 10 EuVTVO, Rn. 16.

935 Vgl. *Jennissen*, InVo 2006, 263 [268]; so *Leible/ Lehmann*, NotBZ 2004, 453 [460]; *Franzmann*, MittBayNot 2005, 470 [473]; Thomas/ Putzo³⁷-*Hüßtege*, § 1081 ZPO, Rn. 6.

936 Musielak¹³-*Lackmann*, § 1081 ZPO, Rn. 4; Thomas/ Putzo³⁷-*Hüßtege*, § 1081 ZPO, Rn. 6.

937 *Stein*, IPRax 2004, 181 [190]; *Wagner*, IPRax 2005, 189 [197]; *Jennissen*, InVo 2006, 263 [268]; *Bittmann*, in: *Gebauer/ Wiedmann* (Hrsg.)², Kap. 28, Rn. 90.

938 *Reichel*, NZA 2005, 1096 [1099]; *Rellermeyer*, Rpfleger 2005, 398 [400]; *Jennissen*, InVo 2006, 263 [268]; Zöller³¹-*Geimer*, § 1081 ZPO, Rn. 5.

bb) Begründung

Gemäß § 1081 Abs. 2 S. 3 ZPO bedarf es der Darlegung der Gründe, warum die Bestätigung eindeutig zu Unrecht erteilt worden ist. Dieses dient dem Zweck, dass aus dem Titel, der Bestätigung und der Begründung des Widerrufsantrags direkt ersichtlich sein soll, ob der Widerrufsantrag begründet ist.[939] Das Begründungserfordernis fördert also eine schnelle Entscheidung und liegt damit auf einer Linie mit dem Ziel der Verordnung, die Vollstreckung von Urteilen zu beschleunigen.

Fraglich ist, was passiert, wenn die Begründung fehlt. Mangels Anhaltspunkten, welche Voraussetzung missachtet worden sein sollte, dürfte ein Antrag auf Widerruf ohne Begründung vermutlich der Erfolg versagt bleiben. Meines Erachtens muss vor Abweisung des Antrags ein rechtlicher Hinweis erfolgen.

Sollte trotz Hinweises eine Begründung nicht nachgereicht werden, so ist eine Abweisung als unzulässig oder unbegründet denkbar.

c) Entscheidung durch Beschluss

Das zuständige Gericht entscheidet durch Beschluss. Der Beschluss, welcher die Berichtigung oder den Widerruf ausspricht, ist auf der Bestätigung gemäß § 1081 Abs. 3 ZPO iVm. § 319 Abs. 2 ZPO analog zu vermerken.[940] Damit ist ausgeschlossen, dass aus der ursprünglichen und unrichtigen Bestätigung die Vollstreckung betrieben wird, obwohl eine Berichtigung bzw. ein Widerruf erfolgt ist.

d) Rechtsbehelfe

In Deutschland ordnet § 1081 Abs. 3 ZPO sowohl für die Berichtigung als auch für den Widerruf einheitlich die entsprechende Anwendung der Absätze 2 und 3 des § 319 ZPO an, weil es in der Praxis zu Schwierigkeiten bei der Abgrenzung zwischen Berichtigung und Widerruf kommen könne.[941]

Der Verweis hat zur Folge, dass gegen die Ablehnung eines Berichtigungs- oder Widerrufsantrags nur die befristete Rechtspflegererinnerung gemäß § 11 Abs. 2 RPflG eingelegt werden kann (§§ 1081 Abs. 3, 319 Abs. 3 1. HS ZPO).[942] Dieses

939 *Knittel*, JAmt 2006, 477 [479]; Zöller[31]-*Geimer*, § 1081 ZPO, Rn. 6.

940 *Wagner*, IPRax 2005, 401 [404]; *Rellermeyer*, Rpfleger 2005, 389 [400 f.]; *Knittel*, JAmt 2006, 477 [479]; Musielak[13]-*Lackmann*, § 1081 ZPO, Rn. 5.

941 *Rellermeyer*, Rpfleger 2005, 389 [400]; *Reichel*, NZA 2005, 1096 [1099]; *Knittel*, JAmt 2006, 477 [479]; *Geimer*, IZPR[7], 1245, Rn. 3193; Zöller[31]-*Geimer*, § 1081 ZPO, Rn. 3.

942 Begr. RegE, BT-Drucks. 15/5222, 14 (Zu § 1081 ZPO-E); vgl. BGH 21.07.2011 NJW 2012, 858 [858]; OLG Zweibrücken 16.12.2008, Rpfleger 2009, 222 [222, Rn. 2] = BeckRS 2009, 01937; OLG Stuttgart 12.05.2009 BeckRS 2012l, 02792; *Rellermeyer*, Rpfleger 2005, 389 [401]; *Jennissen*, InVo 2006, 263 [268]; Bassenge/ Roth[12]-*Roth*, § 20 RPflG, Rn. 24; *Bittmann*, IPRax 2011, 361 [361]; *ders.*, AnwBl. 2011, 378 [380]; *Radke*, in: *Kindl/ Meller-Hannich/ Wolf* (Hrsg.)[2], § 11 RPflG, Rn. 10; *Nagel/ Gottwald*, IZPR[7], 668, § 14, Rn. 42; *Schlosser*/ Hess, EU-ZPR[4], Art. 10 EuVTVO,

folgt zwar bereits aus dem Umstand, dass der Rechtspfleger funktionell zuständig ist, hätte aber aus Gründen der Rechtsklarheit ausdrücklich in § 1081 Abs. 3 ZPO bestimmt werden können,[943] da es sich aus dem Verweis auf § 319 Abs. 3 ZPO nicht ergibt. Wenn der Richter ausnahmsweise selbst, wie etwa aufgrund einer Vorlage gemäß § 5 Abs. 2 RPflG, oder aufgrund einer Erinnerung gegen die Entscheidung des Rechtspflegers entschieden hat, besteht keine Rechtsschutzmöglichkeit nach § 319 Abs. 3 ZPO.[944] Dieses dürfte mit der Annahme zu begründen sein, der Richter habe ausreichende Rechtskenntnisse, um direkt richtig zu entscheiden. Zudem wird bei ablehnender Entscheidung die vorher ergangene Bestätigung als Europäischer Vollstreckungstitel bestätigt.

Wird dem Antrag dagegen durch Beschluss stattgegeben, so steht gemäß § 319 Abs. 3 2. HS ZPO die sofortige Beschwerde gemäß § 11 Abs. 1 RPflG iVm. §§ 567 ff. ZPO zur Verfügung.[945] Dieses gilt sowohl für die Entscheidung des Rechtspflegers als auch für die des Richters. Ebenso gilt es, wenn der Richter auf eine Erinnerung gegen die den Widerruf ablehnende Entscheidung des Rechtspflegers gemäß § 11 Abs. 2 RPflG die Bestätigung widerruft.[946] Die Begründung der Gegenansicht, dass § 11 Abs. 2 RPflG die Möglichkeit der sofortigen Beschwerde verböte, vermag nicht zu überzeugen, da der Wortlaut und die Systematik der Rechtspflegererinnerung das ausdrücklich in § 319 Abs. 3 ZPO gesetzlich normierte Rechtsmittel nicht ausschließen können.[947]

In der Literatur wird demgegenüber fälschlicherweise teilweise angenommen, dass gegen die stattgebende Entscheidung generell kein Rechtsbehelf möglich sei.[948] Die eindeutige Regelung des § 319 Abs. 3 2. HS ZPO, die analog angewandt wird, besagt aber, dass gegen den Beschluss, welcher (hier) die Berichtigung oder den Widerruf ausspricht, die sofortige Beschwerde stattfindet.

Rn. 5; Rauscher-*Papst*, Band II[4], Art. 10 EuVTVO, Rn. 29; Arnold/ Meyer-Stolte-*Rellermeyer*, RPflG[8], § 20, Rn. 30; HkZPO[6]-*Saenger*, § 1081 ZPO, Rn. 5; Musielak[13]-*Lackmann*, § 1081 ZPO, Rn. 5; Zöller[31]-*Geimer*, § 1081 ZPO, Rn. 9.

943 *Reichel*, NZA 2005, 1096 [1099].

944 Vgl. BGH 21.07.2011 NJW 2012, 858 [858]; *Rellermeyer*, Rpfleger 2005, 389 [401]; *Jennissen*, InVo 2006, 263 [268].

945 Vgl. BGH 21.07.2011 NJW 2012, 858 [858]; OLG Stuttgart 03.06.2008 NJW-RR 2009, 934 [935]; OLG Nürnberg 10.08.2009 BeckRS 2009, 28648; *Rellermeyer*, Rpfleger 2005, 389 [401]; *Riedel*, ProzRB 2005, 324 [329]; *Jennissen*, InVo 2006, 263 [268]; *Knittel*, JAmt 2006, 477 [479]; Bassenge/ Roth[12]-*Roth*, § 20 RPflG, Rn. 24; *Bittmann*, IPRax 2011, 361 [361]; *ders.*, AnwBl. 2011, 378 [380]; Rauscher-*Papst*, Band II[4], Art. 10 EuVTVO, Rn. 30; Arnold/ Meyer-Stolte-*Rellermeyer*, RPflG[8], § 20, Rn. 30; Musielak[13]-*Lackmann*, § 1081 ZPO, Rn. 5; Zöller[31]-*Geimer*, § 1081 ZPO, Rn. 8; a.A. *Wagner*, IPRax 2005, 401 [404]: kein Rechtsbehelf.

946 BGH 21.07.2011 NJW 2012, 858 [858]; a.A. OLG Stuttgart 12.05.2009 BeckRS 2012, 02792.

947 Vgl. BGH 21.07.2011 NJW 2012, 858 [859].

948 So *Wagner*, IPRax 2005, 401 [404].

Im Rahmen der Darstellung des nationalen Rechtsbehelfs nach §§ 567 ff. ZPO unter Teil 4, C., IV. werden die Voraussetzungen für die sofortige Beschwerde und das Verfahren näher erläutert. Deshalb sei hier auf diese Ausführungen verwiesen. In der Begründetheit kommt es auf die soeben erläuterten Voraussetzungen der Berichtigung bzw. des Widerrufs nach der EuVTVO an.

Damit einher geht eine Bevorzugung des Gläubigers.[949] Denn bei ablehnenden Entscheidungen durch den Richter, die insbesondere beim Widerruf nur zu Lasten des Schuldners ergehen, ist kein Rechtsbehelf gegeben. Bei stattgebenden Entscheidungen ist hingegen stets die sofortige Beschwerde statthaft gemäß § 1081 Abs. 3 ZPO iVm. § 319 Abs. 3 2. HS ZPO analog.

Dem Schuldner, der es regelmäßig ist, der den Widerrufsantrag stellt und der auch zumeist ein größeres Interesse an der Berichtigung hat, wird damit eine Instanz weniger zugebilligt. Dieses ist europarechtlich nicht vorgegeben[950], denn – wie eingangs dargestellt – schließt Art. 10 Abs. 4 EuVTVO nur Rechtsbehelfe gegen die Bestätigung selbst aus. Rechtsbehelfsmöglichkeiten im Berichtigungs- und Widerrufsverfahren bleiben hingegen den nationalen Gesetzgebern der Mitgliedsstaaten überlassen.

Die Ungleichbehandlung folgt daraus, dass bei der einheitlichen Verweisung auf § 319 Abs. 2 und 3 ZPO für Berichtigung und Widerruf die fehlende Anfechtungsmöglichkeit bei der Berichtigung beide Parteien treffen kann. Beim Widerruf trifft diese jedoch nur den Schuldner, weil bei Stattgabe für den Gläubiger noch die sofortige Beschwerde bleibt. Da beim Widerruf der Schuldner immer der Antragsteller ist und der Gläubiger der Antragsgegner, wird dem Gläubiger einseitig ein Rechtsbehelf zugestanden, dem Schuldner als Antragsteller hingegen nicht.

Hier stellt sich also die Frage, ob diese verfassungsrechtlich nicht unproblematische[951] Ungleichbehandlung sachlich gerechtfertigt ist. Denn auf den ersten Blick mutet sie unverständlich an. Jedoch ist zu erkennen, dass im Fall der Zurückweisung des Widerrufsantrags bereits zwei Entscheidungen bestehen, welche denselben Standpunkt vertreten. Sowohl die Entscheidung über die Bestätigung als Europäischer Vollstreckungstitel als auch die über den Widerrufsantrag sehen keinen Verstoß gegen die Verordnung und befinden die Bescheinigung als richtig.

In dem Fall hingegen, dass dem Widerrufsantrag stattgegeben wird, widersprechen sich die Entscheidung über die Ausstellung der Bestätigung als Europäischer Vollstreckungstitel und die Widerrufsentscheidung. Hier erscheint es dem deutschen Gesetzgeber anscheinend eher nötig, einen Rechtsbehelf vorzusehen, um durch eine nächste Instanz den Konflikt zu lösen.

Dies ist plausibel, denn bei zwei sich widersprechenden Entscheidungen ist die Möglichkeit einer Entscheidung durch eine höhere Instanz angezeigt. Besteht hingegen in der Ausgangsentscheidung und der Rechtsbehelfsentscheidung Einigkeit,

949 Vgl. *Jennissen*, InVo 2006, 263 [268].
950 *Jennissen*, InVo 2006, 263 [268].
951 *Jennissen*, InVo 2006, 263 [268].

ist eine weitere Instanz nicht zwingend erforderlich. Eine solche Regelung ist also mit rechtsstaatlichen Grundsätzen vereinbar.

Folglich lässt sich daraus eine sachliche Rechtfertigung der Differenzierung entnehmen.

e) Kosten

Für das Verfahren des Widerrufs ist keine besondere Kostenvorschrift für Gerichtskosten im GKG-Kostenverzeichnis enthalten. Es fallen keine gesonderten Gerichtskosten an.[952]

Das Rechtsmittelverfahren im Verfahren über Berichtigung oder Widerruf der Bestätigung als Europäischer Vollstreckungstitel nach Art. 10 EuVTVO kostet 60,00 Euro gemäß Nr. 1523 Ziff. 2 KV GKG in dem Fall, dass das Rechtsmittel verworfen oder zurückgewiesen wird. Wird dem Rechtsbehelfsverfahren dagegen stattgegeben, ist es gerichtgebührenfrei.[953]

Ebenso wie die Ausstellung der Bestätigung als Europäischer Vollstreckungstitel zum Rechtszug des ihm zugrunde liegenden Titels gehört, so ist dieses auch bei der Berichtigung und dem Widerruf. Sie stellen also gemäß § 19 Abs. 1 S. 2 Nr. 9 RVG Tätigkeiten dar, die zu dem Verfahren auf Erlangung des Titels, um dessen Bestätigung es geht, gehören. Es fällt daher grundsätzlich keine gesonderte Rechtsanwaltsgebühr an. Anders ist dieses natürlich dann, wenn bei Titelerlangung der Rechtsanwalt, der das Berichtigungs- oder Widerrufsverfahren durchführt, für den Schuldner nicht aufgetreten ist, weil etwa keine Vertretung erfolgte, ein anderer Prozessbevollmächtigter auftrat oder der Titel ohne gerichtliches Verfahren entstanden ist – wie beispielsweise bei einer öffentlichen Urkunde. Dann fallen für das Verfahren selbstverständlich auch Rechtsanwaltsgebühren an.

Die Gebühren für den Rechtsanwalt richten sich in diesem Fall nach den allgemeinen Bestimmungen, mithin eine 0,3-Verfahrensgebühr nach Nr. 3309 VV RVG und eine etwaige 0,3-Terminsgebühr nach Nr. 3310 VV RVG.

V. Antrag auf Gegenbestätigung, Art. 6 Abs. 2 EuVTVO

Die Vollstreckbarkeit auch des Europäischen Vollstreckungstitels besteht gemäß Art. 11 EuVTVO nur im Rahmen der Vollstreckbarkeit der Entscheidung beziehungsweise des ihm zugrunde liegenden Titels. Eine Beseitigung, Aussetzung oder Einschränkung der Vollstreckbarkeit dieses Titels im Ursprungsmitgliedsstaat bewirkt daher grundsätzlich unmittelbar auch die Beseitigung, Aussetzung oder Einschränkung in den anderen Mitgliedsstaaten.[954] Denn die Entscheidung bzw. der

---

952 Ebenso Musielack[11]-*Lackmann*, § 1081 ZPO, Rn. 6.

953 Vgl. OLG Stuttgart 24.05.2007 IPRax 2008, 260 [261] = NJW-RR 2007, 1583 [1584] – der Beschwerde wurde stattgegeben, einer Kostenentscheidung bedurfte es nicht.

954 *Gebauer*, FPR 2006, 252 [254]; Rauscher-*Papst*, Band II[4], Art. 11 EuVTVO, Rn. 2; vgl. auch oben Teil 2, D.

Titel darf im Ausland nicht leichter vollstreckbar sein als im Ursprungsmitgliedsstaat. Dieses stellt einen Grundsatz der Verordnung dar, der in Art. 11 EuVTVO niedergelegt wurde.[955] Dennoch sieht man es dem Europäischen Vollstreckungstitel nicht an, dass die Vollstreckbarkeit der ihm zugrunde liegende Entscheidung beseitigt, ausgesetzt oder beschränkt wurde.

Außerdem beachtet das Vollstreckungsorgan im Vollstreckungsmitgliedsstaat nur die Hindernisse aus dem eigenen Verfahrensrecht.[956] Eine Überprüfung von Hindernissen aus dem Ursprungsmitgliedsstaat findet nicht statt und ist dem Vollstreckungsorgan wegen des Verbots der *révision au fond* gemäß Art. 21 Abs. 2 EuVTVO auch verwehrt.

Demgemäß ist eine Einschränkung zwar grundsätzlich beachtlich, es soll schließlich keine leichtere Vollstreckung als im Ursprungsmitgliedsstaat bewirkt werden[957], diese ist aber gegebenenfalls vom Schuldner geltend zu machen. Dazu dient die Gegenbestätigung aus Art. 6 Abs. 2 EuVTVO.

1. *Regelung des Art. 6 Abs. 2 EuVTVO*

Wenn ein solcher Fall eintritt, so wird auf jederzeitigen Antrag (regelmäßig des Schuldners) mittels des Formulars in Anhang IV eine Bestätigung der Nichtvollstreckbarkeit bzw. der Aussetzung oder Beschränkung der Vollstreckbarkeit ausgestellt (Art. 6 Abs. 2 EuVTVO). Nach Erhalt dieser Gegenbestätigung kann er sie dem vom Gläubiger vorgelegten Europäischen Vollstreckungstitel entgegenhalten und damit die Vollstreckung verhindern.[958] Dem Wortlaut der Vorschrift zufolge erstreckt sich diese zwar nur auf Entscheidungen, sie gilt aber ebenso wie die Berichtigung und der Widerruf entsprechend für gerichtliche Vergleiche (Art. 24 Abs. 3 EuVTVO) und öffentliche Urkunden (Art. 25 Abs. 3 EuVTVO).[959]

Schon vor der Entscheidung des Ursprungsgerichts über die Ausstellung der Bestätigung der Nichtvollstreckbarkeit oder Beschränkung der Vollstreckbarkeit kann der Schuldner beim zuständigen Gericht im Vollstreckungsmitgliedsstaat einen Antrag nach Art. 23 EuVTVO auf Aussetzung oder Beschränkung der Vollstreckung stellen. Näheres zu diesem Antrag ist unten unter Teil 4, B., II. dargestellt.

Der Antrag auf Gegenbestätigung ist an das Ursprungsgericht im Sinne des Art. 4 Nr. 6 EuVTVO zu richten.[960] Welche Stelle genau zuständig ist, richtet sich dann wieder nach den nationalen Vorgaben. Da Art. 6 Abs. 2 EuVTVO entsprechend für gerichtliche Vergleiche und öffentliche Urkunden gilt, sind auch dort die Stellen

---

955 *Stein*, EuZW 2004, 679 [682]; *Kropholler/ von Hein*, EuZPR[9], Art. 6 EuVTVO, Rn. 16.

956 EuGH 29.04.1999 – Rs. C-267/97 Slg. 1999, I 2543 [2572, Rn. 32 und 33] = ZZPInt 1999, 272 [276] – *Coursier*; *Mankowski*, ZZPInt 1999, 276 [282]; *Rellermeyer*, Rpfleger 2005, 389 [394].

957 Vgl. auch KOM (2004) 90 endg., 9 (zu Art. 8y).

958 *Kropholler/ von Hein*, EuZPR[9], Art. 6 EuVTVO, Rn. 16.

959 Vgl. *Wagner*, IPRax 2005, 189 [197]; Musielak[13]-*Lackmann*, Art. 6 EuVTVO, Rn. 3, 10.

960 *Kropholler/ von Hein*, EuZPR[9], Art. 6 EuVTVO, Rn. 16 und 3.

für die Erteilung der Gegenbestätigung zuständig, die den Titel erlassen haben. Bei gerichtlichen Vergleichen ist also das Gericht zuständig, das den Vergleich gebilligt hat, bei öffentlichen Urkunden der Notar oder die sonst zuständige Person, welche die Urkunde erstellt hat.

2. Regelung im deutschen Recht

In Deutschland finden sich die entsprechenden Regelungen in den §§ 1079, 1085 ZPO iVm. § 20 Nr. 11 RPflG sowie in §§ 775 f. ZPO.

a) Zuständigkeit

Nach deutschem Recht sind gemäß § 1079 ZPO die Stellen (Gerichte, Behörden oder Notare) zuständig, denen die Erteilung einer vollstreckbaren Ausfertigung obliegt. Diese Zuständigkeit deckt sich mit der für die Ausstellung der Bestätigung als Europäischer Vollstreckungstitel.

Bei Gericht ist nach § 20 Nr. 11 RPflG funktional der Rechtspfleger zuständig.

Ansonsten sind die Notare bzw. Behörden zuständig, die den Titel geschaffen haben. Beim Anwaltsvergleich nach § 796a ZPO kommt es darauf an, von wem er für vollstreckbar erklärt wurde gemäß § 796b ZPO oder § 796c ZPO.[961] Im Fall des § 796b ZPO wird der Anwaltsvergleich durch das Prozessgericht für vollstreckbar erklärt. Dieses ist nach § 796b Abs. 1 ZPO das Gericht, das für die gerichtliche Geltendmachung des zu vollstreckenden Anspruchs zuständig wäre. Das Gericht ist dann auch für die Gegenbestätigung gemäß Art. 6 Abs. 2 EuVTVO zuständig. Die sachliche Zuständigkeit richtet sich nach den allgemeinen Vorschriften (§§ 23, 23a, 71 GVG). Sind örtlich mehrere Gerichte zuständig, so steht dem Antragsteller nach § 35 ZPO ein Wahlrecht zu, weil § 802 ZPO nicht gilt.[962]

Wird der Vergleich mit Zustimmung der Parteien von einem Notar, der seinen Amtssitz im Bezirk eines nach § 796a Abs. 1 ZPO zuständigen Gerichts hat, in Verwahrung genommen und gemäß § 796c Abs. 1 S. 1 ZPO für vollstreckbar erklärt, so ist der Notar auch für die Gegenbestätigung zuständig.

b) Wirkung

Wenn aus einem Europäischen Vollstreckungstitel im Inland vollstreckt werden soll und dem Vollstreckungsorgan eine Gegenbestätigung gemäß Art. 6 Abs. 2 EuVTVO vorgelegt wird, so ist die Zwangsvollstreckung gemäß § 1085 ZPO entsprechend § 775 ZPO einzustellen oder zu beschränken.[963] Bezüglich der bereits getroffenen Vollstreckungsmaßnahmen gilt § 776 ZPO analog für die Aufhebung oder das

961 Thomas/ Putzo[37]-*Hüßtege*, § 1079 ZPO, Rn. 1.
962 Thomas/ Putzo[37]-*Seiler*, § 796b ZPO, Rn. 1a.
963 *Kropholler/ von Hein*, EuZPR[9], Art. 6 EuVTVO, Rn. 17; HkZPO[6]-*Saenger*, § 1085 ZPO, Rn. 1; B/L/A/H[74]-*Hartmann*, ZPO, § 1085 ZPO, Rn. 3.

Bestehenbleiben.[964] Bei dieser analogen Anwendung ist zunächst festzustellen, mit welchem Tatbestand des § 775 ZPO die im Ursprungsmitgliedsstaat getroffene Entscheidung übereinstimmt und dann ist die hierfür in § 776 ZPO vorgesehene Rechtsfolge anzuwenden.[965]

Sollten die Voraussetzungen des § 775 ZPO gegeben sein, berührt dieses eine Einstellung oder Beschränkung der Zwangsvollstreckung nach deutschem Recht („auch dann") nicht.[966] Auf die Vorschriften der §§ 775, 776 ZPO auch in Verbindung mit § 1085 ZPO und Art. 6 Abs. 2 EuVTVO wird noch näher unten in Teil 4, C., VII. und VIII. bei der Darstellung der nationalen deutschen Rechtsbehelfe eingegangen.

c) *Ersatzbestätigung gemäß Art. 6 Abs. 3 EuVTVO/ Sicherheitsleistung*

Im Fall, dass eine Ersatzbestätigung nach Art. 6 Abs. 3 EuVTVO (nach Anhang V) vorgelegt wird oder eine Sicherheitsleistung im Sinne des § 751 Abs. 2 ZPO nachgewiesen wird, darf die Zwangsvollstreckung fortgesetzt werden.[967] Bei Nachweis der Sicherheitsleistung kann die Vollstreckung ohne weiteres weitergeführt werden.

3. *Rechtsbehelf und Kosten*

Bei Zurückweisung des Antrags auf Erteilung der Gegenbestätigung nach Art. 6 Abs. 2 EuVTVO ist die sofortige Beschwerde gemäß § 567 Abs. 1 Nr. 2 ZPO gegeben.[968] Da es sich um die negative Entscheidung handelt, ist die sofortige Beschwerde der richtige Rechtsbehelf und nicht die Klauselerinnerung nach § 732 ZPO.[969]

Für den Gläubiger, der also durch die Erteilung der Gegenbestätigung betroffen wäre, ist kein Rechtsbehelf vorgesehen.

Gemäß Nr. 1513 KV GKG fallen für das Verfahren für die Erteilung der Gegenbestätigung nach Art. 6 Abs. 2 EuVTVO, § 1079 Nr. 2 ZPO Gerichtskosten in Höhe von 20,00 Euro an.

Das Rechtsmittelverfahren kostet 60,00 Euro nach Nr. 1523 Ziff. 1 KV GKG in dem Fall, dass das Rechtsmittel verworfen oder zurückgewiesen wird. Ansonsten ist das Verfahren gerichtsgebührenfrei.

Für die Gegenbestätigung gilt für die Rechtsanwaltsgebühren ebenso, wie zuvor unter Teil 4, A., IV., 4. e) dargestellt, die Regelung des § 19 Abs. 1 S. 2 Nr. 9a RVG. Damit ist die Gegenbestätigung mit etwaigen bereits entstandenen Rechtsanwaltsgebühren

---

964 *Kropholler/ von Hein*, EuZPR[9], Art. 6 EuVTVO, Rn. 17.

965 Begr. RegE, BT- Drucks. 15/5222, 15 (Zu § 1085 ZPO-E); *Kropholler/ von Hein*, EuZPR[9], Art. 6 EuVTVO, Rn. 17; Rauscher-*Papst*, Band II[4], Art. 6 EuVTVO, Rn. 51; Musielak[13]-*Lackmann*, § 1085 ZPO, Rn. 1; Thomas/ Putzo[37]-*Hüßtege*, § 1085 ZPO, Rn. 2.

966 Musielak[13]-*Lackmann*, § 1085 ZPO, Rn. 1.

967 *Geimer*, IZPR[7], 1245, Rn. 3195a; Musielak[13]-*Lackmann*, § 1085 ZPO, Rn. 3.

968 *Riedel*, EuVT, 27.

969 So aber MüKo[4]-*Adolphsen*, Art. 6 EuVTVO, Rn. 22.

abgegolten. Ansonsten gelten die allgemeinen Regelungen zu den Rechtsanwaltsgebühren, wobei sich die Kosten nach dem Gegenstandswert richten.

B. Rechtsbehelfe nach der EuVTVO im Vollstreckungsstaat

Die EuVTVO sieht nur wenige Rechtsbehelfe vor, welche es dem Schuldner erlauben, im Vollstreckungsstaat gegen die Vollstreckung aus einem Europäischen Vollstreckungstitel aus einem anderen Mitgliedsstaat vorzugehen.[970] Die Verordnung ist diesbezüglich noch restriktiver als die EuGVVO.[971] Diese starke Einschränkung stößt in der Literatur auf Bedenken, insbesondere für den Fall, dass die Bestätigung als Europäischer Vollstreckungstitel fälschlicherweise ergangen ist, was etwa der Fall sein könne, wenn die Zustellung nicht ordnungsgemäß erfolgt sei und damit rechtliches Gehör tatsächlich nicht gewährt wurde.[972] Im Ergebnis dürften die Rechtsbehelfe, welche die EuVTVO vorsieht und erlaubt, meines Erachtens jedoch genügen, um einen hinreichenden Schutz des Schuldners zu gewährleisten.

Im nachfolgenden Teil dieser Arbeit sollen die Rechtsbehelfe nach der EuVTVO im Vollstreckungsstaat dargestellt werden. Sie sind in Artt. 21 ff. EuVTVO verortet.

I. Verweigerung der Zwangsvollstreckung nach Art. 21 Abs. 1 EuVTVO

Im Rahmen der EuVTVO sind Anerkennungs- und Versagungsgründe grundsätzlich nicht mehr beachtlich. Gemäß Art. 5 EuVTVO wird eine in einem Mitgliedsstaat als Europäischer Vollstreckungstitel bestätigte Entscheidung in allen anderen Mitgliedsstaaten anerkannt und vollstreckt, ohne dass es einer Vollstreckbarerklärung bedarf und ohne dass die Anerkennung angefochten werden kann. Es ist darüber hinaus in Art. 21 Abs. 2 EuVTVO noch einmal ausdrücklich klargestellt, dass eine sachliche Überprüfung sowohl der Entscheidung als auch der Bestätigung als Europäischer Vollstreckungstitel (*révision au fond*) ausgeschlossen ist.[973]

---

970 *Wagner*, IPRax 2005, 401 [404]; *ders.*, NJW 2005, 1157 [1159]; *Pfeiffer*, BauR 2005, 1541 [1549]; *Gebauer*, FPR 2006, 252 [254]; *Buchhold*, NJW 2007, 2734 [2737]; *Faetan*, JAmt 2007, 181 [186].

971 *Buchhold*, NJW 2007, 2734 [2737].

972 *Faetan*, JAmt 2007, 181 [186].

973 Vgl. auch BGH 24.04.2014 EuZW 2014, 557 [557] mit Anm. *Sujecki*, 559= NJW 2014, 2363 [2363]; *Rauscher*, GPR 2003/04, 286 [292]; *ders.*, EuVT, 68, Rn. 178; *Stadler*, IPRax 2004, 2 [6]; *Stein*, EuZW 2004, 679 [681 f.]; *Rellermeyer*, Rpfleger 2005, 389 [402]; *Ernst*, JurBüro 2005, 568 [573]; *Klippstein*, in: *Gebauer/ Wiedmann* (Hrsg.)[1], Kap. 31; Rn. 62; *Pfeiffer*, BauR 2005, 1541 [1549]; *Rausch*, FuR 2005, 437 [440]; *Gebauer*, NJ 2006, 103 [106]; *Buchhold*, NJW 2007, 2734 [2737]; *Bittmann*, in: *Gebauer/ Wiedmann* (Hrsg.)[2], Kap. 28, Rn. 172; *Engel/ Singbartl*, EWiR 2014, 603 [604];

Es besteht jedoch in Anlehnung[974] an die Norm des Art. 34 Nr. 3, 4 EuGVVO a.F.[975] gemäß Art. 21 Abs. 1 EuVTVO die Möglichkeit der Verweigerung der Vollstreckung auf Antrag des Schuldners an das im Vollstreckungsmitgliedsstaat zuständige Gericht im Fall der Unvereinbarkeit mit einem früheren Titel.[976] Von dem zuvor aufgestellten Grundsatz gibt es demzufolge nur die Ausnahme der Titelkollision.[977] Daneben gibt es keine weiteren Versagungsgründe, insbesondere steht nicht die Schranke des *ordre public* zur Verfügung.[978] Eine Verweigerung der Vollstreckung aus dem Europäischen Vollstreckungstitel kommt außer im Fall der Titelkollision weder auf Antrag noch von Amts wegen in Betracht.[979]

1. Voraussetzungen gemäß Art. 21 EuVTVO

Auf Antrag des Schuldners an das zuständige Gericht im Vollstreckungsmitgliedsstaat wird die Vollstreckung verweigert, wenn die Entscheidung mit einer früheren Entscheidung aus dem Vollstreckungsmitgliedsstaat oder mit einer früheren im Vollstreckungsmitgliedsstaat anzuerkennenden Entscheidung (Art. 21 Abs. 1 lit. b EuVTVO) aus einem anderen Staat (Drittstaat) unvereinbar ist, wobei hier unerheblich ist, ob es sich bei dem Drittstaat um einen Mitgliedsstaat handelt oder nicht.[980]

Die Anerkennungsfähigkeit beurteilt sich nach Artt. 36 ff. EuGVVO n.F. (Artt. 33 ff. EuGVVO a.F.) bzw. dem nationalen Recht des Vollstreckungsmitgliedsstaates (*lex fori*).[981] Das zuständige Gericht im Vollstreckungsmitgliedsstaat muss auf den Einwand des Schuldners überprüfen, ob das frühere unvereinbare Urteil im Gerichtsstaat die Anerkennungs- und Vollstreckungsvoraussetzungen erfüllt. Damit wird das Anerkennungs- und Vollstreckungshindernis der Titelkollision zu einem Einwand des Schuldners, der in einem von den europäischen Vollstreckungsrechten zur Verfügung gestellten Rechtsbehelf geltend gemacht werden können muss.[982]

Kramme, GPR 2014, 296 [297]; *Kreutz*, Rpfleger 2014, 530 [530]; *Stürner*, jurisPR-BGHZivilR 12/2014 Anm. 1; *Kropholler/ von Hein*, EuZPR[9], Art. 21 EuVTVO, Rn. 7.

974 *Nagel/ Gottwald*, IZPR[7], 669, § 14, Rn. 48.

975 Art. 34 Nr. 3, 4 EuGVVO a.F. entsprechen Art. 45 Abs. 1 lit. c und lit. d EuGVVO n.F.

976 *Rauscher*, GPR 2003/04, 286 [292]; *ders.*, EuVT, Rn. 178; *Wagner*, NJW 2005, 1157 [1159]; *ders.*, IPRax 2005, 401 [404]; *Klippstein*, in: *Gebauer/ Wiedmann* (Hrsg.)[1], Kap. 31, Rn. 62; *Pfeiffer*, BauR 2005, 1541 [1549]; *Jennissen*, InVo 2006, 263 [269]; *Buchhold*, NJW 2007, 2734 [2737].

977 *Stein*, EuZW 2004, 679 [682]; *Rellermeyer*, Rpfleger 2005, 389 [402]; *Gebauer*, NJ 2006, 103 [106].

978 *Bernd*, HFR 2007, Beitrag 22, 1 [10]; *Kropholler/ von Hein*, EuZPR[9], Art. 21 EuVTVO, Rn. 8.

979 *Kropholler/ von Hein*, EuZPR[9], Art. 21 EuVTVO, Rn. 8.

980 *Wagner*, IPRax 2005, 189 [197]; *Ernst*, JurBüro 2005, 568 [573]; *Rausch*, FuR 2005, 437 [440]; *Rellermeyer*, Rpfleger 2005, 389 [402]; *Pfeiffer*, BauR 2005, 1541 [1549].

981 *Rauscher*, EuVT, 69, Rn. 179.

982 *Yessiou-Faltsi*, in: *Gottwald* (Hrsg.), Perspektiven (2004), 213 [242].

a) Anwendungsbereich

Anwendung findet diese Vorschrift nur auf Entscheidungen. Sie ist nicht anwendbar auf gerichtliche und gerichtlich bestätigte Vergleiche sowie auf öffentliche Urkunden, da weder Art. 24 Abs. 3 EuVTVO noch Art. 25 Abs. 3 EuVTVO auf diese Vorschrift verweisen.

Nach dem Wortlaut der Regelung ist nicht erforderlich, dass die Entscheidung rechtskräftig ist.[983] In Anlehnung an Art. 34 Nr. 3 und 4 EuGVVO a.F. (entsprechend Art. 45 Abs. 1 lit. c und lit. d EuGVVO n.F.) ist lediglich die Anerkennungsfähigkeit Voraussetzung, die Rechtskraft ist nicht gefordert. Dieses ermöglicht eine gewisse Flexibilität.[984]

Keiner der Entwurfsfassungen der EuVTVO enthielt eine Regelung, dass die kollidierende Entscheidung rechtskräftig sein muss. Dementsprechend ist hier dem Wortlaut folgend auch keine Rechtskraft zu fordern.

b) Parteiidentität & derselbe Streitgegenstand

Voraussetzung für die Verweigerung der Vollstreckung ist, dass Parteiidentität besteht und die frühere Entscheidung wegen desselben Streitgegenstandes ergangen ist (Art. 21 Abs. 1 lit. a EuVTVO). Bei der Beurteilung der Frage, ob die Entscheidungen denselben Streitgegenstand betreffen, kann nicht einfach nach dem deutschen Zivilprozessrecht bzw. nach einem anderen nationalen Verfahrensrecht entschieden werden. Der Begriff ist autonom zu bestimmen und weiter als der Begriff Streitgegenstand in der deutschen ZPO. Es ist vielmehr auf die Rechtsprechung des EuGH zu Art. 34 Nr. 4 und Art. 27 EuGVVO a.F. zurückzugreifen, wonach Klagen wegen desselben Anspruchs gegeben sind, wenn diese auf denselben Sachverhalt gestützt sind und denselben Zweck verfolgen.[985] Dies bedeutet, dass der Kernpunkt der beiden Rechtsstreitigkeiten identisch sein muss, so dass denklogisch nur eine einheitliche Entscheidung für beide Parteien möglich ist.[986] Aus dem Unterschied

983 *Wagner*, IPRax 2005, 189 [197]; *Kropholler/ von Hein*, EuZPR[9], Art. 34 EuGVVO, Rn. 53; Zöller[31]-*Geimer*, Art. 21 EuVTVO, Rn. 1; anders aber Rauscher, EuVT, Rn. 7; *Pfeiffer*, BauR 2005, 1541 [1549].

984 *Wagner*, IPRax 2005, 189 [197].

985 *Röthel/ Sparmann*, WM 2006, 2285 [2292]; zu den EuGH-Entscheidungen siehe nächste Fußnote.

986 So genannte „Kernpunkttheorie" des EuGH; vgl. EuGH 08.12.1987 Rs. 144/86 Slg. 1987, 4871 [4876, Rn. 16] = NJW 1989, 665 [666] – *Gubisch Maschinenfabrik/ Palumbo*; EuGH 06.12.1994 Rs. C-406/92, Slg. 1994, I-5460 [5475, Rn. 41] – *Tatry/ Maciej Rataj*; EuGH 19.05.1998 Rs. C-351/96 Slg. 1998, I-3091 [3097, Rn. 17 ff.] = EuZW 1998, 443 [444] – *Drouot assurances*; EuGH 08.05.2003 Rs. C-111/01 Slg. 2003, I-4207 [4237, Rn. 32] = NJW 2003, 2596 [2596] – *Ganter Electronic GmbH/ Basch*; BGH 06.02.2002 NJW 2002, 2795 [2795 f.]; *Röthel/ Sparmann*, WM 2006, 2285 [2292]; Geimer/ Schütze-*Försterling*, Internationaler Rechtsverkehr, Band I, Art. 27 EuGVVO, Rn. 8; *Kropholler/ von Hein*, EuZPR[9], Art. 27 EuGVVO, Rn. 6 ff.; MüKo[4]-*Adolphsen*, § 1084 ZPO, Rn. 4 und Art. 21 EuVTVO, Rn. 4.

zwischen den Begriffen „Streitgegenstand" in der EuVTVO und „Anspruch" in der EuGVVO (sowohl der alten als auch der neuen Fassung) in der deutschen Sprachfassung lässt sich kein abweichender Regelungsgehalt ableiten.[987] Dieses wird dadurch bestätigt, dass es in der englischen Sprachfassung von Art. 21 Abs. 1 lit. a EuVTVO ebenso wie bei Art. 34 Nr. 4 EuGVVO a.F. und Art. 45 Abs. 1 lit. d EuGVVO n.F. „*the same cause of action*" heißt.

Für die Unvereinbarkeit ist es notwendig, dass die Entscheidungen einander widersprechende Rechtsfolgen anordnen.[988]

c) Präklusion, Art. 21 Abs. 1 lit. c EuVTVO

Weiter ist gemäß Art. 21 Abs. 1 lit. c EuVTVO erforderlich, dass die Unvereinbarkeit im gerichtlichen Verfahren des Ursprungsmitgliedsstaates, welches zu der zu vollstreckenden Entscheidung geführt hat, nicht geltend gemacht worden ist und nicht geltend gemacht werden konnte (ansonsten bestünde eine Präklusion).[989] Diese letzte Einschränkung unter lit. c erscheint sprachlich verunglückt.[990] Sie soll sicherstellen, dass der Schuldner sich bereits im Erkenntnisverfahren im Ursprungmitgliedsstaat und nicht erst im Vollstreckungsmitgliedsstaat auf die Unvereinbarkeit beruft.[991] Die Begründung zum Kommissionsvorschlag sagt hierzu, es sei „durchaus angemessen, vom Schuldner zu verlangen, dass er die Existenz einer unvereinbaren Entscheidung möglichst rasch geltend macht: Er kann dies nur dann im Vollstreckungsverfahren tun, wenn es ihm ohne eigenes Verschulden im ursprünglichen Verfahren, das zu der vollstreckbaren Entscheidung geführt hat, nicht möglich war."[992]

aa) Auch aussichtloses Geltendmachen

Nach *Rauscher/ Papst* könne damit aber wohl kaum gemeint sein, dass auch ein aussichtsloses Geltendmachen im Ursprungsmitgliedsstaat die Verweigerung ausschließe.[993] Dem ist zuzustimmen. Der Schuldner muss aber auch bei dem Anschein der Aussichtslosigkeit zunächst im Ursprungsmitgliedsstaat versucht haben, die

---

987 *Kropholler/ von Hein*, EuZPR⁹, Art. 21 EuVTVO, Rn. 4; Rauscher-*Papst*, Band II⁴, Art. 21 EuVTVO, Rn. 7.

988 *Röthel/ Sparmann*, WM 2006, 2285 [2292]; *Kropholler/ von Hein*, EuZPR⁹, Art. 34 EuGVVO, Rn. 49.

989 *Rauscher*, EuVT, 69, Rn. 180; *Wagner*, IPRax 2005, 189 [198]; *Rellermeyer*, Rpfleger 2005, 389 [402]; *Pfeiffer*, BauR 2005, 1541 [1549]; *Röthel/ Sparmann*, WM 2006, 2285 [2292]; *Kropholler/ von Hein*, EuZPR⁹, Art. 21 EuVTVO, Rn. 6.

990 *Rauscher*, EuVT, 69, Rn. 180; *Wagner*, IPRax 2005, 189 [198]; Zöller^{31}-*Geimer*, Art. 21 EuVTVO, Rn. 3.

991 *Leible/ Lehmann*, NotBZ 2004, 453 [458]; *Wagner*, IPRax 2005, 189 [198]; *Kropholler/ von Hein*, EuZPR⁹, Art. 21 EuVTVO, Rn. 6; Zöller^{31}-*Geimer*, Art. 21 EuVTVO, Rn. 3.

992 Begründung zum Kommissionsvorschlag vom 18.04.2002, KOM (2002), 159 endg., 15 zu Art. 22.

993 *Rauscher*, EuVT, 69, Rn. 180; Rauscher-*Papst*, Band II⁴, Art. 21 EuVTVO, Rn. 8.

Unvereinbarkeit mit einer früheren Entscheidung bzw. einem früheren gerichtlichen Verfahren geltend zu machen. Denn für den Schuldner ist nicht erkennbar, ob die Geltendmachung der Unvereinbarkeit aussichtslos ist. Daher sollte sich der Schuldner im Einklang mit dem Beweggrund, er möge so früh wie möglich die Existenz einer unvereinbaren Entscheidung geltend machen, schon im Ursprungsmitgliedsstaat auf die Unvereinbarkeit berufen. Auch wenn dieses womöglich aussichtslos erscheint. Ein aussichtsloses Geltendmachen schließt die Verweigerung der Zwangsvollstreckung, also eine Anwendung von Art. 21 Abs. 1 EuVTVO, selbstverständlich nicht aus, auch wenn der Wortlaut des Art. 21 Abs. 1 lit. c EuVTVO dieses nahe legt. Jedoch kann dem Schuldner, der die entgegenstehende Entscheidung oder dessen Anhängigkeit im Ursprungsmitgliedsstaat – wenn auch aussichtslos – geltend gemacht hat, kein Vorwurf gemacht werden. Er hat so früh wie möglich versucht, auf die entgegenstehende Rechtshängigkeit/ Rechtskraft hinzuweisen.

bb) Erfordernisse je nach Verfahrensstand

Im Ergebnis kann dieses Erfordernis je nach Verfahrensstand Unterschiedliches vom Schuldner verlangen:

Falls die Entscheidung aus dem Vollstreckungsmitgliedsstaat oder Drittstaat bereits rechtskräftig gewesen ist, muss sich der Schuldner im Erkenntnisverfahren beim Ursprungsgericht – notfalls auch im Rahmen eines Rechtsbehelfsverfahrens – auf die entgegenstehende Rechtskraft dieser Entscheidung berufen haben.[994]

Solange das Verfahren anhängig ist, jedoch noch keine rechtskräftige Entscheidung ergangen ist, muss sich der Schuldner auf die frühere Rechtshängigkeit dieses Verfahrens berufen (beispielsweise nach Art. 29 EuGVVO n.F. bzw. Art. 27 EuGVVO a.F.).[995]

Aus Art. 5 EuVTVO kann über das Vollstreckungsverfahren nach der EuVTVO hinaus nichts bezogen auf die allgemeinen Vollstreckungs- oder Anerkennungswirkungen entnommen werden, da die Bestätigung als Europäischer Vollstreckungstitel nur im Rahmen der Vollstreckung gemäß Art. 11 EuVTVO wirkt.

Soweit einem anderen Titel bereits prioritäre inländische Wirkung zukommt, so stehe diese nach Art. 45 Abs. 1 lit. d EuGVVO n.F. (Art. 34 Nr. 4 EuGVVO a.F.) einer Anerkennung weiterer Wirkungen (wie der Rechtskraftwirkung) außer der Vollstreckung nach der EuVTVO entgegen.[996]

In Art. 34 Nr. 2 EuGVVO a.F. (seit dem 10.01.2015: Art. 45 Abs. 1 lit. b EuGVVO n.F.) ist im Rahmen der Revision gegenüber dem EuGVÜ ebenfalls aufgenommen worden, dass ein Beklagter, gegen den eine Versäumnisentscheidung ergangen ist, einen Rechtsbehelf im Ursprungsmitgliedsstaat einzulegen hat, wenn ihm dieses möglich ist. Ansonsten hindert die Verkürzung der Verteidigungsrechte im Erkenntnisverfahren die Anerkennung nach der EuGVVO (alte wie neue Fassung)

---

994 *Wagner*, IPRax 2005, 189 [198].
995 *Wagner*, IPRax 2005, 189 [198]; *Röthel/ Sparmann*, WM 2006, 2285 [2292].
996 *Pfeiffer*, BauR 2005, 1541 [1549].

nicht.[997] Hiermit wurde die Auslegung des Art. 27 Nr. 2 EuGVÜ durch den EuGH[998] in die EuGVVO ausdrücklich aufgenommen. Dieselbe Zielrichtung findet sich in der Vorschrift der EuVTVO (Art. 21 Abs. 1 lit. e).

d) Zusammenfassung der Voraussetzungen

Die Voraussetzungen für die Verweigerung der Zwangsvollstreckung nach Art. 21 Abs. 1 EuVTVO, die nur auf Entscheidungen anwendbar ist, lassen sich wie folgt zusammenfassen: Es ist eine Titelkollision mit einer anderen Entscheidung erforderlich, wobei diese in dem Vollstreckungsmitgliedsstaat ergangen sein kann oder in diesem anerkennungsfähig sein muss. Es kann sich auch um eine Entscheidung aus einem Drittstaat handeln, sie muss nicht aus einem anderen Mitgliedsstaat stammen. Weiter ist Parteiidentität erforderlich und die Entscheidungen müssen denselben Streitgegenstand betreffen, welcher autonom auszulegen ist. Die Entscheidungen müssen einander widersprechende Rechtsfolgen aussprechen. Schließlich darf keine Präklusion eingetreten sein, was der Fall wäre, wenn die Unvereinbarkeit schon im gerichtlichen Verfahren des Ursprungsmitgliedsstaates hätte vorgebracht werden können und dieses unterlassen wurde.

2. Abweichung von Art. 45 Abs. 1 lit. c und lit. d EuGVVO n.F. (Art. 34 Nr. 3 und 4 EuGVVO a.F.)

Die Vorschrift des Art. 21 Abs. 1 EuVTVO enthält einige Abweichungen gegenüber dem Vorbild in Art. 34 Nr. 3, 4 EuGVVO a.F.,[999] welche den Vorschriften in Art. 45 Abs. 1 lit. c und lit. d EuGVVO n.F. entsprechen. Sie ist in einigen Punkten enger als diese.[1000]

a) Erfordernis der Parteiidentität ist identisch

Es ist zum einen erforderlich, dass Parteiidentität besteht. Nach *Rauscher* sei dieses Erfordernis enger als die in Art. 45 Abs. 1 lit. c und lit. d EuGVVO n.F. (Art. 34 Nr. 3, 4 EuGVVO a.F) erforderliche Unvereinbarkeit.[1001] Jedoch wird auch in Art. 45 Abs. 1 lit. c und lit. d EuGVVO n.F. (Art. 34 Nr. 3 und 4 EuGVVO a.F.) gefordert, dass die Entscheidung zwischen denselben Parteien erfolgt ist. Dementsprechend sieht *von Hein* zu Recht eine Identität der Begriffe in Art. 21 Abs. 1 EuVTVO mit den Begriffen in Art. 45 Abs. 1 lit. d EuGVVO n.F. (Art. 34 Nr. 4 EuGVVO a.F.).[1002] Folglich besteht

---

997 *Kohler*, in: *Reichelt/ Rechberger* (Hrsg.), Europäisches Kollisionsrecht (2004), 63 [68].

998 Vgl. EuGH 03.07.1990 Rs. C-305/88 Slg. 1990, I-2725 [2746 ff.] – *Lancracy SA/ Peters und Sickert KG* = IPRax 1991, 177 mit Anm. *Rauscher*, 155 und EuGH 12.11.1992 Rs. C-123/91 Slg. 1992, I-5661 [5678 ff.] – *Minalmet GmbH/ Brandeis Ltd.*

999 *Rauscher*, EuVT, 68, Rn. 179; *Kropholler/ von Hein*, EuZPR⁹, Art. 21 EuVTVO, Rn. 1.

1000 *Rauscher*, EuVT, 68, Rn. 179; Rauscher-*Papst*, Band II⁴, Art. 21 EuVTVO, Rn. 1.

1001 *Rauscher*, GPR 2003/04, 286 [292]; *ders.*, EuVT, 68, Rn. 179.

1002 *Kropholler/ von Hein*, EuZPR⁹, Art. 21 EuVTVO, Rn. 4.

meines Erachtens in Bezug auf die Parteiidentität keine Abweichung des Begriffs in der EuVTVO gegenüber der EuGVVO. Beide Verordnungen sprechen von Entscheidungen zwischen „denselben Parteien".

b) Uneingeschränktes Prioritätsprinzip

Zum zweiten gilt das Prioritätsprinzip uneingeschränkt und damit auch für inländische Entscheidungen des Vollstreckungsmitgliedsstaates. Im Rahmen der EuGVVO genießen diese hingegen generellen Vorrang.[1003] Es werden damit in der EuVTVO alle Entscheidungen gleich behandelt, egal, ob aus dem Vollstreckungsmitgliedsstaat, einem anderen Mitgliedsstaat oder einem Drittstaat. Entscheidend ist, dass sie anerkennungsfähig sind, was sich nach Artt. 36 ff. EuGVVO n.F. (für Altfälle: Artt. 33 ff. EuGVVO a.F), einem multilateralen Übereinkommen oder einem Staatsvertrag (Abkommen) bzw. nach der *lex fori* (in Deutschland § 328 ZPO) beurteilt.[1004] Diese Gleichstellung stellt gegenüber der Vorschrift des Art. 34 Nr. 3, 4 EuGVVO a.F. (entspricht Art. 45 Abs. 1 lit. c und lit. d EuGVVO n.F.) eine Modernisierung dar, indem die Zersplitterung in zwei Regelungen und die ungerechtfertigte[1005] Bevorzugung von Urteilen aus dem Zweitstaat, ob früher erlassen oder nicht, abgeschafft wurde.[1006] Es wird eine einheitliche Regelung getroffen, welche lediglich auf die zeitlichen Verhältnisse zwischen den kollidierenden Entscheidungen abstellt und jegliche Bevorzugung vermeidet.[1007] Es kommt im Endeffekt also nur darauf an, dass eine anerkennungsfähige entgegenstehende frühere Entscheidung besteht, egal woher sie stammt.

c) Präklusion von Einwendungen

Als dritter Punkt ist die bereits erwähnte Beschränkung auf Einwendungen, die im Ursprungsmitgliedsstaat nicht geltend gemacht worden sind und nicht geltend gemacht werden konnten, zu nennen.[1008] Letzteres soll es dem Schuldner unmöglich machen, sich erst im Vollstreckungsmitgliedsstaat auf den Einwand der Unvereinbarkeit zu berufen, obwohl ihm diese schon im Erkenntnisverfahren bekannt und eine Geltendmachung vor dem Ursprungsgericht möglich war. Der Zweck der Regelung besteht darin, dass die Vollstreckung nicht unnötig verzögert und die Rechtslage bereits im Erkenntnisverfahren möglichst umfassend geklärt werden soll. Dem Schuldner ist es nicht gestattet, nach und nach Einwendungen zu erheben, um so den Prozess bis zur endgültigen Vollstreckung hinauszuzögern.

1003 *Rauscher*, EuVT, 69, Rn. 179; *Kropholler/ von Hein*, EuZPR⁹, Art. 21 EuVTVO, Rn. 3.

1004 Vgl. *Rauscher*, EuVT, 69, Rn. 179; *Kropholler/ von Hein*, EuZPR⁹, Art. 21 EuVTVO, Rn. 5.

1005 *Hess*, IPRax 2001, 301 [304, Fn. 54]; *Stein*, EuZW 2004, 679 [682]; *Kropholler/ von Hein*, EuZPR⁹, Art. 21 EuVTVO, Rn. 3.

1006 *Stein*, EuZW 2004, 679 [682]; *Kropholler/ von Hein*, EuZPR⁹, Art. 21 EuVTVO, Rn. 3.

1007 Vgl. *Stein*, EuZW 2004, 679 [682].

1008 Siehe zur Präklusion oben Teil 4, B., I., 1. c).

aa) Umgehung

Rauscher[1009] sieht die Möglichkeit der Umgehung der Rechtskraft eines inländischen Urteils durch den Gläubiger in dem Umstand, dass es dem Schuldner obliege, die Rechtskraft einer inländischen Entscheidung geltend zu machen oder nicht. Es dürften sich daraus seiner Auffassung nach Strategien ergeben, die darauf abzielen, im Inland rechtskräftige Urteile durch Titel aus anderen Mitgliedsstaaten außer Kraft zu setzen, da beide Titel kaum nebeneinander bestehen könnten.[1010]

bb) Keine Umgehungskonstellation

Es stellt sich dabei aber die Frage, in welcher Konstellation dieses geschehen können soll. Es müsste dann ein rechtskräftiges Urteil des Schuldners im Inland bestehen, gegen welches der Gläubiger im Ausland zuvor ein entgegenstehendes Urteil erwirkt hat. Dieses erscheint eher unwahrscheinlich. Auch wenn der Schuldner die Rechtskraft der inländischen Entscheidung geltend machen muss, so wird in dem Vollstreckungsverfahren der Entscheidung leicht feststellbar sein, ob die damit (angeblich) kollidierende ausländische Entscheidung früher ergangen und rechtskräftig geworden ist.

Weiter müsste der aus dem inländischen Titel Verpflichtete im Ausland vorher einen Titel erstreiten, der dem inländischen entgegensteht, also denselben Streitgegenstand betrifft, Hierbei ist schon der zeitliche Aspekt schwierig umzusetzen, da er vor Rechtshängigkeit im Inland den Rechtsstreit im Ausland begonnen haben muss. Ansonsten kann ihm stets die anderweitige Rechtshängigkeit entgegengehalten werden. Die Klage wäre unzulässig. Selbst wenn der im Inland Verpflichtete durch außergerichtliche Vergleichsverhandlungen von der möglichen Klagerhebung erfährt, müsste ein anderes ausländisches Gericht zuständig sein und er müsste möglichst ohne Kenntnis des inländischen Klägers den Rechtsstreit betreiben, da dieser ansonsten seinen Anspruch oder die mangelnde Zuständigkeit geltend machen wird.

Die Durchbrechung einer bereits rechtskräftigen Entscheidung durch einen ausländischen Titel erscheint darüber hinaus äußerst fraglich.

d) Zusammenfassung der Abweichungen

Zusammenfassend lässt sich sagen, dass sowohl in Art. 45 Abs. 1 lit. c und lit. d EuGVVO n.F. (Art. 34 Nr. 3 und 4 EuGVVO n.F.) wie auch bei Art. 21 Abs. 1 EuVTVO Parteiidentität zu fordern ist. Jedoch gilt das Prioritätsprinzip im Rahmen der EuVTVO uneingeschränkt. Es gibt keinen Vorrang inländischer Entscheidungen wie in der EuGVVO. Schließlich gibt es in Art. 21 Abs. 1 EuVTVO eine Beschränkung

---

1009 *Rauscher*, EuVT, 69, Rn. 180; darauf Bezug nehmend *Röthel/ Sparmann*, WM 2006, 2285 [2292 Fn. 80].

1010 *Rauscher*, EuVT, 69, Rn. 180.

der Einwendungen auf solche, die im Ursprungsstaat nicht geltend gemacht werden konnten, was die EuGVVO so nicht vorsieht.

3. Verfahren nach deutschem Recht (§ 1084 ZPO)

Die Zuständigkeit für den Antrag gemäß Art. 21 EuVTVO richtet sich in Deutschland nach § 1084 ZPO.[1011] Die EuVTVO gibt nur vor, dass der Antrag an das im Vollstreckungsmitgliedsstaat zuständige Gericht zu richten ist.

a) Sachliche Zuständigkeit

Sachlich ausschließlich zuständig für einen Antrag auf Verweigerung der Vollstreckung nach Art. 21 EuVTVO ist gemäß § 1084 Abs. 1 S. 1 und 3 ZPO das Amtsgericht als Vollstreckungsgericht.

b) Örtliche Zuständigkeit

§ 1084 Abs. 1 S. 2 ZPO bestimmt, dass die Vorschriften des Buches 8 der ZPO über die örtliche Zuständigkeit des Vollstreckungsgerichts entsprechend anzuwenden sind. Diese Regelung der – ebenfalls ausschließlichen – örtlichen Zuständigkeit ist etwas ungenau, so dass das Gericht des (beabsichtigten) Vollstreckungsverfahrens (§ 764 Abs. 2 ZPO), das Gericht am allgemeinen Gerichtsstand des Schuldners sowie das Gericht am Gerichtsstand des Vermögens (§§ 828 Abs. 2, 23 ZPO) in Frage kämen.[1012] Auf den Vermögensgerichtsstand nach § 23 ZPO könnte zurückgegriffen werden, denn Art. 3 Abs. 2 EuGVVO könne die Anwendung nicht verbieten, weil diese Verordnung insoweit nicht anwendbar sei, da keine Streitigkeit zwischen Parteien in dem vorgeschriebenen Sinne vorliege.[1013]

aa) Auffanggerichtsstand

Geimer sieht hier aufgrund der Annahme, dass § 1084 ZPO nur auf § 828 Abs. 2 ZPO verweise, das Problem einer fehlenden Auffangzuständigkeit für den Fall, dass der Schuldner keinen Wohnsitz in Deutschland als Vollstreckungsstaat mit der Folge hat, dass er in Deutschland keinen allgemeinen Gerichtsstand hat, und der Gerichtsstand des Vermögens nach §§ 828 Abs. 2, 23 ZPO auch nicht eingreift.[1014] Denn er sieht in der Regelung des § 1084 Abs. 1 ZPO einen Verweis auf § 828 ZPO und hält ausschließlich die beiden dort genannten Gerichtsstände für anwendbar.[1015] Nach

---

1011 *Wagner*, IPRax 2005, 401 [404]; *Rellermeyer*, Rpfleger 2005, 389 [402]; *Gebauer*, NJ 2006, 103 [106].

1012 Musielak[13]-*Lackmann*, § 1084 ZPO, Rn. 2.

1013 Geimer/ Schütze-*Geimer*, EuZVR[3], Art. 2 EuGVVO, Rn. 95; Zöller[31]-*Geimer*, § 1084 ZPO, Rn. 2.

1014 Zöller[31]-*Geimer*, § 1084 ZPO, Rn. 2.

1015 *Geimer*, IZPR[7], 1246, Rn. 3195c; Zöller[31]-*Geimer*, § 1084 ZPO, Rn. 2.

seiner Ansicht sei ein Auffanggerichtsstand am Amtsgericht Berlin-Schöneberg sinnvoll.[1016]

bb) Wahlrecht

Jedoch erklärt § 1084 Abs. 1 S. 2 ZPO die Vorschriften des Buches 8 über die örtliche Zuständigkeit des Vollstreckungsgerichts für entsprechend anwendbar. Damit könnte ein Verweis sowohl auf die allgemeine Vorschrift des § 764 Abs. 2 ZPO wie auch auf § 828 Abs. 2 ZPO gemeint sein. Folglich könnten die drei oben beschriebenen Gerichtsstände zur Verfügung stehen.

Es bestünde danach kein Bedürfnis für einen Auffanggerichtsstand. Denn existiert kein allgemeiner Gerichtsstand und greift auch der Gerichtsstand des Vermögens nicht, so dürfte das Amtsgericht in dem Bezirk örtlich zuständig sein, in dem die Zwangsvollstreckung betrieben werden soll. Dieses erscheint sachgerecht, da auch schon im Recht des deutschen Vollstreckungsverfahrens dieses Gericht für Rechtsbehelfe zuständig ist. Bei der Verweigerung der Zwangsvollstreckung gemäß Art. 21 Abs. 1 EuVTVO handelt es sich um einen Rechtsbehelf im Rahmen des Vollstreckungsverfahrens, so dass eine Anwendung des § 764 Abs. 2 ZPO nahe liegt. Da der Gerichtsstand der beabsichtigten Zwangsvollstreckung zumeist mit dem allgemeinen Gerichtsstand oder dem Gerichtsstand des Vermögens zusammenfallen dürfte, könne man über beide Vorschriften zu dem gleichen Ergebnis kommen.

Nach einer Ansicht[1017] dürften die Gerichtsstände jedenfalls meist zusammenfallen und mit dem Gerichtsstand am Sitz des Schuldners identisch sein – ansonsten stehe dem Schuldner ein Wahlrecht gemäß § 35 ZPO zu.

cc) Verweis auf § 764 Abs. 2 ZPO

Die Ausschließlichkeit des Gerichtsstands nach § 1084 Abs. 1 S. 3 ZPO spricht allerdings gegen die Annahme, dass ein Wahlrecht bestehen soll und auf beide Vorschriften verwiesen wird. Eine Rangfolge ist § 1084 ZPO jedoch auch nicht zu entnehmen. Eine solche besteht nur innerhalb der beiden Möglichkeiten in § 828 Abs. 2 ZPO. Jedoch halte ich den Verweis auf das Vollstreckungsgericht in § 764 Abs. 2 ZPO für nahe liegender, da diese Norm im Rahmen der Rechtsbehelfe ebenfalls Anwendung findet. Die Ausschließlichkeit nach § 1084 Abs. 1 S. 3 ZPO stimmt dabei überein mit der Regelung in § 802 ZPO.[1018]

Dementsprechend ist meines Erachtens in § 1084 Abs. 1 S. 2 ZPO ein Verweis auf § 764 Abs. 2 ZPO enthalten, so dass das Amtsgericht in dem Bezirk ausschließlich zuständig ist, in dem die Zwangsvollstreckung stattfinden soll oder stattgefunden

---

1016 Zöller[31]-*Geimer*, § 1084 ZPO, Rn. 2.
1017 Musielak[13]-*Lackmann*, § 1084 ZPO, Rn. 2.
1018 B/L/A/H[74]-*Hartmann*, ZPO, § 1084 ZPO, Rn. 3; ebenso dürfte es auch *Coester-Waltjen*, FS Pelayia Yessiou-Faltsi (2007), 39 [49] sehen, indem sie die des Amtsgerichts als Vollstreckungsgericht gemäß § 802 ZPO für ausschließlich zuständig erklärt.

hat.[1019] Dabei kommt es dann nicht darauf an, ob der Schuldner dort einen Wohnsitz hat und damit den allgemeinen Gerichtsstand begründet. § 828 Abs. 2 ZPO findet meines Erachtens nur Anwendung, wenn es um die Zwangsvollstreckung in Forderungen und andere Vermögensrechte geht, wie es die Untertitelüberschrift sagt.

Gemäß §§ 1084 Abs. 1 S. 2, 764 Abs. 2 ZPO ist also grundsätzlich das Amtsgericht, in dessen Bezirk das Vollstreckungsverfahren stattfinden soll oder stattgefunden hat, örtlich zuständig.[1020]

c) Sonderfälle

Nur bei bestimmten Vollstreckungsmaßnahmen ist hingegen das Gericht örtlich ausschließlich zuständig, das in §§ 828 Abs. 2, 858 Abs. 2, 899 ZPO bzw. §§ 1, 163 Abs. 1, 171 Abs. 2 S. 1, 171b Abs. 1 ZVG genannt ist.[1021]

Bei Vollstreckungsmaßnahmen in Forderungen und andere Vermögensrechte ist also gemäß § 828 Abs. 2 ZPO das Amtsgericht (Vollstreckungsgericht) am allgemeinen Gerichtsstand des Schuldners oder sonst dasjenige zuständig, an dem gegen diesen nach § 23 ZPO Klage erhoben werden könnte. Bei der Zwangsvollstreckung in die Schiffspart (§§ 489 ff. HGB) besteht eine Sonderregelung in § 858 Abs. 2 ZPO. Bei der Abnahme der eidesstattlichen Versicherung ist gemäß § 899 ZPO das Amtsgericht am Wohnsitz des Schuldners, in Ermangelung eines solchen am gewöhnlichen Aufenthaltsort, zuständig.

Für die Zwangsversteigerung von Schiffen und Schiffsbauwerken sieht § 163 Abs. 1 ZVG, von ausländischen Schiffen sieht § 171 Abs. 2 S. 1 ZVG und von Luftfahrzeugen sieht § 171b Abs. 1 ZVG Sonderbestimmungen bezüglich der Zuständigkeit vor.

d) Funktionale Zuständigkeit

Es entscheidet nach der Gesetzesbegründung[1022] der Richter, zumal dem Gesetzgeber eine Übertragung der in Art. 21 EuVTVO vorgesehenen Prüfung einer Titelkollision auf den Rechtspfleger nicht angemessen erschien.[1023] Dieses sei wegen § 1084 Abs. 1 S. 1 und 2 ZPO, § 20 Nr. 17 RPflG nicht unproblematisch, da es sich um Geschäfte des

---

1019 Ebenso *Kropholler/ von Hein*, EuZPR^{9}, Art. 21 EuVTVO, Rn. 9; B/L/A/H^{74}-*Hartmann*, ZPO, § 1084 ZPO, Rn. 3.

1020 Ebenso *Wagner*, IPRax 2005, 401 [404]; *Rellermeyer*, Rpfleger 2005, 389 [402]; *Reichel*, NZA 2005, 1096 [1099]; *Kropholler/ von Hein*, EuZPR^{9}, Art. 21 EuVTVO, Rn. 9.

1021 *Rellermeyer*, Rpfleger 2005, 389 [402].

1022 Begr. RegE, BT-Drucks. 15/5222, 15 (Zu § 1084 ZPO-E) = BR-Drucks. 88/05, 28.

1023 Begr. RegE, BT-Drucks. 15/5222, 15 (Zu § 1084 ZPO-E) = BR-Drucks. 88/05, 28; *Wagner*, IPRax 2005, 401 [404]; *Rellermeyer*, Rpfleger 2005, 389 [402]; *Röthel/ Sparmann*, WM 2006, 2285 [2291]; *Kropholler/ von Hein*, EuZPR^{9}, Art. 21 EuVTVO, Rn. 9; Thomas/ Putzo^{37}-*Hüßtege*, § 1084 ZPO, Rn. 2; a.A.: B/L/A/H^{74}-*Hartmann*, ZPO, § 1084 ZPO, Rn. 3, 4, wonach funktional der Rechtspfleger nach § 20 Nr. 17 S. 1 RPflG zuständig sei.

Zwangsvollstreckungsverfahrens handele, auf welche in § 1084 Abs. 1 S. 2 ZPO verwiesen werde und für welche nach § 20 Nr. 17 RPflG grundsätzlich der Rechtspfleger zuständig wäre.[1024] Die funktionale Zuständigkeit des Richters ist aber damit begründbar, dass in dem zeitgleich geänderten § 20 Nr. 11 RPflG eine Übertragung auf den Rechtspfleger für diesen Fall nicht vorgenommen wurde und die Entscheidung nach Art. 21 EuVTVO einer Erinnerungsentscheidung gemäß § 766 ZPO ähnlich ist.[1025] Für letztere ist in § 20 Nr. 17 S. 2 RPflG die funktionale Zuständigkeit des Richters ausdrücklich geregelt.

Die Zuständigkeit des Richters ergibt sich auch aus dem Blickwinkel, dass es sich nicht um ein Geschäft des Zwangsvollstreckungsverfahrens nach Buch 8 der ZPO, sondern um ein Geschäft nach Buch 11 der ZPO (Justizielle Zusammenarbeit in der Europäischen Union) handelt, und eine ausdrückliche Übertragung auf den Rechtspfleger gerade nicht geschehen ist.[1026]

Insbesondere aufgrund der komplizierten Prüfung einer Titelkollision erscheint die funktionale Zuständigkeit des Richters in jedem Fall als angemessen, ganz abgesehen von der rechtlichen Konstruktion dieses Ergebnisses. Es entspricht jedenfalls dem gesetzgeberischen Willen, dass der Richter entscheidet.[1027]

Die Entscheidung fällt der Amtsrichter gemäß § 1084 Abs. 2 ZPO durch Beschluss.

e) Einstweilige Anordnung, § 1084 Abs. 2 S. 2 ZPO

Der Richter ist auch befugt, einstweilige Anordnungen über die Einstellung der Vollstreckung und die Aufhebung der bereits getroffenen Vollstreckungsmaßregeln zu treffen.[1028] Hierauf sind § 769 Abs. 1 und 2 ZPO sowie § 770 ZPO gemäß § 1084 Abs. 2 S. 2 ZPO entsprechend anzuwenden. Die Folge ist, dass das Gericht bis zur Entscheidung über den Antrag auf Verweigerung der Zwangsvollstreckung anordnen kann, die weitere Vollstreckung gegen oder ohne Sicherheitsleistung einzustellen oder sie nur gegen Sicherheitsleistung fortzusetzen. Bei Vollstreckungsmaßregeln kann es die Aufhebung gegen Sicherheitsleistung anordnen (§ 769 Abs. 1 ZPO). Diese Anordnungen kann es auch im Urteil erlassen oder sie aufheben, abändern oder bestätigen (§ 770 ZPO). Die einstweiligen Anordnungen dienen dazu, den vorübergehenden Zustand bis zur endgültigen Entscheidung zu sichern. Es sollen die Interessen des Gläubigers an der Sicherung der Vollstreckungsmöglichkeit und des Schuldners an der Sicherheit bei unberechtigter Vollstreckung gewahrt werden.

1024 B/L/A/H[74]-*Hartmann*, ZPO, § 1084 ZPO, Rn. 3; Musielak[13]-*Lackmann*, § 1084 ZPO, Rn. 2.

1025 Musielak[13]-*Lackmann*, § 1084 ZPO, Rn. 2.

1026 *Rellermeyer*, Rpfleger 2005, 389 [402, Fn. 217].

1027 Begr. RegE, BT-Drucks. 15/5222, 15 (Zu § 1084 ZPO-E) = BR-Drucks. 88/05, 28.

1028 *Wagner*, IPRax 2005, 401 [404]; *Rellermeyer*, Rpfleger 2005, 389 [402]; *Röthel/ Sparmann*, WM 2006, 2285 [2291]; *Kropholler/ von Hein*, EuZPR[9], Art. 21 EuVTVO, Rn. 10.

Die Aufhebung einer Vollstreckungsmaßregel, nicht aber der ganzen Vollstreckung, ist gemäß § 1084 Abs. 2 S. 3 ZPO über § 769 Abs. 1 ZPO hinaus auch ohne Sicherheitsleistung zulässig.[1029]

Eine Anordnung in dringenden Fällen nach § 769 Abs. 2 ZPO analog wird nicht bestimmt. Es besteht hierfür aber auch kein Bedürfnis, da das für die Vollstreckungsmaßnahme zuständige Gericht und das in § 1084 Abs. 1 ZPO genannte identisch sind.[1030]

4. *Rechtsbehelf*

Als Rechtsbehelf gegen den Beschluss in der Hauptsache ist die sofortige Beschwerde (§ 793 ZPO) gegeben.[1031] Ebenso wie bei der direkten Anwendung der §§ 769, 770 ZPO kann eine isolierte Anfechtung der einstweiligen Anordnungen nicht erfolgen.[1032] Die einstweiligen Anordnungen sind mithin unanfechtbar.[1033]

5. *Kosten*

Für die Gerichtsentscheidung durch Beschluss fällt eine Festgebühr nach Nr. 2119 KV GKG in Höhe von 30,00 Euro an. Der Kostenschuldner wird gemäß §§ 22 Abs. 1 S. 1, 29 Nr. 1 GKG bestimmt. Kostenschuldner ist also nach § 22 Abs. 1 S. 1 GKG zunächst derjenige, der den Antrag gestellt hat. Gemäß § 29 Nr. 1 GKG schuldet derjenige die Verfahrenskosten, dem das Gericht sie auferlegt. Dieses wird regelmäßig die unterlegene Partei sein.

Für die Hauptsacheentscheidung bestimmt sich die Rechtsanwaltsgebühr gemäß § 18 Abs. 1 Nr. 6 RVG iVm. Nr. 3309 und 3310 VV RVG. Es entsteht mithin eine 0,3-Verfahrensgebühr und ggf. eine 0,3-Terminsgebühr.

Wird über eine einstweilige Anordnung gemäß § 1084 Abs. 2 S. 2 ZPO iVm. §§ 769 Abs. 1 und 3, 770 ZPO abgesondert verhandelt, entsteht nach § 19 Abs. 1 S. 2 Nr. 11 RVG iVm. Nr. 3328, 3332 VV RVG eine gesonderte Verfahrensgebühr und eine Terminsgebühr, jeweils in Höhe einer 0,5-Gebühr. Ansonsten ist die einstweilige Anordnung eine mit dem Verfahren zusammenhängende Tätigkeit im Sinne von § 19 Abs. 1 S. 2 Nr. 11 RVG, so dass der Rechtsanwalt keine gesonderte Gebühr verdient.

1029 B/L/A/H[74]-*Hartmann*, ZPO, § 1084 ZPO, Rn. 4; Musielak[13]-*Lackmann*, § 1084 ZPO, Rn. 3.

1030 *Rellermeyer*, Rpfleger 2005, 389 [402 f.].

1031 *Wagner*, IPRax 2005, 401 [404]; *Rellermeyer*, Rpfleger 2005, 389 [402]; *Kropholler/ von Hein*, EuZPR[9], Art. 21 EuVTVO, Rn. 9; HkZPO[6]-*Saenger*, § 1084 ZPO, Rn. 3; Musielak[13]-*Lackmann*, § 1084 ZPO, Rn. 3; Thomas/ Putzo[37]-*Hüßtege*, § 1084 ZPO, Rn. 3.

1032 Begr. RegE, BT-Drucks. 15/5222, 15 (Zu § 1084 ZPO-E) = BR-Drucks. 88/05, 28; *Kropholler/ von Hein*, EuZPR[9], Art. 21 EuVTVO, Rn. 11; HkZPO[6]-*Kindl*, § 770 ZPO, Rn. 2; HkZPO[6]-*Saenger*, § 1084 ZPO, Rn. 3; Thomas/ Putzo[37]-*Hüßtege*, § 1084 ZPO, Rn. 3.

1033 *Wagner*, IPRax 2005, 401 [404]; *Rellermeyer*, Rpfleger 2005, 389 [402].

II. Aussetzung oder Beschränkung der Zwangsvollstreckung, Art. 23 EuVTVO

Wenn der Schuldner im Ursprungsmitgliedsstaat einen Rechtsbehelf gegen die als Europäischer Vollstreckungstitel bestätigte Entscheidung[1034] eingelegt hat, so gibt es zwei Alternativen, wie sich dieses auf die Vollstreckung im Vollstreckungsmitgliedsstaat auswirkt.[1035]

Zum einen besteht die Möglichkeit, dass die Entscheidung nicht mehr (uneingeschränkt) vollstreckbar ist und der Schuldner sich eine Bestätigung über die Nichtvollstreckbarkeit oder die Beschränkung der Vollstreckbarkeit gemäß Art. 6 Abs. 2 EuVTVO ausstellen lässt.[1036] Mit dieser Gegenbestätigung kann er die Einstellung oder Beschränkung der Zwangsvollstreckung durchsetzen. Denn er kann sie dem Vollstreckungsorgan entgegenhalten und dieses darf dann die Vollstreckung nur noch im Sinne der Beschränkung durchführen oder muss sie ganz einstellen.

Zum anderen kann der Schuldner gemäß Art. 23 EuVTVO bei Einlegung bestimmter Rechtsbehelfe eine Beschränkung oder Aussetzung der Vollstreckung im Vollstreckungsmitgliedsstaat erreichen. Praktisch bedeutsam ist diese Regelung in den Fällen, in denen die Einlegung des Rechtsbehelfs nicht schon selbst gemäß Art. 11 und Art. 6 Abs. 2 EuVTVO eine Beschränkung oder Nichtvollstreckbarkeit des Titels oder eine (vorläufige) Einstellung der Zwangsvollstreckung herbeigeführt hat.[1037] Denn nach dem in Art. 11 EuVTVO niedergelegten Grundsatz, dass eine Entscheidung im Ausland nicht leichter vollstreckbar sein darf als im Ursprungsstaat, ergibt sich bereits, dass eine Beschränkung oder der Ausschluss der Vollstreckung im Ursprungsmitgliedsstaat auf die Auslandsvollstreckung durchschlagen soll.[1038] Die Bestätigung als Europäischer Vollstreckungstitel führt nicht zu einer von dem Recht des Ursprungsmitgliedsstaats abgelösten Vollstreckung in den anderen Mitgliedsstaaten.[1039] Andererseits ist der Gläubiger tatsächlich nicht daran gehindert, mit dem Europäischen Vollstreckungstitel die Zwangsvollstreckung voranzutreiben, auch wenn die Vollstreckung im Ursprungsmitgliedsstaat ausgesetzt oder eingeschränkt ist. Denn im Vollstreckungsmitgliedsstaat wird die Vollstreckbarkeit nicht mehr nachgeprüft, sie darf auch nicht geprüft werden (Verbot der *révision au fond*). Der Schuldner wird mit dem Einwand im Vollstreckungsverfahren erstmal nicht gehört. Er kann Einwendungen nur, soweit zulässig, mittels Vollstreckungsgegenklage gemäß

1034 Die Vorschrift gilt auch für gerichtliche Vergleiche und öffentliche Urkunden, vgl. Art. 24 Abs. 3 und Art. 25 Abs. 3 EuVTVO.

1035 *Kropholler/ von Hein*, EuZPR[9], Art. 23 EuVTVO, Rn. 1.

1036 Siehe Teil 4, A., V.

1037 *Stein*, EuZW 2004, 679 [682]; *Wagner*, IPRax 2005, 189 [198]; *Kropholler/ von Hein*, EuZPR[9], Art. 23 EuVTVO, Rn. 1.

1038 *Stein*, EuZW 2004, 679 [682]; ebenso Zöller[31]-*Geimer*, Art. 11 EuVTVO, Rn. 1.

1039 Zöller[31]-*Geimer*, Art. 11 EuVTVO, Rn. 1.

§ 767 ZPO im Vollstreckungsmitgliedsstaat geltend machen sowie einen Antrag auf Gegenbestätigung gemäß Art. 6 Abs. 2 EuVTVO im Ursprungsmitgliedsstaat und eben einen Antrag nach Art. 23 EuVTVO stellen.

In den Fällen, in welchen der Gläubiger die Zwangsvollstreckung weiter betreibt und betreiben kann, gibt Art. 23 EuVTVO dem Schuldner die Möglichkeit, durch Anrufung der Gerichte im Vollstreckungsmitgliedsstaat und nicht im Ursprungsmitgliedsstaat eine solche Beschränkung oder gar Aussetzung zu erreichen.[1040] Diese Möglichkeit steht im Zusammenhang mit dem Grundprinzip, dass sich der Schuldner gegen den Titel (selbst) nur im Ursprungsmitgliedsstaat wehren können soll.[1041] Denn bei Einlegung eines Rechtsbehelfs im Ursprungsmitgliedsstaat ist bis zur endgültigen Entscheidung die Vollstreckbarkeit des Europäischen Vollstreckungstitels nicht automatisch ausgesetzt.[1042] Weiter hängt es vom Ergebnis des betreffenden Rechtsbehelfs- oder Antragsverfahrens ab, ob der Europäische Vollstreckungstitel vollstreckbar bleibt.[1043] Der Rechtsbehelf des Art. 23 EuVTVO soll also der Gefahr entgegenwirken, dass aus einem (vorläufig) vollstreckbaren Titel aus dem Ursprungsmitgliedsstaat mittels eines Europäischen Vollstreckungstitels im Vollstreckungsmitgliedsstaat vollstreckt wird, auch wenn der Titel mit einem Rechtsbehelf angegriffen und womöglich keinen Bestand haben wird. Damit soll der Schuldner vor einer im Nachhinein unrichtigen Vollstreckung geschützt werden. Dieses ist bei einer europaweiten Vollstreckung noch wichtiger, da ein Rückgängigmachen der Vollstreckungsfolgen dabei nochmals schwieriger ist als in einem rein nationalen Verfahren.

Ebenso wird der Schuldner vor einer Vollstreckung aus einem Europäischen Vollstreckungstitel geschützt, wenn er einen Antrag auf Berichtigung oder Widerruf nach Art. 10 EuVTVO gestellt hat. Es werden also auch die Rechtsbehelfe der Verordnung erfasst, nicht nur die nationalen Rechtsbehelfe im Ursprungsmitgliedsstaat.

1. Voraussetzungen

Als Voraussetzung für die Möglichkeit der Aussetzung oder Beschränkung der Zwangsvollstreckung im Vollstreckungsmitgliedsstaat nennt Art. 23 EuVTVO in den zwei Spiegelstrichen zwei Arten von Rechtsbehelfen. Dieses sind Rechtsbehelfe gegen die Entscheidung und Rechtsbehelfe gegen ihre Bestätigung als Europäischer Vollstreckungstitel, jeweils einzulegen im Ursprungsmitgliedsstaat. Es ist dabei erforderlich, dass sie vom Schuldner bereits eingelegt worden sind, damit das zuständige

---

1040 *Stein*, EuZW 2004, 679 [682]; *Wagner*, IPRax 2005, 189 [198]; *ders.*, NJW 2005, 1157 [1159 f.]; *Klippstein*, in: *Gebauer/ Wiedmann* (Hrsg.)[1], Kap. 31, Rn. 66; *Bittmann*, in: *Gebauer/ Wiedmann* (Hrsg.)[2], Kap. 28, Rn. 175; *Kropholler/ von Hein*, EuZPR[9], Art. 23 EuVTVO, Rn. 1.

1041 *Rauscher*, GPR 2003/04, 286 [292]; *ders.*, EuVT, 69, Rn. 181.

1042 *Wagner*, IPRax 2005, 189 [198]; *Rellermeyer*, Rpfleger 2005, 389 [403].

1043 *Rellermeyer*, Rpfleger 2005, 389 [403].

Gericht im Vollstreckungsmitgliedsstaat eine Maßnahme nach Art. 23 lit. a-c EuVTVO treffen kann.[1044]

a) Vorlage einer Gegenbestätigung nicht nötig

Der Meinung, dass der Schuldner im Rahmen des Verfahrens gemäß Art. 23 EuVTVO verpflichtet sei, eine Gegenbestätigung des Ursprungsgerichts nach Art. 6 Abs. 2 EuVTVO darüber vorzulegen, dass die Entscheidung nicht mehr vollstreckbar sei, nur noch beschränkt vollstreckbar sei oder ihre Vollstreckung ausgesetzt worden sei,[1045] kann nicht gefolgt werden.

Der Rechtsbehelf gemäß Art. 23 EuVTVO wäre nicht erforderlich, wenn der Schuldner eine Gegenbestätigung nach Art. 6 Abs. 2 EuVTVO besäße. Denn diese kann er direkt dem Vollstreckungsorgan bei der Vollstreckung entgegenhalten, so dass die Vollstreckung entsprechend der Gegenbestätigung eingeschränkt, ausgesetzt oder beendet wird.

Der Rechtsbehelf nach Art. 23 EuVTVO ist vielmehr für den Fall gedacht, dass ein Rechtsbehelf gegen die Entscheidung oder die Bestätigung eingelegt ist, über diesen aber noch nicht entschieden wurde. In dem Schwebezustand soll es im Vollstreckungsmitgliedsstaat ermöglicht werden, die Vollstreckung bis zum Abschluss der Entscheidung im Ursprungsmitgliedsstaat zu beschränken, von einer Sicherheit abhängig zu machen oder auszusetzen. Dieses dient dem Schutz des Schuldners vor im Ergebnis unberechtigten Vollstreckungsmaßnahmen. Weiter ist es sinnvoll, den Antrag nach Art. 23 EuVTVO im Vollstreckungsmitgliedsstaat zu stellen, auch wenn man zu diesem Zeitpunkt die Gegenbestätigung gemäß Art. 6 Abs. 2 EuVTVO erlangen könnte, da nur so direkt im Vollstreckungsmitgliedsstaat gegen die Vollstreckung vorgegangen wird. Ansonsten besteht in der Zeit bis zur Ausstellung der Gegenbestätigung durch die Stellen im Ursprungsmitgliedsstaat die Gefahr, dass dennoch im Vollstreckungsmitgliedsstaat die Zwangsvollstreckung weiter betrieben wird. Demnach kann die Vorlage der Gegenbestätigung keine Voraussetzung für den Rechtsbehelf des Art. 23 EuVTVO sein.

Erforderlich ist also die Einlegung eines Rechtsbehelfs im Sinne des Spiegelstrichs 1 oder 2 von Art. 23 EuVTVO.

b) Rechtsbehelfe gegen die als Europäischer Vollstreckungstitel bestätigte Entscheidung

Der erste Spiegelstrich des Art. 23 EuVTVO verlangt einen Rechtsbehelf gegen die Entscheidung selbst und fügt hinzu, dass dazu auch ein Antrag auf Überprüfung im Sinne des Art. 19 EuVTVO zählt.

1044 *Wagner*, IPRax 2005, 189 [198]; *ders.*, NJW 2005, 1157 [1159]; *Klippstein*, in: *Gebauer/ Wiedmann* (Hrsg.)[1], Kap. 31, Rn. 66; *Jennissen*, InVo 2006, 263 [269]; *Bittmann*, in: *Gebauer/ Wiedmann* (Hrsg.)[2], Kap. 28, Rn. 176; *Kropholler/ von Hein*, EuZPR[9], Art. 23 EuVTVO, Rn. 2.

1045 *Ernst*, JurBüro 2005, 568 [573].

Unzweifelhaft gehören zu diesen Rechtsbehelfen gegen die Entscheidung die ordentlichen Rechtsbehelfe im nationalen Recht des Ursprungsmitgliedsstaats.[1046] Hinzu kommt der ausdrücklich genannte Rechtsbehelf nach Art. 19 EuVTVO.

Umstritten ist jedoch, ob auch die Verfassungsbeschwerde im deutschen Recht sowie die Individualbeschwerde zum Europäischen Gerichtshof für Menschenrechte (EGMR) gemäß Art. 34 EMRK einen Rechtsbehelf im Sinne des Art. 23 EuVTVO darstellen, ob also auch außerordentliche Rechtsbehelfe eine Anordnung nach Art. 23 EuVTVO rechtfertigen können.[1047]

aa) Keine Anwendbarkeit bei außerordentlichen Rechtsbehelfen

Nach einer Ansicht seien neben den ausdrücklich genannten Rechtsbehelfen aus der EuVTVO in Art. 23 EuVTVO mit Rechtsbehelfen nur die ordentlichen Rechtsbehelfe des autonomen Rechts der Mitgliedsstaaten gegen die Ausgangsentscheidung gemeint.[1048] Weiter wird vertreten, dass auch wenn man annehme, dass neben den ordentlichen Rechtsbehelfen auch außerordentliche Rechtsbehelfe, welche die Ursprungsentscheidung noch zu Fall bringen können, von dem ersten Spiegelstrich des Art. 23 EuVTVO erfasst würden,[1049] die Verfassungsbeschwerde nach deutschem Recht nicht darunter falle.[1050]

Ebenso könne man die Individualbeschwerde zum Europäischen Gerichtshof für Menschenrechte nicht zu diesen Rechtsbehelfen zählen,[1051] auch wenn dieses unter dem Gesichtspunkt eines effektiven Rechtsschutzes wünschenswert wäre.[1052]

Folglich seien nach dieser Ansicht weder die Verfassungsbeschwerde in Deutschland noch die Individualbeschwerde zum EGMR Rechtsbehelfe im Sinne des Art. 23 EuVTVO.

bb) Anwendung auch auf außerordentliche Rechtsbehelfe

Nach anderer Auffassung seien ordentliche und außerordentliche Rechtsbehelfe gegen die als Europäischer Vollstreckungstitel bestätigte Entscheidung des

---

1046 *Wagner*, IPRax 2005, 189 [198]; *Rellermeyer*, Rpfleger 2005, 389 [403]; *Kropholler/ von Hein*, EuZPR[9], Art. 23 EuVTVO, Rn. 3.

1047 Siehe auch *Jennissen*, InVo 2006, 263 [270]; *Stürner*, GPR 2010, 43 [48, insb. FN 51]; Musielak[13]-*Lackmann*, Art. 23 EuVTVO, Rn. 2.

1048 *Wagner*, IPRax 2005, 189 [198].

1049 *Kropholler/ von Hein*, EuZPR[9], Art. 23 EuVTVO, Rn. 3; Musielak[13]-*Lackmann*, Art. 23 EuVTVO, Rn. 2.

1050 *Bittmann*, in: *Gebauer/ Wiedmann* (Hrsg.)[2], Kap. 28, Rn. 176; *Kropholler/ von Hein*, EuZPR[9], Art. 23 EuVTVO, Rn. 3 f.; Zöller[31]-*Geimer*, Art. 23 EuVTVO, Rn. 2.

1051 *Wagner*, IPRax 2005, 189 [198]; *Kropholler/ von Hein*, EuZPR[9], Art. 23 EuVTVO, Rn. 4; Zöller[31]-*Geimer*, Art. 23 EuVTVO, Rn. 2.

1052 *Wagner*, IPRax 2005, 189 [198].

Ursprungsmitgliedsstaats erfasst.[1053] Darunter falle auch die Verfassungsbeschwerde in Deutschland. Der Wortlaut nehme die außerordentlichen Rechtsbehelfe nicht aus.

Hiernach seien sowohl die Verfassungsbeschwerde zum Bundesverfassungsgericht in Deutschland als auch die Individualbeschwerde zum Europäischen Gerichtshof für Menschenrechte als Rechtsbehelfe im Sinne des Art. 23 EuVTVO anzusehen.

cc) Stellungnahme

Der Wortlaut des Art. 23 EuVTVO lässt nicht erkennen, dass lediglich ordentliche Rechtsbehelfe solche im Sinne der Vorschrift darstellen. Insbesondere der Vergleich mit der Vorschrift des Art. 46 EuGVVO a.F. (entspricht Art. 51 EuGVVO n.F.), bei welchem für ähnlich gelagerte Schutzmaßnahmen ausdrücklich ein ordentlicher Rechtsbehelf eingelegt sein muss, lässt den Schluss zu, dass auch außerordentliche Rechtsbehelfe erfasst sind.[1054] Denn in Art. 23 EuVTVO genügt im Gegensatz zur Vorschrift der EuGVVO ein nicht näher eingegrenzter bloßer Rechtsbehelf.

Außerdem schließt der Wortlaut die systematisch gebotene Ausdehnung auf die Individualbeschwerde nach Art. 34 EMRK zum EGMR nicht aus.[1055] Dadurch wird es möglich, den Schutz nach der EMRK effizient im Verfahren der EuVTVO durchzusetzen, was insbesondere aufgrund des Verzichts auf eine Kontrolle im Vollstreckungsmitgliedsstaat unerlässlich erscheine.[1056] Dieses Argument trägt umso mehr, da der Schutz gemäß Art. 6 EMRK in der Diskussion um den *ordre public*-Verzicht als Argument für den Ausschluss der *ordre public*-Kontrolle angeführt wurde.[1057] Denn die Nichtbeachtung des verfahrensrechtlichen *ordre public* stellt einen Verstoß gegen den Grundsatz eines fairen Verfahrens im Sinne von Art. 6 EMRK dar. Die Anrufung des EGMR in Extremfällen lässt damit eine Kontrolle des gemeinschaftsrechtlichen *ordre public* durch die einzelnen Mitgliedsstaaten als unnötig erscheinen.

Gegen die Erstreckung des Art. 23 EuVTVO auch auf die Individualbeschwerde zum EGMR wird angeführt, dass bei der Schaffung der Vorschrift weder die Kommission noch der Rat an diese Beschwerde gedacht hätten[1058], was aber einer Anwendung nicht zwingend entgegensteht. Dieses wäre lediglich der Fall, wenn die Möglichkeit der Erstreckung bewusst ausgeschlossen werden sollte.

1053 *Rauscher*, GPR 2003/04, 286 [292]; *ders.*, EuVT, 69, Rn. 181; *Rellermeyer*, Rpfleger 2005, 389 [403 FN. 223]; *Jennissen*, InVo 2006, 263 [270]; MüKo[4]-*Adolphsen*, Art. 23 EuVTVO, Rn. 6; *Schlosser*/ Hess, EU-ZPR[4], Art. 23 EuVTVO, Rn. 3; Rauscher-*Papst*, Band II[4], Art. 23 EuVTVO, Rn. 2.

1054 *Jennissen*, InVo 2006, 263 [270]; ebenso Musielak[13]-*Lackmann*, Art. 23 EuVTVO, Rn. 2.

1055 *Rauscher*, GPR 2003/04, 286 [292]; *ders.*, EuVT, 69, Rn. 181, 28 f.

1056 *Rauscher*, GPR 2003/04, 286 [292]; *ders.*, EuVT, 69, Rn. 181, 25.

1057 *Rauscher*, GPR 2003/04, 286 [292]; *ders.*, EuVT, 69, Rn. 181, 24; so *Hess*, IPRax 2001, 389 [395]; *Stein*, IPRax 2004, 181 [185].

1058 *Kropholler/ von Hein*, EuZPR[9], Art. 23 EuVTVO, Rn. 4; dieses sieht auch *Rauscher*, EuVT, 14, Rn. 28.

Nur bei Anwendung dieser Vorschrift auf die Individualbeschwerde zum EGMR lasse sich eine erneute Grundrechtsverletzung durch die ungehinderte Vollstreckung und damit ein weiterer Verstoß gegen Art. 6 EMRK verhindern.[1059] Gleiches gilt für die Anrufung des deutschen Bundesverfassungsgerichts bei Grundrechtsverstößen in deutschen Verfahren. Außerdem besteht keine Prüfungsmöglichkeit des EuGH bezüglich mitgliedsstaatlicher Urteile und Entscheidungen.[1060] Dieser kann lediglich von den mitgliedsstaatlichen Gerichten im Wege des Vorabentscheidungsverfahrens angerufen werden. Im Rahmen dessen ist aber eine Nachprüfung von Verstößen gegen das Verfahrensrecht nicht denkbar. Denn das Gericht ruft den EuGH ja nicht an, wenn der Schuldner meint, seine durch europäische Regelungen garantierten Verfahrensgrundrechte seien verletzt. Die Anrufung des EGMR gemäß Art. 34 EMRK bietet demnach den einzigen Schutz.[1061] Nur bei Einschluss der Individualbeschwerde lässt sich also eine Perpetuierung eines Verstoßes gegen die Europäische Menschenrechtskonvention vermeiden.

Die Vollstreckung einer Entscheidung, welche als Europäischer Vollstreckungstitel bestätigt ist, geschieht relativ schnell. Der Angriff der Entscheidung mittels außerordentlichen Rechtsbehelfs wie Verfassungsbeschwerde oder Individualbeschwerde zum EGMR hindert die Vollstreckung zunächst nicht. Deshalb ist es unbedingt erforderlich, dass das Vollstreckungsgericht zum Schutz des Schuldners die Vollstreckung beschränken, von einer Sicherheitsleistung abhängig machen und in Ausnahmefällen auch aussetzen kann.[1062] Für den Extremfall ist es unerlässlich die Individualbeschwerde nach der EMRK sozusagen als „Notbremse“[1063] nutzbar machen zu können.

Insbesondere die hohen Hürden bei der Anrufung des BVerfG und des EGMR dürften eine missbräuchliche Inanspruchnahme dieser außerordentlichen Rechtsbehelfe auf ein Minimum beschränken.

Weiter ist das Vollstreckungsgericht nicht gezwungen, eine Maßnahme im Sinne von Art. 23 lit. a-c EuVTVO anzuordnen. Das Gericht kann im Rahmen einer Ermessensentscheidung eine solche Maßnahme aussprechen, muss es aber nicht. Wenn es zu dem Ergebnis kommt, dass der (außerordentliche) Rechtsbehelf aus seiner Sicht mutwillig eingelegt wurde, kann es ohne weiteres von den Maßnahmen absehen.

Die Beschränkungen greifen nicht unangemessen in die Rechte und Möglichkeiten des Gläubigers ein. Insbesondere wenn die Vollstreckung auf Sicherungsmaßnahmen beschränkt (lit. a) oder von einer Sicherheitsleistung abhängig gemacht wird (lit. b), sind die gegenseitigen Interessen gewahrt. Der Gläubiger erhält entweder seine Sicherheit oder kann gegen Sicherheit vollstrecken, der Schuldner muss die Sicherheit leisten oder wird bei weiterer Vollstreckung durch die Sicherheitsleistung

---

1059 *Rauscher*, EuVT, 14, Rn. 29; Rauscher-*Papst*, Band II[4], Art. 5 EuVTVO, Rn. 17.

1060 Siehe Teil 2, C., V., 6.

1061 Rauscher-*Papst*, Band II[4], Einl. EuVTVO, Rn. 44 und 46.

1062 *Rauscher*, EuVT, 14, Rn. 27.

1063 *Stein*, IPRax 2004, 181 [182]; *Schlosser*/ Hess, EU-ZPR[4], Art. 23 EuVTVO, Rn. 3.

des Gläubigers geschützt. In jedem Fall können die finanziellen Folgen ohne weiteres wieder gut gemacht werden.

Dementsprechend sprechen die besseren Argumente dafür, auch außerordentliche Rechtsbehelfe wie die Verfassungsbeschwerde zum deutschen Bundesverfassungsgericht sowie die Individualbeschwerde zum EGMR im Rahmen des Art. 23 EuVTVO als Rechtsbehelfe zuzulassen.

c) Rechtsbehelfe gegen die Bestätigung als Europäischer Vollstreckungstitel

Als weitere mögliche Rechtsbehelfe kommen nach dem zweiten Spiegelstrich die Anträge auf Berichtigung oder Widerruf der Bestätigung als Europäischer Vollstreckungstitel nach Art. 10 EuVTVO in Betracht.

Da hier die beiden Rechtsbehelfe ausdrücklich genannt sind und es sich dabei gemäß Art. 10 Abs. 4 EuVTVO um die einzigen von der Verordnung zugelassenen Rechtsbehelfe gegen die Bestätigung als Europäischer Vollstreckungstitel handelt, ist die Reichweite der Vorschrift in diesem Spiegelstrich klar definiert. Die Rechtsbehelfe wurden bereits oben unter Teil 4, A., IV. dargestellt.

2. Ermessensentscheidung

Gemäß Art. 23 EuVTVO „kann" das zuständige Gericht oder die befugte Stelle im Vollstreckungsmitgliedstaat eine der in lit. a-c aufgeführten Maßnahmen treffen. Dem Gericht bzw. der zuständigen Stelle ist also Ermessen eingeräumt,[1064] wobei ein weiter Spielraum für das Entscheidungsermessen besteht.[1065] Als maßgebliche Kriterien für die Entscheidung sind die Erfolgsaussichten des im Ursprungsmitgliedsstaat eingelegten Rechtsbehelfs sowie die Wahrscheinlichkeit zu beurteilen, dass eine unbedingte Vollstreckung einen nicht wieder gut zu machenden Schaden verursachen würde.[1066] Dabei sind nach hier vertretener Ansicht auch die Verfassungsbeschwerde zum Bundesverfassungsgericht sowie die Individualbeschwerde zum Europäischen Gerichtshof für Menschenrechte erfasst. Deren Erfolgsaussichten sind dementsprechend gegebenenfalls zu prüfen und der Entscheidung des Gerichts zugrunde zu legen.

Der zuständigen Stelle bleiben die in Art. 23 lit. a-c EuVTVO vorgesehenen Maßnahmen, sowie die Möglichkeit, auf alle drei Maßnahmen zu verzichten und die Vollstreckung uneingeschränkt fortzusetzen, obwohl gegen die Entscheidung

1064 Stellungnahme der Kommission, KOM (2004) 90 endg., 11 (Art. 23); *Rauscher*, GPR 2003/04, 286 [292]; *ders.*, EuVT, Rn. 181; *Stein*, EuZW 2004, 679 [682]; *Yessiou-Faltsi*, in: *Gottwald* (Hrsg.), Perspektiven (2004), 213 [245]; *Kropholler/ von Hein*, EuZPR[9], Art. 23 EuVTVO, Rn. 6.

1065 Zöller[31]-*Geimer*, Art. 23 EuVTVO, Rn. 5.

1066 Begründung zum Kommissionsvorschlag vom 18.04.2002, KOM (2002) 159 endg., 15 [Nr. 3] zu Art. 23; *Stein*, EuZW 2004, 679 [682]; *Rellermeyer*, Rpfleger 2005, 389 [403]; *Yessiou-Faltsi*, in: *Gottwald* (Hrsg.), Perspektiven (2004), 213 [245]; *Kropholler/ von Hein*, EuZPR[9], Art. 23 EuVTVO, Rn. 6.

oder gegen die Bestätigung ein Rechtsbehelf eingelegt worden ist.[1067] Das Gericht des Vollstreckungsmitgliedsstaats kann die Vollstreckung nur für die Dauer des laufenden Rechtsbehelfsverfahrens aussetzen oder beschränken.[1068] Nach diesem Zeitpunkt richtet sich die Vollstreckbarkeit nach der Entscheidung in dem Rechtsbehelfsverfahren.

Gemäß Art. 23 lit. a EuVTVO kann die zuständige Stelle das Vollstreckungsverfahren auf Sicherungsmaßnahmen beschränken. Die zulässigen Sicherungsmaßnahmen bestimmt dabei die *lex fori.*[1069]

Gemäß Art. 23 lit. b EuVTVO kann die zuständige Stelle die Vollstreckung von der Leistung einer von ihr zu bestimmenden Sicherheit abhängig machen, was aber regelmäßig nur dann in Betracht kommt, wenn nicht schon ausreichende Sicherheit im Ursprungsmitgliedsstaat geleistet worden ist.[1070]

Eine Aussetzung des Vollstreckungsverfahrens ist gemäß Art. 23 lit. c EuVTVO nur unter außergewöhnlichen Umständen möglich. Sie ist im Gegensatz zu den vorher genannten Möglichkeiten aus lit. a und b nur in Ausnahmefällen zulässig.[1071] Der Grund liegt darin, dass durch diese Maßnahme dem Gläubiger vorübergehend die Vorteile der EuVTVO zur Gänze genommen werden,[1072] was den Zielen der EuVTVO entgegenlaufen würde. Zu den außergewöhnlichen Umständen würden nach *Rauscher*[1073] diejenigen Fälle gehören, in denen mit dem Rechtsbehelf ein Mangel gerügt wird, der den *ordre public* des Vollstreckungsmitgliedsstaates verletzt.

Insgesamt steht den zuständigen Stellen ein breites Spektrum an Entscheidungsmöglichkeiten zur Verfügung. Je schwerer die Maßnahme wiegt, desto strenger werden aber deren Voraussetzungen.

3. Durchführungsbestimmungen im deutschen Recht (§ 1084 ZPO)

Die deutschen Durchführungsbestimmungen finden sich in § 1084 ZPO. Gemäß § 1084 Abs. 1 ZPO ist auch für die Entscheidung über einen Antrag iSv. Art. 23 EuVTVO das nach Buch 8 der ZPO zu bestimmende Amtsgericht als Vollstreckungsgericht ausschließlich örtlich zuständig wie bei einem Antrag auf Verweigerung der Vollstreckung nach Art. 21 EuVTVO. Hier sei auf die näheren Ausführungen oben unter Teil 4, B., I., 3., b) verwiesen. Dort ist der Streit darüber dargestellt, auf

---

1067 Vgl. *Kropholler/ von Hein*, EuZPR[9], Art. 23 EuVTVO, Rn. 7.

1068 *Rauscher*, GPR 2003/04, 286 [292]; *ders.*, EuVT, 69, Rn. 181; siehe auch unter Teil 4, B., II., 3.

1069 *Kropholler/ von Hein*, EuZPR[9], Art. 23 EuVTVO, Rn. 8; Rauscher-*Papst*, Band II[4], Art. 23 EuVTVO, Rn. 8.

1070 *Kropholler/ von Hein*, EuZPR[9], Art. 23 EuVTVO, Rn. 9.

1071 *Rauscher*, EuVT, 70, Rn. 182; *Klippstein*, in: *Gebauer/ Wiedmann* (Hrsg.)[1], Kap. 31, Rn. 66; *Bittmann*, in: *Gebauer/ Wiedmann* (Hrsg.)[2], Kap. 28, Rn. 178; *Kropholler/ von Hein*, EuZPR[9], Art. 23 EuVTVO, Rn. 10.

1072 *Kropholler/ von Hein*, EuZPR[9], Art. 23 EuVTVO, Rn. 10.

1073 *Rauscher*, GPR 2003/04, 186 [292]; *ders.*, EuVT, 70, Rn. 182.

welche Norm damit genau verwiesen wird. Meines Erachtens wird grundsätzlich auf § 764 Abs. 2 ZPO verwiesen.

Da in der Regel Eilbedürftigkeit besteht, ist die Entscheidung nach § 1084 Abs. 3 S. 1 ZPO als einstweilige Anordnung zu erlassen.[1074] Denn die Maßnahmen, welche Art. 23 lit. a-c EuVTVO vorsieht, müssen in der Regel schnell ergehen. Dem Gläubiger ist jedoch nach allgemeinen Grundsätzen zuvor rechtliches Gehör zu gewähren.[1075]

Der Richter[1076] entscheidet durch unanfechtbaren Beschluss.[1077] Damit wird ein Rechtsbehelf gegen die einstweilige Anordnung nach § 1084 Abs. 3 S. 2 ZPO ausgeschlossen. Die einstweiligen Anordnungen sind analog § 707 Abs. 2 S. 2 ZPO der Anfechtung entzogen.[1078]

Lediglich, wenn man den Rechtspfleger aufgrund von § 20 Nr. 17 S. 1 RPflG als funktional zuständig erklärte,[1079] würde die in § 1084 Abs. 3 S. 2 ZPO postulierte Unanfechtbarkeit unter der Einschränkung der Rechtspflegererinnerung nach § 11 Abs. 2 RPflG gelten.[1080] Die Zuständigkeit des Rechtspflegers sei nach einer Ansicht grundsätzlich gemäß § 20 Nr. 17 S. 1 RPflG gegeben, was auch aus der Verweisung in § 1084 Abs. 1 S. 2 ZPO auf das Buch 8 der ZPO folge.[1081]

Die funktionale Zuständigkeit des Rechtspflegers ist meines Erachtens jedoch aufgrund der Gesetzesbegründung[1082] ausgeschlossen. Es ist daher auch fast einhellige Ansicht, dass der Richter entscheidet.[1083] Die Zuständigkeit für die Entscheidung über

---

1074 *Rellermeyer*, Rpfleger 2005, 389 [403]; *Wagner*, IPRax 2005, 401 [404]; *Kropholler/ von Hein*, EuZPR[9], Art. 23 EuVTVO, Rn. 12; HkZPO[6]-*Saenger*, § 1084 ZPO, Rn. 4; Musielak[13]-*Lackmann*, § 1084 ZPO, Rn. 4.

1075 Musielak[13]-*Lackmann*, § 1084 ZPO, Rn. 4.

1076 Begr. RegE, BT-Drucks. 15/5222, 15 (Zu § 1084 ZPO-E) = BR-Drucks. 88/05, 28; *Rellermeyer*, Rpfleger 2005, 389 [403]; *Kropholler/ von Hein*, EuZPR[9], Art. 23 EuVTVO, Rn. 11; *Geimer*, IZPR[7], 1246, Rn. 3195d; HkZPO[6]-*Saenger*, § 1084 ZPO, Rn. 2; Musielak[13]-*Lackmann*, § 1084 ZPO, Rn. 2; Zöller[31]-*Geimer*, § 1084 ZPO, Rn. 5.

1077 *Wagner*, IPRax 2005, 401 [404]; *Rellermeyer*, Rpfleger 2005, 389 [403]; *Kropholler/ von Hein*, EuZPR[9], Art. 23 EuVTVO, Rn. 13; *Nagel/ Gottwald*, IZPR[7], 670, § 14, Rn. 51; HkZPO[6]-*Saenger*, § 1084 ZPO, Rn. 2, 4; Musielak[13]-*Lackmann*, § 1084 ZPO, Rn. 4; Thomas/ Putzo[37]-*Hüßtege*, § 1084 ZPO, Rn. 3; Zöller[31]-*Geimer*, § 1084 ZPO, Rn. 5.

1078 Begr. RegE, BT-Drucks. 15/5222, 15 (Zu § 1084 ZPO-E) = BR-Drucks. 88/05, 28; *Geimer*, IZPR[7], 1246, Rn. 3195d; HkZPO[6]-*Saenger*, § 1084 ZPO, Rn. 4; Thomas/ Putzo[37]-*Hüßtege*, § 1084 ZPO, Rn. 3.

1079 So B/L/A/H[74]-*Hartmann*, ZPO, § 1084 ZPO, Rn. 3.

1080 So B/L/A/H[74]-*Hartmann*, ZPO, § 1084 ZPO, Rn. 5.

1081 B/L/A/H[74]-*Hartmann*, ZPO, § 1084 ZPO, Rn. 3.

1082 Begr. RegE, BT-Drucks. 15/5222, 15 (Zu § 1084 ZPO-E) = BR-Drucks. 88/05, 28.

1083 *Rellermeyer*, Rpfleger 2005, 389 [403]; *Wagner*, IPRax 2005, 401 [404]; *Kropholler/ von Hein*, EuZPR[9], Art. 23 EuVTVO, Rn. 11; HkZPO[6]-*Saenger*, § 1084 ZPO, Rn. 2; Musielak[13]-*Lackmann*, § 1084 ZPO, Rn. 2; Thomas/ Putzo[37]-*Hüßtege*, § 1084 ZPO, Rn. 2; Zöller[31]-*Geimer*, § 1084 ZPO, Rn. 5.

Anträge nach Art. 23 EuVTVO ist identisch mit derjenigen nach Art. 21 EuVTVO, denn § 1084 ZPO regelt diese für beide Anträge einheitlich. Aufgrund des Einklangs muss dann auch bei beiden einheitlich der Richter zuständig sein, wie es die Gesetzesbegründung bestimmt. Oben in Teil 4, B., I., 3. d) wurde die funktionale Zuständigkeit des Richters bereits begründet, so dass darauf verwiesen wird. Die Begründung liegt insbesondere in der schwierigen rechtlichen Prüfung bei der Titelkollision. Aber auch bei der Entscheidung über Anträge nach Art. 23 EuVTVO ist wegen der weitreichenden Ermessensentscheidung und den damit verbundenen rechtlichen Abwägungen (insbesondere Erfolgsaussichten der Rechtsbehelfe) die funktionale Zuständigkeit des Richters angemessen.

Dementsprechend bleibt es auch bei der in § 1084 Abs. 3 S. 2 ZPO gemachten Aussage, dass die Entscheidung unanfechtbar ist. Eine Rechtspflegererinnerung kommt nicht in Betracht, da dieser nicht entscheidet. Auch würde es wohl dem gesetzgeberischen Willen bezüglich der Unanfechtbarkeit widersprechen, den Rechtspfleger für zuständig zu halten und dann die Rechtspflegererinnerung gemäß § 11 Abs. 2 RPflG als Rechtsbehelf zuzulassen.

Die in Deutschland getroffenen Maßnahmen verlieren mit der Entscheidung in der Hauptsache im Ursprungsmitgliedsstaat ihre Wirkung.[1084]

Der Rechtsbehelf gegen eine ablehnende Entscheidung über einen Antrag auf Aussetzung oder Beschränkung der Zwangsvollstreckung nach Art. 23 EuVTVO ist die sofortige Beschwerde gemäß § 793 ZPO.[1085]

4. Kosten/ Gebühren

Für die Gerichtsentscheidung fällt eine Festgebühr gemäß Nr. 2119 KV GKG in Höhe von 30,00 Euro an. Der Kostenschuldner wird nach §§ 22 Abs. 1 S. 1, 29 Nr. 1 GKG bestimmt. Dieses ist nach § 22 Abs. 1 S. 1 GKG zunächst derjenige, der den Antrag gestellt hat. Gemäß § 29 Nr. 1 GKG schuldet derjenige die Verfahrenskosten, dem sie das Gericht auferlegt.

Die Rechtsanwaltsgebühr bestimmt sich nach § 18 Abs. 1 Nr. 6 RVG iVm. Nr. 3309 und Nr. 3310 VV RVG. Es entstehen mithin eine 0,3-Verfahrensgebühr und ggf. eine 0,3-Terminsgebühr. Der Gegenstandswert richtet sich nach den allgemeinen Bestimmungen.

1084 Begr. RegE, BT-Drucks. 15/5222, 15 (Zu § 1084 ZPO-E) = BR-Drucks. 88/05, 28; *Wagner*, IPRax 2005, 401 [404]; *Rellermeyer*, Rpfleger 2005, 389 [403]; *Kropholler/ von Hein*, EuZPR[9], Art. 23 EuVTVO, Rn. 13; *Geimer*, IZPR[7], 1246, Rn. 3195d; HkZPO[6]-*Saenger*, § 1084 ZPO, Rn. 4; Musielak[13]-*Lackmann*, § 1084 ZPO, Rn. 4; Thomas/ Putzo[37]-*Hüßtege*, § 1084 ZPO, Rn. 4; Zöller[31]-*Geimer*, § 1084 ZPO, Rn. 5.

1085 Vgl. Musielak[13]-*Lackmann*, § 1084 ZPO, Rn. 3; Zöller[31]-*Geimer*, § 1084 ZPO, Rn. 2.

C. Rechtsbehelfe nach nationalem Recht im Vollstreckungsstaat

Die EuVTVO sieht – wie gerade erörtert – nur wenige Rechtsbehelfe vor, welche es dem Schuldner erlauben, im Vollstreckungsstaat gegen die Vollstreckung aus einem Europäischen Vollstreckungstitel aus einem anderen Mitgliedsstaat vorzugehen.[1086] Die Verordnung ist diesbezüglich noch restriktiver als die bei Inkrafttreten geltenden EuGVVO a.F.[1087] Diese starke Einschränkung stößt in der Literatur auf Bedenken, insbesondere für den Fall, dass die Bestätigung als Europäischer Vollstreckungstitel versehentlich ergangen sein sollte, beispielsweise weil die Zustellung fehlerhaft erfolgt ist und es damit am rechtlichen Gehör des Schuldners fehlte.[1088]

Daher ist es dringend geboten, zu wissen, welche nationalen Rechtsbehelfe im Vollstreckungsverfahren anwendbar sind. Nur so kann man sich als (vermeintlicher) Schuldner in ausreichendem Maße gegen (unberechtigte) Vollstreckungen wehren. Es wird deshalb im folgenden Abschnitt untersucht, welche nationalen Rechtsbehelfe in Deutschland statthaft sind, um der Vollstreckung aus einem Europäischen Vollstreckungstitel zu begegnen.

Die Europäische Vollstreckungstitelverordnung bestimmt in Art. 20 Abs. 1 S. 1 EuVTVO, dass für die Vollstreckung unbeschadet des Kapitels IV der Verordnung das Recht des Vollstreckungsmitgliedsstaates gilt. Dieses ist auch in Erwägungsgrund 8 zur EuVTVO a.E. aufgenommen worden, in dem es heißt, dass sich die Umstände der Vollstreckung weiterhin nach nationalem Recht richten sollten.

Dem Schuldner steht damit außer den in der Verordnung genannten Vollstreckungsschutzmaßnahmen der generelle Schutz nach den Vollstreckungsregeln im Vollstreckungsmitgliedsstaat zu.[1089] Diese dürfen jedoch nicht zu einer Nachprüfung des Titels oder der Bestätigung als Europäischer Vollstreckungstitel in der Sache selbst führen (Art. 21 Abs. 2 EuVTVO).

Nachfolgend werden die möglichen deutschen Rechtsbehelfe/ Rechtsmittel auf ihre Anwendbarkeit überprüft und im Einzelnen dargestellt.

1086 Siehe auch *Wagner*, IPRax 2005, 401 [404]; *ders.*, NJW 2005, 1157 [1159]; *Pfeiffer*, BauR 2005, 1541 [1549]; *Gebauer*, FPR 2006, 252 [254]; *Buchhold*, NJW 2007, 2734 [2737]; *Faetan*, JAmt 2007, 181 [186].

1087 *Buchhold*, NJW 2007, 2734 [2737].

1088 *Faetan*, JAmt 2007, 181 [186].

1089 *Gebauer*, NJ 2006, 103 [106]; *dies.*, FPR 2006, 252 [254]; *Kropholler/ von Hein*, EuZPR[9], Art. 20 EuVTVO, Rn. 4 und 12 ff.; Zöller[31]-*Geimer*, Art. 10 EuVTVO, Rn. 1 und Art. 20 EuVTVO, Rn. 1.

I. Erinnerung gegen Erteilung der Vollstreckungsklausel, § 732 ZPO

Mit der Erinnerung gemäß § 732 ZPO kann der Schuldner in Deutschland Einwendungen geltend machen, welche die Zulässigkeit der Vollstreckungsklausel betreffen.

Da bei einem Europäischen Vollstreckungstitel eine deutsche Vollstreckungsklausel weder für die Vollstreckung eines in Deutschland erlassenen Titels in einem anderen Mitgliedsstaat noch für die Vollstreckung eines Titels aus einem anderen Mitgliedsstaat in Deutschland erforderlich ist, findet die Erinnerung im Rahmen der Vollstreckung aus einem Europäischen Vollstreckungstitel keine Anwendung.

Man kann die Erinnerung gemäß § 732 ZPO auch nicht auf die Bestätigung als Europäischer Vollstreckungstitel (analog) anwenden, da nach Art. 10 Abs. 4 EuVTVO gegen die Ausstellung einer Bestätigung als Europäischer Vollstreckungstitel außer den Rechtsbehelfen in Art. 10 Abs. 1 EuVTVO ausdrücklich kein (weiterer) Rechtsbehelf mehr möglich ist. Die Anwendung des nationalen Rechtsbehelfs der Erinnerung gegen die Erteilung der Vollstreckungsklausel würde dem eklatant zuwiderlaufen.

Hat die zuständige Stelle eines Mitgliedsstaates die Bescheinigung als Europäischer Vollstreckungstitel erteilt, so kann dieses nicht durch einen nationalen Rechtsbehelf angegriffen werden. Das gilt ebenso für in Deutschland ausgestellte Bestätigungen. Auch gegen diese dürfen Einwendungen nicht mittels Erinnerung gemäß § 732 ZPO (analog) geltend gemacht werden.

II. Erinnerung gemäß § 766 ZPO

Im Zwangsvollstreckungsverfahren stehen dem Schuldner wie auch dem Gläubiger in Deutschland gemäß § 766 ZPO die Erinnerung gegen die Art und Weise der Zwangsvollstreckung zu. Sie dient der Rüge des Verfahrens des Vollstreckungsorgans bei der Vollstreckung und der Herbeiführung einer Überprüfung der Maßnahme durch das Vollstreckungsgericht. Sie ist statthaft gegen das gesamte Verhalten des Gerichtsvollziehers und gegen Vollstreckungsmaßnahmen des Vollstreckungsgerichts. Durch letztere wird sie abgegrenzt von der Beschwerde nach § 793 ZPO, die gegen Entscheidungen des Vollstreckungsgerichts statthaft ist.

Die Erinnerung nach § 766 ZPO findet weiter Anwendung gegen unmittelbare Vollstreckungsmaßnahmen des Richters oder des Rechtspflegers (§ 11 RPflG). Bei diesen Maßnahmen handelt es sich nicht um eine Entscheidung aufgrund eines Rechtsbehelfs, sondern um eine direkte Maßnahme der Zwangsvollstreckung. Hier ist der Richter oder der Rechtspfleger für die Vollstreckungsmaßnahme funktional zuständig gewesen. Gegen diese Maßnahme richtet sich dann der Schuldner oder Gläubiger – je nach Beschwer – mit dem Rechtsbehelf der Vollstreckungserinnerung.

1. *Anwendbar beim Europäischen Vollstreckungstitel*

Da sich gemäß Art. 20 Abs. 1 S. 1 EuVTVO die Zwangsvollstreckung nach dem nationalen Recht richtet, kommt die Erinnerung nach § 766 ZPO auch bei der Vollstreckung eines Europäischen Vollstreckungstitels aus einem anderen Mitgliedsstaat in Deutschland zur Anwendung.[1090]

Das Verbot der Nachprüfung der Entscheidung oder der Bestätigung als Europäischer Vollstreckungstitel in der Sache selbst gemäß Art. 21 Abs. 2 EuVTVO wird nicht verletzt, da mit der Erinnerung nur gegen die Art und Weise der Zwangsvollstreckung vorgegangen wird. Eine Überprüfung von Entscheidungen aus dem Ursprungsmitgliedsstaat findet nicht statt. Es werden ausschließlich Maßnahmen des Vollstreckungsgerichts und das sämtliche Verhalten des Gerichtsvollziehers (als typisches Vollstreckungsorgan) bzw. sonstiger Vollstreckungsorgane überprüft.

2. *Zuständigkeit/ Verfahren*

Für die Erinnerung nach § 766 ZPO ergibt sich die internationale Zuständigkeit der deutschen Gerichte aus Art. 24 Nr. 5 EuGVVO n.F. (Art. 22 Nr. 5 EuGVVO a.F.).[1091] Da es sich um ein Verfahren handelt, das die Zwangsvollstreckung aus einer Entscheidung zum Gegenstand hat, sind die Gerichte des Mitgliedsstaates zuständig, in dessen Hoheitsgebiet die Zwangsvollstreckung durchgeführt worden ist oder durchgeführt werden soll (Art. 24 Nr. 5 EuGVVO n.F.). Im Fall der Zwangsvollstreckung in Deutschland sind somit die deutschen Gerichte für die Erinnerung international zuständig.

Die Anwendbarkeit der EuGVVO ergibt sich daraus, dass es sich bei Vollstreckungsverfahren aus Europäischen Vollstreckungstiteln nach der EuVTVO um die Vollstreckung von Titeln aus einem Mitgliedsstaat der Europäischen Union (außer Dänemark) in einem anderen Mitgliedsstaat handelt. Damit ist der räumliche Anwendungsbereich eröffnet. Der sachliche Anwendungsbereich der EuGVVO gemäß Art. 1 EuGVVO n.F./a.F. ist ohnehin identisch mit Art. 2 EuVTVO. Ein Unterschied ergibt sich lediglich aus dem Erfordernis der Unbestrittenheit bei der EuVTVO. Folglich ist die EuGVVO anwendbar, um die internationale Zuständigkeit bei Klagen im Rahmen der Zwangsvollstreckung aus Europäischen Vollstreckungstiteln zu bestimmen.

Sachlich zuständig ist ausschließlich das Amtsgericht als Vollstreckungsgericht nach §§ 766 Abs. 1 S. 1, 764 Abs. 2, 802 ZPO. Örtlich ausschließlich zuständig ist

---

1090 Vgl. AG Fürstenfeldbruck 14.10.2009 – 2 M 10010/09 JurBüro 2010, 53 [53, Rn. 3]; *Rellermeyer*, Rpfleger 2005, 389 [401]; *Wagner*, IPRax 2005, 401 [405]; *Klippstein*, in: *Gebauer/ Wiedmann* (Hrsg.)[1], Kap. 31, Rn. 58; *Geimer*, IZPR[7], 1245, Rn. 3195a; *Schlosser*/ Hess, EU-ZPR[4], Art. 20 EuVTVO, Rn. 6; Zöller[31]-*Geimer*, § 1082 ZPO, Rn. 3.

1091 Ebenso: *Kropholler/ von Hein*, EuZPR[9], Art. 22 EuGVVO, Rn. 61; zur zweifelhaften Frage der Ableitung einer ausschließlichen Vollstreckungszuständigkeit aus Art. 22 Nr. 5 EuGVVO *Hök*, MDR 2005, 306 [307, 311].

das Amtsgericht, in dessen Bezirk das Vollstreckungsverfahren stattfinden soll oder stattgefunden hat gemäß §§ 766 Abs. 1 S. 1, 764 Abs. 2, 802 ZPO.

Im Ergebnis ändert sich in Deutschland bezüglich der Erinnerung nach § 766 ZPO nichts dadurch, dass nicht aus einem nationalen Titel, sondern aus einem Europäischen Vollstreckungstitel im Sinne der EuVTVO vollstreckt wird. Dieses erklärt sich dadurch, dass sich gemäß der Verordnung das eigentliche Zwangsvollstreckungsverfahren nach dem nationalen Recht richtet und bei der Erinnerung nur die Art und Weise der nationalen Vollstreckung nachgeprüft werden.

Bei Unzulässigkeit oder Unbegründetheit der Erinnerung wird diese zurückgewiesen.

Ist die Erinnerung zulässig und begründet, wird die Zwangsvollstreckung in genau bestimmtem Umfang für unzulässig erklärt.[1092] In diesem Fall sollte das Gericht entsprechend § 570 Abs. 2 ZPO den Vollzug der Entscheidung bis zum Eintritt der Rechtskraft aussetzen, damit nicht dennoch Vollstreckungshandlungen unternommen werden.

Weitere Entscheidungsmöglichkeiten sind die Aufhebung einer Vollstreckungsmaßnahme, falls das Vollstreckungsgericht das Organ der Zwangsvollstreckung gewesen ist.[1093] Auch hier ist eine Aussetzung des Vollzugs der Entscheidung angezeigt.

Darüber hinaus kann eine bestimmte Maßnahme angeordnet werden, beispielsweise, dass der Gerichtsvollzieher einen bestimmten Vollstreckungsauftrag auszuführen hat oder eine Pfändung aufheben muss.[1094]

3. *Voraussetzungen*

Die Erinnerung nach § 766 ZPO ist zulässig, wenn sie statthaft ist, formgerecht eingelegt wird, der Beschwerdeführer beschwert ist und ein Rechtsschutzbedürfnis besteht. Eine Frist gibt es nicht.

Die Erinnerung kann schriftlich mit eigenhändiger Unterschrift[1095] oder zu Protokoll der Geschäftsstelle eingelegt werden (§ 569 Abs. 2 und 3 ZPO analog).[1096]

Beschwert sein kann der Gläubiger, der Schuldner, ein Dritter (etwa der Drittschuldner nach § 829 ZPO oder ein Dritter bei §§ 809, 810 ZPO),[1097] nicht jedoch der Gerichtsvollzieher, auch nicht wenn es um seine Gebührenrechte geht.[1098]

Das Rechtsschutzbedürfnis ist für den unmittelbar betroffenen Schuldner und Dritte grundsätzlich von Beginn der Zwangsvollstreckung bis zum Ende der konkreten

---

1092 Thomas/ Putzo[37]-*Seiler*, § 766 ZPO, Rn. 11; vgl. im Einzelnen Zöller[31]-*Stöber*, § 766 ZPO, Rn. 28 f.

1093 Thomas/ Putzo[37]-*Seiler*, § 766 ZPO, Rn. 12; Zöller[31]-*Stöber*, § 766 ZPO, Rn. 30.

1094 Thomas/ Putzo[37]-*Seiler*, § 766 ZPO, Rn. 13; vgl. Zöller[31]-*Stöber*, § 766 ZPO, Rn. 31 f.

1095 LG Berlin 30.10.1975 MDR 1976, 407 [407].

1096 Thomas/ Putzo[37]-*Seiler*, § 766 ZPO, Rn. 19; Zöller[31]-*Stöber*, § 766 ZPO, Rn 21.

1097 Thomas/ Putzo[37]-*Seiler*, § 766 ZPO, Rn. 20a und 28; vgl. auch Zöller[31]-*Stöber*, § 766 ZPO, Rn 14 ff.

1098 Vgl. BGH 29.05.2004 NJW 2004, 2979 [2981], wonach der Gerichtsvollzieher Organ der Zwangsvollstreckung sei und nicht Beteiligter; Zöller[31]-*Stöber*, § 766 ZPO, Rn. 37.

einzelnen Vollstreckungsmaßnahme gegeben.[1099] Es kommt nicht auf die Zwangsvollstreckung im Ganzen an. Bereits vor Beginn der Zwangsvollstreckung besteht das Rechtsschutzbedürfnis, wenn diese unmittelbar droht. Es kann ausnahmsweise auch nach dessen Ende weiter bestehen, wenn die Zwangsvollstreckung fortwirkt, noch aufgehoben werden kann und die Erinnerung für den Schuldner oder den Dritten noch Abhilfe schaffen kann, was beispielsweise beim Kostenansatz gegeben sein kann.[1100] Das Rechtsschutzbedürfnis des Dritten wird nicht dadurch ausgeschlossen, dass der Erinnerungsführer Klage aus § 771 ZPO erheben kann.[1101]

Für den Gläubiger liegt das Rechtsschutzbedürfnis vor, sobald und solange die vollstreckbare Ausfertigung nach § 724 ZPO erteilt ist,[1102] denn aus dieser kann er die Vollstreckung durch das Vollstreckungsorgan verlangen. Der Europäische Vollstreckungstitel steht der vollstreckbaren Ausfertigung nach § 724 ZPO gleich, so dass insoweit auf das Bestehen dieser Bestätigung abzustellen ist.

Für die Begründetheit der Erinnerung gegen die Art und Weise der Zwangsvollstreckung nach § 766 ZPO kommt es auf den Einzelfall an, nämlich darauf, was der Erinnerungsführer mit ihr anstrebt.[1103] Maßgeblich sind die Verhältnisse im Zeitpunkt der Entscheidung.[1104] Die Erinnerung ist begründet, wenn der Erinnerungsführer zu Recht die Art und Weise der Zwangsvollstreckung bemängelt. Dieses ist beispielsweise der Fall, wenn die (Un-) Zulässigkeit der konkreten Zwangsvollstreckungsmaßnahme oder die (Un-)Zulässigkeit der Zwangsvollstreckung überhaupt zu Recht geltend gemacht werden.

4. *Rechtsbehelf*

Gegen den Beschluss, mittels welchem über die Erinnerung entschieden wird, ist die sofortige Beschwerde gemäß § 793 ZPO der statthafte Rechtsbehelf. Der Rechtsbehelf der sofortigen Beschwerde wird unter Teil 4, C., IV. näher erörtert. Dort wird auf die Zuständigkeit, die Zulässigkeit, das Verfahren und die Entscheidung eingegangen. Deshalb sei insoweit darauf verwiesen.

5. *Kosten*

Die Entscheidung über die Erinnerung im Beschluss ergeht auf Grundlage der §§ 91 ff. ZPO.[1105] Für das Gericht fallen keine Gebühren an und für den Rechtsanwalt handelt es sich nicht um eine besondere Angelegenheit neben § 18 Abs. 1

1099 Zöller[31]-*Stöber*, § 766 ZPO, Rn 13.
1100 LG Düsseldorf 18.07.1985 DGVZ 1985, 152 [152]; Thomas/ Putzo[37]-*Seiler*, § 766 ZPO, Rn. 21a.
1101 Thomas/ Putzo[37]-*Seiler*, § 771 ZPO, Rn. 2.
1102 Thomas/ Putzo[37]-*Seiler*, § 766 ZPO, Rn. 22.
1103 Thomas/ Putzo[37]-*Seiler*, § 766 ZPO, Rn. 23.
1104 Vgl. *Wittschier*, JuS 1999, 585 [588]; Thomas/ Putzo[37]-*Seiler*, § 766 ZPO, Rn. 23.
1105 Vgl. BGH 29.09.1988 NJW-RR 1989, 125 [125].

Nr. 1 RVG und Nr. 3309 VV RVG.[1106] Es entsteht also eine 0,3-Verfahrensgebühr für die Tätigkeit des Rechtsanwalts in der Zwangsvollstreckung und gegebenenfalls eine 0,3-Terminsgebühr. Der Gegenstandswert bestimmt sich nach § 25 RVG.

6. Ergebnis

Mit der Vollstreckungserinnerung kann der Schuldner einwenden, dass die Art und Weise der Vollstreckung nicht den nationalen Vorschriften des Vollstreckungsstaates (Deutschland) entspricht. Dieser Rechtsbehelf ist darauf gerichtet, dass man geltend machen kann, das Vollstreckungsverfahren sei aus irgendwelchem Grunde nicht ordnungsgemäß verlaufen. Der Schuldner kann auch beispielsweise einwenden, dass die Vollstreckung in bestimmte Gegenstände – etwa nach §§ 811, 811c, 812, 850 ff. ZPO – nicht zulässig ist.[1107]

III. Klauselgegenklage gemäß § 768 ZPO

Mit der Klage gegen die Vollstreckungsklausel gemäß § 768 ZPO kann der Schuldner nach nationalem deutschen Recht das Nichtvorliegen der Voraussetzungen für die Erteilung der Vollstreckungsklausel in den dort bestimmten Fällen geltend machen.

Da bei der Vollstreckung aus dem Europäischen Vollstreckungstitel nach der EuVTVO eine Erteilung der Vollstreckungsklausel nach nationalem Recht nicht erforderlich ist, greift die Klauselgegenklage nicht (direkt) ein.

Eine analoge Anwendung der Klage aus § 768 ZPO scheidet aber auch aus, da Art. 10 Abs. 4 EuVTVO dem entgegensteht. Ebenso wie bei der Darstellung der Erinnerung gemäß § 732 ZPO ausgeführt,[1108] ist kein weiterer Rechtsbehelf neben denen aus Art. 10 EuVTVO gegen die Bestätigung als Europäischer Vollstreckungstitel zulässig. Damit scheidet auch eine Klage gemäß § 768 ZPO analog aus, wenn der Schuldner einwenden möchte, dass die Voraussetzungen für die Erteilung der Bestätigung nicht vorliegen. Hierfür ist in der Verordnung der Rechtsbehelf des Widerrufs im Sinne von Art. 10 Abs. 1 lit. b EuVTVO vorgesehen.

IV. Sofortige Beschwerde gegen Vollstreckungsmaßnahmen des Richters (§ 793 ZPO) oder des Rechtspflegers (§ 11 RPflG)

Nach der Vorschrift des § 793 ZPO findet gegen Entscheidungen, die im Zwangsvollstreckungsverfahren ohne mündliche Verhandlung ergehen können, die sofortige Beschwerde statt. Dieses gilt gemäß § 11 Abs. 1 RPflG auch für Entscheidungen des Rechtspflegers.

Da die Europäischen Vollstreckungstitel bei der Vollstreckung wie inländische Titel behandelt werden, findet die sofortige Beschwerde nach § 793 ZPO auf die

---

1106 Thomas/ Putzo[37]-*Seiler*, § 766 ZPO, Rn. 30; Zöller[30]-*Stöber*, § 766 ZPO, Rn 39.
1107 *Coester-Waltjen*, FS Tugrul Ansay (2006), 47 [57].
1108 Teil 4, C., I.

Tätigkeit der Vollstreckungsorgane ebenso Anwendung wie bei der Vollstreckung aus deutschen Titeln.

Es handelt sich lediglich um eine Überprüfung von Entscheidungen im Rahmen des Zwangsvollstreckungsverfahrens. Hier erfolgt keine Nachprüfung des Titels oder der Bestätigung in der Sache selbst, so dass die Anwendung der sofortigen Beschwerde in diesem Sinne unbedenklich ist. Art. 21 Abs. 2 EuVTVO steht nicht entgegen.

1. Zwangsvollstreckungsverfahren

Die sofortige Beschwerde gemäß § 793 ZPO iVm. §§ 567 ff. ZPO findet Anwendung im Zwangsvollstreckungsverfahren. Dieses beginnt mit dem Anfang der Zwangsvollstreckung und endet mit dem vollständigen Abschluss der Zwangsvollstreckung, also wenn diese im Ganzen beendet ist.

Dazu ist die Auskehr eines Erlöses aus der Zwangsvollstreckung erforderlich. Erst mit Entrichtung aller Einnahmen bzw. Gegenstände abzüglich der Kosten der Vollstreckung an den Gläubiger ist die Zwangsvollstreckung beendet. Ab dann sind die Rechtsbehelfe des Zwangsvollstreckungsverfahrens nicht mehr statthaft. Es bliebe aber die Geltendmachung von Schadensersatzansprüchen in einem normalen Zivilverfahren.

2. Entscheidungen

Die von § 793 ZPO erfassten Entscheidungen sind Beschlüsse des Vollstreckungs- oder Prozessgerichts. Denn § 793 ZPO bezieht sich ausdrücklich auf solche Entscheidungen, die ohne mündliche Verhandlung ergehen können, bei denen diese also fakultativ ist.

Im Rahmen der einzelnen Rechtsbehelfe im nationalen deutschen Vollstreckungsverfahren wurde bereits auf den in diesen Verfahren statthaften Rechtsbehelf eingegangen. Dieses ist regelmäßig die sofortige Beschwerde nach § 793 ZPO. Auf die diesbezüglichen Ausführungen soll dementsprechend verwiesen werden.

So ist in Deutschland gegen die Zurückweisung des Antrags auf Ausstellung der Bestätigung durch den Rechtspfleger die sofortige Beschwerde nach § 11 Abs. 2 RPflG iVm. § 567 Abs. 1 Nr. 2 ZPO gegeben.[1109]

Bei Stattgabe des Antrags auf Berichtigung oder Widerruf der Bestätigung als Europäischer Vollstreckungstitel nach Art. 10 EuVTVO steht als Rechtsbehelf ebenfalls die sofortige Beschwerde gemäß § 11 Abs. 2 RPflG iVm. §§ 567 ff. ZPO zur Verfügung.[1110] Dieses ergibt sich aus § 313 Abs. 3 2. HS ZPO, dessen entsprechende Anwendung § 1081 Abs. 3 ZPO anordnet.

1109 Siehe Teil 4, A., II.

1110 Siehe Teil 4, A., IV., 4.

Gegen den Beschluss des Richters im Verfahren der Verweigerung der Zwangsvollstreckung gemäß Art. 21 Abs. 1 EuVTVO ist die sofortige Beschwerde nach § 793 ZPO der statthafte Rechtsbehelf.[1111]

Auch bei der Vollstreckungserinnerung nach dem deutschen § 766 ZPO und der Rechtspflegererinnerung gemäß § 11 RPflG iVm. § 766 ZPO ist die sofortige Beschwerde der richtige Rechtsbehelf, wenn durch Beschluss über die Erinnerung entschieden wird.[1112]

Dieses sind alles Fälle, in denen vor Gericht gegen Maßnahmen des Zwangsvollstreckungsverfahrens oder gegen die Vollstreckung vorgegangen wurde und nun gegen die Entscheidung des Gerichts (vom Richter bzw. Rechtspfleger) die sofortige Beschwerde der statthafte Rechtsbehelf ist. Es handelt sich – wie die Aufstellung zeigt – um Entscheidungen des Richters oder Rechtspflegers, die durch Beschluss ergehen. Das sind sowohl Rechtsbehelfe, die durch die EuVTVO selbst vorgesehen sind, wie auch solche des nationalen Rechts, die auch bei der Bestätigung als Europäischer Vollstreckungstitel anwendbar sind.

Unter § 793 ZPO fallen hingegen nicht solche Beschlüsse, die für sich selbst Vollstreckungsmaßnahmen darstellen, ohne Interessenabwägung zwischen dem Gläubiger und dem Schuldner sowie ohne rechtliches Gehör des Schuldners ergehen (wie beispielsweise Pfändungsbeschlüsse, § 829 ZPO).[1113] In diesen Fällen ist die Erinnerung gemäß § 766 ZPO der statthafte Rechtsbehelf.

3. *Zuständigkeit*

Für die sofortige Beschwerde nach §§ 793, 567 ff. ZPO sind gemäß § 72 Abs. 1 GVG die Landgerichte sachlich zuständig. Auch bei ausländischen Parteien gilt § 119 Abs. 1 Nr. 1 lit. b GVG (Zuständigkeit der Oberlandesgerichte) nach der *ratio legis* nicht, da das Gericht hier nur deutsches Recht anwendet, denn es handelt sich um eine Beschwerde gegen eine Entscheidung des Vollstreckungsgerichts in der Zwangsvollstreckung; eines Rückgriffs auf die Regelungen des Internationalen Privatrechts bedarf es nicht.[1114] Außerdem sei zusätzliche Voraussetzung, dass Ansprüche gegen oder von einer Person Streitgegenstand seien, wohingegen es im Zwangsvollstreckungsverfahren um die Durchsetzung des erkannten Rechts zum Zwecke der Befriedigung des Gläubigers unter Mithilfe des Staates gehe.[1115]

Die örtliche Zuständigkeit ergibt sich aus den allgemeinen Regelungen. Es ist das Landgericht des Bezirks zuständig, in dem die angefochtene Entscheidung (vom Amtsgericht) erlassen worden ist.

1111 Siehe Teil 4, B., I., 4.

1112 Siehe Teil 4, C., II., 4.; vgl. zur sofortigen Beschwerde nach Vollstreckungserinnerung LG München II 19.01.2010 BeckRS 2011, 12370.

1113 Thomas/ Putzo[37]-*Seiler*, § 793 ZPO, Rn. 3.

1114 Vgl. OLG Oldenburg 04.09.2003 NJW-RR 2004, 499 [500].

1115 Vgl. OLG Oldenburg 04.09.2003 NJW-RR 2004, 499 [500].

Gemäß § 568 Abs. 1 S. 1 ZPO entscheidet das Beschwerdegericht durch eines seiner Mitglieder als Einzelrichter, wenn die angefochtene Entscheidung von einem Einzelrichter oder Rechtspfleger erlassen wurde. Ausnahmsweise kann der Einzelrichter nach § 568 Abs. 1 S. 2 ZPO das Verfahren auch an das Kollegium übertragen, wenn die Sache besondere Schwierigkeiten tatsächlicher oder rechtlicher Art aufweist (Nr. 1) oder die Rechtssache grundsätzliche Bedeutung hat (Nr. 2).

4. Sonstige Zulässigkeitsvoraussetzungen

In § 793 ZPO ist lediglich die Statthaftigkeit der sofortigen Beschwerde geregelt. Die sonstigen Zulässigkeitsvoraussetzungen ergeben sich aus den §§ 567 ff. ZPO.

§ 572 Abs. 2 S. 1 ZPO bestimmt, dass das Beschwerdegericht von Amts wegen die Statthaftigkeit der Beschwerde sowie die Einlegung in der gesetzlichen Form und Frist überprüft. Liegen diese Voraussetzungen nicht vor, ist die sofortige Beschwerde wegen Unzulässigkeit zu verwerfen.

Nach § 569 Abs. 1 ZPO ist die sofortige Beschwerde, soweit nicht eine andere Frist bestimmt ist, binnen einer Notfrist von zwei Wochen bei dem Gericht, dessen Entscheidung angefochten wird, oder dem Beschwerdegericht einzulegen. Diese Frist beginnt grundsätzlich mit der Zustellung der Entscheidung, spätestens aber fünf Monate nach der Verkündung des Beschlusses (§ 569 Abs. 1 S. 2 ZPO). Gemäß § 569 Abs. 2 ZPO wird die sofortige Beschwerde durch Einreichung einer Beschwerdeschrift eingelegt, sie kann aber auch unter den Bedingungen in § 569 Abs. 3 ZPO durch Erklärung zu Protokoll der Geschäftsstelle eingelegt werden.

Nach dem allgemeinen Grundsatz des Rechtsschutzbedürfnisses kann der Beschwerdeführer sofortige Beschwerde nur einlegen, wenn er beschwert ist. Bei der sofortigen Beschwerde gegen Entscheidungen über die Kosten muss der Wert des Beschwerdegegenstandes 200,00 Euro übersteigen gemäß § 567 Abs. 2 ZPO.

In der Zwangsversteigerung gelten die §§ 95–104 ZVG[1116]. Wenn das Grundbuchamt das Vollstreckungsorgan ist, gehen §§ 71 ff. GBO[1117] dem § 793 ZPO als *leges speciales* vor.[1118]

Gemäß § 571 Abs. 1 ZPO soll die sofortige Beschwerde begründet werden. Damit führt die fehlende Begründung zwar nicht zur Unzulässigkeit der Beschwerde, jedoch kann das Gericht nur aufgrund der Begründung das Ziel und die Angriffspunkte des

---

1116 Gesetz zur Zwangsvollstreckung und Zwangsverwaltung in der Fassung der Bekanntmachung vom 20.05.1898 (RGBl. 1898, 713), zuletzt geändert durch Art. 6 Gesetz zur weiteren Erleichterung der Sanierung von Unternehmen vom 07.12.2011 (BGBl. 2011, I 2582).

1117 Grundbuchordnung in der Fassung der Bekanntmachung vom 26.05.1994 (BGBl. 1994, I 1114), zuletzt geändert durch Art. 4 Gesetz zur Verbesserung des Austauschs strafregisterrechtl. Daten zwischen den Mitgliedsstaaten der EU und zur Änderung registerrechtl. Vorschriften vom 15.12.2011 (BGBl. 2011, I 2714).

1118 Vgl. MüKo[4]-*K. Schmidt/ Brinkmann*, § 793 ZPO, Rn. 2; Thomas/ Putzo[37]-*Seiler*, § 793 ZPO, Rn. 1.

Begehrens des Beschwerdeführers ermitteln und schnellstmöglich entscheiden. Damit bedingt eine fehlende Begründung regelmäßig die Unbegründetheit.[1119] Da der Vorsitzende oder das Beschwerdegericht nach § 571 Abs. 3 S. 1 ZPO eine Frist für das Vorbringen von Angriffs- und Verteidigungsmitteln setzen kann, kann diese auch für die Begründung gesetzt werden.

Der Anwaltszwang ist gemäß § 571 Abs. 4 ZPO beschränkt. Soweit die Beschwerde durch Protokollerklärung wirksam eingelegt werden konnte, so können die Parteien und Vertreter, die nicht Rechtsanwalt sind, auch schriftlich alle Prozesshandlungen vornehmen.[1120] Ist hingegen eine mündliche Verhandlung angeordnet, so muss ein Rechtsanwalt bestellt werden.

5. *Beschwerdeverfahren*

Das Beschwerdeverfahren beginnt mit dem Abhilfeverfahren nach § 572 Abs. 1 ZPO. In diesem kann das Gericht oder der Vorsitzende, dessen Entscheidung angefochten wird, der Beschwerde abhelfen, soweit es die Beschwerde für begründet erachtet. Die Abhilfe erledigt die Beschwer gänzlich oder zu einem entsprechenden Teil.

Bei abgelehnter oder nur teilweiser Abhilfe muss das Gericht die sofortige Beschwerde dem Beschwerdegericht unverzüglich, also ohne schuldhaftes Zögern entsprechend § 121 Abs. 1 BGB, vorlegen.

Das Ausgangsgericht muss einen Beschluss erlassen, der besagt, dass nicht abgeholfen und die Beschwerde vorgelegt wird.[1121] Das Beschwerdegericht prüft gemäß § 572 Abs. 2 ZPO die Zulässigkeit der sofortigen Beschwerde und gemäß § 573 Abs. 3 ZPO deren Begründetheit. Sowohl das Erstgericht als auch das Beschwerdegericht bei erneuter Beschwerde sind an die rechtliche Beurteilung im Beschwerdeverfahren entsprechend § 563 Abs. 2 ZPO gebunden.[1122]

Die Entscheidung ergeht durch Beschluss, auch wenn eine mündliche Verhandlung (§ 128 Abs. 4 ZPO) durchgeführt worden ist. Dem Beschwerdegegner ist nach den allgemeinen Grundsätzen rechtliches Gehör zu gewähren. So sind ihm die Beschwerdeschrift und deren Begründung mitzuteilen. Dieses ist jedoch nicht notwendig, wenn die Beschwerde verworfen oder zurückgewiesen wird.[1123]

6. *Rechtsbeschwerde*

Gegen die Beschwerdeentscheidung des Landgerichts findet gemäß § 574 Abs. 1 S. 1 Nr. 2 ZPO die Rechtsbeschwerde nach §§ 574–577 ZPO zum Bundesgerichtshof nur statt, wenn sie das Beschwerdegericht in dem Beschluss zugelassen hat.[1124] Auf die

---

1119 Thomas/ Putzo[37]-*Reichold*, § 571 ZPO, Rn. 1.
1120 Thomas/ Putzo[37]-*Reichold*, § 571 ZPO, Rn. 9.
1121 Vgl. OLG Stuttgart 27.08.2002 BeckRS 2002, 30279600 = MDR 2003, 110 [110 f.].
1122 Vgl. BGH 24.11.2005 NJW 2006, 1000 [1000].
1123 Thomas/ Putzo[37]-*Reichold*, § 572 ZPO, Rn. 26.
1124 Vgl. BGH 06.05.2004 NZI 2004, 447 [447]; BGH 21.09.2006 NZI 2006, 699 [700].

Frage der grundsätzlichen Bedeutung kommt es demgemäß nicht an, denn diese kommt nur in den Fällen des § 574 Abs. 1 S. 1 Nr. 1 ZPO zur Anwendung.[1125]

Nach § 574 Abs. 3 S. 2 ZPO ist das Rechtsbeschwerdegericht an die Zulassung gebunden, auch wenn sie zu Unrecht erging.[1126] Die Nichtzulassung ist unanfechtbar.[1127]

7. *Kosten*

Es erfolgt eine Kostenentscheidung bei erfolgloser wie auch bei erfolgreicher Beschwerde entsprechend §§ 91 f. bzw. § 97 ZPO. Die Beschwerde ist erfolgreich, wenn die angefochtene Entscheidung auf die Beschwerde aufgehoben oder abgeändert wird, wobei hierfür alleine die Entscheidungsformel maßgeblich ist.[1128] Wird der Beschwerde nur teilweise abgeholfen, so ist diese also zum Teil erfolgreich. Dann erfolgt auch insoweit eine Kostenentscheidung (§ 92 ZPO).

Entsprechend § 97 Abs. 2 ZPO sind die Kosten des Beschwerdeverfahrens der obsiegenden Partei ganz oder teilweise aufzuerlegen, wenn diese aufgrund eines neuen Vorbringens obsiegt, das sie in einem früheren Rechtszug schon hätte geltend machen können. Für letzteres ist erforderlich, dass es für die Partei möglich war und für sie Anlass bestand, das Angriffs- oder Verteidigungsmittel geltend zu machen, wobei eine sorgfältige und auf die Förderung des Verfahrens bedachte Prozessführung der Partei oder ihres Vertreters den Maßstab bestimmt.[1129]

Die Kosten einer ohne Erfolg eingelegten Beschwerde fallen gemäß § 97 Abs. 1 ZPO der Partei zur Last, die sie eingelegt hat.

Grundsätzlich gilt Nr. 2121 KV GKG, wonach Gerichtskosten in Höhe von 30,00 Euro entstehen, wenn die Beschwerde verworfen oder zurückgewiesen wird.

Es fiele eine Festgebühr in Höhe von 360,00 Euro an gemäß Nr. 1520 KV GKG, wenn über die Vollstreckbarkeit ausländischer Titel nach dem AVAG oder ähnlichen entschieden wird. Dieses sind z.B. die EuGVVO a.F., EuGVÜ und das LugÜ, mithin die „alten“ Vollstreckbarerklärungsverfahren.

Handelt es sich um ein Rechtsmittelverfahren über die Berichtigung oder den Widerruf einer Bestätigung gemäß § 1079 ZPO, so fällt nach Nr. 1523 Ziff. 2 KV GKG eine Festgebühr in Höhe von 60,00 Euro an, wenn das Rechtsmittel verworfen oder zurückgewiesen wird.

Bei sonstigen Beschwerdeverfahren fällt nach Nr. 1810 KV GKG eine Gebühr in Höhe von 90,00 Euro an. Erfolgt die Beendigung ohne Entscheidung, so ermäßigt sich die Festgebühr gemäß Nr. 1811 KV GKG auf 60,00 Euro. Die Gebühr fällt in gleicher Höhe an, wenn die Beschwerde verworfen oder zurückgewiesen wird (Nr. 1812 KV GKG).

1125 Vgl. BGH 21.09.2006 NZI 2006, 699 [700].

1126 Vgl. BGH 13.03.2003 NJW 2003, 1254 [1256].

1127 BGH 20.12.2012 BeckRS 2012, 00847 [Rn. 1]; Zöller[31]-*Heßler*, § 574 ZPO, Rn. 16.

1128 Thomas/ Putzo[37]-*Hüßtege*, § 97 ZPO, Rn. 7.

1129 Thomas/ Putzo[37]-*Hüßtege*, § 97 ZPO, Rn. 13; Zöller[31]-*Herget*, § 97 ZPO, Rn. 11.

Für den Rechtsanwalt fällt eine 0,5 Verfahrensgebühr nach Nr. 3500 VV RVG an und gegebenenfalls eine 0,5 Terminsgebühr nach Nr. 3513 VV RVG. Eine Einigungsgebühr bestünde in einer 1,5-Gebühr nach Nr. 1000 VV RVG.

V. Vollstreckungsgegenklage gemäß § 767 ZPO iVm. § 1086 ZPO

Einer der stärksten und bekanntesten Rechtsbehelfe im deutschen Vollstreckungsverfahren ist die Vollstreckungsgegenklage (auch Vollstreckungsabwehrklage genannt) nach § 767 ZPO.

1. Inhaltliche Regelung der Vollstreckungsgegenklage

Mittels der Vollstreckungsabwehrklage gemäß § 767 Abs. 1 ZPO ist es dem Schuldner möglich, Einwendungen, die den durch das Urteil festgestellten Anspruch selbst betreffen, beim Prozessgericht des ersten Rechtszugs bzw. nach § 1086 Abs. 1 ZPO im Vollstreckungsstaat Deutschland geltend zu machen. Zweck des Rechtsbehelfs ist es, den Schuldner in die Lage zu versetzen, das nachträgliche Erlöschen oder die inzwischen eingetretene Hemmung des Anspruchs geltend zu machen, wenn dieses vom Gläubiger missachtet wird oder zwischen den Parteien streitig ist.

Der deutsche Gesetzgeber gewährt dem in Deutschland ansässigen Schuldner hiermit im Fall einer Vollstreckung in Deutschland einen Rechtsbehelf im Inland, mit dem er nachträglich eingetretene materielle Einwendungen gegen den titulierten Anspruch geltend machen und damit die Zwangsvollstreckung beschränken oder sogar beenden kann. Er ist nicht darauf angewiesen, materiell-rechtliche Einwendungen, die nach Errichtung bzw. Rechtskraft des Titels eingetreten sind, im Ursprungsmitgliedsstaat geltend machen zu müssen. Diese Möglichkeit bleibt dem Schuldner allerdings unbenommen.

2. Problemstellung

Ein Problem bei dem Rechtsbehelf der Vollstreckungsgegenklage könnte jedoch darin bestehen, dass er sehr weit reicht und die Vollstreckbarkeit eines Titels und damit auch ausländischer Titel (Urteile, vollstreckbare Urkunden, Vergleiche usw.) beseitigen kann.

Denn die §§ 1086 Abs. 1, 767 Abs. 1 ZPO sehen vor, dass der Schuldner örtlich ausschließlich an dem Gericht, in dessen Bezirk er seinen (Wohn-)Sitz hat, die Klage nach § 767 ZPO erheben kann. Hat er keinen Wohnsitz im Inland, ist das Gericht, in dessen Bezirk die Zwangsvollstreckung stattfinden soll oder stattgefunden hat ausschließlich örtlich zuständig. Über die internationale Zuständigkeit sagen die §§ 1086, 767 ZPO jedoch nichts aus.[1130] Gemäß § 767 Abs. 1 S. 2 ZPO steht der Sitz von Gesellschaften oder juristischen Personen dem Wohnsitz gleich.

1130 Zur internationalen Zuständigkeit siehe sogleich unter Teil 4, C., V., 3.

Damit besteht nach dem Verständnis des deutschen Gesetzgebers eine Rechtsbehelfsmöglichkeit, die es dem Schuldner im Nachhinein – nach Erlass des Titels und der Bestätigung als Europäischer Vollstreckungstitel – ermöglicht, die Vollstreckung aus demselben zu beschränken oder sogar gänzlich zu verhindern. Der Schuldner kann also in Deutschland Vollstreckungsabwehrklage erheben, wenn die Zwangsvollstreckung droht, durchgeführt wird oder worden ist, da dann das erforderliche Rechtsschutzbedürfnis besteht.[1131] Hiermit steht dem Schuldner ein relativ starker nationaler Rechtsbehelf zur Verfügung.

Einige[1132] sehen in der Anwendung der Vollstreckungsabwehrklage einen Verstoß gegen das Verbot der *révision au fond*, also eine unzulässige Überprüfung der dem Europäischen Vollstreckungstitel zugrunde liegenden Entscheidung selbst.

Es ist mithin streitig, ob die Anwendbarkeit der Vollstreckungsgegenklage damit vereinbar ist. Die EuVTVO statuiert in Art. 21 Abs. 2 EuVTVO, dass weder die Entscheidung selbst noch die Bestätigung als Europäischer Vollstreckungstitel (vgl. Art. 10 Abs. 4 EuVTVO) im Vollstreckungsmitgliedsstaat überprüft werden dürfen.

Um Aufschluss darüber zu gewinnen, ob mit der Vollstreckungsabwehrklage eine verbotene Überprüfung in der Sache selbst vorgenommen wird oder nicht, ist es erforderlich zu ermitteln, welchen Streitgegenstand die Klage nach § 767 ZPO hat und wie der Rechtsbehelf einzuordnen ist.

a) Nationale Einordnung des Rechtsbehelfs und Streitgegenstand

Die Vollstreckungsabwehrklage ist darauf gerichtet, die Vollstreckbarkeit des Titels (teilweise oder ganz) zu beseitigen, weil dessen vollstreckbarer Anspruch durch die geltend gemachten Einwendungen erloschen oder gehemmt ist. Der Streitgegenstand ist die Unzulässigkeit der Zwangsvollstreckung, also die Beseitigung der Vollstreckbarkeit des Titels.[1133] Es soll nicht der Titel selbst aus der Welt geschaffen werden[1134] und es sind auch nicht die Einwendungen selbst Streitgegenstand der Klage.[1135]

1131 Vgl. MüKo[4]-*K. Schmidt/ Brinkmann*, § 767 ZPO, Rn. 41.

1132 *Leible/ Lehmann*, NotBZ 2004, 453 [461]; *Hess*, IPRax 2004, 493 [494] unter Verweis auf die Gesetzesbegründung Art. 24 II und 25 II VO 805/2004 (EuVTVO), wonach eine Aufhebung der Vollstreckungstitel (Anfechtung der Vollstreckbarkeit) im Zweitstaat nicht statthaft sei; *Halfmeier*, IPRax 2007, 381 [387].

1133 Vgl. BGH 24.11.1982 NJW 1983, 390 [391] = BGHZ 85, 367 [371]; BGH 22.09.1994 NJW 1994, 3225 [3225] = BGHZ 127, 146 [149]; *Thran*, JuS 1995, 1111 [1112]; Wieczorek/ Schütze[3]-*Salzmann*, § 767 ZPO, Rn. 4; *Barnert*, MDR 2004, 605 [605]; *Wagner*, IPRax 2005, 401 [407]; MüKo[4]-*K. Schmidt/ Brinkmann*, § 767 ZPO, Rn. 41; Gottwald/ Mock-*Gottwald*, Zwangsvollstreckung[7], § 767 ZPO, Rn. 1; *Zimmermann*[10], § 767 ZPO, Rn. 1; B/L/A/H[74]-*Hartmann*, ZPO, § 767 ZPO, Rn. 3, 49; Musielak[13]-*Lackmann*, § 767 ZPO, Rn. 16; Thomas/ Putzo[37]-*Seiler*, § 767 ZPO, Rn. 3; Zöller[31]-*Herget*, § 767 ZPO, Rn. 1 und 5.

1134 Vgl. *Thran*, JuS 1995, 1111 [1112]; *Wagner*, IPRax 2005, 401 [407].

1135 Musielak[13]-*Lackmann*, § 767 ZPO, Rn. 16.

Dem Vollstreckungsschuldner steht mit der Vollstreckungsgegenklage ein Rechtsbehelf zu, um materielle Einwendungen gegen den titulierten Anspruch selbst geltend zu machen (§§ 767, 797 Abs. 4 ZPO).[1136] Er kann damit eine rechtskräftige Entscheidung über die Unzulässigkeit der Vollstreckung aus dem Titel mittels materieller Einwendungen gegen den titulierten Anspruch erwirken (§ 775 Nr. 1 ZPO).[1137]

Der Antrag und die Urteilsformel sind darauf zu richten, dass die Zwangsvollstreckung aus dem genau bezeichneten Vollstreckungstitel für unzulässig erklärt wird oder für zulässig nur Zug um Zug gegen eine Leistung.[1138]

Die Vollstreckungsgegenklage ist demnach eine prozessuale Gestaltungsklage, die nicht den Vollstreckungstitel, sondern nur dessen Vollstreckbarkeit beseitigt.[1139] Sie ist keine Unterlassungs- oder Beseitigungsklage und keine auf den Wegfall der Vollstreckbarkeit gerichtete Feststellungsklage.[1140]

Mit ihr wird ein neuer Rechtsstreit eingeleitet und nicht der alte fortgeführt. Außerdem kann sie nicht auf die Unwirksamkeit des Titels gerichtet werden.[1141]

Ein der Vollstreckungsabwehrklage stattgebendes Urteil erfasst nicht das Nicht-Bestehen des titulierten und vollstreckbaren Anspruchs,[1142] es wird grundsätzlich nicht einmal festgestellt, dass die die Klage begründenden Gegenrechte bestehen.[1143] Dazu bedürfte es einer diesbezüglichen Zwischenfeststellungsklage, die ein Feststellungsinteresse voraussetzt. Die Vollstreckungsgegenklage zielt nicht auf die Durchbrechung der materiellen Rechtskraft des Urteils. Dieses zeigt auch schon die Präklusionsvorschrift des § 767 Abs. 2 ZPO, die nur solche Einwendungen zulässt,

---

1136 *Barnert*, MDR 2004, 605 [605].

1137 Vgl. BGH 14.05.1992 BGHZ 118, 229 [234] = NJW 1992, 2160 [2161]; *Barnert*, MDR 2004, 605 [605]; B/A/L/H[74]-*Hartmann*, ZPO, § 767 ZPO, Rn. 1; Zöller[31]-*Herget*, § 767 ZPO, Rn. 5.

1138 Vgl. BGH 27.06.1997 NJW-RR 1997, 1272 [1272]; Thomas/ Putzo[37]-*Seiler*, § 767 ZPO, Rn. 12.

1139 Vgl. BVerfG 07.04.2000 NJW 2000, 1936 [1938]; BGH 24.10.1956 BGHZ 22, 54 [56] = NJW 1957, 23 [23]; BGH 14.05.1992 NJW 1992, 2160 [2161] = BGHZ 118, 229 [231 und 235 f.]; BGH 05.07.2005 NJOZ 2005, 3992 [3994]; *K. Schmidt*, 50 Jahre BGH (2000), S. 491 [492]; Gottwald/ Mock-*Gottwald*, Zwangsvollstreckung[7], § 767 ZPO, Rn. 1; HkZPO[6]-*Kindl*, § 767 ZPO, Rn. 1; *Zimmermann*[10], § 767 ZPO, Rn. 1; B/L/A/H[74]-*Hartmann*, ZPO, § 767 ZPO, Rn. 1; Musielak[13]-*Lackmann*, § 767 ZPO, Rn. 2; Thomas/ Putzo[37]-*Seiler*, § 767 ZPO, Rn. 1.

1140 *Barnert*, MDR 2004, 605 [605]; Wieczorek/ Schütze[3]-*Salzmann*, § 767 ZPO, Rn. 2.; *Lüke*, Zivilprozessrecht[10], Rn. 588; *Brox/ Walker*, Zwangsvollstreckungsrecht[10], Rn. 1313; Zöller[31]-*Herget*, § 767 ZPO, Rn. 1

1141 Thomas/ Putzo[37]-*Seiler*, § 767 ZPO, Rn. 1.

1142 Vgl. BGH 22.09.1994 BGHZ 127, 146 [149] = NJW 1992, 3225 [3225]; *K. Schmidt*, 50 Jahre BGH (2000), S. 491 [493]; Stein/ Jonas[22]-*Münzberg*, § 767 ZPO, Rn. 3 und 6; *Brox/ Walker*, Zwangsvollstreckungsrecht[10], Rn. 1373.

1143 Vgl. BGH 25.10.1967 BGHZ 48, 356 [358] = NJW 1968, 156 [156]; BGH 19.06.1984 MDR 1985, 138 [138]; BGH 23.05.1989 NJW-RR 1990, 48 [49]; Musielack[10]-*Lackmann*, § 767 ZPO, Rn. 46; Zöller[31]-*Herget*, § 767 ZPO, Rn. 5.

die nicht schon bei Schaffung des Titels bzw. in Rechtsbehelfen gegen den Titel selbst geltend gemacht werden konnten.

Das Rechtsschutzziel besteht in der Abwendung einer drohenden Vollstreckung[1144] und ist deshalb gegen den Titelgläubiger gerichtet, nicht gegen den vollstreckenden Staat.

b) Internationale (europäische/ europarechtskonforme) Einordnung

Auch innerhalb der Europäischen Union wird die deutsche Vollstreckungsgegenklage so angesehen, dass sie den Titel selbst nicht beseitigt.

Vielmehr qualifiziert der EuGH[1145] die Klage nach § 767 ZPO als einen Rechtsbehelf im Sinne von Art. 16 Nr. 5 EuGVÜ (entspricht Art. 24 Nr. 5 EuGVVO n.F. und Art. 22 Nr. 5 EuGVVO a.F). Jedoch dürfe innerhalb der Klage keine Einwendung geltend gemacht werden, für deren selbständige Geltendmachung die Gerichte des Vollstreckungsmitgliedsstaates nicht zuständig seien.[1146] Eine Umgehung der grundsätzlichen Zuständigkeitsbegründung dürfe nicht über die unter das Zwangsvollstreckungsverfahren fallende Vollstreckungsabwehrklage erfolgen. Im vom EuGH zu entscheidenden Fall (*AS Autoteile GmbH/ Pierre Malhe*) ging es um die Frage, ob im Wege der Vollstreckungsgegenklage die Aufrechnung mit einer Forderung geltend gemacht werden könne, für welche selbst die internationale Zuständigkeit des angerufenen Gerichts nicht gegeben war. Dieses verneint der EuGH, bejaht aber die grundsätzliche Anwendbarkeit von Art. 16 Nr. 5 EuGVÜ.

Der EuGH stellt dabei zutreffend darauf ab, dass die Vollstreckungsgegenklage als Klage im Zwangsvollstreckungsverfahren anzusehen ist.[1147] Auch wenn es in dem konkreten Fall um die Geltendmachung einer Gegenforderung im Wege der Aufrechnung ging und der EuGH mangels internationaler Zuständigkeit der deutschen Gerichte für diesen Gegenanspruch eine Statthaftigkeit der Vollstreckungsabwehrklage verneinte, so sollte man daraus nicht zusätzliche zuständigkeitsrechtliche Hürden für die Anwendung des Art. 24 Nr. 5 EuGVVO n.F. auf die Klage nach

---

1144 Vgl. BGH 26.10.1984 BGHZ 92, 347 [348] = NJW 1985, 809 [810]; BGH 07.05.1992 NJW 1992, 2159 [2160]; BGH 09.12.1992 BGHZ 120, 387 [391] = NJW 1993, 1396 [1397]; *K. Schmidt*, 50 Jahre BGH (2000), S. 491 [492].

1145 Vgl. EuGH 04.07.1985 Rs. 220/84 Slg. 1985, 2267 [2277, Rn. 12] – *AS Autoteile Service GmbH/ Pierre Malhe* = NJW 1985, 2892 [2892] = IPRax 1986, 232 [232] mit Anm. *Geimer*, 208.

1146 Vgl. EuGH 04.07.1985 Rs. 220/84 Slg. 1985, 2267 [2278, Rn. 17] – *AS Autoteile Service GmbH/ Pierre Malhe* = NJW 1985, 2892 [2893] = IPRax 1986, 232 [232 f.] mit Anm. *Geimer*, 208; Magnus/ Mankowski^2-*de Lima Pinheiro*, Art. 22 Brüssel I-VO, Rn. 78; a.A. *Mankowski*, WuB VII C. Art. 22 LugÜ 1.14 für die Aufrechnung.

1147 Vgl. EuGH 04.07.1985 Rs. 220/84 Slg. 1985, 2267 [2277, Rn. 12] – *AS Autoteile Service GmbH/ Pierre Malhe* = NJW 1985, 2892 [2892] = IPRax 1986, 232 [232] mit Anm. *Geimer*, 208; zustimmend OLG Köln 21.11.2012 BeckRS 2013, 05770 unter II.1.1. = IPRax 2015, 158 [160, Rn. 51]; *Roth*, IPRax 1999, 50 [51]; *Wagner*, IPRax 2005, 401 [405]; *Meller-Hannich*, GPR 2012, 153 [154].

§ 767 ZPO ableiten.[1148] Insbesondere bei dem klassischen Anwendungsfall des nachträglichen Untergangs der Forderung durch Erfüllung bei Begleichung der Schuld (beispielsweise durch Zahlung) ist die Vollstreckungsabwehrklage als eine solche im Sinne des Art. 24 Nr. 5 EuGVVO n.F. anzusehen.[1149]

Da das Sachurteil, das auf die Klage nach § 767 ZPO erfolgt, keine rechtskräftigen Aussagen über den Fortbestand des zu vollstreckenden Anspruchs macht,[1150] wird sie von Art. 24 Nr. 5 EuGVVO n.F. (Art. 22 Nr. 5 EuGVVO a.F.) erfasst.[1151]

c) Streitstand

Der deutsche Gesetzgeber hat sich entschieden, in § 1086 ZPO die Vollstreckungsgegenklage auf Vollstreckungsverfahren in Deutschland aus einem Europäischen Vollstreckungstitel nach der EuVTVO für anwendbar zu erklären. Die Vorschrift enthält eine Regelung über die ausschließliche örtliche Zuständigkeit. Über die Vereinbarkeit dieser Regelung mit dem sekundären Europäischen Gemeinschaftsrecht, mithin mit der EuVTVO und deren Zielsetzung, besteht keine Einigkeit, wie schon oben in dem Unterpunkt C., V., 2. *Problemstellung* angedeutet.

aa) Nichtanwendbarkeit der Vollstreckungsgegenklage

Nach einer Ansicht sei die Möglichkeit abzulehnen, mit der Vollstreckungsgegenklage gegen die Vollstreckung aus einem Europäischen Vollstreckungstitel vorzugehen.[1152]

Eine Entscheidung über die Vollstreckbarkeit von als Europäischer Vollstreckungstitel bestätigter ausländischer Titel stehe den deutschen Gerichten gar nicht zu.[1153] Gemäß Art. 5 EuVTVO ist eine Entscheidung, die im Ursprungsmitgliedsstaat vollstreckbar (Art. 6 Abs. 1 lit. a EuVTVO) und als Europäischer Vollstreckungstitel bestätigt worden ist, in jedem anderen Mitgliedsstaat anzuerkennen und zu vollstrecken, ohne dass es einer Vollstreckbarerklärung bedarf und ohne dass die Anerkennung angefochten werden kann. Die Wirkung der Vollstreckbarerklärung werde über die Grenzen erstreckt und sei von den anderen Staaten zu akzeptieren,

---

1148 *Wagner*, IPRax 2005, 401 [405].

1149 Ebenso *Wagner*, IPRax 2005, 401 [405]; *Kropholler/ von Hein*, EuZPR^9, Art. 22 EuGVVO, Rn. 61.

1150 Vgl. BGH 22.09.1994 NJW 1994, 3225 [3225] = BGHZ 127, 146 [149].

1151 *Schlosser*/ Hess, EU-ZPR^4, Art. 24 EuGVVO, Rn. 25; ebenso im Ergebnis *Gsell*, EuZW 2011, 87 [90].

1152 *Hess*, IPRax 2004, 493 [494]; *Leible/ Lehmann*, NotBZ 2004, 453 [461]; *Hök*, ZAP 2005, 159 [176]; *Riedel*, EuVT, 31; *Halfmeier*, IPRax 2007, 381 [386]; *Bittmann*, AnwBl. 2009, 378 [380]; *ders.*, in: *Gebauer/ Wiedmann* (Hrsg.)^2, Kap. 28, Rn. 173; *ders.*, IPRax 2015, 129 [132].

1153 *Leible/ Lehmann*, NotBZ 2004, 453 [461].

was eine Ausprägung des Herkunftslandprinzips sei,[1154] welches die EuVTVO im Prozessrecht durchsetze.[1155] Deshalb müssten materiell-rechtliche Einwendungen gegen den Titel und auch gegen den zugrunde liegenden Anspruch im Ursprungsmitgliedsstaat geltend gemacht werden.[1156] Allein dessen Gerichte seien für eine Entscheidung über den Wegfall, eine Aussetzung oder eine Beschränkung der Vollstreckbarkeit zuständig (Art. 6 Abs. 2 EuVTVO).[1157]

Art. 21 Abs. 1 EuVTVO zähle die Möglichkeiten der Vollstreckungsmitgliedsstaaten enumerativ und abschließend auf, nach denen eine Vollstreckung trotz Bestätigung als Europäischer Vollstreckungstitel verweigert werden dürfe.[1158] Außerdem verböten Art. 24 Abs. 2 EuVTVO und Art. 25 Abs. 2 EuVTVO die Anfechtung der Vollstreckbarkeit im Vollstreckungsmitgliedsstaat bei Prozessvergleichen und öffentlichen Urkunden.[1159] Die Urteilsaufhebung im Ursprungsmitgliedsstaat und eine partielle Vollstreckbarkeitsaufhebung im Vollstreckungsmitgliedsstaat ließen sich nicht voneinander abgrenzen.[1160]

Eine Überprüfung in der Sache selbst ist gemäß Art. 21 Abs. 2 EuVTVO verboten und schließe eine Klage nach § 767 ZPO aus.[1161]

Daher seien weitergehende Rechtsbehelfe des Schuldners, etwa nach § 767 ZPO, unzulässig.

Hess[1162] sieht trotz Einordnung der Klage nach § 767 ZPO als prozessuale Gestaltungsklage, welche die Vollstreckungsfähigkeit des Titels beseitigt, einen Bruch mit dem Ziel der Verordnung der generellen Freizügigkeit von Titeln in den Mitgliedsstaaten, denn Ziel des § 1086 ZPO könne es nur sein, die Vollstreckungsfähigkeit des Europäischen Vollstreckungstitels im Inland zu beseitigen. Damit werde die europaweite Freizügigkeit gekappt.[1163] Würde man diese Regelung anerkennen, würden in anderen Mitgliedsstaaten ebensolche Regelungen drohen, mit demselben Rechtsschutzziel der Versagung der Vollstreckungsfähigkeit. Dieses entspreche einer Versagung des Exequaturs und die Folge wäre eine massive Rechtszersplitterung und eine Behinderung der Urteilsfreizügigkeit.[1164]

1154 *Leible/ Lehmann*, NotBZ 2004, 453 [461]; ebenso *Bittmann*, in: *Gebauer/ Wiedmann* (Hrsg.)^2, Kap. 28, Rn. 173.
1155 *Hess*, IPRax 2004, 493 [494].
1156 *Hess*, IPRax 2004, 493 [494]; *Leible/ Lehmann*, NotBZ 2004, 453 [461]; für die EuGVVO ferner *Bach*, EuZW 2011, 871 [872].
1157 *Leible/ Lehmann*, NotBZ 2004, 453 [461]; ebenso *Bittmann*, IPRax 2015, 129 [132].
1158 *Hess*, IPRax 2004, 493 [494]; *Leible/ Lehmann*, NotBZ 2004, 453 [461].
1159 *Hess*, IPRax 2004, 493 [494]; *Halfmeier*, IPRax 2007, 381 [387].
1160 *Hess*, IPRax 2004, 493 [494].
1161 *Halfmeier*, IPRax 2007, 381 [387]; *Bittmann*, AnwBl. 2011, 378 [380].
1162 *Hess*, IPRax 2004, 493 [494].
1163 *Hess*, IPRax 2004, 493 [494].
1164 *Hess*, IPRax 2004, 493 [494]; *Kohler*, in: *Reichelt/ Rechberger* (Hrsg.), Europäisches Kollisionsrecht (2004), 63 [78]; zu den Gefahren der „Re-Nationalisierung des *ordre public*“ bei der Umsetzung der Verordnung (EuVTVO) in den Mitgliedsstaaten vgl.

bb) Anwendbarkeit der Vollstreckungsgegenklage nach § 767 ZPO

Nach der Gegenansicht[1165], die sich insbesondere auf die Einordnung der Vollstreckungsgegenklage als rein prozessuale Gestaltungsklage stützt, ist die Klage nach § 767 ZPO auch bei einem Europäischen Vollstreckungstitel anwendbar. Denn Art. 20 Abs. 1 S. 1 EuVTVO bestimme, dass für das Vollstreckungsverfahren das Recht der Mitgliedsstaaten gilt. Dieser Auffassung war auch der deutsche Gesetzgeber[1166], denn er hat in § 1086 ZPO eine örtliche Zuständigkeit der Gerichte am Wohnsitz bzw. Sitz des Schuldners oder – falls diese keinen inländischen Sitz haben – der Gerichte in dem Bezirk, in dem die Zwangsvollstreckung stattgefunden hat oder stattfinden soll, bestimmt.

Die Vollstreckungsgegenklage sei dem Vollstreckungsverfahren zuzuordnen,[1167] so dass eine Anwendbarkeit entsprechend dem innerstaatlichen Recht gemäß Art. 20 Abs. 1 S. 1 EuVTVO möglich sei.

Die Klage gemäß § 767 ZPO richte sich gegen den titulierten Anspruch und nicht gegen den Titel selbst und ebenso wenig gegen die Bestätigung.[1168] Eine unzulässige Überprüfung des Titels in der Sache selbst nach Art. 21 Abs. 2 EuVTVO erfolge im Rahmen des Verfahrens nicht, denn dessen Bestehen werde bei der Vollstreckungsgegenklage vorausgesetzt.[1169] Der Umstand, dass die Klage aus § 767 ZPO eine materiell-rechtliche Seite habe, ändere an der Einordnung ebenso wenig etwas

---

auch *Stein*, IPRax 2004, 181 [191], der jedoch die Abschaffung der *ordre* public-Kontrolle nicht als rechtsstaatswidrig ansieht und eine Umgehung für verordnungswidrig hält.

1165 OLG Köln 21.11.2012 BeckRS 2013, 05770 unter II.1.2. = IPRax 2015, 158 [161, Rn. 54]; *Schollmeyer*, IPRax 2002, 478 [481, Fn. 37]; *Hüßtege*, FS Erik Jayme (2004), 371 [384]; *Jayme/ Kohler*, IPRax 2004, 481 [486 f.]; *Yessiou-Faltsi*, in: *Gottwald* (Hrsg.), Perspektiven (2004), 213 [243]; *Roth*, RabelsZ 68, 379 [384]; *Coester-Waltjen*, Jura 2005, 394 [397]; *Wagner*, IPRax 2005, 401 [407]; *ders.*, NJW 2005, 1157 [1160]; *Klippstein*, in: *Gebauer/ Wiedmann* (Hrsg.)[1], Kap. 31, Rn. 58; *Rellermeyer*, Rpfleger 2005, 389 [403]; *Pfeiffer*, BauR 2005, 1541 [1550]; *Röthel/ Sparmann*, WM 2006, 2285 [2292]; *Finger*, FuR 2006, 56 [65]; *Gebauer*, NJ 2006, 103 [106]; *Jennissen*, InVo 2006, 263 [270]; *Faetan*, JAmt 2007, 181 [186 f.]; *Nagel/ Gottwald*, IZPR[7], 670, § 14, Rn. 52; *Schack*, IZVR[6], Rn. 1058; *Geimer*, IZPR[7], 1246, Rn. 3195e; *Schlosser*/ Hess, EU-ZPR[4], Art. 24 EuGVVO, Rn. 25; Rauscher-*Papst*, Band II[4], Art. 20 EuVTVO, Rn. 36; Thomas/ Putzo[37]-*Hüßtege*, § 1086 ZPO, Rn. 1; Zöller[31]-*Geimer*, Art. 10 EuVTVO, Rn. 8; zur gleichen Problematik bei der EuMVVO und der EuGFVO siehe *Gsell*, EuZW 2011, 87 ff.

1166 Begr. RegE, BT-Drucks. 15/5222, 15 (Zu § 1086 ZPO-E).

1167 Vgl. OLG Köln 21.11.2012 BeckRS 2013, 05770 unter II.1.1. = IPRax 2015, 158 [160, Rn. 51]; *Jayme/ Kohler*, IPRax 2005, 481 [486]; *Luckey*, ZGS 2005, 420 [423 f.]; *Pfeiffer*, BauR 2005, 1541 [1550]; *Jennissen*, InVo 2006, 263 [270]; *Meller-Hannich*, GPR 2012, 153 [155].

1168 *Wagner*, IPRax 2005, 401 [407]; *Gebauer*, NJ 2006, 103 [106]; *Jennissen*, InVo 2006, 263 [270]; *Schlosser*/ Hess, EU-ZPR[4], Art. 24 EuGVVO, Rn. 25.

1169 *Geißler*, NJW 1985, 1865 [1866]; *Finger*, FuR 2006, 56 [65].

wie an der Tatsache, dass sie lediglich die Vollstreckung im Inland verhindere und nicht den Titel beseitige.[1170] Zur EuGVVO a.F. führte *Meller-Hannich* aus, dass die Vollstreckungsgegenklage im Vollstreckungsstaat allein die Beseitigung der dort im Vollstreckbarerklärungsverfahren verliehene Vollstreckbarkeit bezwecke, wohingegen die Rechtsbehelfe im Ursprungsstaat die Beseitigung der Vollstreckbarkeit des Titels im Ursprungstaates und damit die unionsweite Voraussetzung der Vollstreckbarerklärung beseitigen.[1171] Würde man die Vollstreckungsgegenklage im Vollstreckungsstaat nicht zulassen, wäre dem Schuldner ein maßgebliches Rechtsschutzziel genommen.[1172]

Die nach der EuVTVO verbotene *révision au fond* scheide außerdem schon deshalb aus, da die Einwendungen, die im Rahmen der Klage nach § 767 ZPO geltend gemacht werden dürften, vom Richter im Ursprungsmitgliedsstaat noch nicht haben berücksichtigt werden können.[1173] Denn es werden nur Einwendungen berücksichtigt, die nach Zustandekommen des Titels im Ursprungsmitgliedsstaat entstanden sind, so dass für den Richter dort noch gar nicht die Möglichkeit bestand, sich mit diesen Einwendungen zu befassen. Es wird also niemals angezweifelt, dass die Entscheidung im Ursprungsstaat zu Recht ergangen sei. Das Geltendmachen der anfänglichen *ordre public*-Widrigkeit des Titels sei daher nicht möglich.[1174] Dem Schuldner müsse überdies eine Möglichkeit gegeben werden, auf nach Erlass bzw. Rechtskraft des Titels eintretende Umstände zu reagieren.[1175]

Weiter bestehe im System der EuVTVO nicht ein genereller Grundsatz der Unantastbarkeit der Vollstreckung aus dem Europäischen Vollstreckungstitel im Vollstreckungsmitgliedsstaat. Denn die Verordnung sieht selbst in Art. 23 EuVTVO vor, dass das Gericht im Vollstreckungsmitgliedsstaat die Vollstreckung auf Sicherheitsmaßnahmen beschränken, von Sicherheitsmaßnahmen abhängig machen oder ganz aussetzen kann, sofern im Ursprungsmitgliedsstaat ein Rechtsbehelf gegen den Titel selbst eingelegt oder ein Antrag auf Berichtigung oder Widerruf des Europäischen Vollstreckungstitels gestellt worden ist.

1170 *Jayme/ Kohler*, IPRax 2005, 481 [486]; vgl. auch Begr. RegE, BT-Drucks. 15/5222, 15 (Zu § 1086 ZPO-E).

1171 *Meller-Hannich*, GPR 2012, 153 [157].

1172 *Meller-Hannich*, GPR 2012, 153 [157].

1173 OLG Köln 21.11.2012 BeckRS 2013, 05770 unter II.1.2. = IPRax 2015, 158 [161, Rn. 55]; *Yessiou-Faltsi*, in: *Gottwald* (Hrsg.), Perspektiven (2004), 213 [243]; *Coester-Waltjen*, Jura 2005, 394 [397]; *Luckey*, ZGS 2005, 420 [423]; *Rellermeyer*, Rpfleger 2005, 389 [403]; *Röthel/ Sparmann*, WM 2006, 2285 [2292]; *Gsell*, EuZW 2011, 87 [90]; *Nagel/ Gottwald*, IZPR[7], 670, § 14, Rn. 52; *Geimer*, IZPR[7], 1246, Rn. 3195e; Thomas/ Putzo[37]-*Hüßtege*, § 1086 ZPO, Rn. 1; ebenso für die Zulässigkeit der österreichischen Oppositionsklage *Burgstaller/ Neumayr*, ÖJZ 2005, 179 [190].

1174 *Kropholler/ von Hein*, EuZPR[9], Art. 20 EuVTVO, Rn. 13; *Nagel/ Gottwald*, IZPR[7], 670, § 14, Rn. 52.

1175 *Coester-Waltjen*, Jura 2005, 394 [397]; *Gebauer*, NJ 2006, 103 [106].

In Art. 21 EuVTVO sind sogar einzelne Gründe aufgeführt, die zur gänzlichen Versagung der Vollstreckung führen. Demgemäß statuiere die EuVTVO kein uneingeschränktes Herkunftslandprinzip.[1176]

Man müsse die Differenzierung des EuGH[1177] in der Rechtssache *Prism Investments* zwischen dem Vollstreckbarerklärungsverfahren und dem Vollstreckungsverfahren, das sich nach nationalem Recht richtet, beachten. Daraus ergibt sich, dass materiell-rechtliche Einwände einem nationalen Vollstreckungsverfahren entgegenstehen, nicht aber einer nationalen Exequatur (nach der EuGVVO a.F.).[1178]

Auch prozessökonomische Gründe sprächen für die Anwendbarkeit der Vollstreckungsabwehrklage, da es schwer verständlich sei, wenn man im Vollstreckungsmitgliedsstaat nur Klagen erheben könnte, die sich gegen einzelne Vollstreckungsmaßnahmen richten und nicht gegen die Vollstreckbarkeit des Titels insgesamt vorgehen könnte.[1179]

d) Folgerungen aus der Einordnung und Stellungnahme

Nachfolgend wird auch auf der Grundlage der Einordnung der Vollstreckungsabwehrklage zum Streitstand Stellung genommen.

aa) Klage gemäß § 767 ZPO als Teil des Vollstreckungsverfahrens

Die Verordnung überlässt in Art. 21 Abs. 1 S. 1 EuVTVO die Ausgestaltung des Vollstreckungsverfahrens ausdrücklich den Mitgliedsstaaten.

Diese Vorschrift ist nicht speziell auf eine nationale Rechtsordnung oder gar speziell das deutsche Zwangsvollstreckungsrecht zugeschnitten, sondern hat Gültigkeit für die Rechtsordnungen aller Mitgliedsstaaten.[1180] Damit zählen die Rechtbehelfe im Rahmen des Vollstreckungsverfahrens auch mit zu den Regelungen, die der nationalen Ausgestaltung überlassen bleiben. Das gesamte Vollstreckungsverfahren inklusive der in diesem Verfahren bestehenden Rechtsbehelfe richtet sich nach dem Recht des Mitgliedsstaates, in welchem die Zwangsvollstreckung stattfindet. Auch bei verordnungsautonomer Auslegung des Begriffs Vollstreckungsverfahren ist die im 8. Buch der ZPO angesiedelte Vollstreckungsabwehrklage schwerlich aus dem Vollstreckungsverfahren auszunehmen, zumal sie eine der klassischen Rechtsbehelfe des deutschen Zwangsvollstreckungsrechts ist.[1181] Da das Zwangsvollstreckungsrecht in den einzelnen Mitgliedsstaaten noch sehr große Unterschiede aufweist und auch noch weitgehend national geprägt ist, wird es erst allmählich

---

1176 *Wagner*, IPRax 2005, 401 [407].
1177 EuGH 13.10.2011 Rs. C-139/10 Slg. 2011, I-9527 = NJW 2011, 3506 = EuZW 2011, 869 mit Anm. *Bach*, 871 – *Prism Investments BV/ Jaap Anne van der Meer.*
1178 *Meller-Hannich*, GPR 2012, 153 [155].
1179 *Wagner*, IPRax 2005, 401 [407].
1180 *Wagner*, IPRax 2005, 401 [407].
1181 *Wagner*, IPRax 2005, 401 [407].

Ziel der Rechtsvereinheitlichung, was für einen weiten Spielraum der nationalen Gesetzgeber spricht.[1182]

Dem kann man auch nicht ernsthaft entgegenhalten, das Vollstreckungsverfahren nach Art. 20 Abs. 1 S. 1 EuVTVO erfasse nur den Zeitraum ab der Einleitung einer konkreten Zwangsvollstreckungsmaßnahme, so dass eine Vollstreckungsabwehrklage, die eine konkrete Zwangsvollstreckungsmaßnahme nicht als Voraussetzung hat,[1183] vor Einleitung einer solchen Maßnahme unstatthaft wäre. Dem dürfte nämlich bereits Art. 20 Abs. 1 S. 2 EuVTVO entgegenstehen.[1184] Denn danach wird eine als Europäischer Vollstreckungstitel bestätigte Entscheidung im Vollstreckungsmitgliedsstaat unter den gleichen Bedingungen wie eine nationale Entscheidung vollstreckt. Dieses bedingt aber nicht, dass sie unter besseren Bedingungen vollstreckt werden muss als nationale Entscheidungen des Vollstreckungsmitgliedsstaates.[1185] Mit der klarstellenden Regelung aus Art. 20 Abs. 1 S. 2 EuVTVO ist die Vollstreckungsgegenklage aber vereinbar. Aus dem gleichen Grunde schadet es auch nicht, dass durch die Anwendbarkeit der Vollstreckungsgegenklage der eigentlich von Art. 6 Abs. 2 EuVTVO vorgesehene Weg der Erteilung einer Bescheinigung über die Nichtvollstreckbarkeit seine Alleinstellung verliert.[1186]

bb) § 767 ZPO analog nur für in Deutschland erlassene Titel

Der Umstand, dass in Deutschland ausnahmsweise die Unwirksamkeit des Titels analog § 767 ZPO geltend gemacht werden kann, wenn die Wirkungslosigkeit eines Urteils infolge eines Vergleichs behauptet wird,[1187] spricht nicht gegen eine Anwendung der Vollstreckungsabwehrklage im Fall einer Bestätigung als Europäischer Vollstreckungstitel. Denn diese Ausnahme gilt nur für in Deutschland erlassene Vollstreckungstitel und nicht für als Europäische Vollstreckungstitel bestätigte (ausländische) Titel.

cc) Einwendungen gegen den Anspruch und Präklusion

Grundsätzlich können mit der Vollstreckungsgegenklage nur Einwendungen gegen den titulierten Anspruch geltend gemacht werden. Ziel der Vollstreckungsabwehrklage ist es nämlich, die Vollstreckbarkeit eines titulierten Anspruchs zu beseitigen. Einwendungen mit denen die Unwirksamkeit des Titels geltend gemacht werden,

---

1182 *Roth*, RabelsZ 68, 379 [381] zu den Unterschieden der Vollstreckungssysteme; *Wagner*, IPRax 2005, 189 [200]; *ders.*, IPRax 2005, 401 [407].

1183 Die Zwangsvollstreckung muss nur drohen, vgl. *Geißler*, NJW 1985, 1865 [1866].

1184 *Wagner*, IPRax 2005, 401 [407].

1185 *Mansel*, RabelsZ 70, 651 [663] spricht zu Recht von einer „Gleichstellung"; *Wagner*, IPRax 2005, 401 [407].

1186 *Pfeiffer*, BauR 2005, 1541 [1550].

1187 So genannte prozessuale Gestaltungsklage analog § 767 ZPO; vgl. BGH 23.08.2007 NJW-RR 2007, 1724 [1725].

gehören nicht in das Verfahren nach § 767 ZPO.[1188] Eben dieses gilt auch für Europäische Vollstreckungstitel.

Im Rahmen der Bestätigung des ausländischen Titels als Europäischer Vollstreckungstitel werden hingegen nur formale Erfordernisse geprüft und nicht der Anspruch selbst. Demnach kommt eine verbotene Überprüfung der Bestätigung als Europäischer Vollstreckungstitel in der Sache selbst im Rahmen des Verfahrens nach § 767 ZPO gar nicht in Betracht.

§ 1086 Abs. 2 ZPO bestimmt außerdem, dass § 767 Abs. 2 ZPO (die Präklusionsregel) entsprechend auf gerichtliche Vergleiche und öffentliche Urkunden anzuwenden ist.[1189] Daraus wird deutlich, dass eine umfassende Präklusionswirkung bei Europäischen Vollstreckungstiteln nach der EuVTVO gewollt ist. Eine Durchbrechung mittels einer analogen Anwendung des § 767 Abs. 1 ZPO ist dabei ausgeschlossen. Dem steht nach der hier vertretenen Auffassung das Verbot der *révision au fond* des Art. 21 Abs. 2 EuVTVO entgegen.

Folglich geschieht auch keine Überprüfung der ausländischen Entscheidung bzw. des ausländischen Titels selbst, so dass diesbezügliche Bedenken ausgeräumt werden können.

Auch kann dem Vorbringen nicht gefolgt werden, dass die Vollstreckungsgegenklage als ein auch sachhaltiger Angriff gegen den ursprünglichen titulierten Anspruch und damit als Rechtsbehelf in der Sache selbst zu deuten sei.[1190] Denn – wie oben aufgezeigt[1191] – stellt die Klage nach § 767 ZPO auch international eine rein prozessuale Gestaltungsklage dar.

Insgesamt können – wie auch im rein nationalen Verfahren – im Wege der Vollstreckungsabwehrklage nur Einwendungen geltend gemacht werden, die vom Richter/ der Stelle, die den Titel erlassen hat, noch nicht geprüft werden konnten. Diese Tatsache schließt eine Überprüfung in der Sache selbst aus. Unterstützt wird dieser Umstand durch die umfassende Anwendung der Präklusionsregelung des § 767 Abs. 2 ZPO auf alle Titel, die nach der EuVTVO als Europäischer Vollstreckungstitel bestätigt werden können.

dd) Grundprinzip der EuVTVO durch Zuständigkeit nicht verletzt

Es mag zwar sein, dass durch § 1086 Abs. 1 ZPO die grundlegende Zuständigkeit des Prozessgerichts gemäß § 767 Abs. 1 ZPO für die Vollstreckungsgegenklage und damit der Grundsatz, dass über materiell-rechtliche Einwendungen das Prozessgericht entscheiden soll, ausgehebelt wird.[1192] Damit wird aber nicht gegen das Grundprinzip der EuVTVO verstoßen. Denn dieses sieht nur vor, dass

1188 Vgl. BGH 14.05.1992 NJW 1992, 2160 [2161 f.] = BGHZ 118, 229 [235 f.]; vgl. auch *Brox/ Walker*, Zwangsvollstreckungsrecht[10], Rn. 1313.

1189 Vgl. dazu auch unten Teil 4, C., V., 4.

1190 So *Halfmeier*, IPRax 2007, 381 [387].

1191 Teil 4, C., V., 2., b).

1192 So *Hess*, IPRax 2004, 493 [493].

die Entscheidung zur Titelschaffung und die Entscheidung über die Bestätigung selbst nicht überprüft werden dürfen, und in allen Mitgliedsstaaten aufgrund der Gleichwertigkeit der Rechtsordnungen anzuerkennen sind. Es spricht jedoch nichts dagegen, Einwendungen, die nach der Titelschaffung entstanden sind, im Wege der Vollstreckungsgegenklage im Vollstreckungsstaat geltend zu machen. Damit wird nicht in die Autorität und die Entscheidungsfindung im Ursprungsstaat eingegriffen. Vielmehr besagt die Verordnung in Art. 20 Abs. 1 EuVTVO ausdrücklich, dass für die Vollstreckung das Recht der Mitgliedsstaaten gilt und ein Europäischer Vollstreckungstitel unter den gleichen Bedingungen wie ein inländischer Titel vollstreckt wird. Gerade dieses geschieht, wenn man die Klage nach § 767 ZPO für anwendbar erklärt.

ee) Kein sonstiger gleichwertiger Schutz

Gegen eine Anwendung der Klage nach § 767 ZPO spreche, dass der wichtigste Einwand, dass der Schuldner bereits gezahlt habe, gemäß § 775 Nr. 5 ZPO mit der Vorlage des Einzahlungs- und Überweisungsnachweises einer Bank oder Sparkasse zur Einstellung der Zwangsvollstreckung führe und andere Einwände vor das Prozessgericht gehörten.[1193] Dagegen lässt sich aber sagen, dass dem Schuldner nicht immer die Mittel bzw. Unterlagen, die § 775 ZPO zulässt, zur Verfügung stehen. Außerdem genügt gerade im Fall von Nr. 4 und 5 des § 775 ZPO der Antrag des Gläubigers und dessen Bestreiten der Befriedigung oder Stundung dafür, dass die Zwangsvollstreckung fortgesetzt wird oder gar nicht erst eine Einstellung oder Beschränkung erfolgen darf.[1194] Demgemäß bleibt dem Schuldner auch bei Zahlung womöglich nur der Weg der Vollstreckungsgegenklage, in der er die Erfüllung auch durch Zeugen beweisen kann. Auch bei einer nachprozessualen Stundung oder der Einräumung einer Ratenzahlung bestehen keine Bedenken, diese im Vollstreckungsstaat geltend zu machen. Eine höhere Kompetenz des Prozessgerichts ist hier nicht gegeben. Einzig über eventuell präkludiertes Vorbringen könnte das Prozessgericht besser entscheiden. Hier ist es dann aber an dem Gläubiger, entsprechend vorzutragen, so dass das Gericht im Vollstreckungsmitgliedsstaat über die Klage nach §§ 1086, 767 ZPO ordnungsgemäß und richtig entscheiden kann.

Insbesondere die Möglichkeit des Gläubigers, die nachgewiesene Befriedigung oder Stundung einfach zu bestreiten und damit die (weitere) Zwangsvollstreckung zu erzwingen, erfordert die Zulassung der Vollstreckungsgegenklage auch bei einem Europäischen Vollstreckungstitel.

Im nationalen deutschen Zwangsvollstreckungsrecht stellt die Vollstreckungsgegenklage den klassischen und auch am weitesten reichenden Rechtsbehelf des Schuldners dar, um die Zwangsvollstreckung aus einem Titel wegen nachträglicher Einwendungen zu verhindern. Er steht demnach auch unter besonderen Voraussetzungen, insbesondere dem Vorbehalt der Präklusion. Da die Verordnung die

---

1193 *Hess*, IPRax 2004, 493 [494].

1194 Siehe zu den Einzelheiten unter Teil 4, C., VII., 4.

Anwendung des nationalen Zwangsvollstreckungsrechts und damit des nationalen Vollstreckungssystems anordnet, muss darunter auch die Vollstreckungsgegenklage gemäß § 767 ZPO als klassischer Rechtsbehelf des Vollstreckungsverfahrens fallen, sofern mit ihr keine Nachprüfung in der Sache selbst verbunden ist – was hier vertreten wird. Dieser Umstand kann nicht durch andere, nicht gleichwertige Rechtsschutzmöglichkeiten aufgehoben werden.

Die Möglichkeit der Ausstellung einer Bestätigung über die Nichtvollstreckbarkeit im Ursprungsmitgliedsstaat gemäß Art. 6 Abs. 2 EuVTVO, die der Schuldner dem Gläubiger auch im Vollstreckungsmitgliedsstaat entgegenhalten kann, steht der Anwendung der Klage aus § 767 ZPO nicht entgegen. Denn die Bestätigung der Nichtvollstreckbarkeit zielt darauf ab, dass im Ursprungsmitgliedsstaat auf einen Rechtsbehelf hin oder durch eine sonstige gerichtliche Entscheidung die Vollstreckbarkeit des Titels eingeschränkt oder ausgesetzt worden ist und daraufhin dieses bestätigt wird. Die Vollstreckungsgegenklage dient aber vielmehr erst dazu diese Beschränkung oder Aussetzung bzw. Beseitigung der Vollstreckbarkeit herzustellen.

ff) Vergleich mit anderen Rechtsakten der Europäischen Union

Weiter spricht für die Anwendbarkeit der Vollstreckungsgegenklage auch, dass im Europäischen Mahnverfahren gemäß Art. 22 Abs. 2 EuMVVO die Vollstreckung verweigert werden kann, sofern und soweit der Antragsgegner den Betrag, der dem Antragsteller in einem Europäischen Zahlungsbefehl zuerkannt worden ist, an diesen entrichtet hat. Denn diese Möglichkeit besteht, obwohl nach Art. 22 Abs. 3 EuMVVO der Europäische Zahlungsbefehl im Vollstreckungsmitgliedsstaat in der Sache selbst nicht nachgeprüft werden darf. Damit wird gezeigt, dass eine nachträgliche Zahlung, also ein nachträglicher Wegfall des Anspruchs, die Vollstreckung verhindern kann und trotz Verbots der *révision au fond* beachtlich ist.

Ebenso ist es im europäischen Unterhaltsrecht, denn dort gelten gemäß Art. 21 Abs. 1 EuUntVO[1195] die im Recht des Vollstreckungsmitgliedstaats vorgesehenen Gründe für die Verweigerung oder Aussetzung der Vollstreckung. Gemäß Art. 42 EuUntVO besteht auch hier ein Verbot der Nachprüfung der Entscheidung in der Sache selbst. Demzufolge ist auch in anderen Europäischen Verordnungen die nachträgliche Tilgung beachtlich, selbst wenn keine Überprüfung in der Sache selbst erfolgen darf und das Exequaturverfahren abgeschafft ist.[1196]

gg) Öffentliche Urkunden

Noch gravierender wären die Auswirkungen, wenn man die Vollstreckungsgegenklage bei öffentlichen Urkunden für nicht anwendbar erklärte. Nach der EuVTVO

1195 Verordnung (EG) Nr. 4 Verordnung (EG) Nr. 4/2009 des Rates über die Zuständigkeit, das anwendbare Recht, die Anerkennung und Vollstreckung von Entscheidungen und die Zusammenarbeit in Unterhaltssachen vom 18.12.2008 (ABl. EU 2009, Nr. L 7, 1 ff.).

1196 Ebenso *Wagner*, EuZW 2006, 424 [427].

kann der Schuldner, hat er eine Zahlungsverpflichtung in einer solchen vollstreckbaren Urkunde erst einmal ausdrücklich anerkannt, diese Verpflichtung nur im Ursprungsmitgliedsstaat angreifen. In allen anderen Staaten, in denen die Vollstreckung betrieben werden soll, kann er sich weder auf Betrug durch die Gläubigerseite noch auf den *ordre public* oder auf Fehler bei der Ausstellung oder der Bestätigung der Urkunde berufen.[1197] Es sollte ihm aber ebenso wie bei Urteilen möglich sein, sich auf solche Umstände berufen zu können, die nach Errichtung der Urkunde aufgetreten sind, um sie im Vollstreckungsverfahren dem Gläubiger entgegenzuhalten.[1198] Dem stehen auch die Regelungen in der Verordnung nicht entgegen.

Zuzugeben ist, dass es bezüglich der öffentlichen Urkunden in Art. 25 Abs. 2 EuVTVO ausdrücklich heißt: „[...] ohne dass ihre Vollstreckbarkeit angefochten werden kann." Ebenso lautet die Vorschrift in Art. 24 Abs. 2 EuVTVO für gerichtliche Vergleiche. Dieses könnte dafür sprechen, dass bezüglich dieser Titel eine Vollstreckungsgegenklage nicht zulässig sei und insoweit eine Einschränkung der Regelung im deutschen Recht angezeigt wäre.

Jedoch sind die Regelungen der Art. 24 Abs. 2 EuVTVO und Art. 25 Abs. 2 EuVTVO ihrerseits nicht isoliert zu betrachten, sondern im Einklang mit Art. 20 EuVTVO auszulegen, so dass dem Schuldner eben letztlich nicht alle Einwände genommen werden.[1199] Durch die einheitliche Anwendung der Präklusionsvorschrift des § 767 Abs. 2 ZPO gemäß § 1086 ZPO soll ein Gleichklang mit der Rechtslage bei gerichtlichen Entscheidungen hergestellt werden.[1200]

Das Problem, welcher Zeitpunkt bei einer öffentlichen Urkunde als maßgeblicher im Sinne der analogen Anwendung des § 767 Abs. 2 ZPO anzusehen ist, lässt sich leicht lösen. Bei gerichtlichen Entscheidungen und gerichtlich bestätigten Vergleichen ist maßgeblicher Zeitpunkt derjenige der Rechtskraft. Bei öffentlichen Urkunden, die der Rechtskraft nicht fähig sind, ist auf den Zeitpunkt der Errichtung abzustellen.[1201] Denn mit diesem Zeitpunkt sind diese (unwiderruflich) in der Welt.

hh) Zweck der EuVTVO

Nimmt man weiterhin den Zweck der EuVTVO in den Blick, nämlich Zwischenmaßnahmen von der Entscheidung bis zur Vollstreckung abzubauen bzw. zu beseitigen, so spricht dieses nicht gegen die Anwendung der Vollstreckungsabwehrklage auf einen Europäischen Vollstreckungstitel. Denn man kann diese

1197 *Coester-Waltjen*, Jura 2005, 394 [397].
1198 *Coester-Waltjen*, Jura 2005, 394 [397].
1199 Begr. RegE, BT-Drucks. 15/5222, 15 (Zu § 1086 ZPO-E); *Pfeiffer*, BauR 2005, 1541 [1550]; *Kropholler/ von Hein*, EuZPR^9, Art. 24 EuVTVO, Rn. 12.
1200 *Kropholler/ von Hein*, EuZPR^9, Art. 24 EuVTVO, Rn. 12.
1201 *Kropholler/ von Hein*, EuZPR^9, Art. 24 EuVTVO, Rn. 12; Rauscher-*Papst*, Band II^4, Art. 24 EuVTVO, Rn. 23 und Art. 25 EuVTVO, Rn. 23; Thomas/ Putzo^{37}-*Hüßtege*, § 1086 ZPO, Rn. 3.

kaum als Zwischenmaßnahme einordnen.[1202] Schließlich handelt es sich nicht um ein Hindernis, das der Gläubiger auf dem Weg zur Vollstreckung überwinden muss. Die Initiative geht vielmehr vom Schuldner aus, der in Ausnahmefällen mittels der Klage nach § 767 ZPO die Vollstreckung beschränken oder verhindern kann. Das Zwischenverfahren, also das Exequatur, und damit die Zustimmung des Vollstreckungsmitgliedsstaates zur Vollstreckung sollte mit der EuVTVO abgeschafft werden.[1203] Dieses Ziel setzt nicht das Verbot der Vollstreckungsgegenklage voraus, denn es besteht kein Zusammenhang zwischen dem Zustimmungserfordernis (eines Exequaturverfahrens) und der Vollstreckungsgegenklage.[1204]

Weiter ist zu erkennen, dass es erforderlich ist, in dem mit der EuVTVO auch in Europa sehr formalisierten Vollstreckungsrecht nachträglich eintretende Änderungen im Vollstreckungsverfahren geltend machen zu können. Denn der Gläubiger erhält mit dem Europäischen Vollstreckungstitel einen weitreichenden Titel, mit dem dieser in allen Mitgliedsstaaten der Europäischen Union (mit Ausnahme Dänemarks) die Vollstreckung betreiben kann. Ist der titulierte Anspruch nun aber mittlerweile erloschen und betreibt der Gläubiger dennoch gegen den Schuldner in Deutschland die Vollstreckung aus dem Titel, so spricht nichts dagegen, im Rahmen des Vollstreckungsverfahrens die Vollstreckungsgegenklage in Deutschland für anwendbar zu erklären. Mit ihr können Fehlergebnisse im Vollstreckungsverfahren korrigiert werden, die aufgrund des Formalismusses in Kauf genommen werden.[1205]

ii) Auswertung/ Zwischenergebnis

Folglich ist die Ansicht überzeugender, dass bei Anwendbarkeit der Vollstreckungsgegenklage keine Überprüfung in der Sache selbst stattfindet, da nur Einwendungen zugelassen sind, die von dem Richter im Ursprungsmitgliedsstaat noch nicht berücksichtigt werden konnten. Dieses wird auch dadurch sichergestellt, dass die Präklusionsregelung des § 767 Abs. 2 ZPO für umfassend – gegebenenfalls analog – anwendbar erklärt wird.

Das Argument, dass bezüglich vieler Einwendungen Unsicherheit über den Entstehungszeitpunkt bestehe[1206], verfängt nicht. Denn es ist dann Sache des mit der Vollstreckungsgegenklage befassten Gerichts zu ermitteln, ob es sich um einen präkludierten Einwand handelt oder nicht. Dieses ist nicht anders, als wenn es sich um einen nationalen Titel handelt, bei dem der Schuldner im Vollstreckungsverfahren die Klage nach § 767 ZPO anstrengt.

1202 *Wagner*, IPRax 2005, 401 [407].
1203 Vgl. Erwägungsgrund 9 zur EuVTVO.
1204 *Wagner*, IPRax 2005, 401 [407].
1205 So schon im Rahmen des deutschen Zwangsvollstreckungssystems: *Geißler*, NJW 1985, 1865 [1866].
1206 *Halfmeier*, IPRax 2007, 381 [387].

Es wird niemals angezweifelt, dass die Entscheidung im Ursprungsmitgliedsstaat zu Recht ergangen ist. Das Prinzip *res iudicata* wird nicht angetastet.[1207] Bei Begleichung der Schuld durch den Schuldner nach Erlass des Titels bzw. nach Rechtskraft des Urteils muss dem Schuldner die Möglichkeit der Vollstreckungsgegenklage offen stehen. Denn dieser muss sich wehren können, wenn der Gläubiger dennoch die Vollstreckung gegen ihn betreibt. Da nicht immer die Möglichkeit gegeben ist, die Begleichung der Schuld mit den Mitteln des § 775 ZPO nachzuweisen, muss der Weg über die Vollstreckungsgegenklage auch im Vollstreckungsstaat (Deutschland) eröffnet sein. Es muss ausgeschlossen werden können, dass der Schuldner erst einmal bezahlen und dann versuchen muss, sich die Geldsumme vom Gläubiger im Ursprungsmitgliedsstaat wiederzuholen. Zudem besteht die Gefahr, dass der Ursprungsmitgliedsstaat für diesen Fall gar kein entsprechendes Verfahren vorsieht, sondern dieses in das Vollstreckungsverfahren verlagert hat. Da die Vollstreckung aber nicht im Ursprungsmitgliedsstaat durchgeführt wird, wäre der Schuldner in einem solchen Fall gänzlich schutzlos. Es bestünde also die Gefahr, dass dem Schuldner bei veränderten Umständen kein Rechtsmittel zustünde, da möglicherweise im Ursprungsmitgliedsstaat keine Zuständigkeit für eine entsprechende Klage des Schuldners gegen den im Vollstreckungsmitgliedsstaat vollstreckenden Gläubiger gegeben wäre.[1208] Demzufolge kann es nur richtig sein, im Vollstreckungsmitgliedsstaat eine Klage zuzulassen, mit der – wie bei der Vollstreckungsgegenklage – Einwendungen geltend gemacht werden, die nach Erlass des Titels bzw. Rechtskraft des Urteils entstanden sind. Dieses gilt selbstverständlich auch für entsprechende Rechtsbehelfe in anderen Mitgliedsstaaten.

3. *Zuständigkeit deutscher Gerichte für Vollstreckungsgegenklage*

Fast ebenso umstritten wie, ob die Vollstreckungsgegenklage anwendbar ist, ist die Frage, ob und woraus sich die internationale Zuständigkeit der deutschen Gerichte für die Vollstreckungsgegenklage ergibt, wenn in Deutschland gegen einen Schuldner vollstreckt werden soll oder wird.

Nach einer Minderansicht lasse sich die internationale Zuständigkeit deutscher Gerichte für die Vollstreckungsgegenklage nicht auf Art. 24 Nr. 5 EuGVVO n.F. (Art. 22 Nr. 5 EuGVVO a.F.) stützen.[1209] Danach betreffe diese Klage im Kern den Titel und nicht die Vollstreckung.[1210] Art. 24 Nr. 5 EuGVVO n.F. lasse die Berücksichtigung materiell-rechtlicher Einwendungen durch die Gerichte des Vollstreckungsstaates

1207 *Coester-Waltjen*, Jura 2005, 394 [397].

1208 *Coester-Waltjen*, FS Tugrul Ansay (2006), 47 [58].

1209 *Nelle*, Anspruch, S. 366 ff. zum EuGVÜ; *Hau*, ZvglRWiss 100 (2001), 495 [497 f.]; *Hess*, IPRax 2004, 493 [494]; *Halfmeier*, IPRax 2007, 381 [387]; *Bach*, EuZW 2011, 871 [872]; *Bittmann*, IPRax 2015, 129 [131].

1210 *Nelle*, Anspruch, S. 377 ff.; *Hau*, ZVglRWiss 100 (2001), 495 [498]; *Hess*, IPRax 2004, 493 [494].

nicht zu.[1211] Die Vollstreckungsgegenklage betreffe nicht die Zwangsvollstreckung, sondern einen materiellen Einwand gegen den Anspruch, so dass die Zwangsvollstreckung nur von der Rechtsfolge des Urteils berührt werde.[1212] Außerdem sperre Art. 45 EuGVVO a.F. die Vollstreckungsgegenklage.[1213]

Dem kann nicht gefolgt werden. Wie bereits oben dargestellt,[1214] betrifft die Vollstreckungsgegenklage ausschließlich die Vollstreckung und nicht den Titel selbst, auch wenn in dem Verfahren materiell-rechtliche Einwendungen vorgebracht werden dürfen. Daher ist der überwiegende Teil der zutreffenden Ansicht, dass Art. 24 Nr. 5 EuGVVO n.F. (Art. 22 Nr. 5 EuGVVO a.F.) die internationale Zuständigkeit deutscher Gerichte für die Vollstreckungsgegenklage begründen könne.[1215]

Unter diese Regelung fallen alle Verfahren, die sich aus der Inanspruchnahme von Zwangsmitteln im Hinblick auf die Vollstreckung von Entscheidungen oder Urkunden ergeben.[1216] Es ist ein unmittelbarer Zusammenhang mit der Zwangsvollstreckung erforderlich.

Art. 24 Nr. 5 EuGVVO n.F. (Art. 22 Nr. 5 EuGVVO a.F.) erfasst die Verfahren der klassischen Rechtsbehelfe des deutschen Zwangsvollstreckungsrechts, was der EuGH[1217] für die durch Art. 45 EuGVVO a.F. nicht ausgeschlossene Vollstreckungsgegenklage bestätigt hat.[1218] Der Grund liege bei der deutschen Vollstreckungsgegenklage aber

---

1211 *Halfmeier*, IPRax 2007, 381 [387].

1212 *Bach*, EuZW 2011, 871 [872].

1213 *Halfmeier*, IPRax 2007, 381 [385].

1214 Siehe Teil 4, C., V., 2., b) und d).

1215 Vgl. EuGH 04.07.1985 Rs. 220/84 Slg. 1985, 2267 [2277, Rn. 12] – *AS Autoteile Service GmbH/ Pierre Malhe* = NJW 1985, 2892 [2892] = IPRax 1986, 232 [232] mit Anm. *Geimer*, 208; BGH 03.04.2014 NJW 2014, 2798 [2800, Rn. 16]; OLG Hamburg 06.02.1998 IPRax 1999, 168 [169] mit Anm. *Geimer*, 152 [154]; OLG Köln 21.11.2012 BeckRS 2013, 05770 unter II.1.1. = IPRax 2015, 158 [160, Rn. 47]; *Jayme/ Kohler*, IPRax 2005, 481 [486 f.]; *Rellermeyer*, Rpfleger 2005, 389 [403]; *Röthel/ Sparmann*, WM 2006, 1185 [2292, Fn. 84]; Geimer/ Schütze-*Geimer*, EuZVR[3], Art. 22 EuGVVO, Rn. 268; *Kropholler/ von Hein*, EuZPR[9], Art. 20 EuVTVO, Rn. 12 und Art. 22 EuGVVO, Rn. 61; *Geimer*, IZPR[7], 1246, Rn. 3195f; *Mankowski*, WUB VII C. Art. 22 LugÜ 1.14; *Schlosser*/ Hess, EU-ZPR[4], Art. 24 EuGVVO, Rn. 25; Rauscher-*Papst*, Band II[4], Art. 20 EuVTVO, Rn. 36; Thomas/ Putzo[37]-*Hüßtege*, § 1086 ZPO, Rn. 2 und Art. 24 EuGVVO, Rn. 17.

1216 Jenard-Bericht zu Art. 16 EuGVÜ, BT-Drucks. VI/1973, 52 [81]; Magnus/ Mankowski[2]-*de Lima Pinheiro*, Art. 22 Brüssel I-VO, Rn. 75; Czernich/ Kodek/ Mayr-*Tiefenthaler*, EuGVR[4], Art. 24 EuGVVO, Rn. 54; Thomas/ Putzo[37]-*Hüßtege*, Art. 24 EuGVVO, Rn. 17.

1217 EuGH 04.07.1985 Rs. 220/84 Slg. 1985, 2267 [2277, Rn. 12] – *AS Autoteile GmbH/ Pierre Malhe* = NJW 1985, 2892 [2892] = IPRax 1986, 232 [232] mit Anm. *Geimer*, 208.

1218 *Schlosser*/ Hess, EU-ZPR[4], Art. 24 EuGVVO, Rn. 25.

ausschließlich[1219] darin, dass in dem Verfahren keine rechtskräftige Aussage über den Fortbestand des zu vollstreckenden Anspruchs gemacht werde.[1220]

Die deutsche Vollstreckungsgegenklage weist einen unmittelbaren Bezug zur Zwangsvollstreckung auf, so dass sich die internationale Zuständigkeit aus Art. 24 Nr. 5 EuGVVO n.F. (Art. 22 Nr. 5 EuGVVO a.F.) ergibt.[1221] Diese Vorschrift erfasst nicht nur konkrete Zwangsvollstreckungsmaßnahmen, sondern jegliche Rechtsbehelfe des Vollstreckungsverfahrens, welche die Vollstreckung hindern oder beenden.[1222]

Lediglich für den Fall, dass sich die Geltendmachung von Einwendungen im Wege der Vollstreckungsgegenklage als rechtsmissbräuchlich darstellen sollte, ist eine Zuständigkeitsbegründung aus Art. 24 Nr. 5 EuGVVO n.F. (Art. 22 Nr. 5 EuGVVO a.F.) auszuschließen. Dieses ist speziell bei dem Einwand der Aufrechnung möglich, wenn wie in dem dem bereits zitierten EuGH-Urteil vom 04.07.1985[1223] zugrunde liegenden Fall die internationale Zuständigkeit bereits verneint wurde. Dieses hat der BGH für die Parallelregelung im revidierten Lugano Übereinkommen kürzlich bestätigt.[1224]

Weitergehend erachtet *Mankowski* die (internationale) Zuständigkeit des Vollstreckungsgerichts gemäß Art. 24 Nr. 5 EuGVVO n.F. (Art. 22 Nr. 5 EuGVVO a.F.) auch für gegeben, wenn eine Aufrechnung mit einer Gegenforderung geltend gemacht wird, da diese Aufrechnung reines Verteidigungsmittel sei, Erfüllungswirkung entfalte und es daher keiner internationalen Zuständigkeit bedürfe.[1225] Der Umfang der Aufrechnung ist durch die Klageforderung (des ursprünglichen Gläubigers) beschränkt und die Vollstreckungsgegenklage führe nicht zu materieller Rechtskraft und einem Titel, so dass sie einer aktiven, klageweisen Geltendmachung der Forderung nicht gleichstehen könne.[1226] Zudem greife das Argument des Beklagtenschutzes nicht, da sich dieser mit der Vollstreckung in dem Vollstreckungsstaat gerade auf diesen Staat eingestellt habe und aufgrund der selbsttätigen Bestimmung des „Kampfplatzes“ nicht schutzwürdig und schutzbedürftig sei.[1227]

1219 *Nelle*, Anspruch, S. 368 ff.; *Schlosser*/ Hess, EU-ZPR[4], Art. 24 EuGVVO, Rn. 25.

1220 BGH 22.09.1994 BGHZ 127, 146 [149] = NJW 1994, 3225 [3225].

1221 *Kropholler/ von Hein*, EuZPR[9], Art. 20 EuVTVO, Rn. 12.

1222 *Meller-Hannich*, GPR 2012, 153 [157].

1223 EuGH 04.07.1985 Rs. 220/84 Slg. 1985, 2267 [2278, Rn. 17] – *AS Autoteile Service GmbH/ Pierre Malhe* = NJW 1985, 2892 [2892] = IPRax 1986, 232 [232 f.] mit Anm. *Geimer*, 208.

1224 Vgl. BGH 03.04.2014 NJW 2014, 2798 [2800, Rn. 16]; ebenso OLG Köln 21.11.2012 BeckRS 2013, 05770 unter II.1.3. = IPRax 2015, 158 [161, Rn. 62]; a.A. *Mankowski*, WUB VII C. Art. 22 LugÜ 1.14.

1225 *Mankowski*, WUB VII C. Art. 22 LugÜ 1.14 mit Verweis auf EuGH 13.07.1995 NJW 1996, 42 [43] – *Danvaern Production A/S ./. Schuhfabriken Otterbeck GmbH & Co.*

1226 *Mankowski*, WUB VII C. Art. 22 LugÜ 1.14.

1227 *Mankowski*, WUB VII C. Art. 22 LugÜ 1.14.

Grundsätzlich ist Art. 24 Nr. 5 EuGVVO n.F. (Art. 22 Nr. 5 EuGVVO a.F.) jedoch zuständigkeitsbegründend,[1228] insbesondere im Fall des Einwands der Erfüllung. Dieses hat der EuGH bereits in der Entscheidung *AS Autoteile*[1229] deutlich gemacht.

Die Frage der Ausschließlichkeit in Art. 24 Nr. 5 EuGVVO n.F. (Art. 22 Nr. 5 EuGVVO a.F.) besteht nur in dem territorialen Umfang, auf welchen sich die Vollstreckung bezieht.[1230] Sie bedeutet also nur, dass für Rechtsbehelfe gegen die Vollstreckung in einem Mitgliedsstaat ausschließlich die Gerichte des Mitgliedsstaates zuständig sind und nicht Gerichte anderer Mitgliedsstaaten. Dieses hindert die Einleitung von Verfahren vor den Gerichten eines anderen Mitgliedsstaates nicht, wenn es um die Vollstreckung in diesem Mitgliedsstaat geht.

Für die sachliche Zuständigkeit ist auf die allgemeinen Vorschriften der §§ 23, 71, 96 GVG zurückzugreifen. Sie richtet sich demnach regelmäßig nach dem Streitwert. Ab 5.000,01 Euro ist gemäß §§ 23 Nr. 1, 71 Abs. 1 GVG das Landgericht zuständig. Eine Zuständigkeit der Amtsgerichte ohne Rücksicht auf den Streitgegenstand ergibt sich aus § 23 Nr. 2 GVG, in den dort enumerativ aufgeführten Fällen, wie etwa Wohnraummietrechtsstreitigkeiten. Hier dürfte ein ausländischer Titel aber bereits wegen der ausschließlichen internationalen Zuständigkeit (vgl. Art. 24 Nr. 1 EuGVVO n.F.) in den seltensten Fällen relevant sein. Eine ebensolche Zuständigkeitsbegründung – unabhängig vom Streitwert – besteht in § 71 Abs. 2 GVG für die Landgerichte.

Die örtliche Zuständigkeit ergibt sich aus § 1086 Abs. 1 ZPO. Danach ist das Gericht ausschließlich örtlich zuständig, in dessen Bezirk der Schuldner seinen Wohnsitz oder im Fall einer Gesellschaft oder juristischen Person seinen Sitz hat. Hat der Schuldner im Inland keinen (Wohn-)Sitz, ist das Gericht zuständig, in dessen Bezirk die Zwangsvollstreckung stattfinden soll oder stattgefunden hat.

Funktionell zuständig ist nicht das Vollstreckungsgericht, sondern ausschließlich das Prozessgericht (§§ 767, 802 ZPO) und in Unterhaltssachen das Familiengericht gemäß § 23b GVG. Bei der Vollstreckung aus einem ausländischen (Europäischen) Vollstreckungstitel gibt es kein inländisches Prozessgericht, so dass die allgemeinen Zivilgerichte, also die allgemeine Zivilabteilung des Amts- und Landgerichts, zuständig sind.[1231]

1228 Vgl. OLG Hamburg 06.02.1998 IPRax 1999, 168 [169] zu Art. 16 Nr. 5 EuGVÜ mit Anm. *Geimer*, 152 [insb. 154]; OLG Jena 17.02.2010 NJOZ 2010, 2400 [2401]; AG Wiesbaden 09.09.2008 FamRZ 2009, 141 [141]; *Wagner*, IPRax 2005, 401 [405 ff.]; Thomas/ Putzo[37]-*Hüßtege*, Art. 24 EuGVVO, Rn. 17; Zöller[31]-*Geimer*, Art. 24 EuGVVO, Rn. 32.

1229 Vgl. EuGH 04.07.1985 Rs. 220/84 Slg. 1985, 2267 [2277, Rn. 12] – *AS Autoteile Service GmbH/ Pierre Malhe* = NJW 1985, 2892 [2892] = IPRax 1986, 232 [232] mit Anm. *Geimer*, 208.

1230 Ebenso *Gsell*, EuZW 2011, 87 [91]; *Meller-Hannich*, GPR 2012, 153 [157].

1231 Ebenso *Meller-Hannich*, GPR 2012, 153 [158].

4. *Die Präklusion nach § 767 Abs. 2 ZPO*

Die Vollstreckungsabwehrklage richtet sich nur gegen die Vollstreckbarkeit des Titels und lässt die Rechtskraft des Urteils unberührt.[1232] Daher lässt sich die Klage gemäß der Präklusionsregelung in § 767 Abs. 2 ZPO auch nur auf solche Einwendungen gegen den materiellen Anspruch stützen, welche nach der letzten mündlichen Tatsachenverhandlung entstanden sind, was dem maßgebenden Zeitpunkt für die materielle Rechtskraft gemäß § 322 ZPO entspricht.[1233]

Wichtig ist hierbei die Frage des maßgeblichen Zeitpunktes für den Präklusionseintritt (dazu unten b)) und das Thema des auf die Präklusion anwendbaren Rechts (unter c)).

a) Europarechtskonformität des § 1086 Abs. 2 ZPO

Im nationalen Recht gilt in Deutschland die Präklusionsvorschrift des § 767 Abs. 2 ZPO nur für Entscheidungen. Denn diese Vorschrift soll die materielle Rechtskraft der Entscheidungen schützen. Sie gilt nicht für vollstreckbare Urkunden, was § 797 Abs. 4 ZPO klarstellt. Ebenso gilt § 767 Abs. 2 ZPO nicht für Vergleiche, da diese nicht der Rechtskraft fähig sind.

Der deutsche Gesetzgeber hat mit § 1086 Abs. 2 ZPO die Präklusionsregel des § 767 Abs. 2 ZPO auf die gerichtlich bestätigten Vergleiche und öffentlichen Urkunden im Sinne der EuVTVO ausgeweitet, indem er sie für analog anwendbar erklärt hat.

Damit wird dem Umstand Rechnung getragen, dass bei als Europäische Vollstreckungstitel bestätigten Titeln eine Überprüfung in der Sache selbst nicht erfolgen darf. Folglich muss sich die Überprüfung auf Einwendungen beschränken, die nach Errichtung des Titels aufgetreten sind.

Diese Erweiterung der Präklusionsvorschrift, welche für nationale Titel nicht gilt, wird von Teilen in der Literatur[1234] als europarechtswidrig angesehen, da dadurch eine leichtere Vollstreckung ausländischer Titel gegenüber nationalen Titeln in Deutschland erreicht werde. Es werde gegen Art. 20 Abs. 1 S. 2 EuVTVO und Art. 3 GG verstoßen, denn es sei einem Gläubiger – egal, ob aus Deutschland oder aus einem anderen Staat – in Deutschland möglich, einen in einem anderen Mitgliedsstaat als Europäischer Vollstreckungstitel bestätigten gerichtlichen Vergleich oder eine entsprechende öffentliche Urkunde nicht nur zu den gleichen, sondern zu besseren Bedingungen zu vollstrecken als einen in Deutschland ergangenen Titel.[1235]

Dem kann jedoch entgegengehalten werden, dass gerade der Grund für die Anwendung der Präklusionsregel auch auf Prozessvergleiche und öffentliche Urkunden in Art. 24 Abs. 2 EuVTVO und Art. 25 Abs. 2 EuVTVO liegt, also einer europäischen

---

1232 Siehe oben Teil 4, C., V., 2., d).
1233 Thomas/ Putzo[37]-*Seiler*, § 767 ZPO, Rn. 2.
1234 *Hess*, IPRax 2004, 493 [494]; *Jennissen*, InVo 2006, 263 [270].
1235 *Hess*, IPRax 2004, 493 [494]; *Jennissen*, InVo 2006, 263 [270].

Regelung. Denn nach diesen Vorschriften können gerichtliche Vergleiche und öffentliche Urkunden im Vollstreckungsmitgliedsstaat nicht mehr angefochten werden. Daher muss sichergestellt werden, dass erst nach Errichtung der entsprechenden Titel eingetretene Einwendungen im Rahmen der Klage nach § 767 ZPO geltend gemacht werden können. Die Regelung dient also lediglich der Einhaltung der Vorgaben der EuVTVO und macht den Rahmen der Prüfung gerade „europarechtskonform".[1236] Die europäische Vorgabe bedingt also die deutsche Regelung. Würde man die Präklusionsvorschrift nicht auf gerichtlich bestätigte Vergleiche und öffentliche Urkunden erstrecken, so würde man gegen das Verbot der *révision au fond* und damit gegen Art. 21 Abs. 2 EuVTVO verstoßen und die deutsche Regelung wäre europarechtswidrig.

Da das gesamte System der EuVTVO wie auch die zukünftige Ausrichtung der Europäischen Union darauf abzielt, die Urteilsfreizügigkeit zu erhöhen und auf die Richtigkeit der in den Mitgliedsstaaten ergangenen Entscheidungen und errichteter Titel zu vertrauen, ist es zwingend, dass eine Nachprüfung in der Sache selbst im Vollstreckungsmitgliedsstaat nicht erfolgt. Daher müssen solche Einwendungen gegen den Anspruch selbst ausgeschlossen werden, mit denen sich im Ursprungsmitgliedsstaat schon befasst werden konnte. Demzufolge entspricht die Regelung des § 1086 Abs. 2 ZPO nicht nur der korrekten Auslegung der Artt. 20 Abs. 2, 24 Abs. 2 und 25 Abs. 2 EuVTVO, sondern ist eine zwingende Folge des Systems gegenseitigen Vertrauens[1237] in die ordnungsgemäße Rechtspflege in den Mitgliedsstaaten.

Würde man nun aber die Anwendbarkeit der Vollstreckungsgegenklage gänzlich ablehnen, würde die Vollstreckungsmöglichkeit ausländischer Europäischer Vollstreckungstitel nach der Sichtweise der Gegner der Regelung in § 1086 Abs. 2 ZPO noch weiter reichen als die Vollstreckungsmöglichkeit von in Deutschland erlassenen Titeln. Dieses würde demnach zu einer nicht akzeptablen Ungleichbehandlung führen und wäre nicht europarechtskonform.

Um die beidseitigen Zielsetzungen in Einklang zu bringen, ist die von dem deutschen Gesetzgeber gewählte Variante der Erstreckung der Präklusionsvorschrift auf alle Europäischen Vollstreckungstitel die bestmögliche Lösung. Man kann sie als eine „praktische Konkordanz" bezeichnen. Der damit einhergehende vermeintliche Systembruch[1238] ist hinzunehmen, um dem *effet utile* Rechnung zu tragen und die Anwendbarkeit der EuVTVO sicherzustellen.

b) Maßgeblicher Zeitpunkt für Präklusion, §§ 1086 Abs. 2, 767 Abs. 2 ZPO

Problematisch erscheint ferner, welcher Zeitpunkt beim gerichtlich bestätigten Vergleich und insbesondere bei der öffentlichen Urkunde für die Präklusion nach §§ 1086 Abs. 2, 767 Abs. 2 ZPO maßgeblich sein soll. Denn § 767 Abs. 2 ZPO nimmt Bezug auf den Schluss der mündlichen Verhandlung. Wenn keine mündliche

---

1236 *Luckey*, ZGS 2005, 420 [424]; *Coester-Waltjen*, FS Pelayia Yessiou-Faltsi (2007), 39 [55].

1237 Vgl. Erwägungsgrund 18 zur EuVTVO.

1238 So *Hess*, IPRax 2004, 493 [494].

Verhandlung stattgefunden hat wie bei einer Entscheidung im schriftlichen Verfahren, ist abzustellen auf den diesem entsprechenden Zeitpunkt nach § 128 Abs. 2 ZPO.

aa) Gerichtlicher Vergleich

Bei einem gerichtlichen Vergleich iSv. Art. 24 EuVTVO ist erforderlich, dass dieser im Laufe eines gerichtlichen Verfahrens geschlossen oder von einem Gericht gebilligt worden ist. Damit besteht ein laufendes Gerichtsverfahren, bei dem auch eine letzte mündliche Verhandlung oder ein diesem entsprechendes Ereignis stattgefunden hat. Somit liegt hiermit ein maßgeblicher Zeitpunkt vor.

bb) Öffentliche Urkunden

Einen solchen Zeitpunkt gibt es bei öffentlichen Urkunden jedoch nicht. Der Zeitpunkt ist dem Sinn und Zweck des § 1086 Abs. 2 ZPO zu entnehmen. Dieser liegt darin, eine Überprüfung des Titels und eine Prüfung von im Ursprungsmitgliedsstaat vorzubringenden Einwendungen im Vollstreckungsmitgliedsstaat zu verbieten. Es soll den Absätzen 2 von Artt. 24 und 25 EuVTVO Rechnung getragen werden.

Demzufolge sind alle Einwendungen präkludiert, die bis zum Zeitpunkt der Errichtung der öffentlichen Urkunde hätten vorgebracht werden können. Für die Präklusion ist also auf den Zeitpunkt der Errichtung der öffentlichen Urkunde abzustellen, denn mit diesem Zeitpunkt ist diese in der Welt und es besteht die entsprechende Vollstreckungsmöglichkeit.

Mit der Regelung des § 1086 Abs. 2 ZPO ist also gewährleistet, dass nur nach Errichtung des Titels entstandene Einwendungen erhoben werden können,[1239] denn es ist auf den Zeitpunkt der Errichtung des Titels abzustellen.[1240]

Es ist nicht auf den Zeitpunkt der Bestätigung der öffentlichen Urkunde als Europäischen Vollstreckungstitel abzustellen und so dem Bestätigungsverfahren eine Art Rechtskraftwirkung zuzusprechen.

Es wird eingewandt, dass die hier vertretene Auffassung im Widerspruch zu Art. 25 Abs. 2 EuVTVO stehe, der eindeutig bestimme, dass die Vollstreckbarkeit der als Europäischer Vollstreckungstitel bestätigten Urkunde außerhalb des Ursprungsmitgliedsstaates nicht angefochten werden könne.[1241] Dieses folge daraus, dass Einwendungen, die nach Errichtung der öffentlichen Urkunde entstanden seien – also auch solche zwischen Errichtung und Bestätigung als Europäischer Vollstreckungstitel – im Vollstreckungsmitgliedsstaat erhoben werden könnten.[1242] Diese Auffassung übersieht aber den systematischen Zusammenhang von Art. 24

1239 *Luckey*, ZGS 2005, 420 [424]; *Nagel/ Gottwald*, IZPR[7], 671, § 14, Rn. 54; Thomas/ Putzo[37]-*Hüßtege*, § 1086 ZPO, Rn. 3.

1240 *Luckey*, ZGS 2005, 420 [424]; *Kropholler/ von Hein*, EuZPR[9], Art. 24 EuVTVO, Rn. 12 und Art. 25 EuVTVO, Rn. 11; Thomas/ Putzo[37]-*Hüßtege*, § 1086 ZPO, Rn. 3.

1241 *Halfmeier*, IPRax 2007, 381 [387].

1242 *Halfmeier*, IPRax 2007, 381 [387].

Abs. 2 EuVTVO wie auch von Art. 25 Abs. 2 EuVTVO mit Art. 20 Abs. 1 S. 2 EuVTVO.[1243] Demnach ist die Regelung in dem Sinne auszulegen, dass die Vollstreckung einer als Europäischer Vollstreckungstitel bestätigten öffentlichen Urkunde unter denselben Bedingungen vollstreckt wird wie eine im Vollstreckungsmitgliedsstaat ergangene vollstreckbare Urkunde. Dieses belegt auch Erwägungsgrund 8 zur EuVTVO, in dem es heißt, dass Entscheidungen und aufgrund der entsprechenden Anwendung bei den anderen Titeln auch diese, wenn sie im Ursprungsmitgliedsstaat als Europäischer Vollstreckungstitel bestätigt worden sind, im Hinblick auf die Vollstreckung so behandelt werden, als wären sie im Vollstreckungsmitgliedsstaat ergangen. Dazu gehört aber gerade auch die Angreifbarkeit der Vollstreckbarkeit mittels der Vollstreckungsgegenklage.

cc) Sinn und Zweck der EuVTVO

Hier ist der Sinn und Zweck der EuVTVO zu beachten, der eine Gleichstellung für europäische Titel über unbestrittene Forderungen im Rahmen der Vollstreckung in den Mitgliedsstaaten vorsieht. Die innerstaatlichen Verfahren sollten jedoch nicht angetastet werden. Eine unbedingte Besserstellung der ausländischen Titel ist nicht gefordert. Durch die deutsche Umsetzung wird diese Gleichstellung so weit wie möglich erreicht. Die Erstreckung der Präklusionsvorschrift ist dabei Art. 21 Abs. 2 EuVTVO geschuldet.

Mit diesen Erwägungen lässt sich auch das Argument entkräften, jegliche sachhaltige Entscheidung solle den Gerichten des Ursprungsmitgliedsstaates vorbehalten sein, was der von der EuVTVO gewollten Kompetenzverteilung entspreche.[1244]

Zwar ist es grundsätzlich richtig, dass eine Kompetenzverschiebung dahingehend eingetreten ist, dass die sachlichrechtliche und formale Entscheidung bis zur Bestätigung als Europäischer Vollstreckungstitel in den Ursprungsmitgliedsstaat verlagert ist und eine Überprüfung dieser Entscheidungen in der Sache selbst nicht erfolgen darf (Art. 21 Abs. 2 EuVTVO). Jedoch bleibt das Vollstreckungsverfahren in den Händen der Vollstreckungsstaaten und richtet sich streng nach deren Vollstreckungsrecht. Darin inbegriffen sind die Rechtsbehelfe des nationalen Rechts. Solange eine Nachprüfung in der Sache selbst nicht erfolgt, wird der von der EuVTVO gewollten Kompetenzverteilung entsprochen. Dieses wird durch die Präklusionsregelung in §§ 1086 Abs. 2, 767 Abs. 2 ZPO sichergestellt.

dd) Zwischenergebnis

Es ist damit festzuhalten, dass der maßgebliche Zeitpunkt bei Entscheidungen deren Rechtskraft ist, bei gerichtlich bestätigten Vergleichen deren Errichtung bzw. der Zeitpunkt, ab dem er nicht mehr widerrufen werden kann, und bei öffentlichen

---

1243 Dieser wurde bereits oben im Rahmen der Anwendbarkeit der Vollstreckungsgegenklage auf Titel nach der EuVTVO angesprochen, siehe Teil 4, C., V., 2., d) gg).

1244 So aber *Leible/ Lehmann*, NotBZ 2004, 453 [461]; *Halfmeier*, IPRax 2007, 381 [387].

Urkunden deren Errichtung im Ursprungsmitgliedsstaat. Zudem ist die Präklusionsregelung in Deutschland europarechtskonform.

c) Das bezüglich der Präklusion anwendbare Recht

Fraglich ist des Weiteren, nach welchem Recht zu beurteilen ist, ob der Schuldner mit seiner Einwendung gemäß § 767 Abs. 2 ZPO präkludiert ist.

§ 767 Abs. 2 ZPO besagt, dass Einwendungen nur insoweit zulässig sind, als die Gründe, auf denen sie beruhen, erst nach dem Schluss der mündlichen Verhandlung, in der Einwendungen nach den Vorschriften der ZPO spätestens hätten geltend gemacht werden müssen, entstanden sind und durch Einspruch nicht mehr geltend gemacht werden können.

Hier ist meines Erachtens bei der Frage nach dem anwendbaren Recht zu differenzieren, bezüglich welcher Bereiche das anwendbare Recht gesucht wird. Zum einen stellt sich diese Frage bezüglich des Bestehens und des Umfangs der Einwendungen, also welches materielle Recht/ Sachrecht anwendbar ist.

Zum anderen stellt sich die Frage, welches (prozessuale) Recht darüber entscheidet, ob eine Einwendung präkludiert ist. Es geht dabei im Ergebnis um die Frage, welches Prozessrecht über den maßgeblichen Zeitpunkt entscheidet, ob Einwendungen im Ursprungsmitgliedsstaat noch geltend gemacht werden mussten und konnten.

aa) Bestehen und Umfang der Einwendung

Die Frage, nach welchem Recht sich das Bestehen und der Umfang der Einwendungen richten, ist umstritten.

In Betracht kommt zum einen das Recht, das sich aus der Anwendung des Kollisionsrechts der *lex fori* des Vollstreckungsmitgliedsstaates ergibt.[1245] Damit würde das Internationale Privatrecht (IPR) in Deutschland entscheiden.[1246]

Zum anderen kommt in Betracht, die vom Ursprungsgericht angewandte Rechtsordnung (*lex causae*) als einschlägig anzusehen.[1247] Diese bestimmt sich nach dem im Ursprungsmitgliedsstaat angewandten Internationalen Privatrecht (IPR).[1248]

Durch die Vergemeinschaftung sowohl des auf Schuldverhältnisse anzuwendenden Rechts in der Rom I-VO als auch des auf außervertragliche Schuldverhältnisse

---

1245 So *Nelle*, Anspruch, S. 315 ff., 591; Stein/ Jonas[22]-*Münzberg*, § 723 ZPO, Rn. 6 mit FN 18.

1246 Dieses sei nahe liegend nach *Stürner*, in: *Kindl/ Meller-Hannich/ Wolf* (Hrsg)[2], § 1086 ZPO, Rn. 4.

1247 So die Gegenansicht: *Nagel/ Gottwald*, IZPR[7], 691, § 15, Rn. 27; *Geimer*, IZPR[7], 1211, Rn. 3152; Thomas/ Putzo[37]-*Hüßtege*, § 723 ZPO, Rn. 14; Zöller[31]-*Geimer*, § 722 ZPO, Rn. 88; ebenso wohl BGH 25.11.1993 WM 1994, 394 [399] = NJW 1994, 1413 [1416] (in BGHZ 124, 237 ff. nicht abgedruckt).

1248 A.A. *Geimer*, IZPR[7], 1211, Rn. 3152, der das anwendbare Recht nach dem im Vollstreckungsstaat anzuwendenden IPR bestimmen will.

anzuwendenden Rechts in der Rom II-VO dürften beide Ansichten zumeist (bis auf wenige Ausnahmen) zu demselben Ergebnis kommen,[1249] denn bei Anwendung der EuVTVO liegen Ursprungsgericht und Vollstreckungsgericht jeweils in einem Mitgliedsstaat der EU (mit Ausnahme Dänemarks). Zudem decken sich die Anwendungsbereiche von der Rom I-VO und Rom II-VO weitgehend mit dem der EuVTVO.[1250] Damit verliert der Meinungsstreit erheblich an Brisanz.

Meines Erachtens ist es überzeugender, das vom Gericht im Ursprungsmitgliedsstaat angewandte Recht über die Frage des Bestehens und des Umfangs der Einwendung entscheiden zu lassen. Denn dieses Recht hat auch über das Bestehen der als Europäischer Vollstreckungstitel bestätigten unbestrittenen Forderung entschieden. Dieses bestimmt auch über die Begründetheit der Einwendung.[1251]

bb) Das auf die Präklusion anwendbare (Prozess-)Recht

Die Frage der Präklusion von Einwendungen im Rahmen einer Vollstreckungsgegenklage in Deutschland ist nach dem deutschen Prozessrecht (*lex fori*), mithin gemäß § 767 Abs. 2 ZPO, zu entscheiden. Man muss somit in den Fällen der Europäischen Vollstreckungstitel entscheiden, ob die Einwendungen, deren Bestand und Umfang sich meines Erachtens nach dem vom Gericht im Ursprungsmitgliedsstaat anwendbaren materiellen Recht richten, präkludiert sind.

Hier stellt sich die Problematik, welches (Prozess-)Recht auf die Frage der Präklusion anwendbar ist, also den maßgeblichen Zeitpunkt, ob Einwendungen hätten geltend gemacht werden müssen oder durch Einspruch hätten geltend gemacht werden können, bestimmen.

Es ist nach § 767 Abs. 2 ZPO entscheidend, ob die Einwendungen in dem Verfahren, das in dem Europäischen Vollstreckungstitel mündete, bereits geltend gemacht werden mussten oder mittels Einspruch haben gelten gemacht werden können. Darüber muss meines Erachtens die Rechtsordnung des Prozessgerichts, also des Gerichts des Ursprungsmitgliedsstaates, entscheiden.[1252]

Nach anderer Ansicht müsse sich die Frage, ob eine Präklusion bestehe, nach der *lex fori* im Vollstreckungsmitgliedsstaat richten.[1253]

Für das Recht des Ursprungsmitgliedsstaates als das maßgebliche Recht für die Präklusionswirkung spricht, dass die Entscheidung bzw. der Titel im Vollstreckungsmitgliedsstaat keine weitergehenden Wirkungen haben dürfe als im Ursprungsmitgliedsstaat.[1254]

Wäre der Schuldner also nach dem im Ursprungsmitgliedsstaat anzuwendenden Recht mit seiner Einwendung präkludiert, so soll er diese auch nicht mehr im

---

1249 *Stürner*, in: *Kindl/ Meller-Hannich/ Wolf* (Hrsg.)², § 1086 ZPO, Rn. 4.
1250 *Stürner*, in: *Kindl/ Meller-Hannich/ Wolf* (Hrsg.)², § 1086 ZPO, Rn. 4.
1251 Ebenso Thomas/ Putzo³⁷-*Hüßtege*, § 723 ZPO, Rn. 14.
1252 Ebenso *Meller-Hannich*, GPR 2012, 153 [156].
1253 So *Coester-Waltjen*, FS Pelayia Yessiou-Faltsi (2007), 39 [53].
1254 *Hess*, IPRax 2004, 493 [494]; ebenso *Meller-Hannich*, GPR 2012, 153 [155 f.].

Vollstreckungsmitgliedsstaat im Rahmen des Vollstreckungsverfahrens mit einem Rechtsbehelf geltend machen dürfen. Eine Überprüfung des Umfangs der Präklusion nach der durch das Ursprungsgericht anzuwendenden Rechtsordnung dürfte unvermeidbar sein.[1255]

Die Präklusion stellt ein Eingeständnis dahingehend dar, dass irgendwann Rechtssicherheit eintreten soll. Der Gläubiger soll wissen, dass er nun seinen Titel vollstrecken kann. Der Schuldner muss Einwendungen bis zu einem bestimmten Zeitpunkt geltend gemacht haben, sofern es ihm zumutbar möglich gewesen ist. Anschließend greifen diese Einwendungen nicht mehr. Dieser Umstand kann sich meines Erachtens nur nach demselben Recht richten, dem auch der (Haupt-)Prozess unterworfen war.

Zudem dürfen dem (vermeintlichen) Schuldner meiner Meinung nach nicht durch ein strengeres Präklusionsrecht im Vollstreckungsmitgliedsstaat Einwendungen abgeschnitten werden. Denn dann hätte es der Gläubiger gegebenenfalls (natürlich mit der erheblichen Einschränkung, dass Vermögen zur Vollstreckung vorhanden sein muss) durch die Wahl des Vollstreckungsmitgliedsstaates in der Hand, Einwendungen des Schuldners abzuschneiden.

Für die Anwendung des Rechts des Ursprungsmitgliedsstaates spricht auch, dass nach diesem Prozessrecht das Erkenntnisverfahren durchgeführt worden ist. In diesem Verfahren können auch schon Präklusionswirkungen eingetreten sein. Es können auch Einwendungen im Erkenntnisverfahren einzubringen oder ausgeschlossen gewesen sein, die in einem anderen Mitgliedsstaat noch im Vollstreckungsverfahren geltend gemacht werden dürfen. Um eine Kongruenz mit dem formalen Präklusionsrecht im Vollstreckungsverfahren herzustellen, müssen sich sowohl das Erkenntnisverfahren als auch die Präklusionswirkung im Vollstreckungsverfahren nach dem gleichen Recht richten, und zwar der *lex fori* des Ursprungsmitgliedsstaates.

Daher ist es überzeugender, das Recht des Ursprungsmitgliedsstaates als für die Präklusionswirkung maßgeblich anzusehen.

Problematisch könnte es zwar sein, wenn das ausländische Recht im Urteilsstaat einen anderen Zeitpunkt als maßgeblich für die Rechtskraft oder eine Präklusionswirkung sieht.

Auch bei dem Verfahren in Deutschland dürfte meines Erachtens aber für die Präklusionswirkung auf das Recht des Ursprungsmitgliedsstaates abzustellen sein. Was nach dem Recht des Ursprungsmitgliedsstaates im Erkenntnisverfahren (an Einwendungen) vorgebracht werden konnte, musste auch vorgebracht werden. Geschah dieses nicht, so tritt die Präklusion nach dem Recht des Ursprungsmitgliedsstaates ein. Diesen Kompromiss muss man im Sinne der Schaffung von Rechtssicherheit eingehen.

Nimmt man nach hier vertretener Auffassung an, die Präklusion richte sich nach dem ausländischen Recht des Ursprungsmitgliedsstaates und dieses wäre strenger als die deutsche Regelung, könnte der Schuldner zwar in Deutschland einer

---

1255 *Yessiou-Faltsi*, in: *Gottwald* (Hrsg.), Perspektiven (2004), 213 [244].

Rechtsschutzlücke gegenüberstehen, da er hier im Vollstreckungsverfahren eine Einwendung nicht mehr geltend machen könnte, die er nach deutschem Recht noch hätte wirksam vorbringen können. Jedoch hätte er dieses ggf. auch tun müssen bzw. müsste dieses tun. Sollte die Geltendmachung nicht mehr möglich sein, so ist dieses im Sinne der Rechtssicherheit hinzunehmen.

Die Rechtsbehelfe und die deutsche Vollstreckungsgegenklage sind zwar auf die nationale deutsche Präklusionsvorschrift ausgelegt. Es könnte zu Problemen und Rechtsschutzlücken bei unterschiedlich weitreichenden Präklusionsvorschriften kommen.

Jedoch muss der Schuldner diese Rechtsschutzlücken dann gegebenenfalls doch im Ursprungsmitgliedsstaat zu schließen versuchen. Denn der Grundsatz, dass dem Titel im Ausland keine weiter reichende Wirkung zukommen darf, ist zu beachten.

cc) Differenziertes Ergebnis

Zwar wird im Rahmen der Vollstreckungsgegenklage in Deutschland, wofür – wie zuvor unter V., 3. dargestellt – eine internationale Zuständigkeit besteht, die Präklusionsvorschrift nach dem deutschen Zivilprozessrecht (§ 767 Abs. 2 ZPO) angewandt. Jedoch bestimmen sich das Bestehen und der Umfang derselben, also deren Begründetheit, nach dem im Ursprungsmitgliedsstaat angewandten Recht. Zudem regelt nach der hier vertretenen Auffassung das Prozessrecht des Prozessgerichts (deren *lex fori*), ob die Einwendungen im Sinne des § 767 Abs. 2 ZPO im Ursprungsmitgliedsstaat geltend gemacht werden mussten und konnten. Denn Einwendungen müssen meiner Meinung nach im Rahmen der Vollstreckungsgegenklage beachtlich sein, wenn sie nach dem Prozessrecht des Ursprungsmitgliedsstaates noch nicht geltend gemacht werden mussten und nicht mehr (durch Einspruch) geltend gemacht werden können. Dieses gilt, auch wenn diese Einwendungen nach dem Verständnis des Verfahrensrechts des Vollstreckungsmitgliedsstaates im Prozess hätten vorgebracht werden müssen und damit nach der *lex fori* des Vollstreckungsmitgliedsstaates präkludiert wären. Nur so kann es zu einem konsistenten Ergebnis kommen.

Über die Vollstreckbarkeit entscheidet das Recht im Ursprungsmitgliedsstaat. Wie schon in Teil 2, C., III., 5. ausgeführt[1256], muss im Ursprungsmitgliedsstaat anhand aller dort relevanter (prozessualer) Regelungen entschieden werden, dass die erforderliche (vorläufige) Vollstreckbarkeit besteht und der Titel die Bestätigung als Europäischer Vollstreckungstitel erfahren kann.

Nach dem Verfahrensrecht des Vollstreckungsmitgliedsstaates (*lex fori*) richtet sich dann die Vollstreckung und auch dessen Präklusionsvorschriften sind anwendbar. Denn die Vollstreckung eines Europäischen Vollstreckungstitels im Vollstreckungsmitgliedsstaat unterliegt den gleichen Bestimmungen wie inländische Titel.

1256 Siehe auch zur vorläufigen Vollstreckbarkeit Teil 2, C., I., 4. und zum Ergebnis unten Teil 4, F., I.

Nicht überzeugend ist es, auf das deutsche Vollstreckungsverfahren ausländisches Prozessrecht anzuwenden. Jedoch entscheidet das ausländische Prozessrecht, ob die Präklusion im Sinne des § 767 Abs. 2 ZPO (zeitlich) eingetreten ist. Nach der Rechtsordnung (*lex fori*) des Ursprungsmitgliedsstaates bestimmt sich die Frage, ob die Einwendung zu einem Zeitpunkt „nach der letzten mündlichen Tatsachenverhandlung, zu welchem Einwendungen spätestens hätten geltend gemacht werden müssen", entstanden ist sowie ob diese „durch Einspruch noch geltend gemacht werden können".

Der Umfang und das Bestehen der Einwendungen bestimmen sich nach dem (Sach-)Recht, das von dem Gericht des Ursprungsmitgliedsstaates angewandt wurde. Dieses kann auch ein ausländisches Sachrecht sein, je nachdem was sich nach dem im Ursprungsmitgliedsstaat angewandten Internationalen Privatrecht ergeben hat.

Es besteht also die Einschlägigkeit von drei (eventuell verschiedenen) anwendbaren Rechten: Das Prozessrecht des Vollstreckungsmitgliedsstaates zur Frage der Präklusion, das Prozessrecht des Ursprungsmitgliedsstaates zur Frage des Inhalts gemäß § 767 Abs. 2 ZPO und das vom Ursprungsgericht anwendbare Sachrecht über die materielle Frage des Bestehens und des Umfangs der Einwendung.

5. Wirkung der erfolgreichen Vollstreckungsgegenklage

Bei Erfolg der Vollstreckungsgegenklage bezüglich eines ausländischen Titels muss die Wirkung auf die Zwangsvollstreckung in Deutschland beschränkt werden.[1257] Eine Einstellung der Zwangsvollstreckung nach einer für den Schuldner erfolgreichen Vollstreckungsgegenklage hindert demnach nur die weitere Zwangsvollstreckung aus dem Titel in Deutschland. Denn bei der Vollstreckungsgegenklage im Rahmen der Zwangsvollstreckung besteht für die deutschen Gerichte nur eine auf Deutschland beschränkte Gerichtsbarkeit. Eine Erstreckung auf die Zwangsvollstreckung in anderen Mitgliedsstaaten scheitert am Territorialitätsprinzip und an der Staatensouveränität.

Jedoch geht es dem Schuldner bei Erhebung der Vollstreckungsgegenklage nach § 767 ZPO in Deutschland (zumeist) auch nur um die Verhinderung der Zwangsvollstreckung in Deutschland. Damit ist bei erfolgreicher Klage und deren beschränkter Wirkung nur in Deutschland dem Rechtsschutzziel des Schuldners zumeist genüge getan. Will er eine umfassende Einstellung bzw. Aussetzung der Zwangsvollstreckung aus dem Titel erreichen, so muss er in dem Ursprungsmitgliedsstaat dagegen vorgehen. Dort kann er dann ggf. den Titel und/ oder den Europäischen Vollstreckungstitel aus der Welt schaffen.

Die einfachere und für Deutschland vermutlich effizientere und schnellere Maßnahme der Vollstreckungsgegenklage bringt aber für die Zwangsvollstreckung in Vermögen in Deutschland den gewünschten Erfolg. Dass eine Vollstreckung in

1257 *Rellermeyer*, Rpfleger 2005, 389 [394]; *Schlosser*/ Hess, EU-ZPR^4, Art. 20 EuVTVO, Rn. 7; *Meller-Hannich*, GPR 2012, 153 [155].

einem anderen Mitgliedsstaat möglich bleibt, ist also für den Fall, dass dort kein Vermögen (mehr) vorhanden ist, für die meisten Schuldner unschädlich.

Außerdem dürfte ein entsprechender Rechtsbehelf in einem anderen Mitgliedsstaat genauso ausgehen, so dass das Ergebnis für den Gläubiger eine Signalwirkung haben dürfte und er die (unberechtigte) Vollstreckung nicht weiter betreiben wird.

6. Ergebnis für Europäische Vollstreckungstitel

Es lässt sich also als Ergebnis Folgendes festhalten: Da sich das Vollstreckungsverfahren gemäß Art. 20 Abs. 1 S. 1 EuVTVO nach dem innerstaatlichen Recht richtet, sind die innerstaatlichen Rechtsbehelfe der Zwangsvollstreckung grundsätzlich anwendbar, solange keine Überprüfung des Titels und/oder der Bestätigung als Europäischer Vollstreckungstitel in der Sache selbst erfolgt. Darunter fällt als einer der klassischen Rechtsbehelfe des deutschen Zwangsvollstreckungsverfahrens auch die Vollstreckungsgegenklage gemäß § 767 ZPO.

Eine gemäß Art. 21 Abs. 2 EuVTVO unzulässige Nachprüfung der Entscheidung oder der Bestätigung als Europäischer Vollstreckungstitel in der Sache selbst (*révision au fond*) erfolgt mit der Vollstreckungsgegenklage nicht, da zum einen nur Einwendungen geltend gemacht werden dürfen, die vom Richter/der zuständigen Stelle im Ursprungsmitgliedsstaat noch nicht geprüft werden konnten (§ 767 Abs. 2 ZPO). Zum anderen handelt es sich bei der Vollstreckungsgegenklage um eine rein prozessuale Gestaltungsklage, deren Streitgegenstand nur die Vollstreckbarkeit des Titels ist und die den Titel selbst nicht beseitigt. Weder der Titel, noch der Anspruch oder die Einwände sind Streitgegenstand der Klage nach § 767 ZPO. Es wird in dem Verfahren nichts über den Bestand der Einwände festgestellt.

Die Erstreckung der Präklusionsvorschrift des § 767 Abs. 2 ZPO durch § 1086 Abs. 2 ZPO auch auf den Prozessvergleich und die öffentliche Urkunde ist dem Verbot der *révision au fond* geschuldet. Diese Regelung ist europarechtskonform bzw. sogar durch die EuVTVO – wenn auch nicht ausdrücklich, so doch durch die Vorschrift des Art. 21 Abs. 2 EuVTVO – vorgegeben. Maßgeblicher Zeitpunkt für die Präklusion ist die Rechtskraft bzw. die Errichtung des dem Europäischen Vollstreckungstitel zugrunde liegenden Titels (zumindest nach deutschem Recht).

Ebenso ist die Anwendbarkeit der Vollstreckungsgegenklage auch auf gerichtliche Vergleiche und öffentliche Urkunden europarechtskonform. Art. 24 Abs. 2 EuVTVO und Art. 25 Abs. 2 EuVTVO stehen dem nicht entgegen, da diese Regelungen im Zusammenhang mit Art. 20 Abs. 1 S. 2 EuVTVO ausgelegt werden müssen. Dieses bedeutet, dass eine Vollstreckung aus gerichtlichen Vergleichen oder öffentlichen Urkunden, die als Europäischer Vollstreckungstitel bestätigt worden sind, unter den gleichen Bedingungen vorgenommen werden können müssen wie aus entsprechenden in Deutschland ergangenen Titeln. Somit müssen alle Rechtsbehelfe gleichsam auf diese Titel anwendbar sein.

Der Umfang der Präklusion (§ 767 Abs. 2 ZPO ggf. iVm. § 1086 Abs. 2 ZPO) ist nach dem Recht des Ursprungsmitgliedsstaates zu bestimmen, um dem Europäischen Vollstreckungstitel im Vollstreckungsmitgliedsstaat keine weitergehenden aber auch keine geringeren Wirkungen zukommen zu lassen als im Ursprungsmitgliedsstaat.

Bei erfolgreicher Vollstreckungsgegenklage sind die Wirkungen auf die Zwangsvollstreckung in Deutschland beschränkt.

7. Rechtsbehelfe

Gegen die Vollstreckungsgegenklage nach § 767 ZPO ist als Rechtsbehelf nach den allgemeinen Bestimmungen die Berufung gemäß § 511 ZPO, die Revision gemäß § 542 ZPO oder bei einer Versäumnisentscheidung der Einspruch gemäß § 338 ZPO statthaft. Der Rechtsbehelf steht jeweils der beschwerten Partei zu.

8. Kosten

Die Kostenentscheidung fällt das Gericht nach §§ 91 ff. ZPO. Der Streitwert wird vom Gericht gemäß §§ 3, 4 ZPO nach dem Wert des Nennbetrages des vollstreckbaren Anspruchs oder eines Teiles davon, soweit sich die Klage nur darauf bezieht, nach freiem Ermessen bestimmt.[1258] Die §§ 42 und 45 Abs. 3 GKG kommen auch hier zur Anwendung.[1259]

Der Rechtsanwalt verdient im Normalfall die übliche bei einer Klage anfallende 1,3 Verfahrensgebühr gemäß Nr. 3100 VV RVG und 1,2 Terminsgebühr gemäß Nr. 3104 VV RVG.

VI. (Negative) Feststellungsklage

Fraglich ist, ob eine (negative) Feststellungsklage im Vollstreckungsmitgliedsstaat möglich ist.

Erforderlich ist ein Feststellungsinteresse. Eine Feststellungsklage, gerichtet auf die Feststellung, dass die Zwangsvollstreckung aus dem Europäischen Vollstreckungstitel unzulässig ist, scheidet schon deshalb aus, da es dafür am Rechtsschutzbedürfnis fehlt. Denn mit der Vollstreckungsgegenklage steht ein Rechtsbehelf zur Verfügung, der speziell für diesen Fall vorgesehen ist. Außerdem geht die prozessuale Gestaltungsklage nach § 767 ZPO weiter als eine Feststellungsklage.

Auch sonst stehen mit den Rechtsbehelfen im Vollstreckungsverfahren spezielle Rechtbehelfe zur Verfügung, die eine Feststellungsklage ausschließen.

Eine negative Feststellungsklage dahingehend, dass der dem zu vollstreckenden Titel zugrunde liegende Anspruch nicht besteht, muss auch ausscheiden. Die Zulassung einer solchen Klage würde gegen das Verbot der *révision au fond* aus Art. 21

1258 Vgl. BGH 09.02.2006 NJW-RR 2006, 1146 [1146 und 1147, Rn. 7 und 9].
1259 Thomas/ Putzo[37]-*Seiler*, § 767 ZPO, Rn. 32.

Abs. 2 EuVTVO verstoßen. Denn damit wäre eine unzulässige Überprüfung der Entscheidung bzw. des Titels aus dem Ursprungsmitgliedsstaat in der Sache selbst verbunden.

Ebenso scheitert eine Klage auf Feststellung, dass der Europäische Vollstreckungstitel zu Unrecht ergangen oder sonst fehlerhaft ist, am Verbot der Überprüfung der Bestätigung als Europäischer Vollstreckungstitel in der Sache selbst gemäß Art. 21 Abs. 2 EuVTVO.

Insgesamt scheitert eine negative Feststellungsklage daran, dass sie eine *révision au fond* zwingend enthalten würde. Diese ist mit der EuVTVO nicht vereinbar.

VII. Einstellung der Zwangsvollstreckung gemäß §§ 775, 776 ZPO

Nach der nationalen deutschen Vorschrift des § 775 ZPO ist in bestimmten aufgezählten Fällen unter den in den Nummern 1–5 der Vorschrift genannten Voraussetzungen die Zwangsvollstreckung einzustellen oder zu beschränken.

Die Regelung bezweckt, dass bei einem hinreichend sicheren Nachweis darüber, dass die (weitere) Zwangsvollstreckung (teilweise) unberechtigt ist, diese eingestellt oder beschränkt wird.

1. *Anwendbarkeit auf einen Europäischen Vollstreckungstitel nach der EuVTVO*

Für das Zwangsvollstreckungsverfahren gilt nach Art. 20 Abs. 1 S. 1 EuVTVO das Recht des Vollstreckungsmitgliedsstaates. Damit findet eine die Zwangsvollstreckung einschränkende bzw. aufhebende Vorschrift wie § 775 ZPO auch Anwendung bei Europäischen Vollstreckungstiteln. Denn diese werden gemäß Art. 20 Abs. 1 S. 2 EuVTVO unter den gleichen Bedingungen vollstreckt wie eine im Vollstreckungsmitgliedsstaat ergangene Entscheidung. Demgemäß gelten für diese die gleichen Regelungen.

Als Einschränkung besteht zwar das Verbot der *révision au fond* gemäß Art. 21 Abs. 2 EuVTVO, jedoch geschieht hier keine Nachprüfung der Entscheidung oder der Bestätigung in der Sache selbst. Denn es geht bei § 775 ZPO ausschließlich um Fälle, bei denen die Vollstreckbarkeit nicht mehr gegeben ist, sei es auch nur, weil der Nachweis der Gläubigerbefriedigung nach Titelschaffung geführt ist.

2. *Verfahren*

Liegt einer der in § 775 Nr. 1–5 ZPO genannten Fälle vor, so haben die zuständigen Vollstreckungsorgane die Zwangsvollstreckung von Amts wegen einzustellen oder zu beschränken. Eines Antrags des Schuldners bedarf es dafür nicht. Dieses gilt – wie soeben festgestellt – auch bei Europäischen Vollstreckungstiteln.

Die Entscheidungen nach Nr. 1 und 2 sind von ihrer Entstehung an zu beachten.[1260] Die Ausfertigungen derselben und die Urkunden in den Fällen der Nr. 3–5 (im Original oder in beglaubigter Kopie) müssen dem zuständigen Vollstreckungsorgan vorgelegt werden.[1261] Anderenfalls erhält dieses zumeist auch gar keine Kenntnis von der Entscheidung oder der Urkunde.

Wenn sich die Urkunde bereits in den Akten des Vollstreckungsorgans befindet, dieses aber nicht von sich aus die Einstellung oder Beschränkung durchführt, so genügt es, darauf Bezug zu nehmen.[1262]

3. *Voraussetzungen*

Erfasst sind Fälle, in denen sich aus Ausfertigungen von gerichtlichen Entscheidungen (Nr. 1 und 2), Urkunden (Nr. 3 und 4) oder einem Einzahlungs- oder Überweisungsnachweis einer Bank oder Sparkasse (Nr. 5) ergibt, dass eine (weitere) Vollstreckung unberechtigt ist.

Eine Einstellung der Zwangsvollstreckung liegt vor, wenn diese nicht weitergeführt oder gar nicht erst begonnen wird. Eine Beschränkung ist gegeben, wenn eine einzelne Vollstreckungsmaßnahme nicht eingeleitet oder fortgesetzt wird, wobei sie aber andere Maßnahmen nicht verhindert.[1263]

a) Vollstreckungshindernde Entscheidungen (Nr. 1)

Von Nr. 1 erfasst sind vollstreckungshindernde Entscheidungen. Als Entscheidungen kommen in Betracht gemäß § 705 ZPO rechtskräftige und nach § 704 ZPO vorläufig vollstreckbare Urteile und Entscheidungen nach § 794 Abs. 1 Nr. 3 ZPO sowie die Fälle nach § 1085 ZPO[1264]. Die Entscheidung muss einen der nachfolgenden Inhalte haben.

Entweder wird das zu vollstreckende Urteil oder seine vorläufige Vollstreckbarkeit aufgehoben. Hierunter fällt auch die Feststellung der Nichtigkeit des vollstreckten Urteils.[1265] Oder die Zwangsvollstreckung wird für unzulässig erklärt, insbesondere gemäß §§ 732, 766, 767, 768 oder 771 ZPO. Letztlich kann auch die endgültige Einstellung der Zwangsvollstreckung angeordnet werden, etwa nach § 765a ZPO oder § 766 ZPO.

1260 BGH 27.06.1957 NJW 1957, 1480 [1481] = BGHZ 25, 60 [65].

1261 Musielak[13]-*Lackmann*, § 775 ZPO, Rn. 2; Thomas/ Putzo[37]-*Seiler*, § 775 ZPO, Rn. 2.

1262 Thomas/ Putzo[37]-*Seiler*, § 775 ZPO, Rn. 2.

1263 MüKo[4]-*K. Schmidt/ Brinkmann*, § 775 ZPO, Rn. 5; Thomas/ Putzo[37]-*Seiler*, § 775 ZPO, Rn. 1.

1264 Dazu näher sogleich unter Teil 4, C., VIII.

1265 Vgl. MüKo[4]-*K. Schmidt/ Brinkmann*, § 775 ZPO, Rn. 12; Musielak[13]-*Lackmann*, § 775 ZPO, Rn. 3; Thomas/ Putzo[37]-*Seiler*, § 775 ZPO, Rn. 5.

b) *Entscheidung über einstweilige Einstellung oder Sicherheitsleistung (Nr. 2)*

In seiner ersten Alternative erfasst die Nr. 2 die Vorlage einer Ausfertigung einer Entscheidung, aus der sich ergibt, dass die einstweilige Einstellung der Vollstreckung oder einer Vollstreckungsmaßnahme angeordnet ist. In der einstweiligen Einstellung unterscheidet sich diese Regelung von § 775 Nr. 1 ZPO. Denn in § 775 Nr. 2 Alt. 1 ZPO ist nur der Erlass der Entscheidung und nicht deren Vollstreckbarkeit erforderlich.

Fälle sind etwa die §§ 570 Abs. 3 (einstweilige Anordnung bei sofortiger Beschwerde), 707 (einstweilige Einstellung der Zwangsvollstreckung), 719 (einstweilige Einstellung bei Rechtsmittel und Einspruch), 765a Abs. 1 S. 2 (Vollstreckungsschutz in Härtefällen), 766 Abs. 1 S. 2 (einstweilige Anordnung bei der Erinnerung), 769 (einstweilige Anordnung bei Vollstreckungsgegenklage bis zum Urteil), 770 ZPO (Anordnungen im Urteil bei Vollstreckungsgegenklage).

Ist nur gegen Sicherheitsleistung einstweilen eingestellt, so muss deren Leistung nachgewiesen sein. Vollstreckungsmaßnahmen sind nur dann aufzuheben, wenn dieses ausdrücklich angeordnet ist. Ansonsten bleiben die Maßnahmen, die Verstrickung und das Pfandrecht bestehen. Da aber die Vollstreckung nicht fortgesetzt werden darf, muss (nur) die Verwertung ausgesetzt bleiben.[1266]

In der zweiten Alternative darf die Zwangsvollstreckung nur fortgesetzt werden, wenn die Sicherheitsleistung gemäß § 751 Abs. 2 ZPO nachgewiesen ist. Fälle im deutschen Recht sind §§ 709 S. 3, 707 Abs. 1, 719 Abs. 1, 769 Abs. 2 ZPO.

c) *Sicherheitsleistung (Nr. 3)*

Voraussetzung für § 775 Nr. 3 ZPO ist, dass eine öffentliche Urkunde vorgelegt wird, aus der sich ergibt, dass die zur Abwendung der Vollstreckung erforderliche Sicherheitsleistung oder Hinterlegung erfolgt ist. Der Nachweis erfolgt regelmäßig durch öffentliche Urkunde iSv. §§ 415, 418 ZPO. Eine öffentliche Beglaubigung nach § 129 Abs. 1 BGB genügt nicht.[1267]

Anwendungsfälle sind insbesondere §§ 711, 712 ZPO und § 720a Abs. 3 ZPO.

Normalerweise ist die Bescheinigung der Hinterlegungsstelle erforderlich, bei der Bankbürgschaft (§ 108 ZPO) reicht der Nachweis, dass die Bürgschaftserklärung dem Gläubiger im Original oder in beglaubigter Abschrift vom Gerichtsvollzieher übergeben worden ist.[1268]

d) *Befriedigung oder Stundung (Nr. 4)*

Gemäß § 775 Nr. 4 ZPO ist Voraussetzung für eine Einstellung oder Beschränkung, dass eine öffentliche Urkunde oder eine von dem Gläubiger ausgestellte Privaturkunde

---

1266 Thomas/ Putzo[37]-*Seiler*, § 775 ZPO, Rn. 8.

1267 MüKo[4]-*K. Schmidt/ Brinkmann*, § 775 ZPO, Rn. 16; Musielak[13]-*Lackmann*, § 775 ZPO, Rn. 6.

1268 Thomas/ Putzo[37]-*Seiler*, § 775 ZPO, Rn. 10.

vorgelegt wird, aus der sich ergibt, dass der Gläubiger nach Erlass des zu vollstreckenden Urteils befriedigt worden ist oder eine Stundung bewilligt hat.

Für den Begriff Befriedigung genügt jede Art der Erfüllung und ein Erfüllungsersatz[1269] wie auch Erlass, Aufrechnung oder Verzicht des Gläubigers (Forderungserlass)[1270] und schuldbefreiende Hinterlegung[1271]. Wenn nur wegen eines Teilbetrages Befriedigung eingetreten ist, so ist die Zwangsvollstreckung auf die wegen der Restschuld erforderlichen Maßnahmen zu beschränken.

Die Stundung ist das Hinausschieben der Fälligkeit einer Forderung bei Bestehenbleiben der Erfüllbarkeit.[1272] Dieses bedeutet, dass der Schuldner zunächst während der Stundung nicht zu leisten braucht, die Forderung aber erfüllen darf. Die Stundung muss noch zum Zeitpunkt bestehen, in dem über die Einstellung oder Beschränkung nach § 775 ZPO entschieden wird.

Bezüglich der öffentlichen Urkunde kann auf die vorherigen Ausführungen[1273] verwiesen werden.

Die Privaturkunde muss vom Gläubiger gemäß § 416 ZPO unterschrieben oder mittels notariell beglaubigten Handzeichens unterzeichnet sein. Die Echtheit der Urkunde ist durch das Vollstreckungsorgan von Amts wegen zu prüfen. Das Vollstreckungsorgan kann Zweifel durch Anhörung des Gläubigers (auch per Telefon) beseitigen. In dem Fall, dass nach dem Titel an einen Dritten zu leisten ist, genügt auch die Urkunde des Dritten.[1274] Die Urkunde muss die vollständige Befriedigung des Gläubigers inklusive der Kosten und Zinsen ergeben, denn ansonsten kann er diesbezüglich noch vollstrecken.

Die Befriedigung oder Stundung muss nach Erlass des Urteils, also Verkündung oder Zustellung gemäß § 310 Abs. 3 ZPO erfolgen. Dem entspricht bei anderen Titeln deren Entstehung/ Errichtung. Im Mahnverfahren ist wegen der Gleichstellung des Vollstreckungsbescheides mit einem vorläufig vollstreckbar erklärten Versäumnisurteil gemäß § 700 Abs. 1 ZPO die Zustellung des Vollstreckungsbescheides entscheidend.[1275]

e) Einzahlungs- oder Überweisungsnachweis (Nr. 5)

Nach der letzten Nummer des § 775 ZPO genügt die Vorlage eines Einzahlungs- oder Überweisungsnachweises einer Bank oder Sparkasse, aus dem sich ergibt, dass der zur Befriedigung des Gläubigers erforderliche Betrag zur Auszahlung an den Gläubiger oder auf dessen Konto eingezahlt oder überwiesen worden ist.

1269 Musielak[13]-*Lackmann*, § 775 ZPO, Rn. 7; Thomas/ Putzo[37]-*Seiler*, § 775 ZPO, Rn. 12.

1270 *Handke*, in: *Kindl/ Meller-Hannich/ Wolf* (Hrsg.)[2], § 775 ZPO, Rn. 17; Musielack[13]-*Lackmann*, § 775 ZPO, Rn. 7.

1271 Vgl. AG Worms 20.11.1996 DGVZ 1997, 60 [61].

1272 BGH 25.03.1998 NJW 1998, 2060 [2061]; BGH 06.04.2000 NJW 2000, 2580 [2582].

1273 Siehe Teil 4, C., VII., 3., c).

1274 Musielak[13]-*Lackmann*, § 775 ZPO, Rn. 8; Thomas/ Putzo[37]-*Seiler*, § 775 ZPO, Rn. 11.

1275 Vgl. Musielak[13]-*Lackmann*, § 775 ZPO, Rn. 9.

Bei der heutigen Bankpraxis müsse nach einer Ansicht als Überweisungsbeleg auch der Kontoauszug des Schuldners genügen.[1276] Nach anderer Auffassung seien unbestätigte Überweisungsdurchschläge oder Kontoauszüge nicht ausreichend.[1277]

Aus dem Umstand, dass in Fällen des § 775 Nr. 4 und 5 ZPO das Bestreiten der Befriedigung durch den Gläubiger ausreicht, damit die Zwangsvollstreckung weitergeführt wird, ist ersichtlich, dass in diesem Verfahren keine endgültige Klärung erfolgt. Daher ist es auch nicht schädlich, den Kontoauszug des Schuldners als Überweisungsbeleg genügen zu lassen. Sollte die Überweisung wieder zurückgebucht worden sein, kann der Gläubiger die Befriedigung bestreiten. Dem Schuldner ist es nicht möglich, durch Überweisung und Rückgängigmachung der Überweisung die Einstellung zu erwirken. Demzufolge sollte als Überweisungsbeleg der (etwas unsichere) Kontoauszug genügen.

Über § 775 Nr. 5 ZPO kann häufig der Einwand, dass bereits bezahlt worden ist, auch im Rahmen der Vollstreckung aus einem Europäischen Vollstreckungstitel geltend gemacht werden,[1278] sofern die zum Nachweis erforderlichen Unterlagen vorliegen.

4. Fortsetzung der Zwangsvollstreckung

Die Zwangsvollstreckung wird nach der Einstellung oder Beschränkung von Amts wegen in den Fällen der §§ 769 Abs. 2 S. 2, 815 Abs. 2 S. 2 ZPO durch das jeweils zuständige Vollstreckungsorgan weitergeführt.[1279]

Darüber hinaus wird auf Antrag des Gläubigers die Zwangsvollstreckung weitergeführt, wobei dieser aber den Wegfall des Einstellungsgrundes zu belegen hat.

In den Fällen von § 775 Nr. 1 und 2 ZPO kann der Nachweis durch eine die Einstellung aufhebende oder die Fortsetzung anordnende Entscheidung geführt werden. Neben dem Antrag des Gläubigers ist also eine gerichtliche Entscheidung erforderlich, solange die Entscheidung über die Einstellung nicht aufgehoben oder außer Kraft getreten ist.[1280]

Bei Nr. 3 reicht der Nachweis der Rechtskraft der Entscheidung oder der Nachweis, dass eine die Fortsetzung der Vollstreckung ermöglichende Sicherheitsleistung durch den Gläubiger erfolgt ist.[1281]

In den Fällen der Nr. 4 und 5 ist Grundlage für die Einstellung oder Beschränkung lediglich die vorläufige Berücksichtigung materiell-rechtlicher Einwendungen des

1276 MüKo[4]-*K. Schmidt/ Brinkmann*, § 775 ZPO, Rn. 22; Thomas/ Putzo[37]-*Seiler*, § 775 ZPO, Rn. 15.

1277 Musielak[13]-*Lackmann*, § 775 ZPO, Rn. 10.

1278 Vgl. *Hess*, IPRax 2004, 493 [494]; *Wagner*, IPRax 2005, 401 [405].

1279 Vgl. Musielak[13]-*Lackmann*, § 775 ZPO, Rn. 13; Thomas/ Putzo[37]-*Seiler*, § 775 ZPO, Rn. 16.

1280 Vgl. Musielak[13]-*Lackmann*, § 775 ZPO, Rn. 13; Thomas/ Putzo[37]-*Seiler*, § 775 ZPO, Rn. 17.

1281 Zöller[31]-*Stöber*, § 775 ZPO, Rn. 12.

Schuldners im Vollstreckungsverfahren. Daher wird die Zwangsvollstreckung stets weitergeführt, wenn der Gläubiger dieses beantragt und damit ausdrücklich oder konkludent die Befriedigung oder Stundung bestreitet.[1282] Die materielle Rechtslage wird dann nicht im Vollstreckungsverfahren geklärt, ebenso wenig im Rechtsbehelfsverfahren über die Einstellung oder Fortsetzung. Damit ist der Schuldner auf die Vollstreckungsgegenklage nach § 767 ZPO verwiesen.[1283] In diesem Verfahren kann er die einstweilige Einstellung der Zwangsvollstreckung über § 769 ZPO erwirken.

Widerspricht der Gläubiger bereits der Einstellung und besteht er auf Durchführung des Zwangsvollstreckungsverfahrens, so darf das Vollstreckungsorgan schon gar nicht nach Nr. 4 oder 5 einstellen.[1284]

5. Rechtsbehelfe

Als Rechtsbehelf steht demjenigen, der beschwert ist, gegen die Vornahme oder das Unterlassen einer Vollstreckungsmaßnahme oder von Vollstreckungsmaßnahmen die Erinnerung nach § 766 ZPO[1285] zu. Bei Entscheidungen ist die sofortige Beschwerde gemäß § 793 ZPO oder Grundbuchbeschwerde gemäß §§ 71 ff. GBO statthaft. Der sofortigen Beschwerde ist ein eigener Abschnitt oben unter Teil 4, C., IV. gewidmet, auf den bezüglich näherer Einzelheiten verwiesen wird.

Wenn trotz Vorliegens der Voraussetzungen des § 775 ZPO weiter vollstreckt wird, so ist die Vollstreckungsmaßnahme nicht unwirksam; sie wird aber bei Einlegung eines Rechtsbehelfs aufgehoben.[1286] Dieses ist auch bei Unkenntnis des Vollstreckungsorgans von den Einstellungsvoraussetzungen der Fall.[1287]

6. Regelung des § 776 ZPO

Die Vorschrift des § 776 ZPO gilt für die Aufhebung von Vollstreckungsmaßregeln. Die Aufhebung von Vollstreckungsmaßnahmen ist nur bis zu dessen Ende durch das zuständige Vollstreckungsorgan möglich.[1288] Gemäß § 776 S. 1 ZPO sind in

---

1282 Vgl. OLG Hamm 22.03.1973 OLGZ 1973, 488 [490]; AG Hannover 22.10.2009 BeckRS 2010, 03869; Musielak[13]-*Lackmann*, § 775 ZPO, Rn. 13; Zöller[31]-*Stöber*, § 775 ZPO, Rn. 12.

1283 Vgl. OLG Hamm 22.03.1973 OLGZ 1973, 488 [490]; Musielack[12]-*Lackmann*, § 775 ZPO, Rn. 13; Zöller[31]-*Stöber*, § 775 ZPO, Rn. 12.

1284 Vgl. OLG Hamm 22.03.1973 MDR 1973, 857 [857]; OLG Frankfurt 28.08.1979 MDR 1980, 63 [63 Ls.]; LG Berlin 01.07.1975 MDR 1976, 149 [149]; LG Karlsruhe 03.12.1982 DGVZ 1983, 188 [188].

1285 Siehe dazu Teil 4, C., II.

1286 Thomas/ Putzo[37]-*Seiler*, § 775 ZPO, Rn. 18; Zöller[31]-*Stöber*, § 775 ZPO, Rn. 13.

1287 Vgl. BGH 27.06.1957 NJW 1957, 1480 [1480] = BGHZ 25, 60 [65].

1288 Vgl. MüKo[4]-*K. Schmidt/ Brinkmann*, § 776 ZPO, Rn. 2; Thomas/ Putzo[37]-*Seiler*, § 776 ZPO, Rn. 1.

den soeben beschriebenen Fällen des § 775 Nr. 1 und 3 ZPO zugleich die bereits getroffenen Vollstreckungsmaßregeln aufzuheben.

Weiter erfolgt die Aufhebung bei unbestrittener teilweiser Erfüllung, soweit andere Gegenstände gepfändet bleiben und die Restforderung so gering ist, dass eine Verletzung von § 803 Abs. 1 S. 2 ZPO vorliegen würde.[1289] Die Maßregeln müssen bei Anordnung durch das Prozessgericht auch aufgehoben werden.[1290] Die Aufhebung erfolgt durch das zuständige Vollstreckungsorgan, wobei die Rechtskraft der in § 775 ZPO genannten Entscheidung nicht abgewartet werden muss. Denn das Gesetz bestimmt in § 776 ZPO ausdrücklich, dass „sogleich" aufzuheben ist.

Die Aufhebung bewirkt, dass der Pfandgegenstand entstrickt wird.[1291] Sie wirkt ohne Rücksicht auf die formelle Rechtskraft der aufhebenden Entscheidung.[1292]

In den Fällen des § 775 Nr. 4 und 5 ZPO bleiben diese Maßregeln einstweilen bestehen. Bei § 775 Nr. 2 ZPO bleiben diese ebenso grundsätzlich bestehen, es sei denn, dass die Entscheidung auch die Aufhebung der bisherigen Vollstreckungshandlungen anordnet. Die Aufhebung wird hier ermöglicht bei Freigabe des Gläubigers, bei den Nr. 4 und 5 mittels Vollstreckungsgegenklage gemäß § 767 ZPO über § 775 Nr. 1 ZPO.[1293]

7. Kosten

Da es sich bei §§ 775, 776 ZPO um Handlungen direkt der Vollstreckungsorgane handelt und nicht um ein eigenständiges Rechtsbehelfsverfahren, fallen hierfür keine Gerichtskosten oder sonstigen speziellen Gebühren an.

Die Tätigkeit des Rechtsanwalts ist keine besondere Tätigkeit im Sinne des § 18 RVG gemäß § 19 Abs. 1 S. 2 Nr. 11 RVG. Gesonderte Gebühren fallen danach nur an, wenn eine abgesonderte mündliche Verhandlung hierüber erfolgt. Dann entsteht eine 0,5 Verfahrensgebühr nach Nr. 3328 VV RVG und eine 0,5 Terminsgebühr nach Nr. 3332 VV RVG.

VIII. Einstellung der Zwangsvollstreckung nach § 1085 ZPO iVm. §§ 775 f. ZPO analog bei Art. 6 Abs. 2 EuVTVO

Gemäß § 1085 ZPO finden die §§ 775 und 776 ZPO entsprechende Anwendung, wenn die Ausfertigung einer Bestätigung über die Nichtvollstreckbarkeit oder über die Beschränkung der Vollstreckbarkeit nach Art. 6 Abs. 2 EuVTVO[1294] vorgelegt wird.

1289 Thomas/ Putzo[37]-*Seiler*, § 776 ZPO, Rn. 2.

1290 Vgl. LAG Düsseldorf 22.04.2005 BeckRS 2005, 41446.

1291 MüKo[4]-*K. Schmidt/ Brinkmann*, § 776 ZPO, Rn. 7; Thomas/ Putzo[37]-*Seiler*, § 776 ZPO, Rn. 4.

1292 Vgl. BGH 09.06.1976 NJW 1976, 1453 [1453].

1293 MüKo[4]-*K. Schmidt/ Brinkmann*, § 776 ZPO, Rn. 8; Thomas/ Putzo[37]-*Seiler*, § 776 ZPO, Rn. 5.

1294 Zur Regelung des Art. 6 Abs. 2 EuVTVO vgl. die Darstellung oben unter Teil 4, A., V.

Wie soeben vorgestellt,[1295] finden die §§ 775, 776 ZPO aber auch beim Nichtvorliegen einer Gegenbestätigung nach der EuVTVO Anwendung. Die Anwendung der §§ 775 f. ZPO bleibt bei Vorliegen der entsprechenden Voraussetzungen trotz der Möglichkeit der analogen Anwendung gemäß § 1085 ZPO unberührt.[1296] Diese wird deutlich aus dem Wortlaut des § 1085 ZPO, in dem es heißt, dass die Zwangsvollstreckung „auch dann" nach den §§ 775 f. ZPO analog eingestellt wird. Dieses impliziert, dass auch eine direkte Anwendung der nationalen Regelungen möglich ist, sobald deren Voraussetzungen gegeben sind.

1. Regelung

Nach § 775 ZPO analog ist die Zwangsvollstreckung also bei Vorlage einer Gegenbestätigung gemäß Art. 6 Abs. 2 EuVTVO einzustellen oder zu beschränken. Unter § 775 Nr. 1 ZPO fallen danach auch die Bestätigungen über die Nichtvollstreckbarkeit oder über die Beschränkung der Vollstreckbarkeit nach der EuVTVO.

Für bereits getroffene Vollstreckungsmaßregeln ist § 776 ZPO analog anzuwenden. Die Vorschrift des § 1085 ZPO enthält hinsichtlich der Aufhebung oder des Bestehenbleibens dieser Maßregeln im Gegensatz zu § 776 ZPO keine abschließende Regelung. Demnach ist jeweils genau zu prüfen, welcher Ziffer des § 775 ZPO die im Ursprungsmitgliedsstaat nach Art. 6 Abs. 2 EuVTVO getroffene Entscheidung entspricht und sodann die für diesen Fall in § 776 ZPO vorgesehene Rechtsfolge anzuwenden.[1297]

Wenn eine Ersatzbestätigung nach Art. 6 Abs. 3 EuVTVO (nach Anhang V) vorgelegt wird oder die Leistung einer Sicherheit im Sinne des § 751 Abs. 2 ZPO erfolgt, so kann die Zwangsvollstreckung in dem Fall, dass die Vollstreckung von einer Sicherheitsleistung abhängig ist, weitergeführt werden.[1298]

2. Rechtsbehelfe

Da bei der Einstellung der Zwangsvollstreckung nach § 1085 ZPO die §§ 775 und 776 ZPO entsprechend angewandt werden, finden die für diese Regelungen geltenden Rechtsbehelfe des deutschen Rechts auch hier Anwendung. Dementsprechend kann auf die Ausführungen zu den Rechtsbehelfen oben in Teil 4, C., VII., 5. verwiesen werden.

1295 Siehe Teil 4, C., VII., 1.

1296 Musielak[13]-*Lackmann*, § 1085 ZPO, Rn. 1.

1297 Begr. RegE, BT-Drucks. 15/5222, 15 (Zu § 1085 ZPO-E); *Kropholler/ von Hein*, EuZPR[9], Art. 6 EuVTVO, Rn. 17; Rauscher-*Papst*, Band II[4], Art. 6 EuVTVO, Rn. 51; Musielak[13]-*Lackmann*, § 1085 ZPO, Rn. 1; Thomas/ Putzo[37]-*Hüßtege*, § 1085 ZPO, Rn.2.

1298 *Geimer*, IZPR[7], 1245, Rn. 3195a; Musielak[13]-*Lackmann*, § 1085 ZPO, Rn. 3.

3. *Kosten*

Für die Einstellung oder Beschränkung der Zwangsvollstreckung sowie die Aufhebung der Vollstreckungsmaßregeln fallen keine Gerichtsgebühren an.

Die Tätigkeit des Rechtsanwalts gehört zu dem entsprechenden Rechtszug nach § 19 Abs. 1 S. 2 Nr. 11 RVG. Gesonderte Gebühren fallen nur an, wenn eine abgesonderte mündliche Verhandlung erfolgt. Dann entsteht eine 0,5 Verfahrensgebühr nach Nr. 3328 VV RVG und eine 0,5 Terminsgebühr nach Nr. 3332 VV RVG.

IX. Vollstreckungsschutz gemäß § 765a ZPO

Nach der deutschen Vorschrift des § 765a ZPO kann der Schuldner auf Antrag Vollstreckungsschutz in bestimmten besonderen Härtefällen erreichen. Der Zweck der Regelung besteht darin, aus sozialen Gründen bei besonders gelagerten Fällen den Schuldner vor Eingriffen zu schützen, die sittenwidrig sind, also dem allgemeinen Rechtsgefühl widersprechen und unangemessen sind.[1299]

1. *Anwendbarkeit auf Europäische Vollstreckungstitel nach der EuVTVO*

Festzustellen ist, ob § 765a ZPO auch auf als Europäischer Vollstreckungstitel bestätigte Titel aus einem anderen Mitgliedsstaat anwendbar ist, oder nur für in Deutschland entstandene Titel gilt.

§ 765a ZPO gilt bei der Zwangsvollstreckung aus allen Titeln in Deutschland, deren Art ist nicht entscheidend.[1300] Er gilt aber nur für Härtefälle. Auf Mängel des Titels oder des vollstreckbaren Anspruchs und materiell-rechtliche Einwendungen kann der Antrag gemäß § 765a ZPO nicht gestützt werden.[1301] Die Vorschrift ist anwendbar unabhängig davon, aus welchem Mitgliedsstaat der Titel stammt, aus dem die Zwangsvollstreckung betrieben wird. Demgemäß ist § 765a ZPO auch auf Europäische Vollstreckungstitel anwendbar.

Dieses ist auch mit der EuVTVO vereinbar.[1302] Denn es erfolgt zum einen keine Nachprüfung des Titels oder der Bestätigung in der Sache selbst gemäß Art. 21 Abs. 2 EuVTVO. Auf Einwendungen kann der Antrag ja gerade nicht gestützt werden.

Die Regelung ist zum anderen im Rahmen des Art. 20 Abs. 1 S. 1 und 2 EuVTVO als Ausprägung des nationalen Vollstreckungsverfahrens anzuwenden. Es handelt sich um eine Vollstreckungsschutzvorschrift, mit der in Ausnahmefällen unbillige Härten für den Schuldner vermieden werden sollen. Da der Europäische Vollstreckungstitel nach Art. 20 Abs. 1 S. 2 EuVTVO wie ein nationaler Vollstreckungstitel vollstreckt wird, findet auch diese Regelung auf ihn Anwendung. § 765a ZPO gilt

---

1299 Vgl. BVerfG 03.10.1979 NJW 1979, 2607 [2607].

1300 MüKo⁴-*Heßler*, § 765a ZPO, Rn. 11; Thomas/ Putzo³⁷-*Seiler*, § 765a ZPO, Rn. 5.

1301 Thomas/ Putzo³⁷-*Seiler*, § 765a ZPO, Rn. 5.

1302 Ebenso *Gebauer*, FPR 2006, 252 [254]; *dies.*, NJ 2006, 103 [106].

für alle Fälle der Vollstreckung in Deutschland, egal ob es sich bei dem Schuldner um einen Deutschen, einen Unionsbürger oder einen Angehörigen eines Drittstaates handelt. Folglich ist in der Vorschrift auch keine Benachteiligung zu sehen. Sie knüpft lediglich an den Vollstreckungsort Deutschland an und ist immer anwendbar, wenn die Zwangsvollstreckung nach den deutschen Vorschriften betrieben wird.

Auch ein Verstoß gegen Art. 10 Abs. 4 EuVTVO ist in der Anwendung der Regelung nicht zu sehen, weil lediglich die Vollstreckungsmaßnahmen betroffen sind. Die Ausstellung der Bestätigung als Europäischer Vollstreckungstitel wird nicht angetastet.

Die Vorschrift gilt für Maßnahmen aller Vollstreckungsorgane, jedoch nicht für die Zwangsvollstreckung im Allgemeinen.[1303]

2. *Inhaltliche Regelung*

Auf Antrag entscheidet das Vollstreckungsgericht gemäß § 765a Abs. 1 S. 1 ZPO darüber, ob es eine Maßnahme der Zwangsvollstreckung ganz oder teilweise aufhebt, untersagt oder einstweilen einstellt.

Eine Frist für den Antrag ist nur in Absatz 3 für Räumungssachen vorgesehen. Diese Frist läuft zwei Wochen vor dem angesetzten Räumungstermin ab. Eine Ausnahme von der Frist besteht, wenn der Grund für den Antrag erst nach diesem Zeitpunkt aufgetreten ist oder der Schuldner ohne sein Verschulden an der Antragstellung gehindert war (§ 765a Abs. 3 ZPO). Europäische Vollstreckungstitel sind jedoch stets auf Geldforderungen gerichtet und damit auch auf deren zwangsweise Durchsetzung, so dass Absatz 3 hier keine Bedeutung hat.

Voraussetzung für eine für den Schuldner positive Entscheidung ist eine sittenwidrige Härte der Zwangsvollstreckungsmaßnahme. Die Zwangsvollstreckung kann für den Schuldner auch dann eine besondere Härte darstellen, wenn sich eine schwere Beeinträchtigung naher Angehöriger als eine solche auswirkt.[1304] Abzustellen ist alleine auf die betreffende Vollstreckungsmaßnahme, wobei Maßstab die Umstände des Einzelfalles sind.[1305] Hat der Schuldner die ihn treffende Härte selbst verschuldet, so ist dieses lediglich bei der Abwägung zu berücksichtigen.[1306] Unerheblich ist es, ob die der Vollstreckung zugrunde liegende Entscheidung des Gerichts falsch war oder für falsch gehalten wird und ob dem Schuldner materiellrechtliche Einwendungen zustehen.[1307] Hier zeigt sich erneut, dass eine Überprüfung in der Sache selbst nicht vorgenommen wird.

Weiter müssen für eine Einstellung oder Aufhebung der Zwangsvollstreckung ganz besondere Umstände vorliegen (§ 765a Abs. 1 S. 1 ZPO), was den Ausnahmecharakter

---

1303 Musielak[13]-*Lackmann*, § 765a ZPO, Rn. 2;Thomas/ Putzo[37]-*Seiler*, § 765a ZPO, Rn. 4.
1304 Vgl. OLG Köln 07.02.1994 NJW 1994, 1743 [1743].
1305 Vgl. Thomas/ Putzo[37]-*Seiler*, § 765a ZPO, Rn. 8a.
1306 Stein/ Jonas[22]-*Münzberg*, § 765a ZPO, Rn. 6; Thomas/ Putzo[37]-*Seiler*, § 765a ZPO, Rn. 8a.
1307 Vgl. OLG Hamm 09.08.2001 NJW-RR 2002, 790 [791].

der Vorschrift verdeutlicht und eine dahingehende Interessenabwägung erfordert, dass das Vorgehen des Gläubigers zu einem unhaltbaren Ergebnis führen würde.[1308] Kann die Gefahr für den Schuldner auf andere Weise behoben werden als durch Einstellung der Zwangsvollstreckung, so geht diese vor.[1309] Dieses ist stets zu prüfen.

Das dem Gläubiger zustehende Schutzbedürfnis darf nicht entgegenstehen, was eine Abwägung der widerstreitenden Interessen erfordert.[1310] Es steht entgegen, wenn der Gläubiger beispielsweise aufgrund von erheblichem Zahlungsrückstand bei der Zwangsräumung[1311] selbst dringend auf die Erfüllung des vollstreckbaren Anspruchs angewiesen ist, wenn der Schuldner trotz der Möglichkeit nicht erfüllen will oder nicht alles dafür getan hat, um das Risiko der Vollstreckung zu verringern.[1312]

3. Verfahren

Für das Verfahren nach § 765a ZPO ist grundsätzlich ausschließlich das Vollstreckungsgericht gemäß §§ 764, 802 ZPO zuständig, egal welches Organ tätig war. Eine Ausnahme besteht dann, wenn ein Insolvenzverfahren vorliegt, denn dann ist das Insolvenzgericht aufgrund des engen sachlichen Zusammenhangs zuständig.[1313] Gemäß § 20 Nr. 17 RPflG entscheidet der Rechtspfleger.

Eine mündliche Verhandlung ist nicht nötig, dürfte aber für die Sachverhaltsaufklärung und häufig sinnvoll sein. Soll dem Antrag stattgegeben werden, ist die Gewährung rechtlichen Gehörs des Gläubigers grundsätzlich unumgänglich, um nicht gegen Art. 103 Abs. 1 GG zu verstoßen.

Vor der Entscheidung kann das Vollstreckungsgericht gemäß § 765 Abs. 1 S. 2 ZPO die in § 732 Abs. 2 ZPO bezeichneten einstweiligen Anordnungen erlassen. Eine solche ist notwendig, wenn die Entscheidung über den Antrag wegen Anhörung des Gläubigers oder aus sonstigen Gründen nicht rechtzeitig vor der Zwangsvollstreckungsmaßnahme ergehen kann. Die einstweilige Anordnung verliert ihre Wirkung durch die Entscheidung über den Antrag ohne ausdrückliche Aufhebung.[1314]

4. Entscheidung und Wirkung des § 765a ZPO

Die Entscheidung ergeht durch Beschluss. Es besteht die Möglichkeit einzelne, genau bestimmte Vollstreckungsmaßnahmen ganz oder zum Teil einstweilen – also nur

1308 Vgl. BGH 04.05.2005 NJW 2005, 1859 [1860].
1309 Vgl. BGH 24.11.2005 NJW 2006, 505 [506].
1310 Vgl. BVerfG 13.03.2008 BeckRS 2008, 33861 [Rn. 9] = WM 2008, 740 [740].
1311 Vgl. LG Hildesheim 28.06.1995 NJW-RR 1995, 1164 [1164].
1312 Vgl. BGH 04.05.2005 NJW 2005, 1859 [1860].
1313 Vgl. BGH 15.11.2007 NJW-RR 2008, 496 [497].
1314 Thomas/ Putzo[37]-*Seiler*, § 765a ZPO, Rn. 15.

zeitlich begrenzt – einzustellen, was den Regelfall darstellt.[1315] Sie können auch aufgehoben bzw. vor dem Erlass untersagt werden (§ 765a Abs. 1 S. 1 ZPO). Dieses geschieht ebenfalls grundsätzlich zeitweilig, ist aber auch für einen längeren Zeitraum möglich.[1316] Dem Schuldner können Auflagen aufgegeben werden.[1317]

Ist der Antrag unzulässig oder unbegründet, wird er abgelehnt.

Ändern sich die Umstände, so ist eine Aufhebung des Beschlusses durch das Vollstreckungsgericht auf Antrag jeder Partei möglich gemäß § 765a Abs. 4 ZPO, selbst wenn das Beschwerdegericht (Landgericht) entschieden hat.

Nach § 765a Abs. 2 ZPO kann bereits der Gerichtsvollzieher (auch vor dem Antrag) eine Maßnahme zur Erwirkung der Herausgabe von Sachen und Personen (§ 113 Abs. 1 GVGA[1318]) längstens eine Woche aufschieben.

Das Vollstreckungsgericht kann, wie schon dargestellt, eine einstweilige Einstellung aussprechen, wobei § 775 Nr. 2 ZPO unmittelbar gilt. Weiter kann sie künftige Zwangsvollstreckungsmaßnahmen untersagen oder Vollstreckungsmaßnahmen aufheben. Sind Vollstreckungsmaßnahmen bereits vorgenommen worden und wurden diese untersagt, so gilt § 775 Nr. 1 ZPO analog. Werden bestimmte Vollstreckungsmaßnahmen aufgehoben, so muss § 765a Abs. 5 ZPO beachtet werden. Danach erfolgt die Aufhebung der Vollstreckungsmaßregeln in den Fällen des § 765a Abs. 1 S. 1 und Abs. 4 ZPO erst nach Rechtskraft des Beschlusses. Das Ziel dieser Regelung liegt darin, dass das Pfandrecht und dessen Rang (§ 804 ZPO) nicht vor der Rechtskraft (§ 704 ZPO) der aufhebenden Entscheidung untergehen.[1319]

5. *Rechtsbehelfe*

Als Rechtsbehelf steht für jede Partei, sofern sie beschwert ist, die sofortige Beschwerde nach § 793 ZPO unmittelbar gegen die Entscheidung des Rechtspflegers gemäß § 11 Abs. 1 RPflG zur Verfügung. Das Landgericht kann auf die sofortige Beschwerde nach § 793 ZPO die Anordnung selbst treffen oder gemäß § 572 Abs. 3 ZPO zurückverweisen, selbst wenn die Voraussetzungen des § 765a ZPO erst in der Beschwerdeinstanz vorliegen.[1320]

Weiterer Rechtsbehelf ist die Vollstreckungserinnerung nach § 766 ZPO gegen das Verfahren des Gerichtsvollziehers.

1315 Vgl. Musielak[13]-*Lackmann*, § 765a ZPO, Rn. 22; Thomas/ Putzo[37]-*Seiler*, § 765a ZPO, Rn. 16.

1316 Vgl. BVerfG 25.09.2006 NJW-RR 2007, 228 [229].

1317 Vgl. BGH 04.05.2005 NJW 2005, 1859 [1861].

1318 Geschäftsanweisung für Gerichtsvollzieher, in Kraft ab 01.08.2012.

1319 Vgl. Thomas/ Putzo[37]-*Seiler*, § 765a ZPO, Rn. 22.

1320 Thomas/ Putzo[37]-*Seiler*, § 765a ZPO, Rn. 13.

6. Kosten

Grundsätzlich trägt der Schuldner die Kosten gemäß § 788 Abs. 1 ZPO. Werden sie nach § 788 Abs. 4 ZPO dem Gläubiger auferlegt, so muss dieses im Beschluss ausgesprochen werden.[1321] § 788 ZPO gilt auch bei der Erledigterklärung.[1322]

Die Gerichtskosten bestimmen sich nach Nr. 2112 KV GKG (20,00 Euro) und für die Beschwerde nach Nr. 2121 KV GKG (30,00 Euro, wenn die Beschwerde verworfen oder zurückgewiesen wird).

Die Rechtsanwaltsgebühren richten sich nach § 18 Abs. 1 Nr. 6 RVG und Nr. 3309 VV RVG (0,3 Verfahrensgebühr). Für den Wert ist gemäß § 3 ZPO das Interesse an der begehrten Schutzmaßnahme maßgeblich.

X. Klage nach § 826 BGB

Gestützt auf § 826 BGB besteht im innerstaatlichen deutschen Recht eine Klage auf Unterlassung der Zwangsvollstreckung und Schadensersatz bzw. Herausgabe des Vollstreckungstitels.[1323] Die Klage gemäß § 826 BGB greift bei einer vorsätzlichen sittenwidrigen Schädigung. Voraussetzung für die Sittenwidrigkeit sind über die bloße unberechtigte Erhebung von Ansprüchen hinausgehende zusätzliche Umstände in der Art und Weise der Verfahrenseinleitung oder -durchführung[1324] bzw. im Vollstreckungsverfahren.[1325]

1. Anwendbarkeit auf ausländische Titel

Entsprechend könnte in Fällen der Erschleichung eines ausländischen Titels und ggf. einer Bestätigung desselben als Europäischer Vollstreckungstitel eine Klage auf Unterlassung der Zwangsvollstreckung oder auf Herausgabe des Titels bzw. der Bestätigung gemäß § 826 BGB in Frage kommen.

Bei einer (beabsichtigten bzw. drohenden) Zwangsvollstreckung in Deutschland dürften gemäß Art. 7 Nr. 2 EuGVVO n.F. (Art. 5 Nr. 3 EuGVVO a.F.) die deutschen Gerichte zuständig sein.[1326]

a) Anwendbares Recht

Es stellt sich nun noch die Frage, welche Rechtsordnung über eine mögliche deliktische Herausgabeklage bezüglich des Titels entscheiden soll. Hier bestünde Unklarheit

---

1321 Thomas/ Putzo[37]-*Seiler*, § 765a ZPO, Rn. 24; vgl. auch MüKo[4]-*K. Schmidt/ Brinkmann*, § 788 ZPO, Rn. 52 ff., insbesondere Rn. 55.
1322 Vgl. OLG Düsseldorf 24.01.1996 NJW-RR 1996, 637 [638].
1323 Vgl. Palandt[75]-*Sprau*, § 826 BGB, Rn. 50 ff. mit den Rechtsfolgen in Rn. 58.
1324 Vgl. BGH 25.03.2003 NJW 2003, 1934 [1935]; Palandt[75]-*Sprau*, § 826 BGB, Rn. 50.
1325 Vgl. Palandt[75]-*Sprau*, § 826 BGB, Rn. 52.
1326 *Jennissen*, InVo 2006, 263 [271].

über das Verhältnis der prozessualen *lex fori* zur *lex causae*.[1327] Bei Anwendung der *lex causae* kann es in Deutschland mittels der Klage nach § 826 BGB zu einer Durchbrechung der Rechtskraft kommen, auch wenn eine solche Möglichkeit im Urteils-/Ursprungsmitgliedsstaat nicht bestand.[1328]

Bezieht man sich auf die *lex causae* waren nach den „alten" EGBGB-Regelungen auf Verlangen des Schuldners gemäß Art. 40 Abs. 1 S. 2 EGBGB deutsche Sachnormen anwendbar, da der Schuldner das Recht des Staates wählen konnte, in dem der Schaden eintrat. Nach der nunmehr geltenden[1329] allgemeinen Kollisionsnorm des Art. 4 Abs. 1 Rom II-VO[1330] ist das Recht des Staates anzuwenden, in dem der Schaden eintritt, unabhängig davon, in welchem Staat das schadenbegründende Ereignis oder indirekte Schadensfolgen eingetreten sind. Gemäß Art. 24 Rom II-VO erfolgt keine Rück- oder Weiterverweisung, so dass die Sachnormen unmittelbar anzuwenden sind. Die Zwangsvollstreckung erfolgt in Deutschland und hier tritt mit dem ungerechtfertigten Zugriff auf das Schuldnervermögen auch der Schaden ein. Damit ist nach der Rom II-VO deutsches Recht anwendbar.

Man könnte sich aber auch auf den Standpunkt stellen, dass das Recht des Ursprungsmitgliedsstaates (*lex fori*) über die deliktische Herausgabeklage entscheiden solle. Diese Ansicht könnte man darauf stützen, dass das Recht der Rechtsordnung, in der der Titel geschaffen wurde, auch über den Bestand bzw. die Herausgabe des Titels (bei Sittenwidrigkeit) entscheiden solle. Wenn der Titel im Ausland geschaffen wurde, so müsse danach auch dessen Recht über den Bestand der Rechtskraft entscheiden.

Da aber bei der Titelschaffung im Ursprungsmitgliedsstaat bei einem internationalen Sachverhalt schon ein vom Recht des Ursprungsmitgliedsstaats unterschiedliches materielles Recht anwendbar gewesen sein könnte, kann man auch vertreten, dass bei vorsätzlicher sittenwidriger Schädigung nicht das Recht des Ursprungsmitgliedsstaates Anwendung finden muss.

Da – wie nachfolgend[1331] erörtert wird – ohnehin eine Nachprüfung in der Sache selbst nicht geschehen darf und damit nur nachträgliche (vorsätzliche sittenwidrige) Handlungen des Gläubigers zu einer Statthaftigkeit der Klage nach § 826 BGB führen können, sollte man hier meines Erachtens das internationale Privatrecht (IPR) darüber entscheiden lassen, welches Recht auf die deliktische Handlung anzuwenden ist. Bei einer unerlaubten Handlung, die in der Durchführung der Vollstreckung gegen den (vermeintlichen) Schuldner durch den Gläubiger in Deutschland liegt,

1327 So *Coester-Waltjen*, FS Kostas Beys (2003), 183 [197]; Rauscher-*Papst*, Band II^4, Art. 11 EuVTVO, Rn. 7.

1328 *Coester-Waltjen*, FS Kostas Beys (2003), 183 [197].

1329 Für Schadensereignisse ab dem Inkrafttreten der Rom II-VO am 11.01.2009 gilt in ihrem Anwendungsbereich die Rom II-VO nach Artt. 31, 32 Rom II-VO.

1330 Verordnung (EG) Nr. 864/2007 des europäischen Parlaments und des Rates vom 11.07.2007 über das auf außervertragliche Schuldverhältnisse anzuwendende Recht (ABl. EU 2007, Nr. L 199, 40).

1331 Siehe Teil 4, C., X., 1., b).

ist es angemessen, das IPR über das anzuwendende Recht entscheiden zu lassen. Danach ist deutsches Recht anzuwenden und die Klage nach § 826 BGB statthaft.

Auch in Bezug auf die Anwendung der *lex causae* sehen einige Stimmen in der Literatur[1332] die Klage auf Herausgabe des Europäischen Vollstreckungstitels als statthaften Rechtsbehelf. Eine Klage auf Herausgabe des Europäischen Vollstreckungstitels sei unter den Voraussetzungen möglich, unter denen nach § 826 BGB ein Anspruch auf Herausgabe eines inländischen Titels besteht, wobei der Gläubiger nicht gehindert sei, sich im Ursprungsmitgliedsstaat eine neue Bestätigung ausstellen zu lassen.[1333]

Insbesondere in dem Fall, dass der Gläubiger Verstöße des Ausgangsverfahrens gegen Art. 6 EMRK bzw. Art. 47 EU-Grundrechtscharta veranlasst oder ausgenutzt habe, sei eine Klage auf Herausgabe der Bestätigung bzw. auf Unterlassung der Zwangsvollstreckung entsprechend § 826 BGB angezeigt und aussichtsreich.[1334] Meines Erachtens ist dieses aber, wie nachfolgend unter b) und c) dargestellt, wohl mit Art. 21 Abs. 2 EuVTVO nicht zu vereinbaren.

b) Verbot der révision au fond

Problematisch ist auch im Rahmen der Klage nach § 826 BGB, dass eine Überprüfung in der Sache selbst nicht erfolgen darf, weder in Bezug auf den Titel noch in Bezug auf die Bestätigung als Europäischer Vollstreckungstitel (Art. 21 Abs. 2 EuVTVO).

Somit ist meines Erachtens zu differenzieren.[1335]

Wenn die Klage eine Überprüfung des Erkenntnisverfahrens oder des Bestätigungsverfahrens in dem anderen Mitgliedsstaat zur Folge hätte, so steht das strikte Verbot der *révision au fond* dem Verfahren entgegen.[1336] Dieses ist der Fall, wenn es um Umstände anlässlich der Erwirkung der ausländischen Entscheidung oder der Bestätigung als Europäischer Vollstreckungstitel geht.[1337]

Wenn ein solcher Sachverhalt hingegen nicht gegeben ist bzw. ausgeschlossen werden kann, so ist die Anwendbarkeit einer Klage nach § 826 BGB auch auf als Europäischer Vollstreckungstitel bestätigte Titel und die Bestätigung selbst zu bejahen.

Dieses ist etwa dann anzunehmen, wenn die vorsätzliche sittenwidrige Handlung in der Ausnutzung einer nachträglich für unrichtig erkannten Entscheidung oder Bestätigung liegt.[1338]

1332 *Rauscher*, GPR 2003/04, 286 [292]; *ders.*, EuVT, 29, Rn. 67, 178; *Schlosser*/ Hess, EuZPR[4], Art. 20 EuVTVO, Rn. 8; a.A. *Kropholler/ von Hein*, EuZPR[9], Art. 20 EuVTVO, Rn. 12.

1333 *Schlosser*/ Hess, EuZPR[4], Art. 20 EuVTVO, Rn. 8.

1334 So *Rauscher*, EuVT, 29, Rn. 67; Rauscher-*Papst*, Band II[4], Art. 20 EuVTVO, Rn. 37.

1335 Ebenso *Jennissen*, InVo 2006, 263 [271].

1336 Ebenso *Jennissen*, InVo 2006, 263 [271]; *Kropholler/ von Hein*, EuZPR[9], Art. 20 EuVTVO, Rn. 12.

1337 *Jennissen*, InVo 2006, 263 [271].

1338 *Jennissen*, InVo 2006, 263 [271].

c) *Eigene Einschätzung*

Eine uneingeschränkte Anwendbarkeit der Klage auf Herausgabe des Titels unter den gleichen Bedingungen wie bei einer Herausgabe eines innerstaatlichen Titels gemäß § 826 BGB in Deutschland ist aufgrund des Verbots der *révision au fond* in Art. 21 Abs. 2 EuVTVO abzulehnen. Denn dieses würde unweigerlich einer Überprüfung der ausländischen Entscheidung bzw. der Bestätigung selbst gleichkommen.

Die Anwendung von § 826 BGB ist schon in Deutschland auf besonders schwerwiegende, eng begrenzte Ausnahmefälle beschränkt, da ansonsten die Rechtskraft von Entscheidungen ausgehöhlt und die Rechtssicherheit beeinträchtigt sowie der Rechtsfrieden in untragbarer Weise in Frage gestellt würde.[1339] Diese Prinzipien gelten aber umso mehr im Anwendungsbereich der EuVTVO. Denn die Verordnung soll die Vollstreckung von Titeln innerhalb der Europäischen Union gerade vereinfachen, die Kosten senken und das Verfahren beschleunigen. Das System des gegenseitigen Vertrauens in die Rechtspflege der Mitgliedsstaaten ermögliche diese Vereinfachung und die Abschaffung des Exequaturs.[1340] Eine Überprüfung der Entscheidungen der Richter und zuständigen Stellen des Ursprungsmitgliedsstaates darf gemäß Art. 21 Abs. 2 EuVTVO nicht erfolgen. Damit muss ausgeschlossen sein, dass deren Verfahren und Entscheidungen durch eine Klage gestützt auf § 826 BGB „durch die Hintertür" überprüft werden.

In Deutschland rechtfertigt sich die Durchbrechung der Rechtskraft durch die hohe Hürde der vorsätzlichen sittenwidrigen Schädigung, mithin durch die Tatsache, dass über die bloße Unrichtigkeit des Urteils oder die Geltendmachung eines nicht bestehenden Anspruchs hinaus zusätzliche Umstände vorliegen müssen.

Mit der Prämisse der gegenseitigen Anerkennung der ordnungsgemäßen Rechtspflege, und zwar, dass in jedem Mitgliedsstaat grundsätzlich rechtsstaatliche Verfahren durchgeführt und zu richtigen Ergebnissen gebracht werden, ist es nicht vereinbar, eine Nachprüfung über § 826 BGB einzuführen.

Diese Nachprüfung mag sich innerhalb Deutschlands zum einen mit dem „böswilligen" Verhalten des Gläubigers rechtfertigen lassen. Zum anderen entscheiden Gerichte desselben Mitgliedsstaates über die Begründetheit des Anspruchs aus § 826 BGB und die Folgen.

Eine solche Rechtfertigung ist innerhalb Europas nicht möglich, da diese Handhabung eklatant gegen Art. 21 Abs. 2 EuVTVO und den Grundgedanken der EuVTVO verstoßen würde. Außerdem würden dann die Gerichte des Vollstreckungsmitgliedsstaates über den Titel oder die Bestätigung als Europäischer Vollstreckungstitel aus dem Ursprungsmitgliedsstaat entscheiden.

Demnach darf das Verfahren, mit dem ein Anspruch auf Unterlassung der Vollstreckung aus dem Titel bzw. auf Herausgabe der Bestätigung als Europäischer Vollstreckungstitel geltend gemacht wird, nicht zu einer Überprüfung der Entscheidung oder der Bestätigung in der Sache selbst führen. Dieses strikte Verbot

---

1339 Vgl. BGH 13.09.2005 NJW 2006, 154 [156].

1340 Vgl. Erwägungsgrund 18 zur EuVTVO.

folgt unzweifelhaft aus Art. 21 Abs. 2 EuVTVO und ist auch nicht deshalb anders zu beurteilen, weil es in Deutschland eine solche Überprüfungsmöglichkeit durch den Anspruch aus § 826 BGB gibt.

Ein solches Verhalten müsste der Schuldner ggf. im Ursprungsmitgliedsstaat geltend machen, soweit dort ein entsprechender Rechtsbehelf vorgesehen ist. Anderenfalls bleibt noch die Anrufung des EGMR.[1341] Die Anstrengung der Klage nach § 826 BGB, weil der Gläubiger Verstöße des Ausgangsverfahrens gegen Art. 6 EMRK bzw. Art. 47 EU-Grundrechtscharta veranlasst oder ausgenutzt hat, ist nicht zulässig, da sie zu einer verbotenen Überprüfung in der Sache selbst führte.[1342]

Anwendbar ist die Klage aus § 826 BGB dagegen dann, wenn nachträgliche Umstände durch den Gläubiger ausgenutzt werden, die ein vorsätzliches sittenwidriges Verhalten begründen, so etwa bei der Ausnutzung einer nachträglich für unrichtig erkannten Entscheidung oder Bestätigung (etwa auch, wenn zwischenzeitlich erfüllt wurde). Dann können auch Verstöße gegen Art. 6 EMRK bzw. Art. 47 EU-Grundrechtscharta die Klage begründen.

2. *In Deutschland geschaffene Titel*

Weiter besteht natürlich – wie vor Einführung der EuVTVO auch – die Möglichkeit, in Deutschland geschaffene Titel und deren Bestätigungen als Europäische Vollstreckungstitel mit der Klage aus § 826 BGB anzugreifen. Insoweit steht Art. 21 Abs. 2 EuVTVO nicht entgegen, da die Entscheidung und die Bestätigung eben nicht im Vollstreckungsmitgliedsstaat sondern bereits im Ursprungsmitgliedsstaat überprüft werden. Diesbezüglich bestehen keine Unterschiede zu nicht als Europäische Vollstreckungstitel bestätigte Entscheidungen und zu sonstigen Titeln in Deutschland.

3. *Zuständigkeit*

Die internationale Zuständigkeit der deutschen Gerichte ergibt sich nicht aus Art. 24 Nr. 5 EuGVVO n.F. (Art. 22 Nr. 5 EuGVVO a.F.), da es sich hier nicht um ein Verfahren bezüglich der Zwangsvollstreckung handelt.[1343] Jedoch folgt aus Art. 7 Nr. 2 EuGVVO n.F. (Art. 5 Nr. 3 EuGVVO a.F.) bei unerlaubten Handlungen eine Zuständigkeit der Gerichte des Mitgliedsstaates, in dem das schädigende Ereignis eingetreten ist oder einzutreten droht. Im Fall der Vollstreckung oder drohenden Vollstreckung in Deutschland tritt demnach das schädigende Ereignis zumindest auch in Deutschland ein, so dass eine internationale Zuständigkeit der deutschen Gerichte vorliegt. Grundsätzlich fallen alle Ansprüche unter Art. 7 Nr. 2 EuGVVO n.F., in denen es um die Haftung eines Schädigers geht, wenn zwischen diesem und

1341 Dazu unten unter Teil 4, D., I.

1342 A.A. Rauscher-*Papst*, Band II^4, Art. 20 EuVTVO, Rn. 37.

1343 Siehe auch *Schlosser*/ Hess, EU-ZPR^4, Art. 24 EuGVVO, Rn. 26; a.A. *Rauscher*, GPR 2003/04, 286 [292].

dem Geschädigten kein Vertrag besteht,[1344] also Ansprüche aus außervertraglichen Schuldverhältnissen. Unter diese autonome Definition lässt sich der Anspruch aus § 826 BGB subsumieren.

Die sachliche Zuständigkeit ergibt sich aus den allgemeinen Vorschriften der §§ 23, 71 GVG. Örtlich zuständig ist das Gericht am (Wohn-)Sitz des Gläubigers nach §§ 12, 13–17 ZPO oder das Gericht, in dessen Bezirk die Zwangsvollstreckung stattfindet oder stattfinden soll, nach dem besonderen Gerichtsstand der unerlaubten Handlung gemäß § 32 ZPO.

4. *Rechtsbehelf*

Da es sich bei der Klage nach § 826 BGB um ein normales Klageverfahren wegen unerlaubter Handlung handelt, sind nach den allgemeinen Bestimmungen als Rechtsmittel die Berufung (§ 511 ZPO) und die Revision (§ 542 ZPO) statthaft. Wird über die Klage durch Versäumnisurteil entschieden, kann die säumige Partei mittels Einspruchs gemäß § 338 ZPO das Verfahren in den Stand zurückversetzen, in dem es sich zum Zeitpunkt der Säumnis befand (§ 342 ZPO).

5. *Kosten*

Auch bei der Klage nach § 826 ZPO entscheidet das Gericht – wie bei jeder normalen Klage – gemäß §§ 91 ff. ZPO über die Kosten. Im Normalfall fallen 3,0 Gerichtsgebühren an gemäß § 3 Abs. 2 GKG iVm. Nr. 1210 KV GKG.

Der Streitwert richtet sich nach den allgemeinen Bestimmungen, wobei das Interesse des Klägers maßgeblich ist. Dieses wird sich regelmäßig nach der Höhe der unberechtigt geltend gemachten Forderung durch den (vermeintlichen) Gläubiger bestimmen.

Der Rechtsanwalt verdient die übliche bei einer Klage anfallende 1,3 Verfahrensgebühr nach Nr. 3100 VV RVG und 1,2 Terminsgebühr nach Nr. 3104 VV RVG.

6. *Ergebnis*

Die Klage aus § 826 BGB wegen vorsätzlicher sittenwidriger Schädigung lässt sich aufgrund des Verbots der *révision au fond* nur auf Umstände stützen, die nach Errichtung des Titels und der Bestätigung als Europäischer Vollstreckungstitel entstanden sind. Damit lässt sich die Ausnutzung eines nachträglich nicht mehr vollstreckbaren Titels oder nachträglich als fehlerhaft erkannten Titels mit der Klage vor den deutschen Gerichten geltend machen. Die deutschen Gerichte sind international zuständig gemäß Art. 7 Nr. 2 EuGVVO n.F., sofern die Vollstreckung in Deutschland durchgeführt wird oder durchgeführt werden soll. Auch sind gemäß Art. 4 Abs. 1 Rom II-VO deutsche Sachnormen anzuwenden, da das Recht des Erfolgsorts,

1344 Czernich/ Kodek/ Mayr-*Czernich*, EuGVR[4], Art. 7 EuGVVO, Rn. 110.

der in Deutschland liegt, maßgeblich ist. Dasselbe gilt für Altfälle[1345] nach Art. 40 Abs. 1 S. 2 EGBGB, wenn der Schuldner das Recht des Erfolgsorts wählt. Der Erfolgsort liegt in Deutschland, da hier die Zwangsvollstreckung durchgeführt wird oder werden soll, und damit das Schadensereignis in Deutschland eintritt.

Verstöße im Erkenntnisverfahren oder im Bestätigungsverfahren im Ursprungsmitgliedsstaat (außer Deutschland) lassen sich – auch wenn sie vom Gläubiger in vorsätzlicher und sittenwidriger Weise hervorgerufen worden sind – im Vollstreckungsmitgliedsstaat nicht mit der Klage aus § 826 BGB geltend machen. Dieses würde ein Verstoß gegen Art. 21 Abs. 2 EuVTVO bedeuten.

Ähnlich der Wirkung bei der Vollstreckungsgegenklage ist die Wirkung der Entscheidung der Klage nach § 826 BGB auf Deutschland beschränkt. Dem Gläubiger bleibt es unbenommen, sich einen neuen Vollstreckungstitel ausstellen zu lassen und ggf. in einem anderen Mitgliedsstaat gegen den Schuldner vorzugehen. Denn die Klage nach § 826 BGB darf sich inhaltlich nur auf die Vollstreckung in Deutschland beziehen, um nicht gegen Art. 21 Abs. 2 EuVTVO zu verstoßen.

Dennoch kann der Schuldner mit der Klage die Zwangsvollstreckung in Deutschland abwenden, wenn der Gläubiger damit eine vorsätzliche unerlaubte Handlung begehen würde.

XI. Drittwiderspruchsklage gemäß § 771 ZPO

Mit der Drittwiderspruchsklage nach § 771 ZPO (auch Interventionsklage genannt) kann sich ein Dritter gegen die Zwangsvollstreckung durch einen Gläubiger gegen einen Schuldner in einen ihm gehörenden Gegenstand wehren. Dabei ist für das „Ihm-Gehören" notwendig, dass dem Dritten an dem Gegenstand ein die Veräußerung hinderndes Recht im Sinne des § 771 Abs. 1 ZPO zusteht. Die Drittwiderspruchsklage ist als Gestaltungsklage auf die Unzulässigkeit der Zwangsvollstreckung gerichtet, wenn diese sich auf Gegenstände erstreckt, die nicht zum Vermögen des Schuldners gehören. Die Unzulässigkeit wird mit vorläufiger Vollstreckbarkeit oder Rechtskraft des stattgebenden Gestaltungsurteils bewirkt.[1346]

1. Anwendbarkeit auf Europäische Vollstreckungstitel

Festzustellen ist, ob die Drittwiderspruchsklage nach § 771 ZPO als nationaler Rechtsbehelf des Dritten auch auf Zwangsvollstreckungsverfahren aus einem Europäischen Vollstreckungstitel nach der EuVTVO anwendbar ist.

Nach der nationalen deutschen Regelung spricht nichts dagegen. Da das Recht des Vollstreckungsstaates im Vollstreckungsverfahren gemäß Art. 21 Abs. 1 S. 1 EuVTVO gilt, sind auch dessen Rechtsbehelfe anzuwenden. Diese Auffassung wird weiter dadurch gestützt, dass Art. 20 Abs. 1 S. 2 EuVTVO bestimmt, dass eine

---

1345 Für Schadensereignisse ab dem Inkrafttreten der Rom II-VO am 11.01.2009 gilt in ihrem Anwendungsbereich die Rom II-VO nach Artt. 31, 32 Rom II-VO.

1346 Vgl. Thomas/ Putzo[37]-*Seiler*, § 771 ZPO, Rn. 1.

als Europäischer Vollstreckungstitel bestätigte Entscheidung unter den gleichen Bedingungen vollstreckt wird wie eine im Vollstreckungsmitgliedsstaat ergangene Entscheidung. Dieses gilt gemäß Art. 24 Abs. 3 EuVTVO und Art. 25 Abs. 3 EuVTVO auch für gerichtliche Vergleiche und öffentliche Urkunden.

Bei der Drittwiderspruchsklage handelt es sich um einen Rechtsbehelf im Zwangsvollstreckungsverfahren, so dass diese auch bei Europäischen Vollstreckungstiteln Anwendung findet. Die Klage gemäß § 771 ZPO soll verhindern, dass in dem sehr formalisierten deutschen Zwangsvollstreckungsverfahren in schuldnerfremdes Vermögen vollstreckt wird und es dadurch zu unberechtigten Vermögensverlagerungen kommt, die nicht wieder rückgängig (oder nur schwer wieder gut) gemacht werden können. Denn mit Abschluss des Zwangsvollstreckungsverfahrens beispielsweise durch Versteigerung des Pfandgegenstandes ist es dem Dritten nicht mehr möglich, den Pfandgegenstand zurückzubekommen. Der Ersteigerer erwirbt diesen durch hoheitlichen Akt (Zuschlag) und wird neuer Eigentümer. Ein Rückforderungsanspruch besteht für den Dritten nicht. Er kann nur seinen Vermögensschaden ersetzt verlangen. Der Pfandgegenstand, an dem möglicherweise ein besonderes persönliches (Liebhaber-)Interesse bestand, ist hingegen verloren. Insbesondere bei unwiederbringlichen Einzelstücken wäre es für den Dritten äußerst misslich, wäre er auf eine Vermögensentschädigung angewiesen und könnte nicht mittels Klage die Verwertung des ihm gehörenden Gegenstandes verhindern. Um dieses Ergebnis zu vermeiden, greift zuvor die Drittwiderspruchsklage gemäß § 771 ZPO ein.

Insbesondere der Umstand, dass die Drittwiderspruchsklage durch einen Dritten eingelegt wird, der im Ausgangsverfahren (im Ursprungsmitgliedsstaat) nicht beteiligt war, zeigt, dass diese Klage auch im Rahmen des Anwendungsbereichs der EuVTVO greifen muss. Für den Dritten ist es gleichgültig, aus was für einem Titel gegen den Schuldner die Zwangsvollstreckung betrieben wird. Für ihn ist bloß von Interesse, dass aus diesem Titel, bei dessen Schaffung er nicht beteiligt war, nicht in Gegenstände vollstreckt wird, an denen ihm ein die Veräußerung hinderndes Recht zusteht.

Auch das Verbot der *révision au fond* aus Art. 21 Abs. 2 EuVTVO wird nicht verletzt. Denn im Rahmen des Drittwiderspruchsklageverfahrens wird weder die Entscheidung aus dem Ursprungsmitgliedsstaat noch die Bestätigung als Europäischer Vollstreckungstitel in der Sache selbst nachgeprüft. Ebenso kann ein gerichtlicher Vergleich oder eine öffentliche Urkunde nicht mittels dieser Klage angefochten werden (Art. 24 Abs. 2 EuVTVO und Art. 25 Abs. 2 EuVTVO). Dieses erklärt sich bereits aus dem Umstand, dass der Dritte nicht Partei des Ausgangsverfahrens war. Bei erfolgreicher Drittwiderspruchsklage wird die bestimmte Vollstreckungsmaßnahme aus dem genau bezeichneten Titel (auch ein Europäischer Vollstreckungstitel) in den ganz bestimmten, genau bezeichneten Gegenstand für unzulässig erklärt. Dabei wird weder der Anspruch des Gläubigers noch die Bestätigung als Europäischer Vollstreckungstitel tangiert. Diese Rechtsfragen sind nicht Streitgegenstand der Klage und werden auch in keiner Weise behandelt.

Demgemäß ist die Drittwiderspruchsklage nach § 771 ZPO auch bei Zwangsvollstreckungen aus einem Europäischen Vollstreckungstitel anwendbar.

2. *Zuständigkeit*

Die internationale Zuständigkeit der deutschen Gerichte für eine Drittwiderspruchsklage gemäß § 771 ZPO ergibt sich bei Zwangsvollstreckungsverfahren in Deutschland aus Art. 24 Nr. 5 EuGVVO n.F. (Art. 22 Nr. 5 EuGVVO a.F.).[1347] Danach sind ohne Rücksicht auf den Wohnsitz für Verfahren, welche die Zwangsvollstreckung aus Entscheidungen zum Gegenstand haben, die Gerichte des Mitgliedstaats ausschließlich zuständig, in dessen Hoheitsgebiet die Zwangsvollstreckung durchgeführt werden soll oder durchgeführt worden ist.

Die Anwendbarkeit der EuGVVO wurde bereits oben unter Teil 4, C., II., 2. erläutert.

Sachlich zuständig ist je nach Höhe des Streitwerts das Amtsgericht oder Landgericht nach den allgemeinen Vorschriften der §§ 23 Nr. 1, 71 Abs. 1 GVG.

Örtlich ausschließlich zuständig ist gemäß §§ 771 Abs. 1, 802 ZPO das Amtsgericht oder Landgericht, in dessen Bezirk die Zwangsvollstreckung erfolgt. Dieses ist der Bezirk, in dem die Sache gepfändet, bei Rechten der Pfändungsbeschluss erlassen, die Zwangsversteigerung nach dem Zwangsversteigerungsgesetz (ZVG)[1348] oder sonst die Zwangsvollstreckung durchgeführt worden ist.[1349]

3. *Zulässigkeitsvoraussetzungen*

Es müssen die weiteren allgemeinen Prozessvoraussetzungen vorliegen. Dieses sind insbesondere die Prozessführungsbefugnis, das Rechtsschutzbedürfnis und die ordnungsgemäße Klageerhebung. Ein rechtskräftiges Urteil steht nur entgegen, wenn auch dieses nach § 771 ZPO ergangen ist. Der Interventionsprozess ist auf die Herbeiführung der Unzulässigkeit der Zwangsvollstreckung gerichtet und das klagebegründende die Veräußerung hindernde Recht ist nicht der prozessuale Anspruch.[1350]

Prozessführungsbefugt ist auf Klägerseite regelmäßig der Dritte, niemals der Gläubiger. Dem Schuldner kann ausnahmsweise die Prozessführungsbefugnis zustehen, wenn er geltend macht, dass in seinen oder von ihm verwalteten

---

1347 Ebenso Geimer/ Schütze-*Geimer*, EuZVR[3], Art. 22 EuGVVO, Rn. 268; *Kropholler/ von Hein*, EuZPR[9], Art. 22 EuGVVO, Rn. 61.

1348 Gesetz über die Zwangsversteigerung und die Zwangsverwaltung vom 24.03.1897 (RGBl. 1897, 97) in der Bekanntmachung vom 20.05.1898 (RGBl. 1898, 713), zuletzt geändert durch Art. 6 Gesetz zur weiteren Erleichterung der Sanierung von Unternehmen vom 17.12.2011 (BGBl. 2011, I 2582).

1349 Thomas/ Putzo[37]-*Seiler*, § 771 ZPO, Rn. 8.

1350 MüKo[4]-*K. Schmidt/ Brinkmann*, § 771 ZPO, Rn. 79; Thomas/ Putzo[37]-*Seiler*, § 771 ZPO, Rn. 13.

Vermögensgegenstand vollstreckt wird, dieser aber nicht für die titulierte Forderung haftet, wie beispielsweise die Partei Kraft Amtes (z.B. Testamentsvollstrecker, Insolvenz-, Nachlass- oder Zwangsverwalter) oder der Erbe (§ 780 ZPO).[1351] Auf der Beklagtenseite ist der Gläubiger prozessführungsbefugt.

Das Rechtsschutzbedürfnis ist spätestens gegeben, sobald die Zwangsvollstreckung begonnen hat, und dauert an, solange die Zwangsvollstreckung fortdauert.[1352] Die Drittwiderspruchsklage gilt auch bei lediglich anspruchsichernden Maßnahmen.[1353] Wenn die Beendigung der Zwangsvollstreckung durch Verwertung[1354] geschieht und der Kläger Ansprüche aus ungerechtfertigter Bereicherung gemäß §§ 812 ff. BGB und/ oder aus unerlaubter Handlung gemäß §§ 823 ff. BGB hat, so ist eine Umstellung des Antrags durch ihn möglich (vgl. § 264 Nr. 3 ZPO). Der Umstand, dass die Zwangsvollstreckungsmaßnahme unwirksam ist und der Gläubiger damit sein Ziel nicht erreichen kann, schließt das Rechtsschutzbedürfnis und damit den Weg zur Interventionsklage nicht aus.[1355]

Die Zustellung der Klage kann in Deutschland gemäß § 81 1. HS ZPO immer an den für den vorangegangenen Prozess Bevollmächtigten des Gläubigers wirksam erfolgen.

Im Fall der Vollstreckung eines Europäischen Vollstreckungstitels in Deutschland wird im Vorprozess regelmäßig ein Prozessbevollmächtigter aus einem anderen Mitgliedsstaat eingeschaltet worden sein. Fraglich ist, ob in diesem Fall die soeben beschriebene Regelung des § 81 1. HS ZPO auch gilt. Denn dann könnte die Zustellung an den ausländischen Prozessbevollmächtigten erfolgen. Dafür spricht, dass die Zustellung sonst an den wohl auch im Ausland sitzenden Gläubiger erfolgen müsste. Dagegen spricht jedoch, dass § 81 ZPO nicht auf ausländische Prozessbevollmächtigte in (Ausgangs-)Verfahren vor ausländischen Gerichten anwendbar ist. Dort gelten selbstredend die eigenen Prozessrechte. Das deutsche Prozessrecht gilt daher nur für in Deutschland zugelassene Anwälte als Prozessbevollmächtigte.

Es ist also im Einzelfall zu prüfen, ob bei einem im Ausland durchgeführten Ausgangsverfahren entsprechende Regelungen bestehen, die den dort aufgetretenen Prozessbevollmächtigten eine ebensolche Vollmacht einräumen. Dann könnte die Zustellung auch an den ausländischen Prozessbevollmächtigten erfolgen.

4. Ein die Veräußerung hinderndes Recht

Die Klage ist begründet, wenn dem Kläger ein die Veräußerung hinderndes Recht im Sinne des § 771 Abs. 1 ZPO zusteht.

1351 MüKo[4]-*K. Schmidt/ Brinkmann*, § 771 ZPO, Rn. 52.

1352 Vgl. BGH 27.11.2003 NJW-RR 2004, 1220 [1221].

1353 Vgl. BGH 16.10.2003 NJW 2004, 217 [218] = BGHZ 156, 310 [314].

1354 Vgl. BGH 11.01.2007 NJW-RR 2007, 781 [782].

1355 Vgl. BGH 16.10.2003 NJW 2004, 217 [218] = BGHZ 156, 310 [314]; MüKo[4]-*K. Schmidt/ Brinkmann*, § 771 ZPO, Rn. 59; Thomas/ Putzo[37]-*Seiler*, § 771 ZPO, Rn. 10.

Dieses können sein: Eigentum – auch Miteigentum und Sicherungseigentum[1356] –, ein Anwartschaftsrecht auf das Eigentum,[1357] die Inhaberschaft aller Rechte[1358] und beim Sondervermögen die Beschränkung auf dieses[1359]. Ebenso ist der Anspruch des Treugebers aus dem Treuhandverhältnis gegen den Treuhänder auf den Gegenstand ein Recht im Sinne des § 771 Abs. 1 ZPO,[1360] bei der Sicherungsübereignung aber nur bis zum Eintritt der Verwertungsreife.[1361]

Beschränkt dingliche Rechte können nur ein solches Recht sein, soweit sie durch die Zwangsvollstreckung beeinträchtigt werden.

Schuldrechtliche Ansprüche begründen ein die Veräußerung hinderndes Recht nur, soweit es sich um einen Herausgabeanspruch aus Überlassung von Gegenständen handelt,[1362] ein bloßer (schuldrechtlicher) Verschaffungsanspruch genügt hingegen nicht.[1363]

5. *Einstweilige Anordnung, § 771 Abs. 3 ZPO*

Gemäß § 771 Abs. 3 ZPO sind die §§ 769, 770 ZPO auf die Einstellung der Zwangsvollstreckung und die Aufhebung bereits getroffener Maßregeln entsprechend anwendbar. Folglich sind einstweilige Anordnungen möglich, nach denen bis zur Rechtskraft des Urteils die Zwangsvollstreckung gegen oder ohne Sicherheitsleistung eingestellt oder nur gegen Sicherheitsleistung fortgesetzt werden darf. Die Aufhebung einer Vollstreckungsmaßregel ist auch ohne Sicherheitsleistung zulässig (§ 771 Abs. 3 S. 2 ZPO).

6. *Rechtsmittel*

Als Rechtsmittel gegen die Entscheidung auf die Drittwiderspruchsklage stehen nach den allgemeinen Vorschriften die Berufung gemäß § 511 ZPO und die Revision gemäß § 542 ZPO zur Verfügung.

Bei einer Säumnisentscheidung gegen den Säumigen aufgrund der Säumnis ist der Einspruch nach § 338 ZPO statthaft, wodurch das Verfahren in den Stand zurückversetzt wird, in dem es sich im Zeitpunkt der Säumnis befand (§ 342 ZPO).

1356 Vgl. BGH 04.02.1954 NJW 1954, 673 [674] = BGHZ 12, 232 [234].
1357 Vgl. BGH 11.11.1970 NJW 1971, 799 [800] = BGHZ 55, 20 [26 f.].
1358 Vgl. BGH 08.12.1976 NJW 1977, 384 [385] = BGHZ 67, 378, jedoch dort nicht abgedruckt.
1359 Vgl. MüKo[4]-*K. Schmidt/ Brinkmann*, § 771 ZPO, Rn. 44; Thomas/ Putzo[37]-*Seiler*, § 771 ZPO, Rn. 20.
1360 Vgl. BGH 05.11.1953 NJW 1954, 190 [192] = BGHZ 11, 37 [41].
1361 Vgl. BGH 28.06.1978 NJW 1978, 1859 [1860] = BGHZ 72, 141 [143]; im Schrifttum sehr umstritten.
1362 Etwa §§ 546 Abs. 1, 604 Abs. 1, 667 oder 695 BGB.
1363 Vgl. BGH 19.10.1993 NJW 1994, 128 [129].

7. *Kosten*

Über die Kosten entscheidet das Gericht nach Maßgabe der §§ 91 ff. ZPO. Es greift nicht § 788 ZPO. Der Streitwert ist begrenzt einmal durch den zu vollstreckenden Anspruch (der titulierten (Haupt-)Forderung ohne Zinsen und Kosten) und zum zweiten durch den Wert des Gegenstandes, an dem der Kläger ein die Veräußerung hinderndes Recht geltend macht.[1364]

Der Rechtsanwalt verdient die bei einer Klage üblicherweise anfallende 1,3 Verfahrensgebühr nach Nr. 3100 VV RVG und eine 1,2 Terminsgebühr nach Nr. 3104 VV RVG.

XII. Klage auf vorzugsweise Befriedigung gemäß § 805 ZPO

Mit der Klage auf vorzugsweise Befriedigung gemäß § 805 ZPO kann ein Dritter, der ein besseres Recht an der Sache hat, die der Pfändung unterliegt, seinen Anspruch auf vorzugsweise Befriedigung aus dem Erlös geltend machen. Dieses ist gemäß § 805 Abs. 1 ZPO ohne Rücksicht darauf möglich, ob seine Forderung fällig ist oder nicht.

Es handelt sich bei dieser Klage um eine prozessuale Gestaltungsklage, für welche das 1. bis 4. Buch der ZPO gelten.[1365] Zweck der Klage ist die Rangwahrung.[1366]

In Abgrenzung zur Drittwiderspruchsklage gemäß § 771 ZPO führt die Klage nach § 805 ZPO nicht zur Unzulässigkeit der Zwangsvollstreckung, sondern nur zur vorzugsweisen Befriedigung des Dritten aus dem Erlös. Dem Pfandgläubiger, der im Besitz der Pfandsache ist, steht grundsätzlich die Klage nach § 771 ZPO offen, er kann aber auch stets die Vorzugsklage gemäß § 805 ZPO erheben.[1367] Dem Pfand- oder Vorzugsrechtsgläubiger, der nicht im Besitz der Sache ist, bleibt nur die Klage nach § 805 ZPO.

1. *Anwendungsbereich/ Anwendbarkeit auf Europäische Vollstreckungstitel*

Die Klage auf vorzugsweise Befriedigung findet gemäß § 805 Abs. 1 ZPO nur Anwendung bei der Pfändung einer Sache, also nicht bei anderen Vollstreckungsmaßnahmen oder bei der Pfändung von Rechten.

Wird aus einem Europäischen Vollstreckungstitel im Sinne der EuVTVO in Deutschland die Zwangsvollstreckung betrieben, erfolgt diese aus einem auf eine fällige Geldforderung gerichtetem Titel. Gemäß Art. 20 EuVTVO richtet sich das

1364 Vgl. MüKo[4]-*K. Schmidt/ Brinkmann*, § 771 ZPO, Rn. 54.

1365 MüKo[4]-*Gruber*, § 805 ZPO, Rn. 3; Musielak[13]-*Becker*, § 805 ZPO, Rn. 1; Thomas/ Putzo[37]-*Seiler*, § 805 ZPO, Rn. 1.

1366 Vgl. MüKo[4]-*Gruber*, § 805 ZPO, Rn. 1; Thomas/ Putzo[37]-*Seiler*, § 805 ZPO, Rn. 2.

1367 MüKo[4]-*Gruber*, § 805 ZPO, Rn. 4; Musielak[13]-*Becker*, § 805 ZPO, Rn. 6; Thomas/ Putzo[37]-*Seiler*, § 805 ZPO, Rn. 3.

Vollstreckungsverfahren nach dem im Vollstreckungsmitgliedsstaat maßgeblichen nationalen Recht (Abs. 1 S. 1). Der Vollstreckungstitel wird dabei unter den gleichen Bedingungen wie ein nationaler Titel vollstreckt (Abs. 1 S. 2). Demnach finden bei der Vollstreckung aus einem Europäischen Vollstreckungstitel die Regelungen des Abschnitts 2 des 8. Buches der ZPO über die Zwangsvollstreckung wegen Geldforderungen Anwendung. In dessen Titel 1 ist die Zwangsvollstreckung in das bewegliche Vermögen, mithin mit § 803 ZPO die Pfändung, geregelt.

Die Pfändung durch den Gerichtsvollzieher stellt einen Anwendungsfall der Zwangsvollstreckung wegen Geldforderungen dar. Sie wird also auch bei der Vollstreckung aus einem Europäischen Vollstreckungstitel angewandt. Folglich findet auch die Klage des Dritten auf vorzugsweise Befriedigung nach § 805 ZPO auf diese Vollstreckung Anwendung. Insoweit ergeben sich keine Unterschiede zu einer Zwangsvollstreckung mittels Pfändung aus einem nationalen Titel.

Auch aus der Verordnung ergeben sich keine Einschränkungen. Denn eine Nachprüfung der Entscheidung oder der Bestätigung in der Sache selbst, die Art. 21 Abs. 2 EuVTVO verbietet, erfolgt ersichtlich nicht. Es handelt sich lediglich um ein Verfahren im Rahmen der Zwangsvollstreckung. Der Dritte macht nur ein Pfand- oder Vorzugsrecht besseren Ranges geltend. Der Anspruch des Gläubigers und die Bestätigung als Europäischer Vollstreckungstitel werden nicht angegriffen. Sie werden auch nicht Gegenstand des Verfahrens. Es ist nur zu prüfen, ob dem Dritten als Kläger ein besseres Recht zusteht als dem Gläubiger. Maßstab ist hier aber nur das Pfändungspfandrecht des Gläubigers, welches sich nach dem nationalen Zwangsvollstreckungsrecht im Vollstreckungsmitgliedsstaat richtet. Dieses ist also erst in Deutschland entstanden und kann damit als Maßstab für die rechtliche Prüfung im Rahmen der Begründetheitsprüfung dienen. Eine Überprüfung des Anspruchs des Gläubigers erfolgt nicht.

Art. 10 Abs. 4 EuVTVO steht ebenso nicht entgegen, da die Bescheinigung als Europäischer Vollstreckungstitel nicht angetastet wird.

2. *Zulässigkeit*

Für die Klage nach § 805 ZPO gelten die allgemeinen Prozessvoraussetzungen. Es müssen insbesondere die Zuständigkeit des angerufenen Gerichts und das Rechtsschutzbedürfnis gegeben sein.

Die internationale Zuständigkeit der deutschen Gerichte ergibt sich aus Art. 24 Nr. 5 EuGVVO n.F. (Art. 22 Nr. 5 EuGVVO a.F.).[1368] Diese Zuständigkeit ist eine ausschließliche. Sie findet Anwendung bei Verfahren, welche die Zwangsvollstreckung aus Entscheidungen zum Gegenstand haben. Dann sind die Gerichte des Mitgliedsstaates zuständig, in dessen Hoheitsgebiet die Zwangsvollstreckung durchgeführt werden soll oder durchgeführt worden ist. Um einen solchen Fall handelt es sich

1368 Vgl. MüKo[4]-*Gottwald*, Art. 22 EuGVVO a.F., Rn. 47; Musielak[13]-*Stadler*, Art. 24 EuGVVO n.F., Rn. 11.

hier, denn es geht in der Klage aus § 805 ZPO um die vorzugsweise Befriedigung des Dritten, der ein rangbesseres Pfand- oder Vorzugsrecht an der gepfändeten Sache besitzt. Dieses erfolgt im Rahmen eines Zwangsvollstreckungsverfahrens.

Zuständig ist gemäß § 805 Abs. 2 ZPO das Vollstreckungsgericht. Die sachliche Zuständigkeit richtet sich gemäß §§ 23, 71 GVG nach dem Streitwert. Damit ist bis zu einem Streitwert von 5.000,00 Euro das Amtsgericht zuständig, darüber das Landgericht. Örtlich ist nach §§ 764 Abs. 2, 802 ZPO ausschließlich das Gericht zuständig, in dessen Bezirk die Pfändung stattgefunden hat.

Das Rechtsschutzbedürfnis liegt vor, sobald die Sache gepfändet ist und entfällt, wenn der Erlös ausbezahlt worden ist. Ab Erlösauszahlung (nicht an den Dritten = Kläger) bestehen für diesen nur noch schuldrechtliche Ansprüche, beispielsweise wegen ungerechtfertigter Bereicherung.

3. *Begründetheit*

Die Klage gemäß § 805 ZPO ist begründet, wenn dem Kläger gegenüber dem Pfändungspfandrecht des Beklagten ein Pfand- oder Vorzugsrecht besseren Ranges zusteht. Die Pfand- und Vorzugsrechte sind in §§ 50, 51 ZPO aufgeführt. Dieses sind insbesondere alle Vertragspfandrechte, das kaufmännische Zurückbehaltungsrecht aus §§ 369, 370 HGB[1369] sowie die gesetzlichen Pfandrechte (z.B. Vermieterpfandrecht gemäß § 562 BGB und Werkunternehmerpfandrecht gemäß § 647 BGB) und Pfändungspfandrechte an einer Sache, nicht aber bloß solche an einem Anwartschaftsrecht.[1370]

Wie schon aus dem Wortlaut des § 805 Abs. 1 2. HS ZPO ersichtlich, muss die Forderung nicht fällig sein. Sie kann auch aufschiebend bedingt sein. Der Kläger kann dann aber bis zur Fälligkeit oder bis zum Eintritt der Bedingung nur Hinterlegung verlangen und der Erlösanteil darf nicht ausbezahlt werden.[1371] Der Antrag und die Urteilsformel sind in diesen Fällen entsprechend zu fassen.

Für das Rangverhältnis ist § 804 ZPO maßgeblich. Grundsätzlich richtet es sich nach dem Prioritätsprinzip, also nach der Reihenfolge, in der die Pfandrechte entstehen (§ 804 Abs. 2 2. HS. und Abs. 3 ZPO). Das früher entstandene Pfandrecht hat Vorrang.

Passivlegitimiert ist zunächst der Pfändungspfandgläubiger. Neben diesem ist auch der Schuldner zu verklagen, wenn er einer Auszahlung an den Kläger widerspricht.[1372] Gemäß § 805 Abs. 3 ZPO können diese gemeinsam verklagt werden und sind dann Streitgenossen iSv. § 59 ZPO.

1369 Handelsgesetzbuch vom 10.05.1897 (RGBl. 1897, 219), zuletzt geändert durch Art. 1 Bürokratieentlastungsgesetz vom 28.07.2015 (BGBl. 2015, I 1400).

1370 Vgl. BGH 24.05.1954 NJW 1954, 1325 [1327].

1371 Musielak[13]-*Becker*, § 805 ZPO, Rn. 3; Thomas/ Putzo[37]-*Seiler*, § 805 ZPO, Rn. 9.

1372 MüKo[4]-*Gruber*, § 805 ZPO, Rn. 31; Musielak[13]-*Becker*, § 805 ZPO, Rn. 2; Thomas/ Putzo[37]-*Seiler*, § 805 ZPO, Rn. 11.

Die Beweislastverteilung ist so, dass der Kläger diese für seinen klagebegründenden Anspruch und für das Pfand- oder Vorzugsrecht trägt, der Beklagte hingegen für das Erlöschen des Pfandrechts.[1373]

4. Entscheidung

Durch die der Klage stattgebende Entscheidung wird ausgesprochen, dass der Kläger aus dem Reinerlös des gepfändeten genau bezeichneten Gegenstandes bis zu einem bestimmten Betrag in Euro zu befriedigen ist. Gegebenenfalls sind auch noch Zinsen bis zum Tage der Auszahlung vorzusehen.

Das Urteil muss nach den Bestimmungen der §§ 708–714 ZPO für vorläufig vollstreckbar erklärt werden.

Auf der Grundlage des Urteils kehrt der Gerichtsvollzieher oder die Hinterlegungsstelle (§ 13 Abs. 2 S. 1 Nr. 2 HinterlO[1374]) den Reinerlös in der bestimmten Höhe an den Kläger aus.[1375]

Gemäß § 805 Abs. 4 ZPO muss das Gericht die Hinterlegung des Erlöses im Wege der einstweiligen Anordnung entsprechend §§ 769, 770 ZPO anordnen, wenn der Anspruch glaubhaft gemacht wird. Mit Anspruch ist dabei der Streitgegenstand, mithin das Bestehen des Pfand- oder Vorzugsrechts und des Vor- oder Gleichrangs, gemeint.[1376]

5. Rechtsmittel

Auch bei der Klage auf vorzugsweise Befriedigung nach § 805 ZPO sind die Rechtsmittel der Berufung (§ 511 ZPO) und Revision (§ 542 ZPO) nach den allgemeinen Vorschriften statthaft. Im Fall des Versäumnisurteils findet der Einspruch gemäß § 338 ZPO mit der Wirkung nach § 342 ZPO Anwendung.

6. Kosten

Über die Kosten entscheidet das Gericht nach den §§ 91 ff. ZPO. Der Streitwert richtet sich grundsätzlich nach der vollstreckbaren Forderung[1377] – wie üblich ohne

---

1373 Vgl. BGH 20.03.1986 NJW 1986, 2426 [2417].

1374 Hinterlegungsordnung vom 10.03.1937 (RGBl. 1937, I 285), zuletzt geändert durch Art. 17 Abs. 2 Nr. 1 Zweites Gesetz über die Bereinigung von Bundesrecht im Zuständigkeitsbereich des BMJ vom 23.11.2007 (BGBl. 2007, I 2614) – außer Kraft seit dem 01.12.2010 und ersetzt durch Hinterlegungsgesetze der Bundesländer; vgl. z.B. § 22 Abs. 3 Nr. 2 HinterlegungsG Hamburg vom 25.11.2010 (HmbVBl. 2010, 614).

1375 MüKo[4]-*Gruber*, § 805 ZPO, Rn. 34; Musielak[13]-*Becker*, § 805 ZPO, Rn. 8; Thomas/ Putzo[37]-*Seiler*, § 805 ZPO, Rn. 5.

1376 Thomas/ Putzo[37]-*Seiler*, § 805 ZPO, Rn. 13.

1377 MüKo[4]-*Gruber*, § 805 ZPO, Rn. 40.

Zinsen und Kosten. Im Fall, dass der Pfandgegenstand einen geringeren Wert hat, richtet sich der Streitwert gemäß § 6 S. 2 ZPO nach diesem Wert.

Der Rechtsanwalt verdient, wie üblich bei Klageverfahren, eine 1,3 Verfahrensgebühr gemäß Nr. 3100 VV RVG und 1,2 Terminsgebühr nach Nr. 3104 VV RVG.

Bei einem Einstweiligen Verfügungsverfahren auf Anordnung der Hinterlegung des Erlöses fällt im Fall einer abgesonderten mündlichen Verhandlung eine 0,5 Verfahrensgebühr gemäß Nr. 3328 VV RVG an. Ansonsten gehört die Tätigkeit des Anwalts gemäß § 19 Abs. 1 Nr. 11 RVG zu dem Rechtszug, so dass keine gesonderten Gebühren anfallen.

XIII. Zusammenfassung des Ergebnisses für nationale (deutsche) Rechtsbehelfe

Die Verordnung selbst sieht nur wenige Rechtsbehelfe vor. Im Rahmen des Vollstreckungsverfahrens beschränkt sich die EuVTVO auf Begleitmaßnahmen wie Art. 23 EuVTVO. Daher ist es dringend geboten, die nationalen Rechtsbehelfe im Vollstreckungsverfahren für anwendbar zu erklären, wie es auch in Art. 20 Abs. 1 S. 2 EuVTVO grundsätzlich vorgesehen ist. Dabei ist eine möglichst weitreichende und weitgehende Anwendbarkeit der nationalen Rechtsbehelfe zu bevorzugen. Dieses betrifft auch die Vollstreckungsgegenklage im deutschen Recht gemäß § 767 ZPO. Sie stellt keine Überprüfung in der Sache selbst (*révision au fond*) dar und greift den Titel selbst nicht an. Es werden lediglich nachträgliche (nicht präkludierte) Einwendungen in der Zwangsvollstreckung beachtet (so zum Beispiel die nachträgliche Erfüllung).

Nur wenige Rechtsbehelfe sind gar nicht oder nur mit (zum Teil erheblichen) Einschränkungen anwendbar.

Im Ergebnis sind auch auf die Vollstreckung aus einem Europäischen Vollstreckungstitel anzuwendende Rechtsbehelfe in Deutschland die Folgenden:

- § 766 ZPO (Erinnerung gegen die Art und Weise der Zwangsvollstreckung)
- § 767 ZPO (ggf. iVm. § 1086 ZPO) (Vollstreckungsgegenklage)
- § 771 ZPO (Drittwiderspruchsklage)
- §§ 775 f. ZPO (ggf. iVm. § 1085 ZPO) (Einstellung der Zwangsvollstreckung)
- § 793 ZPO, § 11 RPflG iVm. §§ 567 ff. ZPO (sofortige Beschwerde)
- § 805 ZPO (Klage auf vorzugsweise Befriedigung)

Nicht anwendbar sind die Erinnerung gegen die Erteilung der Vollstreckungsklausel (§ 732 ZPO), die Klauselgegenklage (§ 768 ZPO) und die (negative) Feststellungsklage (§ 256 ZPO).

Die Klage nach § 826 BGB ist nur in Ausnahmefällen anwendbar, da das Verbot der *révision au fond* beachtet werden muss und zumeist gegen eine Anwendung spricht.

D. Sonstige Rechtsbehelfe

Es stellt sich die Frage, ob und inwieweit dem Schuldner noch sonstige außerordentliche Rechtsbehelfe zur Verfügung stehen, um sich gegen eine Vollstreckung aus einem Europäischen Vollstreckungstitel oder sogar gegen einen als Europäischen Vollstreckungstitel bestätigten Titel zur Wehr zu setzen.

I. Anrufung des Europäischen Gerichtshofs für Menschenrechte (EGMR)

Durch den Umstand, dass eine *ordre public*-Klausel in die EuVTVO nicht aufgenommen worden ist, die *ordre public*-Kontrolle also wegfällt, ist zu fragen, ob der Schuldner neben den bestehenden und vorstehend erörterten Rechtsbehelfen bei eklatanten Extremfällen eine andere Möglichkeit des Rechtsschutzes hat. In Betracht kommt die Anrufung des Europäischen Gerichtshofs für Menschenrechte (EGMR) im Wege der Individualbeschwerde durch den einzelnen Betroffenen.

Bei Verstößen insbesondere gegen die Verfahrensgrundrechte, welche eine Verletzung des Art. 6 Abs. 1 EMRK (Recht auf ein faires Verfahren) begründen, bleibt dem Schuldner meines Erachtens der Gang zum EGMR.[1378]

Besonders Mängel bei der grenzüberschreitenden Zustellung könnten einen solchen Weg unumgänglich machen. Dieses ist etwa der Fall, wenn dem Schuldner das verfahrenseinleitende Schriftstück nicht zugeht, er sich also in dem Verfahren nicht verteidigen konnte, dieses aber im Urteilsstaat nicht festgestellt wird. Wenn dann das daraufhin ergehende Versäumnisurteil dem Schuldner ebenso nicht ordnungsgemäß zugestellt wird, so dass dieser keine Rechtsbehelfsmöglichkeiten hat, bleibt im Fall der Vollstreckung mittels Europäischem Vollstreckungstitel im Vollstreckungsmitgliedsstaat keine Prüfungsmöglichkeit. Der Rechtsbehelf des Widerrufs gemäß Art. 10 Abs. 1 bis 3 EuVTVO ist vor dem Ursprungsgericht geltend zu machen und könnte bei mutwilliger Missachtung der vorgenannten Verfahrensgrundsätze keine Hilfe bieten.

Auch wenn im Fall der fehlenden Zustellung des Versäumnisurteils, die Einspruchsfrist (in Deutschland) nicht zu laufen beginnt, und damit auch noch der Einspruch im Ursprungsmitgliedsstaat möglich bliebe, so sollte die Anrufung des EGMR offen stehen. Bei eklatanten Verstößen im Ursprungsmitgliedsstaat ist für den Schuldner einzig der Weg zum EGMR gangbar, bei dem eine Verletzung des Prozessgrundrechts auf rechtliches Gehör aus Art. 6 EMRK gerügt werden kann. Die erneute Befassung der Gerichte im Ursprungsmitgliedsstaat, in dem die

1378 *Windolf/ Zemmrich*, JuS 2007, 803 [804]; ebenso wohl auch *Hess*, IPRax 2001, 389 [395], der eine Verklammerung der Prozessrechte der Mitgliedsstaaten durch Art. 6 EMRK und das revisionsähnliche Vorabentscheidungsverfahren zum EuGH (ex-Artt. 68, 234 EG = Art. 267 AEUV) sieht; offen gelassen vom BGH 24.04.2014 EuZW 2014, 557 [558, Rn. 25]; zweifelnd: *Stürner*, GPR 2010, 43 [47 f.]; *Kramme*, GPR 2014, 296 [298].

Verfahrensgrundrechte des Schuldners gröblich (womöglich vorsätzlich) verletzt wurden, ist dem Schuldner kaum zuzumuten. Demzufolge würde hier ein Antrag auf Widerruf gemäß Art. 10 Abs. 1 EuVTVO womöglich auch nicht helfen oder spätestens bei dessen rechtswidriger Zurückweisung der Gang zum EGMR offen stehen. Zudem besteht nicht in allen Mitgliedsstaaten eine solch ausgeprägte Verfassungsgerichtsbarkeit wie in Deutschland.

Es ist darüber hinaus auch denkbar, dass dem Schuldner keine nationalen Angriffsmöglichkeiten im Ursprungsmitgliedsstaat mehr zustehen, obwohl der Titelschaffung kein rechtsstaatliches Verfahren zugrunde lag.

1. Zulässigkeit der Individualbeschwerde zum EGMR

An der Möglichkeit und Zulässigkeit der Individualbeschwerde zum EGMR bestehen Zweifel. So könnte der Zulässigkeit der Anrufung des EGMR wegen einer Verletzung von Art. 6 EMRK entgegenstehen, dass innerhalb der Europäischen Union grundsätzlich ein effektiver Grundrechtsschutz bestehe.[1379] Der EGMR nimmt eine Vermutung an, dass sich ein Staat den Anforderungen der Europäischen Menschenrechtskonvention nicht entzogen hat, wenn er nur den rechtlichen Verpflichtungen nachkommt, die sich für ihn aus seiner Mitgliedschaft in der Organisation ergeben, welche selbst einen hinreichenden Grundrechtsschutz gewährleistet.[1380]

Meines Erachtens spricht dieses jedoch nicht gegen die Erhebung einer Individualbeschwerde des Einzelnen zum EGMR bei einem Verstoß gegen die EMRK durch eine Einzelentscheidung oder eine Rechtshandlung.[1381] Die Anrufung des EGMR ist meiner Meinung nach möglich, wenn gerade der EuVTVO zuwider gehandelt wird und der Rechtsschutz über die nationalen Gerichte ausgeschöpft worden und unergiebig geblieben ist. Denn dann geht es gerade darum, dass trotz Vorliegens einer Europäischen Verordnung, für deren ordnungsgemäße Anwendung die Vermutung konventionskonformen Handelns spricht, eine konventionswidrige, weil eben nicht ordnungsgemäße, Handlung vorliegt. Gegen diese muss die Individualbeschwerde zum EGMR wegen Verletzung der EMRK möglich sein und zugelassen werden.

Eine Überprüfung der Verordnung selbst scheidet hingegen aus. Hierzu ist ausschließlich der EuGH befugt.

2. Kein Verstoß gegen Art. 21 Abs. 2 EuVTVO (révision au fond)

Ein Verstoß gegen Art. 21 Abs. 2 EuVTVO ist meines Erachtens in der Anrufung des EGMR nicht zu sehen. Denn Art. 21 Abs. 2 EuVTVO bestimmt lediglich, dass weder die Entscheidung noch ihre Bestätigung als Europäischer Vollstreckungstitel

1379 *Stürner*, GPR 2010, 43 [48 mwN.]; *Kramme*, GPR 2014, 296 [298].

1380 EGMR (Große Kammer) 30.06.2005 NJW 2006, 197 [202, Rn. 155 f.] – *Bosphorus Hava Yollari Turizm ve Ticaret Anonim Sirketi/ Irland*; *Stürner*, GPR 2010, 43 [48]; *Kramme*, GPR 2014, 296 [298].

1381 Dahingehend auch *Stürner*, GPR 2010, 43 [48].

im Vollstreckungsmitgliedsstaat in der Sache selbst nachgeprüft werden dürfen. Eine Überprüfung durch den Europäischen Gerichtshof für Menschenrechte in Straßburg bleibt möglich, da dadurch keine Nachprüfung durch Gerichte oder sonstige Stellen im Vollstreckungsmitgliedsstaat erfolgt. Es wird durch eine unabhängige Kontrollinstanz die Verletzung von Prozessrechtsgrundsätzen überprüft, was genauso mit innerstaatlichen (bzw. innerstaatlich, also im Ursprungsmitgliedsstaat, zu vollstreckenden) Titeln geschehen könnte.

Im Fall eines schwerwiegenden Verstoßes gegen die Verfahrensgrundsätze im Ursprungsmitgliedsstaat sollte dem Schuldner daher der Weg zum EGMR offen stehen, zumindest dann, wenn ihm kein ordentlicher Rechtsbehelf im Ursprungsmitgliedsstaat mehr zusteht, zum Beispiel weil die Rechtsbehelfsfristen abgelaufen sind, oder alle Rechtsbehelfe erfolglos blieben. Die Anrufung als *ultima ratio* könnte auch zur Disziplinierung der Mitgliedsstaaten notwendig sein.

Die bloße Möglichkeit der Wiedereinsetzung in den vorherigen Stand sollte dem nicht entgegenstehen. Denn bei Verstößen gegen die Verfahrensgrundsätze im Ursprungsverfahren und/ oder bei der Bestätigung als Europäischer Vollstreckungstitel hilft dem vermeintlichen Schuldner eine Wiedereinsetzung in den vorherigen Stand auch nicht weiter, da er sich dann wieder der gleichen Stelle gegenübersieht, die bereits gegen Verfahrensgrundsätze verstoßen hat. Insbesondere im Fall eines vorsätzlichen Verstoßes gegen die Verfahrensgrundsätze bzw. Verletzung des Grundsatzes auf ein faires Verfahren muss meines Erachtens der Weg zum EGMR offen stehen,[1382] um dem Betroffenen hinreichenden Rechtsschutz zu gewähren. Zudem könnte dieser Weg ggf. erforderlich sein, um die Entscheidungen der mitgliedsstaatlichen Gerichte notfalls zu korrigieren und auf Missstände hinzuweisen.

Insbesondere bei einem Verstoß gegen die Zustellung des verfahrenseinleitenden Schriftstücks und fehlender Möglichkeit des Betroffenen, sich in dem Verfahren zu verteidigen oder (rechtzeitig) Rechtsmittel einzulegen,[1383] dürfte eine Klage zum EGMR wegen Verstoßes gegen Art. 6 Abs. 1 EMRK erfolgreich sein.[1384]

Nach Erschöpfung des Rechtswegs im Ursprungsmitgliedsstaat kann dem Schuldner schließlich die Anrufung des EGMR nicht verwehrt werden, wenn gegen die EMRK verstoßen wurde. Damit könne eine Mehrbelastung des Gerichtshofs einhergehen,[1385] was meines Erachtens jedoch hinzunehmen ist. Denn an einer Belastung des Gerichts sollte sich die Anrufungsmöglichkeit nicht orientieren, wenn das anzuwendende Recht eine Rechtsbehelfsmöglichkeit vorsieht.

1382 Ebenso *Windolf/ Zemmrich*, JuS 2007, 803 [804].

1383 Vgl. OLG Zweibrücken 10.05.2005 BeckRS 2005, 06239 zu einem zur EuGVVO a.F. entschiedenen Fall; zur Möglichkeit der Rechtsbehelfseinlegung bei im Ausland ergangenem Versäumnisurteil siehe EuGH 14.12.2006 Rs. C-283/05 Slg. 2006, I-12067 ff. = NJW 2007, 825 ff. – *ASML Netherlands BV/ SEMIS.*

1384 Vgl. *Rauscher*, EuVT, 18, Rn. 40.

1385 Dieses prognostizierte *Wagner*, IPRax 2005, 189 [200].

II. Verfassungsbeschwerde zum deutschen Bundesverfassungsgericht (BVerfG)

Fraglich ist, ob die Verfassungsbeschwerde zum deutschen Bundesverfassungsgericht als Rechtsbehelf bei grenzüberschreitenden Sachverhalten und im Anwendungsbereich der EuVTVO statthaft ist.

Dabei ist meiner Meinung nach zu differenzieren, ob der dem Europäischen Vollstreckungstitel zugrunde liegende Titel in Deutschland selbst geschaffen worden ist oder es sich um einen Titel handelt, der in einem anderen Mitgliedsstaat geschaffen und als Europäischer Vollstreckungstitel bestätigt worden ist.

1. Verfassungsbeschwerde bei Titelschaffung in Deutschland

Handelt es sich um einen Titel, der in Deutschland geschaffen worden ist, so ist die Verfassungsbeschwerde unter den allgemeinen Voraussetzungen statthaft. Zu diesen gehört unter anderem die Rechtswegerschöpfung, da das Bundesverfassungsgericht keine Superrevisionsinstanz[1386] ist.

Zu den in Deutschland geschaffenen Titeln gehören – dem Anwendungsbereich der EuVTVO entsprechend – Entscheidungen, gerichtliche Vergleiche und öffentliche (vollstreckbare) Urkunden.

Ist also in Deutschland eine Verletzung der Grundrechte oder grundrechtsgleichen Rechte erfolgt, durch die der Beschwerdeführer selbst, gegenwärtig und unmittelbar betroffen ist und hat er den Rechtsweg erschöpft (vgl. Art. 93 Nr. 4a GG, §§ 13 Nr. 8a, 90 ff. BVerfGG[1387]), so kann er Verfassungsbeschwerde zum Bundesverfassungsgericht einlegen. Dieses gilt zumindest im Rahmen der Schaffung des Titels.

Festzustellen ist noch, ob auch bei Grundrechtsverletzungen im Rahmen der Bestätigung als Europäischer Vollstreckungstitel die Verfassungsbeschwerde zum Bundesverfassungsgericht eröffnet ist.

Grundsätzlich sind bei Fehlern im Bestätigungsverfahren nur die Rechtsbehelfe der Verordnung in Art. 10 EuVTVO gegeben, also die Berichtigung und der Widerruf. Der Schuldner muss also immer diese Rechtsbehelfe ausschöpfen. Dieses entspricht aber auch der Rechtslage bei rein innerstaatlichen Titeln. Auch hier muss vor der Anrufung des deutschen Bundesverfassungsgerichts der mögliche Rechtsweg ausgeschöpft worden sein, um das Bundesverfassungsgericht nicht als Superrevisionsinstanz zu missbrauchen.

Der Widerruf gemäß Art. 10 Abs. 1 lit. b EuVTVO ist in Deutschland an eine Notfrist von einem Monat, bei Auslandszustellung von zwei Monaten, gebunden. Nur mit Hilfe des Widerrufs ist es dem Schuldner nach der EuVTVO möglich, den Europäischen Vollstreckungstitel aus der Welt zu schaffen. Wird dem Antrag des

1386 Vgl. nur BVerfG 15.01.1958 BVerfGE 7, 198 [207] = NJW 1958, 257 [258].

1387 Bundesverfassungsgerichtsgesetz = Gesetz über das Bundesverfassungsgericht in der Fassung der Bekanntmachung vom 11.08.1993 (BGBl. 1993, I 1473), zuletzt geändert durch Art. 1 Neuntes ÄndG vom 24.06.2015 (BGBl. 2015, I 973).

Schuldners auf Widerruf nicht entsprochen, und werden in diesem Verfahren die Grundrechte des Schuldners verletzt, was auch im Rechtsbehelfsverfahren der befristeten Erinnerung gemäß § 11 Abs. 2 RPflG nicht ausgeräumt wird, so dürfte der Weg zum Bundesverfassungsgericht eröffnet sein.

Dagegen könnte zwar sprechen, dass neben den Rechtsbehelfen, die Art. 10 EuVTVO vorsieht, keine weiteren Rechtsbehelfe gegeben sein dürfen, um die Bestätigung als Europäischer Vollstreckungstitel anzugreifen. Jedoch handelt es sich meines Erachtens im vorstehend geschilderten Fall nicht um einen weiteren Rechtsbehelf gegen die Bestätigung. Dem Bundesverfassungsgericht wird vielmehr zur Überprüfung gestellt, ob in dem Berichtigungs- oder Widerrufsverfahren die Grundrechte einer Partei verletzt werden.

Bei solchen Verstößen ist im innerstaatlichen Recht das Bundesverfassungsgericht zuständig. Da auch hier die nationalen deutschen Gewalten gegenüber dem Bürger tätig werden, kann eine Verfassungsbeschwerde statthaft und angezeigt sein.

Fraglich ist, ob sich daran etwas ändert, dass die deutschen Stellen aufgrund einer europäischen Regelung, mithin der EuVTVO, tätig werden.

Auch wenn die deutschen Stellen aufgrund der EuVTVO entscheiden, hierbei aber fehlerhaft vorgehen und dieses eine Grundrechtsverletzung bedeutet, müsste der Betroffene Verfassungsbeschwerde einlegen können. Die Tatsache, dass die Verordnung Rechtsgrundlage des Tätigwerdens ist, ändert an der Möglichkeit der Anrufung des Bundesverfassungsgerichts erst einmal nichts.

Wenn Fehler in der Anwendung die Grundrechtsverletzung begründen, wie etwa mangelndes rechtliches Gehör oder ein Verstoß gegen die Mindeststandards, so liegt in der Anrufung des Bundesverfassungsgerichts auch keine Überprüfung der Verordnung selbst, sondern lediglich eine Überprüfung der Tätigkeit der Stellen anhand des Grundgesetzes.

Demgemäß besteht auch kein Kompetenzkonflikt mit dem EuGH, der für die Überprüfung der Rechtsakte der Europäischen Union und der Anwendung des abgeleiteten Gemeinschaftsrechts zuständig ist.[1388] Zudem käme eine Einschaltung des EuGH nur auf dem Wege einer Vorlage gemäß Art. 267 AEUV in einem gerichtlichen Verfahren (wie im Rahmen einer Erinnerung nach § 766 ZPO) in Frage.[1389] Eine Vorlage im Rahmen der deutschen Gerichtsbarkeit nach Art. 100 Abs. 1 GG an das BVerfG ist hingegen aufgrund der ausschließlichen Auslegungskompetenz bzgl. europäischer Rechtsakte des EuGH nicht zulässig.[1390] Andererseits kommt dem EuGH kein individueller Bürgerschutz[1391] zu, eine vorrangige Anrufung erfolgt mithin nach der *Solange II*-Entscheidung[1392] nur bei der Vorlage in einem gerichtlichen Verfahren.

1388 Vgl. BVerfG 22.10.1986 NJW 1987, 577 [582] = BVerfGE 73, 339 [386] – *Solange II.*

1389 *Stürner*, GPR 2010, 43 [48]; *Kramme*, GPR 2014, 296 [298].

1390 Vgl. BVerfG 22.10.1986 NJW 1987, 577 [582] = BVerfGE 73, 339 [386] – *Solange II.*

1391 *Kirchhof*, NJW 2011, 3681 [2684].

1392 BVerfG 22.10.1986 NJW 1987, 577 = BVerfGE 73, 339 – *Solange II.*

Das BVerfG wäre also nach Ausschöpfung der innerstaatlichen Rechtsbehelfe zuständig, die (mögliche) Grundrechtsverletzung nachzuprüfen. Anknüpfungspunkt ist hierbei selbstverständlich die Entscheidung selbst und nicht der Rechtsakt, der seine Grundlage in der Verordnung selbst hat.[1393] Prüfungsgegenstand ist die auf nationalem Recht beruhende (Gerichts-)Entscheidung selbst und nicht der Europäische Vollstreckungstitel.[1394] Eine Individualverfassungsbeschwerde zum deutschen Bundesverfassungsgericht ist meines Erachtens folglich möglich.

Ein unzulässiger Verstoß gegen das Verbot der *révision au fond* gemäß Art. 21 Abs. 2 EuVTVO scheidet aus, da hier im Ursprungsmitgliedsstaat eine Überprüfung einer Grundrechtsverletzung mittels außerordentlichen Rechtsbehelfs stattfindet. Es liegt keine Nachprüfung im Vollstreckungsmitgliedsstaat vor.

Folglich können Grundrechtsverletzungen bei Erteilung der Bestätigung als Europäischer Vollstreckungstitel in Deutschland nach Ausschöpfung der Rechtsbehelfe nach Art. 10 EuVTVO und den gegen diese Entscheidung eingreifenden Rechtbehelfen in Deutschland grundsätzlich mit der Verfassungsbeschwerde zum BVerfG angegriffen werden.

2. *Verfassungsbeschwerde bei Titelschaffung in einem anderen Mitgliedsstaat*

Wurde der der Bestätigung zugrunde liegende Titel und damit auch der Europäische Vollstreckungstitel selbst nicht in Deutschland geschaffen, so ist auch bei einer Verletzung der Grundrechte des Betroffenen (Schuldners) die Verfassungsbeschwerde zum deutschen Bundesverfassungsgericht nicht statthaft.

Der deutsche Schuldner kann nicht bei (drohender) Vollstreckung in Deutschland aus einem Europäischen Vollstreckungstitel das BVerfG wegen einer mit der Titelschaffung oder der Bestätigung als Europäischer Vollstreckungstitel einhergehenden Grundrechtsverletzung anrufen. Das BVerfG kann nur Akte der deutschen öffentlichen Gewalt überprüfen. Die Titel wurden hingegen von Stellen aus den anderen Mitgliedsstaaten errichtet.

Auch wenn die Vollstreckung von inländischen Vollstreckungsstellen (Vollstreckungsgericht, Gerichtsvollzieher, Grundbuchamt) durchgeführt wird, so beruht sie doch auf einem ausländischen Titel. Daran ändert sich auch dadurch nichts, dass diese wie nationale Titel behandelt werden müssen.

Es handelt sich um die Vollstreckung eines Titels aus einem anderen Mitgliedsstaat der Europäischen Union aufgrund eines Rechtsaktes der Europäischen Union, nämlich der EuVTVO. Bei der Anwendung des abgeleiteten Gemeinschaftsrechts ist die Verfassungsbeschwerde zum Bundesverfassungsgericht solange unstatthaft, wie durch die Institutionen der Europäischen Union ein vergleichbarer

---

1393 *Stürner*, GPR 2010, 43 [48].

1394 Vgl. auch *Stürner*, GPR 2010, 43 [48].

Grundrechtsschutz gewährleistet ist.[1395] Dieser vergleichbare Grundrechtsschutz wurde durch das Bundesverfassungsgericht im Jahre 1986 festgestellt.[1396]

Demzufolge hilft dem deutschen Schuldner die Verfassungsbeschwerde bei Europäischen Vollstreckungstiteln aus den anderen Mitgliedsstaaten nicht. Sie ist kein statthafter außerordentlicher Rechtsbehelf.

Auch wäre eine Verfassungsbeschwerde zum Bundesverfassungsgericht schon aus der Regelung des Art. 20 Abs. 2 EuVTVO zu verbieten, da damit eine unzulässige Nachprüfung in der Sache selbst einherginge. Eine Prüfung des *ordre public* durch die Hintertür ist des Weiteren abzulehnen.

Etwas anderes könnte nur gelten, wenn bei der Vollstreckung nach nationalem deutschem Recht gegen Grundrechte verstoßen würde. Dann wäre eine Verfassungsbeschwerde nach Durchführung aller Rechtsbehelfe denkbar. Dieses könnte etwa eintreten, wenn nationale Vollstreckungsschutzbestimmungen missachtet werden und der dabei eintretende Grundrechtsverstoß in allen Instanzen aufrechterhalten bleibt und nicht abgestellt wird. Lediglich bei rein nationalen Maßnahmen könnte demnach die Verfassungsbeschwerde statthaft sein.

Engel/ Singbartl meinen, dass eine Verfassungsbeschwerde an der *Solange II*-Rechtsprechung des BVerfG scheitere, was zu einer Perpetuierung einer gegebenenfalls bestehenden Grundrechtsverletzung führen könne.[1397]

Hier zeigt sich, dass die Möglichkeit einer Individualbeschwerde zum EGMR (bei Verstößen im ausländischen Verfahren) notwendig erscheint.

3. *Berücksichtigung im Rahmen von Art. 23 EuVTVO*

Wenn eine deutsche Entscheidung als Europäischer Vollstreckungstitel bestätigt wurde, besteht die Möglichkeit, dass der Schuldner bezüglich dieser Entscheidung die Verletzung seiner Grundrechte oder grundrechtsgleichen Rechte im Wege der Verfassungsbeschwerde zum deutschen Bundesverfassungsgericht geltend macht. Gemäß Art. 23 EuVTVO kann der Schuldner im Vollstreckungsmitgliedsstaat beim zuständigen Gericht oder der sonst befugten Stelle die Aussetzung oder Beschränkung der Vollstreckung beantragen, wenn er einen Rechtsbehelf gegen die Entscheidung eingelegt hat.[1398]

Nach der hier vertretenen Auffassung[1399] zählt dazu auch die Verfassungsbeschwerde zum deutschen Bundesverfassungsgericht, da keine Einschränkung auf ordentliche Rechtsbehelfe besteht.

1395 Vgl. BVerfG 22.10.1986 NJW 1987, 577 [582] = BVerfGE 73, 339 [386] – *Solange II*; mit umgekehrten Vorzeichen noch BVerfG 24.11.1971 NJW 1974, 1697 [1699] = BVerfGE 37, 271 [285] – *Solange I.*

1396 Vgl. BVerfG 22.10.1986 NJW 1987, 577 [582] = BVerfGE 73, 339 [386] – *Solange II.*

1397 *Engel/ Singbartl*, EWiR 2014, 603 [604].

1398 Siehe oben Teil 2, B., II.

1399 Siehe oben Teil 4, B., II., 1., b) cc).

Demzufolge findet die Verfassungsbeschwerde Berücksichtigung im Rahmen des Antrags auf Aussetzung oder Beschränkung der Zwangsvollstreckung gemäß Art. 23 EuVTVO. Die zuständige Stelle im Vollstreckungsmitgliedsstaat kann (nach ihrem Ermessen) die Zwangsvollstreckung aussetzen oder beschränken, wenn der Schuldner in Deutschland als Ursprungsmitgliedsstaat Verfassungsbeschwerde zum Bundesverfassungsgericht eingelegt hat, muss dieses aber aufgrund des Ermessens nicht. Es prüft dann vornehmlich die Erfolgsaussichten der Verfassungsbeschwerde und wägt die Interessen des Gläubigers und Schuldners sowie insbesondere die Folgen der (Nicht-)Vollstreckung gegeneinander ab. Zur näheren Ausgestaltung des Verfahrens gemäß Art. 23 EuVTVO sei auf die Ausführungen oben unter Teil 4, B., II. verwiesen.

4. *Ergebnis*

Im Ergebnis ist die Verfassungsbeschwerde zum deutschen Bundesverfassungsgericht in Karlsruhe nur statthaft bei Entscheidungen und Titeln aus Deutschland, sofern der Beschwerdeführer in seinen Grundrechten oder grundrechtsgleichen Rechten verletzt worden ist. Es gelten die allgemeinen Voraussetzungen aus Art. 93 Nr. 4a GG[1400] und §§ 90 ff. BVerfGG. Gleiches gilt für das Verfahren der Bestätigung als Europäischer Vollstreckungstitel in Deutschland. Grundrechtsverletzungen durch die (zuständigen) deutschen Stellen in diesem Verfahren können mit der Verfassungsbeschwerde gerügt werden.

Gegen Titel und die Bestätigungen als Europäischer Vollstreckungstitel aus den übrigen Mitgliedsstaaten der Europäischen Union kann sich der Schuldner nicht mit der außerordentlichen Verfassungsbeschwerde in Deutschland zur Wehr setzen, auch dann nicht, wenn die Vollstreckung in Deutschland erfolgt oder erfolgen soll. Lediglich bei Verstößen im Rahmen des nationalen deutschen Vollstreckungsverfahrens ist nach Rechtswegerschöpfung der Weg zum Bundesverfassungsgericht denkbar.

E. Ergebnis zu den Rechtsbehelfen

Weitgehend sind die nationalen Rechtsbehelfe anwendbar mit der Einschränkung aus Art. 21 Abs. 2 EuVTVO. Diese Norm beschränkt die Anwendung der nationalen deutschen Rechtsbehelfe im Zwangsvollstreckungsverfahren jedoch nicht wesentlich, was die Ausführungen unter Teil 4, C. gezeigt haben. Lediglich das Verbot der *révision au fond* verbietet die Anwendung mancher Rechtsbehelfe oder führt zu einer gewissen Einschränkung.[1401]

1400 Grundgesetz für die Bundesrepublik Deutschland vom 23.05.1949 (BGBl. 1949, 1), zuletzt geändert durch Art. 1 Änderungsgesetz (Art. 91b) vom 23.12.2014 (BGBl. 2014, I 2438).

1401 Zu dem zusammenfassenden Ergebnis siehe oben Teil 4, C., XIII.

F. Unterschiedliche Zwangsvollstreckungsverfahren und Frage des anwendbaren Rechts; Abschaffung des *ordre public*-Vorbehalts

Aus der unterschiedlichen Ausgestaltung der Zwangsvollstreckungsverfahren und der Verteilung der Zuständigkeiten zwischen Erkenntnisverfahren und Vollstreckungsverfahren ergeben sich verschiedene Fragestellungen, die in dieser Arbeit bereits angesprochen und teilweise diskutiert wurden. Sie drehen sich alle um einen ähnlichen Problemkreis. Es geht um die Frage, welche Rechtsordnung diese Fragen entscheiden soll und wer für diese zuständig sein soll.

Die sich an unterschiedlichen Punkten stellenden Fragen sind nachfolgend kurz zusammengefasst und werden in den nächsten Unterpunkten näher behandelt.

Zum einen besteht die Gefahr, dass Voraussetzungen der für die Bestätigung erforderlichen (vorläufigen) Vollstreckbarkeit nach dem nationalen Recht des Ursprungsmitgliedsstaates erst im Zwangsvollstreckungsverfahren geprüft werden könnten, nach dem Recht in dem Vollstreckungsmitgliedsstaat aber bereits in dem Erkenntnisverfahren. In diesem Fall wäre die mit der Vollstreckung befasste Stelle also nicht mit der Prüfung der Voraussetzungen befasst und es stellt sich die Frage, wie diese Diskrepanz zwischen den Verfahrensrechten aufzulösen wäre. Dazu sogleich unter I. Anschließend wird darauf eingegangen, dass diese Diskrepanz auch im Bereich des zugunsten des Schuldners bestehenden/vorgesehenen Vollstreckungsschutzes ein Thema sein kann (II.). Ein ähnliches Thema ist die Frage nach dem auf die Präklusion anwendbaren Recht (III.). Schließlich besteht eine Problematik bei einer unterschiedlichen Einordnung von Rechtsbehelfen. Diese könnten einerseits mehr in das Erkenntnisverfahren oder andererseits in das Zwangsvollstreckungsverfahren verlagert sein. Hierzu siehe nachfolgend IV. Unter V. wird noch auf die Abschaffung des *ordre public*-Vorbehalts eingegangen.

Aus diesen Themen lässt sich als Folge herauslesen, dass die Möglichkeit einer meines Erachtens moderaten Anhebung der Prozessführungsobliegenheit oder auch Einlassungslast durch die Einführung des Europäischen Vollstreckungstitels nicht zu verleugnen ist (siehe dazu Teil 4, G.).

I. Prüfung (der Vollstreckbarkeit) im Bestätigungsverfahren

Wie oben unter Teil 2, C., III., 5. erörtert, besteht die Möglichkeit, dass einzelne Vollstreckungsvoraussetzungen in den einzelnen Mitgliedsstaaten zu unterschiedlichen Zeitpunkten geprüft werden. Es besteht die Möglichkeit der unterschiedlichen Zuständigkeit und damit verschiedenen Aufteilung zwischen der Prüfung durch das Ursprungsgericht im Ursprungsmitgliedsstaat und durch das Vollstreckungsorgan im Vollstreckungsmitgliedsstaat. So wird in Deutschland der Eintritt einzelner im Titel genannter Bedingungen bei Erteilung einer qualifizierten

Vollstreckungsklausel erst vom Vollstreckungsorgan zu Beginn der Zwangsvollstreckung geprüft.[1402]

Diese Prüfung im Rahmen der Vollstreckung nach der EuVTVO dem ausländischen Vollstreckungsorgan zu überlassen, ist insoweit keine Option. Denn die Zwangsvollstreckung aus einem Europäischen Vollstreckungstitel richtet sich gemäß Art. 20 Abs. 1 S. 1 EuVTVO nach dem nationalen Vollstreckungsrecht des Vollstreckungsmitgliedsstaates. Diese unterscheiden sich innerhalb der Europäischen Union, was neben der fehlenden Zuständigkeit der EU auch ein Grund für die Regelung in Art. 20 Abs. 1 EuVTVO war. Man wollte – wie bereits erwähnt – die nationalen Vollstreckungssysteme unangetastet lassen. Da aber das anzuwendende Vollstreckungsrecht die nach dem Vollstreckungsrecht des Ursprungsmitgliedsstaates vorzunehmende Prüfung nicht kennen muss und eine Überprüfung der Bestätigung und des Titels in der Sache selbst nach Art. 21 Abs. 2 EuVTVO ausscheidet, muss diese für die Vollstreckbarkeit notwendige Prüfung ausbleiben.

Der daraus erwachsende Widerspruch lässt sich nur dadurch lösen, dass im Rahmen eines Bestätigungsverfahrens nach der EuVTVO der Richter bzw. die sonst zuständige Stelle im Ursprungsmitgliedsstaat (z.B. bei bedingten Ansprüchen) bereits bei der Erteilung der Bestätigung als Europäischer Vollstreckungstitel prüft, ob alle (formellen) nationalen Voraussetzungen für eine Vollstreckung vorliegen. Dieses gebietet auch Art. 6 Abs. 1 lit. a EuVTVO, der die Anwendbarkeit der Verordnung auf im Ursprungsmitgliedsstaat vollstreckbare Titel beschränkt. Für den Fall einer Zug um Zug zu erfüllenden Leistung fehlt es indes, wie bereits in Teil 2, C., I. 4. dargestellt, an der für eine Bestätigung als Europäischer Vollstreckungstitel erforderlichen Fälligkeit der Forderung, solange die Gegenleistung nicht erbracht worden ist. Der Richter oder die sonst zuständige Stelle muss also gegebenenfalls schon hier prüfen, was eigentlich nach nationalem Vollstreckungsrecht erst das (deutsche/ nationale) Vollstreckungsorgan prüfen würde. Denn das Vollstreckungsorgan im Vollstreckungsmitgliedsstaat geht zum einen nur nach seinem nationalen Vollstreckungsrecht vor, welches sich von dem Vollstreckungsrecht des Ursprungsmitgliedsstaats unterscheiden wird, und darf auch nur nach diesem vorgehen. Zudem dürfte es die nationale Regelung des Ursprungsmitgliedsstaates nicht kennen.

Nur wenn die zuständigen Stellen (Gerichte, Notare usw.) bereits im Ursprungsmitgliedsstaat alle nationalen Voraussetzungen für die (vorläufige) Vollstreckbarkeit im Sinne des Art. 6 Abs. 1 lit. a EuVTVO geprüft haben und diese vorliegen, ist gewährleistet, dass nur solche Titel als Europäischer Vollstreckungstitel in einem anderen Mitgliedsstaat vollstreckt werden, die auch im Ursprungsmitgliedsstaat vollstreckt worden wären.

1402 Vgl. dazu auch *Rellermeyer*, Rpfleger 2005, 389 [399 f.] und die nähere Darstellung unter Teil 2, C., III., 5.

II. Vollstreckungsschutz – mögliche Diskrepanz zwischen dem System des Ursprungs- und des Vollstreckungsmitgliedsstaats

Auch im Bereich des Vollstreckungsschutzes (z.B. Sicherheitsleistung) stellt sich diese Problematik. Denn die EuVTVO überlässt den Bereich der Schutzmaßnahmen für den Schuldner dem Vollstreckungsmitgliedsstaat und sieht selbst keine solchen vor (Art. 23 EuVTVO).[1403]

Diese Maßnahmen bezwecken den Schutz des Schuldners für den Fall, dass ein Urteil auf sein Rechtsmittel hin aufgehoben wird. Die Durchsetzbarkeit eines nicht rechtskräftigen Urteils ist grundsätzlich abhängig von den Schuldnerschutzvorschriften.[1404] Denn die Verordnung lässt auch die vorläufige Vollstreckung nicht rechtskräftiger Urteile zu. Auch nur vorläufig vollstreckbare Entscheidungen können somit als Europäischer Vollstreckungstitel bestätigt werden.

Da sich der Schutz des Schuldners bei der Vollstreckung eines nicht rechtskräftigen Titels nach dem Recht des Vollstreckungsmitgliedsstaates richtet, die Frage der Vollstreckbarkeit hingegen nach dem Recht des Ursprungsmitgliedsstaates, können Probleme entstehen, wenn diese Rechtsordnungen in diesem Bereich nicht aufeinander abgestimmt sind.[1405]

Es könnte möglicherweise der Fall entstehen, dass sich nach dem Recht des Ursprungsmitgliedsstaates Sicherheitsleistungen des Gläubigers bei vorläufig vollstreckbaren Urteilen nach dem Vollstreckungsrecht richten und nicht direkt im Urteil ausgesprochen werden. Soll nun ein solches Urteil in Deutschland vollstreckt werden, ergibt sich das Problem, dass in Deutschland die Sicherheitsleistung bereits im Urteil ausgesprochen wird, die Vollstreckungsschutzbestimmungen also bereits im Erkenntnisverfahren Anwendung finden. Der Ausspruch einer Sicherheitsleistung des Gläubigers zugunsten des Schuldners erst im Zwangsvollstreckungsverfahren sieht die ZPO nicht vor.

Eine solche unterschiedliche Anwendung der Schuldnerschutzbestimmungen könnte dazu führen, dass ein an sich nach dem Grundprinzip des Ursprungsmitgliedsstaates im Vollstreckungsverfahren nur gegen Sicherheitsleistung vorläufig vollstreckbares Urteil gegen den Schuldner im Vollstreckungsmitgliedsstaat ohne Sicherheitsleistung vollstreckt werden muss. Dieses könnte erhebliche Gefahren für den Schuldner bergen, da dieser ggf. ohne Sicherheit dasteht, wenn sich der Titel im Nachhinein als unrichtig darstellt und mangels Sicherheiten eine Rückforderung (beispielsweise wegen zwischenzeitlich eingetretener Vermögenslosigkeit des Gläubigers) unmöglich ist. Außerdem ist die Rückforderung gegen den im Ausland ansässigen Gläubiger ohnehin schwieriger.

Im Ergebnis muss es meines Erachtens ebenso wie bei der Prüfung der Vollstreckbarkeit so sein, dass im Ursprungsmitgliedsstaat bei Schaffung des Europäischen

---

1403 *Coester-Waltjen*, Jura 2005, 394 [395].
1404 *Coester-Waltjen*, Jura 2005, 394 [395]; vgl. insbesondere die §§ 708, 709 ZPO.
1405 *Coester-Waltjen*, Jura 2005, 394 [394].

Vollstreckungstitels bereits darauf geachtet werden muss, ob Schutzmaßnahmen zugunsten des Schuldners ergriffen/ angeordnet werden müssen. Sollten diese nach dem Recht des Ursprungsmitgliedsstaates erst im Vollstreckungsverfahren angeordnet werden, so ist zu überlegen, dass dieses bereits vorverlagert werden könnte.

Zudem hat die EuVTVO für den Fall, dass die als Europäischer Vollstreckungstitel bestätigte (vorläufig vollstreckbare) Entscheidung im Ursprungsmitgliedsstaat angegriffen wird, mit Art. 23 EuVTVO die Möglichkeit geschaffen, dass das Gericht oder die befugte Stelle im Vollstreckungsmitgliedsstaat das Vollstreckungsverfahren auf Sicherungsmaßnahmen beschränken oder sogar weitreichendere Einschränkungen aussprechen kann. Damit dürfte diese Diskrepanz durch die Regelung der EuVTVO im Ergebnis nicht ins Gewicht fallen und eine nationale Prüfung nicht zwingend erfordern. Der Schuldner ist jedoch angehalten den Antrag nach Art. 23 EuVTVO zu stellen, wenn er einen Rechtsbehelf im Ursprungsmitgliedsstaat eingelegt hat.

III. Das auf die Präklusion anwendbare Recht

Eine ähnliche Thematik gibt es – wie bereits eingehend oben in Teil 4 unter C., V., 4. c) dargestellt – bei der Frage des auf die Präklusion anwendbaren Rechts. Auch hier ist das Recht (*lex fori*) des Mitgliedsstaates des Ursprungsgerichts maßgeblich. Denn im Ergebnis lässt sich nur so sicherstellen, dass ein als Europäischer Vollstreckungstitel bestätigter Titel in einem anderen Mitgliedsstaat nicht leichter vollstreckt werden kann als in dem Ursprungsmitgliedsstaat. Bezüglich der Einzelheiten soll an dieser Stelle auf die detaillierten Ausführungen in Teil 4, C., V., 4. c) und das differenzierte Ergebnis (unter cc)) verwiesen werden. Hier soll nur noch einmal angesprochen werden, dass dieses zur Folge haben kann, dass sich der Schuldner ggf. doch bereits im Ursprungsmitgliedsstaat zur Wehr setzen muss, wenn nach der *lex fori* eine Präklusion mit Einwendungen droht. Dieses kann zu einer erhöhten Prozessführungslast führen, was unten in Teil 4, G. noch einmal aufgenommen wird.

IV. Unterschiedliche Einordnung von Rechtsbehelfen

Ein weiteres Problem, welches grenzüberschreitende Sachverhalte auslösen können, zeigte *Coester-Waltjen* bereits 2003 im Zuge von Überlegungen zu der damals noch zukünftigen Europäischen Vollstreckungstitel-Verordnung auf.[1406] Als Beispiel führt sie an, dass die Berichtigung von Fehlentscheidungen oder die Berücksichtigung von nachträglich eintretenden Umständen nach der *lex fori* des Ursprungsmitgliedsstaates mehr in dem Vollstreckungsverfahren angesiedelt sein kann, wohingegen nach der im Vollstreckungsmitgliedsstaat geltenden Rechtsordnung die ordentlichen oder außerordentlichen Rechtsbehelfe des

1406 Siehe *Coester-Waltjen*, FS Kostas Beys (2003), 183 [193 f.].

Erkenntnisverfahrens bevorzugt werden.[1407] Sollte sich der Schuldner gegen die Vollstreckung wegen dieser Umstände im Vollstreckungsmitgliedsstaat zur Wehr setzen wollen, so könnte die Problematik bestehen, dass es keinen geeigneten Rechtsbehelf gibt, da er nach der dort geltenden Rechtsordnung auf Rechtsbehelfe im Erkenntnisverfahren verwiesen ist, ein solches in dem Vollstreckungsmitgliedsstaat aber gar nicht stattgefunden hat. Im Ursprungsmitgliedsstaat steht ihm womöglich ebenfalls kein Rechtsbehelf zur Verfügung, da er dort keiner Vollstreckungshandlung unterliegt und die Rechtsbehelfe in dem Vollstreckungsverfahren angesiedelt sind.

Meines Erachtens gibt es nur eine Lösungsmöglichkeit. Es muss meiner Meinung nach eine einheitliche Anwendung nach dem Recht des Ursprungsmitgliedsstaates vorgenommen werden. Danach müssen entgegen der Rechtsordnung des Vollstreckungsmitgliedsstaates die Einwendungen, wie sie die Rechtsordnung des Ursprungsmitgliedsstaates vorsieht, entweder noch im Vollstreckungsmitgliedsstaat oder zumindest im Ursprungsmitgliedsstaat geltend gemacht werden können. Sollte das Prozessrecht des Vollstreckungsmitgliedsstaates keinen Rechtsbehelf oder eine Prüfung von Einwendungen im Zwangvollstreckungsverfahren mehr vorsehen, so wird es auf eine Geltendmachung im Ursprungsmitgliedsstaat hinauslaufen. Dieses Verfahren müsste ggf. abgewartet werden.

Es gibt meiner Ansicht nach keine wirkliche Alternative dazu, das Recht des Ursprungsmitgliedsstaates (*lex fori*) für anwendbar zu erklären. Auch läuft es im Endeffekt darauf hinaus, bei Differenzen bezüglich der Einordnung von Rechtsbehelfen die Geltendmachung nötigenfalls vor den Gerichten des Ursprungsmitgliedsstaates zuzulassen.

Dieses führte ebenso wie schon die Fragestellungen zuvor dazu, dass sich der Schuldner im Extremfall an die Gerichte des (ausländischen) Ursprungsmitgliedsstaates wenden muss. Es besteht dabei die Möglichkeit, dass es ratsam ist, sich also gleich im Erkenntnisverfahren zur Wehr zu setzen, was wiederum für eine höhere Prozessführungsobliegenheit bzw. Einlassungslast spricht. Sollte es wie im genannten Beispiel dazu kommen, dass eigentlich weder das Verfahrensrecht des Vollstreckungsmitgliedsstaates noch dasjenige des Ursprungsmitgliedsstaates einen (passenden) Rechtsbehelf vorsieht, müsste meines Erachtens der Rechtsbehelf des Ursprungsmitgliedsstaates, der im Vollstreckungsverfahren angesiedelt ist, anwendbar sein, auch wenn in einem anderen Mitgliedsstaat die Vollstreckung durchgeführt wird. Denn grundsätzlich ist auch eine Vollstreckung im Ursprungsmitgliedsstaat (noch) möglich und zum anderen kommt es nach der EuVTVO (Art. 5) auf die Vollstreckbarkeit im Ursprungsmitgliedsstaat an. Besteht in diesem ein Hindernis, soll sich dieses (ggf. über eine Gegenbestätigung nach Art. 6 Abs. 2 EuVTVO bestätigt) auch in dem Vollstreckungsmitgliedsstaat niederschlagen.

1407 *Coester-Waltjen*, FS Kostas Beys (2003), 183 [193].

V. Abschaffung des *ordre public*-Vorbehalts

Die Abschaffung des *ordre public*-Vorbehalts wurde viel diskutiert und stieß und stößt auf erhebliche Zweifel und Widerstand.[1408]

Meines Erachtens stellen jedoch auch die vorstehend genannten Problematiken keinen Grund gegen die Abschaffung der *ordre public*-Kontrolle in der EuVTVO dar.[1409]

Es ist aus meiner Sicht heute nicht mehr angezeigt, immer noch den Fall „*Krombach*"[1410] für die Notwendigkeit eines *ordre public*-Vorbehalts ins Feld zu führen, auch und gerade weil dieser einen Extremfall darstellte.

Denn sollte tatsächlich wieder einmal ein Gericht – wie bei der dem EuGH-Urteil[1411] in Sachen *Krombach* zugrunde liegenden Entscheidung in Frankreich – im Adhäsionsverfahren einen Schadensersatzanspruch zu Lasten des Angeklagten aussprechen, bei dem dessen Rechtsanwalt/ Prozessvertreter nicht auftreten darf und der Beklagte aufgrund der drohenden Strafe nicht auftritt, und diese Entscheidung als Europäischer Vollstreckungstitel bestätigt werden, so kann der Angeklagte/ Beklagte im Ursprungsmitgliedsstaat einen Rechtsbehelf einlegen. Dieser schützt ihn zwar nicht direkt vor der Vollstreckung nach der EuVTVO im Vollstreckungsmitgliedsstaat, er kann aber dort einen Antrag gemäß Art. 23 EuVTVO auf Aussetzung oder Beschränkung der Zwangsvollstreckung stellen. Auf diese Weise kann eine Vollstreckung zumindest vorübergehend verhindert werden. Sollte der Betroffene im Ursprungsmitgliedsstaat mit seinem Rechtsbehelf durchdringen, so kann er nach Erhalt einer Gegenbestätigung nach Art. 6 Abs. 2 EuVTVO die Vollstreckung endgültig abwenden. Auch eine Anrufung des EGMR aufgrund der Verletzung von Art. 6 EMRK[1412] im Rahmen des Erkenntnisverfahrens ist denkbar. Darüber hinaus kann auch auf diese Anrufung des EGMR gestützt – nach hier vertretener und bereits dargestellter Auffassung[1413] – ein Antrag nach Art. 23 EuVTVO gestellt werden. Zudem würde die Bestätigung als Europäischer Vollstreckungstitel wohl eindeutig zu Unrecht erfolgen, so dass ein Antrag auf Widerruf nach Art. 10 EuVTVO erfolgreich sein müsste.

1408 Vgl. nur *Bittmann*, in: *Gebauer/ Wiedmann* (Hrsg.)^2, Kap. 28, Rn. 5 und Rn. 43 jeweils mit Nachweisen für Stimmen in der Literatur.

1409 Ebenso *Bittmann*, in: *Gebauer/ Wiedmann* (Hrsg.)^2, Kap. 28, Rn. 43; die gegenteilige Tendenz zeigt sich bei *Coester-Waltjen*, FS Kostas Beys (2003), 183 [193 f.].

1410 Siehe hierzu bereits kurz oben Teil 1, C., II., 3.; EuGH 28.03.2000 Rs. C-7/98 Slg. 2000, I-1956 = NJW 2000, 1853 – *Krombach*.

1411 EuGH 28.03.2000 Rs. C-7/98 Slg. 2000, I-1956 = NJW 2000, 1853 – *Krombach*.

1412 Europäische Menschenrechtskonvention = Konvention zum Schutz der Menschenrechte und Grundfreiheiten in der Fassung der Bekanntmachung vom 22.10.2010 (BGBl. 2010, II 1198), zuletzt geändert durch 15. EMRK-Protokoll vom 24.06.2013 (BGBl. 2014, II 1034).

1413 Siehe Teil 4, B., II., 1., b) cc).

Dementsprechend ist es meines Erachtens unwahrscheinlich, dass ein Fall, wie er der *Krombach*-Entscheidung zugrunde lag, noch einmal vorkommen könnte. Aber gerade dieser Fall wird von den Kritikern immer wieder angeführt.

Der (begrenzte) Anwendungsbereich der EuVTVO, die in der Verordnung verankerten Mindeststandards und die Rechtsbehelfe gemäß der EuVTVO sowie nach nationalem Recht und in Extremfällen die Anrufung des EGMR sollten meines Erachtens ein faires Verfahren bzw. zumindest ein im Endeffekt gerechtes Ergebnis ermöglichen. Nach den hier vertretenen Auffassungen zu den Rechtsbehelfsmöglichkeiten (insbesondere auch Anrufung des EGMR in Verbindung mit der Möglichkeit der Aussetzung der Vollstreckung gemäß Art. 23 EuVTVO) sollte sichergestellt sein, dass eine Vollstreckung im Rahmen der EuVTVO letztlich zu Recht scheitert. Dieses gilt selbst bei nationalen Vorschriften, die eine Versäumnisentscheidung dadurch ermöglichen, dass ein anwesender Prozessbevollmächtigter nicht gehört wird.

Meines Erachtens stellt der Sachverhalt einen Einzelfall und Extremfall dar, dessen erneutes Auftreten äußerst unwahrscheinlich ist und dem mit anderen (zuvor beispielhaft genannten) Mitteln begegnet werden kann. Der *ordre public*-Vorbehalt, der mittlerweile ohnehin, wenn überhaupt, hauptsächlich im prozessualen Bereich Anwendung findet, stellt sich als nicht mehr zeitgemäßes Instrument dar. Dieses gilt umso mehr, als in den Mindestvorschriften der EuVTVO die wesentlichen Verfahrensgarantien festgeschrieben sind, wie sie Ausfluss aus Art. 6 EMRK und Art. 47 EuGRC sind, und damit der verfahrensrechtliche *ordre public* ohnehin abgebildet wird.[1414] Daraus folgert *Kramme* meines Erachtens zu Recht, dass eine Überprüfung des *ordre public* im Vollstreckungsmitgliedsstaat kaum einen Gerechtigkeitsgewinn brächte.[1415] Bezüglich eines materiell-rechtlichen *ordre public* lässt sich zudem sagen, dass dieser bei den im Rahmen der EuVTVO zu bestätigenden Titeln über unbestrittene Forderungen kaum jemals überhaupt vorkommen könnte.[1416]

Mit Beschluss vom 24.04.2014 hat der 7. Zivilsenat des Bundesgerichtshofs[1417] klargestellt, dass in der EuVTVO die *ordre public*-Kontrolle abgeschafft und dieses durch den Verordnungsgeber klar zum Ausdruck gebracht wurde. Zudem bestünden keine Zweifel daran, dass ein Europäischer Vollstreckungstitel nicht im Vollstreckungsmitgliedsstaat auf einen *ordre public*-Verstoß überprüft werden könne, so dass eine Vorlage zum EuGH ausscheide.[1418]

1414 Ebenso *Kramme*, GPR 2014, 296 [297]; *Bittmann*, in: *Gebauer/ Wiedmann* (Hrsg.)², Kap. 28, Rn. 43 sieht meines Erachtens zu Recht in den Mindeststandards einen hinreichen Schuldnerschutz, der die Abschaffung der *ordre public*-Kontrolle rechtfertigt.

1415 *Kramme*, GPR 2014, 296 [298].

1416 *Kramme*, GPR 2014, 296 [298].

1417 Vgl. BGH 24.04.2014 EuZW 2014, 557 ff. mit Anm. *Sujecki*, 559 f. = NJW 2014, 2363.

1418 Vgl. BGH 24.04.2014 EuZW 2014, 557 [559, Rn. 36] mit Anm. *Sujecki*, 559 f. = NJW 2014, 2363; eine Vorlagemöglichkeit zum EuGH hinsichtlich der Vereinbarkeit des Regelungsregimes der EuVTVO mit Art. 47 EuGRC gemäß Art. 267 Abs. 1 lit. b Alt. 1 AEUV sehen *Engel/ Singbartl*, EWiR 2014, 603 [604].

Wie man auch immer zu der Abschaffung des Exequaturverfahrens und der *ordre public*-Kontrolle steht, sie ist vom Verordnungsgeber eindeutig entschieden worden. Die Abschaffung des Exequaturverfahrens hat zudem auch Eingang in der seit dem 10.01.2015 geltenden Neufassung der EuGVVO gefunden. In dieser erfolgt eine *ordre public*-Kontrolle zudem nur noch ausnahmsweise auf (begründeten) Antrag (Art. 44, 45 Abs. 1 lit. a EuGVVO n.F.).

G. Erhöhte Prozessführungsobliegenheit bzw. Einlassungslast sowie Prüfungslast

Die Gefahr einer erhöhten Prozessführungsobliegenheit bzw. Einlassungslast[1419] durch die Einführung der EuVTVO und der damit verbundenen einfacheren Schaffung eines in allen Mitgliedsstaaten zu vollstreckenden Vollstreckungstitels im Ursprungsmitgliedsstaat lässt sich kaum abstreiten. Wenn man das Risiko vermeiden will, dass Rechtsbehelfsfristen im Ursprungsmitgliedsstaat verstreichen und ggf. eine nur oberflächliche Prüfung der schuldnerschützenden Mindeststandards der EuVTVO zu einem Europäischen Vollstreckungstitel führen, sollte man zumindest die Forderung im Ursprungsmitgliedsstaat bestreiten oder die fehlende Zuständigkeit (beispielsweise in Verbrauchersachen) geltend machen.

Die Nichtanwendbarkeit der Verordnung lässt sich mit dem Bestreiten der Forderung herstellen, so dass sich dann die Gefahr der fälschlicherweise ergehenden Bestätigung als Europäischer Vollstreckungstitel erübrigt.

Will man sich hingegen, beispielsweise weil aufgrund der Verbrauchereigenschaft im Ausland keine Zuständigkeit besteht, nicht zur Sache einlassen, kann man unter Verzicht auf eine materielle Einlassung die mangelnde Zuständigkeit rügen. Wie oben (unter Teil 2, C., V., 1., c)) dargestellt, kann sich für den Verbraucher das Problem stellen, dass seine Verbrauchereigenschaft nicht erkannt wird und ein gegen ihn ergangenes Versäumnisurteil als Europäischer Vollstreckungstitel bestätigt wird. Um sich dagegen im Nachhinein zur Wehr zu setzen, bestehen für den Verbraucher zwar auch Rechtsbehelfe. Dennoch kann es erforderlich sein, dass sich auch Verbraucher vorsichtshalber und aufgrund anwaltlichen Rates des sichersten Weges verstärkt vor ausländischen Gerichten einlassen müssen, zumindest aber die fehlende Zuständigkeit rügen sollten.

1419 Auf diese wird hingewiesen von *Spindler*, MMR 2000, 18 [25]; *Hess*, JZ 2001, 573 [578]; *Stadler*, IPRax 2004, 1 [9]; *Stein*, IPRax 2004, 181 [188]; *Wagner*, IPRax 2005, 189 [200]; *Rott*, EuZW 2006, 167 [168]; *Buchhold*, NJW 2007, 2734 [2738]; *Windolf/ Zemmrich*, JuS 2007, 803 [806]; *Mankowski*, IPRax 2006, 454 [457]; *ders.*, FS Jan Kropholler (2008), 829 [847 f.]; *Bittmann*, in: *Gebauer/ Wiedmann* (Hrsg.)², Kap. 28, Rn. 14; *Sujecki*, EuZW 2014, 559 [560]; Rauscher-*Papst*, Band II⁴, Einl. EuVTVO, Rn. 19.

Die Gefahr besteht insgesamt, wenn das Gericht zum Beispiel zur Begründung seiner Zuständigkeit auf Angaben des Klägers vertraut. Dies kann sich – wie oben gezeigt – auch bei der Zustellung des verfahrenseinleitenden Schriftstücks ergeben.

Auch wenn dem Betroffenen bei den besagten Szenarien ein Rechtsbehelf zur Verfügung steht, lässt sich zur Abwendung dieses Risikos eine erhöhte Prozessführungsobliegenheit bzw. Einlassungslast nicht von der Hand weisen.

Entgegengesetzt muss man genau abwägen, ob man nicht durch eine Einlassung gerade die Heilung eines Zustellungsmangels gemäß Art. 18 Abs. 2 EuVTVO bewirkt.[1420] Das Risiko einer Entscheidung trotz fehlerhafter Zustellung ist gegen das Risiko einer (fehlerhaften) Entscheidung trotz fehlender Zuständigkeit abzuwägen. Hier ist also eine Prüfung durch den angeblichen Schuldner erforderlich, wobei meist Rechtsrat durch einen Experten erforderlich sein dürfte. Es besteht eine erhöhte Prüfungslast.

Die Option des Beklagten, sich in die Säumnis zu flüchten und in einem zweitstaatlichen Vollstreckbarerklärungsverfahren zu verteidigen, ist mit dessen Abschaffung in der EuVTVO und auch in der EuGVVO n.F. weggefallen.[1421] Schließlich ist zu bedenken, dass die Säumnis gerade einen Fall der unbestrittenen Forderung hervorruft und praktisch den Hauptanwendungsfall der EuVTVO darstellt.[1422] Der Beklagte müsse sich im Ausgangsverfahren, also im Ursprungsmitgliedsstaat, verteidigen, um eine effektive Verteidigung nutzbar machen zu können, er kann das Verfahren in einem anderen Mitgliedsstaat als seinem (Wohn-)Sitzstaat nicht ignorieren.[1423]

Meines Erachtens ist jedoch gegen eine gewisse Erhöhung der Prüfungs- sowie Einlassungslast bzw. Prozessführungsobliegenheit nichts einzuwenden. Sicherlich sollte insbesondere der Verbraucherschutz nicht ausgehöhlt werden. Eine Vermeidung einer solchen Aushöhlung des Verbraucherschutzes dürfte in der EuVTVO jedoch mit Art. 6 Abs. 1 lit. d EuVTVO einigermaßen gelungen sein.[1424] Jedoch besteht zumindest bis zur Bestätigung als Europäischer Vollstreckungstitel die Problematik, dass bei Nichteinlassung des Schuldners aufgrund der Angaben des klagenden Gläubigers die Verbrauchereigenschaft des Schuldners und eine damit einhergehende fehlende Zuständigkeit der Ausgangsgerichte und eine fehlende Bestätigungsfähigkeit nicht erkannt werden könnte.[1425] Damit kann es dazu kommen, dass sich der Verbraucher zumindest soweit in dem im Ausland anhängigen Verfahren äußert, dass er die mangelnde Zuständigkeit rügt. Ansonsten kann es geschehen, dass der Verbraucher nach Bestätigung als Europäischer Vollstreckungstitel doch im Ursprungsmitgliedsstaat gegen diese vorgehen muss und sich im Inland bzw. Vollstreckungsmitgliedsstaat

1420 Siehe oben Teil 2, C., IV., 3., b).
1421 Vgl. *Mankowski*, FS Jan Kropholler (2008), 829 [848] zur EuVTVO.
1422 *Mankowski*, FS Jan Kropholler (2008), 829 [848].
1423 *Sujecki*, EuZW 2014, 559 [560]: *Stürner*, jurisPR-BGHZivil 12/2014 Anm. 1.
1424 Siehe zu der Erhöhung der Prozessführungs- und Einlassungslast bereits oben Teil 2, C., V., 1., c).
1425 Siehe hierzu bereits oben ausführlicher unter Teil 2, C., V., 1., c) bb).

mit Art. 23 EuVTVO behelfen muss.[1426] Meiner Meinung nach ist diese Folge aber hinzunehmen, denn im Endeffekt ist der Verbraucher nicht schutzlos gestellt. Die Gerichte und sonstigen zuständigen Stellen der Mitgliedsstaaten sollten jedoch sensibilisiert sein, dass diese Problematik besteht und bei der Prüfung ihrer Zuständigkeit bzw. der Bestätigungsfähigkeit ggf. hinterfragen, ob es sich nicht doch um einen Verbraucher handelt.

Soweit sich der europäische Gesetzgeber für eine Verbesserung des Justizgewährleistungsanspruchs und eine deutliche Erleichterung der europaweiten Durchsetzung und Vollstreckung von Forderungen entschieden hat, sind diese Ziele anzuerkennen.

1426 Siehe oben unter Teil 2, C., V., 1., c) cc).

Teil 5: Schlussbetrachtung und Ausblick

Den abschließenden fünften Teil bilden eine Schlussbetrachtung, die Darstellung eigener Erfahrungen und ein Einblick in die ernüchternde Wirklichkeit der Anwendungspraxis der Verordnung sowie ein Ausblick.

A. Schlussbetrachtung zur EuVTVO

In der Schlussbetrachtung werden die wesentlichen Ergebnisse und Erkenntnisse aus dieser Arbeit noch einmal zusammengefasst und die Besonderheiten hervorgehoben.

Zudem wird erläutert, dass die Bedenken bezüglich der Abschaffung der *ordre public*-Kontrolle verständlich, aber im Ergebnis überzogen waren. Die Verordnung selbst und die breite Anwendbarkeit der nationalen Rechtsbehelfe (im Vollstreckungsverfahren) sowie notfalls die Anrufung des EGMR stellen meines Erachtens in ihrer Gesamtheit im Ergebnis einen ausreichenden Schuldnerschutz sicher.

I. Relativ komplexe inhaltliche Regelungen der EuVTVO

Die vorstehenden Ausführungen – insbesondere in Teil 2 zum Inhalt und den Voraussetzungen der Verordnung – zeigen, dass die Regelungen in der EuVTVO relativ komplex und kompliziert sind. Die Einhaltung der prozessualen (Mindest-) Voraussetzungen im nationalen Verfahren erfordert eine gewisse Gründlichkeit. Diese darf man meiner Ansicht nach von den Gerichten und zuständigen Stellen aber auch erwarten. In diesem Zusammenhang ist den Prozessbevollmächtigten/ Verfahrensbevollmächtigten bzw. Rechtsanwälten und sonstigen Beratern oder Vertretern zu raten, die Richter mit genauen „Anleitungen" in ihren Schriftsätzen zu leiten und die anzuwendenden Normen zu nennen sowie deren Inhalt zu verdeutlichen. Auch wenn der Grundsatz *iura novit curia* gilt, so ist zu befürchten, dass einzelne zuständige Stellen – auch nach mehreren Jahren der Existenz der EuVTVO – womöglich erstmals mit der Problematik einer Vollstreckung im Ausland nach der EuVTVO bzw. der Bestätigung als Europäischer Vollstreckungstitel konfrontiert sind. Dann dürften diese über ein wenig „Hilfestellung" erfreut sein. Dieses gilt ganz besonders für die Zustellungsbestimmungen der Artt. 13 bis 15 EuVTVO sowie für die Regelungen zur ordnungsgemäßen Unterrichtung des Schuldners gemäß Artt. 16 und 17 EuVTVO. Hier ist es ratsam, von Gläubigerseite frühzeitig (gegebenenfalls mit Klageeinreichung) zumindest auf die Möglichkeit der Vollstreckung im Ausland hinzuweisen, damit das Gericht die Mindestvorschriften der EuVTVO (Beurteilungsnormen) bzw. deren Umsetzung im nationalen Recht beachtet. Gegebenenfalls kann oder sollte auch schon mit der Klageerhebung der Antrag auf Bestätigung als Europäischer Vollstreckungstitel gestellt werden.[1427] Hier sind also auch die Parteien und besonders deren Berater in die Pflicht zu nehmen.

Trotz der Komplexität befinden sich andererseits relativ wenige Normen in der Verordnung, was damit zu begründen ist, dass kein eigenständiges (europäisches) Verfahren nur zur Schaffung eines Europäischen Vollstreckungstitels errichtet wurde, sondern lediglich einige nationale Titel als Europäischer Vollstreckungstitel nach dieser Verordnung (zunächst alternativ zum Exequaturverfahren und seit dem 10.01.2015 zum Verfahren ohne Exequatur in der EuGVVO n.F.) bestätigt werden können. Die nationalen Vollstreckungssysteme der Mitgliedsstaaten blieben und bleiben durch die Verordnung insoweit unangetastet, als diese gemäß Art. 20 Abs. 1 EuVTVO auf einen Europäischen Vollstreckungstitel ebenso Anwendung finden wie auf nationale Titel. Es wurden nur einige weitere Rechtsbehelfe durch die Verordnung geschaffen und die Anwendung nationaler Rechtsbehelfe ist dadurch beschränkt, dass keine Nachprüfungen der Bestätigung und der Entscheidung oder des sonstigen zugrunde liegenden Titels in der Sache selbst erfolgen dürfen (Art. 21 Abs. 2 EuVTVO). Die Problematik, welche durch diese vermeintlich gegensätzlichen Vorschriften der Verordnung ausgelöst wird, wurde in der Arbeit erörtert und wird nachfolgend unter III. und insbesondere IV. noch einmal aufgegriffen.

Die praktischen Schwierigkeiten werden dadurch verstärkt, dass teilweise sehr unterschiedliche Rechtsauffassungen zu einzelnen Voraussetzungen und Vorschriften der Verordnung vertreten werden. Der Wortlaut der Verordnung ist nicht immer ganz klar und eindeutig, was vermutlich auch auf die relativ kurze Zeit für die Schaffung der EuVTVO (von circa zwei Jahren) zurückzuführen ist. Dennoch stellt dieses keinen ungewöhnlichen Umstand dar, denn die Tatsache, dass Streitpunkte bestehen, ist vielen Vorschriften, fast jeder Verordnung und jedem Gesetz immanent. Gerade bei der EuVTVO lassen sich die meisten mit einem Blick auf die Zielrichtung lösen. Denn meines Erachtens ist immer zu gegenwärtigen, dass die EuVTVO das Ziel hat, die Vollstreckung der von ihr erfassten (und zwar möglichst vieler) Titel zu vereinfachen und kostengünstiger sowie schneller zu gestalten.

II. Ziele der Verordnung und Kontroverse wegen der Abschaffung der *ordre public*-Kontrolle

Trotz der angesprochenen praktischen Schwierigkeiten hätten die Ziele, die der Verordnung zugrunde lagen, mit dem breiteren Anwendungsbereich der Verordnung erreicht werden können. Bedauerlicherweise hat sich die EuVTVO jedoch wohl aufgrund mangelnder Kenntnisnahme nicht in der Praxis durchgesetzt.[1428] Dabei ist zu bemerken, dass das Ziel eines einheitlichen Justizraums und eine weitgehende Urteilsfreizügigkeit sowie insgesamt Freizügigkeit mitgliedsstaatlicher Titel vielen

---

1427 Siehe zur Antragstellung und dessen Zeitpunkt die Ausführungen oben unter Teil 2, C., III., 1.

1428 Siehe dazu noch Teil 5, B.

Projekten und Rechtsakten der Europäischen Union zugrunde lagen. Dieses Ziel erscheint vorrangig und ist nicht mehr umkehrbar. Das zeigt sich auch gerade darin, dass mit der Neufassung der EuGVVO mit Wirkung seit dem 10.01.2015 (vgl. Art. 81 Abs. 2 EuGVVO n.F.) sogar in der EuGVVO das Exequaturverfahren abgeschafft worden ist. Denn eine in einem Mitgliedstaat ergangene Entscheidung, die in diesem Mitgliedstaat vollstreckbar ist, ist gemäß Art. 39 Abs. 1 EuGVVO n.F. in den anderen Mitgliedstaaten vollstreckbar, ohne dass es einer Vollstreckbarerklärung bedarf. Lediglich auf Antrag eines Berechtigten wird gemäß Artt. 45, 46 EuGVVO n.F. die Vollstreckbarkeit von einem Gericht des ersuchten Staates geprüft und gegebenenfalls nach Art. 47 EuGVVO n.F. versagt. Jedoch führt ein offensichtlicher Widerspruch gegen die öffentliche Ordnung (*ordre public*) des ersuchten Staates gemäß Art. 45 Abs. 1 lit. a EuGVVO n.F. auf Antrag zur Versagung der Anerkennung und Vollstreckung durch das zuständige Gericht des ersuchten Staates. Diese geschieht aber eben nur auf Antrag. Gleiches gilt für den Fall, dass dem Schuldner, der sich nicht auf das Verfahren eingelassen hat, das verfahrenseinleitende oder ein gleichwertiges Schriftstück nicht zugestellt worden ist gemäß Art. 45 Abs. 1 lit. b EuGVVO n.F.[1429]

Art. 44 Abs. 1 EuGVVO n.F. bestimmt, dass das Gericht des ersuchten Mitgliedsstaates auf Antrag des Schuldners das Vollstreckungsverfahren auf Sicherheitsmaßnahmen beschränken (lit. a), die Vollstreckung von der Leistung einer vom Gericht zu bestimmenden Sicherheit abhängig machen (lit. b) oder das Vollstreckungsverfahren insgesamt oder teilweise aussetzen kann (lit. c), wenn eine Versagung der Vollstreckung einer Entscheidung gemäß Artt. 46 ff. EuGVVO n.F. beantragt wurde. Diese Regelung entspricht in ihren Folgen derjenigen in Art. 23 EuVTVO.

Im Ergebnis ist seit dem 10.01.2015 auch nach der EuGVVO n.F. ein Vollstreckbarerklärungsverfahren nicht mehr erforderlich, um Titel in anderen Mitgliedsstaaten der Europäischen Union zu vollstrecken. Zu einer Überprüfung kommt es nur auf Antrag. Dieses betrifft auch den *ordre public*-Vorbehalt.

Die Diskussion über die Abschaffung des Exequaturverfahrens sollte meines Erachtens weniger in der Kontroverse darüber münden, ob eine *ordre public*-Kontrolle habe abgeschafft werden dürfen oder nicht. Sie sollte vielmehr darauf gerichtet sein, Alternativen zu finden und Voraussetzungen zu schaffen oder zu bewahren, die die Annahme rechtfertigen, dass die mitgliedsstaatlichen Justizsysteme und Standards der Rechtssysteme sich so weit angenähert haben, dass eine *ordre public*-Kontrolle (auch eine verfahrensrechtliche) aus jeglicher Perspektive nicht mehr erforderlich ist.

Da sich die *ordre public*-Kontrolle mittlerweile ohnehin meist auf eine Kontrolle von Verfahrensstandards, also auf eine formale Kontrolle beschränkt, stellt sie meines Erachtens ein antiquiertes Relikt dar. Das Verfahrensrecht wird anders als das materielle Recht immer mehr durch Unionsrecht geprägt, so dass hier nicht mehr

1429 Vgl. dazu und zum Wegfall der Doppelkontrolle der ausschließlichen Zuständigkeit in Verbrauchersachen *Kieninger*, VuR 2011, 243 ff.

solche Unterschiede auftreten, die einen Verstoß gegen wesentliche Grundsätze und Grundrechte der EU oder der Mitgliedsstaaten darstellen. Verbleibende Verstöße im Einzelfall dürften sich mittels der bestehenden Rechtsbehelfe der EuVTVO und der nationalen Vollstreckungsverfahren sowie notfalls mittels Klage zum EGMR wegen Verstoßes gegen den Grundsatz eines fairen Verfahrens gemäß Art. 6 EMRK beheben lassen.

Der von den Gegnern der Abschaffung der *ordre public*-Kontrolle ins Feld geführte Fall „*Krombach*"[1430] hat meiner Meinung nach kein ausschlaggebendes Gewicht mehr. Denn die EuVTVO sieht derart strenge Anforderungen für die vereinfachte Vollstreckung, insbesondere für die Zustellung und die Information des Schuldners, vor und die Rechtsbehelfe der nationalen Rechtssysteme sind meines Erachtens auch (so) weitgehend anwendbar, so dass für eine *ordre public*-Kontrolle (nahezu) kein Raum bleibt. Wenn die Vorschriften und Vorsichtsmaßnahmen eingehalten werden, was überdies mit den Rechtsbehelfen nach der EuVTVO oder des nationalen Rechts eingefordert und sichergestellt werden kann, so kann dennoch (unwahrscheinlicher Weise und im Einzelfall) auftretenden Verstößen mit außerordentlichen Rechtsbehelfen (zum BVerfG oder EGMR) begegnet werden. Aufgrund der meines Erachtens äußerst geringen Wahrscheinlichkeit und damit Anzahl von Einzel-/ Extremfällen sollte dieser Wege zur „Wiedergutmachung" eines „unfairen Verfahrens" ausreichen.

In diesem Zusammenhang stößt – wie unter Teil 4, B. angesprochen – auch die starke Einschränkung der Rechtsbehelfe nach der EuVTVO im Vollstreckungsmitgliedsstaat auf Unbehagen in der Literatur. Meines Erachtens ist aber durch die Anwendbarkeit der nationalen Vorschriften und Rechtsbehelfe im Vollstreckungsverfahren der Schutz des Schuldners und ggf. Dritter hinreichend gewährleistet. Dieses gilt auch für den Fall, dass die Zustellung an den Schuldner nicht ordnungsgemäß erfolgte und diesem damit kein rechtliches Gehör gewährt wurde. Da ein Europäischer Vollstreckungstitel in diesem Fall nicht ergehen durfte, hat der Schuldner den Rechtsbehelf des Widerrufs gemäß Art. 10 EuVTVO, sollte der Titel fälschlicherweise als Europäischer Vollstreckungstitel bestätigt worden sein. Ist der Antrag auf Widerruf gestellt, kann im Vollstreckungsmitgliedsstaat gemäß Art. 23 EuVTVO ein Antrag auf Aussetzung oder Beschränkung der Vollstreckung gestellt werden. Es sind meiner Ansicht nach hinreichende Rechtsbehelfsmöglichkeiten vorhanden. Ein ausreichendes Maß an Schuldnerschutz ist gewährleistet. Um die Ziele der Verordnung zu erfüllen, müssen gewisse Kompromisse eingegangen werden.

Eine einfachere und kostengünstigere Möglichkeit der grenzüberschreitenden Vollstreckung innerhalb der EU dürfte insbesondere für den Mittelstand einen wichtigen Wirtschaftsfaktor ausmachen. Immer noch ist auch in informierten Kreisen und der Anwaltschaft bzw. Beratung die Ansicht vorhanden, wenn nicht sogar vorherrschend, dass eine grenzüberschreitende Vollstreckung vor allem teuer und

1430 Siehe hierzu bereits kurz oben Teil 1, C., II., 3. und ausführlich Teil 4, F., V.; EuGH 28.03.2000 Rs. C-7/98 Slg. 2000, I-1956 = NJW 2000, 1853 – *Krombach.*

unergiebig sei. Diese Überzeugung kann bei den Schuldnern zu der Konsequenz führen, dass gerade grenzüberschreitende Verpflichtungen (sofern sie nicht im Rahmen einer längerfristigen Vertragsbeziehung entstehen) nicht erfüllt werden, da man einen deutlich geringeren Vollstreckungsdruck fürchtet. Auf der anderen Seite dürften Unternehmer das grenzüberschreitende Anbieten von Waren und (Dienst-) Leistungen scheuen, wenn sie befürchten müssen, nicht bezahlt zu werden. Vielfach würde die Alternative des Verlangens von Vorkasse zum Scheitern des Vertragsschlusses führen. Somit dürften viele Unternehmer das Risiko der mangelnden Durchsetzbarkeit bei ihren Produkten einpreisen, was zu erhöhten Kosten für die (End-)Abnehmer führt.

Dass sich mittlerweile eine andere Einschätzung bezüglich einer grenzüberschreitenden Vollstreckung durchgesetzt hätte, konnte ich noch nicht feststellen (siehe Teil 5, B.).

Dementsprechend sind meiner Meinung nach sowohl das generelle Ziel der Urteilsfreizügigkeit wie auch die Umsetzung in der Verordnung (EG) Nr. 805/2004 zu begrüßen. Gleiches gilt für die Abschaffung des Exequaturs in der Neufassung der EuGVVO mit Wirkung seit dem 10.01.2015. Die Kenntnis dieser Möglichkeiten und tatsächliche Anwendung in der Praxis müsste jedoch noch vergrößert werden.

III. Weiter Anwendungsbereich für Zielumsetzung

Um dem Ziel eine möglichst weitreichende Geltung zu verschaffen, ist ein möglichst weiter Anwendungsbereich der EuVTVO zu befürworten. Dass dieses auch Wunsch des Verordnungsgebers war, zeigt sich bereits in Art. 3 Abs. 2 EuVTVO.[1431] Ein Rechtsbehelf soll danach nicht ohne weiteres automatisch zur Nicht(mehr)anwendbarkeit der Verordnung führen. Es sollen und werden mithin möglichst viele Titel von der Verordnung erfasst und sie findet relativ weitreichend auch dann noch Anwendung, wenn ein Rechtsbehelf gegen die dem Europäischen Vollstreckungstitel zugrunde liegende Entscheidung eingelegt worden ist. Auch findet sie nach hier vertretener Auffassung auf Entscheidungen über die Kosten Anwendung, wenn für die Hauptsacheentscheidung nicht die Voraussetzungen zur Bestätigung nach der EuVTVO vorliegen, solange die Kostenentscheidung diese Voraussetzungen erfüllt.

IV. Breite Anwendung der nationalen Rechtsbehelfe im Vollstreckungsverfahren

Dem weiten Anwendungsbereich der EuVTVO muss meines Erachtens aber auf der anderen Seite auch eine breite Anwendbarkeit der nationalen Rechtsbehelfe des Zwangsvollstreckungsverfahrens im Vollstreckungsmitgliedsstaat gegenüberstehen. Dieses Verständnis lässt sich auch der Regelung in Art. 20 Abs. 1 EuVTVO

1431 Vgl. zur umstrittenen Auslegung dieser Vorschrift die Darstellung unter Teil 2, C., II., 3.

entnehmen. Wenn sich die Vollstreckung, wie es diese Vorschrift bestimmt, nach dem nationalen Recht richtet, so dürfen nicht nur die Vollstreckungsregelungen, sondern müssen meiner Ansicht nach auch die entsprechenden Rechtsbehelfe anwendbar sein. Außerdem ist nur so gewährleistet, dass der Schuldner (oder ein Dritter) einen hinreichenden Rechtsschutz genießt. Denn die Verordnung selbst sieht im Bereich der Vollstreckung nur wenige nicht abschließende Rechtsbehelfe vor. Sie verweist vielmehr auf das nationale Vollstreckungssystem. Weiter wäre ein Europäischer Vollstreckungstitel ansonsten möglicherweise leichter vollstreckbar als ein nationaler Titel.

Dieses ist aber nicht Ziel der Verordnung (Art. 20 Abs. 1 S. 2 EuVTVO) und würde dem Gleichheitsprinzip zuwiderlaufen. Denn die Bestätigung als Europäischer Vollstreckungstitel soll keine leichtere Vollstreckbarkeit des Titels bewirken, als sie im Ursprungsmitgliedsstaat besteht. Auch soll dieser nicht leichter vollstreckbar sein, als nationale Titel des Vollstreckungsmitgliedsstaates.

Es werden aber auf der anderen Seite nachträgliche Einschränkungen der Vollstreckung im Vollstreckungsmitgliedsstaat nicht automatisch geprüft. Eine Überprüfung des Titels oder der Bestätigung selbst ist aufgrund des Verbots der *révision au fond* gemäß Art. 21 Abs. 2 EuVTVO verboten. Insoweit setzt sich eine Beschränkung, Aussetzung oder Ähnliches, die im Ursprungsmitgliedsstaat eingetreten ist, im Vollstreckungsmitgliedsstaat nicht unmittelbar und automatisch (auf Prüfung von Amts wegen) durch, auch wenn keine leichtere Vollstreckung als im Ursprungsmitgliedsstaat gewollt ist und eine unmittelbare Wirkung gelten soll.

Daher muss der (vermeintliche) Schuldner tätig werden. Er kann gegebenenfalls eine Gegenbestätigung gemäß Art. 6 Abs. 2 EuVTVO im Ursprungsmitgliedsstaat beantragen. Dafür muss aber die Einschränkung der Vollstreckbarkeit feststehen bzw. festgestellt sein.

Weiter kann er nach Art. 23 EuVTVO im Vollstreckungsmitgliedsstaat vorgehen und die Beschränkung oder Aussetzung der Vollstreckung beantragen. Dabei kann das zuständige Gericht oder die sonst befugte Stelle im Vollstreckungsmitgliedsstaat auf Antrag des Schuldners die Vollstreckung beschränken oder sogar aussetzen. Dieses Verfahren gilt unter anderem in dem Fall, dass der Schuldner im Ursprungsmitgliedsstaat einen Rechtsbehelf gegen eine als Europäischer Vollstreckungstitel bestätigte Entscheidung eingelegt hat.

Zwei wichtige Rechtsbehelfe der Verordnung stellen daher die soeben beschriebenen Anträge auf Gegenbestätigung (Art. 6 Abs. 2 EuVTVO) im Ursprungsmitgliedsstaat und auf Aussetzung oder Beschränkung der Vollstreckung gemäß Art. 23 EuVTVO im Vollstreckungsmitgliedsstaat dar. Gegen den Europäischen Vollstreckungstitel selbst bleiben nach der Verordnung nur die Berichtigung und der Widerruf gemäß Art. 10 EuVTVO.

Daneben können und müssen die nationalen Rechtsbehelfe des Vollstreckungsmitgliedsstaates Anwendung finden, um eine unberechtigte (weitere) Vollstreckung zu verhindern, soweit diese Rechtsbehelfe mit der Verordnung insbesondere Art. 21 Abs. 2 EuVTVO vereinbar sind. Dieses ist bezüglich der Rechtsbehelfe im deutschen Vollstreckungsverfahren, wie zuvor untersucht, weitgehend der Fall.

Im Hinblick auf die Rechtsbehelfe im Vollstreckungsverfahren verlässt man sich in der Verordnung auf diejenigen des Vollstreckungsmitgliedsstaates und verweist auf das nationale Recht. Diese Annahme wird unterstützt durch die sehr beschränkten Möglichkeiten der Rechtsbehelfe in der EuVTVO und das deutliche Bekenntnis der Verordnung in Art. 20 Abs. 1 S. 1 EuVTVO dazu, dass sich das Vollstreckungsverfahren nach dem Recht des jeweiligen Vollstreckungsmitgliedsstaates richtet.

Die in der Verordnung enthaltenen Rechtsbehelfe sind keinesfalls abschließend. Selbst aus Art. 10 EuVTVO wird deutlich, dass (dort) nur keine weiteren Rechtsbehelfe gegen die Bestätigung bestehen dürfen.

Die Verordnung enthält selbst nur einige Verfahren, die Rechtsbehelfe im Vollstreckungsverfahren begleiten oder voraussetzen, wie etwa die Gegenbestätigung gemäß Art. 6 Abs. 2 EuVTVO und den Antrag nach Art. 23 EuVTVO. Da keine einfachere Vollstreckung stattfinden soll, als sie für nationale Vollstreckungstitel im Vollstreckungsmitgliedsstaat gilt, sondern eine Vollstreckung unter den gleichen Bedingungen (Art. 20 Abs. 1 S. 2 EuVTVO), sind die Rechtsbehelfe, die auch auf nationale Titel Anwendung finden, ebenfalls anwendbar.

Dieses gilt – wie gezeigt[1432] – auch für solch umfangreiche und weitreichende Rechtsbehelfe wie die deutsche Vollstreckungsgegenklage gemäß § 767 ZPO. Die (internationale) Zuständigkeit der deutschen Gerichte ist gegeben.

Weitere wichtige Rechtsbehelfe des deutschen Zwangsvollstreckungsrechts, die auch im Rahmen der Vollstreckung eines Europäischen Vollstreckungstitels Anwendung finden können, sind die Erinnerung gegen die Art und Weise der Zwangsvollstreckung gemäß § 766 ZPO und die sofortige Beschwerde gegen Vollstreckungsmaßnahmen des Richters (§ 793 ZPO) oder des Rechtspflegers (§ 11 RPflG).

Die Einstellung der Zwangsvollstreckung nach §§ 775, 776 ZPO ist ebenfalls anwendbar und deren analoge Anwendung wird auch in § 1085 ZPO angeordnet. Dritte können mit der Drittwiderspruchsklage gemäß § 771 ZPO ein die Veräußerung hinderndes Recht geltend machen und so die Vollstreckung in einen ihnen „gehörenden“ Gegenstand verhindern.

In vielen Fällen ist darüber hinaus die sofortige Beschwerde bei den zuvor dargestellten Rechtsbehelfen wiederum der statthafte Rechtsbehelf – beispielsweise bei ablehnender Entscheidung über den geltend gemachten Rechtsbehelf.

Die Durchführung der Zwangsvollstreckung bleibt schließlich bei den jeweiligen nationalen Staatsorganen,[1433] da die nationalen Vollstreckungssysteme durch die Verordnung nicht angetastet werden sollten, zumal der EU auch die Rechtsetzungskompetenz fehlte.

1432 Siehe Teil 4, C., V.

1433 Vgl. *Strasser*, FPR 2007, 451 [455].

V. Außerordentliche Rechtsbehelfe als *ultima ratio*

Als letztes Mittel sollte meines Erachtens der Weg über die außerordentlichen Rechtsbehelfe, der Klage zum EGMR gemäß Art. 6 EMRK und der Verfassungsbeschwerde zum deutschen Bundesverfassungsgericht (Art. 93 Nr. 4a GG, §§ 13 Nr. 8a, 90 ff. BVerfGG), offen stehen.

Diese sind meiner Auffassung nach auch bei der Ermessenentscheidung über den Antrag auf Aussetzung oder Beschränkung der Vollstreckung gemäß Art. 23 EuVTVO zu berücksichtigen. Sie stellen Rechtsbehelfe im Sinne des Art. 23 EuVTVO dar.

Eine Überprüfung der Entscheidung des Ursprungsmitgliedsstaates oder der Bestätigung als Europäischer Vollstreckungstitel im Vollstreckungsmitgliedsstaat ist mit diesen Rechtsbehelfen nicht verbunden. Das Verbot der *révision au fond* aus Art. 21 Abs. 2 EuVTVO steht dem also nicht entgegen.

VI. Hinreichende Regelungen zum Schuldnerschutz

Folglich stehen meiner Meinung nach die Bedenken gegenüber der Abschaffung des Exequaturverfahrens und der *ordre public*-Kontrolle hinter den Zielen der EuVTVO zurück. Es sind hinreichende Regelungen in der Verordnung und über die Anwendung der nationalen Regelungen und Rechtsbehelfe im Vollstreckungsverfahren des Vollstreckungsmitgliedsstaates vorhanden, so dass ein ausreichender Schutz des Schuldners gewährleistet ist. Wie zuvor genannt, stehen dem Schuldner beispielsweise nach der Verordnung die Gegenbestätigung nach Art. 6 Abs. 2 EuVTVO und der Antrag nach Art. 23 EuVTVO zur Verfügung.

Die Einschränkungen, die die EuVTVO bei den Rechtsbehelfen gegen den zugrunde liegenden Titel und die Bestätigung selbst macht, sind erforderlich, um die Ziele der Verordnung zu erreichen. Weitere Rechtsbehelfe mussten in der Verordnung selbst auch nicht geschaffen werden. Denn die nationalen Rechtsbehelfe des Vollstreckungsmitgliedsstaates sind weitgehend anwendbar.

Zudem ist immer zu bedenken, dass der potentielle Schuldner die Anwendung der EuVTVO verhindern kann, wenn er die Forderung bestreitet. Sollte ihm dieses mangels Kenntnis nicht möglich sein, darf in der einzigen für den Schuldner schutzwürdigen dann gegebenen Säumnissituation keine Bestätigung als Europäischer Vollstreckungstitel ergehen, da die Mindestvoraussetzungen nicht gewahrt sind.

Die gehobene Prüfungslast, ob sich der Schuldner gegen einen Anspruch im Ausland verteidigen sollte, ist dem Kompromiss geschuldet, den das Ziel der einfacheren, schnelleren und kostengünstigeren Vollstreckung erfordert. Gleiches gilt für die erhöhte Einlassungs- und Prozessführungslast. Diese sind in dem bestehenden Umfang hinzunehmen.

B. Eigene Erfahrungen und Einblick in die ernüchternde Wirklichkeit der praktischen Relevanz der Verordnung

Die Existenz und der Anwendungsbereich der EuVTVO haben sich meiner Erfahrung nach trotz der (langjährigen) Geltung seit dem Jahre 2005 in den Reihen der Juristen, insbesondere der Praktiker, weitgehend praktisch noch nicht herumgesprochen. Dieses ist bedauerlich, da die Kenntnis von der einfacheren und kostengünstigeren Vollstreckung mittels Europäischen Vollstreckungstitels so manchen Gläubiger auch bei geringeren Forderungen veranlasst haben oder veranlassen könnte, seine berechtigten Forderungen gegenüber Schuldnern mit ihrem (Wohn-)Sitz in einem anderen Mitgliedsstaat gerichtlich durchzusetzen bzw. bei bereits bestehendem Titel diesen im Ausland zu vollstrecken. Mangels Kenntnis hat er dann möglicherweise, weil er hohe Vollstreckungskosten und eine lange Vollstreckungsdauer scheute, von einer gerichtlichen Durchsetzung oder einem Vollstreckungsverfahren im Ausland Abstand genommen und die Forderung „abgeschrieben". Konzeptionell stellt die EuVTVO die Voraussetzungen zur Verfügung, eine schnelle, kostengünstige und einfachere Vollstreckung innerhalb der Mitgliedsstaaten zu erreichen.

Auch die weiteren Verordnungen (EuMVVO und EuGFVO) haben einen ähnlichen Zweck wie die EuVTVO. Sie verfolgen das Ziel, dass Forderungen innerhalb der Mitgliedsstaaten leichter geltend gemacht und vollstreckt werden können. Damit soll einer Ungleichbehandlung bei der Durchsetzung von Forderungen entgegengewirkt werden.

Es war sicher Ziel der Verordnung, dass eine breitere Kenntnis der Rechtsakte und damit der Vollstreckungsmöglichkeiten sowie eine breitere Anwendung dieser Möglichkeiten die Zahlungsmoral der Schuldner und damit den Zahlungsfluss erhöhen mögen.

Dieses sollte insbesondere den mittelständischen Unternehmen, welche grenzüberschreitend tätig sind, zugute kommen. Dafür wäre aber augenscheinlich eine Aufklärung der Unternehmen erforderlich gewesen. Dabei wären dann aber auch die Unternehmensjuristen und Rechtsanwälte gefordert gewesen und sind es noch, sich mit dem europäischen Sekundärrecht auseinanderzusetzen und die Unternehmer bzw. Mandanten entsprechend aufzuklären und zu beraten. Dieses ist nach meiner Auffassung nicht (ausreichend) geschehen, so dass die EuVTVO keine wesentliche praktische Erleichterung für den Mittelstand darstellt.

Aber auch die Gerichte müssen die europäischen Rechtsakte richtig anwenden. Wenn diese keine entsprechende Kenntnis von den Voraussetzungen der Verordnungen haben, wird die bezweckte Zeitersparnis nicht erreicht. Denn dann fordern diese beispielsweise unberechtigterweise eine Übersetzung des Europäischen Vollstreckungstitels wie auch des zugrunde liegenden Urteils, obwohl dieses nach der EuVTVO nicht verlangt werden kann. Zumindest für den zugrunde liegenden Titel ist das unbestritten. Aber auch bezüglich des Europäischen Vollstreckungstitels kann nach richtiger Ansicht eine Übersetzung nur gefordert werden, wenn individuelle Angaben gemacht werden. Dieses ist normalerweise nicht der Fall, da alle Angaben mittels Ankreuzens oder bloßer Zahlenangabe oder Namens- und

Adressnennung erfolgen können. Dieser Missstand ist natürlich nicht förderlich für die Bereitschaft der Rechtsberater, zur Vollstreckung mittels Europäischen Vollstreckungstitels zu raten.

Meines Erachtens ist eine breitere Kenntnis der Möglichkeiten der einfacheren Vollstreckung mittels europäischer Rechtsakte wünschenswert – ja geradezu notwendig, um diesen zu einer größeren Anwendung und Akzeptanz zu verhelfen. Auch kann meiner Ansicht nach nur durch die tatsächliche Anwendung der Rechtsakte in der Praxis eine Verbesserung derselben erreicht werden. Denn nur die praktische Anwendung kann deren Vorteile aber auch Schwachpunkte (in der Praxis) tatsächlich aufzeigen. Beides ist meiner Auffassung nach nicht hinreichend geschehen.

Ebenso wichtig, wie die Kenntnis der Voraussetzungen der EuVTVO – insbesondere in Bezug auf die Einhaltung der Mindeststandards – ist meiner Meinung nach naturgemäß auch die Kenntnis der Rechtsbehelfe, mithin wie man sich gegen die Vollstreckung aus einem Europäischen Vollstreckungstitel verteidigt. Dieses umfasst selbstverständlich auch die Kenntnis davon, wie man die Schaffung eines gegen sich gerichteten Europäischen Vollstreckungstitels verhindern kann. Meiner Einschätzung nach scheint dieses aber nur bei den tatsächlich Betroffenen geschehen zu sein. Die Anzahl derer dürfte mangels hinreichender praktischer Ausnutzung/Anwendung der EuVTVO überschaubar sein. Eine vorsorgliche Befassung mit den neuen europäischen Rechtsakten im Bereich der Justiziellen Zusammenarbeit in Zivil- und Handelssachen scheint in der Rechts(beratungs)praxis eher die absolute Ausnahme zu sein.

Hierbei sei noch einmal auf die erhöhte Prüfungs- und Einlassungslast bzw. Prozessführungsobliegenheit verwiesen (siehe Teil 4, G.).

Fraglich ist, ob die Abschaffung des Exequaturverfahrens im Rahmen der Neufassung der EuGVVO mit Wirkung seit dem 10.01.2015 den Blick der Rechtsanwender auf die Verordnungen zur Vereinfachung der Geltendmachung von Forderungen und deren Vollstreckung in der EU und damit auch auf die EuVTVO schärfen und verstärken wird.

Unter Praktikern und in der Wirtschaft herrscht meiner Einschätzung nach immer noch das Vorurteil, dass die grenzüberschreitende Durchsetzung von Ansprüchen extrem teuer und langwierig ist sowie meist wenig Aussicht auf Erfolg bietet. Da die EuVTVO wenig praktische Beachtung gefunden hat, dürfte mit ihr kaum das Ziel eines einheitlichen Justizraums und der Durchsetzung der Grundfreiheiten auch in Bezug auf die Justizgewährleistung erreicht werden. In der Rechtswirklichkeit haben sich die Erwartungen, die in die EuVTVO gesetzt wurden, nicht erfüllt.

Damit bildet die EuVTVO lediglich als Pilotprojekt innerhalb der Gesamtentwicklung des Europäischen Zivilverfahrensrechts hin zur gänzlichen Abschaffung des Exequaturverfahrens einen theoretischen und konzeptionellen wichtigen Startpunkt und gleichsam Meilenstein im Sinne einer ersten Phase.

C. Ausblick

Nach dem Inkrafttreten der EuVTVO als Pilotprojekt sind mit der EuMVVO, der EuGFVO und der EuUntVO[1434] weitere Rechtsakte in Kraft getreten, die das Exequaturverfahren abgeschafft haben und eine einfachere Vollstreckung anbieten, als sie in der EuGVVO in der Fassung bis zum 09.01.2015 zu finden war.

In Zukunft werden weitere Rechtsakte folgen. Das primäre Ziel in der Europäischen Union bezogen auf den Bereich der Justiziellen Zusammenarbeit in Zivilsachen, nämlich eine weitgehende Urteilsfreizügigkeit und allgemein die Freizügigkeit von Titeln innerhalb der EU, ist weiter verfolgt worden und wird weitergehen. Die Abschaffung des Exequaturverfahrens sogar im Rahmen der EuGVVO ist mit Verabschiedung der Neufassung der EuGVVO umgesetzt worden. Die Neufassung gilt gemäß dessen Art. 81 Abs. 2 in Gänze seit dem 10.01.2015. In der Theorie ist man der Urteilsfreizügigkeit einen ganzen Schritt näher gekommen, in Bezug auf die tatsächliche praktische Anwendung bestehen aber noch Defizite.

Wie bereits angesprochen, hat sich die EuVTVO in der Praxis nicht durchgesetzt. Dieses mag zu einem großen Teil daran liegen, dass die Existenz dieser Verordnung, deren Anwendungsbereich und die Voraussetzungen der Vollstreckung mit Hilfe des Europäischen Vollstreckungstitels nach der EuVTVO praktisch kaum bekannt sind. Folge ist auch, dass es relativ wenige Gerichtsentscheidungen zur EuVTVO gibt.

Die Neufassung der EuGVVO mit Wirkung seit dem 10.01.2015 mit Abschaffung des Exequaturverfahrens und einer *ordre public*-Kontrolle lediglich auf begründeten[1435] Antrag des Schuldners könnte dazu führen, dass die EuVTVO noch weniger Anwendung findet. Die EuVTVO dürfte damit nur ein – wenn auch wichtiger – Zwischenschritt zur Neufassung der EuGVVO gewesen sein.

Die EuGVVO hat für sich schon einen höheren Bekanntheitsgrad als die EuVTVO. Es darf meines Erachtens gehofft werden, dass die Neufassung der EuGVVO mehr Aufmerksamkeit (auch unter den Praktikern) erregt als das Inkrafttreten der EuVTVO. Damit einhergehen sollte dann auch eine breitere Nutzung der Möglichkeit der Vollstreckung in anderen Mitgliedsstaaten ohne (kostspieliges) Exequaturverfahren.

1434 In Kraft seit 31.01.2009, anwendbar in Gänze seit dem zum 18.06.2011; vgl. dazu *Gebauer*, FPR 2006, 252.

1435 Dem Antragsteller, der das Vorliegen eines Anerkennungshinderungsgrund geltend macht, kommt hierfür die Darlegungs- und Beweislast zu (vgl. BGH NJW 2006, 701 [702, Rn. 18]), so dass eine substantiierte Begründung erforderlich ist. Zwar sind die Anerkennungshindernisse im Rahmen des Art. 45 EuGVVO n.F. grds. von Amts wegen zu prüfen, die hierfür entscheidungserheblichen Tatsachen sind jedoch von der Partei beizubringen, da nach deutschen Zivilverfahrensrecht der Beibringungsgrundsatz gilt (vgl. BGH 14.06.2012 NJW-RR 2012, 1013 [1014]; im Rahmen der Vollstreckung prüft das Vollstreckungsorgan nicht von Amts wegen, ob ein Anerkennungshindernis gemäß Art. 45 EuGVVO n.F. vorliegt, dieses geschieht nur auf Antrag des Schuldners durch das Gericht gemäß Artt. 46 ff. EuGVVO n.F.

Vermutlich wird dieses jedoch weniger dazu führen, dass die EuVTVO angewandt wird, sondern dazu, dass die vereinfachte Vollstreckung nach der EuGVVO (ohne Exequaturverfahren) durchgeführt wird.

Fraglich ist jedoch weiterhin, ob und wann damit ein Umdenken in der Wirtschaft, insbesondere im Mittelstand, dahingehend einhergeht, dass sich die Geltendmachung von Forderungen über die mitgliedsstaatlichen Grenzen hinaus doch lohnen könnte. Dieses wird wohl ausschließlich die Zeit zeigen.

Denn die kostenintensive, langwierige und schwierige sowie risikobehaftete Vollstreckung im Ausland ist meines Empfindens nach ein bedeutender Gesichtspunkt, warum von einer gerichtlichen Geltendmachung von Forderungen aus Rechtsgeschäften und Sachverhalten mit Auslandsbezug Abstand genommen wird. Die Gläubiger scheuen das Risiko, zwar einen Titel zu erlangen, diesen aber nicht oder nur mit unverhältnismäßigen Kosten durchsetzen zu können. Nur durch Aufklärung über die neuen Möglichkeiten der vereinfachten grenzüberschreitenden Vollstreckung, insbesondere auch nach der Neufassung der gegenüber der EuVTVO allgemeineren EuGVVO, und deren Anwendung wird sich ein Umdenken einstellen können. Dieses mag einige Zeit in Anspruch nehmen. Es sei hier aber angemerkt, dass in der zweiten Hälfte des Jahrs 2015 ein paar Seminare zum Thema der internationalen bzw. europaweiten Vollstreckung angeboten wurden, wie beispielsweise durch den örtlichen Anwaltverein.

Die schrittweise Abschaffung der Hindernisse im mitgliedsstaatlichen Rechtsverkehr, insbesondere im Bereich des Zivilverfahrensrechts, ist erklärtes Ziel der EU und wird weiter verfolgt werden. Erforderlich ist meiner Ansicht nach aber, dass die (neuen europäischen) Rechtsakte bei den Praktikern auch Anwendung finden und genutzt werden, damit die Wirtschaft – insbesondere der Mittelstand – etwas davon hat. Nur dann kann es zu einer breiten Urteilsfreizügigkeit kommen und könnte sich die grenzüberschreitende Durchsetzbarkeit von Forderungen als schneller und kostengünstiger gestalten. Dieses würde nur in diesem Fall auch der Wirtschaft zugute kommen und könnte bei den Preisen (verbrauchergünstig) berücksichtigt werden.

Auch wenn die „angeordnete" Gleichwertigkeit der Zivilverfahren in allen Mitgliedsstaaten wohl noch nicht so ganz vorhanden sein dürfte, so könnte es doch zu einer Angleichung kommen. Die Rechtsakte der EU enthalten (derzeit) hinreichende Schutzmaßnahmen, um die Parteien vor Willkür und unrichtigen Maßnahmen zu schützen.

Solange kein eklatanter Justizskandal eintritt, wird der hier angesprochene von der EU angestoßene Weg meines Erachtens weiter verfolgt werden.

Die EuVTVO selbst konnte im Ergebnis ihre Möglichkeiten nicht ausspielen, da sie zu wenig Anwendung und Beachtung gefunden hat. Mit der Neufassung der EuGVVO wird die Vollstreckung ohne Exequatur zwar vermutlich mehr Bedeutung erlangen, die speziellere EuVTVO nur für unbestrittene Forderungen dürfte dabei aber vermutlich nicht an Beachtung gewinnen – eher das Gegenteil dürfte eintreten. Die Eigenschaft der EuVTVO als Pilotprojekt auf diesem Weg soll dabei aber nicht kleingeredet werden.

INTERNATIONALRECHTLICHE STUDIEN

Beiträge zum Internationalen Privatrecht, zum Einheitsrecht und zur Rechtsvergleichung

Herausgegeben von Ulrich Magnus und Peter Mankowski

Band 1 Birgit Reimers-Zocher: Beweislastfragen im Haager und Wiener Kaufrecht. 1995.

Band 2 Lenja Vespermann: Schadensersatz bei Beeinträchtigung rechts- oder sittenwidriger Interessen im deutschen und französischen Recht. 1996.

Band 3 Peter Cypra: Die Rechtsbehelfe im Verfahren der Vollstreckbarerklärung nach dem EuGVÜ unter besonderer Berücksichtigung der Ausgestaltung in Deutschland und Frankreich. 1996.

Band 4 Brigitta Lurger: Regulierung und Deregulierung im europäischen Privatrecht. 1997.

Band 5 Uta Gutknecht: Das Nacherfüllungsrecht des Verkäufers bei Kauf- und Werklieferungsverträgen. Rechtsvergleichende Untersuchung zum CISG, zum US-amerikanischen Uniform Commercial Code, zum deutschen Recht und zu dem Vorschlag der Kommission zur Überarbeitung des deutschen Schuldrechts. 1996.

Band 6 Stefan Abel: Die Qualifikation der Schenkung. Zur Methode der Qualifikation im Internationalen Schuldvertragsrecht. 1997.

Band 7 Daniel Kötz: Verkäuferpflichten und Rechtsbehelfe des Käufers im neuen norwegischen Kaufrecht vom 13. Mai 1988 Nr. 27 im Vergleich zum UN-Kaufrecht vom 11. April 1980 (CISG). 1997.

Band 8 Olaf Beier: Grundsätze eines europäischen transportmittelübergreifenden Schadensrechts für den Gütertransport. Eine rechtsvergleichende Untersuchung unter besonderer Berücksichtigung der CMR, der ER/CIM 1990, des WA/HP und der HVR. 1999.

Band 9 Ulrich Krüger: Modifizierte Erfolgshaftung im UN-Kaufrecht. Die Haftungsbefreiung bei Lieferung vertragswidriger Ware gemäß Art. 79 CISG. 1999.

Band 10 Wolf-Henning Hammer: Das Zurückhaltungsrecht gemäß Art. 71 CISG im Vergleich zu den Kaufgesetzen der nordischen Staaten unter Einbeziehung transportrechtlicher Aspekte. Eine rechtsvergleichende Studie. 1999.

Band 11 Ulrich Quay: Der Consulting-Vertrag im Internationalen Privatrecht. 2000.

Band 12 Axel Halfmeier: Die Veröffentlichung privater Tatsachen als unerlaubte Handlung. Eine rechtsvergleichende Untersuchung. 2000.

Band 13 Stephanie Scholz: Lohngleichheit durch Verfahren. Eine Studie zur Förderung der Lohngleichheit durch verfahrensrechtliche Ansätze. 2000.

Band 14 Tarlk Cebecioglu: Stellung des Ausländers im Zivilprozeß. Eine rechtsvergleichende Untersuchung des türkischen und deutschen Rechts. 2000.

Band 15 Gunnar Straube: Sozialrechtliche Eingriffsnormen im Internationalen Privatrecht. 2001.

Band 16 Daniela de Lukowicz: Divergenzen in der Rechtsprechung zum CISG. Auf dem Weg zu einer einheitlichen Auslegung und Anwendung? 2001.

Band 17 Mohamed Hassan Fadlalla Ali: Das islamische Ehe- und Kindschaftsrecht im Sudan. Mit Hinweisen zu den Lehren der Islamischen Rechtsschule, der anwendbaren Familienrechtsvorschriften für Nichtmuslime im Sudan und im deutschen Familienrecht. 2001.

Band 18 Ole Lando / Ulrich Magnus / Monika Novak-Stief (Hrsg./eds.): Angleichung des materiellen und des internationalen Privatrechts in der EU. Harmonisation of Substantive and International Private Law. 2003.

Band 19 Florian Schulz: Der Ersatzlieferungs- und Nachbesserungsanspruch des Käufers im internen deutschen Recht, im UCC und im CISG. Eine rechtsvergleichende Untersuchung unter Berücksichtigung der Schuldrechtskommission, der EG-Richtlinie 1999/44/EG und des Diskussionsentwurfs eines Schuldrechtsmodernisierungsgesetzes. 2002.

Band 20 Ingo Janert: Die Aufrechnung im internationalen Vertragsrecht. 2002.

Band 21 Armin Jentsch: Die Erhaltungspflichten des Verkäufers und des Käufers im UN-Kaufrecht im Vergleich zum US-amerikanischen Uniform Commercial Code und zum deutschen Recht. 2002.

Band 22 Martin Taschner: Arbeitsvertragsstatut und zwingende Bestimmungen nach dem Europäischen Schuldvertragsübereinkommen. Einheitliche Auslegung. 2003.

Band 23 Klaus Bitterich: Die Neuregelung des Internationalen Verbrauchervertragsrechts in Art. 29a EGBGB. 2003.

Band 24 Sascha J. Morgenroth: Umsetzung der Verbrauchsgüterkaufrichtlinie in Spanien und Deutschland. Umsetzung der Richtlinie 1999/44/EG des Europäischen Parlaments und des Rates vom 25. Mai 1999 zu bestimmten Aspekten des Verbrauchsgüterkaufs und der Garantien für Verbrauchsgüter in Spanien und Deutschland. 2003.

Band 25 Markus Renfert: Über die Europäisierung der ordre public Klausel. 2003.

Band 26 Henning Mordhorst: Die Behandlung vertraglicher Mobiliarsicherheiten im US-amerikanischen und deutschen Insolvenzrecht. 2003.

Band 27 Hans Markus Wulf: UN-Kaufrecht und eCommerce. Problembereiche bei der Anwendung des Wiener Übereinkommens auf Internet-Verträge. 2003.

Band 28 Julia Kaiser: Freiheit oder Schutz? Die Scheidungsfolgenvereinbarung im deutschen und im englischen Recht. 2003.

Band 29 Astrid Hillebrenner: Die private Zustimmung zu Rechtsgeschäften Dritter im englischen, dänischen und deutschen Recht. 2004.

Band 30 Irene von der Heyde: Das deutsche und italienische internationale Kindschaftsrecht im Rechtsvergleich. Favor filii oder favor filiationis? 2004.

Band 31 Sven-Michael Werner: Recht im Systemwandel. *Ein Land, zwei Systeme* und das Kontinuitätsproblem in Hongkong. 2004.

Band 32 Holger Ellenberger: Wirtschaftsrelevante Kollisionsnormen im japanischen internationalen Privatrecht. 2004.

Band 33 Sebastian Kaufmann: Parol Evidence Rule und Merger Clauses im internationalen Einheitsrecht. 2004.

Band 34 Britta Christina Weber: Eigentumsübertragung und gutgläubiger Erwerb beim Kauf von beweglichen Sachen im vietnamesischen Zivilgesetzbuch von 1995. Eine rechtsvergleichende Analyse unter Berücksichtigung des Eigentumsbegriffs im vietnamesischen Recht. 2004.

Band 35 Alexander von Saucken: Die Reform des österreichischen Schiedsverfahrensrechts auf der Basis des UNCITRAL-Modellgesetzes über die internationale Handelsschiedsgerichtsbarkeit. Ein Diskussionsbeitrag. 2004.

Band 36 Jasnica Garašićć: Anerkennung ausländischer Insolvenzverfahren. Teil 1 und Teil 2. Ein Vergleich des kroatischen, des deutschen und des schweizerischen Rechts sowie der Europäischen Verordnung über Insolvenzverfahren, des Istanbuler Übereinkommens und des UNCITRAL-Modellgesetzes. 2005.

Band 37 Eugenia Kurzynsky-Singer: Anknüpfung und Reichweite des Vollmachtsstatuts. 2005.

Band 38 Timo Utermark: Rechtsgeschichte und Rechtsvergleichung bei Ernst Rabel. 2005.

Band 39 Mohamed Lakmes: Die IPR-Anknüpfung der Schuldverträge. Ein Vergleich zwischen dem deutschen und dem syrischen Recht. 2005.

Band 40 Christian Haas: Vertragsstrukturen privatfinanzierter Infrastrukturprojekte. Nationale und internationale Perspektiven. 2005.

Band 41 Tanja Herzog-Engels: Gesellschaftsrechtliche Formvorschriften und Internationales Privatrecht. 2005.

Band 42 Hassan Siahpoosh: Das Familien- und Erbrecht im Iran. 2006.

Band 43 Carola Reifenrath: Das Vertragsrecht Hongkongs und dessen zukünftige Entwicklung. Unter besonderer Berücksichtigung des englischen Common Law. 2006.

Band 44 Arkadiusz Wudarski: Der Pfandbrief und sein Treuhänder. Eine rechtsvergleichende Untersuchung zum polnischen und deutschen Recht. 2006.

Band 45 Ulla Liukkunen: Cross-Border Services and Choice of Law. A Comparative Study of the European Approach. 2006.

Band 46 Claire Anna Reifner: Die Umsetzung der Verbrauchsgüterkaufrichtlinie in Italien und Deutschland. 2007.

Band 47 Shahriar Rabbanifar: Vergleich des Rechts der öffentlichen Unternehmen in Deutschland, Iran und Polen. 2007.

Band 48 Judith Farokhmanesh: Der Schutz des Urhebers im internationalen Vertragsrecht. Funktion, Reichweite und Effektivität zwingender Bestimmungen im deutschen, französischen und englischen Recht. 2007.

Band 49 Christoph Hellriegel: Schuldnerschutz in Polen. Rechtsvergleichende Untersuchung eines universalen Regelungsproblems. 2007.

Band 50 Ingemar Carl: Einstweiliger Rechtsschutz bei *Torpedoklagen*. 2007.

Band 51 Gabriele Wunsch: Möglichkeiten und Grenzen eines europäischen Hypothekarkredits. Problemanalyse und Lösungswege für die Schaffung eines Binnenmarktes für Grundpfandrechte unter Berücksichtigung des deutschen, englischen, schwedischen und spanischen Rechts. 2009.

Band 52 Sven Kuchmann: Die Haftung des Geschäftsführers einer deutschen GmbH und des Gerente einer argentinischen SRL im Rechtsvergleich. 2008.

Band 53 María Elena Alvarez de Pfeifle: Der Ordre Public-Vorbehalt als Versagungsgrund der Anerkennung und Vollstreckbarerklärung internationaler Schiedssprüche. Unter Berücksichtigung des deutschen, schweizerischen, französischen und englischen Rechts sowie des UNCITRAL-Modellgesetzes. 2009.

Band 54 Amir-Said Ghassabeh: Die Zustellung einer *punitive-damages*-Sammelklage an beklagte deutsche Unternehmen. Zugleich ein Beitrag zum „unnötigen" transatlantischen Justizkonflikt. 2009.

Band 55 Gunnar Lennart Schmüser: Das Zusammenspiel zwischen Haupt- und Sekundärinsolvenzverfahren nach der EuInsVO. 2009.

Band 56 Johanna Siemonsen: Die deutschen Ausführungsvorschriften zur Europäischen Insolvenzverordnung. 2009.

Band 57 Dan Malika Gunasekera: Civil Liability for Bunker Oil Pollution Damage. 2010.

Band 58 Sarah Mukaddes Oguz: Das türkische und das europäische Verbraucherrecht. Eine vergleichende Analyse mit Blick auf die Beitrittsbestrebungen der Türkei zur Europäischen Union. 2010.

Band 59 Niklas Wielandt: Die einseitig verpflichtende Schuldzusage. Eine rechtsvergleichende Untersuchung des abstrakten, kausalen und nicht rechtsgeschäftlichen Schuldanerkenntnisses und Schuldversprechens nach deutschem und englischem Recht. 2010.

Band 60 Lars Meyer: Non-Performance and Remedies under International Contract Law Principles and Indian Contract Law. A comparative survey of the UNIDROIT Principles of International Commercial Contracts, the Principles of European Contract Law, and Indian statutory contract law. 2010.

Band 61 Farzana Soleimankehl-Hanke: Afghanistan zwischen Islam und Gleichberechtigung. Widersprüche in der afghanischen Verfassung am Beispiel des afghanischen Familien- und Erbrechts. 2011.

Band 62 Sören Koch: Der Ersatz frustrierter Aufwendungen im norwegischen Recht. 2011.

Band 63 Vanessa Seibel: Der Geschäftsführer in der Insolvenz der Gesellschaft. Eine rechtsvergleichende und rechtsökonomische Betrachtung von GmbH und LLC. 2012.

Band 64 Dorothea von Domarus: Internationales Arzthaftungsrecht nach Inkrafttreten der Rom I- und Rom II-Verordnung. Ein Rechtsvergleich mit den USA unter besonderer Berücksichtigung der Bundesstaaten New York, Kalifornien und Louisiana. 2013.

Band 65 Nils Rasmus Grenda: Erwerb und Schutz des Eigentums an Mobilien im deutschen und schwedischen Recht. 2013.

Band 66 Tristan Wegner: Überseekauf im Agrarhandel. Die Kontraktpraxis nach GAFTA und Einheitsbedingungen. Eine rechtsvergleichende Darstellung. 2013.

Band 67 Marjam Waladan: Das iranische Familienrecht unter der besonderen Berücksichtigung der Rechte von Frauen und Kindern. 2013.

Band 68 Gesine Osieka: Zivilrechtliche Haftung deutscher Unternehmen für menschenrechtsbeeinträchtigende Handlungen ihrer Zulieferer. 2014.

Band 69 Cordula Giesecke: Interessengerechte Rechtswahl im Kaufrecht. Vertragswidrigkeit, Mängelrüge und Vertragsaufhebung – UN-Kaufrecht, deutsches, französisches und schweizerisches Recht im Vergleich. 2014.

Band 70 Philipp Raben: Das Modellgesetz als geeignetes Instrument europäischer Vertragsrechtsharmonisierung. 2015.

Band 71 Yanfei Zeng: Sonderkontrolle der Vertragsstrafe. Eine Untersuchung zu Begründungen der Kontrolle. 2015.

Band 72 Marcel Streeck: Die Situation der Schuldnerin im englischen und im deutschen Insolvenzrecht. Eine rechtsvergleichende Untersuchung. 2016.

Band 73 Antje Böhme: Die (strikte) Haftung für Tiere im deutschen und US-amerikanischen Recht. 2016.

Band 74 Christian Beuck: Voraussetzungen und Rechtsbehelfe beim einheitlichen Vollstreckungstitel nach der EuVTVO. 2017.

www.peterlang.com

www.ingramcontent.com/pod-product-compliance
Ingram Content Group UK Ltd.
Pitfield, Milton Keynes, MK11 3LW, UK
UKHW022105051026
15623UKWH00003B/690

9 783631 72364